国家出版基金项目
NATIONAL PUBLICATION FOUNDATION

复旦大学杜威与美国哲学研究中心　组译

# 杜威全集

## 伦理学

### 第七卷

1932

[美] 约翰·杜威　著
魏洪钟　蔡文菁　译



华东师范大学出版社

The Later Works of John Dewey, 1925 - 1953
Volume Seven: 1932, *Ethics*
By John Dewey
Edited by Jo Ann Boydston

Published by agreement with Southern Illinois University Press, 1915 University Press Drive, SIUC Mail Code 6806, Carbondale, IL 62901, USA


上海市版权局著作权合同登记　图字:09 - 2004 - 377 号

《杜威全集·晚期著作》(1925—1953)
第七卷(1932)

主　　编　乔·安·博伊兹顿(Jo Ann Boydston)
文本编辑　芭芭拉·莱文(Barbara Levine)

# 《杜威全集》中文版编辑委员会

# 目　录

# 中文版序

《杜威全集》中文版终于由华东师范大学出版社出版了。作为这一项目的发起人，我当然为此高兴，但更关心它能否得到我国学界和广大读者的认可，并在相关的学术研究中起到预期作用。后者直接关涉到对杜威思想及其重要性的合理认识，这有赖专家们的研究。我愿借此机会，对杜威其人、其思想的基本倾向和影响，以及研究杜威哲学的意义等问题谈些看法，以期抛砖引玉。考虑到中国学界以往对杜威思想的消极方面谈论得很多，大家已非常熟悉，我在此就主要谈其积极方面，但这并非认为可以忽视其消极方面。

## 一、杜威其人

约翰·杜威(John Dewey, 1859—1952)是美国哲学发展中最有代表性的人物。他不仅进一步阐释并发展了由皮尔士创立、由詹姆斯系统化的实用主义哲学的基本理论，而且将其运用于社会、政治、文化、教育、伦理、心理、逻辑、科学技术、艺术、宗教等众多人文和社会科学领域的研究，并在这些领域提出了重要创见。他在这些领域的不少论著，被西方各该领域的专家视为经典之作。这些论著不仅对促进这些领域的理论研究起到过重要的作用，在这些领域的实践中也产生过深刻的影响。杜威由此被认为是美国思想史上最具影响的学者，甚至被认为是美国的精神象征；在整个西方世界，他也被公认是 20 世纪少数几个最伟大的思想家之一。

杜威出生于佛蒙特州伯灵顿市一个杂货店商人家庭。他于 1875 年进佛蒙特大学，开始受到进化论的影响。1879 年，他毕业后先后在一所中学和一所乡村学校教书。在这期间，他阅读了大量的哲学著作，深受当时美国圣路易黑格尔学派刊物《思辨哲学杂志》的影响。1882 年，他在该刊发表了《唯物主义的形而上学假定》和《斯宾诺莎的泛神论》两文，很受鼓舞，从此决定以哲学为业。同年，他成了约翰·霍普金斯大学的哲学研究生，在此听了皮尔士的逻辑讲座，不过当时对他影响最大的是黑格尔派哲学家莫里斯(George Sylvester Morris)和实验心理学家霍尔(G. Stanley Hall)。两年后，他以《康德的心理学》论文取得哲学博士学位。

1884 年，杜威到密歇根大学教哲学，在该校任职 10 年(其间，1888 年在明尼苏达大学)。初期，他的哲学观点大体上接近黑格尔主义。他对心理学研究很感兴趣，并使之融化于其哲学研究中。这种研究，促使他由黑格尔主义转向实用主义。在这方面，当时已出版并享有盛誉的詹姆斯的《心理学原理》对他产生了强烈的影响。杜威对心理学的研究，又促使他进一步去研究教育学。他主张用心理学观点去进行教学，并认为应当把教育实验当作哲学在实际生活中的运用的重要内容。

1894 年，杜威应聘到芝加哥大学，后曾任该校哲学系主任。他在此任教也是 10 年。1896 年，他在此创办了有名的实验学校。这个学校抛弃传统的教学法，不片面注重书本，而更为强调接触实际生活；不片面注重理论知识的传授，而更为强调实际技能的训练。杜威后来所一再倡导的“教育就是生活，而不是生活的准备”、“从做中学”等口号，就是对这种教学法的概括。杜威在芝加哥时期，已是美国思想界一位引人注目的人物。他团聚了一批志同道合者(包括在密歇根大学就与他共事的塔夫茨、米德)，形成了美国实用主义运动中著名的芝加哥学派。杜威称他们共同撰写的《逻辑理论研究》(1903 年)一书是工具主义学派的“第一个宣言”。此书标志着杜威已从整体上由黑格尔主义转向了实用主义。

从 1905 年起，杜威转到纽约哥伦比亚大学任教，直到 1930 年以荣誉教授退休。他以后的活动也仍以该校为中心。这一时期不仅是他的学术活动的鼎盛期(他的大部分有代表性的论著都是在这一时期问世的)，也是他参与各种社会和政治活动最频繁且声望最卓著的时期。他把两者有机地结合在一起。他对各种社会现实问题的评论和讲演，往往成为他的学术活动的重要组成部分。从 1919 年起，杜威开始了一系列国外讲学旅行，到过日本、墨西哥、俄罗斯、土耳其等国。“五四”前夕，他到了中国，在北京、南京、上海、广州等十多个城市作过系列讲演，于 1921 年 7 月返美。

杜威一生出版了40种著作，发表了700多篇论文，内容涉及哲学、社会、政治、教育、伦理、心理、逻辑、文化、艺术、宗教等多个方面。其主要论著有：《学校与社会》(1899年)、《伦理学》(1908年与塔夫茨合著，1932年修订)、《达尔文主义对哲学的影响》(1910年)、《我们如何思维》(1910年)、《实验逻辑论文集》(1910年)、《哲学的改造》(1920年)、《人性与行为》(1922年)、《经验与自然》(1925年)、《公众及其问题》(1927年)、《确定性的寻求》(1929年)、《新旧个人主义》(1930年)、《作为经验的艺术》(1934年)、《共同的信仰》(1934年)、《逻辑：探究的理论》(1938年)、《经验与教育》(1938年)、《自由与文化》(1939年)、《评价理论》(1939年)、《人的问题》(1946年)、《认知与所知》(1949年与本特雷合著)等等。

## 二、杜威哲学的基本倾向

杜威在各个领域的思想都与他的哲学密切相关，这不只是他的哲学的具体运用，有时甚至就是他的哲学的直接体现。我们在此不拟具体介绍他的思想的各个方面和他的哲学的各个部分，仅概略地揭示他的哲学的基本倾向。杜威哲学的各个部分，以及他的思想的各个方面，大体上都可从他的哲学的基本倾向中得到解释。这种基本倾向从其积极意义上说，主要表现为如下三点。

第一，杜威把对现实生活和实践的关注当作哲学的根本意义所在。

在现代西方各派哲学中，杜威哲学最为反对以抽象、独断、脱离实际等为特征的传统形而上学，最为肯定哲学应当面向人的现实生活和实践。如何通过人本身的行为、行动、实践(即他所谓的以生活和历史为双重内容的经验)来妥善处理人与其所面对的现实世界(自然和社会环境)，以及人与人之间的关系，是杜威哲学最为关注的根本问题。杜威哲学从不同的角度来说有着不同的名称，例如，当他强调实验和探究的方法在其哲学中的重要意义时，称其哲学为实验主义(experimentalism)；当他谈到思想、观念的真理性在于它们能充当引起人们的行动的工具时，称其哲学为工具主义(Instrumentalism)；当他谈到经验的存在论意义，而经验就是作为有机体的人与其自然环境的相互作用时，称其哲学为经验自然主义(empirical naturalism)。贯彻于所有这些称呼的概念是行动、行为、实践。杜威哲学的各个方面，都在于从实践出发并引向实践。这并不意味着实践就是一切。实践的目的是改善经验，即改善人与其自然和社会环境的关系，一句话，改善人的生活和生存条件。

杜威对实践的解释当然有片面性。例如，他没有看到人类的物质生产活动在人的实践中的基础作用，更没有科学地说明实践的社会性；但他把实践看作是全部哲学研究的核心，认为存在论、认识论、方法论等问题的研究都不能脱离实践，都具有实践的意义，且在一定意义上是合理的。

值得一提的是：与胡塞尔、海德格尔等人通过曲折的道路返回生活世界不同，与只关注逻辑和语言意义分析的分析哲学家也不同，杜威的哲学直接面向现实生活和实践。杜威一生在哲学上所关注的，不是去建构庞大的体系，而是满腔热情地从哲学上探究人在现实生活和实践各个领域所面临的各种问题及其解决办法。在杜威的全部论著中，关于政治、社会、文化、教育、心理、道德、价值、科学技术、审美和宗教等多个领域的具体问题的论述占了绝大部分。他的哲学的精粹和生命力，大多是在这些论述中表现出来的。

第二，杜威的哲学改造适应和引领了西方哲学由近代到现代转向的潮流。

19 世纪中期以来，西方哲学发展出现了根本性的变更，以建构无所不包的体系为特征的近代哲学受到了广泛的批判，以超越传统的实体性形而上学和二元论为特征的现代哲学开始出现，并越来越占主导地位。多数哲学流派各以特有的方式，力图使哲学研究在不同程度上从抽象化的自在的自然界或绝对化的观念世界返回到人的现实生活世界，企图以此摆脱近代哲学所陷入的种种困境，为哲学的发展开辟新道路。西方哲学由近代到现代的这种转折，不能简单归结为由唯物主义转向唯心主义、由进步转向反动，而是包含了哲学思维方式上一次具有划时代意义的转型。它标志着西方哲学发展到了一个新的、更高的阶段。杜威在哲学上的改造，不仅适应了而且在一定意义上引领了这一转型的潮流。

杜威曾像康德那样，把他在哲学上的改造称为“哥白尼革命”（Copernican revolution）。但他认为康德对人的理智的能动性过分强调，以致使它脱离了作为其存在背景的自然。而在他看来，人只有在其与自然的相互作用中才有能动作用，甚至才能存在。哲学上的真正的哥白尼革命，正在于肯定这种交互作用。如果说康德的中心是心灵，那么杜威的新的中心是自然进程中所发生的人与自然的交互作用。正如地球或太阳并不是绝对的中心一样，自我或世界、心灵或自然都不是这样的中心。一切中心都存在于交互作用之中，都只具有相对的意义。可见，杜威所谓哲学中的哥白尼革命，就是以他所主张的心物、主客、经验自然等的交互作用，或者说人的现实生活和实践来既取代客体中心论，也取代主体中心论。他也是在这种意义上，既反对忽视主体的能动性的旧的唯物主义，又反对忽视自然作为存在的根据和作用的旧的唯心主义。

不是把先验的主体或自在的客体，而是把主客的相互作用当作哲学的出发点；不是局限于建构实体性的、无所不包的体系，而是通过行动、实践来超越这样的体系；不是转向纯粹的意识世界或脱离了人的纯粹的自然界，而是转向与人和自然界、精神和物质、理性和非理性等等都有着无限牵涉的生活世界，这大体上就是杜威哲学改造的主要意义；而这在一定程度上，也正是多数西方哲学由近代到现代转向的主要意义。杜威由此体现和引领了这种转向。

第三，杜威的哲学改造与马克思在哲学上的革命变更存在某些相通之处。

西方哲学从近代到现代的转向与马克思在哲学上的革命变更的政治背景大不相同，二者必然存在原则性区别；但二者发生于大致相同的历史时代，具有共同的历史和文化背景，因而又必然存在相通之处。如果我们能够肯定杜威的哲学改造适应并引领了西方哲学从近代到现代转向的潮流，那就必须肯定杜威的哲学改造与马克思在哲学上的革命变更必然同样既有原则区别，又有相通之处。后者突出地表现在，二者都把实践当作哲学的根本意义而加以强调。马克思正是通过这种强调而得以超越旧唯物主义和唯心主义辩证法的界限，把唯物主义和辩证法有机地统一起来，建立了唯物辩证法。杜威在这些方面与马克思相距甚远。但是，他毕竟用实践来解释经验而使他的经验自然主义超越了纯粹自然主义和思辨唯心主义的界限，并由此提出了一系列超越近代哲学范围的思想。

杜威的经验自然主义并不否定自然界在人类经验以外自在地存在，不否定在人类出现以前地球和宇宙早已存在，而只是认为人的对象世界只能是人所遭遇到（经验到）的世界，这在一定程度上类似于马克思所指的与纯粹自然主义的自在世界不同的人化世界，即现实生活世界。杜威否定唯物主义，但他只是在把唯物主义归结为纯粹自然主义的唯物主义的意义上去否定唯物主义。杜威强调经验的能动性，但他不把经验看作可以离开自然（环境）而独立存在的精神实体或精神力量，而强调经验总是处于与自然、环境的统一之中，并与自然、环境发生相互作用。这与传统的唯心主义经验论也是不同的，倒是与马克思关于主客观的统一和相互作用的观点虽有原则区别，却又有相通之处。

杜威是在黑格尔影响下开始哲学活动的。他在转向实用主义以后，虽然抛弃了黑格尔的绝对唯心主义，甚至也拒绝了黑格尔的辩证法，但是在他的理论中又保留着某些辩证法的要素。例如，他把经验、自然和社会等都看作是统一整体，其间都存在着多种多样的联系；他在达尔文进化论的影响下，明确肯定世界（人类社会和自然界）处于不断进化和发展的过程之中。他所强调的连续性（如经验与自然的连续、人与世界的连续、身心的连续、个人与社会的连续等等）概念，在一定程度上就是统一整体的概念、进化和发展的概念。这种概念虽与马克思的辩证法不能相提并论，但毕竟也有相通之处。

## 三、杜威哲学的积极影响

杜威实用主义哲学对现实生活和实践的强调，对西方哲学从近代到现代转向的潮流的适应和引领，特别是它在一些重要方面与马克思哲学的相通，说明它在一定程度上体现了时代精神发展的要求。正因为如此，它必然是一种在一定范围内能发生积极影响的哲学。

实用主义在美国的积极影响，可以用美国人民在不长的历史时期里几乎从空地上把美国建设成为世界的超级大国来说明。实用主义当然不是美国唯一的哲学，但它却是美国最有代表性的哲学。实用主义产生以前的许多美国思想家（特别是富兰克林、杰斐逊等启蒙思想家），大多已具有实用主义的某些特征，这在一定意义上为实用主义的正式形成作了思想准备。实用主义产生以后，传入美国的欧洲各国哲学虽然能在美国哲学中占有一席之地，其中分析哲学在较长时期甚至能在哲学讲坛上占有支配地位；但是，它们几乎都毫无例外地迟早被实用主义同化，成为整个实用主义运动的组成部分。当代美国实用主义者莫利斯说：逻辑经验主义、英国语言分析哲学、现象学、存在主义同实用主义“在性质上是协同一致的”，它们“每一种所强调的，实际上是实用主义运动作为一个整体范围之内的中心问题之一”。[①] 就实际影响来说，实用主义在美国哲学中始终占有优势地位。桑塔亚那等一些美国思想家也承认，美国人不管其口头上拥护的是什么样的哲学，但是从他们的内心和生活来说都是实用主义者。只有实用主义，才是美国建国以来长期形成的一种民族精神的象征。而实用主义的最大特色，就是把哲学从玄虚的抽象王国转向人所面对的现实生活世界。实用主义的主旨

① Morris, Charles W. *The Pragmatic Movement in American Philosophy*. New York: George Braziller, 1970, p. 148.

就在指引人们如何去面对现实生活世界，解决他们所面临的各种疑虑和困扰。实用主义当然具有各种局限性，人们也可以而且应当从各种角度去批判它，马克思主义者更应当划清与实用主义的界限；但从思想理论根源上说，正是实用主义促使美国能够在许多方面取得成功，这大概是一个不争的事实。

在美国以外，实用主义同样能发生重要的影响。与杜威等人的哲学同时代的欧洲哲学尽管不称为实用主义，但正如莫利斯说的那样，它们同实用主义“在性质上是协同一致的”。如果说它们各自在某些特定方面、在一定程度上体现了现代西方社会的时代特征，实用主义则较为综合地体现了这些特征。换言之，就体现时代特征来说，被欧洲各个哲学流派特殊地体现的，为实用主义所一般地体现了。正因为如此，实用主义能较其他现代西方哲学流派发生更为广泛的影响。

杜威的实用主义在中国也发生过重要的影响。早在“五四”时期，杜威就成了在中国最具影响的西方思想家。从外在原因上说，这是由于胡适、蒋梦麟、陶行知等他在中国的著名弟子对他作了广泛的宣扬；杜威本人在“五四”时期也来华讲学，遍访了中国东西南北十多个城市。这使他的思想为中国广大知识界所熟知。然而，更重要的原因是：他在理论中所包含的科学和民主精神，正好与“五四”时期中国先进知识分子倡导科学和民主的潮流相一致。另外，他的讲演不局限于纯哲学的思辨而尤其关注现实问题，这也与中国先进分子的社会改革的现实要求相一致。正是这种一致，使杜威的理论受到了投入“五四”新文化运动和社会改革的各阶层人士的普遍欢迎，从而使他在中国各地的讲演往往引起某种程度的轰动效应。杜威本人也由此受到很大鼓舞，原本只是一次短期的顺道访华也因此被延长到两年多。胡适在杜威起程回国时写的《杜威先生与中国》一文中曾谈到：“我们可以说，自从中国与西方文化接触以来，没有一个外国学者在中国思想界的影响有杜威先生这样大的。我们还可以说，在最近的将来几十年中，也未必有别个西洋学者在中国的影响可以比杜威先生还大的。”①作为杜威的信徒，胡适所作的评价可能偏高。但就其对中国社会的现实层面的影响来说，除了马克思主义者以外，也许的确没有其他现代西方思想家可以与杜威相比。

尽管杜威的实用主义与马克思主义有原则区别，但“五四”时期中国马克思主义者对杜威及其实用主义并未简单否定。陈独秀那时就肯定了实用主义的某

---

① 引自《胡适哲学思想资料选》(上)，上海：华东师范大学出版社，1981 年，第 181 页。

些观点，甚至还成为杜威在广州讲学活动的主持人。1919 年，李大钊和胡适关于“问题与主义”的著名论战，固然表现了马克思主义与实用主义的原则分歧，但李大钊既批评了胡适的片面性，又指出自己的观点有的和胡适“完全相同”，有的“稍有差异”。他们当时的争论并未越出新文化运动统一战线这个总的范围，在倡导科学和民主精神上毋宁说大体一致。毛泽东在其青年时代也推崇胡适和杜威。

“五四”以后，随着国内形势的重大变化，上述统一战线趋向分裂。20 世纪 30 年代后期，由于受到苏联对杜威态度骤变的影响，中国马克思主义者对杜威也近乎于全盘否定了。20 世纪 50 年代中期，为了确立马克思主义在思想文化领域的主导地位，从上而下发动了一场对实用主义全盘否定的大规模批判运动。它在一定程度上达到了预期的政治目的，但在理论上却存在着很大的片面性。当时多数批判论著脱离了杜威等人的理论实际，形成了一种对西方思潮“左”的批判模式，并在中国学术界起着支配作用。从此以后，人们在对杜威等现代西方思想家、对实用主义等现代西方思潮的评判中，往往是政治标准取代了学术标准，简单否定取代了具体分析。杜威等西方学者及其理论的真实面貌就因此而被扭曲了。

对杜威等西方思想家及其理论的简单否定，势必造成多方面的消极后果。其中最突出的有两点：一是使马克思主义及其指导下的思想理论领域在一定程度上与当代世界及其思想文化的发展脱节，使前者处于封闭状态，从而妨碍其得到更大的丰富和发展；二是由于扭曲了马克思主义哲学和现代西方哲学的关系，忽视了二者在某些方面存在的共通之处，在批判杜威哲学等现代西方哲学的名义下扭曲了马克思主义哲学一些最重要的学说，例如关于真理的实践检验、关于主客观统一、关于个人与社会的关系等学说都存在这种情况。这种理论上的混乱导致实践方向上的混乱，甚至在一定程度上导致实践上的挫折。

需要说明的是：肯定杜威实用主义的积极作用并不意味着否定其消极作用，也不意味着简单否定中国学界以往对实用主义的批判。以往被作为市侩哲学、庸人哲学、极端个人主义哲学的实用主义不仅是存在的，而且在一些人群中一直发生着重要的影响。资产阶级庸人、投机商、政客以及各种形式的机会主义者所奉行的哲学，正是这样的实用主义。对这样的实用主义进行坚定的批判，是完全正当的。但是，如果对杜威的哲学作具体研究，就会发觉他的理论与这样的实用主义毕竟有着重大的区别。杜威自己就一再批判了这类庸俗习气和极端个人主义。如果简单地把杜威哲学归结为这样的实用主义，那在很大程度上就是把杜威所批判的哲学当作是他自己的哲学。

## 四、杜威哲学研究在当代中国的积极意义

改革开放以来，中国政治和思想文化上的“左”的路线得到纠正，哲学研究出现了求真务实的新气象，包括杜威实用主义在内的现代西方哲学研究得到了恢复和发展。以1988年全国实用主义学术讨论会为转折点，对杜威等人的实用主义的全盘否定倾向得到了克服，如何重新评价其在中国思想文化建设中的作用的问题也越来越受到学界的关注，对杜威等人的实用主义的研究由此进入了一个新阶段。“五四”时期，由于杜威的学说正好与当时中国的新文化运动相契合，起过重要的积极作用；今天的中国学界，由于对马克思主义哲学和现代西方哲学都已有了更为全面和深刻的理解，对杜威的思想的研究也会更加深入和具体，更能区别其中的精华和糟粕，这对促进中国的思想文化建设会产生更为积极的作用。

对杜威哲学的重新研究在当代中国的积极意义，至少包括如下三个方面：

第一，有利于对马克思主义哲学有更为全面和深刻的理解。

这是因为，杜威哲学和马克思的哲学虽有原则性区别，但二者在一些重要方面有相通之处。这主要表现在二者都批判和超越了以抽象、思辨、脱离实际等为特征的传统形而上学；都强调对现实生活和实践的关注在哲学中的决定性作用；都肯定任何观念和理论的真理性的标准是它们是否经得起实践的检验；都认为科学真理的获得是一个不断提出假设、又不断进行实验的发展过程；都认为社会历史同样是一个不断发展的过程，社会应当不断地进行改造，使之越来越能符合满足人的需要和人的全面发展的目标；都认为每一个人的自由是一切人取得自由的条件，同时个人又应当对社会负责，私利应当服从公益；都提出了使所有人共同幸福的社会理想，等等。在这些方面将马克思主义与杜威的实用主义作比较研究，既能更好地揭示它们作为不同阶级的哲学的差异，又能更好地发现二者作为同时代的哲学的共性，从而使人们既能更好地划清马克思主义和实用主义的界限，又能通过批判地借鉴后者可能包含的积极成果来丰富和发展马克思主义。

第二，有利于对中国传统文化的批判继承。

杜威哲学和中国传统文化有着两种不同的联系。以儒家为代表的中国传统文化是一种前资本主义文化，没有西方资本主义文化的理性主义特质，不会具有因把理性绝对化而导致的绝对理性主义和思辨形而上学等弊端；但未充分经理性思维的熏陶又是中国传统文化的缺陷，不利于自然科学的发展，更不利于人的个性的发展和自由民主等意识的形成。正因为如此，以儒家为代表的中国传统文化往往被历代封建统治阶级神圣化和神秘化，成为他们的意识形态，后者阻碍了中国科学技术的发展、人民的觉醒和社会历史的进步。"五四"新文化运动的主要矛头就是针对儒家文化作为封建意识形态的方面，以此来为以民主和科学精神为特征的新文化开辟道路。杜威哲学正是以倡导民主和科学为重要特征的。杜威来到中国时，正好碰上"五四"新文化运动，他成了这一运动的支持者。他的学说对于批判作为封建意识形态的儒学，自然也起了促进作用。

但是，儒家文化并不等于封建文化；孔子提出的以"仁"为核心的儒学本身并不是统治阶级的意识形态。直到汉武帝实行"罢黜百家，独尊儒术"的政策以后，儒学才取得了独特的官方地位，由此被历代封建帝王当作维护其统治的精神工具。即使如此，也不能否定儒学在学理上的意义。它既可以被封建统治阶级所利用，又能为广大民众所接受，成为他们的生活信念和道德准则。历代学者对儒学的发挥，也都具有这种二重性。正因为如此，儒学除了被封建统治阶级利用外，还能不断发扬光大，成为中华民族宝贵的思想文化遗产。儒学所强调的"以人为本"、"经世致用"、"公而忘私"、"以和为贵"、"己所不欲，勿施于人"等观念，具有超越时代和阶级的普世意义。新文化运动的代表人物并不反对这些观念，而这些观念与杜威哲学的某些观念在一定程度上是相通的。杜威哲学在"五四"时期之所以能为中国广大知识分子接受，在一定程度上正是因为中国文化传统中已有与杜威哲学相通的成分。正因为如此，研究杜威的实用主义思想，对于更清晰地理解儒家思想，特别是分清其中具有普世价值的成分与被神圣化和神秘化的成分，发扬前者，拒斥后者，能起到促进作用。

第三，有利于促进对各门社会人文学科的研究。

杜威的哲学活动的一个突出特点，是他非常自觉地超越纯粹哲学思辨的范围而扩及各门社会人文学科。我们上面曾谈到，在杜威的全部论著中，关于政治、社会、文化、教育、道德、心理、逻辑、科学技术、审美和宗教等各个领域的具体问题的论述占了绝大部分。他不只是把他的哲学观点运用于这些学科的研究，而且是通过对这些学科的研究更明确和更透彻地把他的哲学观点阐释出来。反过来说，他对这些学科的研究都不是孤立地进行的，而是通过其基本哲学观点的具体运用而与其他相关学科联系起来，从而把对这些学科的研究形成为一个有机整体，并由此使他对这些学科的研究可能具有某些独创意义。

例如，杜威极其关注教育问题并在这方面作了大量论述，除了贯彻他对现实生活和实践的重视这个基本哲学倾向、由此强调在实践中学习在整个教学过程中的决定作用以外，他还把教育与心理、道德、社会、政治等因素紧密地结合在一起，从而使教育的内容更加丰富、全面。他的教育思想也由此得到了更为广泛的认同，被公认为是当代西方最具影响的教育学家。值得一提的是：无论在中国还是在苏联，杜威在教育上的影响几乎经久不衰。即使是在政治和意识形态影响极为深刻的年代，杜威提出的许多教育思想依然能不同程度地被人肯定。陶行知的教育思想在中国就一直得到肯定，而陶行知的教育思想被公认为主要来源于杜威。

我们这样说，并不是全盘肯定杜威。无论是在哲学和教育或其他方面，杜威都有很大的局限性，需要我们通过具体研究加以识别。但与其他现代西方哲学家相比，杜威是最善于把哲学的一般理论与其他人文社会学科密切结合起来、使之相互渗透和相互促进的哲学家，这大概是不可否认的事实。在这方面，很是值得我们借鉴。

## 五、关于《杜威全集》中文版的翻译和出版

要在中国开展对杜威思想的研究，一个重要的条件是有完备的和翻译准确的杜威论著。中国学者早在“五四”时期就开始从事这方面的工作。当时杜威在华的讲演，为许多报刊广泛译载并汇集成册出版。“五四”以后，杜威的新著的翻译出版仍在继续。即使是杜威在中国受到严厉批判的年代，他的一些主要论著也作为供批判的材料公开或内部出版。杜威部分重要著作的英文原版，在中国一些大的图书馆里也可以找到。从对杜威哲学的一般性研究来说，材料问题不是主要障碍。但是，如果想要对杜威作全面研究或某些专题研究，特别是对他所涉及的人文和社会广泛领域的研究，这些材料就显得不足了。加上杜威论著的原有中译本出现于不同的历史年代，标准不一，有的译本存在不准确或疏漏之

处，难以为据。更为重要的是，在杜威的论著中，论文（包括书评、杂录、教学大纲等）占大部分，它们极少译成中文，原文也很难找到。为了进一步开展对杜威的研究，就需要进一步解决材料问题。

2003年，在复旦大学举行的一次大型实用主义国际学术讨论会上，我建议在复旦大学建立杜威研究中心并由该中心来主持翻译《杜威全集》，得到与会专家的赞许，复旦大学的有关领导也明确表示支持。2004年初，复旦大学正式批准以哲学学院外国哲学学科为基础，建立杜威与美国哲学研究中心，挂靠哲学学院。研究中心立即策划《杜威全集》的翻译。华东师范大学出版社朱杰人社长对出版《杜威全集》中文版表示了极大的兴趣，希望由该社出版。经过多次协商，我们与华东师范大学出版社达成了翻译出版协议，由此开始了我们后来的合作。

《杜威全集》（*Collected works of John Dewey*）由美国杜威研究中心（设在南伊利诺伊大学）组织全美研究杜威最著名的专家，经30年（1961—1991）的努力，集体编辑而成，乔·安·博伊兹顿（Jo Ann Boydston）任主编。全集分早、中、晚三期，共37卷。早期5卷，为1882—1898年的论著；中期15卷，为1899—1924年的论著；晚期17卷，为1925—1953年的论著。各卷前面都有一篇导言，分别由在这方面最有声望的美国学者撰写。另外，还出了一卷索引。这样共为38卷。尽管杜威的思想清晰明确，但文字表达相当晦涩古奥，又涉及人文、社会等众多学科；要将其准确流畅地翻译出来，是一项极其庞大和困难的任务，必须争取国内同行专家来共同完成。我们旋即与中国社会科学院哲学研究所、北京大学、清华大学、中国人民大学、北京师范大学、南京大学、浙江大学、武汉大学、北京外国语大学，以及华东师范大学和上海社会科学院哲学研究所等兄弟单位的专家联系，得到了他们参与翻译的承诺，这给了我们很大的鼓舞。

《杜威全集》英文版分精装和平装两种版本，两者的正文（包括页码）完全相同。平装本略去了精装本中的“文本的校勘原则和程序”等部分编辑技术性内容。为了力求全面，我们按照精装本翻译。由于《杜威全集》篇幅浩繁，有一千多万字，参加翻译的专家有几十人。尽管我们向大家提出在译名等各方面尽可能统一，但各人见解不一，很难做到完全统一。为了便于读者查阅，我们在索引卷中把同一词不同的译名都列出，读者通过查阅边码即原文页码不难找到原词。为了确保译文质量，特别是不出明显的差错，我们一般要求每一卷都由两人以上参与，互校译文。译者译完以后，由复旦大学杜威与美国哲学研究中心初审。如无明显的差错，交由出版社聘请译校人员逐字逐句校对，并请较有经验的专家抽查，提出意见，退回译者复核。经出版社按照编辑流程加工处理后，再由研究中心终审定稿。尽管采取了一系列较为严密的措施，但很难完全避免缺点和错误，我们衷心地希望专家和读者提出意见。

复旦大学杜威与美国哲学研究中心的工作是在哲学学院和国外马克思主义与国外思潮创新基地的支持下进行的，学院和基地的不少成员参与了《杜威全集》的翻译。为了使研究中心更好地开展工作，校领导还确定研究中心与美国研究创新基地挂钩，由该基地给予必要的支持。《杜威全集》中文版编委会由参与翻译的复旦大学和各个兄弟单位的专家共同组成，他们都一直关心着研究中心的工作。俞吾金教授和童世骏教授作为编委会副主编，对《杜威全集》的翻译工作作出了重要的贡献。汪堂家教授作为常务副主编，更是为《杜威全集》的翻译工作尽心尽力，承担了大量具体的组织和审校工作。华东师范大学出版社与我们有着良好的合作，编辑们怀着高度的责任心兢兢业业地在组织与审校等方面做了大量的工作，在此一并表示衷心的感谢。

刘放桐

2010 年 6 月 11 日

# 导　言

亚伯拉罕·埃德尔(Abraham Edel)
伊丽莎白·弗劳尔(Elizabeth Flower)

人们不知道约翰·杜威和詹姆斯·海登·塔夫茨(James Hayden Tufts)怎么会在1908年合作出版一本伦理学著作;甚至也不知道24年以后(1932年),他们如何又出版了一本几乎全部重写的修订版。1891年,作为密歇根大学哲学系的主任,杜威聘用塔夫茨到该系任教,后者的兴趣在伦理学和社会哲学上面。[①] 两年之后,塔夫茨辞职到弗赖堡大学做研究。他以前曾经在耶鲁大学,和威廉·瑞尼·哈珀(William Rainey Harper)一起研究过神学。当哈珀成为新芝加哥大学的校长时,他把塔夫茨带到了那里。[②] 然后,塔夫茨建议聘用杜威担任哲学系主任。杜威在芝加哥待了10年,这10年显然是他们共同的兴趣自由发挥的时期。他们之间充满着智慧的个人友谊非常牢固,支撑了后来主要是远程的合作,因为杜威去了哥伦比亚大学,而塔夫茨则继续留在芝加哥大学。查尔斯·莫里斯(Charles Morris)在追忆他的芝加哥大学的岁月时说: *vii*

> 塔夫茨的伦理学兴趣早于他和杜威的接触,但是他在杜威那里发现了对他自己的伦理学兴趣的补充。他曾经对我说,每次和杜威交谈半个小时后,就想写一本书。正是塔夫茨向杜威建议这本著名的《伦理学》写作计划,

---

① 乔治·戴奎真(George Dykhuizen):《约翰·杜威的生平与思想》(*The Life and Mind of John Dewey*),卡本代尔和爱德华兹维尔:南伊利诺伊大学出版社,1973年,第64—65页。

② 查尔斯·莫里斯:《美国哲学的实用主义运动》(*The Pragmatic Movement in American Philosophy*),纽约:乔治·布拉齐勒出版公司,1970年,第183页。

杜威撰写了分析较多的第二部分，他自己撰写了历史的和应用的大部分。[①]

iii 在此，我们主要关心杜威和塔夫茨的 1932 年版的《伦理学》，特别是杜威对伦理学理论的贡献。虽然这主要在第二部分，但是从他们事业的性质来看，这不能和第一部分的道德史分开，也不能和第三部分在社会问题上的应用分开。确实，把这三种不同的探索整合进一部著作的尝试，是 1908 年版首先吸引评论家的地方。1932 年版没有像第一版那样得到广泛评论，其中基本理论的变化也没有得到充分的关注。[②]

在 1932 年版本变化的后面，有一出激动人心的戏剧；这出戏剧历时四分之一世纪，甚至可追溯到 1908 年前。戏剧的角色不仅包括哲学家和纠缠理论问题的科学家，还包括处于多事之秋的历史本身。第一版出版于这样的时期：工业主义正高歌猛进，挑战还不能适应其要求的社会制度；人们仍然把未来看成一个不断进步和民主增长的时代；数学和物理学的革命尚未渗透到哲学思想中；伦理学和社会哲学还在反思调和达尔文主义和传统宗教的努力；帝国主义在大国间瓜分世界的斗争开始改变政治关系的特征，引入了新的暴力的秩序。人们尚未意识到世界的变化多么巨大。到 1932 年，一切都不同了。工业主义进入超速发展时期，城市社会明显地形成，但它还处于世界性大萧条时期。和平发展的期望被第一次世界大战粉碎，缓慢的民主增长的远景被俄国的共产主义、意大利的法西
ix 斯主义以及德国的纳粹主义迫在眉睫的威胁所打断。新的物理学替代了牛顿观点，新的逻辑正在动摇哲学；哲学从宗教中得到了独立，成为一门专业。社会科学动摇了许多关于人类生活研究的主张，在方法和研究上给该领域带来了不同

---

① 查尔斯·莫里斯：《美国哲学的实用主义运动》，纽约：乔治·布拉齐勒出版公司，1970 年，第 183—184 页。更为特别的是，他们一起写导论。杜威除了写第二部分之外，还写了第三部分的前两章，主要是关于社会和政治的理论。在两个版本中都是如此。

② 密尔顿·哈尔西·托马斯(Milton Halsey Thomas)在《约翰·杜威：百年传记》(*John Dewey: A Centennial Bibliography*)(芝加哥：芝加哥大学出版社，1962 年)第 30 页到 31 页第 99 行，列举了第一版的 20 种评论，但只列举了第二版的 4 种评论。关于完整的评论清单，参见“文本说明”(本书第 364 页脚注⑦)。赫伯特·W·施耐德(Herbert W. Schneider)在科利斯·拉蒙特(Corliss Lamont)主编的《关于约翰·杜威的对话》(*Dialogue on John Dewey*)一书第 131 页指出，这种差异值得研究。施耐德说：“……如果谁把第二版和第一版进行对比，应该得到哲学博士学位。就我所知，尚无人做这件事；杜威发生了很大的变化。”(纽约：霍里真出版社，1959 年)我们沿此思路的探索表明，这个题目至少复杂得可做博士后研究。

的视野。伦理学处于特别不稳定的地位：以前，它停靠在舒适的假设上，即人们赞同道德，只是在如何为它辩护上发生争论；现在，它惊谔地感到，在道德问题上有根本的冲突。

虽然本导言展示了杜威关于伦理理论的某些一般特征，以及把它和其他类型伦理学区别开来的显著特点，但是它强调了那些标志着从第一版到第二版的历程的变化。它们是对这四分之一世纪之间社会科学成长和历史经验教训的回应。本导言的第一部分展示杜威经久不衰的心理学的研究，确认 1908 年版《伦理学》中那些注定了 1932 年版的变化的基本主题；第二部分探索伦理学理论的社会文化维度的变化；第三部分研究其他维度的变化所导致的或使之可能的伦理学概念的变化。在全篇中，我们注意指出各种影响和“关节点”。最后，第四部分用从纷繁复杂的历史的、社会的和知识的影响中总结理论的方法，从杜威的伦理学理论的经历中汲取教训。

**I.**

行为及其心理学背景的分析虽然是 1932 年版《伦理学》的中心，但从 1908 年版《伦理学》以来就没有变化过。① 甚至在那之前，它在开创性文章《心理学中的反射弧概念》(The Reflex Arc Concept in Psychology, 1896; EW 5:96—109) 中就已经成熟。在那篇文章中，杜威用反馈模型整合了刺激、意识的中心过程和运动反应。这清晰地表达了他的思想的永久性特征：认识论的和伦理学的。第 x
一个是意识和探索之下的问题结构的基本呈现。第二个是探索的积极特征。第三个是过程的重建性质，包括在解答或评价方面及其稳定性的实验地位的某些创新。第四个是对时间的关注。这种时间是内在于过程，从而内在于其语境和条件转而内在于其结果的，而不是外部的干预因素。第五个是整个过程的整体的有机特征：行为统一情景的不同方面——意向、动机、意志、满足、经验、品格、自我——作为维度而不是作为分别起作用的要素。

杜威早就在他的《伦理学研究（教学大纲）》(*The Study of Ethics: A*

① 《杜威中期著作，1899—1924》，乔·安·博伊兹顿(Jo Ann Boydston)主编，卡本代尔和爱德华兹维尔：南伊利诺伊大学出版社，1978 年，第 5 卷。随后涉及其他中期著作，以及《杜威早期著作，1882—1898》和《杜威晚期著作，1925—1953》，均由乔·安·博伊兹顿主编和南伊利诺伊大学出版社出版，分别以 EW、MW 和 LW 标示。

*Syllabus*，1894；EW 4:219—362)中运用了这种心理学模型。这主要用来研究杜威所说的心理的伦理学；1908年版的《伦理学》增加了完整的社会的伦理学，追溯了伦理学理论的社会成分，研究了从原始社会到现代的伦理学史，还增加了对社会问题的专门讨论。重要的是：要注意杜威在心理的伦理学和社会的伦理学之间作出的区别，绝不能等同于大家熟悉的作为伦理学分支的个人伦理学和社会伦理学之间的区别。因为杜威的心理的伦理学和社会的伦理学是研究整个伦理学的两种方法。行为是在有机体和环境之间的自然的和社会的相互作用。心理的伦理学研究个体在那种相互作用中的过程；在此意义上，它赋予伦理学所采取的形式。社会的伦理学在其环境范围和历史深度上研究这种相互作用，它充实内容。

和杜威的伦理学思想中这些连续之处相反，1932年版的《伦理学》对1908年版的《伦理学》作了两个重大的修正：一个是研究伦理学理论的社会文化维度，另一个是研究伦理学概念之间的联系。我们把发生了变化的观点总结如下。

在20世纪的第一个10年里，人们通常可以从"线性的"术语中看到道德观的历史发展：道德从风俗的群体道德演化成反思性的个体道德。面对道德问题
*xi* 的反思(智慧)的效用，当然是两个版本著作主要关心的问题；但是，1908年版的《伦理学》以特别的方式解释了反思和风俗的差异。因为反思在某种意义上是个人的事情，而风俗则往往被说成是群体的或社会的事情(当然，习惯既有个人特征也有群体特征，但是被解释为有价值的习惯的风俗则往往被认为是归于群体的)。人们通常认为，风俗是保守的，而反思则似乎主要是重建的，它关注那些解决问题要求的变化。结果由风俗引导的社会往往是静止的，而不是进步的。而且，进步的社会在其运行中，比静止的社会体现了更大的智慧。最后，一个社会越是进步，其道德就越是不同于其他制度方面(法律、礼节、宗教戒律，等等)，它脱颖而出成为独立的方面。①

在1908年版的《伦理学》中，伦理学理论的概念体系把善作为核心概念：善

① 这种演化图景伴随其早期人类的"风俗蛋糕"(cake of custom)概念，是19世纪晚期和20世纪早期追溯不同制度演化路径的总体努力中的一部分。根据斯宾塞假设演化是进步的，从无组织的同质性到有组织的差异化，现代的形式可以被看成其顶峰：例如，亲缘关系从假设的早期的群体杂交，经过一妻多夫和一夫多妻阶段到单一配偶家庭；法律从风俗的地位到个体化的契约；宗教从不加选择地相信万物有灵论，经过多神教到一神教；道德从风俗和集体群体责任到在独立的道德中的个体的(逐渐理性的)反思。

不仅在于冲动的满足，而且在于冲动本身被储备的有关后果的经验改变。因此，善指的是冲动在整个行为体系中的价值。正当（责任、义务和法律）是导向而不是控制，是以和他人的关系及他们的需求为中心的。但是，它通过善来过滤："义务是片面的孤立的自我归于理想的自我的东西。这种孤立的自我体现在已形成的肤浅的、紧迫的倾向之中，而理想的自我则呈现在抱负之中。由于这些抱负尚未成为习惯，它们不能系统地控制自我。只有通过对习惯的自我进行多少有些痛苦而困难的重建，它们才可能成为习惯的倾向和兴趣。"因此，义务是一种目的扩张和品格重建的现象。相比之下，美德是直接与公共的善相关的，不经由个体的自我：美德是支持公共的善的品格特征（MW 5：359）。（赞同和不赞同是在情感上承认或回应那个公共的善的第二类现象）至于善和正当，对社会的或公共的善的涉及就更为间接。善在形式上是根据自我在行为中的满足来计算的，要求目的的永久满足而不是眼前的满足；但是，它明显伴随着这样的假说，即可以证明永久满足的目的是社会的目的。至于义务，人们必须到满足中去寻找社会；形式还是理想的自我和当前自我的关系。总之，1908 年版的《伦理学》是用心理的伦理学来阐述其伦理学概念的，以善为其核心概念。 *xii*

这就是注定了 1932 年变化的两个主题。道德演化的"线性"理论在其影响消失之前，需要几乎四分之一世纪来展开。只有到那时，伦理学概念之间关系的修正才可能是迅速的和确定的。

## II.

缺陷最早出现在道德演化的线性理论中。这种线性理论是 1908 年版《伦理学》的基础。第一个缺陷是这样的假设：相同模式的发展可以在一个社会的道德演化和个体生命从童年到成年的成熟过程中找到[某种"个体发育重演系统发育"(ontogeny recapitulates phylogeny)主题]。第二个缺陷是假设原始人的心智和现代人不同。甚至在 1908 年版的《伦理学》以及它的前后时期，杜威表达了对把个体发展和历史演化相比较的某些保留。虽然他没有拿起棍棒反对这种比较，但他始终坚持要分别研究它们，特别要研究这些学说对教育的影响。关于历史演化，虽然杜威在 1908 年没有质疑过去曾经有不同于反思性道德的风俗道德的时代存在，但确实表明了在现在的道德中有很大程度的风俗的东西。更进一步，他把个人导向的道德看成本身就是一种社会的模式而不是个人主义替代社会(MW 5:389)。随着本世纪 20 年代和 30 年代科学的人类学和它一争高低,道德演化理论的另一个缺陷,即所谓原始人的心智不同于现代人的假设,开始退避
xiii 三舍。

回顾历史,我们也许会好奇:为什么 1908 年的伦理学理论的社会文化假设被彻底取代,修正的伦理学理论明确形成,花了杜威几乎四分之一世纪的时间?答案在于风俗道德和个体反思性道德之间关系的复杂性。改变风俗概念及其组成的习惯观念,使反思能够渗透风俗并在其中如鱼得水,并非易事。它涉及改变什么是个体的含义,从而把握 17 世纪以来一直统治西方思想的个人主义。这还涉及评估作为社会的和道德的思想中的范畴的个人和社会的对立。此外,还必须确立反思观念,它将对形形色色关于理性、合理性和增进知识的方法进行哲学思考。只有在此之后,杜威才能利用这些探索的结果来重建规划和指导道德探索的伦理学理论。

这些任务到 1932 年版的《伦理学》问世时才得以完成。反思观念在详细描述的智慧概念中变得成熟。作为进步的道德标志的独立性,为孤立道德的危险所取代:为了寻找与具体问题相关的东西,道德反思深入生活的任何一个领域;道德不是应用其自身原则的孤立领域。人们承认,个人主义是在具体的西方人的历史条件下,在思想、感觉和实践中的一种具体的思想倾向。无论道德运动是从社会到个人,即从一种道德身份到一种道德契约,还是相反,取决于特殊的历史条件和语境的要求。关注的焦点不再集中在全球人类的发展上,而是集中在西方人以及与其发展偶然呈现的形式相关的根源上。再也没有规定的全球模式,也没有一套适用于任何历史上活跃的民族的模式。社会的和个人的现在是任何道德思想或行动的两个方面;没有人能够认真地提出一个问题,说个人是对抗社会的;所谓个人和社会的冲突,总是在具体条件下,具体个人和具体制度要
xiv 求之间或社会中不同群体之间的紧张。社会的善不再是道德评价中显著的内容,而几乎成了道德观念本身定义的宽度——和一个人较狭窄的心胸相比,要宽广得多。理智(intelligence)接管了理性的责任,风俗也不再仅仅是它的不反思的负担。习惯更为活跃地进入反思的活动中,尽管旧的习惯不断受到拷问,受到不停的变化带来的或将要带来的新的条件的责难。因此,风俗有时为反思所加强,即使反思永不停息。

要了解伦理学理论中这些变化的冲击,我们必须理解这些变化本身是怎么

发生的。它们来自四分之一世纪里不同领域的知识的扩展，来自那个时期历史事件的有力冲击，也来自杜威自己对道德哲学中理论传统反思性的哲学分析。我们先来看看那些在伦理学理论中运行的领域中的变化。正如杜威心理学中的变化，为他从心理学角度理解1908年版之前的伦理学铺平了道路，还有早期的社会科学和心理学一起进入1908年版的伦理学理论；后来的社会科学的进步和杜威对历史事件的回应一起，为1932年版的伦理学理论奠定了基础。

我们可以通过对发现的成分问题（道德演化和历史角度；社会的和个人的；风俗和习惯；智慧）进行选择性的评论，来展现放弃道德从风俗的到反思性的演化的主题的变化。

*道德演化和历史角度。*几十年来为批判思想开辟道路并颠覆了无批判的进化论的前提的新人类学，主要是和弗朗茨·博厄斯（Franz Boas）学派相联系的。他的《原始人的思维》（*The Mind of Primitive Man*，1911）颠覆了这样的观念：存在不同于现代人的统一的原始人的思维；它承认原始人和现代人之间个体能力的广泛相似性，其区别主要是由传统模式、机遇和关注领域不同造成的。杜威显然接触到了这种思想。[①] 最后，在一篇《人类学和伦理学》的文章（LW 3：11—24）[②]中，杜威详细地考察了道德演化的不同解释，他得出结论，反对把道德概念、道德实践和制度的、智慧的变化隔离开来；他没有发现毫不含糊地由事实证明的确定的演化模式，无论是远离还是趋近更大的个体性；他强调影响的多元化，认为需要专门进行研究。这篇文章标志着1908年版《伦理学》的历史基础的终结。它应该和在1927年出版的杜威的《公众及其问题》（The Public and Its xvi

① 1914—1915年，杜威和博厄斯在哥伦比亚大学一起举行了题目为"对智慧研究中进化的和历史的方法的考察"的研讨会；霍默·德效骞（Homer Dubs）在杜威自己的课程"道德和政治哲学"（1915—1916）记的笔记的留存部分（杜威研究中心，卡本代尔：南伊利诺伊大学），展示了对不同模式的进化思想的详细的考虑。杜威在哥伦比亚大学的一门课程"社会制度和道德研究"的1923年的教学大纲中（MW 15：235）提到了博厄斯的著作（纽约：麦克米兰出版公司，1911年），并在1932年版的《伦理学》中列举了这本书。从杜威和塔夫茨文章中多种多样的思考和回忆中，从不同时期学生的听课笔记中，我们可以详细地追踪：不仅可以看到，杜威是在什么地方开始接受1908年的道德演化观的；还可以看到，从1908年到1932年，这种思想解体的连续的几个步骤。

② 这篇文章是威廉·奥格本（William Ogburn）和亚历山大·戈登韦泽（Alexander Goldenweiser）的《社会科学及其相互关系》（*The Social Sciences and Their Interrelations*）（波士顿：霍顿·米夫林出版公司，1927年）一书中的一章。

Problems; LW 2:235—372)一起阅读,后者为替代个人—社会两分法提供了新的范畴。

抛弃道德演化的线性观点后,1932 年版的《伦理学》转向具体的历史探索和评价,而无需在总体上具体地承诺社会的和个人的区分。因此,个人主义可以在不同的历史语境中考察以探求其发展条件,以一般方式使用"社会的"让步于对具体群体的研究。人们可以考察静止的社会,无需假设它们必须有更早的发展阶段——例如,在中国,对风俗的强烈依赖并不一定就是道德落后的标志。替代线性观点的只不过是在其具体的社会历史语境中,对社会现象作更为真实的社会历史分析。

尽管 1932 年版的《伦理学》并没有讨论这种改变了的、面对历史的方法,但人们可以在详细的历史章节中和 1908 年的那些方法相比较,清楚地看到这种方法。在那些重写的或有新的章节的地方(关于希伯来人的道德、罗马人的贡献另加的一章,以及研究现代潮流的一章)出现了一个转移,从简单展示更高层次的意识和个人道德的出现,转向解释性探索社会条件的影响。例如,希伯来人开始和其邻居一样是游牧民族,为什么会发展出他们的道德? 关键不仅仅是经济的、社会的背景扩大,进入突出的位置;而且,现在不再把道德形式的出现看成是道德演化的一般阶段,而是看成对具体的历史问题和冲突中的挑战的回应。罗马根据其独特的帝国问题发展出道德的法律方面;早期的现代发展则有着混杂于个人主义潮流中形形色色的根源。

xvi

1908 年和 1932 年之间发生的历史事件,也有助于视角的变化。第一次世界大战的影响,特别削弱了总体上进步的(理性的民主进步是文明的标志)假设。现在,不是理性而是暴力和专制的增长。像斯宾格勒(Oswald Spengler)的《西方的没落》(*Decline of the West*)这样流行的著作,伴随着其认为每一种文明都不可避免地没落的理论,以及用战争、暴力和权威主义作为即将崩溃的指示器,表达了普遍的悲观主义。在法西斯主义和纳粹主义的阴影下,民主寿终正寝的预言大致出现在 1932 年版的《伦理学》之后、希特勒上台掌权和第二次世界大战之间这个时期;但是,第一次世界大战伴随着其后的动乱和革命,还有经济危机和大萧条,这些已经足够了。虽然杜威没有以任何方式放弃他对民主的努力,人们却再也不能保证民主胜利在历史上出现。这使他的开放世界和人类掌握世界的责任的观点显得尤其重要。

杜威长期强调观念、决定和行动在塑造社会方向上的重要性。铺陈在历史画卷上的，是与呈现在他早期的心理学探索和思考之处相同的结构：社会心理学中的三重奏——冲动、习惯和智慧——在历史上显现为需要、风俗和重建。在两种情况中展现了起作用的智慧，促进了重建的反思，这是在旧的和新的需要的母体中的习惯之间的冲突。当它不能导致平稳的变化时，就可能造成危急的甚至 *xvii* 革命的局面。

把杜威的历史模式和马克思主义者的历史模式相比较，是非常有趣的。杜威确实认为，历史中产生问题，为必要的变化提供舞台的因素，在生产和技术的意义上是经济的。而且，他也认为，经济确实决定了生活的特征——但是仅仅在反思的或观念的东西受到阻碍或赋予重要性的地方。对马克思主义者来说，前面时期的生产关系阻碍了必要的变化，杜威用更为一般的制度习惯的术语把过去看成保守的、需要重建的。双方都重视观念的因素。例如，列宁在 1908 年[在他的《唯物主义和经验批判主义》(*Materialism and Empirio-Criticism*)中]，就觉得有必要求助哲学来召集他的追随者。但是，列宁把观念的东西定位于先锋组织或领导无产阶级的政党的严格概念中，而杜威则把注意力放在经济变化导致的革命形势下全体人民的觉醒上。无论他观察远东、俄国、墨西哥，还是土耳其(1919 年到 1929 年间的旅行)，都描述了革命的基本事实；不是用那些进行革命的人们的术语或他们的观点和希望，而是作为“一场心灵的、道德的，不仅是政治的和经济的，人们对待生活需求和可能性的态度的革命”(《列宁格勒给出了启示》，LW 3:204)。在列宁格勒，人民群众中变化的气氛比任何有关它的理论描述都要引人注目。在墨西哥乡村，他深为夜校的现象所感动：印第安人跋涉数英里去上学，每个人手持一支蜡烛，为晚上的学习照明。他有关中国的论文，分析了观念在不间断的大规模群众运动中形成行动方面的作用；战舰、铁路、机器和化学药品加速了这些运动，从而颠覆了中国人的习惯和长期存在的制度。虽然 1932 年版的《伦理学》没有详细地讲解杜威对历史的解释，但是很显然，它通篇依赖历史。

社会的和个人的。1932 年版的《伦理学》对于“社会的”和“个人的”给出了决定性的断言：“因此，我们将用对发生在具体时间、地点的确定的冲突的考虑来取代个人和社会之间的普遍对立。总之，‘社会的’或‘个人的’都没有固定的含 *xviii*

义。”(本卷 327 页①)这种断言至少是《哲学的改造》(*Reconstraction in Philosophy*,1920 年,根据早年在日本的讲座;MW 12:77—201)以来的必然结论。杜威拒绝了根据这样的概念进行的一般性讨论,认为这是浪费精力;它应该让位于“对许多具体的结构和交互作用进行专门探究”。

> “个人”并非是一个事物,而是一个内涵丰富的词,它代表着那些在共同生活的影响下所产生、所确认的各种各样的人的具体反应、习惯、气质和能力;“社会”这个词也是如此,它代表着许多不确定的东西。它包括人们为了分享经验和建立共同利益和目标的一切联合方式:街道上的流氓群、强盗帮、党派、社团、贸易联盟、股份公司、村落和国际同盟等等。而新方法的作用在于,用对特殊的、可变的、相对的事实(与问题和目的相关,而与形而上学无关)的探究来代替对一般概念装模作样的摆弄。(MW 12:194)

而且,“从一个方面看,这好像是一个个人主义的运动,但实际上,这是大幅增加组织的种类和变化的运动”(MW 12:196)。

然而,在杜威以前对个人的和社会的研究中,有一种不对称。他从来没有相信过霍布斯和洛克哲学中牢固确立的原子的个人,即作为一个自我封闭单元的个人,根据这种观点,所有的制度都要得到辩护。早在 1888 年,他就指出,社会契约论的本质不是签订契约而是这个事实,即人被当作孤立的非社会的个人,直到契约的形成[《民主伦理学》(The Ethics of Democracy); EW 1:227]。他认为,这样的路向把民主等同于无政府和强迫制造公意。另一方面,常常要使用一般的社会的观念。个人是社会的存在,自我是社会的产物。而且我们已经看到,即使在 1908 年版的《伦理学》中,虽然杜威还持线性道德演化的观点,但他坚决反
*xix* 对这样的观点:登峰造极的个人主义本身绝不是一种社会的模式。

很有必要重申一下:在 1908 年,社会的不仅是个一般范畴,还是一个用得很多的概念;相比之下,没有当作范畴的个人的,运用它只不过是因为其和反思、主动性、变化性等等有相关的作用。在有关善的讨论中,人们假定只有社会的善满足伦理学要求的条件(MW 5:261);而且“因此,真正道德的人是这样的,在他身

① 括号内为英文原版书页码,即本书边码,全书同。——译者

上，从社会立场来看待自我的所有的能力和习性的习惯已经形成并起作用”(MW 5:271)。在塔夫茨和海伦·汤普森(Helen Thompson)较早的著作中[①]，个人主义的观念可以追溯到 17 和 18 世纪，特别是看它如何为把社会的善作为行动的标准和目的打开道路。这种观点出现在 1908 年版的《伦理学》中：如果道德演化从社会的变化到个人的变化，那么，道德的个人有意识采纳的道德内容就逐渐变成了社会的。

在《哲学的改造》中明确地采纳了新的路线后，重建个人的和社会的概念仍然是 20 年代的任务。前者是一个较容易的任务。个体性作为某种自我，受到社会的制度、联系和教育过程的培养。它促进了反思性思想、批评、首创性的成熟，为防止僵化方法提供了多样性，成为个人主义传统的继承者。这一点，在《人性与行为》(*Human nature and Conduct*, 1922; MW 14，即社会心理学导论)有关智慧的讨论中已经有了暗示，在《新旧个人主义》(*Individualism, Old and New*, 1930; LW 5:41—123)的对比中得到了充分的阐述。社会的重建则要求更多：不抛弃它作为一般范畴的使用，但是对它在具体分析中的使用必须引入某些新的观念。《公众及其问题》(1927; LW 2:235—372)实现了这个重建。个人的和社会的之间的区别，至少在政治的和社会的理论中，为了方便的目的，被私人的和公共的之间的区别所代替。当行动的后果超出行动者并且被更为广泛的群体认为是重要的时候，公共的就形成了： *xx*

> 私人的和公共的之间的界线，要在行为后果的程度和范围的基础上划分。这些行为如此重要，以致需要加以控制，无论是禁止还是促进。我们区分私人的和公共的建筑、私立的和公立的学校、私家小径和公共道路、私人财产和公共资金、私人和政府官员。我们的观点是：在这种区别中，我们找到了理解国家的性质和职能(office)的钥匙。(LW 2:245)

而且，“公众包括所有那些受到活动间接后果影响的人们。这种影响程度很

① 《英国伦理学中体现出的个体及其与社会的关系》(*The Individual and His Relation to Society as Reflected in British Ethics*)，纽约：奥古斯塔斯·凯利出版公司，1970 年。本书原来分为两部分，在 1898 年和 1904 年分别发表。

大，以致人们认为有必要系统地关注那些后果”(LW 2：245—246)。根据这种观点，公众可以增加、变化和消失；可能有非常广泛的公众和范围较小的公众。决定性后果根据条件和时间的长短而形成。这种概念的转换重新表述了问题，为根据条件和后果(就如它们实际发生的那样)找出试验答案开辟了道路。

在后一年——1928 年的 4 月，杜威发表了《社会的，作为一个范畴》(Social as a Category)的文章。① 他区分了运作的社会现象和一般范畴。总体来说，它包含的新观点很少，但是证实了人类现象的社会特点，并且是用思想的地位，甚至主观性和道德本身的地位来计算的。在某种意义上，它用提升它的方式来对范畴说再见。

杜威对这些问题的综合体现在《新旧个人主义》一书中。它包含了我们考虑过的所有可能出现的启示：拒绝静态的原子个人主义；拒绝集体的、合作的和个人之间的对立；个人关系的文化特点；强调利他主义不构成解决办法；历史条件和社会条件的基本作用。值得注意的是：当他接近这些结论时，他号召我们“忘
*xxi* 记‘社会’，想想法律、工业、宗教、医学、政治、艺术、教育和哲学，想想它们的复数形式”(LW 5：120)。他没有为社会变化提供蓝图，而是提供了全面的个性概念来引导它。

因此，1932 年版的《伦理学》没有必要为重建社会的和个人的观念辩护。在解释公共的善这个观念方面，在营造社会历史语境来说明道德理论中的争论方面，它能够展示更大的具体性。公共的善这个观念现在得到了共享和参与等具体观念的丰富(本卷 345 页)。为什么道德既不是完全社会的，也不是完全个人的，这已经变得明白易懂。在对社会的和个人的进行新的分析之后，这一点已经变得很清楚：在稳定时期，道德问题更多地关心个人应该如何适应社会制度；而在动荡时期，它们着重于社会制度的价值，提出对传统和继承的方式的批判(本卷 314 页)。而且自始至终都是用具体时期的需求和问题，用这个或那个解决方案可能会危害生活的质量来分析观念。

---

① 重新发表为《兼容的哲学思想》(The Inclusive Philosophic Idea)，收入在《哲学与文明》(*Philosophy and Civilization*)，纽约：明顿-鲍尔奇出版公司，1931 年，第 77—92 页(《杜威晚期著作》，第 3 卷，第 41—54 页)。

风俗和习惯。道德演化理论赋予风俗一长串品质，就好像它们是反思性思维特点的精确的对立面，因为演化的运动是从风俗道德走向反思性道德的。由于后者定了调子，风俗就必须包含群体结合而不是个人的独立、自动接受而不是谨慎的考虑、静态的条件而不是动态的进步。当人们抛弃这样的理论时，风俗的观念注定迟早会彻底动摇。风俗被定义为有价值的社会习惯，而且习惯本身在个人身上就有这些保守的、自动的特性。

这种认为风俗和习惯是内在保守的观点一直留在杜威的思想中，直到《哲学的改造》(1920; MW 12:77—201)。例如，如果把艺术从“纯粹风俗的统治”中解放出来，据说技术就会促进试验的态度(MW 12:89)。他把古典希腊哲学看成对风俗形而上学的替代，从而保护了正受到威胁的道德的和社会的价值(MW 12:89)。风俗提出了最终的不变的要求，并且培育了一个无处不在的专制主义 xxii
传统(MW 12:91)。当风俗性制度的约束放松后，国家的契约理论就迅速地占领了阵地(MW 12:104)。

然而，在两年之内，整个习惯理论在《人性与行为》中发生了深刻的变化。这本书显然至少是30年来关心心理学特点的最终产物，充满了一层又一层心理学理论和见解。它进一步发展了心理学的生物学和社会学方面。在它对品格的塑造中，冲动代表生物学，习惯代表社会学，理智表达了个人的反思。令人吃惊的特点是：习惯是这一序列中的核心。它给冲动以社会形式；因而冲动是第二性的、依附的，尽管在生物学上优先。理智在冲突的习惯的母体中运行，起着中断不满意的习惯的作用。但是，习惯的扩展远远超出了作为母体的作用。习惯构成自我，品格渗透着许多习惯；甚至在理智的运作中，“具体的习惯做了所有知觉、认识、想象、回忆、判断、思考和推理的活动所做的工作”(MW 14:124)。理智本身也需要用特殊系列的习惯来解释。风俗范畴则从被指责为过去的累赘中解脱出来。理性可以看成为“一种期望与展望的风俗”、“一种对其他风俗的合理性的积极需求”(MW 14:55—56)。这种新的风俗在人类活动中的兴起，对于其他风俗有着革命的影响。

在杜威1919年在日本讲学的内容(后来成了《哲学的改造》)和1922年发表的《人性与行为》的讲课内容中，其习惯和风俗的观点本身也得到了重建。这种变化似乎是由接触了在革命形势中风俗发生改变的、大规模的实例导致的，因为杜威从日本到中国待了两年。他有关中国的论文展示了对理解风俗及其运行的关注。他到达中国时，正好与学生运动巧合。在那时，那个运动是直接反对中央政府与日本侵略者妥协的企图的。杜威感兴趣的是：在新兴力量中，中国的思维 xxiii 方式将会发生什么样的变化。他意识到，习俗的方法在中国持续四千多年，特别是在保持土地肥力方面有着无与伦比的贡献。他开始把中国人的保守主义看成是更有智慧、有意为之的而不仅仅是抱住风俗不放。他认为，反思证实了风俗，风俗体现了反思。这种想法显然和杜威以前的以及习以为常的有关风俗的观点相反。[①]

无论这些经历在杜威思想中的实际作用如何，显然，它们为形成有关风俗和习惯的新观点开辟了新的天地。《人性与行为》中成熟的分析，标志着渗透在1908年版的《伦理学》中的旧观点和1932年版的《伦理学》中对道德中风俗研究之间的差别。然而，与此同时，反思的概念也发展成增强了的智慧观念。

智慧。理智和理性，大多数伦理学理论最喜爱的东西，在杜威的伦理学中只起了有限的作用。这主要是因为，杜威和塔夫茨对理性在伦理学历史中所起的作用有所保留。斯多亚(Stoic)派、中世纪和康德的理论，使得它成为表达宇宙的、自然的规律或道德规律和自然欲望的冲突的道德权威的独立来源。在1908年版的《伦理学》中，理性是低调的——既不是专横的惯例的超我，也不是单独的居高临下的权力，而只不过是应付需要的方式。在变化的世界里，由于各种冲突和复杂性，人们需要某些控制模式，小心翼翼地为随后的经验做筹划。

在1908年确实起着核心作用的、更为常识性的反思观念，是杜威在随后几年里通过对知识、逻辑和科学方法的探索发展起来的。它在《我们如何思维》(*How we Think*, 1910; MW 6:177—356)中发展成较大的规模。决定用智慧而不是传统的理智或理性观念，对塔夫茨和杜威来说，都是有意的决定。这大 xxiv 约在1917年和1919年间，是他们中的某个人想到的。在他的《道德生活和价值、标准的建构》(The Moral Life and the Constraction of Values and Standards,

① 参见杜威的论文：《中国的国民情感》(Chinese National Sentiment)，《杜威中期著作》，第11卷，第215—227页；《是什么阻碍了中国》(What holds China Back)，《杜威中期著作》，第12卷，第51—59页；《像中国人那样思考》(As the Chinese Think)，《杜威中期著作》，第13卷，第217—227页；以及《杜威夫妇书信集》(*Letters from China and Japan*, by John Dewey and Alice Chipman Dewey)，伊夫琳·杜威(Evelyn Dewey)编，纽约：E·P·达顿出版公司，1920年。

1917)[1]中，作为几个话题之一，塔夫茨说："视为整体的智慧和理性，经验通过它们才彼此相关，它们在想象中被放大。"[2]他考察了思想的不同方面，明确决定：那个思想最好称之为"智慧"而不是"理性"。在道德中，两者都暗示要把建议的行为或完成的行为在其联系上，特别是考虑其后果方面，看成一个整体；智慧不仅包括对过去的经验、已经阐述的概念和推理的经验的观察，还包括"较稀少的特性。这种特性在面对一种情况时，能够辨明不太明显的含义，建议用一种观念——'不公正'来解释这种情况"。[3] 因此，在智慧中，既有综合的或创造性的元素，也有分析的元素，它超越了较狭窄意义的推理，包括想象和情感。它也计算其他可能的行为及其后果，超越习惯和偏见，通过预见对他人的影响来达到社会交往。因此，"智慧"指向建设性、创造性的努力，指向新的兴趣源，为发展打开新的领域。

杜威对智慧的显著特征的分析和研究，在《哲学的改造》、《人性与行为》和《确定性的寻求》(*The Quest for Certainty*, 1929; LW 4)中表现得十分明显。最后一本书是专门讨论智慧和智慧生活的，与主流哲学的偏离(寻求不变的权威的真理)形成鲜明的对比。然而，对其要点的说明，没有一处比他在日本讲学大纲(后来成了《哲学的改造》)[4]中说得更为简洁。演讲 5 的标题为"关于经验和理性的变化了的概念"，它追溯了旧的基础：经验，在古代意味着一种积累和逐渐组织起来、如何产生出实际的(像建筑师和医生的)洞见；它如何在英国感觉主义心理学的影响下，成了怀疑主义批判而不是建设的工具。对古代人来说，理性是洞 *xxv*
察宇宙、规律和原则的能力；对康德来说，它是组织杂乱的经验细节的能力。但是，现代心理学在生物学的影响下，突显了经验中积极的主动的因素。因此，实验方法强调设计和发明而不是从过去积累。"理性就成了智慧——那种运用过去的经验以形成将来的经验并对其加以转化的力量。它具有建设性和创造性。"(MW 11:346)所以，从理性向智慧的转换不是语词的转换，也不是新的能力的

---

① 引自《创造性智慧》(*Creative Intelligence: Essays in the Pragmatic Attitude*)，约翰·杜威等著，纽约：亨利·霍尔特出版公司，1917 年，第 354—408 页。

② 同上书，第 358 页。

③ 同上书，第 364 页。

④《杜威在日本的演讲》(Dewey's Lectures in Japan)，《哲学杂志》，第 16 卷(1919 年 6 月 19 日)，第 357—364 页(《杜威中期著作》，第 11 卷，第 341—349 页)。

发现，而是基于新的心理学向实用主义哲学的转向。

这个关键的转换说明了 1932 年版的《伦理学》的许多要点，强化了伦理学是处理重建、解决具体情况中的冲突和问题的观念。这并不是简单地总结过去经验的规则，也不是抵制破坏已有规则的诱惑（杜威强烈偏爱“原则”而不是“规则”，因为前者引导分析，本身类似于运用智慧，反对遵循规定性的理性）。它为他对自由和责任的分析提供了钥匙，因为自由本质上是学习和创造性、创新性地利用知识引导行为。实用主义强调前瞻性的而不是回顾性的责任，强调用表扬和批评来培养关注、回应而不是指责过去的态度，强调敏感性、学习和自我发展而不是外部操纵。

## III.

虽然 1908 年到 1932 年在社会文化维度方面的变化缓慢且不平衡，并且绝大部分是默默地发生的；但是，伦理学概念分析方面的那些变化却大张旗鼓，好像它已经成熟，有着引人注目的成果。善、正当和义务、美德这三个伦理学的主要概念原来是用善来分析的，现在被宣告为各自独立的，每一个都基于人类生活中不同的力量。由于杜威从来没有讨论过脱离人类生活的品格和行为的伦理学概念，这种从基本聚焦于善到一系列独立因素的转移，代表了审视道德生活方面发生了什么的一种新的方式。

xxvi 在理解个体的活动方面，杜威总是呼吁大家注意有机体和环境（自然的和社会的）的相互作用。他深入地分析了这种关系，说明有机体是如何根据过程和个体的意识来选择相关的环境因素的，例如，呼吸是肺和空气的合作活动，采矿涉及对矿石及其用处的意识。他的早期文章和演讲甚至建议，在有关个体方面，把有机体模式推广到整个情景，几乎像有机体那样选择环境特点；后来是相互作用的观念，然后是交往的观念取而代之。然而，只要他谈论的主要是由道德演化的个人主义所支持的心理学的伦理学，就会完全根据内在于个人的过程来解释伦理学概念。现在无论如何，这个观点不再仅仅是影响自然的、社会的环境并受到它们影响的个人的；它直接集中在这个领域本身发生的自然的、社会的关系之充分的复杂性上。

这种新观点是杜威 1930 年在法国作的一次演讲“道德的三个独立因素”中提出的。关于结果的道德，伴随着核心观念——善，是建立在众多的冲动、贪欲和欲望上的。没有预见强者胜出，但是预见了后果，所以比较评价成为可能。这种评价可以根据预见的后果、目标或目的加以考查和纠正。这样分层次整理为善的目的，也许可以塑造所有理性的行为都导向单一的善的观念。道德呈现的第二种理论形式是法律或法令的形式。这来自群体生活的基本现象，每个人都试图保证他人接受他的目的和计划；于是形成了已有的秩序或权利系统，即披着权威外衣的要求。杜威说：

> 我所主张的全部观点很简单，那就是：无论是起源还是作用模式，那些因满足了愿望而表现为善的对象与对他人行为施加必须得到承认的要求的对象之间，存在着本质的差别。两者不能等同，不能相互取代。（LW 5：285） *xxvii*

道德中第三个独立的因素显示为表扬和批评、自发的赞成和反对。这些是对他人行为自然的反应，我们的美德和邪恶观念从中而来。

杜威最后探讨了三种因素之间的冲突。渴望的也许是禁止的，而禁止的也许恰好是赞成的。承认冲突的现实，是理论和道德的进步。当然，这些冲突、问题和重建的类事实，在1908年版的《伦理学》中就已经得到充分的认识。确实，类的冲突和类的重建都是意识的本质特征，体现了理智的作用。其新颖之处在基本观念体系之间，因而在这个观念体系下面的人类生活的力量之间，发现了系统的冲突。这揭示了内在的紧张和不确定性。它们构成了道德情景特色，要求道德的而不是分析的或概念的解决方案。

杜威看到，历史上不同的学派强调某个因素而在某种程度上贬低其他因素，因此有古希腊哲学和功利主义的善的发展，有古罗马斯多亚学派和康德的关于正当的发展，以及18世纪英国的审美理论把同情和赞同融入美德和邪恶的发展。而且，正如杜威依靠把普遍的心理学的和社会的现象看成概念和理论的基础，使得思想家偏爱某个独立因素的具体的社会历史条件。例如，古希腊人用目的论的术语和统一的方式发展了善，因为在他们的小城邦中，在他们的政治制度里，他们的决定被看成是表达了群体追求有意义的目标的合乎逻辑的思想。然而，在罗马帝国，需要的是中央控制和秩序，法律被看成展示了一种有秩序的宇宙理性；因此，注意的焦点放在其职能、义务和关系上。

1932 年版的《伦理学》发展了所有这些观点。在第二部分结束的总结(本卷308—309 页)中,杜威扼要地重述了人类的欲望、需要和要求满足的普遍性;和同伴一起生活以及竞争、合作和从属关系的不可避免性;大量的赞同和不赞同、同情和怨恨的现象。他总结道,这提供了一种既非随意的也非人为的永久性结
xxviii 构。然而,他提出了联系三种因素的模式:范畴是独立的,但这并不妨碍内容相互依赖。因此,虽然作为范畴的正当或法律是独立于善的,但接受为正当的行为必须经受善的评价。当然,在面对具体的情况时,这是一个无限的评价过程。至于美德,范畴的独立性意味着对 1908 年采取的立场的颠覆。在那里,对社会的善的贡献决定着美德系列;情感或情操必须保持一致。在 1932 年,情感被认为是产生表扬和批评、欣赏和贬低的基本表达。它和善的内容的联系,在任何时候都像正当情况中一样,其本身就是一个评价我们的回应或反应从而发展出一个根据目的来对待它们的标准的道德过程。

在 1932 年版的《伦理学》中完成的概念结构的变化,增强了杜威对伦理学的中心看法,即其具体任务是用最广泛的经验教训和创新资源来解决具体问题,而不是应用具有道德普遍性一成不变的、预先设定的模式。

我们现在来看看在每个因素中的重要的具体变化,看看在什么地方可能看到是什么影响了修正。最巨大的变化是对正当、责任、法律和义务的解释。1908年,其立场最急剧的颠覆是在美德理论方面。善的范畴,当其他概念从它的控制下游离出去后,变得更为关注自己内部的紧张——就好像由于失去了帝国,现在只有把自己的屋子整理好。

修正正当理论的基础是行使权利的独立的自然性:“权利的行使就像世界上的其他事情一样自然。在这个世界里,个人不是彼此隔绝的而是生活在经常联系和相互作用之中”(本卷 218 页)。这些权利来自人们的联系,即“人们相互支持的内在联系”,例如父子关系中的父与子,或者朋友关系中“由于友谊关系的真正本性”(本卷 218 页)的相互的情感联系。杜威概括总结道,“正当、法律、责任来自人类亲密地相互支持的联系,它们的权威力量来自把人们联系在一起的关
xxix 系的真正本性”(本卷 219 页)。这样的每个人都生活在联系的网络之中的图景,与个人长期的理想和 1908 年已确立的价值之间的内在的紧张相去甚远,和广泛流行的个人主义伦理学中的意志契约论也相去甚远。

和此非常相似的概念转换,最早是由塔夫茨在《道德生活和价值、标准的建

构》中提出来的。塔夫茨断言，社会因素对道德的重要性在某些方面还没有得到充分的认识。他继续说道："迄今为止，就道德而言，我不知道还有什么比庞德教授提出的习惯法的态度更重要。人们探讨习惯法，希望把责任体系建在联系基础上。"①罗斯科·庞德在《在现代法中的一条封建原则》(A Feudal Principle in Modern Law, 1914)②一文中，把在习惯法中起作用的封建原则和罗马法条目强调的个人主义进行比较：封建原则根据人们之间拥有的关系来确定独立于受约束者意志的职能和责任；而统治19世纪和20世纪早期的个人主义，则高度重视个人自由和个人财产，在交往的基础上决定责任。庞德说，在19世纪，罗马人的契约观在法学中变得流行起来，而且[引用梅特兰(Maitland)的话]契约成了"最贪婪的法律范畴"。庞德呼吁大家注意两种路向语言表述的差异：契约主义者一方面谈论服务出让，另一方面则谈论主奴关系；一方面谈论家庭关系，另一方面则谈论家庭法。庞德认为，契约概念能够满足开拓的农业社会的需要，但不能满足工业化的城市社会的需要，在此"阶级、群体和关系中必须加以(不少于)对个人的考虑"③。

塔夫茨准备从这个材料中为伦理学作一个意义深远的结论："如果正当和义 xxx
务源于这个社会因素，那么至少有一种设想反对在伦理学上使它们从属于善的概念……如果它们有独立的来源，是生活的特殊方面的自然结果，那么至少它们可能不是附属于善的，除非善的观念本身和正当是以通常在目的论体系中没有意识到的方式相互修正的。"④他总结道：正当在道德意识中具有独立的位置。

杜威对契约论的态度长期以来是很清楚的。他批评契约论假设了原子个人主义，但梅因(Maine)的观点——进步的社会是从身份到契约的运动，一直是道德演化的线性理论的支柱。现在，线性理论随风而去，个人主义完全重塑，没有什么东西会阻碍从社会学的角度研究实际关系和需求，这为对正当、责任、法律

---

① 塔夫茨：《道德生活和价值、标准的重建》，收于《创造性智慧》，第361页。

② 《国际伦理学杂志》(*International Journal of Ethics*)，第25卷(1914年10月)，第1—24页。塔夫茨当时是该杂志的执行编辑。重新发表为庞德的《习惯法的精神》(*The Spirit of the Common Law*)(波士顿：马歇尔·琼斯出版公司，1921年)中的第一章。在20世纪20年代的早些时候，杜威表现了对法哲学的显著兴趣。1913年，他主持了"法哲学和社会哲学大会"。在此会上，庞德就"美国的法哲学"作了演讲。这种大会持续了好几年。

③ 同上书，第24页。

④ 塔夫茨：《创造性智慧》，第363页。

和义务的伦理学进行评价提供了材料。

美德理论从1908年到1932年的变化，逆转了认知的和情感的立场。在1908年版的《伦理学》中，善决定了哪一个品格特点有利于社会的善。这种决定为我们的欣赏、表扬、批评等情感反应制订了规则。在1932年，这些情感反应被设想为先在的和独立的。它们是在社会影响下的心理学反应，因此在变化的世界里必须经常接受检查，因为它们可能反映了需要改变的旧习惯。所以，积极的道德评价需要把它们和正当、善联系起来了。杜威在1932年修订版以后给霍勒斯·弗里斯(Horace S. Fries)教授[①]的一封信中，把这种转变归因于他对18世纪的道德哲学的重新研究；他意识到，他们有关同情和道德情感作用的理论打开了一个和目的论理论、道义论理论协调的岩层。这反映了一个独立的根源。

*xxxi* 最后，也许最复杂的变化涉及善的观念本身。和1908年相比，关注道德的善和对品格的涉及，以及通过一个基于整个自我实现的品格标准，在1932年对善的解释中都删去了。品格更为有用，善更为多元化，等同于兴趣的培养。善的概念是功能化的；它仍然停泊在欲望、需求等等之中，目的从中而来，概念的任务在反思和目的形成过程中起引导作用。因此，善的基本作用是评价冲突中的各种选择，在决定中形成目的。

这种把善的判断聚焦于评价特性的做法，在20世纪20年代已经导致对价值观念旷日持久的关注。这表现在一系列论文和争论中，这些争论(1932年之后)在其《评价理论》(*Theory of Valuation*，1939)达到顶峰之前，历时超过了20年，甚至断断续续地延续到以后。在杜威的著述中，特别是20世纪20年代的著述中，当他把善作为一个伦理学概念来讨论时，评价的功能占了主导地位。

在20世纪前三分之一的时间里，关于价值的概念以及杜威在其中所起的作用是另一个故事。在此，我们感兴趣的是：贯穿在杜威有关价值的文章中，他为两个相关的主题作了坚持不懈、不屈不挠的斗争：在所有的评价中，评价成分(关键的优先的评价、权衡决定的要素)的彻底渗透——它们并非等同于简单的快乐、欲望、满足甚至重视的东西，以及强调价值评价是积极的并在修正先前的价值时起作用。人们可以在他对内在价值观念的反对中看到第一个主题。有时，他似乎准备把直觉的重视和评价区别开来(作为考虑后果的比较)；但是即使在

① 杜威致弗里斯，1933年12月26日。霍勒斯·弗里斯文集，威斯康星历史学会，麦迪逊。

那时，他试图把这种重视的重要性降到最小，把它看成关于价值的评价而不是价值评价(评价的评价)。他更加渴望试图把它还原到纯粹关于满足的陈述，特别是当他想到这个建议时，即善的真正意义要还原到基本的更好。第二个主题直接指向潜在的心理学假设：当我们进入问题情景[在其中，我们的价值评价是决定性的、积极的，最终在品格中是优先的(第一个主题)]时，便进入了评价。关于 *xxxii* 评价如何进行的扩展理论以及对其简化观点的批评，是在《评价理论》中最终起作用的。但是，善在道德情景中(在其中不确定的东西成了确定的目的)作为一个决定的评价作用，在1932年版的《伦理学》中是明确的。

**IV.**

杜威的伦理学理论中有三个主题特别值得注意，因为它们也许会给当代问题带来教训：(1)基因方法；(2)理论和实践的关系；(3)伦理学理论中的科学预设。

(1)人们意识到，基因的实验的观念是提问和寻找解释的最方法；杜威把这归于达尔文的影响。他常常把基因的和实验的联系在一起，因为他认为历史的路向是最快的捷径。在这种捷径中，对人的研究可以达到发现制度和观念的后果；物理科学可以直接和重复地实验，可以采取普遍的形式。

反对基因方法的指控说，它用历史的因果解释替代真理的标准评价，这种说法是站不住脚的。基因的探索不是简单地给出历史事实，而是通过发现历史联系，澄清并扩展原初的"它"(其历史被探索的)的含义。他有时把原初的探索主题——例如出现在意识中的一个观念——比作我们发现的化石；只有当我们获得了有关它在历史上象征什么的深层知识时，其充分的含义才能被认识。因此，基因方法的成长就是意义的增长，它可以帮助我们重新规划初始的探索。

当然，历史语境的概念是极其复杂的，其要素在运用中必须加以区分。例如，考察一个观念，一个基本要素就是历史起源或因果来源；另一个要素，也许是核心的，是它的职能。在时间上，这个要素显然延伸到后果当中；接下来，它又得到揭示选择性兴趣要素的充实。后者在后果中给予目的性指导。指称给语境带来的扩展可能既是空间的，也是时间的，有助于说明周边的现象。例如，一张有 *xxxiii* 一个人在奔跑的图画并不能告诉我们：这个人在跑马拉松、赶公交车，还是在躲避一头公牛。在时间上，一个事件通过成为一个叙事中的部分(在其中，它和其他事件相互联系)才得到说明。最后,确定语境为纳入文化和理论的背景,为在"语境"的框架下充分的社会文化解释(即通过行动者周围人们在空间、时间上的联系和他们的方法、品格和制度)打开了大门。

杜威关于"语境和思想"的演讲(LW 6:3—21)[1930年在加利福尼亚大学的乔治·霍姆斯·豪伊森(George Holmes Howeison)讲座],是分析语境本身观念的一种尝试;但是,它更为充分的含义必须从他的许多案例研究中获取。

(2) 道德理论和具体问题的相关性是一个关键问题。这就是现在所谓的"应用伦理学",它也许是说,道德理论——例如功利主义、康德主义等——足以为当前问题提供现成的答案。从1932年版的《伦理学》的第三部分(在这部分,杜威和塔夫茨讨论了社会问题的解决),我们很容易看出,这不是杜威的态度。没有一个伦理学理论,没有一个道德体系,没有一套道德规则,能够对具体情况提出的问题给出答案;没有这样的道德机器。初步措施就是诊断、分析所涉及的是什么样的问题、在具体情景中问题的核心是什么、什么资源可以用来处理相互冲突的主张、利益、价值,以及在建设性的努力解决问题的情景中需要什么。原则是引导,而理论是建议方法,但在每一案例中必须做分析的工作。在具体情况中,新的成分和方法中创新的成分使现成的解决方案并不适用。[①]

杜威为什么保证基因的探索本身不会产生一套具有持续稳定性的道德原
*xxxiv* 则,为道德提供稳定的内容呢?提请关注变化无处不在和关注信念的可修正性,是一回事。然而不管有没有通过科学探索本身发现恒常性,问题都不能预先得到解决。对过去存在的恒常性——例如,在过去所有文化中发现的道德规则——结果都是在内容上经过高度综合和精炼的。而且,杜威对伦理学概念——特别是价值——的解释,是把它们看成对未来、对决定的指导,而不是对过去的总结。所以,在此,我们有了对变化、复杂性和很大程度的不确定性的保证。这种不确定性常常需要非常敏感的关注和修正。杜威明确决定,正如在他的《经验和自然》(*Experience and Nature*, 1925; LW 1)中一样明显,世界包含

---

① 感激乔·安·博伊兹顿提醒我们注意,杜威在1915年5月6日给斯卡德·克莱斯(Scudder Klyce)的一封信中所说的有关1908年版的《伦理学》如下的话:"我唯一的主张是,通常用来反对它的意见是真的。我没有给出或试图给出任何'解决方案'。但是,这似乎不应让反对者认为,道德生活是一系列问题,道德是它们出现时的解决方案,这自然会防止我提供解决方案。"(斯卡德·克莱斯文集,国会图书馆,华盛顿特区)

某种程度的稳定性，也包含某种程度的不稳定性。一旦我们摆脱给予我们有关本质的确定性的单独领域的二元论，一旦我们拒绝了命令我们用一成不变的术语来解释每一事件的目的论，那么稳定性和不稳定性的程度就成了经验教训。而且，这种教训是有关具体事物的变化、新奇和复杂性的，是有关系统的多元性和部分特点的，是有关相互关联事物的偶然性特点的。没有单独的偶然性领域（就像古代亚里士多德学派划分的那样），只有处处可以发现的不稳定性和不确定性。因此，要在一套专门固定的规则方面致力于道德理论（指导控制的技巧），是不符合世界要求的。经常关注不仅是自由的代价，而且是知识和道德的代价。

(3) 1932 年版的《伦理学》假定了把科学知识输入伦理学理论，以及它和从开始感觉问题是什么到对理论所使用观念的澄清，再到估计什么资源可能借助、在什么地方应用、认识增长的可能性何在等每一步骤的相关性，在此无需赘述。杜威方法的力量之一即使在批评其他自然主义伦理学方面，也是推进它们的科学预设，例如把其伦理学建立在基本的快乐、兴趣、欲望、目的等观念上，或者情绪、情感的发生上。杜威就快乐的产生及其产生作用的语境、欲望的产生是对什么的反应、情绪理论对情感的呈现方向，告诉了我们要进行心理学考察。他对这 *xxxv*
些情况发生于其中的潜在问题—情景的假设，为探求解决方案的明确标准开辟了道路，从而超越了简单地计算快乐、欲望的满足或情感的表达。

因此，把伦理学和知识增长联系起来，随着知识的增长而修正、改进之，是杜威伦理学的基本观点。但是，这样的承诺带来了准确地寻找知识的不同部分在理论的什么地方起作用的任务。这是发展、修正和重建伦理学理论本身的任务。1932 年版的《伦理学》必须从这个角度来读。对杜威伦理学理论从 1908 年到 1932 年的发展的研究表明，这种科学和伦理学相互作用的理论在他的伦理学理论中是一以贯之的。

到 20 世纪 40 年代，杜威和塔夫茨没有准备再出第 3 版，尽管那时杜威在和流行的分析学派的争论中竭力为自己辩护。[①] 在 20 世纪 80 年代，实践的规范性问题重新吸引了我们。杜威的伦理学理论以其关注具体、关注变化、关注融入可利用的最佳知识、关注伦理学理论的启蒙作用、关注对创新思想和智慧的召唤，为我们提供了刚好相关的视角。

---

① 参见本卷第 477 页的“文本说明”。

# 伦 理 学

## 1932年版前言

这部写于1932年的版本究竟是修订还是一本新书，是个合情合理的疑问。 3
基本的思路照旧；视角和背景有了一些变动。当前的这一版中，有三分之二的部分是重新写就的；而在余下的三分之一中，人们也会发现细节上的多处改动。

自1908年以来的24年间，人们对伦理学领域愈发感兴趣了。在第一版发表的时候，在美国几乎没有人论述道德问题。自那之后，一些为大学和学院所修订的课本证明了这一课题在教学课程中的重要性；经济学家、社会学家、政治学家以及历史学家们除了探讨他们所研究课题的技术方面，也开始讨论其道德层面；一些从普通读者的角度出发思考道德问题的著作，也出现了。在一个战争可能摧毁任何国家或个人生命、财富和不安全结伴同行、阶级依然分化而宗教却不再具有不容置疑的权威性的世界里，对研究和反思的需求变得愈加明显。

同样明显的是：假如本书的作者想要自以为是地为棘手的问题作出定论，他们将因而使得伦理研究的目的落空。和前一版一样，这一版的目的在于促成一种深思熟虑的习惯、一种展望个体行为（conduct）和社会政策之全部意义及后果的习惯，并且给学者提供一些工具和方法。工具指的是道德形成的过程和道德意识借以获得阐释的某些值得注意的概念。方法是指对新的价值以及经受了经验检验的价值持开放的心态，并在进行分析和探索中不懈地努力，直到获得基础原则或基本假设，并使它们得到检验。

具体来说，第一部分的改动主要在第一、三章和第六章中。我新添了一章来 4
阐述罗马人在伦理问题上作出的贡献，并且几乎完全重写了关于现代的一章。第二部分也焕然一新：阐述方法有所改变，内容实际上全部重写。第三部分除了第 438 页到第 443 页以外，都是全新的。

使用过先前版本的同事们给我们提出了许多宝贵的建议，在此向他们表示衷心的感谢。他们中有已故的米德(G. H. Mead)教授和爱迪生・摩尔(Addison W. Moore)教授；艾肯斯(Aikens)、埃姆斯(Ames)、伯特(Burtt)、菲特(Fite)、派亚特(Piatt)、夏普(Sharp)、史密斯(Smith)和赖特(W. K. Wright)等教授。经济学章节的作者非常感谢芝加哥男士服装行业的公司，尤其是由霍华德(E. D. Howard)博士所代表的哈特马克斯公司(Hart, Schaffner, Marx)，还有由其主席悉尼・希尔曼(Sidney Hillman)先生所代表的成衣工人联合会(Amalgamated Clothing Workers)，以及芝加哥的负责人莱文(Levin)先生；他们使我们获得了关于工业中问题双方的经验。最后，感谢塔夫茨博士有关文字风格和实质内容上的建议，以及他在校对时给予的慷慨帮助。

约翰・杜威

J・H・塔夫茨

1932 年 3 月

# 第一版前言

这部伦理学教材的重要性在于，它努力唤起人们确信道德问题的真正现实 5
性和反思性思想在研究它们时的价值。为了这一目的，第一部分展示了一些历史材料；第二部分讨论不同类型的理论解释；第三部分考察了一些构成当今特色的典型的社会的和经济的问题。

经验表明，学习道德的学生的困难在于：他们无法客观、准确地把握这一领域，因而无法把其中的问题看作真正的问题。行为是如此私密，以至难以分析；但它又十分重要，在很大程度上看待它的视角已无意识地被先前的训练所塑造。作者们的课堂经验已经证明，历史的探究方法是解决这些困难的一种有效的手段。追溯道德生活在各个典型时期的发展轨迹，可以让学生们意识到，他们自己的习惯性立场中包含了什么；同时展现了论题的具体内容，可以成为分析和讨论的素材。

道德理论的经典观念具有举足轻重的意义，它们阐明了道德生活的含混之处并且给学生提供线索，使得他们能够自行地探索它。但是，当学生们突然接触到这些理论观点时，总会遇到教条主义或脱离实际的危险。这些观点为理解道德事实提供了工具，更可能成为这些事实的替代品。如果把它们作为现成的理论传授给学生，那么，这些理论的敏锐性和技巧性可能会获得推崇，但它们实际
的可靠性和可应用性却会遭受怀疑。对历史的引介，会让学生亲临那些理性工 6
具产生时的社会情境。他会理解这些观点与引发它们的环境的相关性，也会被鼓励把它们首先运用于简单的问题上而不是立即面对当下更为复杂的问题。通过对渐进发展过程的了解，他能够获得对这些观点及运用它们的能力的信心。

第二部分更为专门地对道德理论的主要观点加以分析和批判，这部分的目标因而并不在于灌输某一学派的观点或者一个现成的体系，而是从日常行为的问题和体验中展示理论的发展，并且表明这些理论如何成功地应用于一些实际的、亟待解决的问题。道德生活的许多方面已经得到了彻底的检验，因此我们可能表述某些原则，并相信它们会得到普遍的认同。例如，理性主义和享乐主义对科学地陈述行为的要素颇有贡献，即便它们无法成为一个自我封闭和最终的体系。在讨论康德(Kant)和穆勒(Mill)、西季威克(Sidgwick)和格林(Green)、马蒂努(Martineau)和斯宾塞(Spencer)之后，我们有可能断言：在道德生活中，理性和幸福各有其位置，有义务的位置，也有评价的位置。我们不把理论看作互不相容的竞争体系，必须在整体上接受或排斥它们；而是把它们看作研究行为问题的较充分或较不充分的方法。这一思考方式，有助于我们科学地评估和确定不同因素在复杂的道德生活中所起的作用。学生处于自己判断行为问题的位置上。这一对个人判断的解放和启蒙，是理论部分的主要目标。

这一研究领域的很大一部分，尤其是对本书第三部分所讨论的政治和经济问题，还没有什么既定的研讨方式。然而，把对这些有待解决的问题的考察引介给学生们，是相当有价值的。当整个文明世界致力于正义和民主的意义及价值时，如果那些对伦理学感兴趣的学者仅仅满足于现成的观念，仅仅涉及最无需怀疑的行为方面而不涉及当下紧迫的问题，那么，这便是无法容忍的空谈。此外，
7 思考理论和实践的相互关联对彼此也是有益的。一方面，与个人主义和社会主义的先验主张相反，对我们而言，当前最需要的是应用更为审慎的分析和实验的方法。极端的保守主义者可能会贬低对当下秩序的任何审察，而狂热的激进分子对研究者批判性的、看似迟缓的研究进程则会失去耐心；但那些仔细考虑过人类对自然界征服的人却不能容忍这样的信念，即不再需要用较原始的试错方法、历史悠久的成见方法以及党派论战的方法，完全支配对社会生活的管理。他们希望把科学的方法应用到人类福祉和进步的问题上。反过来说，参与促进道德秩序和道德进步的实际工作的科学应当得到刺激和试验的有价值的反馈影响。在其形成过程及已确立的价值上思考道德，会使科学更富有生命力。无论对于论题的效用如何，只要学生远离了那些困扰其同时代人心灵的问题，他就很难充分地理解他的研究材料和方法。

受时间所限的教师们无疑更喜欢自己选择材料，以下建议提供了一种可能

的选择方法。在第一部分讨论希伯来、希腊和现代发展的三章中，任何一章都可以被看作对方法的说明；第9章的某些部分对初学者来说，可能会在分析上过于详细。在第二部分，第11、12章可以省去而不会影响对整个论证的把握。在第三部分中，任何一个特定的主题——政治国家、经济秩序、家庭——都可以被看作是独立于其他主题的。一些教师可能喜欢选择一个完整的部分来讲述，在这一情形下，他可以任意选择其中的两个主题。

对于本书两位作者各自负责的具体分工如下：第一部分由塔夫茨先生撰写；第二部分由杜威先生撰写；第三部分的第20、21章由杜威先生撰写，而第22—26章由塔夫茨先生撰写。不过，为了让本书在整体上成为一部真正的合著，两位作者对彼此所撰写的部分提出了充分的建议和批评。

不用多说，我们没有列出本书的所有参考书。在注明所引著作出版日期时， 8
总的考虑是：对于最近的文献，我们给出最新版本的日期；而对于一些经典文献，则给出原始版本的日期。

最后，我们要向我们的同事和朋友赖特(Wright)博士、塔尔伯特(Talbert)先生和伊斯门(Eastman)先生表示衷心的感谢，他们帮助校对了全书并提出了其他的建议。

约翰・杜威

J・H・塔夫茨

# *1.* 导论

9 §1. 定义与方法

对某个研究对象的准确定义并不在研究的最初而是最后，但一个大略的定义可以用来界定整个探讨领域。就行为被看作正确或错误的、好的或坏的而言，伦理学是研究行为的科学。若用一个简单的词语来描述这样考虑的行为，那便是“道德行为”或“道德生活”。用另一种方式表述，即伦理学的目标是为我们有关行为的评价（只有这些评价是从对与错、好或坏的观点作出的）提供一种系统的解释。

“伦理学”以及“伦理的”这些术语源于希腊文的 *ethos* 一词，这个词语最初意为风俗、习惯，尤指那些属于某个独特群体的习俗、习惯。之后，这个词语的含义变迁为素质（disposition）、品格（character）。它们就像拉丁词“moral”，源自 *mores*，或是德语词 *sittlich*，来自 *Sitten*。我们将看到，正是在风俗、“ethos”、“mores”中，道德或伦理开始出现。风俗并不仅仅是习惯性的行为方式；它们更是得到群体或社会所认可的方式。忤逆群体的风俗行事，会引起强烈的反对。我们现今的用语——正确与错误、好与坏——可能无法准确表达出这层含义，但这态度在本质上却是一致的。比起“ethos”和“mores”这些古老的词语，“伦理的”和“道德的”这些用来形容当下行为的术语，自然暗示出一种远为复杂和发达的生活类型，就像经济学处理的是比“对家庭的管理”更为复杂的问题，但如果这些古老的术语指示着道德生活起源的方式，那么，它们便具有独特的价值。

给予行为评价以科学的解释，意味着寻找这些评价建于其上的原则。行为 10
或道德生活具有两个显著的方面。一方面，它是一种有目的的生活，它包含了思维和情感、理想和动机、价值和选择。这些过程需要通过心理学的方法得到研究。另一方面，行为也有其外在的一面，它与自然世界相关，尤其是人类社会。道德生活是由个人及社会存在的某些需求所引起的或促进的。正如普罗泰戈拉(Protagoras)以神话的方式说，众神给予人类正义感和敬畏感，为的是让他们为了相互保存而团结起来①。而道德生活反过来又旨在改变自然的和社会的环境，建立一个"人类王国"，它同时也有一个理想的社会秩序——"上帝的王国"。人们通过生物科学和社会科学，分别研究自然的和社会的这些联系。社会学、经济学、政治学、法律以及法理学所要处理的，正是行为的这一面。伦理学必须运用它们的方法和结果来探究其问题的这个方面，正如它运用心理学来考察行为的内在方面。

但伦理学并不仅仅是这些科学的集成，它有其自身所独有的问题。这些问题是由生活和行为的上述两方面造成的。伦理学必须将这两方面联系起来。它必须探究由外部条件所决定的或改变外部条件的内在过程，以及由内在目的所决定或影响内在生活的外在举止或制度。研究选择和目的是心理学的任务；而研究在他人权利影响下的选择并依此标准判断其对或错，则是伦理学的事情。或者换句话说，研究一个企业可能是经济学、社会学或法学的事情；而研究这一企业中出于某些人的目的或影响某些人的福利的活动，并且依此判断这些行动是好的或坏的，则是伦理学的事情。

在进行伦理学研究时，我们将采用比较和发生学(genetic)的方法。我们不能假定我们自己的道德原则是唯一应当考虑的类型。原始人群的风俗无疑不是考虑当代行为的充分指导，我们现在的问题和古代希伯来人、希腊人和罗马人是
不同的。然而，尽管文明有所差异，我们仍然在根本上同是人类。与原始人群和 11
古代人一样，我们生来具有特定的身体结构，依赖父母的关爱，被划分为男人和女人，使用语言，学习思考。我们不得不求生计，并和他人共处。但同以前的时代相比，我们面临更为复杂和困难的境地，因而对我们的标准有着诸多怀疑和困惑。

---

① 柏拉图(Plato)：《普罗泰戈拉篇》，第 320 节及以下。

在我们探讨任何生活过程时，追溯这一过程的历史并看清当前的情况是如何形成的，就会发现，这对理解当下情境非常有益。在道德研究中，有四个特别的理由要求我们对以前的时代加以考察。第一个理由是，我们可以从一个较为简单的素材入手进行研究。当前的道德生活是极为复杂的。职业的、公民的、家庭的、慈善的、教会的以及社会的义务都需要得到梳理。对财富、知识、权力、友谊、社会福祉的兴趣都要求明确什么是善。因而首先对一个较为简单的问题进行思考十分可取。第二个理由在于，这个复杂的道德生活就像人类的身体那般包含了“基本要素”和“生存要素”。我们现在的某些标准和观念形成于以前的某个时期，而另一些则形成于其他时期。它们中的一些适用于现在的条件，而有些则不然。一些标准和观念与另一些相抵触。当我们发现道德评价最初如何形成时，其中许多明显的冲突也就得到了解释。只有借助以前的道德观念，我们才能迅速地理解今天的道德生活。第三个理由是，我们可以因此获得更为客观的研究素材。我们的道德生活是我们自身内在的一部分，因而很难冷静客观地观察它。它的特性难以被察觉，因为我们对它们熟视无睹。在旅途中，我们发现其他民族的风俗、律法和道德标准显然很“独特”。只有当我们被这些方式引导着去比较自己和他人的行为，才可能意识到自己的标准也是独特的，因而也需要解释。从科学的角度和个人的角度来看，我们都很难像他人看待我们那样看待自己。无疑，仅仅像他人看待我们那样看待自己还不够。完整的道德分析要求我们思考那些或许无法被“他人”所发现的动机和目的。但是，假如我们能够通过
12 比较研究而变得敏锐和警觉，那么，这将对更完善的分析有很大的帮助。第四个理由在于，它强调了道德生活是动态的、前进性的特点。仅仅探讨当下，可能会轻易地让人以为道德生活并不是一个生活、一个运动着的过程、某种仍在形成中的事物——而是一个凝滞不变的结构。除了道德秩序，也有道德的进步。我们也许能够通过对道德行为之本性的分析而发现这一点，但假如我们追溯历史中的实际发展，这一点便会更加清晰、更加突出。因此，在试着对当下的道德意识和道德评价进行分析之前，我们将对以前更简单的阶段和时期作一番概述。

## §2. 道德之发展

对遗传、环境以及个人选择和习性在个人的构成和性格上所各自起的作用，当今的生物学家、心理学家和社会学家还远远没有达成一致。同样，在种族和文

化的历史中，种族、经济、其他社会力量以及伟人的重要性在人类学家、历史学家和研究这一复杂问题的其他学者那里得到了不同的估量。为了我们的目的，我们假定所有这些因素都参与了道德成长的过程，尽管有时区分自然、社会及个人在选择、思考、挑选和养成习惯及品格方面所起的作用是方便的。

我们可能会觉得，区分如下三个层面的举止和行为有其裨益：(1)被各种生物、经济或其他非道德的冲动或需求(例如，家庭、生活、工作)触发的一些举止行为，而这些行为对道德具有重大的影响；(2)那样一些举止或行为，在其中，个人几乎没有任何批判反思便接受了其群体的标准和行为方式，因为它们体现在风俗或习俗中；(3)个人自己思考和评价的行为，考虑某个目的是好的或正确的，作出决定和选择，并只有通过反思才接受他的群体的标准。

尽管对各个层面的思考有助于我们获得一个清晰的有关道德发展之阶段和要素的概念，但重要的是牢记：并没有任何成熟的个体是完全处在一个单一的层面上的。我们都出生于家庭中；我们都从事那些拓展思维的活动；我们都是某一社会群体的成员并且潜在地被它的标准所塑造；我们都在某些场合下思考和选择。 13

如果我们并不分开思考道德发展的诸要素和动力，而是考察这一发展的过程——它正发生在某个孩子身上，并在某种程度上已经发生在那些与当下欧洲和美国的道德生活具有最密切关联的民族的历史中——那么，我们可能会把它描述为人类变得更为理性、更为社会化以及最终更为道德的过程。我们将简单地对这些方面加以探究。

有机体的第一需求是生存和生长。因此，最早的冲动和活动是寻求食物、自我保护以及其他迫切的需要。原始人觅食、睡觉、打斗、建造屋舍，并为后代提供食物和保护。理性化的过程首先意味着更多地运用智慧来满足这些需要。这本身体现在技术工作、工业和贸易，以及利用一切资源增强人类的力量和幸福方面。但是，要使行为变得理性同时意味着引入新的目的。它不仅使人得到他所想要的东西，也改变了他想要的那些东西。这本身外在地体现在人们制造的东西，以及他所从事的职业上。他当然必须拥有食物和住房，但他建造庙宇、制作雕塑并创作诗歌。他创造有关世界的神话和理论。他在商业或政府中追求伟大的事业，这并非为了满足身体的欲望，而是为了体验权力的增长。他创造了家庭生活，通过艺术和宗教把它提升到更高的层面。他并不仅仅靠面包而活，而是逐渐确立起一种理性的生活。在心理学上，这意味着最初我们想要我们的身体所需要的东西，不久便追求那些精神所感兴趣的事物。当我们通过回忆、想象和理性而形成一个更为连续、持久和高度有条理的自我时，我们需要一个更为持久和理想的善来满足自己。这导致了在物质的和理想的自我之间的对比，或换言之，在世界和精神之间的对比。

道德发展过程的社会化方面代表了一种与他人发生联系的更强大的能力。正如理性的成长一样，这一能力既是手段也是目的。它的根基在于某些生物学事实——性别、父母、亲缘——以及相互支持和保护的必要性。但由此而形成的
14 联合意味着大量的活动，这些活动呼唤新的力量并确立新的目的。语言是这些活动中最早出现的产物之一，是朝向更完善的社会化的第一步。各种事业中的合作、服务和货品的交换，为社会艺术的参与，为不同目的而组建的协会，基于血缘、家庭、政府和宗教的制度，所有这些都极大地增强了个人的力量。另一方面，当他进入这些联系中并成为这些群体的成员时，他的兴趣将不可避免地发生转变。从心理学来说，这个过程是一个建立社会自我的过程。模仿和建议、同情和情感、共同的目标和共同的兴趣有助于成就这一自我。当各种冲动、情感和目的更为确定地被组织为这样一个统一体时，这就可能使他人利益和以我个人的善为中心的利益发生冲突。有意识的个人主义和利他主义成为可能。自我的和他人的利益可以提升到权利和正义的层面上。

以上所述的这些还并非最完全意义上的道德过程。朝向更为理性和更为社会化行为的过程是道德的必要条件，但却并非其全部。需要的是，更加理性和社会化的行为本身应当被评价为好的，从而被选择和追求；或者从控制方面说，我们应当有意识地把社会或理性所确立的法则思考为正确的，把它当作一种标准并且尊之为有约束力的。这区分了较高的和较低的道德形态，前者是一种有意识的目标，而并不仅仅关乎个人品位。它把自我和他人之间的冲突提升到了个人权利和正义、有意的自私或仁慈的层面上。最终它为社会及理性所选择的组织提供了基础，以至于已获得的进步可以在养成的习惯和品格中得到永久的保证，而注意力、义务和爱好之间的斗争、有意识的选择，则转向新的问题。

## §3. 章节的划分

第一部分在对群体生活的一些重要方面加以初步阐述之后，将首先追溯道

德发展大体的进程，并随后对以色列、希腊、罗马和现代文明生活中所展现出的 15
这一进程加以专门论述。

第二部分分析行为或道德生活内在的、个人的方面。在更为细致地区分道德行为的含义之后，这一章将论述道德理论所围绕的三个主要概念或范畴，即善、正当(或义务和法律)，以及认可(Approbation)和美德(Virtue)，最后将讨论道德知识和自我在道德行为中的地位。

第三部分研究作为社会行动的行为。在此不是进行一种总体的研究，而是把注意力放在行为特别有意思和重要的三个阶段上。政治权利和义务、生产、分配和财产权以及国家和家庭生活的关系，这些都展现了一些尚未解决的问题。这些问题要求学生们进行细致的考察，因为作为公民，他们必须确立自己对这些事情的立场。

假如我们可以发现并辨明伦理原则，这些原则应当为生活中那些不断出现的、要求解决但未解决的问题提供一些指导。无论其他科学怎样，至少伦理学应该具有一些实际的价值。“在人类生活的大剧场里，旁观者的席位是保留给上帝和天使的。”人必须行动；他必须以好的或坏的、正确的或错误的方式行动。倘若他依据人类秩序和进步的一般原则反思、考虑自己的行为，那么，他应当能够更明智地、更自由地行动，并且获得满足——这一满足总是产生在科学的而非无批判的或根据经验法则的实践活动中。苏格拉底给出了研究行为的经典断言：“一个未经审查、未获批判的生活并不值得过。”

**参考文献**

我们会在每一部分开始以及一些章节结束处给出特定主题的参考文献。我们在此指出一些较有用的手册和最近的代表性著作，并增加一些有关伦理学范围和方法的特定参考书目。鲍德温(Baldwin)的《哲学和心理学词典》 16
(*Dictionary of Philosophy and Psychology*)有选定的目录(尤其参见词条“Ethical Theories”、“Ethics”、“Worth”)和总目录(Vol. III)、伦策(Runze)的《伦理学》(*Praktische Ethik*, 1891)有好的参考文献。

基本文本，参见：Drake, *The New Morality*, 1928; Everett, *Moral Values*, 1918; Fite, *Introductory Study of Ethics*, 1903; Mackenzie, *Manual of Ethics*, 1900; Sharp, *Ethics*, 1928; Urban, *Fundamentals of Ethics*, 1930; Wright, *General Introduction to Ethics*, 1929.

英文代表著作和论文，参见：Green, *Prolegomena to Ethics*, 1883(Idealism);

Martineau, *Types of Ethical Theory,* 1885, 3rd ed., 1891 (Intuitionism); Sidgwick's *Methods of Ethics,* 1874, 6th ed., 1901 (Union of Intuitionist and Utilitarian Positions with careful analysis of common sense); Spencer, *The Principles of Ethics,* 1892 - 1893 (Evolution); Stephen's *Science of Ethics,* 1882. The comprehensive work of Paulsen (*System der Ethik,* 1889, 5th ed., 1900) has been translated in part by Thilly, 1899; that of Wundt (*Ethik,* 1886, 3rd ed., 1903), by Titchener, Gulliver, and Washburn, 1871 - 1901. Among the more recent contributions, either to the whole field or to specific parts, may be noted: Alexander, *Moral Order and Progress*, 1889, 2nd ed., 1891; Dewey, *Outlines of Ethics*, 1891, and *The Study of Ethics: A Syllabus*, 1894; Fite, *Moral Philosophy*, 1925; Höffding, *Ethik*, German tr., 1887; Janet, *The Theory of Morals*, Eng. tr., 1884; Ladd, *Philosophy of Conduct*, 1902; Mezes, *Ethics: Descriptive and Explana-tory*, 1900; Moore, *Principia Ethica*, 1903; Palmer, *The Field of Ethics*, 1902, *The Nature of Goodness*, 1903; Taylor, *The Problem of Conduct*, 1901; Rashdall, *The Theory of Good and Evil*, 1907; Bowne, *The Princiles of Ethics*, 1892; Rickaby, *Moral Philosophy*, 1888; Nicolai Hartmann, *Ethics*, tr. by Coit, Vol. I., 1932.

伦理学史:Rogers, A. K., *Morals in Review*, 1927; Sidgwick, *History of Ethics*, 3rd ed., 1892; Albee, *A History of English Utilitarianism*, 1902; Stephen, *The English Utilitarians*, 1900; Martineau, *Types of Ethical Theory*; Whewell, *Lectures on the History of Moral Philosophy in England*, 1852, 1862; Köstlin, *Geschichte der Ethik*, 2 vols., 1881 - 1892 (ancient theories); Jodl, *Geschichte der Ethik*, 2 vols., 1882 - 89 (modern); Wundt, *Ethik*, Vol. II.; the histories of philosophy by Windelband, Höffding, Erdmann, Ueberweg, Falckenberg.

伦理学的范围和方法,参见上面引用的几乎所有著作中的开头章节,尤其是下面:Palmer (*Field of Ethics*), Moore, Stephen, Spencer, Paulsen and Wundt (*Facts of the Moral Life*); see also Ritchie, *Philosophical Studies*, 1905, pp. 264 - 291; Wallace, *Lectures and Essays on Natural Theology and Ethics,* 1898, pp. 194 ff.; Dewey, *Logical Conditions of a Scientific Treatment of Morality* (University of Chicago Decennial Publications, 1903); Stuart, *The Logic of Self-Realization*, in University of California Publications in Philosophy, I., 1904; Small, *The Significance of Sociology for Ethics*, 1902; Hadley, Articles on Economic Theory in Baldwin's *Dict*.

理论与生活的关系,参见:Green, *Prolegomena*, Book IV.; Dewey, *International Journal of Ethics*, Vol. I., 1891, pp. 186 - 203; James, same journal, Vol. I., 330 - 354; Mackenzie, same journal, Vol. IV., 1894, pp. 160 - 173.

# 第一部分　道德的起源和发展

## 第一部分主要参考文献


Hobhouse, *Morals in Evolution*, 2 vols, 1906.

Westermarck, *The Origin and Development of Moral Ideas*, Vol. I.,1906.

Sutherland, *The Origin and Growth of the Moral Instionct*, 2 vols.,1898.

Wundt, *Facts of Moral Life*, 1902; also *Ethik*, 3rd ed., 1903, Vol. I., pp. 280 - 523.

Paulsen, *A System of Ethics*, 1899, Book I.

Sumner, *Folkways*, 1907.

Sneasth(Editor), *The Evolution of Ethics as Revealed in the Great Religions*, 1927.

Bergemann, *Ethik als Kulturphilosophie*, 1904.

Mezes, *Ethics: Descriptive and Explanatory*, Part I.

Dewey, "The Evolutionary Method as Applide to Morality," *philos.*

*Review*, XI., 1902, pp. 107 - 124, 353 - 371.

Adam Smith, *Theory of Moral Sentiments*, 1759.

Baldwin, *Social and Ethical Interpretations*, 1902.

Taylor, *The Problem of Conduct*, 1901, ch. iii.

Spencer, *Data of Ethics*, 1879; *Psychology*, 1872, Part IX., chs. v - viii.

Ihering, *Der Zweck im Recht*, 3rd ed.,1893.

Steinthal, *Allgemeine Ethik*, 1885.

Goodsell, *A History of the Family as a Social and Educational Institution*, 1923.

Briffault, *The Mothers*, 1927.

## 2.

# 早期群体生活

为了理解文明历史中和儿童成长过程中道德生活的发展，对某些较原始的社会生活作一番考察是十分有益的，因为它们能够清晰地展示群体对其成员的巨大影响。 22

这并不是说，所有民族都有完全相同的群体类型或相同程度的群体团结；但毫无疑问的是，现代文明种族的先祖们生活在下面要概述的群体生活的一般类型之中，而在今天的一些民族中，我们仍然可以看到这些类型或其残留。

## §1. 群体生活的典型事例

让我们首先来思考一下格雷(Gray)博士讲述的以下事件：

> 一个中国人伙同他的妻子鞭打了他的母亲。帝国的制度不仅下令处死犯人，同时还要处死族长，近邻每人打80棍并且流放；男性犯人获得第一个科举功名(相当于文学学士)前受教育的学校督学或代表，也要受鞭刑并被流放；叔公、叔叔和两位兄长要被处死；地方长官或统治者暂时革去官职；女性犯人的母亲脸上要刺上四个字，表示其对女儿的管教失职，而且她也要流放到一个偏远的地区；女性犯人的父亲是位举人，不许再参加科举，他也要 23
> 被鞭打和流放；犯人的儿子要更改姓名，他们的田地暂时不许耕种①。

---

① J·H·格雷：《中国》(*China*)，第1卷，第237页及以下。

我们可以把这个故事和亚干(Achan)的故事进行一番对比：

> 亚干从耶利哥城的废墟里拿走了某些应当被分开或“献给”耶和华的东西。以色列随后在战争中战败。当亚干的行径被众人知晓，“约书亚和以色列众人把谢拉的曾孙亚干和那银子、那件衣服、那条金子，并亚干的儿女、牛、驴、羊、帐篷以及他所有的，都带到亚割谷去……于是，以色列众人用石头打死他，把石头扔在他的身上，又用火焚烧他的所有”。①

在由五户以上人家构成的日本地方机构“组”(kumi)的规则中，情况则相反：

> 作为一个组的成员，我们将培养比对我们的亲戚更为深厚的友爱，并将追求每一个人的幸福，分担彼此的痛苦。如果在组中出现了不道德或不守法的人，所有人都要分担对他的责任。②

对于群体的另一方面，让我们看看凯撒对日耳曼人拥有土地的描述：

> 没有人私下占有一块土地；没有人拥有自己的田；但是，每年行政长官及首领把土地分给氏族和宗族(gentibus cognationibusque hominum)，以及那些居住在一起的人们(**其他群体**)。③

据说，在我们聪明的祖先希腊人和邻近的雅利安人那里，阿提卡(Attica)的
24 土地即使到了较近的时期，也在很大程度上由理想的人、诸神、部落(phylae)或胞族(phratiies)、家族、政治社团所拥有。即便土地的地上权可能被认为是个人所有的，地下权(即矿藏)却是公共的④。格罗特(Grote)是这样表述这些亲缘群

---

① 《约书亚记》，第7章，第24—25页。本书译文参照《旧约全书》，第6卷。——译者

② 西蒙斯(Simmons)和威格莫尔(Wigmore)：《日本亚洲学会学报》(*Transactions, Asiatic Society of Japan*)，第19卷，第177页及以下。

③ 《高卢战记》(*De Bell. Gall*)，第六节，第22页。

④ 维拉莫维茨-默伦多夫(Wilamowitz-Möllendorff)：《亚里士多德与雅典》(*Aristoteles und Athen*，第2卷，第47、93页。

体形成的基础的[1]：

> 所有这些氏族和种族群体，无论大小，都建立在希腊精神中相同的原则和倾向上——崇拜的观念和祖先的观念结合在一起，或者在特殊宗教仪式中的群体的观念与真实或假定的血缘的观念结合在一起。
>
> 召集在一起的成员向神明或英雄献上祭品，并把该神或英雄看作他们自己起源的原始祖先。

库朗日(Coulanges)也给出了相似的有关古代家庭群体的描述[2]：

> 某种比出身、感情或物理力量更为强大的东西，将古代的家庭成员团结在一起；这是神圣之火的宗教，是死去的祖先的宗教。这使得家庭在他们的今生和后世中都是一个整体。

最后，下述有关卡菲尔人(Kafirs)的宗族的这个段落向我们揭示了两点：(1)这样的群体生活意味着某种独特的情感和观念；(2)它的力量来源于生活必需。

> 卡菲尔人感到，“那约束着他的组织”延伸到他的氏族。相较于卡菲尔氏族纯正的群体感，欧洲家庭的凝聚感则较为薄弱。氏族的要求完全压倒了个人的权利。部落团结的体系运作平稳良好，甚至可以满足社会主义者的极端梦想，它是氏族群体联盟感的明证。旧时，如果首领让某人为白人工作，然后把所有或几乎所有的酬劳都交给首领，这个人并不感到受到了损害；这笔钱归氏族所有，而对氏族有利的也对个人有利，反之亦然。令人吃 25
> 惊的是：氏族的统一并不是从无到有地通过立法，把某个深思熟虑的计划强加到并不情愿的人们身上，而是通过毫无反抗、自发产生的**逐渐感觉到**的计划。如果氏族中的一个成员受苦，那么所有人都会受苦，这并不是什么渲染

---

① 格罗特：《希腊史》(*History of Greece*)，第3卷，第55页。
② 库朗日：《古代的城市》(*The Ancient City*)，第51页。

感情的说辞，而是事实。[①]

上述这些段落关涉雅利安、闪米特、蒙古和卡菲尔人。它们可以和适用于几乎每一个民族的相似论述相提并论。它们建议了一种生活方式，一种和美国人、大多数欧洲人的生活观完全不同的观念。[②] 美国人或欧洲人隶属于各种各样的群体，但他却"融合"了它们中的大多数。当然，他出生在一个家庭中，但除非他自愿，否则不会一辈子留在家里。他会选择他自己的职业、居所、妻子、政党、宗教信仰、联谊会，甚至效忠的民族。他可能拥有或抛售他自己的房屋，出让或捐赠他的财产，总的说来，除了他自己的行为，他不对任何他人的行为负责。假如所有这些社会关系都预先确定，那么，他不会成为如此这般更完整意义上的"个人"。另一方面，在之前所述的例子中，这些群体的成员，自他在一个特定氏族或家庭群体中出生时，就几乎确定了他所有的关系。这决定了他的职业、住所、宗教信仰和政治倾向。即使他的妻子还没有确定，至少通常说来，她所来自的群体已经确定了。用梅因的话来说，他的条件来自"身份"，而非"契约"。这对他整个态度有很大的影响。假如我们更细致地研究这一群体生活，它将有助于更清楚地在比较中展现当下道德的特性，以及道德生活的形成。正如这些被引用的段落已经展现的，我们将看到，最为重要的群体类型是一个家族或家庭，一个经济、政治、宗教和道德的群体。但是，首先让我们简略地关注一下一些最重要的群体
26 类型。

## §2. 亲缘和家庭群体

亲缘群体是一群认为自己来自同一祖先并因而在血管里流淌着相同血液的人。对于我们的研究而言，每个群体是否真的起源于同一祖先无关紧要。很可能食物供给或战争的偶然条件是群体构成的全部或部分原因。但是，这对我们的目的毫无影响。重要的是，群体的成员认为自己是有相同血统的。有时，他们相信祖先是一种动物。因此，我们有了所谓的图腾群体，他们分布于北美印第安

---

① 达德利·基德(Dudley Kidd):《野蛮童年》(*Savage Childhood*)，第74页及以下。

② 沙俄时代的村社组织、南部斯洛文尼亚的"联合"家庭、科西嘉人的氏族及其家族恩怨、高加索山脉中的部落都具有很强的族群意识，居住在州边界的山中人之间的血亲仇杀也展现了家族的团结。

人、非洲人、澳大利亚人中，而且也许是闪米特群体的早期形态。在另一些情况下，某位英雄或神明被命名为祖先。不管怎样，理论的核心是一样的：同样的血液流淌在所有成员的身体里，因此每一个人的生命都是这个群体共同生命的一部分。亲缘关系的程度并不十分重要。应当注意的是：这一群体与家庭并不相同，因为一般来说，在家庭中，丈夫和妻子来自不同的亲缘群体，并且延续着他们若干的亲缘关系。的确，在一些民族中，婚礼象征着妻子被接纳入丈夫的亲缘关系中；在这一情况下，家庭成了一个亲缘群体，但这并不是普遍的现象。

一个人首先是群体的成员而非个体，这种感受在某些亲缘群体中，通过阶层关系的体系得到深化。在这一体系中，并没有一个特定的人被我且仅被我看作并称作父亲或母亲、祖父、叔叔、兄弟、姐妹，我称呼特定群体或阶层的人中的任何一个为母亲、祖父、兄弟、姐妹。任何和我处在同一阶层的人都称呼同样的人为母亲、祖父、兄弟或姐妹。① 这一阶层体系的最简单形式可见于夏威夷人当 27
中。在这里共有五个基于代的阶层，对应于我们所称呼的祖父母、父母、兄弟和姐妹、孩子和孙子，但用来称呼他们的词语却并不像我们所用的这些词那样具有特定的身份指向。记住：我们可以说，在第一阶层中的每一个人对于第三阶层中的每一个人而言，都是祖父母；第三阶层中的每一个人对彼此而言，同样都是兄弟或姐妹；对第四阶层的每一个人而言，同样是父亲或母亲，依此类推。在澳大利亚的群体中，阶层更多，关系也更为复杂精妙，但并非如人们可能设想的那样，彼此的关联并没有因此而相对显得不重要；相反，与其他任何一个阶层的关系都是“每一个个体必须熟知的最为重要的事情之一”；它在很大程度上决定了婚姻的关系、食物的分配、问候的方式以及一般的行为。亲缘群体在古以色列人中被称为“部落”(tribe)或“家庭”(family)，就像对于希腊人而言的种族(genos)、兄弟关系(phratria)和宗族(phyle)，对于罗马人而言的宗族(gens)和库里亚(curia)，对于苏格兰人而言的氏族(clan)，对于爱尔兰人而言的家庭(sept)，对于德国人

① “在所有我们熟悉的部落中，无一例外地，所有在关系确认方面的用语都相互契合。它们都依赖于等级体系的存在，这个体系的基本观念是：某一群体的女人要嫁给其他群体中的男人。每一个部落都用一个词语来形容已婚的男人或他所娶的女人，以及所有他可能合法迎娶的人，也即属于合适群体的人；也用同一个词语来形容他的亲生母亲，以及所有他的父亲可能合法迎娶的女人们。”——斯宾塞(Spencer)和吉伦(Giller)：《澳大利亚中部的原始部落》(*Native Tribes of Central Australia*)，第57页。

而言的氏族(Sippe)。

有两类家庭对于我们的论述具有重要性。在母系家庭中，女人始终处在她自己的亲缘关系中，孩子也自然被看作隶属于母亲的亲缘关系。丈夫和父亲或多或少是客人或外人。如果他的宗族和他妻子的宗族发生争执，在家族争斗中，他必须站在自己的宗族这边反对其妻子的宗族。宗族和家庭因而彼此区别。在容易形成父权制家庭的父系社会中，妻子离开她的亲人居住在她丈夫的家中，进入他的亲缘关系。就像在罗马，她可能宣誓放弃自己的亲缘关系，并且正式地被她丈夫的氏族接纳。古希腊俄瑞斯忒斯(Orestes)的神话描绘了父系和母系这两种观念间的冲突，而哈姆雷特在类似情况下对她母亲的宽容则展现了一个更为现代的观点。

很显然，随着父权家庭的流行，氏族和家庭的联系相互促进。这使得父亲和
28 孩子的关系产生巨大的变化，并且为祖先信仰提供了一个更为坚实的基础。但在许多方面，生存环境、压力和支持、群体同情和群体传统在本质上是相似的。重要的是每个人都是某个血缘关系以及某个家庭群体中的一员，他依此思考、感受和行动。①

## §3. 亲缘和家庭群体也是经济的和工业的单位

在陆地上，一般说来，我们无法识别出任何现代意义上的个人所有权。在狩猎和畜牧民族中，不存在现代法律严格意义上的任何群体"所有权"。然而，无论较大或较小的民族都有其清晰界定的领土，他们在其中狩猎和捕鱼；在田园畜牧生活中，群体有其田野和水井。在农业中，出现了更明确意义上的归属。但拥有某物的是部落、氏族或家庭，而不是个人：

---

① 原始人既是一个个体、也是族群中的成员，他拥有双重人格或自我，一个个体的自我以及一个氏族的自我，或像克利福德(Clifford)表述的那样，"部落—自我"这一事实并不仅仅是一种心理学上的陈述。根据最近的学者达德利·基德的研究，卡菲尔人拥有两个不同的词来描述他们的两个自我。他们称其中之一为 idhlozi，而另一个为 itongo。"idhlozi 是随着每一个孩子出生而有的个体的灵魂——它是与众不同的鲜活的独特的——而 itongo 则是祖先的和共同的灵魂，它并非个人的而是部落的，它属于整个氏族，通过特定启蒙仪式而非天生所有。idhlozi 是个人的和不可剥夺的，因为它与个人的人格捆绑在一起；当死去时，它就住在墓地近处，或进入蛇或氏族的图腾中。但 itongo 是属于氏族的，它盘桓于居所附近；在死时，它回到了部落的祖灵(amatongo)那里。当某人成为基督徒时，或者他对于部落不忠诚时，他就会失去这一氏族灵魂，但他永远不会失去他的 idhlozi，就像不会失去他的个性那样。"——《野蛮童年》，第 14 页及以下。

> 土地属于氏族，而氏族则居于土地之上。因此，一个人并不是因为他住在或甚至拥有这片土地才成为氏族的成员；而因为他是氏族的成员，才居住在这片土地上并获益。[①]

我们在一开始引述了希腊和德国的习俗。在凯尔特人那里，古爱尔兰的律 29
法展现出一个过渡阶段。“部落的领地是由两类土地构成的——部落土地(fechtfine)以及继承土地(orba)，后者作为个人财产属于部落首领阶层中的人们。”[②]印度的联合家庭以及南部斯拉夫人的聚居群落是群体所有权的现代例子。他们共享食物、崇拜仪式和地产。他们有共同的家、共同的桌子。斯拉夫人的箴言如此表述他们对群体生活的尊崇：“共同的家庭变得富裕”；“蜂房中的蜜蜂越多，它就会越重”。英国对爱尔兰管理的一个困难便在于，现代英国人的个人主义的财产概念和爱尔兰人更为原始的群体或氏族所有权概念之间有着巨大的差别。无论正当与否，爱尔兰的佃户不愿把自己仅仅看作一个佃户。他认为自己是以前拥有这片土地的家庭或群体的成员之一，他不承认对群体财产转让的公正性，即便他无法否定其合法性。因为我们所描述的这样的氏族或家庭，并不单纯地等同于某个特定时期组成它的成员。它的财产属于祖先和后代以及当下的所有者。因此，在一些承认个人生前所有权和使用权的群体中，不允许有任何遗赠或继承权；在去世时，财产便转给了整个宗族或氏族。在另一些情况下，某个孩子可能会继承财产，但如果没有继承人，那么财产就会转变为共有财产。把财产赠给教会的权利，在很长一段时间里都是公民法和教会法争议的焦点。因此，原始氏族或家庭群体和土地的关系无疑是为了把个人的财产同群体的财产捆绑在一起。

对于那些可移动的财产，例如工具、武器、牲口，处理的方法通常并不一致。如果物品是个人手艺或技能所创造的，它们通常就属于这个人。工具、武器、被抓住的奴隶或女人、某些特殊手工艺品因而常常归个人所有。但当群体作为一
个统一体而行事时，产品便常常是共有的。公牛、鲑鱼和大的猎物因而归狩猎或 30
捕获它们的整个印第安族群所有；同样，由妇女种植的玉米地也归整个家族所

① 赫恩(Hearn)：《雅利安人家庭》(*The Aryan Household*)，第 212 页。

② 麦克伦南(McLennan)：《古代史研究》(*Studies in Ancient History*)，第 381 页。

有。当代斯拉夫人和印第安人的聚居群体都重视家庭财产。在一些部落中，即使是妇女和孩子，也被视为群体的财产。

### §4. 亲缘和家庭群体是政治统一体

在一个现代家庭中，父母在一定程度上对孩子有控制权，但这个权力在一些方面受到限制。父母不允许置孩子于死地，或让他在无知中成长。另一方面，如果孩子对他人造成了严重的伤害，父母也不能保护孩子使之不受拘捕。通过法律和官员，我们在较大的行为领域中都把国家视为最高的权威。它必须解决互相冲突的诉求并保护生命和财产；在很多人看来，当成员间的协作对于某些共同的善而言是必要的时，它就必须组织好其成员的生活。在早期的群体生活中，高于氏族或家庭的政治体可能存在或不存在，但无论如何，*亲缘或家庭本身就是一种政治实体*。这一政治实体并不是指政治力量刻意地和个人、宗教及家庭关系分离开来；当人们有意识地从一个一视同仁的宗教和亲缘群体的整体中分离出政府与法律时，他们就获得了对权威的新的理解，并把自己提升至更高层面的可能性中。然而这一原始的群体毕竟是一个政治实体，而不是一群乌合之众，或是一个自主的社会或单纯的家庭；因为(1)它是一个多多少少永久被组织起来的群体；(2)它掌控着它的成员，而对他们而言，这是合法的权威，而非纯粹的强力；(3)它并不受任何更高权威的限制，它的行动多多少少实际上出于对整体利益的考虑。群体的政治方面的代表可能是首领或部落酋长、年长者组成的委员会，或者就像罗马的"家长"(House Father)，他所有的*家父权*(*patria potestas*)标志着父权家庭的极致发展。①

31 群体对其成员所施行的控制，在不同的民族中具有不同的形式。较为重要的方面是对生命和人身自由的权利，在某些情况下，也延伸到处死、致残、惩罚、决定新生儿保留与否的权利；订婚的权利，包括对群体中妇女出嫁所收嫁妆的掌控；还有以整个群体的名义支配群体财产的权利。很可能在所有这些不同的控制形式中，对妇女的婚姻关系的控制是最为持久的。施行这一控制的一个理由可能在于这个事实，即这个群体必然会对本群体中嫁到其他群体的成员遭受的

---

① 在早期罗马家庭中，"家长"或"家父"拥有罗马法中的"家父权"，掌管整个家庭的方方面面。——译者

伤害感到愤怒。因此，这一责任自然会包含对她的婚姻的决定权。

合法权益仍然在很大程度上源于群体的成员身份。一个国家可能会允许另一个国家的公民拥有土地，在它的法庭上起诉，通常也会给他一定的保护，但那些首要的(first-named)权利通常受到限制。就在几年前，首席大法官托尼(Taney)的话语表明了美国现有法律理论在于黑人"不拥有白人必须尊崇的权利"。即使法律理论并不承认种族或其他区分，外来者或来自一个受轻视的社会群体或经济群体的成员，通常在实际上很难获得公正。在原始部落或家庭群体中，这一原则充分有效。公正是属于某一群体成员的特权——而不是其他人的。氏族或家族或村庄里的成员有他的权利，但外来者却没有其地位。作为一个客人，他也许会被善待，但除非在他自己的群体里，否则，他无法在任何其他群体中要求"正义"。正是在这样一个群体内的权利概念下，我们有了现代民法的雏形。氏族间的相处关乎战争或协商，而非法律；而无家可归的人，则在事实上和名义上都是"不受法律保护的"(outlaw)。

就像在家族世仇中所展现的，共同责任和相互支持是政治的和亲缘的关系共同的自然结果。在现代生活中，国家在某些方面把彼此看作整体。如果原始部落里的某个成员侵犯了文明国家中的一个公民，受伤的一方会向他的政府请求援助。通常，他会要求有罪的一方被引渡接受审讯和惩罚。如果这个罪人不 32
来，那么，一次"惩罚性的远征"(punitive expedition)就会指向整个部落；有罪的和无辜的人都会遭难。或者，受到伤害的人的国家并不(部分或完全)毁灭那个冒犯了它的部落，而可能从侵害者部落获得钱财或土地上的赔偿。这种通过把普通公民当作公共代理人来实行的适用于城镇的相同原则，为中世纪的一种特殊的做法奠定了基础。"当某个国家的商人被另一个国家的商人欺骗，或者无法从他们那里讨回债务时，前一个国家就会签署捕押特许证(letters of marque and reprisal)，授权对冒犯它的城镇中的任何公民进行劫掠，直至满意为止。"如把这种情况放到早期氏族或部落中，这种团结更为强大，因为每一成员和他人都是因血脉、国家而统一相连的。阿拉伯人并不会说"M 或 N 洒下了鲜血"，说出这个人的名字；他们会说，"我们洒下了鲜血"。① 整个群体会因而感到受了伤害并认

① 罗伯逊·史密斯(Robertson Smith)：《早期阿拉伯的亲居及婚姻关系》(*Kinship and Marriage in Early Arabia*)，第 23 页。

为冒犯者的亲缘群体中的每一个人或多或少负有责任。亲缘中最近的，“报仇雪恨者”，在义务和特权上是排在第一的，而其余的人则多多少少牵连在内。

在群体之内，每一成员都会或多或少被看作一个个体。如果他抢走了族人的妻子或者族人的猎物，那么，他会受到群体中的权威人士的处置，或者根据公众意见进行处置。如果他杀死了族人，人们固然不会处死他，但却会仇恨他，并可能把他驱逐出去。“虽然活着的族人不会因为死去的族人而被处死，但每个人都会厌恶见到他。”①

当一个较小的群体如一个家庭，同时也是一个较大的群体如氏族或部落的一部分，我们就会有团结的等级，这种等级是令现代人困惑的。在战争中或国家间，我们坚持团结；但是除了少数例外②，只要民法具有仲裁权，我们用成人对债务和犯罪的责任来取代它。在更早的时期，较高的群体或权威把小的群体看作
33 一个单元。亚干的家族都随着他而消失。中国人的正义的含义，承认依据亲缘、居所或职业的远近而负有的责任的程度差异。威尔士的体制认为，第二代的表亲作为族人，也对未杀人(short of homicide)的侵犯或伤害负有责任；第五代的表亲(第7等级后代)，对杀人罪行中的赔偿负有责任。“同族人对支付 saraad 和 galanas(日耳曼人的赔偿金)③相互负有的责任，根据和谋杀者、罪犯的亲缘远近而程度不同，这比其他任何事实都清晰地表明了个人在多大程度上被无数的关系网束缚在部落群体中特定的位置上。”④

## §5. 亲缘或家庭群体是一个宗教单位

亲缘或家庭群体在很大程度上决定了原始宗教的观念和崇拜；反过来，宗教赋予了群体生活以完整性、价值和神圣性。和不可见的力量或人之间的亲缘联系是最基本的宗教观念。作为宗教实体的亲缘群体，把亲缘延伸到得以同时包括不可见的和可见的成员。宗教的本质特征并不是那些可怕的被魔法诱导或控

---

① 引自格温特郡的法典。塞博姆(Seebohm)，《威尔士部落制度》(*The Tribal System in Wales*)，第104页。

② 例如，丈夫和妻子的共同责任。

③ 在日耳曼法律中，为了避免血亲仇杀，犯人的家庭应当支付给被害人家庭一定金额的赔偿金。金额的数目依据被害人的社会地位而定。——译者

④ 塞博姆：《威尔士部落制度》，第103页及以下。

制的看不见的东西，而是有血缘关系的看不见的存在。人们害怕但也崇敬、爱戴它们。亲缘关系可能是物质上或精神上的，但无论怎样理解，它都使得神明和崇拜者成为同一群体中的成员。①

在图腾群体中流行的观念是：一样的血液流淌在群体中所有成员的身体里，而整个群体的祖先是某种自然事物，例如太阳或月亮、植物或动物。或许在澳大利亚某些土著部落中，我们可以发现对动物祖先和群体成员间关系的最有意思
和最清晰的描述。那里的人们相信，每一个孩子在其出生时都是其群体中先前 34
成员的转世，而这些祖先又是动物和植物或水、火、风、太阳、月亮或星星的现实变形。这些图腾群体爱护他们信以为其祖先的动物，通常不会杀害它或将其当作盘中餐。不同的宗教入会(religious initiation)仪式，意在让群体中年轻的成员感受到那联结他们彼此及其图腾的亲缘的神圣性。装饰艺术的开端通常表达了象征符号的重要性，而图腾和其他任何人类成员一样，被明确感受为群体的成员之一。

在较高的、通常和依男性系谱来确定亲缘关系的父权家庭或群体相关的文明阶段，群体中看不见的成员是已过世的祖先。这一祖先崇拜，如今在中国、日本以及高加索的一些部落中仍是一种力量。古闪米特人、罗马人、修顿人、凯尔特人、印度人都有他们家庭的亲缘神。罗马的格尼乌斯(genius)、拉瑞斯(lares)、柏那忒斯(penates)和马内斯(manes)，也许还有希伯来的"家族神"(teraphim)——它为拉班(Laban)和拉结(Rachel)所珍视，而大卫(David)也保留了它，在何西阿(Hosea)的时代也受到尊重——和其他神明一起受到爱戴和崇敬。有时，自然神，例如宙斯(Zeus)和朱庇特(Jupiter)，也融入了亲缘或家族神之中。希腊的赫斯提亚(Hestia)和罗马的维斯塔(Vesta)象征着家庭的神圣。亲缘联系因而决定了每一个群体成员的宗教信仰。

反过来，这个与看不见的但却一直在场的强有力的亲缘灵魂的联系，完善了群体并给予它最高权威、最充分的价值和最深刻的神圣性。如果看不见的亲人

---

① "从最早起，宗教有别于魔术或巫术而面向亲缘和友善的人们，这些人可能一时会对他们的族人生气，但除了对他们的敌人或族群的背叛者，这些怒气总是可以平息的。真正意义的宗教的开端并非来源于对某种不可知力量的莫名恐惧，而是对那些已知神明的爱戴，这些神明与他们的崇拜者由很强的亲缘关系紧密地联系在一起。"——罗伯逊·史密斯：《闪米特人的宗教》(*Religion of the Semites*)，第 54 页。

是自然存在，他们象征着人类对自然的依赖，以及他们与宇宙力量间模糊的亲缘联系。如果诸神是过世的先祖，那么，他们依旧会被视为强有力的，就像安喀塞斯(Father Anchises)那样，保护和指引其子孙的命运(furtunes)。群体中伟大英雄的智慧、勇气、情感以及力量长存。诸神不可见这一事实，极大地增强了他们假定的力量。群体中可见的成员可能很强大，但他们的力量可以被衡量。在世的长辈可能很有智慧，但他们并非远高于群体中的其他人。然而，看不见的存在
35 却是无法衡量的。早已故去的祖先可能拥有难以想象的年龄和智慧。想象力可以自由地放大他的力量，给予他一切所能想象到的理想价值。因此，宗教的纽带便成为群体更高标准的承载者，而宗教的对象就是这些标准的具体体现，并且宗教纽带促成了这些标准的实行或采纳。

## §6. 依年龄或性别而分的群体或阶层

尽管亲缘和家族群体是迄今为止早期道德形态中最重要的，其他的群体类型也非常重要。根据年龄来划分的现象十分广泛。最简单的形态有三个层次：(1)孩子，(2)少男和少女，(3)已婚人群。性成熟构成了第一和第二层次的界限；婚姻则构成了后两个层次间的区别。这些层次拥有不同的着装和饰品式样，通常也有不同的居所和行为标准。在基于性别的群体中，男性会所(*men's clubs*)尤其值得一提。它们如今主要盛行于太平洋的一些岛上，但是有迹象表明，这些会所也流行于较早时期的欧洲民族中，如斯巴达人的聚餐。基本的观念[1]似乎在于，有一间属于未婚年轻男性的公共的屋舍，他们在里面吃饭、睡觉并消磨时光；而女人、孩子和已婚的男人则吃住在家中。但在大多数情况下，所有的男人白天都逗留在会所里。陌生人也许会在那里获得款待。因此，它成了某种男人活动及对话的一般中心。它是形成和表达公众观点的重要场所，同时是把年长成员的标准传递给新入会所的年轻男人的地方。此外，在某些情况下，这些地方成了祭奠逝者的中心，因而为他们的其他活动加上了令人注目的重要的宗教意义。

最后，秘密社团可以被作为性别群体的一个分支，因为在原始民族中，这些
36 组织几乎毫无例外地仅限于男性。在许多情况下，它们似乎超出了之前所描述的年龄层次。从孩童到成人的转变本身充满了神秘，而由老人来执行的成年仪

① Schurtz, *Altersklassen und Männerbünde*.

式则又为其平添了一层神秘感。他们戴上面具或用逝去祖先的头骨来增加额外的神秘感和神圣感。从秘密中获得的力量，通常本身就足以成为这类组织的动因，尤其是当他们有一些不被主流权威所认同的诉求时。有时，这些组织会对它们的成员施加严格的权威，并且具有司法和惩戒的功能，就像中世纪的菲默会(Vehm)那样。有时，这些组织成了社会的仇敌同盟。

### §7. 亲缘和其他群体的道德意义

我们应该到氏族、家庭和其他群体的政治、宗教、亲缘和同情方面去寻找这种早期道德。问题应是：*在多大程度上，这些政治、宗教及其他方面内在地隐含了道德？*如果道德指的是用一种内在和自主的标准对行为进行有意识的检验，如果道德意味着一种与习惯或习俗的标准截然不同的自由选择的标准，那么很显然，我们只能有道德的萌芽。因为在这里，标准总是群体的标准而不是个人良心的标准；它们在很大程度上通过习惯而非选择产生作用。然而，并非外来者为个人设定了这些标准。它们是由*个人作为其成员*所属的群体所设立的。他所属的群体实施了这些标准。他的行为得到所属的群体的赞许或责备、惩罚或奖励。为了共同的善，群体掌管财产，发展工业，发动战争和实施复仇。群体所做的事情，每个成员都参与其中。这是一件相互的事情：A帮助把某种规则或义务施加给B；而当同样的规则应用于他自己时，他会觉得公平。他必须“参与游戏”，且通常他期望理所当然地参与其中。因此，每一个成员都会作出某些行为，处在某种关系中，保持某种态度，仅仅因为他是群体中的一员。这个群体做这些事情并 37
维持这些标准。但如若不分享群体的情感，他就无法和群体共同行事。把神和首领的控制看作纯粹外来的恐惧，是一种古怪的歪曲。原始群体能够进入雅典合唱歌词中所暗示的那种精神中，它要求收留的外来者

憎恨我们的国家所憎恨的，
敬畏它所爱的。①

从共同的生活、共同的工作、共同的危难、共同的宗教中产生的同情和情感，是一个群体的情感纽带。道德已经隐含其中，只需要变得有意识。标准体现在老人

① 索福克勒斯(Sophocles)：《俄狄浦斯在科罗诺斯》(*Oedipus at Colonus*)，第186节及以下。

或神的身上；理性的善隐含在所继承的智慧之中；对性别、财产权、共同的善的尊重，体现在整个系统中——但只是在那里。联盟和控制也不是一件完全客观的事情。“合作的联盟并不是用来取悦心灵的美好的宗教幻想。人们真实感受到，它成了可能产生利他主义情感的完美基础。恶劣的自私受到抑制，骚动的激情受到人们内心涌出的本能的和自发的冲动的约束。因此，氏族中的手足之情对当地种族而言，具有巨大的价值。”①

## 参考文献

霍布豪斯、萨姆纳(Sumner)和威斯特马克(Westermarck)的著作中列出了原始资料的大量参考文献，其中最有价值的是：

在原始氏族方面：Waitz, *Anthropologie der Naturvölker*, 1859 - 1872; Tylor, *Primitive Culture*, 1903; Spencer and Gillen, *The Native Tribes of Central Australia*, 1899, and *The Northern Tribes of Central Australia*, 1904; Howitt and Fison, *Kamilaroi and Kurnai*, 1880; Howitt, *The Native Tribes of S. E. Australia*, 1904; N. Thomas, *Kinship Organizations and Group Marriage in Australia*, 1906; Rivers, *The Todas*, 1906, *History of Melanesian*
38 *Society*, 1914; Morgan, *Houses and House-Life of the American Aborigines*, 1881, *League of the Iroquois*, 1851, *Systems of Consanguinity*, *Smithsonian Contribution*, 1871, *Ancient Society*, 1877. Many papers in the Reports of the Bureau of Ethnology, especially by Powell in 1st, 1879 - 1880, Dorsey in 3rd, 1887 - 1882, Mindeleff in 15th, 1893 - 1894; Karsten, "Jibaro Indians," *Bulletin* of the Am. Bureau of Ethnol. 79, 1923; Kroeber, "Zuñi Kin and Clan," in *Am. Mus. Nat. Hist.*, Vol. XVIII., 1917; Malinowski, *The Family among the Australian Aborigines*, 1913; Seligman, *The Melanesians of British New Guinea*, 1910, *The Veddas*, 1911.

在印度、中国和日本方面：Lyall, *Asiatic Studies, Religious and Social*, 1882; Jackson, *Cambridge History of India*, Vol. I.; Gray, *China*, 1878; Smith, *Chinese Characteristics*, 1894, *Village Life in China*, 1899; Nitobé, *Bushido*, 1905; L. Hearn, *Japan*, 1904.

在闪族和印度日耳曼民族方面：W. R. Smith, *Kinship and Marriage in Early Arabia*, 1885, *The Religion of the Semites*, 1894; W. Hearn, *The Aryan Household*, 1879; Coulanges, *The Ancient City*, 1873; Seebohm, *The Tribal System in Wales*, 1895, and *Tribal Custom in Anglo-Saxon Law*, 1902; Krauss, *Sitte und Brauch der Südslaven*, 1885.

一般文献：Boas, *The Mind of Primitive Man*, 1911; Lowie, *Primitive Society*, 1920; Goldenweiser, *Early Civilization*, 1922; Frazer, *Totemism and*

① 达德利·基德：《野蛮童年》，第 74 页及以下。

*Exogamy*, 1910; Grosse, *Die Formen der Familie und die Formen der Wirthschaft*, 1896; Starcke, *The Primitive Family*, 1889; Maine, *Ancient Law*, 1885; McLennan, *Studies in Ancient History*, 1886; Rivers, "On the Origin of the Classificatory System of Relationships", in *Anthropological Essays*, presented to E. B. Tylor, 1907; Ratzel, *History of Mankind*, 1896 - 1898; Kovalevsky, *Tableau des origins et de l'Evolution de la Famille et de la Propriété*, 1890; Giddings, *Principles of Sociology*, 1896, pp. 157 - 168, 256 - 298; Thomas, "Sex and Primitive Social Control" in *Sex and Society*, 1907; Webster, *Primitive Secret Socieries*, 1908; Simmel, "The Sociology of Secrecy and of Secret Societies", *American Journal of Sociology*, Vol. XI, 1906, pp. 441 - 498; *Enc. Of the Social Sciences*, Art. "Anthropology," by Boas, 1930. See also the references at close of Chapters 6, 7.

## 3.

# 基本的活动和动力

39 道德生活隐含了(1)用智慧指引并控制行为,以及(2)与我们的同伴——整个群体保持良好关系。我们或许因而会说,这些促使智慧发展、促使我们与伙伴合作并情感相通的东西,为道德奠定了基础。基础并非结构;有一些非常聪明的恶棍、某些帮派,展现了为罪恶目的而进行的高效合作。然而,智慧和群体生活是选择并做好的和正确的事情的必要因素。自然在我们出生时即给予我们特定的结构,以及某些成长和生存的条件。这些条件帮助心灵发展,并把我们引入群体生活。后来,生存的条件包括获得食物和居所,以及防御敌人。如果家族要延续,就必须有生育和父母的照料。此外,也许它们对于生存而言并非绝对必需,但许多其他的活动如狩猎、竞争、舞蹈、节日庆祝、歌唱和对英勇事迹的传颂,提供了情感上的激励和满足,增强了社会情感和联系。虽然所有这些活动和行为并不是首先指向道德的发展,却对智慧、个性和人际间的正确关系的形成和发展十分重要。它们可以被称为道德的宇宙的或社会的根源。我们可以把出生和婴儿时期的最初条件称作生物学因素;把其他的活动看作理性化和社会化的机制,正如第1章的标题所表明的那样。

40 **§ 1. 生物学要素**

最为重要的生物学要素是人类婴儿出生并度过最初几年的条件。让我们把这一要素和其他物种的出生及早期生活相比。在许多动物那里,年幼者必须在独立生活的开始就保卫自己。年幼的鸟类只在很短的时期里获得照顾,随后它们离开巢穴、寻找食物并且保护自己。哺乳动物更为复杂的系统演化出年幼者和母亲之间更为亲密和持久的关系。但在人类的婴儿那里，机体需要的并不只是几星期或几个月而是数年的照顾和保护，直到他可以照顾和保护自己。即便在孩子达到几乎可以自己寻觅食物和居所的年龄之时，为了满足文明生活的要求而增长的对教育的需求，延长了对父母的依赖期。

在这一段婴儿、童年时期，孩子们主要从母亲那里学习群体和族人的行为方式、语言以及沿袭下来的智慧。他们感受到母亲的温情，并相应地发展出他们自己的情感生活。在机器时代降临、把大部分手工艺从家庭带到工厂之前，女孩们从母亲那里不仅要学习烹调食物，还要学习纺织技艺、缝制衣服和制作蜡烛、种植庄稼和照顾病人。男孩们从父亲那里学会打猎或捕鱼，照看并管理牛、羊和马，犁地、播种和收割，做木工活和铁匠活，以及用木头、砖和石头建造房屋。

照看年幼的孩子，对父母——尤其是对母亲——的影响同样十分重要。这种关怀增进了感情，激发了对未来的规划。它为工作以及常常为日常生活中必要时付出的牺牲给出了一个有价值的对象。期望或希望孩子们有比他们自己更好的人生起点，是父母们努力的动力。这些都源自出生与成长的条件。

但孩子不可能永远是孩子。男人和女人为了生计、满足好奇、制造工具、保
护自身、感受节奏和戏剧故事的兴奋而从事的某些活动，同样影响着性格的养 41
成，使之适应社会生活。我们现在要在理性化和社会化的机制下，思考这些活动中的某些部分。

## §2. 理性化机制

1. 早期的职业形式——狩猎和捕鱼——需要积极的智慧，尽管这些活动在很大程度上由直接的兴趣或兴奋支撑，它使得它们对于文明人来说成为一种消遣。感觉的敏锐、心灵和身体的敏捷以及在某些情况下，生理上的勇气，都是最需要的品质。但在田园生活中，更多的是伴随着农业和商业的开始，成功者必须拥有远见和持续的目标。他必须用理性控制冲动。他必须管理好那些作为品格基础的习惯，不屈从于各种快乐的吸引，这些快乐也许会使他远离主要目标。

*劳动分工*一直有力地影响着心灵生活范围的扩大，并刺激着它的发展。如果所有人都做同样的事，所有人都一样，那必然会停留在低水平上。而当人类的需要引起不同种类的工作，沉睡的能力就会被唤起，新的能力就会产生。最为根深蒂固的劳动分工是男女之间的分工。女人在家里或附近从事劳动，男人在外

狩猎或照料牲畜和牧场。这可能会进一步强化机体的差异。男人的群体生活在最简单的阶段没有什么区分,或是为了"商议",或是为了"战争"。但是随着金属行业、农业生活的发展,群体生活的领域逐渐扩大了。最初专业化主要是由家庭所决定的,而不是个人的选择。工匠的等级可能取代单纯的亲缘关系。此后,等级的规则反过来成了个性的阻碍,假如个人想要完全自主就必须打破它。

2. 除了作为一种工作带来影响,艺术和工艺具有一种独特的提升修养、使人变得高雅的效果。织物、陶器以及工艺精湛的工具和武器;艺术地建造的屋
42 舍;所谓自由的优雅的舞蹈和音乐、色彩和设计艺术——所有这些都拥有共同的要素:它们把秩序和形式变成可见或可听的东西。艺术家或手工艺者必须明确他的想法,把它实现在布料或陶土、木头或石头、舞蹈或歌曲中。当这些想法由此被具体化,它也得以保存下来,至少在一段时间内。它是社会日常环境的一部分。那些看见或听到的人不断地接触到这些观念和价值,它们给生活带来更多的意义并提升了其兴趣。此外,体现在所有精心制作的物品以及狭义的艺术中的秩序、理性的计划或安排值得强调。柏拉图和席勒在这里看到了对道德的重要准备。用律法来管理行为是道德,但在律法对抗冲动的地方要求野蛮人和孩子也这样把它作为有意识的原则就有些太过了。在艺术中和在游戏里一样,行为中有着直接的兴趣和快乐,但在艺术中也有秩序或律法。在遵从这些秩序的过程中,野蛮人或孩子训练自己,使自己具有更多有意识的控制,律法会阻碍或对抗冲动和欲望而非迎合它们。

3. 一个孩子从很早起就开始探索和考察他周围的事物和人。他很好奇。他触碰、尝味、观看、倾听,事物因而获得了意义。他发现了障碍,被迫寻找一种方法去做事或获取他想要的东西。当一个狩猎部落里的孩子开始打猎时,他必须研究野兽的习性。如果他想要以土地或海洋为生,就必须观察天空,试着预测天气;他会想知道太阳、月亮和星星的运动。如果他成了一名商人,那么,他必须决定运什么货,如何和顾客讨价还价。在应对新的环境之前,所有这些问题都要求思维,即利用那些他曾经看见、已知的或听说的知识。假如我们能够看出新的事物和我们所知道的某些东西相似而和另一些不同,这就有助于我们将其分类。我们认为假如它会动,它就是活的;或者如果它是甜的,那么它就会好吃;或者我们认为,一个说话粗鲁的男人正在生气。这些诸如"活的"、"甜的"、"生气的"等"普遍的"观念,使我们能把特定的经验连成整体,理智地指引我们的行为,而不

是盲目遵从习惯或在新事物面前不知所措，仿佛我们以前从未见过任何与其类似的东西。现在要理智地指引我们的生活朝向好的事物，也需要同样的思维。 43
它意味着向前看，预测某个决定的结果。思维训练因而成了最理智的道德不可或缺的工具。

## §3. 社会化机制

1. 语言也许是理性化机制中最醒目的，因为即便它对于思维并非绝对必需，它也是思维十分亲密的一部分，它为思维提供符号和工具。大部分思维依赖这些符号和工具来运行，所以实际上，语言是不可或缺的。它作为社会化机制的功用，同样是基本的。它不是“交流”（即告知、分享或公开某些思想或感受）的唯一方法，但它是迄今为止最为寻常且对于许多目的而言唯一的方法。当不同的群体说不同的语言时，把它们统一在一个共同的政府之下是非常困难的。巴别塔（Tower of Babel）的故事背后有着良好的心理学依据。故事说：上帝派出许多雄心勃勃的建筑者，但让他们说彼此不同的语言，“让他们出发去建造城市”。书写语言使每一代人更充分地受益于以前时代的思想和工作。神圣的希伯来经文使犹太人在它们的都城被毁之后依旧是一个民族。荷马（Homer）统一了一代又一代的希腊人。莎士比亚（Shakspere）和英语圣经（English Bible）给予数以万计散居在许多岛屿上的人们共同的想象。在最有希望促进人类相互理解的发明中，新的交流手段层出不穷。

2. 除了促进智力、勇气和生活理想的作用外，工业、艺术和战争还有一个共同的因素。借助这个因素，它们都有力地增强了道德的社会基础。它们都需要合作。它们是社会化以及理性化的机制。相互帮助[①]是成功的基础。“孤独者最不幸，即便他丰衣足食”，斯拉夫的谚语如是说。“不属于任何群体的人就如同 44
缺失了一只手。”那些一起工作、一起奋斗的部族或群体在与自然和他人的较量中更强大。共同的艺术活动使得这一行为共同体更为可能。合作意味着共同的目的，意味着每个人都对所有人的成功感兴趣。这一共同目的形成了控制行动的规则，而相互的利益则意味着意气相投。因此，合作是自然形成社会标准和社

---

① 克鲁泡特金（P. Kropotkin）：《互助》（*Mutual Aid: A Factor of Evolution*）；白芝浩（Bagehot）：《物理与政治》（*Physics and Politics*）。

会情感的最有效的机制之一。

在工业方面，虽然在原始生活中没有广泛的货物交换(这体现了现代人之间的相互依赖)，但却有许多协同工作，以及在很大程度上的财产群体。例如，在那些以狩猎或捕鱼为生的群体中，尽管一些猎物由个人猎取，但对大野牛和鹿的狩猎则是由整个部落来组织的。“每天早晨破晓时就会燃起捕猎的篝火，每一个勇士都必须到场报到。狩猎人群出发前没到的人，会受到嘲笑。”[①]抓捕鲑鱼也是一桩共同完成的事情。在非洲，大的猎物也以同样的方式猎取，追捕的猎物并非归个人所有而是属于整个群体。在游牧生活中，照料牲畜至少需要某些合作，以保护牲口免受野兽的攻击，以及更为可怕的人类盗贼的劫掠。这需要很大一群人，他们结伴同行，共同警卫和守护。关心牲畜增长的共同利益，不断增强着帐篷居住者之间的联系。

在农耕时代，仍然有一些特定的力量促进家庭或部落的团结，尽管在此我们已开始发现某些力量，它们使个体性起作用，直到导致个人所有权和个人财产。和游牧时代一样，在这个时代，牛和生长中的谷物必须得到保护，免遭他人和野兽的侵袭。只有群体能够提供这样的保护，因此我们发现，苏格兰低地的农民总
45 是听由高地族群摆布。

无论战争和家族仇恨造成了群体间怎样的不和，但它们在几个群体内部仍然是强有力的团结因素。当实际的斗争开始时，成员们不仅必须团结一致，否则便会被消灭；而且，在防卫和复仇上互相帮助的整个模式常常要求战友情谊以及为了整体利益的牺牲。为群体获得更多的土地，为群体获得更多的战利品，为了报复群体中某个成员的无礼之举，常常都是战争的原因。现在，尽管任何个人都可能成为获益者，但也很可能他自己会遭遇不幸，即便群体会赢。尤其是在家族复仇中，群体中的大部分人都不是出于个人利益。他们的仇恨是一种“同仇敌忾”(sympathetic resentment)，而有一位作家认为它或许是道德情感最为基本的来源。正是由于部落的鲜血已流、部落中的妇女受辱，整个群体群起而攻之；而在与敌对群体的战斗中，他们团结得更加紧密。

和每一个能和平相处的人结盟，但要知道

---

① 伊斯门：《印度孩提时代》(*Indian Boyhood*)。

在战争中,每一个不属于族群的人都是敌人。

在共同的战斗行动中形成的“战友”(comrades in arms)有共同的事业,在所给予和获得的相互帮助和保护中,他们心往一处想,劲往一处使——至少在那段时间里。尤利西斯(Ulysses)建议阿伽门农(Agamemnon)这样统领他的希腊人:族连着族,“兄弟连着兄弟”。这样,兄弟可以更有效地支持和激励兄弟;但效果却是相互的。确实,据说维系着群体成员关系的血缘的统一,很可能是事后的想法或虔诚的虚构;其目的是要注明这种团结,而实际上,这个团结源于共同战斗的压力。

合作和共鸣(sympathy)得到了艺术活动的促进。这些活动中的一部分是自发的,但大多数是为某些特定的社会目的服务的,通常是为了增进群体的团结和共鸣而组织起来的。狩猎舞蹈或战争舞蹈用戏剧的形式,表现了狩猎或战斗的所有过程;但假定这纯粹为了戏剧的目的,则是一个错误。在狩猎或战斗之后的舞蹈和庆祝,给整个部落一个机会,以生动的想象重现成功的猎人或战士的胜利,从而感受到胜利的兴奋和面对猎物的共同喜悦。在行动之前所跳的舞蹈,则 46
是为了赋予猎人和战士以神奇的力量。每一个细节都被淋漓地展现,整个部落从而能够一同分享准备工作。

在歌唱行为中展现了同样的统一力量。和另一个人一起唱歌,包含着富有感染力的共鸣,或许比其他任何形式的艺术都更胜一筹。首先,正如在舞蹈中那样,歌唱有着统一的节奏。节奏基于合作,反过来,它又大大地加强了合作的可能性。埃及石碑上的浮雕展现了一群人在移动一头石牛,我们发现,在浮雕上,有一个人在为共同的劳作击打节拍。无论是否所有的节奏都来自共同行动的必要,或者它有足以用来解释节奏性活动所产生的效果的生理学基础,不管怎样,当一群人开始有节奏地工作、舞蹈或歌唱时,他们的效率以及愉悦感会大大增强。除了节奏的效果外,在歌唱中还有音高和曲调统一的效果,部落或氏族中的成员就像那些今天唱着《马赛曲》或吟颂基督教伟大圣歌的人们那样,强烈地感受到他们相互之间的共鸣和支持。出于这一原因,澳大利亚的土著狂欢节、以色列神圣的节日、希腊的秘密仪式和公共节日——简言之,在所有民族中,部落出于爱国或宗教目的的公共聚会都有舞蹈和歌唱。在许多情况下,它们把成员带到狂热的巅峰,愿意为共同的事业赴汤蹈火。

优美的和有节奏的声音仅仅因为形式，是一种团结的力量。某些简单的歌曲也是如此，但在早期并非只有歌曲，还有关于部落历史和祖先事迹的吟诵，具有或多或少有节奏的或文学的形式。这为舞蹈和歌曲的团结力量又添一筹。当
47 同一亲缘的群体成员听到这些吟诵时，他们共同经历着群体的历史，为它的荣耀而骄傲兴奋，为它的失败而痛苦；每一个成员都感受到氏群的历史即是他自己的历史，氏群的血液即是他自己的血液。

## § 4. 对第一层次的道德解释

在第一层次，我们显然在探讨力量和行为，不是把它们视为具有道德目的的，而是在结果上有价值的。它们构成了一个更为理性、理想和社会化的生活，而这是对行为更为有意识的控制和评价的必要条件。这些力量是生物学的、社会学的或心理学的。它们并不是我们在严格意义上称作道德的那种独特类型的心理活动，因为这意味着不仅要有好的结果，还要以之为目标。一些活动，例如歌唱和舞蹈，或更为简单的母爱行为，具有很大的生物学因素。我们不能把它们称作道德的，因为它们到目前为止是纯粹生物学上的。其他活动包含大量的智慧，例如农业和许多手工业的操作。这些都具有目的，例如充饥或锻造御敌的武器，但这种目的是由我们生理的或冲动的本性所设定的。只要我们仅仅把它接受为一个目的，不与其他目的相比较，不去评价和选择，它就不是严格意义上的道德。

这同样适用于情感。在冲动的层面有某些情感，例如最初级形式的父母之爱，仅仅作为感染的情感的共鸣、愤怒或仇恨。只要这些仍处于此最低的层次上，只要它们仅仅意味着身体上的某种激动，它们就与严格意义上的道德价值无关。然而，它们是非常重要的源泉。仁慈、理智的父母之爱以及反抗邪恶的热情的强烈的动机力量，可以从这些源泉中汲取温暖和热情。

最后，甚至人们之间的合作和相互帮助，只要纯粹出于共同的危险或共同的利益，只要出于本能或纯粹的互相迁就，也不在道德的领域内。真正的道德需要考虑危险涉及他人从而需要我们的援助；把利益看作共同的，因而赢得我们的
48 帮助。

尽管这些活动并非有意识的是道德的，但它们却是基本的。生存所必要的活动以及与它们紧密联系在一起的情感，是道德生活极其广阔的根基。通常在

文化的更高阶段，当道德和社会的原则和指导不能确保正确的行为时，工作、合作和家庭生活等基本机制便会宣示它们的力量。社会和道德迈向了进步的方向并且不断发展，但它们总是必须在很大程度上依赖这些基本的活动，为智慧的、可靠的和同情的行为提供基础。

## 参考文献

Bagehot, *Physics and Politics*, 1890; Bücher, *Industrial Evolution*, Eng. tr., 1901, *Arbeit und Rythmus*, 3rd ed., 1901; Schurtz, *Urges-chichte der Kultur*, 1900; Fiske, Cosmic Philosophy, Vol. II., "The Cosmic Roots of Love and Self-Sacrifice" in *Through Nature to God*, 1899; Dewey, "Interpretation of Savage Mind," *Psychological Review*, Vol. IX., 1902, pp. 217 - 230; Durkheim, *De la Division du Travail Social*, 1893; Kropotkin, *Mutual Aid: A Factor of Evolution*, 1902; Ross, *Foundations of Sociology*, 1905, ch. vii.; Baldwin, Article "Socionomic Forces" in his *Dictionary of Philosophy and Psychology*; Giddings, *Inductive Sociology*, 1901; Small, *General Sociology*, 1906; Tarde, *Les Lois de l'Imitation*, 1895; W. I. Thomas, *Sex and Soctety*, 1907, pp. 55 - 172; Gummere, *The Beginnings of Poetry*, 1901; Hirn, *The Origins of Art*, 1900.

# 4.

# 群体道德——风俗或习俗

49 社会如何更直接地引导和控制其成员的行为，维护和平，促进福祉并且维系成员间的恰当关系？为了回答这个问题，我们必须对或许以可称为“基础道德”(ground morality)的东西加以考察，它显示了成员们如何有意识或无意识极大地受到群体的影响。由于群体用来控制其成员行为的机制大多是风俗的作用，道德或许也可称为“风俗道德”。这样的行为，是我们在第1章中所说的“第二个层面”的行为。就其符合群体的气质(ethos)或习俗(mores)而言，它是“伦理的”或“道德的”。

## §1. 风俗的意义、权威和起源

正如我们在第2章中所概述的，在有群体生活的地方，会发现一些行动方式是群体所共有的——“民俗”(folkways)。其中的一些可能仅仅源于这个事实，成员们生来就是同类，就像所有的鸭子都会游水。但蛮荒时期或文明生活中的很大一部分人类行为，并不仅仅是本能的。有一些被认可的行为方式是群体中共有的，并且代代相传。这些被认可的行为方式就是风俗，或用拉丁词语来说，mores(习俗)——萨姆纳(Sumner)教授认为，后者更清晰地表明了认可因素[1]。它们是习惯(habits)——但内容更丰富。它们意味着要服从群体的评价。在某
50 种意义上，群体的福祉被认为植根于这些风俗。如果有人违背它们行事，他就会感受到群体的反对。人们耐心地教导年轻人遵守它们。在一些特别重要的时

---

① 萨姆纳：《民俗论》(*Folkways*)，第30页。

刻，人们会特别庄重地排练它们。有一种经年累月的压力迫使人们如此行事：群体成员都这么做，并且认同它；他们也总是这么做，并且认同它；这么做将会是好的，而不这么做则是危险的。

男长者、牧师、巫师、首领或女长者可能是这些习俗的特殊守护者。他们可能会修正一些细节，或添加新的风俗，或为旧风俗创造解释。但在他们背后的权威，则是完整意义上的群体。群体不仅由可见的和活着的成员组成，也包括死去的人、家族图腾或祖先神祇的更大群体。群体也不能视为个体的集合。它是一种在模糊意义上的整个精神的和社会的世界。对群体的尊敬，接近于宗教崇拜。大多数习俗并没有已知的起始日期或起源，这一事实使它们看起来似乎是自然事物的一部分。的确，在对风俗的基本的尊重和对"自然"的尊敬之间，并不只有简单的类似，从斯多亚学派到斯宾塞都在寻找一种"依据自然"而生活的道德标准。

风俗的基础要在几个同时存在的因素中寻找。首先，群体里的每一成员都和其他成员处于某种给予和接受的关系中——通常是整个群体[①]。在一个家庭中，父亲、母亲、孩子在养家糊口上各有其分工。在母系氏族里，叔父对他姊妹的家庭负有明确的义务。个人给首领献礼并得到回报。当群体去捕鱼、打猎或远征时，每个人都有他的位置和作用。当一个人给予另一个人礼物时，他也期待得到回报。所有这些关系都会变得常规化和标准化。它们是社会的机制。风俗是这一机制的自然运作。即便在现代社会中，法律所考虑的是某些义务和权利源自所涉及的人的地位，例如父母和孩子、丈夫和妻子、地主和佃户。同样的原则也适用于原始社会。

其次，某些做事方式成功了，某些失败了。人们把成功的方式，连同对成功 51
的赞同传承下去；也宣布那些失败的方式是不能用的。

这一态度也得到了好运和厄运观念的强化。原始人以及文明人，并非纯粹是由理性的成败理论来支配的。"某人可能小心翼翼地运用已知的最佳方法，结果却失败了。另一方面，某人可能不费吹灰之力就得到完美的结果。一个人可

① 马利诺夫斯基（B. Malinowski）：《野蛮社会的罪恶和风俗》（*Crime and Custom in Savage Society*）。

能没有任何过失却遭飞来横祸。”[①]“格林记录了一千多句古代德国人有关‘好运’的警句、格言和谚语。”[②]人们把好运和厄运都归于看不见的力量，因此并不把厄运仅仅当作一种偶然。如果一艘在星期五航行的船遭遇了风暴或十三人中有一人生病了，推论就是这肯定会再次发生。在此，与每个成员的行为相关的群体福祉的观念，使个体的服从关乎群体的利益——使得行为和习俗相关而并不仅仅是个人的事。早期立法的重要（如果说不是最重要的）目的之一，就是强制实施带来幸运的仪式，防止个人做那些可能给整个部落招来厄运的事。这是因为，人们总是相信这样的观念：厄运并不仅仅降临到做错事的人头上，也可能落到群体的任何成员身上。“某个成员的行为被认为使整个部落成为不敬神的，触犯了它的独特神明，使整个群体遭受上天的惩罚。当街头赫尔墨斯（Hermes）的雕像被毁时，所有雅典人都惊恐万状，怒不可遏；他们以为他们所有人都会被毁灭，因为有人摧毁了神的形象并因此冒犯了他。”[③]“人们谴责孩子削木头、烧木屑，以为这可能就是家庭中某个成员突然割到手的原因。”[④]再者，除了这些风俗的来源以外，在某些行动有用或幸运的特征中，也有个体或群体对某些行为方式更为直接的反应，“当事情符合他们的感受或使他们不悦时”[⑤]。勇敢的行为，无
52 论有用与否，都受人称赞。个人评价不断更新、不断重复并在群体意见的形成中起着作用。“因此，个人的冲动和社会的传统是我们行动的两极。”甚至可能产生一种类似立法活动或哲学探讨的更为有意识的讨论。澳大利亚的长者精心地考虑成人礼（the initiation ceremonies）的每一步骤，他们要把风俗传承下去。

## §2. 实施风俗的手段

最为普遍的实施风俗的手段便是公众意见、禁忌、仪式或庆典以及武力。

公众的认同运用语言和形式来表达它的评价。它的赞扬很可能通过某些艺术形式来强调。欢迎归来的胜利者的歌曲，欢迎那些受到崇敬者的饰物、服装和

---

① 萨姆纳：《民俗伦》，第 6 页。

② 同上书，第 11 页。

③ 白芝浩：《物理与政治》，第 103 页。

④ 伊斯门：《印度孩提时代》，第 31 页。

⑤ 霍布豪斯（Hobhouse）：《道德的演变》（*Morals in Evolution*），第一部分，第 16 页。休谟曾指出双重的认同基础。

鼓声，表达了普遍的情感。另一方面，嘲笑或轻蔑则是足够的惩罚，以强化人们服从许多对个人而言令人生厌的风俗。在很大程度上，正是对“男人屋”(men's house)的嘲笑，在那些有这种制度的民族的男子中，强化了某些风俗。正是对男人和女人的嘲笑或鄙视，不允许印第安人在证明其男子汉气概之前结婚。这种男子汉气概通常是通过战争或狩猎中突出的勇敢行为来证明的。在特罗不利恩(Trobriand)群岛的居民中，公众反对的力量如此强大，以至引起众怒者唯一的出路可能是被迫自杀；生命变得不能忍受。① 即便在文明社会，没有人会觉得所有熟人都不理睬或装作不认识他是件轻松的事。

禁忌或许算不上强化风俗的手段，因为它们本身就是具有异常的、可怕的约束力的风俗。它们禁止人们接触某些受到来自不可见神灵的危险惩罚的人或物。任何象征神灵活动的事情，例如生与死，都可能因禁忌变得神圣。危险是会 53
蔓延的；如果一个波利尼西亚(Polynesian)首领是禁忌，那么普通人甚至会害怕触碰他的脚印。然而，禁忌并不全是基于对看不见者的恐惧。

> 它们包括那些在经验中发现会产生不愉快结果的行为——原始的禁忌相应于如下事实，即人的生命处在危险之中：他对食物的需求受到必须避开有毒植物的限制。他的食物必须不过量。他的体力和健康必须免遭危险。禁忌传承了世代积累的智慧，它们几乎都是用痛苦、损失、疾病和死亡换来的。其他禁忌包括对那些对整个群体有害的东西的禁止。关于性、财产、战争和鬼魂的律法就具有这一特点。它们总是包含一些社会哲学。②

人们可能出于有意识的目的而运用这些禁忌。为了在宗教节日上有椰子供应，首领们可能会在刚长出的椰子上设置禁忌，防止它们在完全成熟前被人吃掉。这种观念在一定程度上，提供了后来由财产观念所促进的目的。但在维护对群体中权威的尊重方面，它也是一种有力的机制。

正如禁忌是风俗重要的消极的守护者，仪式则是重要的积极的代理者。它通过形成习惯而起作用，通过在实际中，通常在与情感有关的条件下，采取某些

---

① 马利诺夫斯基：《野蛮社会的罪恶和风俗》。

② 萨姆纳：《民俗论》，第 33 页及以下。

行为而形成的联合来运作。音乐和有序运动的魅力、整齐行进中人群的蔚为壮观、对神秘事物的敬畏都有利于添加意义和价值。表扬或批评、鼓励或禁止;仪式确保了实际行动,并同时给它以价值。文明人更多地将其运用于军事或体育训练,或是训练孩子遵守礼仪,因此这些可能会成为“第二自然”。某些宗教团体也会利用其机制。但在原始生活中,它被广泛、有效地用来确保教育的、政治的和家庭的风俗符合群体的标准。而在我们这个时代,它则确保了对军队纪律或
54 社会礼仪的遵守。下面将给出在教育典礼中运用礼仪的详细生动的例子。

当群体意见、禁忌或仪式都不能确保遵从时,背后总是还有武力。首领通常是充满力量的男子,他们的话语不容被轻视。有时,就像在印第安的苏族人(Sioux)中那样,年长的勇士等同于某种警察。在不同宗族之间的仇杀是公认的强化风俗的手段,除非支付替代品,即赔偿金。对于宗族内的杀人事件,其余成员会把杀人者驱逐出去,无论谁遇上这样一位“该隐”(Cain),都可以杀了他。在古老的威尔士,如果一个人杀了他的氏族首领,他就会被驱逐,并且“要求每一个听到号角的人,无论男女,无论长幼,都要追踪被驱逐者,让狗不停地吠叫,直到把他赶到海边,直到他长久从视线消失”。[①] 然而,应当记住的是:生理的痛苦,无论是真实的还是担心的,在我们认为典型的群体中,都无法持久地维持权威。专制主义以及它实行恐怖的所有残酷的方法,需要一个更有条理的系统。在原始群体中,绝大多数人理所当然地支持群体的权威,并且在其受到挑战时,将维护它视为神圣的义务。生理上的强制并不是常规,而是一种例外。

## §3. 凸显群体标准之重要性且使群体控制有意识的条件

尽管风俗或习俗本身包含了社会认同的元素,使得它们成了道德评价的媒介;但在许多情况下,它们会降低到纯粹习惯的层面。它们原初力量的原因被遗忘了,就像我们的许多礼仪形式成了纯粹的规矩。然而,某些条件把注意力集中在它们的重要性上,并且把它们提升到有意识的机制的层面上。这些条件可以
55 分为下述三种:(1)对年轻的、尚未成熟的群体成员的教育,以及为他们成为正式成员做的准备;(2)对不服从的成员的限制和约束,以及对相互冲突的利益的调和;(3)有着显著危险或危机的场合,因而需要特别小心,以确保神的眷顾,从而

---

① 塞博姆:《威尔士部落制度》,第 59 页。

避免灾难。

1. 最引人注目的教育风俗中的成人礼，在许多原始民族中到处可以看到。这些仪式的目的，在于引导男孩们进入男性的特权中以及群体的整个生活中。这些仪式的每一步都精心计划，让男孩意识到和群体的智慧和力量相比，自己是多么的无知和无能；仪式进行时的神秘色彩，让他们尊重群体中的长者和权威。同样，对传统的颂扬和部落的各种表演，冗长的仪式活动，共同参与神秘的舞蹈、歌唱和装饰，都被用来强化团结部落的联系。

例如，在澳大利亚中部的部落里，进入男性的全部特权包括三种仪式，它们长达数周，甚至数月。第一步被称作“抛向空中”，通常在男孩 10 至 12 岁时进行。在由指定的某些部落成员把他抛向空中时，人们会用不同的图腾标志来装扮他，随后把他的鼻中隔打穿以插入鼻骨。在三四年后，会举行一系列更大的、令人敬畏的仪式，时间持续十天。人们用树枝建造起一面屏风，在整个仪式期间，男孩都待在这个屏风后面，除非他被带出来到仪式现场观看一些表演。在这十天期间，除了回答问题，人们不允许他说话。人们用各种图腾标志装扮他，这些标志的每一个细节都是由部落的长老和年长者委员会所指定的。人们要求他服从每一个指令，且永不告诉任何女人或男孩他所见的。某种不寻常的事情将要发生在他身上的感觉，有助于使他对遵从部落规则的重要性有一种强烈的感受；而且，他还强烈地感受到长者的优越性，他们知道和熟悉那些他即将学习其 56
意义的神秘仪式。在间歇时，他观看人们象征性的表演，这些人装扮成各种图腾动物，模仿部落动物祖先的样子；他听所谓的牛吼器（bull-roarers）[①]的神秘声音，女人们或未行成年礼的孩子们会认为这些声音来自看不见的神灵；整个仪式最终以象征他成为年轻的成人的活动结束。

但是，这些仪式还并非全部。当年轻男子达到 20 至 25 岁懂事的年龄时，人们觉得他可以充分理解部落的传统了，还要举行一系列更为令人惊叹的仪式。根据记述，这些仪式从 9 月一直持续到第二年的 1 月。这一段时间充满了舞蹈、狂欢会（corroborees），还要检查护身符或圣物——一些被认为是祖先灵魂住所的石头或棍棒完好地保存在部落中，女人和男孩都不能看它们，但长者都知道它们是父亲或祖父的神圣居所。当人们展示和传看这些物件时，显得庄严肃穆，有

① 澳大利亚等地土著用于宗教仪式的一种旋转时能发出类似牛吼声的木板。——译者

时亲人们见到圣物会泪流满面。人们还举行一些模仿各类图腾动物的仪式(常常是最精致的那种)。人们会告诉年轻男子部落过去的历史传统,在颂扬结束时,他们更加崇敬那些引导他们的长者,增添了因拥有神秘知识的自豪感,以及因他们现在所共有的东西而增强了团结。真不知应当对整个部落耗时三月之久完成这些精细的成人仪式的可能性感到惊叹,还是应当赞叹这样的仪式得以用来训练年轻人服从和敬畏态度的用途。一个能够实施这个过程的部落,至少不太可能缺失道德意识,即对权威的尊敬和对社会福祉的关切。①

2. 总有一些时候需要对不服从的成员施加某些控制,即使群体和个人之间
57 的冲突可能并不需要生理惩罚来强化群体高于成员的权威。经济上的动机常常促使个人离开部落或大家庭。伊斯门指出,有个常见的倾向,即在他的民族中,在敌人的国家进行狩猎远征时,分成更小的群体更容易自由地获取食物。警察尽最大努力追踪那些想要偷东西出境的群体。另一个说明这种倾向的例子是梅因说的,他提到了斯拉夫人的大家庭:

> 氏族(brotherhood)中富有冒险精神和充满活力的成员,总是反对其自然的共产主义。他背井离乡去寻找自己的财富,并且拼命抵制他的亲戚想把他的财产并入共同账户的要求。也许他认为他所分享的共同财产中的份额,如用作商业投资的资本可能利润更高。在每一种情形下,他或者成为一个令他人不满的成员,或者成为氏族公开的敌人。②

或者,贪婪也可能导致对禁令的违反,就像亚干。性冲动可能会让一个男人娶一个族规不允许的群体中的女人做妻子。或者,最为危险的犯罪之一,在于群体的一个成员可能会施行巫术。这是以自私的方式运用看不见的力量,几乎使所有民族害怕,要加以惩罚。

在所有这些案例中,当然不是任何抽象的犯罪理论导致群体的反应,而是自我保存导致它去反抗。部落必须团结在一起防范敌人。亚干的罪恶被视为失败的缘由。对性的禁忌的违背,可能会毁了整个部落。巫师可能会引起疾病或招

---

① 这一描述根据斯宾塞和吉伦,《澳大利亚中部的原始部落》,第7—9章。

② 梅因:《早期法律及习惯》(*Early Law and Custom*),第264页。

致痛苦和死亡,或者给整个群体带来瘟疫和饥荒。然而,所有这些情形都把道德权威的某一方面带入意识之中,即社会对个体的控制。

它是一种社会控制——而不是野蛮力量的施行或鬼怪的恐吓。因为首领或法官通常是通过他对其部落里的人的有力服务而赢得权威的。基甸(Gideon)、巴拉(Barak)、以笏(Ehud)或耶弗他(Jephthah)评价以色列人,因为他们拯救了以色列人[①]。“如果某人拥有下列三点,那么就能成为家族的首领:他应当代表 58
家族说话而且别人听从他,他应当为家族而战而且别人敬畏他,他应当是家族的守护者而且为大家所公认。”[②]像通常那样,如果国王、法官或首领认为自己依据神圣权利而行事,那么,权威就仍然在*群体之内*。这是群体在评价自己。

这一原始法庭的标准自然处在习俗道德的层面上,它是这一道德的代理人。这里通常既没有一种普遍的正义原则的观念(我们的习惯法),也没有表达人民意志的实证法。起初,裁决者或统治者可能并不依据任何确定的法律来行事,除了一些支持习俗的法则。每一个决定因而都是一个特定的案例。当部落的首领、长者或牧师在裁决案子时,先找一个案例;它们并非独立于其他任何案例,而是和某些先例或习俗保持一致。一个合法的传统就这样形成了,无论其如何不完善,但可能比任意的心血来潮更为公正,就像一些特殊的决断很可能受到有关方面的等级或权力的影响。[③] 因此,依据先例或传统的法律在这一阶段是常规的方法。朝向更为理性的标准的进步属于下一章内容,但值得一提的是:即使在早期阶段,神话展现了关于一个正直的神圣裁决者以及一种理想的神圣决断的观念。拉达曼迪斯(Rhadamanthus)是正义要求的化身[④],人类的冲突和决断唤醒了这一要求。

世仇或成员间的争执同样唤起了有意识的群体权威。人们会把世仇看成应是战争和国际法所处理的,而不是私人冲突。就受侵犯的氏族成员而言,它就是战争。讨还血债,这是每个氏族成员的爱族义务。所涉及的群体比现代国家小。

---

① 这四位均是圣经中记载的以色列的士师,参见圣经《士师记》。——译者

② 引自塞博姆,《威尔士部落制度》,第 72 页。

③ 波斯特(Post):《权利的基础》(*Grundlagen des Rechts*),第 45 页及以下。

④ 拉达曼迪斯是希腊神话中主神宙斯和欧罗巴的儿子,米诺斯、艾亚哥斯的兄弟。在米诺斯统治克里特以前,拉达曼迪斯是克里特之王,后来他被米诺斯赶出克里特岛。相传拉达曼迪斯死后做了冥界的判官,专门惩罚罪人。——译者

后者交战出于类似理由，但原则却是相同的。现代国际战争最主要的不同在于：由于群体更大，它们并不那么频繁地交战，需要更为严肃地考虑和平调整的可能性。俄瑞斯忒斯（Orestes）和哈姆雷特（Hamlet）认为，向杀害他们父亲的凶手复
59 仇，是一件神圣的义务。

但情形并不只是简单的氏族与氏族之间的对抗。因为通常要报复的较小的家族，总是隶属于一个更大的群体；而较大的群体可能立即会意识到复仇的义务，同时意识到需要将它控制在一定限度之内，或是需要代之以其他的做法。这个更大的群体或许会在谋杀中，看到危及所有人的玷污（pollution）；[1]"从地下传来的哭声"使得土地"不洁净"[2]，而诸神的诅咒或死者的魂灵可能会给整个区域带来灾祸。但是，无穷尽的仇杀同样邪恶。如果受到伤害的族群能够不用流血报复来平息，那么就会更好。因此，就有了赔偿金或补偿金。这在爱尔兰人中是一项沿袭很久的习俗；但对于英国的法官而言，却似乎是一桩丢脸的事。

对于较轻的冒犯，人们有时允许一种规范的决斗。例如，在澳大利亚人中，决斗用来处置与邻居的妻子私奔的男人。当不义的一方归来，长老们考虑应该怎么办，最终他们作出如下的惩罚。冒犯者站着向受伤害的丈夫大喊："我偷了你的妻子；来，冲我怒吼吧！"丈夫便会从远处向他掷长矛，随后用刀刺他，尽管他并不想伤到他的要害部位。冒犯者尽管不能怨恨攻击，但允许躲避伤害。最后，长老们会说："够了。"在日本的剖腹自杀（hara-kiri）风俗中，也可以看到一种奇特的保障公正的私人做法（agencies）。依据这种风俗，受到伤害的人要在冒犯者门前自尽，让公众憎恨那个伤害他的人。印度的静坐绝食（dharna）风俗也有类似的意义，尽管不那么暴力。债权人会在欠债者的门前绝食，直到他或者拿到钱，或者被饿死。可能他认为另一个他或他的魂灵会纠缠那个让他饿死的残忍的欠债人，这同样有把公众的意见加诸其上的效果。[3]

60 3. 一些场合需要特别的注意以保障成功或避免灾难。在此作为典型，我们要考察（1）出生、婚姻、死亡；（2）播种、收获季节，或其他对于群体的生存而言具

① 《申命记》（Deuteronomy）21：1—9；《民数论》（Numbers）35：33，34。

② 《创世纪》（Genesis）4：10—12；《约伯记》（Job）16：18。

③ 关于早期正义，参见：威斯特马克：《道德观念的起源和发展》（*The Origin and Development of Moral Ideas*），第七章及以下；霍布豪斯：《道德的演变》，第一部分，第一章，第 ii 页；波洛克（Pollock）和梅特兰（Maitland）：《英国司法史》（*History of English Law*）。

有重要意义的节气；(3)战争；(4)殷勤好客。

(1) 一个新的生命来到世界上以及维持生命的呼吸[灵魂(*spiritus*)、生命(*anima*)、心灵(*psyche*)]的消失，使人感到世界的神秘。无论新生儿是否被视为祖先魂灵的再世，就像澳大利亚人所认为的那样，或者卡菲尔人所认为的是精神世界的新的创造，这都是一个充满危机的时刻。母亲必须被“净化”，[①]而孩子以及某些情况下，父亲必须小心看护。繁复的习俗显示了群体评价在这一时刻的重要性。而对死者的仪式，则更为引人注目。因为通常野蛮人并没有一个人彻底消亡的观念。死者以某种形式继续生存，或许以某种朦胧的、模糊的方式，但他仍然是有影响的，仍然是群体的成员，出现在坟墓或炉边。准备安葬或以其他方式处置死者的身体，土葬或火葬的仪式，哭丧，穿丧服，为在看不见的世界中的死者准备食物、武器或最心爱的马匹或妻子，致以永久的敬意——所有这些都意味深长。这一事件如其经常发生的，通过共鸣和敬畏造成共同的情感，唤起群体团结意识以及通过评价实现的控制。

对婚姻的规定也同样重要；它们有时似乎是最为重要的习俗。“抢婚”(marriage by capture)、“买卖婚姻”(marriage by purchase)这些用语颇为误导，它们容易给人留下这样的印象：仿佛在早期的文化中，任何男人可以拥有任何女人。在部落体制中，几乎普遍有这样的规定，男人必须娶他自己部落或图腾之外的女子(异族通婚)，通常还规定他必须娶哪个部落中的女子。在一些部落中，还有详细的规定：一个特定群体的男人应该从什么样的年龄阶段、从哪些亲族群体中选择他的伴侣。求婚的过程可能遵循与我们不同的规则，而两性关系的某些方面可能看起来十分松散而令学者感到震惊，但这些规定在许多方面比我们的
更严格，而违背规范后的惩罚则通常更严厉。控制的意义是毫无疑问的，虽然某 61
些特点看上去多么的错误。虽然我们不清楚有效避免了乱伦的异族通婚的规定，是否通过对与亲人发生性行为的本能的反感而获得实施；无论如何，它们都是通过最强的禁忌来实施的。原始社会并不是只有消极的一面。人们赋予真实的婚姻以社会价值和宗教意义，把婚姻关系提升到更高的层次。艺术在服装和装饰、舞蹈和新婚喜歌中，增添了理想的价值。围坐在火炉边的神圣的晚餐，确保了族神的参与。

---

① 《利末记》(Leviticus)，12。

(2) 播种和收获时节、冬至和夏至、春回大地对于农耕和游牧民族而言都是最重要的,可以看到许多民族为此举行仪式。在那些为雨水而焦虑的地方,会有一整套仪式与之相关,譬如在印第安人的祖尼族中。仪式持续好几天,包括准备象征云和闪电的特殊的东西,以及许多秘密团体的参与,这些都吸引人们的注意力。此外,这种需要的约束,通过灌输这是神的要求的观念起作用,强化了一些非常积极的道德态度:

> 为了使神明接受他的祈祷,祖尼人必须用某种方言(真诚地)说话,除非他的祷告被接受,否则便不会有雨降临,那就意味着饥荒。他必须温和,必须用对所有人都善良的方式说话和行事,因为神明不会关心那些说话粗鲁的人。在敬献羽饰供品进行呼吸式祷告的前四天和后四天,他必须禁欲,从而使他们的激情得到控制。①

月亮的盈亏也代表了其他神圣的日子。原本是贬义的安息日——禁止劳作——后来承载了积极的和精神的价值。无论如何,所有这些节日都强化了群体权威,通过它们的仪式,促进了群体的共同感情以及对共同目的的意识。

62 (3) 战争作为一种特殊的危机,总是给某些风俗带来意义和重要性。商议、魔法、战前的涂抹、对首领的服从、首领在这些危机时刻行使的特别权力和引人注目的危险感,所有这些都保证了注意力。这里不允许任何粗心大意。失败被解释为天怒的象征,因为违背了法律或风俗。胜利使所有人聚在一起,庆祝部落的荣耀,共同悼念那些为共同事业捐躯的勇士。在此,卓越的作用或它所带来的仰慕是如此显著,以至于成了表示群体所赞同的东西的一个普遍用语。正因如此,希腊人的 *aretê*(卓越)成了他们的普遍词语;拉丁语的 *virtus* 一词,即使不那么明确为军事的,但在其早期色彩中主要是军事的。"耶和华的灵"(spirit of Jehovah)象征着神的赞许,因而也是群体的赞许;人们相信它,也伴随着参孙(Samson)和耶弗他(Jephthah)拯救以色列的英勇行为。

(4) 现代人毫无畏惧地旅行,并将招待客人视如家常便饭,对他们而言,把好客也算作不同寻常或重要的事件似乎有些牵强。但所观察到的仪式以及这些

---

① 史蒂文森(M. C. Stevenson)夫人的第 23 场报告,美国民族学局(Bureau of Ethnology)。

仪式具有的重要性，表明了好客具有重要的意义；有关它的风俗是最为神圣的风俗之一。

> 尤利西斯对库克罗普斯人(Cyclops)说："我们现在来到这里，在你的膝前恳求；但愿你能给出表示好客的款待，或给出一份礼物，此乃陌生客人的权益。敬重神明，最强健的汉子，我们在你面前恳求。宙斯，客人的尊神，保护浪迹之人的权益，惩报任何错待陌生人和恳求者的行为。"①

好客的义务是被最广泛地认可的风俗之一。威斯特马克收集了一系列来自不同种族的箴言，它们有力地表明了这一点。② 这些箴言来自印第安人、卡尔梅克人、希腊人、罗马人、条顿人、阿拉伯人、非洲人、阿依奴人以及其他民族，都讲述相同的道理。要以神圣的方式尊敬陌生人。他的人格必须免受侮辱，即使要牺牲主人女儿的名誉。③ "耶和华保护寄居者"，在以色列的律法中，他们同孤儿和寡妇归为一类。④ 罗马人有他们的"好客之神"(*dii hospitales*)，并且"对客人的义务甚至比对待亲人的更为严格"(*primum tutelae*, *deinde hospiti*, *deinde client*, *tum cognate*, *postea affini*)⑤柏拉图说："那些谨慎的人会尽最大努力地生活而不去伤害陌生人。"毫无疑问，客人的人格神圣不可侵犯并不是出于纯粹的友善。群体生活的全部行为是和关心那些外来人的一般精神相左的。"客人"(guest)这个词语与敌人(hostis)有关，"敌意"(hostile)就源自敌人。陌生人或客人被看作具有特殊力量的人。他是一个"精力旺盛的人"。他可能是带来祝福或者伤害的中介。但极为重要的是要履行对他的义务。人们并不总是清醒地意识到他们可能无意间款待了天使，但似乎有理由相信，人们普遍地认为客人可能会带来好运或厄运。同样有可能的是，分享晚餐或身体的接触等所具有的重要性是基于对祝福或诅咒可能被传递的方式的神奇观念。跨门槛、摸帐篷绳子或吃 63

---

① 引自《奥德赛》第九章——译者

② 《巫术对社会关系的影响》(The Influence of Magic on Social Relationships)，载于《社会学论文》(*Sociological Papers*)，第2卷，1905年；参较摩根(Morgan)：《家庭生活》(*House-Life*)。

③ 《创世记》19：8；《士师记》19：23，24。

④ 《诗篇》(Psalms)146：9；《申命记》(Deuteronomy)24：14—22。

⑤ 威斯特马克：《道德观念的起源和发展》，第155页。

"盐",这些都具有神圣性。在避难所里,逃亡者利用他与神的联系伺候祭坛,并认为神将保护他。好客的整个实践因而是报仇雪恨风俗的反面。它们都是神圣的——更确切地说,好客的义务甚至也会保护主人注定要接触的那个人。但是,虽然有人用排外和敌意的行为维护群体的团结,其他人则会暂时放下"我们群体"和"他人群体"之间的区分。在宗教的认可下,它打开了一种交流方式,贸易和其他社会交往将会进一步拓宽它。至少在维持人性和共同感情的可能性上,
64 它为家庭和男人屋增添了一种有力量的行为。

## §4. 风俗道德的价值和不足

在对风俗的本性以及行为规范的描述中,我们对这一论题大致有所谈及。为了对下一阶段道德的论述做准备,让我们对它们作一个总结。

就风俗和习俗基于对相互依赖的真实关系的认同而言,它们为那些被视为"正确的"行为设定了标准,无论在它们达到最高层次的正义之前需要多少批判和反思。就风俗和习俗依赖有关福祉的理性概念而言,它们指出了什么样的行为被认为是"好的"。就它们提供了群体所认同和不认同的事物而言,它们为卓越和"美德"的概念作了铺垫。因此,道德指引并控制生活,即便它在理智和灵活性上有所欠缺。

然而,风俗的标准和评价只是部分理性的。许多风俗都是非理性的,有一些是有害的。但在所有这些风俗中,习惯是很大的——并非最大的——要素。它通常足够强大,可以抵制任何理性检验的企图。亚瑟·史密斯(Arthur Smith)博士告诉我们:在中国的某些地方,为了热天获得凉风,把门装在房屋的南面。对这样一个提议,简单干脆的回答是:"我们并不在南面装门。"

这些非理性或部分理性的标准的另一个缺点在于,它们包含错位的能量。一些鸡毛蒜皮的事情变得和真正有意义的事情一样重要和显著。对薄荷、大茴香、小茴香征十一税,很可能忽视了法律中更为重要的事情。道德生活要求人们衡量行为的价值。如果无关紧要的或小事成了重要的,这不仅会阻碍给予真正重要的行为以更高层次的价值,而且会给行为带来负担,从而阻碍行动;它引入了一些之后必须摆脱的要素,通常使真正有价值的东西丧失殆尽。

在现代法律中,重点放在人们做什么而不是衡量一个人的品格上。我们也
65 想知道他为什么做这件事。风俗道德利用了两个动机——我们并不认为它们可

取，除非在特定的情形下——也即在躲避禁忌时的恐惧，以及在血亲仇杀中的仇恨。这一恐惧植根于无知，而仇恨则和人与人之间应当具有的友爱之情相悖。当然，很显然，我们今天的战争道德同样违反了这一友善关系，但战争道德依然在很大程度上是原始的，并且预设了断裂的人类关系。然而，在原始的血仇中，有一个要素使它与纯粹的动物激情相区别。在大部分情况下，它不是个人的而是群体的事情。人们从事它，是出于共同的利益。因此，它是一种同仇敌忾的仇恨，而威斯特马克认为，这种仇恨是道德形成之初最基本的要素之一。除了恐惧和仇恨的情感之外，还有许多其他的动机。子女和父母的情感，在两性之间超越了性冲动的情感。对年老者和那些象征理想（不管多么原始）的事物的尊敬，对部落成员的忠诚，所有这些不仅是原始群体培养的，而且受到其保护。但是，隐含了反思的动机——把义务尊崇为更大范围生活的专断的法律，对善自身的真诚的喜爱——并不能完全显现，直到有一个更为确定的道德权威的观念，以及在伟大的善和部分的或暂时的满足之间的明确对比。这些观念的发展，需要个性的成长；需要权威和自由之间的冲突、私人利益和公共福祉之间的冲突，这些只有更高的文明才能提供。

在具有稳定特性的组织中，风俗道德是十分强有力的。群体训练它的成员，以它所认同的方式行事并随后通过所有的机制来掌控他们。它形成习惯并实施之。它的弱点是：习惯的因素如此强大，而自由的因素如此弱小。它支持着寻常百姓；但阻碍那些可能开拓进取的人。它既是一个支点，也是一个包袱。

如果接下来我们问：什么是风俗道德真正、具体的效果？它能保障社会中的和平与和谐吗？人们尊重他人的生命、财产和权利吗？女人、孩子和老年人是否被善待？是否存在对自然以及艺术的兴趣，或者人们只满足于饮食和战斗？我 66
们必须记住两件事情：(1)所讨论的某些条件不是依赖孤立于进步中所有的其他要素诸如种族、气候、商业、发明、宗教等来考虑的道德，而是依赖总体上所达到的文明程度；(2)我们并不需要只在处于较低文明阶段的民族中寻找答案，因为我们自己的道德的很大一部分也是风俗道德。我们大多数人对待其他种族或其他肤色的人的态度，几乎完全是我们习俗的态度，主要取决于我们出生和成长的地方；我们的生活标准是由我们意图加入的群体为我们设定的；我们的荣誉标准是由我们的家庭传统、俱乐部或社交圈决定的；我们对财产的态度，是由我们的职业群体和商业联盟决定的；我们爱国的忠诚，则是与生俱来的。在某些方面落后的许多民族中，生活安全，秩序井然，所有人分享可获得的物品，没有职业罪犯，有着更多的友善。很显然，我们在这个研究阶段无法作出全面的论述。因为习俗本身可能处在一个较高或较低的阶段。某些民族如何提升或改变他们的标准并赋予反思、个人自由和责任以更多的空间，将是我们在本书余下的篇章中所要探讨的；在此之前，我们会对这些改变中所涉及的一些普遍要素作简单的论述。

### 参考文献

本章参考了第 2 章和第 3 章末的许多文献，特别是斯宾塞、吉伦和舒尔茨(Schurtz)的著作．详见：Schoolcraft, *Indian Tribes*, 1851 – 1857; Eastman, *Indian Boyhood*, 1902. Papers on various cults of North American Indians in reports of the *Bureau of Ethnology*, by Stevenson, 8th, 1886 – 1887; Dorsey, 11th, 1889 – 1890; Fewkes, 15th, 1893 – 1894, 21st, 1899 – 1900; Fletcher, 22nd, 1900 – 1901; Stevenson, 23rd, 1901 – 1902; Kidd, *Savage Childhood*, 1906, *The Essential Kafir*, 1904; Skeat, *Malay Magic*, 1900; N. W. Thomas, general editor of Series, *The Native Races of the British Empire*, 1907; Barton, *A Sketch of Semitic Origins*, 1902; Harrison, *Prolegomena to the Study of Greek Religion*, 1903; Reinach, *Cultes, Mythes et Religions*, 3 vols., 1905; Frazer, *The Golden Bough*, 3 vols., 1900; Marett, "Is Taboo a Negative Magic?" in *Anthropological Essays*, presented to E. B. Tylor, 1907; Crawley,
67 *The Mystic Rose*, 1902; Spencer, Sociology, 1876 – 1896; Clifford, "On the Scientific Basis of Morals" in *Lectures and Essays* ,1886; Maine, *Early History of Institutions*, 1888, *Early Law and Custom*, 1886; Post, *Die Grundlagen des Rechts und die Grundzüge seiner Entwickelungsgeschichte*, 1884, *Ethnologische Jurisprudenz*, 1894 – 1895; Pollock and Maitland, *History of English Law*, 1899; Steinmetz, *Ethnologische Studien zur ersten Entwicklung der Strafe*, 1894. Malinowski, *Crime and Custom in Savage Society*, 1926; Vinogradoff, *Outlines of Historical Jurisprudence*, Vol. I., *Tribal Law*, 1920.

# 5.

# 从风俗到良心；从群体道德到个人道德

## §1. 对比和冲突

只有当个体意识到什么是正确的，或自由地选择了善，全心全意地实现善并 68
且寻求每一个社会成员共享的社会发展时，他才抵达了完整的道德。群体道德通过风俗的作用设立了一个标准，但它是集体的而非个人的标准。它赞同和反对，也就是说，它有一个善的观念，但并不意味着这是个人所重视的善。它获得成员的支持，但这是通过训练，通过快乐和痛苦，通过习惯而不是完全自愿的行为达到的。它通过习惯和社会压力，而不是通过深入品格中的选择确保稳定。它维持了情感和行为的共同体，但却是无意识的而非社会性的。最后，它适合于维持一种固定的秩序而不是促进和保护进步。进一步地，(1)一些理性的建立标准和形成价值的方法必须取代习惯性的被动的接受；(2)必须保证自愿的个人的选择和兴趣，而不是无意识的对群体福祉的认同，或本能的和习惯性的对群体需求的回应；(3)必须同时鼓励个体的发展，以及所有人分享这一发展的需求——个人以及每个人的价值和幸福。

这一进步带来了两种冲突。对立在此前也存在，只是尚未感觉为对立。只要一个人完全与他的群体同在，或是满足于风俗，他就不会反叛。当这一运动开始时，冲突就会被感觉到。这些冲突是：

(1)在权威和群体利益以及个人的独立、私人利益之间的冲突； 69

(2)在秩序和进步之间，在习惯和重建、改革之间的冲突。

很显然，这两类冲突有着紧密的联系；事实上，第二种冲突在实际中成了第一种冲突的一种形式。在前一章中，我们已经看到，风俗是由群体所支持和实施的，而它的纯粹习惯部分是和那些具有更多理性基础的部分同样受到强烈支持。或许可以想象，一个民族应当共同发展，创造一个更高的文明；在其中，自由的思想应当充分尊重社会价值，政治自由应当与政府的发展并驾齐驱，个人兴趣应当伴随着对他人福祉的关心，这就像一个孩子可能无需经历"暴风骤雨"时期就具有了完全的道德。但是，这并不常见。进步总是需要斗争，而斗争的第一阶段就是个人和群体之间的对立。自我肯定的冲动和欲求出现在群体生活中，但是在某种程度上，它们并不发达，因为还没有足够的刺激因素来激发它们。如果很少或没有什么东西可以拥有，一个人就不可能充分发展出拥有某物的冲动来。在某种程度上，这些冲动是未发展的，因为群体阻碍了它们；而生存和战斗的条件，则有利于那些阻碍它们的群体。然而，它们在一定程度上存在着，总是与更为社会性的力量抗争。的确，群体和个人之间的对立之所以如此强烈和持久，是由于社会和个人都植根在人性中。它们构成了康德所说的人的非社会的社会性（*unsocial sociableness*）。"人无法和他的同伴相处，他又离不开他们。"

一个人和他的同伴相区别或使他在群体中鹤立鸡群的独特品格和特质，被认为是个体性。它使得一个人成为他自己而非他人。一类个体性可见于天才那里，另一类在那些能够驾驭他的同伴的人中；还有在先知那里，在具有广阔同情心的男人或女人中，或是一个凶狠的罪犯那里。个体性因此在道德上是中性的，尽管它可能是为善或为恶的力量，而在任何一种情况下，它都很可能导向对于群体和风俗性标准的独立。行为倾向于成为个人的和自愿的。

70 相反，个人主义这个词语尽管有时被用作个体性的同义词，但它通常指自私、排他，或者指一种明确的主要考虑和公共利益或共同体利益截然相反的个体权利的理论或策略。就自私或排他的含义而言，它意指把个人的私利置于群体或共同体的利益之上，并有意地选择它。或者至少，个人全然沉浸于自己的利益中，而不关心他人或共同体的利益。每一个人都是为了他自己。就其指向一种特定的政府和经济理论而言，它和我们眼下所讨论的问题无关，我们会在之后对其加以考虑。

很显然，对于正常的人来说，孩子成长为成人，意味着个体性的发展。他愈来愈多地作决定和承担责任。他很可能在某些方面不同于家庭和学校的方式。同样很显然，文明的成长有利于个体性的发展。无论是否有一个相似的个人主义的发展，我们都可以轻易地看到，常常会有各种机会，助长自私倾向的发展。当旧的风俗的约束和群体控制被抛弃时，强大或狡猾的个人崭露头角，并且剥削他的同伴。个体性的发展和个人主义的发展，在这些时代和运动里以不同的程度和比例结合在一起，如在希腊的智者那里，在意大利的文艺复兴时期，在西欧的启蒙和浪漫派运动中，以及在工业革命中。这些重要的运动同时带来了善和恶。然而，要评价个体性成长的道德价值，我们需要知道什么样的性质获得了权利和表达。甚至像自由这样无价的价值可能有时被误认为对任何社会限制或义务的不耐烦，并在个人主义的自私自利的形态中成为普遍的善的敌人。

### §2. 转变中的社会学力量

使习俗和群体道德转变为有意识的个人道德的力量是多样的。就像在孩童 71
和年轻人中，性格的发展有各种方式，有时通过成功，有时由于不幸或失去父母，有时通过知识的缓慢增长，有时通过有强烈感情基础的突然转变。民族也是如此。我们特别指出四种通常比较活跃的典型力量。

1. 在许多民族的历史里，我们见到经济力量打破早期氏族群体或大家庭的行为。部落繁荣于狩猎生活或简单的农业生活的条件中，就像在澳大利亚人、印第安人，或爱尔兰和苏格兰高地的凯尔特人那里那样。但是，当更为发达的农业盛行时，它就无法继续存在。一旦个人的优势出现在不同的行业和私人所有权的地方，少量的个人主义就会出现。如果要捕猎公牛，最好有一群人在一起；但如果是小一些的猎物，技艺高超或坚持不懈的猎人会认为，如果他自己单干，会获得更多。当农业和商业取代了早期的生活方式时，这一点就被强化了。农民必须辛勤的长时间的劳作，他的目标十分遥远，因而性格的区别就会更加明显地显现出来。狩猎和捕鱼十分激动人心，回报也很迅速，因此即使是一个并不十分勤劳的人也会努力完成他的工作。但在农业中，只有辛勤的耐心的劳动者才会得到回报，而且他不喜欢和那些懒汉甚至弱者分享果实。商业、讨价还价同样重视个人的精明。此外，商业导致了习俗间的比较以及观点和货物的交换。这将破坏对一个特定群体的习俗的认可。交易人和客人可能会越过氏族造成的障碍。在早期希腊殖民者中开始了一个巨大的个人主义运动，他们是那个时代的贸易者。在欧洲最大程度上保留了原始群体生活的地方，是那些鲜被现代商业所侵染的地方。

如果我们思考组织工业的方法(这些方法成功地占据了主导),会获得对经济影响更为宽泛的认识。在早期社会以及现代文明的较早时期,家庭是一个重要的经济单位。许多或者大部分工业可以在家庭中有利地进行。正像在之前所
72 引述(本卷第57页)的例子中,更强壮和有胆魄的成员总是设法脱颖而出。然而,比起另外三种重要的保障更广泛的组织工业的方法,这一不断重新调整的过程的影响远远没有那么深入。在原始社会中,大的事业需要由群体的协作来完成。东方文明所运用的强迫劳工,替代了一种诸如金字塔或庙宇这样的伟大作品得以建造的方法,但同时瓦解了古老的群体间的共同情感和互助。在希腊和罗马,奴隶们干繁重的活,而公民们则自由地培养艺术、文学修养以及治理的能力。它把机会和空间留给了少数人。有权利的人和天才出现了,与此同时,个人主义所有的负面效应也开始显现。在现代,资本主义是组织工业和贸易的方法。它证明自己比强迫劳工或奴隶制更有效地保障了力量的结合,以及对自然资源的开发。同样,它为那些具有管理天赋的人的上升,提供了独特的机会。工业领导者的事业比那些古代的征服者更令人惊叹,因为它们涉及更复杂的情境并且能够利用更多人的发现和劳动。但是,现代资本主义对于中世纪甚至一百年前的道德而言却是摧毁性的,就像强迫劳工和奴隶制对于它们所破坏的群体生活和习俗那样。

2. 科学和智力的进步对于习俗的影响是直接的。民族之间风俗的比较带来了差异,并且引出了有关这一多样性之原因的问题。我们已经看到,对于风俗,我们无法给出理由。即便最初有那么一个理由,它也被遗忘了。或者说,日益增长的天气和季节、植物和动物、疾病的知识使许多禁忌和仪式都不再可信,原始的信念曾经把它们视为对福祉而言极为重要的东西。仪式的某些要素可能会在"神秘事物"的保护下留存下来,但群体中更开明的人们会远离它们。与渗透着偶然的、习惯的和冲动的要素的习俗不同,不断增长的智力要求理性的生活法则。

73 科学与不同的工业和艺术结合,为个人创造出一系列新的兴趣。在群体生活中产生的劳动分工,得到了发展。工匠和艺术家在他们建造庙宇或宫殿、制作雕塑或陶器或为诸神和英雄而歌唱时,发展了更强的个体性。他们的心灵与他们所从事的工作一起成长。艺术一方面成了社会的纽带,另一方面时常令技艺精湛的工匠成为批评家,令艺术家自主。值得注意的,是艺术对那些能够使用和

欣赏艺术作品的人们的作用。一个新的令人满足和幸福的世界被打开了，每个人都能独自进入其中。在更为原始的条件下，可以创造幸福的事物并不多。食物、劳动、休憩、狩猎和竞赛带来的惊心动魄，性的激情，为孩子而骄傲——这些构成了原始社会的兴趣。更多带来喜悦的方式，主要来自氏族社会或男人聚居屋中。但随着艺术的发展，个人能够为自己建造一座漂亮的屋子和制作精美的服装。金属、木头和陶土满足了更多的需求。一个永久和宏伟的坟墓使未来更为确定。以永久的形式传递财富的能力，强化了对它的获取。有更多东西可以用来达成雄心壮志。一个更为确定、更为自信的自我逐渐地形成。“善”为每一个苏醒了的新需求增添了意义。个人不再满足于仅仅接受群体的评价。他想要以自己的方式获得自己的善，而且通常在他看来，远离共同的生活或者利用他人能够使他更容易获得他自己的善。文化人时常以第一种方式显露出他们的自私；而富人，则以第二种方式。因文化、出生或财富而形成的贵族阶层可能认为，整个文明的进程在于恰当地促进被选择的少数人的需求。几乎每一个发展出艺术和科学的民族，也发展出贵族阶层。在古代世界中，奴役制是这一进程的一部分。在现代，其他剥削形式可能会更好地达到这一目的。个人主义挣脱了那连接个人之善和群体之善的纽带，变得排外和自私；文明在带来所有增加幸福和丰富生活的机会的同时，也带来道德的危机，至少间接地带来道德的邪恶。

这些邪恶可能表现为对感官和欲望的满足，并因而和一种更为简单但却更 74
加高尚的精神生活相对立。或者他们显得似乎扎根于自私，扎根于欲望——对追逐物质利益或野心的排他的自我的满足，与标志着广泛的人类社会生活的同情、正义和仁慈相悖。在这两种情形下，严肃的人们试图通过一些自律的方式来克服伴随文明而来的邪恶，即便这些邪恶并非源于它。①

3. 亲缘群体是一种保护，只要它必须与相似的群体竞争。德国或苏格兰部落卓越的英勇和对部落的忠诚，甚至可能在和更为训练有素的罗马或英格兰军队的冲突中获胜。但是，持久的成功要求比古老的氏族和部落有更严格的组织。组织意味着权威，以及单一的指挥、控制的统领或国王。当埃及、亚述、腓尼基显示出它们的力量时，以色列的部落哭喊：“不，我们定要有一个王治理我们，使我

① 沃尔特·李普曼(Walter Lippmann)：《道德序论》(*A Preface to Morals*)，第 156 页及以下。

们像列国一样，有王治理我们，统领我们，为我们而战。”①战争为强大和无所忌惮的领袖提供了展示自己的机会。就像商业那样，它们也会传播文化，从而打破古老风俗的障碍。巴比伦和亚历山大的征服、十字军远征和法国大革命都是军事强力的例证；这些力量摧毁了旧的风俗，给予个人主义以新的契机。在大多数情形下，的确，只有领袖或“独裁者”占尽先机。他利用整个社会机制来获得他自身的提升。然而，风俗和群体团结却被彻底摧毁了。必须重新建立对法律的尊重。

4. 虽然一般说来，宗教是保守的力量；但是，一个新的宗教或宗教中一种新的政策通常对道德发展具有强有力的影响。宗教与所有群体习俗和理念紧密地联系在一起，这个事实使宗教上的改变直接对旧的生活标准产生影响。新旧之间的冲突很可能是根本性的和尖锐的。关于神的观念，本身就包含什么样的行为会取悦他的观点。有关未来的信条，可能要求某种生活方式。宗教崇拜
75 (cultus)可能会认同或谴责两性间的某种关系。彼此冲突的宗教因此会迫使人们采取某种衡量其主张的道德态度。在耶和华(Yahweh)和太阳神(Baal)之间，在俄耳甫斯教(Orphic cults)和公共的希腊宗教之间，在犹太教和基督教、基督教和罗马文明、基督教和日耳曼宗教、天主教和清教之间的竞争，都引出了道德问题。我们将专门在第6章和第9章中讨论这一点。

## §3. 心理的力量

心理学家说，隐藏在个体性和个人主义下面的心理力量是自我肯定的冲动和欲望。它们都是有生命的个体的各式各样的努力，首先为了保存自己，其次为了通过进入更为复杂的关系并主宰环境而进入复杂的生活。斯宾诺莎的“自我保存”(*sui esse conservare*)、叔本华的“生存意志”、尼采的“权力意志”、希伯来人富有激情的“生活”的理念，以及丁尼生(Tennyson)的“更多、更充实的生活”，都不同程度地表达了这一基本倾向和过程的意义。不断增长的智慧带来更强的控制能力，从而增强了它的力量。从有机体的需要开始，这一发展的生命过程可以与日俱增地在对自然的支配和控制中，在物质世界中得到满足。探索者或猎人、发现者、工匠或艺术家都曾获得过这种满足。在个人的世界里，它展现了异常的强度。我们要注意如下四种自我肯定(self-assertion)的倾向。

---

①《撒母耳记上》(1 *Sam*). 8：19，20。

1. 性冲动和情感在这一方面具有独特的位置。一方面，在某种程度上，它是一个社会化力量。它使两性合一，因而是家庭的基础；但另一方面，它是对社会群体为了管理所建立起来的限制和传统的不断反叛。针对非法关系的法规——从《汉谟拉比法典》(Hammurabi)、《摩西法典》到那些现代律法——证明了在个体的倾向和群体意志之间的冲突。某些性的激情不断打破所有社会的、合法的和宗教的许可。因此，从古希腊人到奥尼尔①，性和情感都是喜闻乐见的悲剧主题。在伴随着宗教改革运动而来的习俗的广泛变化中，它的价值和恰当的规训是争论的重点，很显然，平衡尚未达到。

2. 在原始群体中，我们已经看到，人们可能在工具或武器、家畜或奴隶上拥 76
有私人财产。但是，在母系部落中，对土地却鲜有私人所有权；事实上，只要艺术尚未发展，那么，私人财产就有必然的限制。对个人财产的要求，自然地伴随着产业的个体模式而产生。正像我们已经提到的，群体生产的归群体所有，个人制造或捕获的则为他所有，这是一个共同的原则。当个体产业变得愈加重要，个人便把越来越多的东西视为个人的财产。

从母系部落向父系氏族或家族的过渡，强化了个人对财产的掌控。父亲可以把他的家畜或房子传给他的儿子。印度人的大家庭的确是父系体制的一种类型。然而，在那些父亲的财物传给他的儿子而非其姐妹的孩子的地方，人们更倾向于坚持个人的财产。

首领或统治者很可能首先获得拥有私人财产的权利。今天在南斯拉夫的一些家庭中，首领有他自己的食用器具，而其他人则共用。在许多氏族中，首领有他们可以任意处置的家畜；其他人则仅仅共享氏族的物品。爱尔兰的古法就展示了这一阶段。

但无论财产如何产生，它的真正含义首先是把他人排除在我所拥有的某种东西之外。因此，它必然与我们在群体道德中所见的那种生活中简单的团结一致是相悖的。

3. 为统治或自由而作的斗争，促成了更为强大的个人。在大多数情形下，这些并不能与经济斗争相分离。主人和仆人既处于经济的关系中，也处于个人

---

① 尤金·奥尼尔(Eugene O'Neill)(1888—1953)美国著名的剧作家、表现主义文学的代表作家。——译者

的关系中。几乎所有大规模的阶级斗争至少都有一个经济根源，无论其他的根源是什么；但经济并不是它们唯一的根源。也有为荣誉、自由以及领土、战利品或奴隶而发生的战争。由于为了生存的斗争给种族带来了自我防护的冲动以及愤怒之情，对反抗和掌控的热情以及相应的对被统治的厌恶，社会的进步也展现
77 了人与人之间、氏族与氏族之间、部落与部落之间的力量较量。正如在之前的章节中所提到的，尽管在战争和仇杀中必需的合作是一种凝聚的力量，但它还有另外一面。个体之间的竞争，显示出谁才是主人；群体之间的较量，使得领袖出现。虽然这些强有力的人们可能会为群体服务，但他们很可能会在反对群体风俗中获益。他们会宣称相对于群体的独立或对它的掌控，这与家族部落的团结相违背，尽管在一个强大的首领之下的父权家庭是很可能形成的。规范则开始分化，一种为富人的规范，另一种则为穷人的规范；一种为贵族的规范，另一种则为平民的规范；一种为伯爵的规范，另一种则为农民的规范；一种为上层阶级的规范，另一种则为普通民众的规范。曾经一度，人们耐心地接受了这些。但每当富人变得傲慢，封建地主变得无礼，早期的风俗似乎就变成了纯粹的惯例；它们不再能维持下去了。旧的维系被扯断了，对自由和平等的追求出现了，而在权威和自由之间的冲突也开始了。

竞争也可能是为了智力上的自由——为了自由的思想或言论。有人认为，有时，这样的自由在宗教或教会组织中遇到最大的反对。毫无疑问，在宗教中有一种保守的倾向。正如我们已经指出的，宗教是群体价值和群体标准的强大的保护者。智力上的批判倾向于破坏那些过时的或仅仅习惯性的东西。理性主义或自由思想不断地与所谓的“超越理性”的事物相对立。然而，把所有这些革新归于科学，以及把所有的保守主义归于宗教，都是荒谬的。科学的教条或“偶像”是难以取代的。学派与教会一样保守。另一方面，为宗教自由而作的斗争通常并不是由无信仰的人而是由笃信宗教的人进行的。高贵的殉教者军团的历史记录了个人良心、个人与上帝的直接联系如何胜于他们所处时代形式的、传统的、有组织的宗教习俗和教条。在个体性日益增长的阶段，为了宗教宽容和自由的斗争与为了理智和政治自由的斗争是并驾齐驱的。

4. 对于荣誉和社会声望的欲望，可能会发展个体性。詹姆斯(James)在其
78 关于自我的心理学中，呼吁把某人从他的同伴那里获得的认同称作他的“社会自我”。“我们并不仅仅是群居的动物，喜欢与我们的同伴在一起；我们也天生喜欢

自己被关注，为我们的同类所爱慕。没有什么比被社会疏远并被其所有成员彻底遗忘更为残酷的惩罚了，假如这样的事情在生理上是可能的。”[①]相对于这样的惩罚，“最为残酷的身体折磨也会是一种解脱；因为它将使我们感到，无论我们的境况有多么糟糕，我们还没有落到根本不值得注意的地步”[②]。荣誉或名声是人们可能建立起来的各种“社会自我”中的一个。它代表了一个特定的群体会怎样看待和谈论某人。它在群体生活中有着很重要的地位。优先权、问候语、服装上的饰物和身体上的装饰，对勇敢、强壮、聪慧和有力量者的歌颂，以及对懦弱或孱弱者的嘲笑，这些都起着作用。但在原始群体中，成员间的差距被保持在一定的限度以内。当为了军事或国家目的、更为明确的群体组织产生时，当封建的领主聚集起他的随从并开始在力量上超越共同体中的其他人时，最后，当艺术的进步为炫耀带来更多的手段时，对认同的渴望就变得更为广泛。仿效的刺激增强了这一渴望，它通常会导致羡慕和嫉妒。进而，它成为一种激励个体性——如果不是个人主义——的有利因素。

如果想要得到其认同的群体较小，我们就会有阶级的标准，带着属于它们所有的乡土气、狭隘和偏见。寻求荣誉的人仅仅遵循他的阶级的意见，他必然只部分的是社会的。只要他和他的氏族、他的集体、“帮派”、“党派”或他的“群体”、“国家”在一起——无论多么大——他的行为必定不完全是理性和社会的。对荣誉以及获得荣誉的渴求，它的巨大的可能性在于扩大范围。殉道者、真理的追寻者、改革者、被忽略的艺术家在他们的后代中寻求荣誉；如果被误解或忽略，他便转向整个人类。他因而为自己设立起一个理想的标准。如果他令某个最高的可 79
能的评判者成为这一理想标准的化身，那么，他对值得被认可的渴望就具有了宗教的形态。他寻求“来自上帝的荣耀”。虽然“一个人最内在的经验自我是社会的自我，它却只能在理想的世界里找到其够格的伙伴(socius)”[③]。

康德详细地论述了这些力量的道德价值：

> 自然用来发展它赋予人类的所有能力的手段，是他们在社会中的对立

---

① 詹姆斯：《心理学》(*Psychology*)，第1卷，第10章。

② 同上书，第293页及以下。

③ 同上书，第1卷，第316页。

> (antagonism);到目前为止,这一对立最终成了社会秩序的原因。人们有彼此联合的倾向,因为在社会状态中,他们感到自己是更为完整的人,也就是说,他们意识到他们自然能力的发展。但他们也有一种更大的隔离自己的倾向,因为他们在自身中同时发现了这一非社会的特征:每一个人都想只按照自己的观念来安排一切,因此就会遇到抵制,正如他知道他可能抵制他人那样。正是这一抵制唤醒了所有人的力量;这使他克服了懒散的倾向,驱使他狂热地追求荣誉、权力或财富,为自己在同伴中赢得地位。人们意在和谐,但自然却更清楚什么对种群更好,它意在不和谐。他想要一个舒适和快乐的生活;自然却把他从闲散和不积极的满足状态中拽出,把他推入劳动和麻烦中,以使他找到摆脱困境的方法。使人为此努力的自然冲动,非社会化的来源以及无数恶从中产生的相互冲突的来源,激励着人的力量更完善地发展。①

我们已经谈论过那些可能破坏旧的群体团结并带来新的组织的"力量"。当然,这些力量并不是非个人的。有时他们看起来就像海洋的潮汐,悄无声息地袭
80 来,偶尔才有一个高于一般的海浪。然而,通常会有某个伟大的人脱颖而出,或是对陈旧事物的批判者,或是新事物的建立者。先知被乱石砸死,因为他们谴责当下;新的一代预备着为他们建造坟墓。苏格拉底就是这种伟人的典范。他死于寻求理性的基础来替代风俗的基础。的确,这一冲突——一方是被宗教和公众意见认可的严格的传统体制和共同体,而另一方是个人诉诸理性、他的良心或一个"更高的法则"——是历史的悲剧。

## §4. 积极的重建

人们不应当认为,道德进程停止在这最后部分的几个小节的地方。正如已经表明的,如果一个民族真的产生了更高类型的意识和个人的道德,它不仅意味着更强大的个体,而且意味着重建了的个体和重建了的社会。它意味着旧的民族或家族群体的解体——这些群体也是经济的、政治的和宗教的统一体。它意味着为家庭建立一个新的基础;为商业建立新的道德原则;为政府建立有新的手

① 康德:《世界公民观点之下的普遍历史观念》(Idea of a Universal Cosmopolitical History)。

段的显著不同的政治国家、新的权威和自由概念;最后,构建一个国家的或普遍的宗教。在这一更高层面上的个体,对这些制度采取一种更为自愿的态度。每当出现新的相互冲突的目的时,他为自己设立或采取一个标准。他明确地想到什么是"善的"和"对的"。当他认可这一主张时,他既是负责任的,也是自由的。当他真心实意地认同它,就真诚和真正地成为道德的个人。对善的事物的尊崇、义务和爱,成了加速的情感。深思熟虑、自我控制、对理想的志向、对实现它的勇敢冒险、友善和公正被认为是应当占主导的特征。道德品格和道德人格的观念从而清晰起来。希伯来和希腊人的发展过程,将展示这些积极的价值是如何产生的。

**参考文献** *81*

*Kant's Principles of Politics*, tr. by Hastie, 1891, especially the essay "The Idea of a Universal Cosmopolitical History"; Hegel, *Philosophy of History*, tr. by Sibree, 1881; Darwin, *The Descent of Man*, 1871, 1882 - 1887; Schurman, *The Ethical Import of Darwinism*, 1888; Seth, "The Evolution of Morality," *Mind*, XIV., 1889, pp. 27 - 49; Williams, *A Review of Svstems of Ethics Founded on the Theory of Evolution*, 1893; Harris, *Moral Evolution*, 1895; Tufts, "On Moral Evolution," in *Studies in Philosophy and Psychology (Garman Commemorative Volume)*, 1906; Ihering, *Der Kampf ums Recht; Simcox, Natural Law*, 1877; Sorley, *Ethics of Naturalism*, 1885.

# 6.

# 希伯来人的道德发展

82 ## §1. 问题和背景

有关希伯来人道德和宗教发展的问题如下：我们该如何解释这一事实，即根据他们自己早期的记载和传统，希伯来人在他们进入迦南地区的时候，和其他游牧民族和野蛮人一样，而最终却达到了如此高的道德和精神层面。正如我们在他们后来的文学和圣经《新约》中所见到的那样，他们的宗教被认为是一个因素。然而，早期的传统和文献把他们的神——耶和华表现为残酷的、爱复仇的和欺骗人的，一个作风极度强硬的部落神，对其他被视为敌人的部落毫无仁慈可言，并且在孩子身上寻找父亲的邪恶。这样一位神如何可能成为一种正直和正义的力量，成为真理、忠诚、仁慈和宽爱的象征，成为人类之父呢？如果我们暂时把宗教和道德分开，那么，他们的宗教是否提升了他们的道德，或者他们的道德是否改变了他们的宗教呢？

也有第三种可能。道德问题是由真实的人类关系和情境所设定的——它发生在家庭中；它在荒漠部落标准和城市商业标准之间的冲突中，在富人和穷人之间的冲突中；在人与人之间对于公正的管理中；在与其他种族和民族的协调中。这些利益冲突，迫使我们去反思什么是正义的和善的。在宗教的头脑中，这样的反思以如下的形式出现：上帝要求什么？他最重视什么？他对家庭之爱的反思，催生了“如父亲怜爱他的孩子们，上帝也怜爱我们这些敬畏他的人”这样的思想。压迫和受宠促使人们去设想一个公正的裁判。对于住在山上的牧羊人来说，祭
83 祀丰饶神（the god of fertility）得到的许可以及城市的奢华，似乎不如受到西奈山

(Sinai)上素朴的神的眷顾。但是，每个这样转向上帝的道德良知或理想，都被抬高和强化为一种属神的品格，或是神的要求。“神圣的”这一属神的特性，在早期隶属于相对人而言的神的本质，它禁止任何来自人的接触或目光，否则将招致极大的毁灭；但它也从而与人类感受和情感产生了联系，象征着对罪恶和不公正的厌恶。上帝作为神圣者的形象，激励了年轻的以色列人成为正直和纯正的布道者。

在这一宗教的道德化和道德判断转变为神圣品质或要求的过程中，谁是主要的推动者？无疑是先知。用史密斯(Smith)教授的话来说[①]，从阿摩司(Amos)到耶稣(Jesus)，他们“为自己设定了任务，要用上帝来解释他们时代的历史”。律法和仪式会日趋稳定，圣人告诫人们防范酒或陌生女人的引诱，赞美诗作者会表达赞颂和崇敬的热情；而先知，则提供了能够令人成长的动力。他们很少预言“一帆风顺的事情”；他们不遗余力地公开谴责罪恶，毫不惧怕国王或公众的暴怒。他们既向前看，也关注当下，并且给予他们的人民和世界以巨大的希望，正义、正当与和平终将胜出。

当希伯来人进入了迦南地区，也即现在的巴勒斯坦(Palestine)，他们是游牧的氏族和部落，带着羊群和马群。他们发现，这片土地被具有更高文明的人民所占据，他们从事农业并有墙垣坚固的城池。希伯来人带来了部落的道德，[②]长期为争夺控制权而进行的斗争，增强了战争部落对其他族群的强烈敌意。杀死男人、奴役女人不仅是通常的做法，也被认为是耶和华所严格命令的。复仇是神圣的义务；耶和华通过使土地荒芜来执行它，并且只有通过对原来的侵犯者的子女和孙儿的报复，才得以平息怒火。誓言必须遵守，但如果对耶和华的誓约要求一
个女儿的死亡，耶弗他并不认为这一义务可以免除。神要求第一个孩子的牺牲， 84
这并非不同寻常，但一个更为温和的传统允许用一只公羊替代儿子。耶和华可能是一团熊熊烈火；他会把天真地企图阻止神圣约柜倒地(the fall of sacred ark)的人鞭打致死，并把毁灭性的瘟疫散播到整个民族，因为大卫王(King David)想要进行一次人口调查。雅各(Jacob)通过刻苦的练习，在与以扫和拉班的比赛中胜出。而耶和华同样运用了欺诈，尤其是对那些非以色列人的民族。一夫多妻

---

① 史密斯：《先知和他们的时代》(*The Prophets and Their Times*)，第263页。
② 史密斯：《希伯来人的道德生活》(*The Moral Life of the Hebrews*)，第一部分。

常见。但另一方面，拥有孩子的渴望与这种情感相称，就像雅各对约瑟(Joseph)和本雅明(Benjamin)以及他们的母亲拉结(Rachel)的感情那样。“雅各为拉结服务了七年；他因为深爱拉结，就看着七年如同几天。”先知底波拉(Deborah)深受尊敬，她赞颂忠诚部落和报复懦夫的歌唱是部落理想的最好的来源之一，也是最早对守护者耶和华的认识。在大风暴中，从以东(Edom)出发，“地见神的面儿震动，天也落雨”。

在两个甚至更多世纪与“裁判者”统治下各种命运的抗争之后，人们要求一个国王。“我们要像列国一样，有王治理我们，统领我们，为我们而战。”扫罗(Saul)、大卫和所罗门(Solomon)建立了一个王国，成功地击溃周围的民族并且开始从事商业活动。由此，在他们的继任者那里形成了不断增加的财富、城市的扩张和贫富之间的分离。这嘲弄了基于共同团结的旧的部落道德。来自沙漠的以利亚(Elijah)愤怒地质问拿走了拿伯(Naboth)的古老酒园的国王亚哈(Ahab)：“你杀人了吗？你拿走了财产吗？”一个世纪之后，来自山上的阿摩司公开反对富有的城市人的奢华和压迫。对社会正义的宣扬就此开始了。

北方撒玛利亚(Samaria)在公元前721年以及南方耶路撒冷(Jerusalem)在公元前586年的没落是一场巨大的灾难，随后显赫的犹太人在巴比伦被流放或抓捕。这给道德和宗教都提出了至关重要的问题。自此，律法和预言都认为并且教导人们：对耶和华忠诚的服从将带来繁荣，失败是他不悦的标志。但如今，
85 信徒们或四散或被捕，圣城也被损毁。耶和华的臂膀被削去以后，难道他无法再拯救人们了吗？之后，我们会关注先知和圣人在这些问题上所作的努力。流放者的回归、庙宇的重建，以及他们在玛加伯(Maccabees)的带领下，对安提克王朝(Antiochus)要废除其宗教的热血沸腾的抵抗，都表明了幸存者的虔诚。在公元70年，耶路撒冷在提图斯(Titus)和罗马人手中灭亡，庙宇被损毁，献祭没有了，作为一个国家的犹太人终结了。他们依旧珍视他们的律法和神圣的著述。他们先知的道德理想，以及一个更好的充满正义与和平的世界秩序的图景，在由拿撒勒(Nazareth)的先知所建立的世界宗教中留存下来。这一先知的到来，并非为了毁灭，而是为了实现。

## §2. 宗教力量

正如已经表明的，先知们是伟大的道德化推动力。但其他的因素也促成了

道德的进步:个人与耶和华的关系,既是朋友,又是立法者;崇拜仪式;正义统治的王国;圣人。

1. 正如我们的研究中已经多次被提及的,正确和正义这些道德观念的基本来源在于,男人和女人生活在社会中,在某种共同体中。宗教把上帝看作这一共同体中的一员。这意味着忠诚;意味着上帝和人们各司其职,以便共同体能够延续和繁荣。在一个国家的宗教中,这一关系较为狭窄;人们不能有其他的神,耶和华(依据早期的观点)也没有其他民族。然而,这造成了某种亲密关联,它可能是促成对于一个神圣的帮助者的依赖感的有用阶段。也可能在耶和华和以色列人之间的约定关系——它在"十诫"(Ten Words)和《申命记》中的教导中,有着重要的地位——有助于强调这一关系的自愿特点,以及庄重承诺的神圣性。另一方面,把耶和华看作他的人民的父亲或丈夫,很显然试图把神带入家庭关怀和情感的紧密联系之中。

耶和华作为个人的立法者的观念,自然来自一个统治者在共同体中的作用。这对于改变对习俗的态度有着重要的影响。耶和华的律法迫使人们服从或反抗 86
它。风俗是禁止或命令。在这两种情况中,它们已不再是纯粹的风俗。在以色列的律法中,在个人生活、仪式和法律事务中所要遵循的规范被冠以"上帝如是说"。我们知道,其他的闪米特族人也遵循安息日,割包皮,把洁净和不洁的动物区分开,并且尊敬生与死的禁忌。究竟在以色列所有这些行为是被法令赋予新的权威的旧风俗,还是在耶和华的律法的权威下从其他民族中拿来的风俗,这一点并不重要。律法的伦理意义在于:这些多种多样要遵循的规范并不仅仅被当作风俗,而是被视为个人的神对个人的要求。

这使人们对违反这些规范的观点产生了重要的变化。当一个人违反了风俗时,他没做正确的事情。他没有达到目的。[①] 但如果要遵循的规范是个人的命令,对它的违反就是一种个人的反叛;它是一种背叛,是一种出于意志的行为。它所带来的恶不再只是坏运气,而是惩罚。惩罚必然或是正确的,或是错误的;或是道德的,或是不道德的。它不可能是非道德的。因此,罪恶作为个人冒犯以及疾病作为对个人惩罚的观念,促使人们作出一个道德评价。最为简单的方式在于,因为上帝说出了这些命令而把它们视为正确的,并且认为受苦的人因他们

① 希伯来和希腊有关罪恶的词,都有"未达到"(miss)的含义。

在受苦而必定是有罪的。

人们必须遵守耶和华的律法，因为这些律法是他的命令；与这一观念并驾齐驱的，还有另一个教条，它只是人们自由选择他们的统治者这一理论的延伸。这一教条认为，耶和华的命令并不是任意的，它们是正确的；它们置于人们面前以得到他们的认可；它们是“生命”；是“整个大地上的裁决者”“是对的”。这些都突出地显示出如下原则，即最初由个人所体现的道德标准渐渐地自由运作起来，并从而裁决着人们。

2. 牧师们所进行的宗教崇拜——无论它们有多么不完美——象征着特定

87 的道德观念。对仪式的“纯洁”的热切关心，可能并不具有直接的道德价值；接触出生、死亡或某些动物而带来的玷污，可能是一种非常外在的“不洁”。然而，它们象征着律法的控制。被选出专门侍奉上帝的牧师的“神圣”，凸显了其工作的严肃性；此外，它也有利于精神和物质之间的区分。虽然这一价值部分地内在于所有的仪式，但是对耶和华和其他神的崇拜之间的对比，对道德的关注，提出了挑战。陆地上的诸神，各种巴力(Baals)①，“在每一座高山上和每一棵绿树下”受到崇拜。和丰饶神一样，他们通过性别的标记而得到象征，在庆祝他们的节日里获得很大的自由。在某些圣所，男人和女人将自己献给上帝。甚至牺牲第一个孩子也并非是一件不寻常的事。来自迦南的以色列人似乎或多或少地接受了这些节日和圣所，但先知们却对耶和华崇拜有一种完全不同的观点。他们认为，西奈山上的上帝完全拒绝这些做法。在对巴力和阿施塔特女神②的崇拜中所暗示的放纵和酗酒并不是生命和神圣的恰当象征。

此外，崇拜的一部分“赎罪祭”(sin offering)直接意味着违反和对宽恕的需要。“罪恶”本身也是仪式性的而非道德的，而解除它们的方法是外在的——尤其是把罪恶放到“替罪羊”身上，它们会“带着所有的不公到一个无人存在的土地上”；然而，庄重的忏悔，那作为“生命”的鲜血的祭奠，只能提醒人们想起责任并加深反省。由此所加深的赎罪与和解的需要，象征着一个道德过程，即抛弃一个低级的过去，重建和重新调整生活以符合理想典范。

① “巴力”这个封号源自迦南人的神明，是希伯来圣经中所提到的腓尼基人的首要神明，曾被用于不同的偶像。——译者

② 阿施塔特女神对腓尼基人而言，是土地丰饶和人口生育的象征。——译者

3. 在一些出神的状态中，先知相信他们获得了见证和神圣的信息，这些状态给予他们超越常人的威望，但并不能阻止他们对眼前的事件和状况保持敏锐和清醒。他们造就了国王，并看守着亚述和埃及的军队。他们看到贵妇的服饰，也听到受迫害的穷人的哭喊。当他们深思威胁的侵略或丑陋的不公时，内心怒火燃烧。侵略必须出于神的计划；不公必定引来神的愤怒。从出神或见证或沉 88
思中，他们得出了“神如是说”的结论。他们从一个活生生的权威那里获得了信息，它是与当下的境况息息相关的。他们带来了一个当下的命令，要求当下的义务。“你就是那人。”拿单(Nathan)对大卫说；“你杀人了吗？抢夺财产了吗？”以利亚(Elijah)对亚哈(Ahab)说；这些都是个人的训诫。但阿摩司、以赛亚(Isaiah)、耶利米(Jeremiah)的伟大训诫也同样针对当下。一个放纵的节日、一次亚述人的侵略、一位埃及的使者、一场蝗灾、一次迫在眉睫的被俘——这些都激发了悔悟、对毁灭的警告，以及对拯救的承诺。先知因而是“活的源泉”。由他所传达的神圣意志“依旧是流动着的，并没有被凝固成制度”。

其次，先知们把人类内在的目的和社会行为看作最重要的事情，而宗教崇拜、牺牲则是无关紧要的。“我厌恶你们的节期，也不喜悦你们的严肃会”，阿摩司以耶和华之名说。“唯愿公平如大水滚滚，使公义如江河滔滔。”“公绵羊的燔祭和肥畜的脂油，我已经够了，”以赛亚说，“月朔和安息日，并宣召的大会，也是我所憎恶的——作罪孽，又守严肃会，我也不能容忍。”你们所需要的并不是仪式，而是道德的纯洁。“你们要洗濯、自洁，从我眼前除掉你们的恶行。要止住作恶，学习行善。寻求公平，解救受欺压的，给孤儿申冤，为寡妇辨屈。”弥迦(Micah)所说的“我岂可为自己的罪过献我的长子吗？为心中的罪恶献我身所生的吗？”，彻底体现了身体与道德之间的差别；在他对宗教义务的综述中，展现了一个完全伦理的观点：“神向你所要的是什么呢？只要你行公义、好怜悯、存谦卑的心。”圣经《新约》中类似的话语标志着对所有外在宗教显现的真正的伦理评价，甚至对于更为简单方式的预言本身。献礼、神秘事件、知识或“要焚烧的尸体”——有比这些更好的方式。因为所有这些，都是“部分的”。它们的价值只是暂时和相对的。而持久的、能经受批判的价值则在于对真理的坚持以及信念，是对于希望的渴望和追寻，是社会中仁爱、同情、正义和积极帮助的总和，也即爱。“但是，所有这些中，最伟大的是爱。”

4. 耶和华是以色列真正的王。耶路撒冷的统治者是他的代表。在所罗门 89

治理下的王国的扩张和荣耀，显示出神圣的偏爱。分裂和灾难并不仅仅是厄运，也不是更强大的军队的胜利；它们是神的谴责。只有在正直和正义中，国家才能幸存。另一方面，对耶和华爱以色列人的信心保证了他将永远不会离弃他的子民。他将净化他们，甚至将他们从死亡中拯救出来。他将建立一个有法律与和平的王国，“一个不会灭亡的永恒的王国”。在以色列，政治有道德的目标。

5. 圣人和先知们赋予苦难以更深的含义。在伟大的悲剧中，可以看到希腊人如何看待恶的问题。古老的诅咒追随后代，报应发生在所有不愉快的家庭中。对于受害者而言，处处是苦难。命运的不可避免使灾难升华，但同样无望。易卜生的《群鬼》(*Ghosts*)展现了同样的深意。对于父辈们而言，这里有一个巨大的道德教训；但对孩子们来说，只有恐惧。希腊人和斯堪的纳维亚人(Scandinavian)无疑解释了人类生活的一个阶段——它的延续和它对于宇宙自然的依赖。但是，希伯来人并不满足于此。他对于神圣掌管世界的信念，使他寻求某种道德价值、事件中的某种目的。这一追寻，一方面抵达了对价值的重新调整；另一方面，导致了对社会相互依赖的新观点。

《约伯记》为这些问题中的第一个提供了最深刻的研究。旧的观念在于，美德和幸福总是在一起的。繁荣意味着神的偏爱，因此它必定是善的。厄运意味着神的惩罚；它表明了错误行为，并且本身就是一种恶。当灾难降临到约伯头上时，他的朋友们认为，这证明了他的邪恶。他曾经也这么认为，但由于他拒绝承认自己的邪恶并且“仍然坚守他的纯正”，因此摧毁了他的生活哲学和对于神的认识。这迫使他颠倒并重估一切价值。如果他能够与神面对面地谈话，搞个水落石出，他相信会有某种解决的办法。但无论遭遇什么，他不会为了幸福而出卖自己的灵魂。他的朋友催促他“悔过”，以便可以与上帝重修旧好；但这对他而
90 言，意味着把他认为是正直的东西称作为恶，而他不会这样撒谎。神无疑是更为强大的，而如果他义无反顾地一再坚持，神可能会宣判他。但即便如此，约伯不愿抛弃他关于对和错的基本信念。他的“道德自我”是一个支撑点，是生活的最高价值。

> 神夺取我的理，
> 全能者使我愁苦；
> 我的嘴绝不说非义之言。

> 我至死必不以自己为不正，
> 我持定我的义，必不放松。[1]

这部书的另一个启示在于，恶是来证明人的真诚的："约伯事奉神，岂是无故呢？"根据这个观点，答案是肯定的。"存在公正的上帝之爱。"[2]在这一情形下，苦难的经历产生了价值从外在向内在的转变。

对苦难问题的另一种看法可见《以赛亚书》的后半部。在那里，对这一问题的理解在于对社会相互依赖更深的认识，这一理解赋予旧有的部落团结以一种转变了的意义。个人对苦难的解释在于，它意味着个人的罪。"我们以为他受到神的责罚。"这一点失效了。受苦的仆人并不邪恶。他为了他人而受苦——在某种意义上，"他承担了我们的痛苦和哀伤"。这一关于彼此关联的认识在于，好人可能为了他人的罪恶或苦难而受苦，而背负这一痛苦则标志着更高类型的伦理关系。这一认识是以色列宗教最美好的产物之一。正像在基督教中，十字架的概念成了核心，这一观念成为现代社会意识中最伟大的要素之一。

## §3. 所获得的道德观念

1. 正直和罪恶并不是截然相对的。正直的人并不必然是无罪的。然而，对罪恶的意识，如同一个黑暗的背景，使正直的概念得以凸显。这一观念有两个方 91
面，它们来自生活的世俗和宗教层面——这两个层面对希伯来人来说，并非彼此分离。一方面，正义或正直的人尊重人类社会中的道德秩序。不正直的人是不公正、贪婪和残忍的，他并不尊重他人的权利。另一方面，正直的人和上帝处在"正确的"关系中。这一正确的关系可能受神圣的律法的考验；但由于上帝被视为一个活着的人，爱他的人民，"原谅不公、过失和罪恶"，人们也可能通过与神圣意志的和谐来考量这一关系。有"法律上的正直"和"信仰上的正直"，前者意味着完全的服从；后者则指，即便有了过失，也仍有赎罪[3]与和解的可能。前者在

---

① 《约伯记》27：1—6。

② 杰农(Genung)：《史诗的内在生命》(*The Epic of the Inner Life*)。

③ 参见丁斯莫尔(Charles A. Dinsmore)：《文学作品与现实生活中的赎罪》(*Atonement in Literature and life*)，波士顿，1906年。

伦理上意味着用一个道德标准、一个“道德律”来对行为加以检验，后者则表达了如下的想法：品格是精神上的事情，是不断的重建而不是一劳永逸地服从于一个严格的规定。特定的行为可能并不服从规范，但生活并不只是一系列特定的行为。通过律法来衡量行为，有利于加快一种缺乏感(a sense of shortcoming)，但也可能带来自以为是或绝望。新的协调、更新、“新生”的可能，意味着解放和生命。它与佛教所说的“因果报应”(Karma)截然不同，因果关系只有通过消除欲望才能摆脱。

“罪”同样有不同的方面。它意指迷失，意味着违反有关洁净和不洁的规定；但它也意味着个人对神圣意志的不服从，对以色列道德秩序的违背。在后一种意义上，先知认定其为社会的不公正，这是一个重要的伦理概念。它表明，恶和错误并不仅仅是个人的事情，也不仅仅是失败；而是对一个超越了个人自我的律法的侵犯，对一个正当地要求我们遵守的道德秩序的侵犯。

2. 从群体向个人责任的转变，完全是由先知的努力带来的，即便他们无法带来完全的公众认同。在早期，整个氏族会因为其成员的挑衅而被视为有罪的。我们已经提到过亚干的例子；而在可拉(Korah)、大坍(Dathan)和亚比兰
92 (Abiram)的例子中，“他们的妻子、儿子和小孩”都被一视同仁。[①] 类似地，正直的人的家庭分享神的喜爱。后来的先知们宣告了巨大的变化。“父亲吃了酸葡萄，儿子的牙酸倒了”这样的俚语不再被使用，以西结(Ezekiel)以耶和华的名义说。“唯有犯罪的，他必死亡。儿子必不担当父亲的罪孽，父亲也不担当儿子的罪孽”；尤为有意思的是，上帝请求人们相信这是公正的，而人们却说：“儿子为何不担当父亲的罪孽呢？”家庭的团结拒斥先知观念的个人主义，而以西结之后五百年，旧观念的踪迹仍可见于下述问题中：“是谁犯了罪呢？是这天生瞎了眼的人，还是他父母呢？”[②]对于责任的另一方面，也即不同于偶然行为的意图[③]，我们可以

---

① 《民数记》16；《约书亚记》7。

② 《约翰福音》9：2。

③ 《汉谟拉比法典》展现了对意图的漠视，它使手术成为一种危险的职业：“如果一个外科医生用一把铜刀对一名受了重伤的人施以手术，结果导致他的死亡，或者用铜刀切去病人(眼中)的囊肿结果弄瞎了他的眼睛，那么，他们要砍下这个医生的手指。”早期德国和英国的法律同样如此。如果一件武器被留在铁匠那里修理而被抢走或偷去行害人之事，那么，原主人会被认为应当承担责任。

在防止意外杀人的有趣的“逃城”(cities of refuge)[①]中发现若干转折性的步骤。只要一个人跑得足够快,在被抓住之前抵达逃城,他就能安全地免受血亲仇杀。但是,关于责任的伦理学沿此线路的充分发展却似乎以下一节所述的方式进行。

3. 心灵的真诚和纯净成为根本的品质。希伯来人有一种行为哲学,主要关乎“智慧”和“愚蠢”,但最受先知和诗人喜爱、象征着核心原则的词语则是“心灵”。这个词语代表了自愿的倾向,尤其在其情绪和情操、情感和激情的内在的源泉方面。希腊人倾向于对生活的这一面表示怀疑,把情绪看作灵魂的扰乱,并寻求用理性控制它们,甚至压抑或消除它们。希伯来人则在行为的情感层面中 93
发现了更为积极的价值,并同时在一切正确的生活的根基处找到了真诚和始终如一的兴趣。宗教的影响和别处一样,是重要的力量。“人们看外表,而上帝则关注内心”,“我若心里注重罪孽,主必不听”,这些是典型的表达。那直抵意图和情感之最深源泉的神圣图景,不能容忍虚假。它也不会对任何不完全的奉献满意:以色列人必须全身心地侍奉上帝。外在的服从是不够的:“你们要撕裂心肠,不要撕裂衣服。”正是“心灵纯净”的人,拥有至福的景象。并非外在的接触或仪式性的“不洁”——早期的习俗都坚持这些——玷污了人们,而是内心中所产生的东西会玷污人,因为心灵是邪恶的思想和行为的根源。[②] 反之,构成人类最深刻的自我的兴趣、情感和热情并非从无中产生;它们伴随坚定的目标和倾向,以及个人的成就。“你的财宝在哪里,你的心也在哪里。”

在充分的道德意识中,动机的纯正不仅意味着(形式上的)真诚,同时意味着对善和正直的真诚的爱。希伯来人并没有用抽象的词语来表达这一点,而是通过个人对上帝的爱的言语。在早期,对律法和先知的诉求或多或少存在着外在的动机。对惩罚的恐惧、对回报的期望、对丰收的恩典、对土地的诅咒,这些都被用来引发忠诚。但一些先知则寻求更深的见地,它们似乎触及了人类体验中的苦难。何西阿(Hosea)的妻子背弃了他,而人们对耶和华的爱难道不应当是私人的和真诚的,就如同妻子对丈夫那般？她说:“我要随从所爱的,我的饼、水、羊毛、麻、油、酒,都是他们给的。”[③]出于利益而侍奉神难道不是一种卖淫行为吗？[④]

---

① 《民数记》35;《申命记》19;《约书亚记》20。

② 《马可福音》7:1—23。

③ 《何西阿书》2:5。

④ H·P·史密斯:《旧约历史》(*Old Testament History*),第222页。

民族所遭受的灾难，考验了它不受利益驱使的忠诚。它们是魔鬼的挑战，“约伯
94 岂是无故敬畏神？”它至少证明了忠诚并不依赖于回报。在流放后，先知用自己
的话语论述了美德是其自身的回报这一道德律：

> 虽然无花果树不开花，葡萄树不结果，橄榄树无收获，田地不出粮食，圈中绝了羊，棚内没有牛；然而，我要因耶和华欢欣，因救我的神喜乐。①

4. 以色列人对个人的道德理念通过“生命”这个词语得到表达。以色列首领所能给予他的子民的所有祝福都被涵盖在如下的语句中：“我为你们铺设了生命和死亡；选择生命吧！”同样的终极道德标准也出现在耶稣的发问中：“人就是赚得全世界，赔上自己的生命，有什么益处呢？”当我们追问生命的含义时，必须从早期的原始来源中得出结论；它在很大程度上是通过物质的舒适和繁荣，以及因与神和统治者恰当的关系而获得的满足来衡量的。后一要素紧密地与前者相连，以至于两者实际上就是一回事。如果人们繁荣富足，他们可能会认为他们是正确的；如果他们遭难，那么，他们肯定错了。因此，善与恶这一阶段在很大程度上是由快乐和痛苦来衡量的。要追寻的目的以及铭记的理念在于长久和繁荣的生活——“他右手有长寿，左手有富贵。”对理智和美的兴趣，却并不如此加以褒扬。受重视的知识是对生命行为的智慧，它的开端和最高点是“对神的敬畏”。受到重视的艺术是圣歌或诗歌。但是，在“生命”的概念中，最为重要的理念是那些与个人关系有关的。在东方人中，极为重要的家庭维系是圣洁的。两性之间的爱被升华和理想化了。② 民族的情感获得了额外的尊严，这是由于神圣使命
95 的意识。首先，个人与上帝的联合就像诗篇和先知所描绘的，变成了独一的欲求。神，而非神赐予的礼物，是至高的善。神是“生命之源”。神的受造之物(Likeness)会获得满足。在神的光明中，信仰者会看到光亮。

但比“生命”这个词语被赋予的任何特定内涵更为重要的，是观念本身所包含的东西。法学家试图通过法令来定义行为，但在生命的理念中有一种内在的活力，它拒斥被衡量或约束。“永恒生命的话语”开始了基督教新的道德运动，对

---

①《哈巴谷书》3：17－18。

② 歌中之歌。

于渔民而言，它或许并不具有确定的内容；也很难说出它们对于写就了四部福音书并常常使用这句话的作者而言，在道德上意味着什么。对保罗(Paul)而言，作为精神领域的生命通过与罪恶和色欲之“死”的对立而得到定义。但对于所有《旧约》或《新约》的作者而言，无论它有怎样的内容，生命首先意味着对某种超越的事物的指示，意味着一个尚未被了解的未来所具有的前景和动力。对于保罗，它代表着一种进步；这并非由律法或“原理”所主宰，而是由自由所主宰。这样的生命将为自己设置新的和更高的标准；人们会感到，已经获得的律法和习俗已经不再适用了。除了要注意个人的献身和社会的团结，早期基督教作为一种道德运动的重要性，在于运动的精神，在于新形成的眼界超越旧的眼界的意义。人们相信，作为上帝之子，他的追随者们具有无限的可能性；他们并不是女奴的孩子，而是自由之子。

5. 以正义、和平和爱为核心原则的共同体这一社会理念，是希伯来—基督教宗教和道德至高的成就。我们已经看到这一理念是如何在上帝的王国中形成的。起初，它只是民族的，随后则成为普遍的；这一友爱世界远没有实现，它“不分犹太人或希腊人，为奴的或自主的”。这一理念起先是军事性的，但随着先知和诗人，它表现为和平与公正的主宰。在由狮子、熊和豹所代表的凶残力量过去之后，先知看到了一个由人的形象所代表的王国。这是一个应该永不消亡的王国，这是一个“并非此世”的王国，正如耶稣所传递的信息。这一道德王国里的成员，是精神上为了穷人者、心灵纯净者、仁慈的人、爱好和平的人和渴求公正的 96
人。这一道德共同体中的伟大取决于侍奉，而非力量。这个国王不会离去，直到他“在世上设定正义”。他会“保护贫寒和穷困的人”。

这一理想秩序的若干特点体现在社会的和政治的结构中；而另一些则有待未来。历史上的某些阶段曾把这一理念完全转变成了另一个世界，把人类社会视为无望地被交付给恶的。这些理论发现，只有通过对社会的否弃，道德才有可能。希伯来人提出了普遍的道德秩序、由正义来主宰生命、实现善并使生命完整的理念。它并不是一个在纯粹想象的幻觉中梦想出来的理念，而是历经奋斗和困苦，在相信道德努力并非无望或注定失败的信念中提出的。理想的秩序要成真。神的王国要到来，神的意志将“在地上如同在天上”那般被实现。

## 参考文献

The works of W.R. Smith (*Religion of the Semites*) and Barton (*A Sketch of Semitic Origins*) already mentioned. J.M.P. Smith, *The Moral Life of the Hebrews,* 1923; Johns, *The Oldest Code of Laws in the World* (Hammurabi), 1911; Schultz, *Old Testament Theology*, tr. 1892; Marti, *Religion of the Old Testament,* tr. 1907; Budde, *Religion of Israel to the Exile,* 1899; H. P. Smith, *Old Testament History,* 1903, *The Religion of Israel,* 1914; W. R. Smith, *The Prophets of Israel,* 1895; J.M.P. Smith, *The Prophets and Their Times,* 1925; Bruce, *Ethics of the Old Testament,* 1895; Peake, *Problem of Suffering in the Old Testament,* 1904; Royce, "The Problem of Job" in *Studies of Good and Evil,* 1898; Pratt, *The Psychology of Religious Belief,* 1907, ch. v.; Harnack, *What Is Christianity?* tr. 1901; Cone, *Rich and Poor in the New Testament,* 1902; Pfleiderer, *Primitive Christianity,* tr. 1906; Matthews, *The Social Teaching of Jesus,* 1897; Wendt, *The Teaching of Jesus,* 1899; Pfleiderer, *Paulinism,* 1891; Cone, *Paul, The Man, the Missionary, and the Teacher,* 1898; Beyschlag, *New Testament Theology,* tr. 1895; *Encyclopedia Biblica, Jewish Encyclopedia,* and Hastings' *Dictionary,* have numerous valuable articles.

# 7.

# 希腊人的道德发展

## §1. 基本概念 97

希伯来人的道德生活首先是在民族与上帝、随后是在个人与上帝之间的关系中得到发展的——这同时是一种联合和冲突的关系。在个人与社会传统及政治秩序的关系中，希腊人完全具有了对道德律法的意识，以及对道德人格的意识。正如在犹太人的生活中，律法和先知（以及后来的“律法和福音”）代表了相互冲突的力量；在希腊人的生活中，体现在风俗和制度中的群体权威和在智力和欲求中展现的发展人格的迫切需求之间的对立，表现在相反的术语中。在激进分子看来，风俗和制度中所体现的群体权威是相对外在的、人为的和严苛的。它被称为“传统”或“制度”（*thesis*，被确立的观点）。飞速发展的智力挑战了纯粹风俗的和传统的东西；不断增强的个体性挑战了群体的至上权威，尤其是当它体现在对力量的掌控中时。个人的智力和情感成为更加基本的，仿佛它们植根于一个更为原本的来源中；这一来源被称作“自然”（*physis*）。社会传统和权威、个人的理性和情感因此作为“传统”和“自然”而相互对立。这一斗争，如同青年男女从父母的控制中成长为自立。但在希腊人的生活中，更为突出的是，我们看到了一个公民而非仅仅是个人的发展过程。埃斯库罗斯（Aeschylus）、索福克勒斯（Sophocles）和欧里庇德斯（Euripides）把个人与律法或命运的冲突描述为人类生活伟大而一再重现的悲剧。阿里斯多芬（Aristophanes）用一种苦涩的讥讽嘲笑 98
了“新的”观点。苏格拉底、柏拉图、亚里士多德、犬儒学派、昔勒尼学派、伊壁鸠鲁学派和斯多亚学派都参与了理论上的探讨。

希腊生活在这一发展之前、之中和之后的基调是尺度、秩序、均衡。这一基调表现在宗教、科学、艺术和行为中。在诸神中，希腊人设立了司命运女神摩伊赖(Moira)和司风俗、律法与正义女神忒弥斯(Themis)。他们在宇宙中发现秩序，并称其为"cosmos"。他们在艺术尤其是建筑、雕塑、合唱、舞蹈以及更为高度发展的悲剧或歌曲中表现它：

> "所有的生命都充满了它们[形式和尺度]，"柏拉图说，"还有每一幢建筑和富有创造力的艺术。当然，还有绘画艺术和其他创造性及建设性的艺术都充满了它们——编织、刺绣、建筑和每一种制造，以及自然、动物和植物——在所有这些中，有着优雅或缺少优雅；如果我们的年轻人要在生命中有所作为，他们难道不应该把这些优雅与和谐作为他们永恒的目标吗？"

最优秀的人、"绅士"被称作"公正和善良的"。德尔斐神庙上的神谕写道："万事切忌过度。"无礼和无视，是最受早期道德诗人贬斥的品质。提提俄斯(Tityus)、坦塔罗斯(Tantalus)、西西弗斯(Sisyphus)这三位受神惩罚的特殊人物，因永不满足的欲望或僭越限制而遭受惩罚。而当批判和个人主义发挥作用之后，柏拉图的正义概念、亚里士多德的"中道"学说、斯多亚学派的"顺应自然的生活"为希腊人生活的基本法则找到了更深的意义。

善和正义的概念是从上述两个基调中发展出来的。挑战现有制度的动机，是个人寻求自身的善和过自己生活的欲望的觉醒。商业给精明的商人带来了许多回报，以及许多激发并满足需求的东西。奴隶制把公民从手工劳动的需要中解放出来，并给予他培养自己品位的闲暇。在第5章中所描述的个体性的诸因
99 素均在此发挥作用，使欲望的过程和对象变得清晰。此外，"善"这个词语也被用来标识公众的理念。它被应用于那些我们在今天称作"成功的"人的身上。在当下的生活中，"善"这个词语如此确定地具有道德意涵，以至于大多数年轻人不太愿意说他们把成为善的看作他们的理想，尽管很少有人会犹豫地说他们希望成为有能力和成功的人。因为社会和政治上的认可，似乎建立在显著的成就而非专门称作"善"的东西上。但在希腊，道德的善并没有用来指称与"结果"相对的"品格"。"善的人"就像"好的律师"或"好的运动员"或"好的士兵"，指的是这个人是有能力的和卓越的。正是在我们将要追溯的过程中，这个词语的含混和更

深的含义呈现了出来。

“公正”(just)和“正义”(justice)这两个术语,当然并不仅仅是秩序和尺度的同义词,它们也有来自法庭和议会的社会含义。它们代表了生活的控制方面,正如善代表了它的评价和欲望的方面。但是,与希伯来人的正直(righteousness)概念相比,它们很少意味着对神圣律法或已经被设定为标准的世俗律法的服从,而更多地意味着一种治理、规范、和谐。尺度或秩序的理性要素比权威的个人因素更为突出。因此,我们将会发现,柏拉图很轻易地在个人和国家的正义或秩序之间来回穿行。另一方面,那时的激进分子可能利用其合法的用法,并宣称正义或律法纯粹关乎自我或阶级的利益。

## §2. 个体性的和个人主义的理智要素

旧的标准体现在宗教的和政治的观念和制度中;摆脱这些标准并把它们带入清晰的意识中的行为,是科学的精神,是理智的人们在一个突飞猛进的时代中的认识和反思。商业生活、与其他民族和文明自由交往(尤其是在殖民地)、任何 *100*
普遍统治的政治权威的缺失、由一个爱美的民族所指出的建筑问题——所有这些都促成了心灵的敏锐和灵活。

这种理性特点已经以一种具体的形式体现在希腊艺术之中。人们谈及希腊艺术形式的层面,以及它对节律和尺度的体现;艺术主题显示了相同的要素。希腊人的世界与野蛮人的世界不同,它被希腊人视为与黑暗相对的光明之地;民族的神、阿波罗(Apollo)体现了这一光和理性的理念,与他对应的象征物是太阳。伟大的泛雅典游行,正如在帕特农神庙(Parthenon)的檐壁上所重现的,庆祝希腊之光明和理智对野蛮人之黑暗的胜利。雅典娜(Athena),智慧女神,是所有雅典城邦中最具典雅品质的完美的守护者。希腊的悲剧始于崇拜之歌,不久便转变为对生活中统治一切的律法的描绘。它们通过与人类的悲剧式的冲突而变得更为突出。

然而,在科学的领域中,这一智力上的天赋找到了可以用清晰明确的方式表达的领地。几乎所有的科学都源自古希腊人,他们在那些需要最高程度的抽象思维的领域尤为成就卓著。欧几里得的几何学和亚里士多德的逻辑学是这一能力的突出表现。最为普遍的自然科学概念,例如原子的概念和所有有关宇宙的唯物主义理论;进化的观念,意味着依据掌控一切的规律而变化的过程;自然选择的观念，根据它那些适应其环境的有机体得以生存下来——所有这些都是希腊人敏锐智力的成果。他们的科学能力并不仅仅用于外在的自然上。历史不仅仅是一系列事件的观点，在政治体制研究中的比较方法，以及文学和艺术效果的分析，都同样见证了头脑的清晰和对经验每个方面最普遍规律的热切寻求。

当这一科学的头脑开始考虑对生活的实际指导时，更古老的政治和宗教控
101 制就出现了严重的困难。诸神们应当回报善，并惩戒恶[①]，但这如何与它们的实际相合？埃斯库罗斯追求一个纯粹和提升了的神的理念，与以色列人的观念在先知的著作中所经受的变化相仿。他放大了宙斯(Zeus)的尊严和天赐的统治，宙斯虽然是黑暗的，但却仍然是公正和肯定的。但是，巨大的障碍在于，更早更残酷的诸神的观念已经固定在了文学形式中；克罗洛斯(Cronos)对乌拉诺斯(Uranos)不敬的故事，宙斯爱骗人的信使和对婚姻不忠的故事，阿弗洛狄忒(Aphrodite)的爱情故事，以及赫尔墨斯(Hermes)偷盗才能的故事，都写在了赫西俄德(Hesiod)和荷马(Homer)的书中。因此，关于神的观念根深蒂固于公众的想象中，以至于无法成为更高等的伦理观念的承载者；因而不仅仅不敬神的嘲笑者，还有严肃的悲剧作家欧里庇德斯以及宗教的理想主义者柏拉图，都毫不犹豫地大胆挑战旧的观念，或者要求在所有这些文学被青年们所阅读之前对它进行修正。

发展中的智力同样对有关礼仪和荣耀行为的社会标准提出了质疑。概括早期希腊有关最佳类型的观念的词语是 *Kalokagathos*，这个词语非常接近于英文词语"绅士"(gentleman)。它结合了出身、能力和优雅这些要素，但在较早的使用中，重点在于出身的事实，就像我们的词语"慷慨的"(generous)、"高贵的"(noble)、"儒雅的"(gentle)，原来指属于某"氏族"(gens)的成员资格。苏格拉底研究了当时的评价，并且发现那些通常被认为"可敬的"或雅典"最好的"人并不必然在人格或品格上是"良善"或"好的"；这个词语成为一种"约定俗成"，并没什么理由。柏拉图走得更远，直接把理性的标准应用到当前的评价中。他嘲笑对

---

① 参看色诺芬(Xenophon)对于克利尔库斯(Clearchus)令人印象深刻的话语的描述："第一，主要是我们在诸神面前明过誓，不准我们相互敌视；蓄意违反这种誓愿的人，我认为是不会好过的。因为与天神作对，我知道是腿脚再快，躲避再严，也逃脱不了的；也无法隐蔽不现，无法退居安全堡垒。因为各地万事都由诸神掌管，而神对诸事是一律对待的。"——《长征记》(*Anabasis*)，第 2 卷，第 5 章(本译文参考崔金戎译，商务印书馆，1997 年。——译者)

于什么构成了可敬的绅士的传统的评价。 102

> 人们热衷于唠叨他们的出生，有人能够历数七代富有的祖先，他[哲学家]认为，这样的吹嘘必定出自心灵迟钝之人，他们太无教养，以至于不能从整体上看问题，看不到任何人都有无数代祖先，其中必有许多富人，也有许多乞丐；有国王，也有奴隶；有希腊人，也有野蛮人。有人为自己是安菲特律翁(Amphitryon)之子赫拉克勒斯的二十五代后裔而感到自豪。在他看来，这种自豪实在是太浅薄了。他会嘲笑不能放弃这种空洞想法的人，因为安菲特律翁之前还有二十五代祖先，再往前还有二十五代祖先，他们的幸运全是命运所致。①

真正高贵或良善和好的生活类型，在真正的美和善的追寻者那里。形式和表象的外在美的价值，在于激起对更高形式的美的追求——心灵的美、制度和法律的美、科学的美——直到最终抵达真正的美的概念。这一真正的美，区别于任何特定的美；真正的善，区别于任何表面的或部分的善，这只能由“哲学家”、智慧的追寻者来发现。

一些更积极地获得认可的道德卓越类型也并没有表现得更好。正如在共同生活中认可的，它们是勇气、审慎或适度，圣洁或对生活中严肃事物的尊重，以及正义；但柏拉图认为，这些品质中除了有意识的和理智的行为之外，没有一个是真正独立的卓越品质。例如，除非某人知道和预见到了危险的全部力量，否则，勇气并不是真正的勇气，而仅仅是无知无畏。审慎或节制要成为真正卓越的品格，就必须通过智慧来衡量。甚至正义也不能被看作在根本上是与智慧相区别的，智慧是所有生活关系真正的衡量尺度。 103

挑战了宗教权威的理智力量，同样质疑政治的控制。政府的频繁更替以及经常采用的或多或少具有强制性的措施，引起了对律法之绝对公正和权威的怀疑。在希腊城邦中获得统治权的暴君并非生来就与群体的成员联系在一起，也并不依据部落祖先的传统来统治。政治权威通常与家族和氏族的本能及传统相

① 柏拉图：《泰阿泰德篇》，174—175[本书中对柏拉图引文(除《理想国》之外)的翻译，参考王晓朝译，《柏拉图全集》，人民出版社，2002年。——译者]。

冲突。在这样的情形下，政治权威很可能被挑战，它的约束力会断裂。因此，在索福克勒斯的《安提歌涅》(*Antigone*)中，统治者的命令与氏族和自然的"更高的律法"相对立。人的律法并不是自然或神的律法。对这一人为习俗的法规的不服从，或许意味着犯下"最神圣的罪"。宗教和政治生活的古老标准在发展着的理智分析面前崩溃，而对标准的要求只能通过理智自身得到满足。对旧事物的质疑，必然看起来是一种不敬和散漫。一些人仅仅为了怀疑而怀疑；而另一些人——苏格拉底是他们中的领导者——则是为了寻找一个更牢固的根基、一个更有权威的标准而质疑。但是，很自然，俗众的思想并不能区分这两类质疑者，因此苏格拉底被处死。他不仅是作为不公正的公众诬陷的受害者，而且是作为道德进步的悲剧和从旧的东西向新的东西转变的悲剧的受害者。

### §3. 商业的和政治的个人主义

另一条发展路线与智力发展相结合，强调道德控制的问题，并把个人及其标准与社会的客观标准对立起来。它是飞速发展中对个人之善和利益的意识。商业生活及个人财产的可能，政治生活的迅速变动以及个人的飞黄腾达，一个高度
104 发达的文明为人们带来越来越多的机会以获得个人的愉悦和对不断增长的需要的满足，所有这些都驱使个人追寻他自己的善，并且把生活的重心从"什么是正当的或值得尊敬的"的问题转移到如下这一问题："什么是善的——对我而言是有益的？"

政府和律法的权威在很大程度上取决于对那些他们要支配和取消的个人利益的考虑，这让事态变得更为严重，因为希腊城邦不再是拥有共同利益的群体了。首都的发展、相应的对收益的渴求、独特阶层的形成(每一个都有其自己的利益)取代了旧的、更为同质的国家。"希腊共和国政治生活的全部发展，最终取决于对如下问题的决断，即哪一个社会阶层——资本主义的少数派、中产阶级和穷人——应当拥有统治地位。"亚里士多德把寡头政治定义为以富人的利益来统治的国家；民主政体则是由穷人的利益来统治的国家。另一个同时代的作家把民主政体解释为对民主人士也即"底层阶级"的利益的考虑，并且认为是理所当然的，"因为如果富人掌权，他们会做有利于他们自己而不是大多数人的事情"。自然，阶级的统治引起了对由此所建立的法律和标准的诸多激烈的批判。少数贵族猛烈抨击"风俗"或传统，认为它们会把强者驯化成弱者。自然要求"适者生

存”,也即强者生存。另一方面,对政府规则冷眼旁观的启蒙者宣称,所有的法律都是为了统治阶层的利益而制定的。了解当下对法律和法庭的批评的读者们会发现,这和现在的抱怨有着何等的相似之处。今天,我们同样有两个阶级:一个猛烈抨击政府干预联合、订立契约的权利,总之干涉从土地获取收获的权利,或者干涉权势者和精明人从男人、女人、孩子那里获得榨取东西的权利;另一个抱怨立法机关被富人所拥有,抱怨法官从企业律师中指派,抱怨习惯法是古老的贵族地位的残余,劳动者无法得到公平的对待。

让我们首先来听听对不公正的控诉: 105

> 风俗和本性通常是相互对立的;……因为依据本性的规则,只有更坏的邪恶才更可耻,比如遭受不公正。但依据风俗的规则,则是作恶更可耻。遭受不公正甚至不适于公民,而只适用于奴隶,因为对奴隶来说,确实死比生好;因为当他受到虐待和暴行时,他不能够帮助自己和任何他关心的人。理由是,正如我设想的,那些立法者是一群弱者;他们为自己和自身的利益来立法和分配赞扬和谴责。他们恐吓比他们强的人以及不能胜过他们的人;他们说,不诚实是可耻的,是不公正的;与此同时,当他们谈论不公正时,渴望比邻居更多,因为他们知道自己的劣势,他们只有过分地热衷于平等。因此,从传统上说,这种追求比多数人更多的想法是可耻的、不公平的,也是不公正的;而本性自身暗示着,优秀者超过低劣者、强者比弱者拥有更多是公正的;它用许多方式表明,在人群以及动物中,确实在整个城市和种族中,正义就是优胜者统治低劣者,比后者拥有更多。根据什么样的正义原则,薛西斯(Xerxes)侵略希腊,或他的父亲侵略塞西亚人(Scythians)(更不要说数不清的其他事例)?我想,这些人的行为遵循着本性;是的,依据本性的法则;而可能不是依据我们设计和制定的人为的法律,培养我们中间最优秀、最强大的人,从他们年幼时开始,像驯服幼狮一样,用声音迷惑他们,告诉他们应该满足于平等,这才是可敬的和公正的。但如果有人足够强大,他会摆脱、打破、逃避这一切;他会把我们的规则、符咒、诱惑和我们所有违反本性的律法踩在脚下;奴隶会起义,成为我们的主人,本性的正义之光将照亮前方。在我看来,这就是品达(Pindar)给我们的教诲。在诗歌中,他写道: 106
>
> 法则是万物之王,可朽的与不朽的!

这种法则，正如他所说：

强权即公理，用高尚的手施暴；正如我从赫拉克勒斯的行为中得出的，他无需支付——

我记不清准确的词句，但意思是说，他把革律翁（Geryon）的牛赶走，既没有付钱，也不是革律翁送给他的。根据自然权力法则，弱者和劣者的牛以及其他财产完全属于强者和优者。[①]

因此，这一观点的本质在于强权即公理，没有任何法规或习俗应当阻碍天才和权力的自由肯定。这类似于近代尼采（Nietzsche）的学说。

但是，另一方也有他的抱怨。法律是由人类的“牧羊人”所制定的，就像荷马称呼他们的那样。然而，现在谁还如此天真地以为，牧羊人是为了羊的利益而养肥或照顾它，而不是为了他们自己的利益？所有的法律和政府实际上都是为了统治阶级的利益而存在的。[②] 它们依赖传统或“制度”，而非“本性”。

如果法律和社会规范只是阶级的立法，是一种传统，那么，我们为什么要去遵守它们呢？古老的希腊生活已经感受到了我们在第4章中所描述的动机，尽管它们表现在象征主义和想象中。追随着罪恶的复仇女神（Nemesis）、厄里尼倪厄斯（Eringes），是人格化了的对违反律法的愤怒；*aidōs*，尊重或敬重，*aischyne*，对公众意见的尊敬，这些是内在的感受。但是随着理智上的批判和个人利益的发展趋势，人们对这些认可产生了怀疑；个人愉悦的感受要求得到认可，而道德家首先诉诸于此。“父母和导师总是告诉他们的孩子或被监护人，要做公正的人；但并不仅仅为了正义的缘故，而且是为了品格和名誉。”但是，如果正义的唯
107 一理由是名誉，那么似乎并没有充分的理由要舍近求远。年轻人难道不会像品达那样说：

我是靠堂堂正义还是靠阴谋诡计来步步高升，安身立命，度过一生？[③]

① 柏拉图：《高尔吉亚》（*Gorgias*），第482—484页。

② 柏拉图：《理想国》（*Republic*），I.，343（本书对柏拉图的《理想国》的翻译，参考郭斌和、张竹明译，商务印书馆，1986年。下同。——译者）。

③ 柏拉图：《理想国》，II.，365。

如果我觉得不正当的道路更容易一些，为什么我不去跟随它呢？我的党派，或我的“帮派”，或我的律师，将会在边上助我一臂之力：

> 有人说，干坏事儿不被发觉很不容易。啊！普天之下，又有哪一件伟大的事情是容易的？无论如何，想要幸福只此一途。因为所有论证的结果都是指向这条道路。为了保密，我们拉宗派，搞集团；有辩论大师教我们讲话的艺术，向议会法庭作演说，硬逼软求。这样，我们可以尽得好处而不受惩罚。有人说，对于诸神，既不能骗，又不能逼。怎么不能？假定没有神，或者有神而不关心人间的事情，那么做了坏事被神发觉也无所谓。[1]

除此之外，最大的奖赏——并不仅仅是物质上的，而且甚至是荣誉——似乎落到了个人主义者的头上，如果他只能在足够大的规模上行动。他可以既富庶，又“受人尊敬”。如果他能够偷窃政府，或用现在的话来说，窃取公共土地或国会的税，向立法机关行贿，控制公共机关，获取无价的经销权或其他“诚实的贿赂品”(honest graft)[2]，那么，他不仅能够逃脱惩罚，甚至能得到他人的尊敬。

> 我现在要讲的，就是刚才所说的那种有本事捞大油水的人。你如愿弄明白，对于个人不正义比起正义来是多么的有利这一点，你就去想想这种人。如果举极端的例子，你就更容易明白了：最不正义的人就是最快乐的
> 人；不愿意为非作歹的人，也就是最吃亏苦恼的人。极端的不正义就是大窃 108
> 国者的暴政，把别人的东西，不论是神圣的还是普通人的，是公家的还是私人的，肆无忌惮地巧取豪夺。平常人犯了错误，查出来以后，不但要受罚，而且名誉扫地，被人家认为大逆不道，当作强盗、拐子、诈骗犯、扒手。但是，那些不仅掠夺人民的财产而且剥夺人民的身体和自由的人，不但没有恶名，反而被认为有福。受他们统治的人这么说，所有听到他们干那些不正义勾当的人也这么说。一般人之所以谴责不正义，并不是怕做不正义的事，而是怕

① 柏拉图：《理想国》，II.，365。

② 某些行为从道德和对公共财富造成损害的角度看，当属贪腐行为；但在实际上，却缺乏针对这类腐败行为的具体法律或裁定标准，这类行为通常被称作“诚实的腐败”。——译者

吃不正义的亏。所以，苏格拉底啊，不正义的事只要干得大，是比正义更有力、更如意、更气派。所以，像我一上来就说的：正义是为强者的利益服务的，而不正义对一个人自己有好处、有利益。[①]

## § 4. 个人的和伦理的理论

因此，第一个发展所带来的结果是双重的：(a)它迫使人们直面"什么是公正"、"什么是善"的问题。进行比较并且获得一个普遍的标准的必要性，迫使追问者从那些先前体现在风俗和法律中的概念里跳离出来。但是，当我们发现了本质并且把它解放或抽离出来时，风俗就变得毫无生气，它仅仅成了传统，其本质与形式常常是对立的。(b)它强调个人利益、行为的情感一面，使道德问题采取"什么是善"这样的形式。

此外，在瓦解旧秩序的过程中，十分活跃的若干要素确立了两个积极的命题：如果风俗不再充分，那么，理性就必须设定标准；如果社会不能为个人规定
109 善，那么，个人就必须自行寻找定义和寻求善的方法，除非他想让其全部的冒险事业破产。

我们或许会把问题的这两方面都归于"自然"的概念，它与传统或制度相对。传统会失去，而自然是专横的权威。但假如自然是合理的主人，那么，我们在原始的开端处还是在完全的发展中，在与世隔绝的生活中还是在社会生活中，在欲望和激情中还是在理性和谐的生活中找到它？

或者换句话说，如果理性必须设定衡量的标准，个人必须定义和追寻为了自己的善，那么，我们是在孤立的状态下抑或是在维系着家庭、友谊和正义的人类社会中找到它？目的在于通过欲望的满足——无论它们的质量如何——而获得乐趣吗？而理性的作用仅仅在于用一种满足来衡量另一种并获得最大的满足吗？或者，智慧本身就是善吗？满足一些冲动是否比满足另一些更好？也就是说，理性是否构成了标准并且将应用这一标准？

这些对生活问题对比性的解答可以表达在如下两组对立中：(1)个人相对于社会，(2)直接的满足相对于一个更高、更持久的理想标准。

诗人、激进分子、感觉主义者、非哲学学院派的个人主义者以及历史哲学学

---

① 柏拉图：《理想国》，I.，343f。

派，都参与了对这些问题的讨论。他们都追求“自然的”生活；值得注意的是，所有的学派都声称苏格拉底是他们的大师，都通过理性来为他们的答案辩护，都把智慧的人看作理想的楷模。犬儒学派和昔勒尼学派、斯多亚学派和伊壁鸠鲁学派、柏拉图和亚里士多德代表了对这些问题不同的哲学回答。犬儒学派和昔勒尼学派都通过个人主义来解决第一个对立，但却在第二个对立上产生分歧：犬儒学派强调对欲求的摆脱，而昔勒尼学派则强调欲望的满足。斯多亚学派和伊壁鸠鲁学派代表了相同原则的更宽广的社会性的发展，斯多亚学派寻求一个世界主义的国家，伊壁鸠鲁学派则在于建立朋友共同体；斯多亚学派强调理性或智慧是唯一的善，伊壁鸠鲁学派则在对高雅的、愉悦的选择中寻找智慧。柏拉图和亚里士多德尽管强调不同的东西，但在本质上是一致的，他们都认为：(1)人之善在 110
于完全实现他最大的可能的功用，而这只有在社会中才是可能的。(2)智慧并不仅仅在于应用标准，也在于形成它；虽然理性或情感中的任何一个对生活来说是不够的，但享乐是为了生活而非生活是为了享乐。最后，柏拉图、亚里士多德、斯多亚学派以及悲剧诗人都相继参与了塑造一个负责任的品格的理念。

犬儒主义者和昔勒尼学派同样是个人主义者。他们认为，社会是人为的。社会所谓的善和约束将会被拒斥，除非它们满足了个人的幸福。独立在犬儒主义者当中是智慧的标志；安提西尼(Antisthenes)为他衣服上的破洞而骄傲；第欧根尼(Diogenes)住在他的帐篷里或睡在大街上，嘲笑着当下体面的“习俗”，只请求亚历山大别遮挡他的阳光——这些都是典型的人物。“自然状态”与国家相对立。只有原始的欲求才被看作是自然的。“艺术和科学，家庭和故土，都无所谓。财富和优雅、名誉和荣耀与那些超越了饥饿和性的自然欲望的满足所带来的感官愉悦一样，都是多余的。”①

昔勒尼学派或享乐主义者(*hēdonē*，愉悦)对智慧的解释却不同。善就是快乐，而智慧在于谨慎，它选择最纯粹和最强烈的快乐。因此，如果这就是善，为什么要为社会标准或社会义务而烦恼呢？“享乐主义者欣然分享文明所带来的享乐之妙。理智的人应当享受他人所准备的幸福之蜜，对此，这些享乐主义者们认为是可取的，也是被允许的；他们享受着文明的成果，但却没有任何责任感或感恩之情。西奥多罗斯宣称，为他人牺牲，爱国主义，为公共事业献身，这些是聪明

---

① 文德尔班(Windelband)：《哲学史》(*History of Philosophy*)，第 84 页。

111 人不会认同的愚蠢行为。”①

## §5. 对自然和善、个人和社会秩序更深的认识

柏拉图和亚里士多德大胆地接受了个人主义的挑战。现有的国家常由阶级来统治，这可能确实是理所当然的。有武士或富人为了自己的利益而操纵的寡头政权；有独裁政权，暴君贪得无厌，权力掌握在个人的手中；也有民主政权（柏拉图是贵族），乌合之众制定规则，那些谄媚和满足他们的激情的人在掌权。但所有这些无非意在更清晰地引出真正的国家的概念，在其中，最有智慧和最好的人来制定法则；且法则不是为了某个阶级的利益，而是为了所有人的福祉。柏拉图时代的雅典人的国家——除了它迫害苏格拉底时期外——意味着生命的完满和自由。它不仅代表了保护个人的政治力量，而且代表着对所有生活的完整组织，这种生活需要合作和相互的支持。国家为心灵提供指引，为身体提供训练。它使公民们置身于一种美的氛围中，并在悲剧和喜剧中使每个公民有机会思考生命更大的意义，或者沉浸在互相感染的欢乐中。在节日和隆重的游行队伍中，它把公民带入宗教情感的团结中。成为雅典的公民，意味着分享生活可能具有的一切更高的可能性。在解读这种生活时，亚里士多德称：不是在孤立状态下而是在国家中，“完全的独立性这一目标可以说首次获得了”。

断言我们并非在最原始的开端处而是在完全的发展中找到自然，由此，亚里士多德直抵“什么是自然”这一问题的核心。“任何东西的自然，如人、马或一幢房子的自然，可以定义为生产过程完成时的状态。”因此，“唯独在其中，生活的完整性才可达到”的城邦国家是最高意义上的自然：

> 事物的终点或其完全的发展是至善；城邦所达到的自给自足是完全的
> 112 发展或至高的善，因而也是自然的。
>
> 城邦的建立出于人类生活的发展，而它的存在是为了使生活成为善的。
>
> 由此可以明白城邦出于自然的演化，而人类自然是趋向于城邦生活的动物（人类在本性上，正是一个政治动物）。凡人由于本性或由于偶然而不归属于任何城邦的，他如果不是一个鄙夫，就是一个超人。这种“出族、法

① 文德尔班：《哲学史》，第86页。

外、失去坛火（无家无邦）的人”，荷马曾鄙视为自然的弃物。这种在本性上孤独的人往往成为好战的人，他那离群的情况就恰恰像棋局中的一个闲子。①

亚里士多德并没有止步于此。他对人与社会的关系以及人类对社会的依赖具有深刻的洞见，现代社会心理学对于这一关系进行了更为具体的研究。亚里士多德断言，国家并不仅仅是个人发展的目标，而且是其生命的来源。

> 城邦在本性上先于个人和家庭。就本性来说，全体必然先于部分：以身体为例，如全身毁伤，则手足也就不成其为手足。脱离了身体的手足如同石制的手足无异，这些手足无从发挥其手足的实用，只在含糊的名义上仍旧被称作手足而已。我们确认自然生成的城邦先于个人，就因为每一个隔离的个人都不足以自给其生活，必须共同集合于城邦这个整体。凡隔离而自外于城邦的人——或是为世俗所鄙弃而无法获得人类社会组合的便利或因高傲自满而鄙弃世俗的组合的人——他如果不是一只野兽，那就是一位神祇。②

此外，当我们探究个人的本性时，并不认为他缺乏共鸣以及一些在国家和各 113
种社会及友好关系中自然表现的品质。我们具有“一种朝向共同生活的冲动”（φιλία），它展现在友谊中，而且对正义是至关重要的，因而我们或许会说“它是一切公正的事物中最为公正的”。这里也有倾向和目标（ὁμόνοια）的统一，它可以被称为“政治友谊”。③

给予人们全面的发展和完全的善的国家是如何被确立和管理的？很显然，两个原则必须起支配作用。首先，每一个人可以在其中充分发展自己的本性，并同时成就国家和个人的完善；其次，国家或社会整体必须由那些最适合这份工作的人来统治。并非军人或富豪或工匠，而是有知识的人，才是我们理想的共同体

① 亚里士多德：《政治学》，第 1 卷，第 ii 页。韦尔登(Welldon)英译本（中文翻译参见吴寿彭译，商务印书馆，1996 年，第 7—8 页。下同。——译者）。

② 同上。

③ 亚里士多德：《伦理学》，第 8 卷，第 i 页；第 9 卷，第 vi 页。

合适的统治者。军人会保家卫国，工匠会提供支持，而科学的或理智的人应当统治。很显然，在设定这一原则的同时，我们也回答了第一个问题：因为军人和工匠通过完成他能够胜任的工作，而非掺和那些他注定会失败的任务从而得到他的完全发展。为了防止在那个时代十分典型的政府的贪婪，柏拉图认为，统治者和守卫者不应当拥有任何私人财产，甚至不应该拥有私人的家庭。他们的目光应当仅仅关注所有人的利益。当被问及由这样一些无私利的、有智慧的统治者所管理的国家的可行性时，柏拉图承认了它的困难，但他坚定地强调它的必要性：

> 除非哲学家成为我们这些国家的国王，或者我们目前称之为国王和统治者的那些人物，能够严肃认真地追求智慧，使政治权力与聪明才智合而为一；那些得此失彼、不能兼有的庸庸碌碌之徒，必须排除出去。否则的话，对
> 114 国家甚至我想对全人类都将祸害无穷，永无宁日。[①]

然而，一个完美国家之真实存在的问题并不是最重要的问题。因为柏拉图已经意识到，人并不仅仅受控于他所见到的，也在于他设想为可欲求的。如果一个人曾对一个理想的国家或城邦有过想象，在其中有着正义，而生命抵达了前所未有的完整和高度的可能性，这就是最主要的事情：

> 或许天上建有它的一个原型，让凡是希望看见它的人能看到自己在那里定居下来。至于它是现在存在还是将来存在，都没有关系。因为他只有在这种城邦里才能参加政治，而不能在别的任何国家里参加。[②]

因此，柏拉图和亚里士多德主张，人的社会本性是希腊思想的永恒财富。即使是发展了享乐主义生活理论的伊壁鸠鲁学派，也强调友谊的价值是最好和最纯粹的愉悦的来源。斯多亚学派在摆脱欲望的同时继承了犬儒主义的传统，但他们却没有把它理解为一种对社会的独立性。古希腊国家的分裂，使在旧的城邦—国家中寻找社会共同体变得不可能。因此，我们在斯多亚学派那里发现了

---

① 柏拉图：《理想国》，V.，473。
② 同上书，IX.，592。

某种世界主义。人类最高的荣耀并不在于成为雅典的公民，而在于成为宇宙的公民——不是雅典卫城的公民，而是宙斯之城的公民。通过这一概念，人的社会本性成了“自然法”的基础，它体现在罗马和现代法理学的原则中。

在回答人之真实本性的问题时，柏拉图和亚里士多德都提出了对个人之善问题的建议。因为如果作为名誉和荣耀之追求者的军人、代表了对财富之欲求的贪婪之人以及体现了对每一享乐和激情的张扬表达的暴君是令人生厌的，那么难道不容易意识到，冲动在理性的指引和控制之下的有序而和谐的发展，远远 115
胜过那个时代一些极端的个人主义者和感觉主义者所要求的渴望和欲望不受限制地表达吗？作为这一阶级的代表，卡利克勒斯(Callicles)说：

> 每个正义地活着的人都应当让他的欲望生长到最大程度，而不应当抑制它们；凭着勇敢和理智，应当能够让他的各种欲望都得到最大满足。我认为，这就是自然的公正和高贵。节制的人是愚蠢的。只有在饥饿和饱食中，在渴望和痛饮中，在拥有所有的欲望并且满足每一个可能的欲望中，人才是快乐的。①

但即使卡利克勒斯本人也承认，有这样一些人，他们是堕落的欲望的生物，他们的生活并非是理想的，因而必须对快乐有所选择。在个人生活中带着对国家的上述思考，柏拉图提出了如下的问题：人，作为一个复杂的存在，有着高尚和卑微的冲动，有着理性的控制能力。如果他让激情泛滥并完全抑制了他的理性本性，他是否可以被认为作了一个明智的选择：

> 苏：所谓美好的和可敬的事物，乃是那些能使我们天性中兽性部分受制于人性部分(或更确切地说，受制于神性部分)的事物；而丑恶和卑下的事物，乃是那些使我们天性中的温驯部分受奴役于野性部分的事物吗？我们是不是会这样问他呢？他会表示赞同吗？
>
> 格：如果他听我的劝告，他是能被说服的。
>
> 苏：如果一个人按这种说法不正义地接受金钱，如果他在得到金钱的同

① 柏拉图：《高尔吉亚》，491ff。

时使自己最善的部分受到了最恶部分的奴役，这对他有什么好处呢？换言之，如果有人把自己的儿子或女儿卖给一个严厉而邪恶的主人为奴，那么，不管他得到了多少金钱，不会有人说这对他是有利的。是吗？如果一个人忍心让自己最神圣的部分受奴役于最不神圣的、最可憎的部分的话，这不是
116 一宗可悲的受贿、一件后果比厄里芙勒为了一副项链出卖自己丈夫生命更可怕的事吗？①

如果眼下我们排除什么是高尚或美好的(kalon)问题并承认生活的目的在于快乐地活着，或换句话说，如果如上所指出的，正义并非有利可图，因而那寻求至善的人并非通过荆棘丛生的道路去寻求它，那么，我们必须意识到，关于哪种快乐更可取的决定取决于判断者的品格：

苏：所以，我们说人的基本类型有三：哲学家或爱智者、爱敬者和爱利者。

格：很对。

苏：对应着三种人也有三种快乐。

格：当然。

苏：你知道吗？如果你想一个个地问这三种人，这三种生活哪一种最快乐，他们都一定会说自己的那种生活最快乐。财主们会断言，和利益比起来，受到尊敬的快乐和学习的快乐是无价值的，除非它们也能变出金钱来。

格：真的。

苏：爱敬者怎么样？他会把金钱带来的快乐视为卑鄙，把学问带来的快乐视为无聊的瞎扯(除非它能带来敬意)。是吗？

格：是的。

苏：哲学家把别的快乐和他知道真理永远献身研究真理的快乐相比较时，你认为他会怎么想呢？他会认为别的快乐远非真正的快乐，他会把它们叫做"必然性"快乐。因为若非受到必然性束缚，他是不会要它们的。是吗？

格：无疑的。

---

① 柏拉图：《理想国》，IX，589f。

苏：那么，既然三种快乐、三种生活之间各有不同的说法，区别不是单纯关于哪一种较为可敬或哪一种较为可耻、哪一种较善或哪一种较恶，而是关于哪一种确实比较快乐或摆脱了痛苦，那么，我们怎么来判断哪一种说法最正确呢？

格：我确实说不清。

苏：哦，请这样考虑，对事情作出正确的判断，要用什么作为标准呢？不是用经验、知识、推理作为标准吗？还有什么比它们更好的标准吗？

格：没有了。

苏：那么请考虑一下，这三种人中哪一种人对所有这三种快乐有最多的经验？你认为爱利者的快乐经验能多于哲学家在获利上所得到的快乐经验吗？

格：断乎不是的。因为，哲学家从小就少不了要体验另外两种快乐；但是，爱利者不仅不一定要体验学习事物本质的那种快乐，而且即使他想要这么做，也不容易做到。

苏：因此，哲学家由于有两方面的快乐经验而比爱利者高明得多。

格：是要高明得多。

苏：哲学家和爱敬者比起来怎么样？哲学家在体验受尊敬的快乐方面还比不上爱敬者在学习知识方面的快乐经验吗？

格：不是的。尊敬是大家都可以得到的，如果他们都能达到自己目标的话。因为富人、勇敢者和智慧者都能得到广泛的尊敬，因此大家都能经验到受尊敬的这种快乐。但是，看到事物实在这种快乐，除了哲学家而外，别的任何人是不能得到的。

苏：既然他的经验最丰富，因此也最有资格评判三种快乐。

格：很有资格。

苏：而且，他还是唯一把知识和经验结合在一起的人。

格：的确是的。

苏：又且，拥有判断所需手段或工具的人不是爱利者或爱敬者，而是爱智者或哲学家。

格：你说的是什么意思？

苏：我们说判断必须通过推理达到，是吧？

格:是的。

苏:推理最是哲学家的工具。

格:当然。

117 苏:如果以财富和利益作为评判事物的最好标准,那么,爱利者的毁誉必定是最真实的。

格:必定是的。

苏:如果以尊敬、胜利和勇敢作为评判事物的最好标准,那么,爱胜者和爱敬者所赞誉的事物不是最真实的吗?

格:这道理很清楚。

苏:那么,如果以经验、知识和推理作为标准,怎样呢?

格:必定爱智者和爱推理者所赞许的事物是最真实的。①

因此,显然,如果我们着手在快乐中寻找善,需要某种衡量技术。我们需要“快乐的标准”,而这一标准只能在智慧中被发现。而这迫使我们认为,智慧毕竟是唯一的善,而不仅仅是智力上的成就——一个毫无感受的理智生命与只有感觉却无理智的牡蛎生命一样,绝对算不上真正的人类生活。一种包含科学和艺术以及对美的纯粹愉悦的生活、由智慧和尺度及对称所主宰的生活——这是柏拉图有关个人的内在生活的图景。

亚里士多德对于善的观念,在根本上与柏拉图是相同的。它是人类能力的充分发展,在理智与和谐的生活中达到顶峰。亚里士多德说,如果我们要找到最终的善,我们必须,如果可能的话,试图找到就其自身而言是目的的目的,而不是作为达到某种别的东西的手段,这一最终目的的最普遍的术语是“*eudaimonia*”,或者幸福(well-being),“因为我们也是为了其自身而选择它,而不是为了什么别的东西”。什么是幸福的本质?在亚里士多德看来,我们可以通过询问什么是人的功能来回答这一问题。和植物一样,人类也有营养和生长的生命;和动物一样,有感觉的生命。而在他的理性本质的生命中,我们发现了他独特的功能。“人之善在于依据它们相应卓越地运用他的能力。”外在的善是有价值的,因为它们能够成为抵达完整的活动的工具。快乐是有价值的,因为它“完善了活动,并

---

① 柏拉图:《理想国》,IX.,581f。

因此完善了作为人类欲望之目标的生活”——但它却并非自在的目的。没有人会选择生活在一生只具有孩童般智力的条件下,即便他将最大限度地享有一个孩子的快乐。①

智慧作为理想生活之理性标准的至关重要性,以及它与希腊有关适度和美 118
的传统的紧密关系,在亚里士多德关于卓越(或美德)的理论中被描绘为一种“中道”(Mean)。这个术语多少有些含混,因为一些章节似乎表明,它仅仅是在两种过度中间做一平衡(average),寻找一种适度的感受或行为;但很显然,这里也包含了旧的尺度观念。尺度一方面像在柏拉图那里指的是依据什么是合适的、高尚的、美好的的评价;另一方面,它指的是更为分析的理智活动:“中道是正确的推理所规定的。”并非每一个人都能找到中道,而只有那些具有所需知识的人。因此,至高的卓越或美德是能够找到真正的行为标准的智慧。②

最后,作为智慧的美德观念也体现在晚期希腊思想的三个突出学派的理念中——怀疑派、伊壁鸠鲁学派和斯多亚学派。怀疑派认为,智慧的人是那些在无法获得肯定的事情上悬搁判断的人。伊壁鸠鲁学派所说的智者,是指那些选择了最美好、最肯定和最持久的快乐的人。而斯多亚学派认为,智慧的人是那些克服了情感的人。但在每一种情形下,理想是通过同一个词语得到表达的,即“智慧的人”。

我们因此看到了希腊思想——它从挑战所有社会的法律和标准出发,使它们经受知识的考量——在真正的社会和道德秩序中,找到了更深层的价值和更高的有效性。所呼求的在于理性的巅峰,以及完整意义上的理性,使我们超越当 119
下和瞬间的事物而抵达更加广泛和更为持久的善。正如柏拉图所强调的,理性

① 亚里士多德:《伦理学》,第10卷,第ii.—iv页。

② 在亚里士多德所列举为典范的各种类型的卓越中,大度的品格(high-mindedness,μεγαλοφυχ ία)是最为杰出的,它可能代表了雅典绅士最受赞颂的品质。一个大度的人要求许多,也配得许多;他对于荣誉和卓越有着极高的标准,他接受良善的人的赞颂,但对普通人所给予他的微不足道的荣耀则不屑一顾;好的和恶的财富,他都一同视为敝帚。他既不刻意寻求,也不惧怕危险;他愿意施人恩惠和忘记伤害,但却不急于求人帮助;他在爱恨、真理和行为的独立方面毫无畏惧;“他不会崇拜什么,因为对于他,没有什么事物是了不起的。他爱拥有并不带来任何利益的美丽事物,而不是有价值的实用的东西;因为这就是一个自足的人的特点。此外,一个大度的人还行动缓慢,语调深沉,言谈稳重。因为一个没有多少事情可以看重的人不大可能行动慌张,一个不觉得事情有什么了不起的人也不会受到刺激,而语调尖厉、行动慌张都是受刺激的反应。”——《伦理学》,第4卷,第iii页。

无法在它对于善的追求中获得满足于生命和社会的表面事实。那些寻求并且完成其全部功能和充分发展的人，必定一再拓展他的视野。由于他自身独特的生命是更大世界的进程中的一部分，这个世界的力量影响他、限制他并且决定了他的可能性；因而绝对有必要的不仅是探究他自身的目标，还有宇宙的目的。人类的善要求我们知道更大的善，那个在充分和完整意义上的唯一、至高的善。这一完满的善作为宇宙的本质无非是上帝的另一个名称，柏拉图常常交替地使用这两个术语。

因此，希腊生活所寻求的“自然”获得了其最深的意义，并且重新阐释了人的生命与看不见的力量之统一的古老宗教诉求。而后来的斯多亚学派在其“顺应自然”的座右铭中，更明确地认同了这样一种循环的回归；因为希腊科学的伟大工作澄清了自然作为法则体系这一观念。宇宙是一个理性的宇宙、一个和谐的秩序，而人作为理性的存在，因而寻找到了他与宇宙的亲缘联系。就此，顺应自然意味着认识自然无所不在的法则，并且在冷静的接受和顺从中听命于它。

“宇宙啊，所有对您来说和谐的事物，对我而言也是和谐的；所有您所带来的，对我而言都是果实。”①

## §6. 理念的观念

我们所勾勒的希腊思想的两个阶段，并不仅仅使希腊生活适应更深层的国家和个人、善和自然的观点。挑战和过程显现了道德生活一个新的特征，它对于
120 真正的道德意识而言是根本的，即在现实和理想之间的对比的因素。我们已经看到单方面的利益和政治制度的冲突，以及柏拉图所描述的苏格拉底悲剧性处决，迫使柏拉图和亚里士多德承认，现实的国家并不能推动他们被迫在社会组织中寻求的真正目标。因此，柏拉图和亚里士多德都描绘了一个为人类发展的全部目的而服务的国家。而且，在个人的生活中，人类最高可能性的发展的观念，以及相互冲突的欲望和目的的衡量或标准的观念，导向了一个不仅体现在现有状态中而且体现在尚未实现的目标中的观念。

多种多样的特性和志向被柏拉图融进了这个观念。他用独特的希腊才智，赋予这个理想的观念一个具体和切实的形式，就像希腊阿波罗的雕刻者赋予其

① 马可·奥勒留（Marcus Aurelius）：《沉思录》（*Thoughts*），IV.，23。

理想的光和清晰性的形式，或是阿芙洛狄忒的雕刻者赋予她优雅观念的形式一样。与瞬间的情感冲动、一知半解或徒劳的善的不确定相比，这一理想的善是永恒不变的。它是超人的和神圣的。与人类之子将其情感系于其上的各种特殊的和不完满的善相比，它是唯一的普遍之善，对任何地点和任何时代的所有人都是有效的。在柏拉图试图寻找对这一观念的恰当想象时，俄而浦斯(Orphic)和毕达哥拉斯学派的宗教观念帮助了他，他们强调灵魂的前世和未来的存在，以及它与身体的区别。柏拉图说，在它的前世，灵魂观瞻到了美、真和善，而今生却没有提供关于美、真和善的充分实例。携带着对之前所见的记忆，它判断出现世不完满的和有限的善，并且渴望再次飞离并与神同在。在柏拉图的一些著作中，对灵魂和身体之对立的讨论，让位于这一理想与现实之间对立的观念。这一观念逐渐在斯多亚和后柏拉图学派中被强调，并且为希腊化和中世纪道德中的二元论和禁欲主义提供了哲学的基础。

虽然在现实和理想之间真正的伦理对立就此转变为在灵魂和身体之间的形而上学对立，或固定的和变化的事物之间的对立，但基本的思想极为重要，因为 121
它以客观的形式象征着每一个道德评价的特点，即以某种标准来检验和衡量一个行为，以及更为重要的是，形成用来检验的标准。即使是通常被视为只是实然(what is)的描述者而非应然(what ought to be)的唯心主义描述者的亚里士多德，也坚持这一理念的重要性。事实上，亚里士多德把沉思或理论(*theoria*)与公民美德区分开来的学说，被中世纪教会用在其“沉思的生活”的理想中。像柏拉图那样，他把理念看作人性中的神圣要素：

> 不要理会有人说，人就要想人的事，有死的存在就要想有死的存在的事。应当努力追求不朽的东西，过一种与我们身上最好的部分相适合的生活。因为这个部分虽然最小，它的能力与荣耀却超过身体的其他部分。①

## §7. 自我，品格和责任的观念

在个人欲望的激烈竞争中，出现了个人志向的冲撞、个人与国家的冲突以及

---

① 亚里士多德：《伦理学》，第10卷，第vii页(译文参考廖申白译《尼各马可伦理学》，商务印书馆，2012年。——译者)。

个人的"自然"观念的深化,还出现了另一个对高度发达的反思的道德生活至关重要的观念,即道德人格的观念及其品格和责任。我们可以追溯这一观念在诗人和哲学家中的发展。埃斯库罗斯将人和神对立,认为人臣服于神圣法则,但却很少谈论人的品格或有意识的自我指引。在索福克勒斯那里,悲剧境遇被更直接地带入人类品格的领域中,尽管因此所标示出来的命运和有限性的观念依然
122 是重点。在欧里庇德斯(Euripides)那里,人类的情感和品格都被凸显出来。勇气,这一高尚的精神能够经受住磨难或在死亡时得胜;这一精神不仅体现在他的英雄人物身上,也展现在女人那里,如波吕克塞娜(Polyxena)和美狄亚(Medea)、菲德拉(Phaedra)和伊菲格涅亚(Iphigenia)。这见证了不断增长的对自我的意识——这一意识在斯多亚学派的自豪和自足的忍耐中得到了进一步的发展。在更为直接的伦理进程中,我们在人类行为的动机中以及形成人类品格的观点中,发现了越来越多对自我的认识。早期诗人和道德家的良心,在很大程度上是复仇女神——神圣惩罚的外在象征及信使——和羞耻女神(Aidos)——对公众意见和诸神更高权威的尊重或崇敬感——的混合。但在悲剧作家那里,我们发现了对一个更为内在和个人的观念的暗示。宙斯在梦中所传达的痛苦会把个体引向沉思,从而走向更好的生活。在索福克勒斯那里,涅俄普托勒摩斯(Neoptolemus)说:

> 当一个人丢弃了他自己的真正自我,并做事不当时,
> 所有的事物都是令人厌恶的。

而菲罗克忒忒斯(Philoctetes)回答道:

> 怜悯我吧,孩子,看在诸神的份上,
> 别欺骗我而使你自己蒙羞。

索福克勒斯的整部《安提戈涅》是服从政治统治者和更高的法则之间的斗争,后者作为"受尊崇的法则"而成为真正的义务的内在法则:

> 我知道,我满足了我应当满足的灵魂。

在此，正如他在对理想观念的阐述中，宗教的比喻帮助柏拉图找到一个对道德评价观念和道德品格更为客观的陈述。在对死后灵魂的最终审判中，柏拉图看到了没有任何外在装饰（美、等级、能力或财富等）的真正自我；这个真正自我是一个在赤裸裸的法官面前的赤裸裸的灵魂，接受他的公正的奖罚。这种奖罚的性质表明了更深层的自我观念，以及对道德品格的内在本性的观念。对不公正的真正惩罚，并非在于任何外在的东西，而是在作恶者变得卑贱和邪恶这一事
实中： 123

> 苏格拉底：他们并不知道不公正会遭到什么惩罚，而这正是他们最应当关心的事。这种惩罚并非像他们所想象的那样，是鞭笞和死亡；这些事情并非总是落在做错事的人身上，而是一种无法逃避的惩罚。
>
> 塞奥多洛：这种惩罚是什么？
>
> 苏格拉底：在本性中预设了两种不同的样式：一种是神圣的幸福，另一种是不敬神的不幸。他们的愚蠢使他们不明白行不义的事使他们变得不像前一类型，而像后一类型。他们要受到的惩罚，就是要过一种与他们的样式相似的那种类型的生活。①

然而，在斯多亚学派那里，内在反思的概念得到了最清晰的表达。塞尼卡（Seneca）和爱比克泰德（Epictetus）不断地重复这样的想法，也即良心比任何外在的评价更为重要——它的评价是不可避免的。在这些观念中，我们看到了亚当·史密斯所描绘的良心形成的第三个阶段②。那些起初在同伴的评价中、在风俗和法律以及荣誉的法典中、在诸神的宗教戒律中理解其义务的人，会在诸神和法律中、在风俗和权威中寻找真正的生活的理性法则；但它并不是一个自我的法则，不是一个特殊的或个体的自我，而是一个在其自身中包含人和神的自我。个体成了社会的，并且他自己也认为如此。宗教、社会和政治评价成为人们对自身的评价。“义务”作为一个特定的道德观念，取代了有约束力或必然的东西。

---

① 柏拉图：《泰阿泰德篇》，176f。

② 史密斯认为，我们（1）赞同或反对他人的行为；（2）看到我们自己就像他人看到我们那样，从他人的角度评价自己；（3）最后，形成一种真正的社会标准、一种“冷漠的旁观者”的标准。这是一种内在的标准——良心。

## 参考文献

除了柏拉图的作品(尤其是 the *Apology*, *Crito*, *Protagoras*, *Gorgias* 和 *Republic*)、色诺芬(*Memorabilia*)之外,亚里士多德(*Ethics*, *Politics*)、西塞罗(*On Ends*, *Laws*, *Duties*; *On the Nature of the Gods*)、爱比克泰德、塞尼卡、马
124 可·奥勒留(M. Aurelius)、普鲁塔克(Plutarch)的作品,以及斯多亚、伊壁鸠鲁和怀疑论的残篇,埃斯库罗斯、索福克勒斯和欧里庇得斯的悲剧和阿里斯托芬(Aristophanes)的喜剧(尤其是 *Clouds*),也提供了有价值的材料。

所有的哲学史都探讨了理论的方面,其中可能会提到的有:Gomperz (*Greek Thinkers*, 1900 - 1905); Zeller (*Socrates*; *Plato*; *Aristotle*; *Stoics, Epicureans and Sceptics*) Windelband; Benn (*Philosophy of Greece*, 1898, chs. i., v).

关于道德意识的有:Jones, *Greek Morality*; Schmidt, *Ethik der alten Griechen*, 1882. On the social conditions and theories: Pöhlmann, *Geschichte des antiken Kommunismus und Sozialismus*, 1893 - 1901; Döring, *Die Lehre des Sokrates als Sociales Reformsystem*, 1895. On the religion: Farnell, *Cults of the Greek States*, 3 vols., 1896; Rohde, *Psyche*, 1894.

关于政治状况和理论的有:Newman, Introd. to *Politics of Aristotle*, 1887; Bradley, "Aristotle's Conception of the State" in *Hellenica*; Wilamowitz-Möllendorff, *Aristoteles und Athen*, 1893; Barker, *Greek Political Theory*, 1918.

关于自然和自然法的有:Ritchie, *Natural Rights*, 1895; Burnet, *Int. journal of Ethics*, VII, 1897, pp. 328 - 333; Hardy, *Begriff der Physis*, 1884; Voigt, *Die Lehre vom jus naturale*, 1856 - 1875.

一般性的有:Taylor, *Plato, the Man and His Work*, 1926; Ross, *Aristotle*, 1923; Murray and Others, *The Legacy of Greece*, 1924; Vinogradoff, *Outlines of Historical jurisprudence*, Vol. 2, *Jurisprudence of the Greek City*, 1922; Bonner and Smith, *Administration of Justice from Homer to Aristotle*, 1930; Denis, *Histoire des Théories et des Idées Morales dans l'Antiquité*, 1879; Taylor, *Ancient Ideals*, 1900; Caird, *Evolution of Theology in the Greek Philosophers*, 1904; Janet, *Histoire de la science Politique dans ses Rapports avec la Morale*, 1887; Grote, *History of Greece*, 4th ed., 1872, *Plato, and the Other Companions of Sokrates*, 1888; Max Wundt, *Geschichte d. griechischen Ethik*, 1908.

# 8.

# 罗马人对现代道德意识的贡献

如果现代世界从希伯来人那里获得了强调内在动机的道德和上帝之城的理想的宗教，如果希腊人给了我们科学地探索善的方法，那么，罗马人在很大程度上带给了我们道德意识的第三个因素——律法，以及从中衍生出来的观念。如果今天我们如此频繁地谈论道德律、公正、平等、真诚、忠诚、仁慈和理性标准，这是因为罗马人创造了它们，或者在从希腊人那里吸纳它们的时候赋予了拉丁语言和思想的色彩，并且在某种程度上把它们展现在永恒的制度之中。 125

## §1. 罗马社会

值得注意的是罗马社会的三个特点对我们的目的至关重要：(1)它首先是一个政治的，即有政府的社会。权威和权力的问题是最重要的。(2)在这个社会中，阶级分化以及深远而广泛的规则同时并存。贵族的权力和奴隶制都达到了极致；同样如此的，还有广泛的宽容和文化屏障的消除，这些屏障曾分离了希腊人和野蛮人、希伯来人和异教徒。(3)在这个社会中，财富和政治权力并进。一方面，在希腊或犹太王国中都不曾有这样巨大的财富；另一方面也不曾有这般通过贸易而向世界的开放，以及发达的商业法和财产法。

罗马人在目标和品格上的这些突出特点，在他们的艺术和文学尤其是建筑 126
中获得了展现。希伯来人的最高艺术是他们的诗歌或预言诗，以及他们对恶的问题的戏剧性陈述。希腊人把他们对美的感受表现在所有的艺术门类中，但在他们的建筑和雕塑中占主导的并非宏大，而是美。它表达出一种并非源于敬畏也并不脱离人类生活的宗教，或是爱国主题，如奥林匹克运动的胜利者。罗马建筑的主题包括神庙，大部分依照希腊的样式建造，但它们最独特的结构是为了公共的用途，例如桥梁、水渠、广场；或者是赞颂荣耀和征服的纪念性建筑，例如华丽的胜利拱门；或者是最终为了奢侈和公共景观而造的建筑，如浴池、剧院、马戏场，对于最后这一类，斗兽场巍然成了世界七大奇迹之一。在文学作品中，学习拉丁语的大多数学生阅读的文章是一份关于恺撒领导下的罗马人走上征服之路的记录，之后通常是政治危机引发的演讲的例子。然而，人们通常认为，罗马文学中最强大的部分是它的讽刺作品，那个时代的奢华、堕落以及政治问题为此提供了丰富的素材。

1. 对于不同种族的特点以及这些特点一方面依赖自然的和生理的原因，另一方面依赖地理和其他环境条件的程度，我们迄今知之甚少，因而无法自信地说明为什么罗马人很早就展现出非同寻常的能力，充当了管理民族的角色。就他们的祖先而言，似乎与其他的欧洲民族——希腊人、凯尔特人、日耳曼人——相似。我们能够搜集到的有关材料的数量也就那么多。一小群强壮的战士——在他们中，氏族和父权家庭高度发达——不断地与邻近的部落发生冲突，有时征服，有时在相互协调中合并，但很少会灭绝，直到它足够强大而向统治的商业劲
127 敌——迦太基人发出挑战并征服了后者。此后，罗马用无以匹敌的力量勇往直前，不仅征服，还要组织所征服的地区和民族，直到地中海成为罗马的湖；而帝国从不列颠北部一直延伸到印度边界，其中包括埃及、亚述、波斯和马其顿早期帝国的领土。贸易路线获得保障，道路延伸并统一了偏远的地区，共同的语言使欧洲在其文化和文明上得以统一，即便它无法在帝国的东部区域替换掉希腊语。

统治和管理这一大片有不同种族和文化的疆域，需要比以往更加高度发展的政府。代表古老贵族家庭的元老院获得了新的血液。新的官员不时被遴选出来，产生了一个适用于公民的法律体系，以及一个适用于罗马各类居民和边缘地区非公民的体系。有能力的年轻人在政府中看到了通往荣耀的道路。富人花费大量的钱财谋求选入政府，甚至那些并无家族财富可依赖的人们似乎也能借到大量的钱。他们的期待是：在罗马当上几任官员之后，将被政府委托管理一个行省。这将使他们有机会偿还所欠的债务，并且聚敛一大笔财富。

我们对于罗马帝国政府的看法，很可能强烈地受到其最糟糕统治者的坏名声的歪曲。尼禄(Nero)比马可·奥勒留更为人知晓。但对于罗马政府的能力，我们必须牢记：尽管西欧帝国最终在蛮族人的入侵中消亡，它却在奥古斯都的时

代之后存在了四个多世纪；即便罗马人不再天生就能运用好它的权威，它的模式却在其他时代长存；它的形式和结构以及大部分由罗马人所发展的法律依旧在欧洲及美国发挥作用，只是在后者程度稍低些。

2. 从很早的时代起，那些作为征服者族群后裔的古老家族、贵族认为自己高于他们的家臣或附庸，高于那些在征服者的统治下被允许从事农业和其他手工业的被征服者群体。这些低等的族群、平民力图争取分享一部分权力，但成功 128
程度不同。罗马人总体上是自由的，他们允许被征服的或通过互相协调而联合的不同部族和民族的人们获得公民权。但是，那些贵族大家庭却非常擅长把主要的权力掌握在手中，甚至当本来由他们所组成的元老院失去控制权后，社会的区别仍然存在。元老院之所以能够保持这么长时间，部分的原因是由于它（尽管有些勉强）不断地从较低的阶层中，尤其是从伟大的商业阶层通常被称作骑士的人中，吸纳那些具有雄心的人。

最底层的是奴隶。早期罗马公民大多数是农民，他们拥有少量的财产，和他们的仆人一起劳作。战争胜利的结果是：大量俘虏被奴役，并且在很多情形下受到残酷对待。老加图（Cato）①教导，要让他们在不睡觉的时候不停劳作，尽可能地努力劳作，到年迈体弱时再把他们卖掉或遗弃。这些人人数众多，在公元前74年，在角斗士斯巴达克斯（Spartacus）的带领下举行起义；失败后，有六千人在从卡普阿到罗马的路上被钉在十字架上。一些奴隶受过教育。哲学家爱比克泰德就是这样的。许多奴隶通过某种方式获得了自由，被称作自由民。这些人可能会进入贸易或零售业——较早的公民看不起的职业。之后，奴隶主不再拥有对奴隶的生杀大权，但奴役制度依旧是罗马工业的基础以及社会的因素。

然而，尽管存在着严格的等级区别，罗马对于种族和语言之间隔阂的消解却起着重要的影响。就语言和交往而言，罗马只不过进一步发展了早在马其顿帝国中希腊人已经开始的影响。但是，由于罗马的统治代代延续，意大利、高卢、西班牙各民族逐渐遗忘了他们之间古老的世仇（feuds），成了大的联邦的成员（作为公民或臣民）。虽然是通过强力维持的，和平时期的罗马（The *pax Romana*）
还是有团结、和谐的气氛。它导致西塞罗和罗马法官对人类统一和自由的不凡 129
宣言，我们将在以下第二部分中对其加以引述。

---

① 老加图是罗马共和国时期的政治家、国务活动家、演说家，前195年的执政官。——译者

3. 罗马的征服给某些公民阶层带来了巨大的财富。行省的长官们以及作为纳税农民的商人们发现，西西里和小亚细亚这些省是一个大金矿。长官依靠他所网罗的财产来偿还债务并聚敛资源，以备未来需求。因为获得和保持官位需要大量的资金，候选人可能会花费大量钱财给公众散发食物、提供娱乐——“面包与马戏”（*panem et circenses*）。有钱的公民同样把钱财挥霍在庄园、别墅、奢侈的洗浴、艺术品、宴会，以及一切当时所能提供的感官或精神愉悦的资源上。在罗马，人们不仅能够像在雅典那样看到公共建筑的宏伟，也能看到无与伦比的私人产业的奢华。讽刺家们刻画了毫无节制的奢侈盛宴，并且抱怨这些所表现出来的品格的堕落。

但是，伴随着财富所带来的恶果，也有某种善。其一是对财富的拥有间接地提升了女人的地位，尤其是已婚妇女。在早期的父权制贵族家庭中，女人结婚时从父亲的夫权（*manus*）转到丈夫的夫权下。已婚的女子有着尊严，但在法律面前，她却并不算是一个“人”（person）。用布赖斯（Bryce）的话来说，“人们很难想象一个人——她不仅是自由的且受到尊敬和有影响——对另一个人的彻底服从，就像古罗马的妻子们那样”。当财富和财产增长时，父亲自然越来越不希望看到他女儿的嫁妆从他的家庭流到其丈夫的家族中。异于夫权婚姻[①]的其他婚姻形式允许妻子有更大的自由和独立，它们渐渐取代了旧的方式。霍布豪斯说：“罗马帝国的已婚女子比任何早期文明中的妇女更完全地是她自己的主人，除了埃及历史上特定时期之外。而且必须补充的是，也比任何后来时期直至我们自己这一代的妻子都更如此。”法学家乌尔比安（Ulpian）认为，双方以及监护人的
130 意见一致，对婚姻来说是根本性的。无疑，其他的因素也促成了女子地位的解放，但对财富和财产的拥有确实是有影响力的。

## §2. 道德观念

在罗马这样一个社会中，重要的道德观念自然与政府或商业的问题紧密地联系在一起。除了这些行为领域，人们可以设想，家庭会受到财富增长的影响；在他们的私人生活中，富裕的公民会倾向于一种能为他们奢侈的品位辩护的哲

① 在古罗马的夫权婚姻中，妻子生活中的一切事项均由丈夫掌管，即丈夫可对妻子行使夫权。——译者

学。为了找到能够解决他们的问题的指导观念，罗马人转向了希腊人。他们天生并不具有哲学气质。当然，正如每一个具有强健品格的统一群体所必然具有的，他们也有自己的习俗。家庭是父权制的；丈夫和父亲对于整个家庭有绝对的权威，甚至在早期具有对孩子和奴隶的生杀大权。他们是严格的一夫一妻制，在早期很少有离婚的。但对我们而言，最为有趣和重要的观念来自他们的政治和商业活动，而这些观念在很大程度上建立在斯多亚学派的学说上。这些学说中体现在罗马律法中较为重要的部分一直传承到现代，不仅是我们的律法的成分，也是我们道德的要素，它们是：(1)作为普遍法则的来源的自然观念；(2)作为自然的本质原则的理性观念；(3)所有人都有理性因而是平等的观念；(4)正义是对政府的正当检验的观念；(5)义务的观念。

1. 我们在之前的章节中已经看到，希腊人争执于政府和律法是自然的或约定的。亚里士多德指出了“自然的”这一词语的双重含义，它一方面指最原本的，另一方面指充分发展或完善的特点。从第二个观点出发，亚里士多德论断，国家是自然的，因为在其中，人们获得了充分的发展。说到国家，希腊人很可能想到的是雅典或其他希腊城邦。亚历山大的征服者在很大程度上瓦解了地域情结， 131
希腊的斯多亚学派宣称他们自己不是雅典的公民，而是世界的公民。但当罗马人实际上把世界大一统起来时，统治任何地方的普遍法则的观念获得了具体的表达。世界不再是部落和民族的拼图，各自有着自己的律法和风俗，有点像共同人性的意识，这不仅在戏剧家特伦斯(Terence)的“我是人；人所具有的一切，我都具有(*homo sum；humani nihil a me alienum puto*)”中，也在西塞罗(Cicero)、塞内卡(Seneca)和法学家们的哲学著作中找到了表达。为了给约束整个世界的律法寻找充分的权威来源，罗马的哲学家们采用了希腊的自然观念，把自然视为容纳一切的宇宙本质或秩序。如果可能的话，它甚至比诸神本身都更为根本，尽管在其他一些时候，它被称作“永恒和不变的道德的神圣律法”。

2. 在这一意义上，自然被斯多亚学派视为完完全全理性的。自然法则因此是理性和普遍的。

> 真正的律法的确是正确的理性，与自然一致，它渗透在一切事物中，持久和永恒；……更改、贬损或撤销这一法则是不合法的。……它也不会对罗马人是一种法则，而对希腊人则是另一种法则；一件事情今天是这样，明天

是那样;它是对所有人在一切时代都持久和不变的法则;它实际上成了一切事物的共同的神、主宰和统治者。①

罗马真实的律法发展赋予这一统治所有人的普遍法则的观念以更为具体的背景。早期城邦的风俗和律法,自然来自构成统治阶级的部落。它们后来被称作公民法,或民法(*lex civilis*)。但在罗马,也有很多居民并非公民,除此之外,还有来自偏远地区的居民,他们常有一些贸易关系或试图在罗马政府那里对他
132 们的申诉寻求裁决。对于所有这些阶层的人们,罗马人逐渐发展了他们所谓的部落或民族法(*ius gentium*)。为了给这一律法引入某种一致性,法官自然会依靠所谓的"理性"。随着时间的推移,在斯多亚哲学的影响之下,他们制定了一些在他们看来由理性所规定的原则,比如"善的信念",这通常是他们区分"严格的律法"和那些公平的、善的或符合人性的东西(*ius aequum et bonum*)。后者作为理性法则,同样是自然法则。这是一个伟大的观念,在人类被分割为各个地方性的群体的地方,它几乎是不可能的;这一观念在中世纪被沿袭,作为所有受罗马文明影响的人们的永恒财富。通过著名的《查示丁尼法典》(*Code of Justinian*),它也成了东罗马帝国的律法。

3. 亚里士多德在《政治学》中认为,人有两种类型:一种擅长指引,另一种则需要被指引和控制。这便是奴隶制的理由。而在西塞罗和塞内卡的著作中,则有了显著的改变。就像已经指出的,斯多亚学派对自然的认识在于,它无非是理性的另一个名词。诸神和人分有理性,这使得他们

成了同一个城市和联邦的公民……人生而为了正义……没有什么东西比人跟人之间更相像、更同质和更相似。如果风俗的败坏以及意见的不同没有引起心灵的愚钝,并且使他们偏离自然的轨道,那么,一个人和他自己相似并不会比人们和人们之间相似得更多。因此,无论我们给人以什么样的定义,它必须包括全部的人类。②

---

① 西塞罗:《共和国》(*Republic*),第3卷,第22页。

② 西塞罗:《法律篇》(*De Legibus*)。

塞内卡也这样说："我们都是来自一个共同的祖先、同一个世界。是命运让一个人成了奴隶。"被奴役只是外在的，它只影响人的身体。身体可能隶属于主人，但心灵是他自己的。律师必须承认奴隶制是一个事实，虽然有时通过限制主人的权力，状况有些改善，但没人想过要废除它。然而，他们认识到，奴隶制是有违自 133
然的。他们中的一个人，乌尔比安说，就民法而言，奴隶被认为什么也不是（*pro nullis*）；但根据自然法却并非如此，因为在自然法看来，人人平等。另一位法官用了一句后来激动了美国和法国革命者的话写道："根据自然法，所有人生而自由。"有时候，预言家和思想家表达的思想注定要等几年或几个世纪才能实现。所有人生而自由、平等的思想也是如此。但是，这些罗马思想家说的话让他们名垂青史，这些话后来成了人类解放运动的口号。

4. 正如律法是自然和宇宙的基本原则，律法和正义（它只不过是作为自然之真正律法的另一个名字）构成了我们称之为联邦的人类共同体的基础。西塞罗说，联邦是人民的事情，但人民并不是所有可能的人的聚集，而是通过一组律法和对公共事业的参与联合起来的共同体。就像前一段落所提及的有关公平和自由的观念那般，这一对联邦的定义可能被视为一个理想而不是帝国中的现实状况的写照。然而，在奥古斯都统治之后的两百年的和平时期中，帝国的法律中有很大程度的正义，使财产、商业和工业得到合理保障的共同福祉在很大程度上获得了实现。就像公平和自由的学说那样，法律和正义作为权威的真正检验的观念，在后来的时代找到了真实的运用。我们可以在这样的学说中，即律法是比国王本人具有更高的权威——英格兰律师布拉克顿（Bracton）说的"法律造就国王（*Lex facit regem*）"——以及这样的观念，即基本的律法高于国王或立法者的意志中发现它的影响。后者在近代起了非常重要的作用。

5. 最后，斯多亚学派对于义务的观念，在罗马道德中找到了合适的土壤。确实，义务是崇尚律法和政府的社会和政治系统的内在对应。西塞罗认为，有理性的人应当识别出理性的律法。作为人，自然赋予他以一种秩序、礼仪和得体感；他因而应当服从自然的法则并对荣耀的事物——*honestum*，与希腊词语 134
*Kalon* 最相近的罗马词语——的内在价值作出回应。作为社会的一员——深深植根在自然的身份——他不应当伤害他的同伴，或做任何破坏社会契约的事情。简言之，义务是我们对我们之存在的法则的回应。

## 参考文献

Cicero, *Laws, Republic, Offices;* Carlyle, *Mediaeval Political Theory in the West,* Vol. I., 191; Voigt, *Das jus naturale, aequum et bonum und jus gentium der Römer,* 1856 – 1875.

# 9.

# 现代道德意识的要素和倾向

## §1. 中世纪——权威和统一 135

当西罗马帝国臣服于野蛮人的入侵时，基督教作为官方的宗教，已经有一个半世纪之久。罗马的主教拥有至上的权力。圣奥古斯丁(St. Augustine)在他的著作《上帝之城》(*Civitas Dei*)中，把上帝之城描述为优于在内乱和外敌中衰败的尘世之国。一千年中，教会确立并维持了对欧洲日益扩大的统治。罗马主教被视为基督的代言人。正如上帝是创造者和统治者，他的意志是律法，他的存在是完满的善，他的代言人有权要求所有人的服从。这并不是一个残酷或无理的统治者的律法——上帝是爱亦是正义。他的恩慈给人们带来了救赎。教会和它所进行的圣事，是这一恩慈到来的机制。它把新生儿带入它的关爱之中，使婚姻变得神圣，谴责他的错误，宽恕他的罪责，在弥留之际给予安慰并向虔诚者许诺有福的未来。教会包容了所有人——不仅仅是圣人。一些人，就像学校的新生，被认为没有他人成熟，但所有人都被视为在它的关爱之中。因此，教会被称为普遍的，不仅在于它统治所有的人，也在于它容纳所有的人于它的看护中。它象征着人类的统一，因为所有人都是上帝的造物和合法的臣民。

神职人员有等级之分，圣恩通过他们传递，从教皇到主教，从主教到主持圣礼的牧师。同样，成员应该服从牧师，牧师应该服从主教，而主教应该服从教皇，教皇则应该服从上帝。

教会试图并在很大程度上对政治和经济这两大领域行使约束权力，此后，这 136
两个领域逐渐摆脱了那时盛行的道德标准。另一方面，对于家庭而言，来自宗教团体的支持如此具有吸引力，因而即便在清教国家中，婚礼依然在很大程度上由牧师所主持；为此目的，这些牧师成为市民政府的官员。

在政府领域，教会不得不反对部落首领和封建地主的暴乱。他们不仅时常在缺乏权威的情形下争吵，也把军事看作唯一属于男人的职业，把军事荣誉看作最高的荣耀。针对这类频发的好斗以及几乎持续不断的战争，教会一方面继承了呼吁和平的先知和基督的精神；另一方面继承了一个充满爱的社会的理想，在其中，上帝对其信徒的爱应当成为每一位兄弟姐妹之爱所效仿的榜样。它在各种会议上颁布了“上帝之和平”的教令，虽然没有完全禁止战争，但旨在限制它的残酷性和负担，通过驱逐团体的惩罚来禁止每一种针对教会建筑、神职人员、朝圣者、商人、女人和农民的私人战争或暴力。上帝的休战(*treuga Dei*)最初从星期六中午到星期一上午，禁止私人打斗；到11世纪中叶，它扩展到从星期三的傍晚至星期一的上午，大多数地方也包括大斋节(Lent)和耶稣降临节(Advent)。它扩散到法国、意大利以及整个帝国。当达到它的极限时，一年中四分之三的时间都囊括在内。十字军展示了统一的目的(在此目的下，国王们听从指挥)和嫉妒之间的冲突，这种冲突使得远征功亏一篑。

在经济领域，教会意在掌控过分的贪婪。它尤其谴责高利贷(usury)，那时人们通常并不会借款投资。借方通常是个遭遇不幸的人，趁火打劫并不公平。贸易中的价格应当“公平”和合理，每一个产品都被认为有其内在的价值，因此通
137 过交换货物和低买高卖牟利被认为是不道德的。消费应当由维持生命的自然目的和对他人需求的考虑来衡量。在有关富人的那些寓言中，财富对于灵魂而言是危险的。在早期几个世纪基督教神父看来，私人财产并不符合上帝最初的设想。圣安布罗斯(St. Ambrose)说，上帝的意愿是：大地应当为所有人共同拥有，它应当把它的果实给所有人；是贪念造就了财产权。格拉提安(Gratian)是12世纪教会法的编纂者，他从斯多亚—罗马的自然法思想中得出了相同的观点。根据自然法，所有的东西为所有人所共有——只有在习惯法或实在法中，才有这是我的或那是他人的——向那些需要的人布施因而被一致认为是一种正义的行为，而不是仁慈。圣托马斯确实把作为获得和分发的权利的财产和为自己使用的权利区别开来，前者是合法的和必要的；而后者则不是，因为一个人必须把他的东西用作公用。

神职人员是有学问的阶层，这增加了他们的威望。他们能够阅读和写作。

他们是希腊和罗马文化之遗产以及基督教的神圣书籍的保管者。

为了强化它的教令以及决心，教会主要依靠它在信仰时代作为上帝的代言人所获得的尊重和敬畏。针对较轻的罪行，它运用忏悔、训诫和悔罪等手段；对于较大的和严重的罪行，则逐出教会，这轻易不用。但重要的是，道德生活很显然是通过教会的引导来定义的——道德律也是上帝的律法。

## §2. 文艺复兴以及从改革到革命

这一阶段见证了民族主义以及世俗的和宗教的自由的兴起，中产阶级以及资本主义壮大，新大陆的发现以及在其上定居，现代科学诞生，绘画、音乐和诗歌艺术繁荣。所有这些都影响了道德。它们放松了习俗和权威的约束，给予人们 138
更大的选择和行动的自由并赋予个人以更大的责任。它们拓展了生活。

1. 很大程度上通过军事力量——通过铁与血——帝国中的领地和封地在善战的国王们的统治下，被巩固为许多民族国家。英国、法国、西班牙领先；德国和意大利直到 19 世纪，才达此地位。某些现在的道德价值和民族主义的恶，将在第三部分讨论。在此，我们只需要指出，民族国家的形成增强了这类政府的主权，与教会和教皇坚持的欧洲的统一背道而驰。它脱离罗马的统治。亨利八世宣称，自己为英国教会首领的行为是一种引人注目的表达。它用爱国主义替代宗教，作为至高无上的权威。但或许对于道德最重要的影响，是马基雅维利(Machiavelli)以及国家的统治者们所带来的结果，政治就是政治——而不是道德。马基雅维利认为，使意大利摆脱外部势力是一件十分重要的事情；有此意图的君王，为了获得和保存权力，无论他采取什么必要的政策或尺度，都将是公正的。这对许多人来说都是一个有用的理论，尽管他们不像马基雅维利那样坦率。在美国，它如今依旧常被接受为政治党派实践中的一项原则。在欧洲，它被用在对战争的辩护上。

2. 中产阶级——商人、自耕农、手工艺者——产生了，他们是争取公民的和政治的自由的领头人。在中世纪，来自不同社会阶层的人可能进入神职并升至教会中的高位，但人口中的大多数则是这两个阶层的人——土地的拥有者和农奴。在英国，在《末日审判书》(*Domesday Book*，指英国 1085—1086 年钦定土地调查清册)的时代，乡绅和神职人员是 9300 人；地主和自耕农是 35000 人；部分自由或非自由的农奴、农工是 259000 人；奴隶 25000 人。自由和非自由者的比例是1∶6,而这六的部分相对于一而言,拥有更少的权利。在早期英国的法律中,有107段文字是用来区分不同阶层的。但在14和15世纪,用服务换取土地
139 使用的方式转向了工资制,以及在14世纪中叶爆发的黑死病,还有无数其他的改变,最终使土地占有的封建制度崩溃,农奴获得自由。自由城市的增长,伴随着商人和手工业者的增长和更大的权利的发展。葡萄牙、西班牙和英国的航海者所开辟的新的贸易路线,促进了作为港口的城市的繁荣。自由人被赋予权利,财富是对他们的权利的支持。在国会与斯图亚特王朝的抗争中,自耕农和伦敦是其主要的支持者;而农村地区则普遍支持国王。

与此同时,英国的法官们逐渐地从旧的地方和部落风俗中建立起一个王国的"共同法"。它最初无疑是建立在我们曾经谈到的阶级区别之上的,但由于它是"共同的",后来变得越来越统一,不仅对王国所有的地方,而且对所有的人。它被认为是保护的力量,甚至反对国王本人的任意行为。到17世纪,公民权利得到了认可和界定;即便是推翻和处死国王,也被认为是一个合法的程序,对于维持英国人民的自由而言是必要的。

弥尔顿(Milton)和洛克(Locke)是自由强有力的维护者。他们利用古老的斯多亚—罗马的自然法的概念,以及基督教的天赋法律的观念。但为了运用这些观念来保卫自由,17和18世纪的人们把强调的重点从法律转向了权利。自然权利的学说成了个人不断增长的力量的象征,它和此前君王的神圣权利相对立。

"所有人都自然的生而自由",弥尔顿写道。洛克主张:"为了正确理解政治权力且从根本上推演出它,我们必须考虑所有人自然所处的状态,那是一个完全自由的状态。在自然法则的限度内,以他们认为合适的方式自由地行动、处置他们的财产和身体;无须请求或依靠任何他人的意志。这也是一个平等的状态,所有的权力和司法都是相互的。"这些有关自然的自由和自然权利的学说,在卢梭那里得到了雄辩的刻画;在大胆的1776年美国《独立宣言》、1789年的法国大革
140 命宣言中,它们向旧秩序发起了挑战。因为它们宣称政府的建立是为了保障这些权利,其合法权利来自被统治者的认可。

这些权利的主张对道德意识所产生的影响是明显的,它使人们不再愿意接受任何不能通过理性和良心得到辩护的道德权威。

3. 这一阶段重大的宗教事件是改革。中世纪教会所寻求的基督教的统一

并没有实现，取而代之的是君王之间的残酷竞争，以及神学家之间的激烈辩论。除了路德(Luther)和加尔文(Calvin)所推动的教会改革之外，另一个有关基督教和基督教团体的理论也兴起了。即便在最初，也存在着对于基督教精神的两种解读。天主教会认为，自己是神圣恩慈以及对一个有罪世界的救赎的代理人。它的圣事是这一恩慈降临的渠道。它想要把所有人从生到死带入关爱、指引、训诫和宽恕中。

另一方面，一些信徒更加珍视创始人的生活和教诲的私人和个人方面。登山宝训似乎并不支持等级和世俗的权力。这些信徒并不认为教会是包容所有人的，而认为教会应当由那些改宗的和真诚地追寻上帝的人组成。这一充满爱的团体对他们而言，包括那些热爱上帝和彼此的人。他们与世界保持距离，不像僧侣的苦行，不是为了克制肉体，而是追求一种与由野心、财富或欲望主导的生活完全不同的生活。他们认为，圣餐这一圣事是虔诚的信徒的纪念而不是在弥撒中重新进行的牺牲。在中世纪，瓦尔多派(Waldenses)宣布这样的信仰者自愿结社的观念；方济各派(Franciscans)在马太福音第十章的精神鼓舞下，意在模仿基督，成为穷人的牧师，尽管他们依旧属于天主教会。在14世纪，威克里夫(Wycliffe，1320－1384)派遣“贫穷的”或“简朴的”牧师向普通人传道，和其追随
者一起把圣经翻译成了英文。他抨击神职人员拥有财产的权利，反对教会组织 141
的政治意涵，主张耶稣和首批信徒所设立的更为简单的模式。他不仅认为，圣书的权威高于教会；而且通过他的翻译认为，普通人也能检验其立场。波西米亚的约翰·胡斯(John Huss)持有类似的观点。罗拉德教派(Lollards)继承了威克里夫的传统。孟诺派(Mennonites)、浸礼宗(Baptists)、分离派(Separatists)中的司寇比(scrooby)团体——他们作为“朝圣者”，到了荷兰，随后到了普利茅斯、马萨诸塞——都认为教会是信仰者的聚合。贵格会(Quakers)把内在的光视为权威。在所有这些团体中，对于教会规则的拒斥要求人们尽力对这一拒斥进行辩护，这一点比在路德派、加尔文派和清教徒这些改革团体中更为重要。起初，圣书的权威通常是上诉法庭。印刷术的发明，对于个人成为经文的解读者而言至关重要。对个人自身的信仰以及成为基督教团体中成员的自主选择得到了强调，它走向了道德反思和个人的责任。

所有这些持有异见的团体都在为自己寻求自由——为了他们认为真正的教导。很少有人认为，宽容或宗教的自由是可以允许的。浸礼会是宗教自由的先

驱；在英国，洛克的《人类理解论》(*Essay*, 1667)以及《论宽容的四封信》(*Four letters on Toleration*)对其发展产生了最强大的影响。托马斯·杰弗逊(Thomas Jefferson)把他自己在这一领域中的贡献与在公民、政治自由事业方面和教育方面的贡献联系在一起，在他自己所选的墓志铭上写着："美国《独立宣言》起草人，《弗吉尼亚宗教法案》的起草人，弗吉尼亚大学之父。"

4. 这一阶段的经济发展见证了从封建服务体系向货币支付体系的转变。这是朝向更伟大的经济解放的一步。向远东、新大陆的新贸易路线的开辟，增长了商人的财富，在某种程度上也增长了其他阶层的财富。当人们获得财富后，也就获得了权力。威尼斯、旧弗莱芒港口以及其他欧洲城市里的宫殿和豪宅，是这
142 一新的权力的显现。他们也展示了把世俗生活的住所建造得优雅、美丽的兴趣，而在中世纪，工匠的技艺以及人力资源都用于建造大教堂，这些教堂如此完美地代表了沙特尔、兰斯、坎特伯雷以及林肯那些城市在初建时最受赞颂的建筑。

随着商业和工业的发展，形成了一种新的关于国家生活中贸易地点及管理经济事务的方法的理论。经济自由的政策逐渐地形成，它自然地对应于公民和宗教的自由。在中世纪，贸易是受控制的。一些最初并没有纳入习惯法的风俗和标准，由有关商人的法庭所掌控。在一些情形下，同业公会要为诚实交易负责。"诚实的"这个词语在罗马指的是诚实可靠，它逐渐指称对良好的信仰以及贸易或财务往来的公平交易。社会试图设定一种道德标准，并且通过它控制商业和工业。它旨在通过某种方式找到合理的价格。在产品制造中，它可能有时是由手工业同行的意见决定的。在买者和卖者见面和议价的公开市场中，人们会信赖一种"通用的估价"以给出公平的价格。然而，最大的限度针对的是城镇里的粮食。或者，风俗会规定多少钱相当于先前对同类的或个人的劳动的支付。某种类型的规定，以高利贷法的形式沿用至今。

现代经济生活的显著特征在于消除一切由外在的道德标准所施加的约束，取而代之以一个自由交易、自由契约的系统。这是称作资本主义的复杂系统的一个方面，尽管在这个时期，资本主义还没有达到充分的发展。

为了防止过高或过低的价格，资本主义依赖于竞争以及普遍的供求原则。如果一个面包师要价太高，那么，别人就会开面包房，售价更低。如果一个债主要过高的利息，那么，人们就不会向他借钱或者转而向别人借。如果工资太低，工人就会到别处打工；如果工资太高，资本就无法找到利润从而不会雇佣劳力——

理论上也是如此。在这里，我们并不会分析理论的道德价值；但需指出的是，只 143
要这一理论假定保障公平交易和公正分配，那么它就假定自由协议双方是真正自由的。这意味着，它们几乎在同等的基础上。在手工劳动和小工业时代，也就是工业革命前，这是可靠的假定。

这一自由交易的理论与18世纪普遍流行的自然权利学说相呼应。有趣的巧合是：亚当·斯密（Adam Smith）的《国富论》（*Wealth of Nations*）和美国的《独立宣言》出现在同一年，也就是1776年，这本书宣称要把商业和工业从过去时代的各种约束中解放出来。亚当·斯密继续说，他认为，尽管富人可能只追求自己的获利而不会顾及公共福祉，但他"仿佛被一只看不见的手引导着去为普遍的善作出贡献"。如果这是对的，为何还需担心自私自利的利益追求的道德？这当然并不意味着商业中不遵守道德原则。相反，商业产生出一些规则，对于维持商业关系是绝对不可或缺的，例如债务偿还、对所有合同的履行、至少在某些方面的良好信念。但是，资本主义道德问题的全部力量直到工业革命后才完全发展出来。

说到工业，一种新的中产阶级的崛起——部分由手工劳动的工人们组成——改变了对手工劳动的态度。武士及其后代、绅士的阶级理想是反对手工劳动的。"军队"、法庭或教会是恰当的职业；打猎、捕鱼或运动是合适的消遣。这一观点多多少少与下述事实相关：在原始社会，劳动主要是由女人和奴隶完成的；男人的事情或"美德"在于战斗或统治。古代的文化强化了这一偏见。而另一方面，教会保持了劳动的尊严和道德价值。受到称赞的不仅是基督教创始人及其门徒（他们大部分属于社会的底等阶层），还有工作的内在道德价值。尤其
是清教徒，他们对美国北部和西部有着广泛的影响，他们坚持工业并不是为了它 144
的产品——他们在消费上相当节俭——而是表达了一种品格。懒散和"不求上进"并不只是低效的，而且是罪恶的。"不劳者，不得食"，这句话赞扬了这个阶级的理念。比那些相信神圣选择学说的善良的加尔文主义者走得更远，清教徒们强调每一个人——并不仅仅是神职人员——都有一个"职责"，有一个角色，都在上帝对于世界的计划中。

劳动者为公共福利作贡献，而懒人则需要被抚养，这一观点是一种强化。随着中低等阶层变得越来越有影响力，他们本身也是劳动者和贸易者这一事实增加了阶级动机。自然而然的是，劳动阶级应当把劳动看作"诚实的"（也就是可尊

重的)，尽管在更早的时候，“诚实的劳力”这样的组合会像“诚实的流氓”(villein)一样荒谬。在美国起作用的另一个影响是在新的国家中阶级区别的流动性。在边远地区受尊敬的人，是那些会打枪、伐树和种地的人。开拓边疆的影响主要是在工作的价值，以及对闲散的谴责方面。

5. 文艺复兴带来了现代科学；18 世纪见证了思想的进一步解放。说中世纪没有探索，也没有理性的运用，这会造成一种错误的印象。旧世界的宗教和政治遗留下来的问题，向城堡和教堂的建造者、法律和教条的确立者提出了挑战。大学曾是讨论的中心，在那里，聪明的头脑挑战着已接受的观念。像罗杰·培根(Roger Bacon)这样的人试图寻找自然的秘密，而伟大的经院哲学家则为了维护信仰学习希腊哲学。但是，神学的兴趣限制了自由和对论题的选择。直到个人的扩张——在政治自由、艺术的运用、商业的发展方面——才使得一度在希腊人身上展现的纯粹理智上的兴趣苏醒。一个充满着可能性的新世界，似乎展现在意大利人伽利略、法国人笛卡尔、英国人弗朗西斯·培根的面前。思维这一工具，通过不同学派之间的辩证法而变得锋利；现在把它们用来分析我们所生活的
145 世界吧！伽利略没有纯粹地观察自然，他运用实验的方法，用确定的问题拷问自然，因此为一步步朝向对自然规律的认识准备了道路。笛卡尔在数学中找到了一种分析方法，这种方法之前从未被强调过。在他的解析几何中，那些曾经看起来十分神秘的物体的曲线轨迹被给予了简单的论述。莱布尼茨和牛顿在对力的分析中，把这一方法带向令人欢欣的结果。理性看起来能够发现和框定宇宙的规律——自然的“原则”。培根虽然在方法方面较少作出积极的贡献，但他提出了另一个同样重要的东西。人类的心灵容易被某些根深蒂固的错误来源所蒙蔽。如同欺骗人的图像或观念，部落里、洞穴中、市场上、剧院里的“偶像”——由于本能或习性、语言或传统——阻止了理性最好地发挥它的作用。需要不懈的努力，才能把心灵从这些偶像中解放出来。然而，这是能够做到的。让人们从形而上学和神学转向自然和生活；让他们追随理性而不是本能或偏见。“知识即力量。”借此，在自然的王国之上可能会出现“人的王国”。在他的《新大西岛》(*New Atlantis*)中，培根预见了一个人类的社会，在其中，技能和发明以及政府都为人类的福祉作贡献。实验性的方法、数学的理性分析的力量以及为了人类的利益控制自然的可能这三点，是这个时代的特点。

理性和权威之间的冲突，也和科学的进步并行。人文主义者和科学家把自

己和教条及传统对立起来。宗教改革运动不是在形式上呼唤理性，权威之间的冲突激励人们对天主教和清教的主张进行理性思考。在18世纪，在广泛的宽容和普遍的理智增长的影响之下，理性和教条的冲突达到了顶峰。法国人称这段时期为“启蒙”(*I'Illumination*)——由理性之光照亮生活和经验。德国人称之为“除蔽”，(*Aufkläerung*，“the clearing up”)，什么东西被除蔽了？首先是无知，它限制了人的力量并且使他因无知而恐惧；然后是迷信，也即被固有的习俗和情 146
感神圣化了的无知；最后是教条，它们通常带着非理性的因素，并且试图通过权威而非真理的力量强加于人们的心灵之上。它也不只是有关理智批判的问题。伏尔泰意识到，教条通常带来残忍。无知意味着相信巫术和魔法。从文明降临开始，这阻碍了人们的进步并打压了过去无数最智慧的天才。是时候让原始信仰的残余永远地终结了；是时候让理性之光指引我们了。这一运动并不只是消极的。同样运用对“自然”的呼求，它曾在政治权利的发展中作为集结口号，这个运动的拥护者谈论上帝为指引人而赋予他的“自然之光”——“主的烛光被他设置在人的心中，人的呼吸或力量不可能使它全然消失。”一个自然和理性的宗教应当取代启示。

但是，18世纪在个人的理智发展上的巨大成就在于，人类的心灵开始意识到它自己在科学和行为的整个领域中所承担的角色。人开始向内观看。无论他把他的著作称作《人类理智论》(*Essay Concerning Human Understanding*)，或者《人性论》(*Treatise of Human Nature*)，或者《道德情操论》(*Theory of Moral Sentiments*)，或者《纯粹理性批判》(*Critique of Pure Reason*)，其目的在于研究人的经验。因为人突然想到，如果他比动物或野蛮人拥有更高等的知识，这大概是由于心灵的活动。看起来，人并不满足于“自然”，他进而建立了一个拥有制度和道德、科学和艺术的新的世界。这并不是本能或习惯的创造，也不是仅仅通过感官、情感或冲动所能解释的；它是我们称之为理性的更为积极的、普遍的和富有创造力的理智类型的产物。人能够在科学和行为上取得如此大的成就，他必须重新被认识。拥有政治权利、自由和责任的人，具有作为公民、君王和臣民的尊严。人通过观念而非蛮力指引和控制着他自己以及他人的生活，他具有作为一名道德人、一个道德主权的尊严。他并不仅仅拥有自然所赋予的；他建立自己 147
的目标，并且赋予它们以价值。在这一意义上，康德看到了人类精神的最高尊严。

6. 艺术和文学展现并辅助着个体性的不断成长。中世纪在为上帝服务的大教堂中，找到了对它的精神的合理表达；在教堂中，成员们聚集在一起，向最高的权威致敬，并且在上帝之城中感受他们共同的归属。现代世界虽然没有表现恭敬和群体的艺术，但发展出许多艺术；它们展现了志向、各种兴趣、在冒险中的乐趣、迫切的激情，以及现代生活宽广的同情。十字军通过它们以及后来的商业与阿拉伯文明取得了联系，对古希腊和罗马的文学和艺术越来越熟悉，在开始时是有效的力量。文艺复兴，或世俗生活中兴趣和愉悦的重生，在意大利以绘画、雕塑和浪漫的形式展现出来；在英国，则是在莎士比亚的戏剧中得以展现。在此之后，是低地国家和西班牙的绘画、法国的戏剧、德国的音乐。最后则是小说，一种盛行于整个现代社会尤其适合描绘个人品格的艺术手段。

艺术和文学表达方面的丰富发展，宣告了从中世纪所特有的对主题和手法的道德控制中的独立。文艺复兴领先于强大人格的肖像画。王政复辟时期的戏剧，是对清教的抵抗。狂飙突进运动不仅是对文学传统的反叛，而且是对那些被认为限制了个人的制度和风俗的抗争。

艺术和文学的另一个影响具有更为积极的性质。人道主义在这一时期的增进有许多原因，但艺术表达推进了更大范围的同情。艺术传递着情感。戏剧和小说把我们带入他人的生活之中。在文艺复兴时期，男女英雄们主要来自上层阶级，但随着时间的推移，中产阶级也引起了注意。伦勃朗(Rembrandt)在老人或女人那里发现了富有特性的线条，而那肖像却没有显示所绘者究竟是王子或农民。委拉斯凯兹(Velasquez)描绘的国王和酒鬼，同样义无反顾、无所畏惧地
148 追求品格。农民彭斯(Burns)期待着这一天的到来：

> 到那时，天下姐妹、兄弟父老，
> 四海一家是同胞，不管怎么着。①

## §3. 革命以来

1. 美国和法国大革命标志着政府的危机；工业革命导致了欧洲及美国普通

---

① 罗伯特·彭斯是苏格兰的民族诗人，他的诗歌在民间广为流传。这里引述的诗句来自他的《无论如何人总是人》(*A man's a man for a' that*)一诗。——译者

人民生活更深远的改变。美国和法国的革命，把始于解放奴隶和中产阶级兴起的自由运动推向进一步的发展。英国已经在内战中和1688年形成了议会政府。他们在1832年进一步地推动了对选举权的滥用和扩展的改革。美国革命更加惊人的是：它对于自由的清晰宣言以及它所导致的一个新的国家的形成。法国革命比美国革命更加激动人心，因为它更为激进；它更深远地影响了欧洲人的观念，因为它离得更近。它回荡在那时的文学作品中。美国和法国革命都强调民主，不仅在于它的自由和自治方面，而且在于它所指涉的平等方面。它们强有力地推动了阶级间与生俱来的差异的消弭。用林肯的话说，美国“孕育于自由并且致力于‘所有人生而平等’”。法国人则把自由、平等、博爱作为他们的座右铭。

在这些革命的持续进行中，民主的两个方面都成了被普遍接受的政府理论，并且在很大程度上成了社会生活的标准。詹姆斯·布赖斯（James, Viscount Bryce）子爵在他发表于1921年的《现代民主》（*Modern Democracies*）一书中，谈及在过去的世纪中所发生的变化。一百年前，在旧世界里，只有一个小点（一些瑞士行政区）在民主政府领导下；而到了1921年，“全世界有一百多个代表大会在为自治共同体立法”。不仅如此，在美国、加拿大和北欧，妇女获得了选举权。 *149*
而且，在布赖斯子爵看来，普遍态度的改变同样重要。“70年前——‘民主’一词引来厌恶或恐惧，而现在它是一个溢美之词。”就对于权威的普遍态度而言，自治和平等的扩大对于道德有着根本的影响。当人们制定他们自己的法律时，并不愿意接受任何建立在一个统治阶级、长者、教会或学院的权威之上的道德标准或法律——除非它能够通过其他的检验为自身辩护。

在政治民主的系列进程中，随之而来的是扩大的教育机会。这感染了普遍的情感，因为它对于理智的选举是必要的；同时是每一个孩子应有的权利，他们应当分享普遍遗产的至少是最为基本的部分。教育使阅读新闻和参与讨论成为可能，它是对反思性道德形成的另一个影响要素。

政治民主的增长以及教育机会的扩大，深化和扩展了道德意识。另一项政治发展也增加了它的复杂性。民族主义的力量增强了。文化传统、经济优势、对国力的骄傲、对其他国家的恐惧、大范围的军事武装、来自军人的压力、帝国强权的扩张——所有这些都推动了战争精神，它在第一次世界大战时达到顶峰，并且仍然威胁着世界和平以及文明的存在。在我们这个时代，没有任何其他的事情引起如此痛苦的道德评价的冲突。第三部分将思考这些方面。

2. 和美国与法国的革命不同，工业革命无法归到精确的年代。它始于水动力或蒸汽动力所驱动的机器的大规模应用。它依然在新的大规模生产设备方面继续进行，伴随着许多发明创造、新的自然力的发现和运用的活动。它的对应物是公司所有制和对工业的控制。银行和其他财政机构的扩展，帮助它掌握了大量的金钱和信用资源。它把大量的人口从农村转移到城市。它夺去了家庭从前
150 所有的许多功能。它把美国从一个有着独立的农民和手工业者的国家，变为由大量为雇主工作的男人、女人构成的国家。它创造了巨大的财富。在美国，它使得对自然资源的迅速开采成为可能，也成就了一个联邦政府对这块广袤土地的治理。

通过改进了的交流和交通方式，它打破了语言、传统以及民族间的政治隔离的障碍，并且用另一种形式带来了中世纪教会所寻求的那种团结。它使相隔遥远的美国的不同地区得以在政治上统一，今天这些地区的人们在晨报上阅读或在收音机里收听相同的新闻。它推动了政府中民主的进程，虽然也在工业中带回了专制。它导致人的价值体系的转变，以及制度的相对权力和威望的变化。在中世纪，是教会和上帝的荣耀；在 15 至 18 世纪，是国家的权力和个人的自由；在革命之后，民主和财富则成了激动人心、为之奉献的主旋律。

这里，我们只能简单地提及工业革命为今天和未来的道德问题带来的三个巨大影响，它们是新的阶级结盟、经济系统的独裁或寡头组织，以及所产生的巨大财富的分配不均。比这些更加细微和根本的是货品价值以及好的生活、成功和卓越含义的改变，这是由我们对于意想不到的自然资源倾力开发所带来的。第三部分将涉及这些问题。

3. 这一时期，第三个影响道德及其问题的主要方面是自然科学和社会科学的进步。化学、生物学、人类学、社会学开始形成，物理学、心理学、生理学、医学、经济学、政治学发展出了新的方法。物理科学的应用增加了舒适和奢侈，并且使
151 得它们更普遍可享受。所有货品的生产急剧增长，这带来了公平分配的问题。但是，科学对于道德更为直接的影响来自科学探索的普遍精神和方法，尤其来自达尔文和斯宾塞提出的进化论理论，它在许多领域都用作方法。因为探索的普遍精神导致了对许多教条的质问；实验的方法不仅导致了知识的拓展，而且在它把推理和观察——追问自然——结合起来时，设置了具有广泛应用价值的对真理的检验；进化的观念把任何特定时间或人群的道德放置在这样一个视角下，使

得它们不再是绝对的，因为它把它们和其他的时代及民族进行了比较。

## § 4. 当代道德观念的来源

我们对于道德事实的观念几乎都来自群体的关系或法律和宗教方面，这已经逐渐变得清晰。正如已经指出的，希腊的词语"ethical"，拉丁词"moral"，德语的 *sittlich*，都表明了这一点——*ethos* 意味着"一个群体借以与其他群体区分开来的用法、观念、标准和法则的总和"。①

一些特殊的道德词语直接来自群体关系。"善良的"(kind)人像自己的同胞那样行事。当统治或特权阶层和那些无家可归或出生低贱的人相比时，我们就会获得很多意指出身或在普遍价值上"高等"或"低等"的词语。这也可能并不是由于上层阶级内在的优越性，但它至少意味着上层阶级在形成语言和赞同标准上是最有发言权的。因此，"高贵的"(noble)和"文雅的"(gentle)在它们获得道德价值之前指的是出身；"义务"(duty)在现代用法中似乎主要是针对上等人的。许多表达道德否定的词语，对于阶级情感而言都非常重要。"懦夫"(caitiff)原指俘虏，意大利人用来表达道德败坏的词语"*cattivo*"就是从这里来的。"流氓" 152
(villain)原指封建农奴，"无赖"(blackguard)、"恶棍"(rascal)原指平民百姓。"knave"指下人，"卑微"(base)和"卑贱"(mean)与文雅和高贵相对。"Lewd"指与神职人员相区别的俗人。

另一些观念反映出旧的族群认同，或者把它们与出身的观念联系起来。我们注意到希腊语里 *kalokagathia* 的两个根源。"荣誉"(honor)和"诚实"(honesty)是族群所称赞的东西，而相反，希腊语和拉丁语里的"*aischros*"和"*turpe*"就像英语中的"可耻的"(disgraceful)或"丢人的"(shameful)，是族群所嫌恶的。"德性"(virtue)是尚武时代所崇尚的男性的卓越品质，而希腊语中表达道德败坏的词语原意是指懦弱，我们的"恶棍"(scoundrel)一词可能有相似的起源。"坏"(bad)很可能原指虚弱的或是女人气的。经济出现在"价值"(merit)中，在我所挣得的东西里，同样出现在"义务"(duty)和"职责"(ought)中，有应得的或被亏欠的意思——尽管义务似乎如上所述，指向上等人。实践中的深谋远虑和技艺提供了"智慧"的概念，在希腊人那里，这是最高的德性，就像中世纪制度中

---

① 萨姆纳:《民俗论》，第 36 页。

重视的“审慎”(prudence)。经济的交换同样促成(如果不是创造的话)了价值判断以及形成某种有关更好和更坏的永久标准。在柏拉图的著作和《新约》中,几乎用相同的话语来质疑:“如果一个人拥有了全世界却失去了他自己的生命,有何益处?”[①]从艺术或实用技艺中可能产生出尺度、秩序、和谐的概念。思考道德生活的整个样式在于法律。“道德律”、“权威”、义务”、“责任”、“正义”、“正直”带来了控制群体的联想,以及更加明确组织起来的政府和法律的联想。最后,以上所提及的词语也具有宗教的印记,无数的道德概念来自其中或从宗教的用途中得到了它们具体的涵义。“灵魂”(soul)的概念造就了一种恒久的善的理念,而这种善在于个人的友谊而非感性的满足。“纯净”(purity)最初是一个有魔力的
153 宗教概念,它象征着免受污染以及目的的单一性。“贞洁”(chastity)赋予植根于财产概念的美德以一种宗教的崇高。“邪恶的”(wicked)来自巫师。

我们的确有一些概念来自个人的一时经验或反思。我们从那些与令人厌恶的东西结合在一起的感受中产生了“污浊肮脏的”这样一些概念,而从那些适合眼睛或肌肉感官的类似的意象中则形成了“诚实的”(straightforward)、“正直的”(upright)、“稳重的”(steady)这些概念。我们从思维过程自身中则产生了“良心”(conscience)的概念,这个词语在希腊文和拉丁文中是表示意识的一个普遍词语,它或许表达了道德最独特的特征。因为它意味着一种“有意识的”、深思的态度,不仅在形成目的时、也在用它赞成的标准衡量和评价行为时起作用。但很显然,至今伦理术语中的大多数来自广义的社会关系。

## §5. 用伦理体系来解读现代的趋势

很明显,如果伦理体系要解释个体在不同方面的现代发展,如果道德生活要具有权威,就必须找到道德生活权威的新基础,一方面必须公正地对待个体的个人兴趣,另一方面必须公正地对待他与同伴不断增多的接触,以及由于新阶级上升到考虑和关注民主的层面而增长的民主。在上世纪中叶,达尔文的工作以及进化理论带来了思想方面的巨大变化。在此变化之前,形成了四个这样的理论体系:自私的体系、道德感理论、康德理论以及功利主义理论。

1. 所谓*自私的体系*,是早期个人主义最简单的表述。它尤其体现在为了野

① 柏拉图的话,参见此书第115页。

心和劫掠而发生的战争中，或是在国家的权威下寻求对私人利益的保护。这一学说最为著名的鼓吹者是英国人托马斯·霍布斯（1588—1679），他在1651年出版了著名的作品《利维坦，或公共财富的质料、形式和力量》（*Leviathan or The Matter, Form and Power of a Common-wealth*）。这时候，欧洲大陆的三十年战 154
争和以查理一世被处死而告终的英国内战刚刚结束。“自我保存”在霍布斯看来是第一自然法则；所有的社会都是“为了利益或为了荣誉”。与罗马人和格劳修斯的自然法则不同，霍布斯只能看到每一个人运用任何他的能力以内的方法保护自己的自然“权利”，以及一种审慎的自然法则。这使得他和他人联合起来，建立起一个能够维护和平的权威或政权，它能够让遵守契约并远离战争和阴谋变得切实可行。从一种观点看，我们可以认为，它试图表明，即便我们抛开所有上帝的法则以及传统建立起来的标准，也必须为道德寻找一种新的标准，如果我们想要维持生活的话。如果我们排除其他的东西而深入自我保存这一终极事实，就会发现：我们必须为了保存自己而创造一个道德系统。

2. 这个自私的系统，就其把人类的生活赤裸裸地还原为为了自我保存而进行的单纯斗争而言，似乎令人震惊。人性真的如此简单、如此自我吗？论述道德观念（*Moral Sense*）的作者们［沙夫茨伯里（Shaftesbury）1671—1713；哈奇森（Hutcheson），1694—1747；休谟，1711—1776；亚当·斯密，1723—1790）］的答案是：不。除了保存自己之外，人还有其他的冲动：他有一种“群居本能”，从而使他寻求同伴的陪伴；他有善意的冲动和情感，而且他在慷慨的活动中满足这些时就感到快乐。此外，在观察他人的善意和慷慨的举动时，他也会感到高兴。他并不首先计算一种高贵和慷慨的行为能否为他人带来好处；他即刻就认同了它。他同情被帮助者；也同样理解慷慨者。因此，对于高贵、大方和正确的事情的认同，以及对于残忍、伤人、卑贱和错误事情的厌恶，是如此的强烈和直接，以至于我们可以把它们的来源称作一种“感觉”——一种道德感。即便人否认任何高于他的权威，他也无法摆脱他自己的感受。个体因而是道德的，因为他有这些道德感情作为自己本性不可或缺的一部分。

3. 康德理论的立足点在于人类本性的另一部分。康德相信，它和情感是同样基本的，但是却能更充分地说明道德所具有的权威。理论的创立者、来自格尼斯堡的康德（1724—1804）在1785年和1788年发表了他最为重要的伦理著作。 155
对于政治生活、宗教以及知性领域里朝向自由的整个运动，康德深受感染。同时，他彻底地相信秩序和律法的必要性。道德的主要事实在他看来，是义务的呼声——“我应当”。我们如何正确地对待这一事实以及个体的自由和独立？一方面，我们越多地思考道德的本质，就越多地看到它预设了某种对我们所有人都具有约束力的东西，以及（针对自私的系统）某种将在人类生活中带来和谐的东西。道德感体系对于第一个要求具有较弱的解释力，因为反对者会说：“我没有像你所描述的那种情感，因此并不会感到有任何冲动去成为正义的或慷慨的。”自私的体系在第二个点上较弱，因为如果每一个人都只顾自己，那么结果就是自私的争夺和冲突而不是和谐。在此基础上唯一可以达到的约定，便是夫妻之间完全同意每个人都按自己的方式行事。控制和使生活和谐的道德和法律的来源，必须不在利益或情感中寻求，而是（像古代的斯多亚学派所说的）在理性中。这为我们解决统一权威和自由的问题提供了线索。因为在遵守理性法则时，人们并没有遵守一种外在的权威；而在遵守自己的法则。自治，也即给予自身的法则，就是自由。在这样的陈述中，康德用不同的术语表达了卢梭对于正义的政府之基础的描述，也即人们通过他们自己的意志而建立的政府。最后，康德给出了他对道德本质最好也最具影响力的解读，即每一个人本身都是目的，他具有内在的价值——“因此总是把你自己或是他人作为目的，而不是手段”。

4. 第四个体系，功利主义理论，像前两者一样，起源于英国。它包括18、19世纪的作者，但最著名的是边沁[Bentham，1748—1832；《道德和立法原理导论》(*Introduction to the Principles of Morals and Legislation*)，1789]；帕雷[Paley，1743—1805；《道德和政治哲学》(*Moral and Political Philosophy*)，1785]；约翰·穆勒[John Stuart Mill，1806—1873；《论自由》(*On Liberty*)，1859；《功利
156 主义》(*Utilitarianism*)，1863]。功利主义者感兴趣的并不是为权威寻找新的基础，而是寻找对法律和制度的权威的现存观点进行检验的操作标准。他们感到，道德感很可能是任意的；人们对某些习惯和看待事物的方式产生了强烈的依赖感；并且感到，这些是唯一正确的方式。另一方面，功利主义者怀疑“理性”，他们认为，人们很可能认为理性许可了这个或禁止了那个，而实际上，这只不过是一些偏见或旧习。他们因此怀疑所谓先验的方法，并且相信更为符合现代科学精神的是通过观察和经验找到人们认为有价值的东西。他们并不用情感或直觉来评价行为，而是评价其结果。他们认为，最重要的是这一现代发展的又一后果。他们认为，每一个个体都不顾一切地追求幸福。如果我们要找到人们实际上所

重视的道德标准，并不能在天上找，而要在人们的幸福中找。但是，当我们把幸福作为标准时，必须是大多数人的幸福，"每个人都算"；正是在这一意义上，他们反对上层阶级的特权，并且对所有人以及他们的状况给予民主式的同情。

正如柏拉图和亚里士多德解读尺度、秩序和贵族的希腊社会的群体精神，正如自然法则解释了罗马帝国的基本精神，正如中世纪的教会宣称同时代的生活都臣服于神圣法则的权威并尊崇另一个世界的价值，上述四个体系解读了现代社会的精神，寻求在新的表达方式中自由地过自己的生活，而又意识到指引它的发展、检验它的生活的必要性和重要性。

**参考文献**

兰德尔(J. H. Randall), Jr., *The Making of the Modern Mind*, 还提到了这个时期的文学。

哲学史和伦理学史提供了理论方面的材料。除了那些先前提到过的赫夫丁(Höffding)著作之外，还提要提一下法尔肯贝格(Falckenberg)和费希尔(Fischer)的著作。具体如下：Stephen, *English Thought in the Eighteenth Century*, and *The Utilitarians*; Fichte, *Characteristics of the Present Age* (in *Popular Works*, tr. by Smith); Stein, *Die Sociale Frage im Lichte der Philosophie*, 1897; Comte, *Positive Philosophy*, tr. by Martineau, 1875, Book VI.; Dewey, *Reconstruction in Philosophy*, 1921; E. Troeltsch, *Die Soziallehren der christlichen Kirchen und Gruppen*, 1913, Eng. Tr., *Social Teaching of the Christian Churches*, by Wyon, 1931; Merz, *History of European Thought in the 19th Century*, 1904; Robertson, *A Short History of Free Thought*, 1899; Bonar, *Philosophy and Political Economy in Some of Their Historical Relations*, 1893; Bury, *History of Freedom of Thought*, 1913; Schneider, *The Puritan Mind*, 1930. 157

关于中世纪和文艺复兴的态度，参见：Taylor, *The Mediaeval Mind*, 1914; Stawell and Marvin, *The Making of the Western Mind*, 1923; Grandgent, *Dante*, 1916; Lecky, *History of European Morals*, 3rd ed., 1877; Adams, *Civilization during the Middle Ages*, 1895; Rashdall, *The Universities of Europe in the Middle Ages*, 1895; Eicken, *Geschichte und System der mittelalterlichen Weltanschauung*, 1887; Burckhardt, *The Civilisation of the Renaissance in Italy*, 1892; Draper, *History of the Intellectual Development of Europe*, 1876.

关于工业和社会方面，参见：Tawney, *Religion and the Rise of Capitalism*, 1926; Weber, *The Protestant Ethic and the Spirit of Capitalism*, tr. by Parsons, 1930; Hall, *Religious Background of American Culture*, 1930; Ashley, *English Economic History*, 1888 – 1893; Cunningham, *Western*

*Civilization in Its Economic Aspects*, 1900, and *Growth of English Industry and Commerce*, 3rd ed., 1896 - 1903; Hobson, *The Evolution of Modern Capitalism*, 1894; Traill, *Social England*, 1894; Rambaud, *Histoire de Civilisation Francaise*, 1897; Held, *Zwei Bücher zur socialen Geschichte Englands*, 1881; Carlyle, *Past and Present*; Ziegler, *Die Geistigen und socialen Strömungen des neunzehnten Jahrhunderts*, 1901.

关于政治的和法律的发展,参见:Hadley, *Freedom and Responsibility in the Evolution of Democratic Government*, 1903; Pollock, *The Expansion of the Common Law*, 1904; Ritchie, *Natural Rights*, 1895, *Darwin and Hegel*, 1893, ch. vii.; Dicey, *Lectures on the Relation between Law and Public Opinion in England during the Nineteenth Century*, 1905; Bryce, Modern Democracies, 1921.

关于文学方面,参见:Brandes, *Main Currents in Nineteenth Century Literature*, 1905; Francke, *Social Forces in German Literature*, 1896; Carriere, *Die Kunst im Zusammenhang der Culturentwickelung und die Ideale der Menschheit*, 3rd ed., 1877 - 1886; Parrington, *Main Currents in American Thought*, 1927 - 1931.

# 第二部分　道德生活的理论

## 第二部分主要参考文献

对道德理论发展最有影响的著作有：Plato，dialogues entitled *Republic, Laws*，*Protagoras* and *Gorgias; Aristotle*，*Ethics;* Cicero，*De Finibus* and *De Officiis;* Marcus Aurelius，*Meditations;* Epictetus，*Conversations;* Lucretius，*De Rerum Natura;* St. Thomas Aquinas（selected and translated by Rickaby under title of *Aquinas Ethicus*）；Hobbes，*Leviathan;* Spinoza，*Ethics;* Shaftesbury，*Characteristics*，and *Inquiry concerning Virtue;* Hutcheson，*System of Moral Philosophy;* Butler，*Sermons*；Hume，*Essays, Principles of Morals;* Adam Smith，*Theory of Moral Sentiments;* Bentham，*Principles of Morals and Legislation;* Kant，*Critique of Practical Reason*，and *Fundamental Principles of the Metaphysics of Ethics;* Comte，"Social Physics"（in his Course *of Positive Philosophy*）；Mill，*Utilitarianism*；Spencer，*Principles of Ethics;* Green，*Prolegomena to Ethics;* Sidgwick，*Methods of Ethics;* Selby-Bigge，*British Moralists*. 2 vols.（a convenient collection of selections）

要了解当代的论文和历史，请参见本卷第一部分第1章中提到的文献。

# 10. 道德理论的性质

## §1. 反思性道德和伦理理论 162

习惯性道德和反思性道德在理论上的区别是非常清楚的，前者把行为的标准和规则归入祖先的习俗；后者诉诸良心、理性或某些包含思想的原则。这种区别既明确又重要，因为它转移了道德的重心。而且，这区别是相对的，而不是绝对的。某种程度的反思偶尔进入了大体上建立在社会习俗和社会运用上的体系，而在当代道德中，即使当人们认识到需要批判的判断力，还是有大量的行为仅仅适于社会运用。因此，在后面部分，我们会强调习惯性道德和反思性道德之间在原则上的区别，而不是去描述不同的历史的和社会的时代。希伯来人的先知和希腊的预言家断言，除非行为出自内心，出自个人愿望和感情，或者出自个人的真知灼见和理性的选择，否则就不是真正的行为。原则上，当他们作出这样的断言时，革命就形成了。

这种变化是革命性的，不仅仅因为它把风俗请下了至尊的位置，而且更多的是因为它包含了从一个新的角度批评现存风俗和制度的必要性。传统追随者视为义务、责任基础的标准，被先知和哲学家视为道德堕落的根源而加以抨击。他们揭露了表面一致的空洞，坚持心灵的净化和纯洁是真正的善行的先决条件。

西方世界对希腊思想持久不衰的兴趣，源于它如此清晰地记录了从风俗向 163
思考的行为过渡的斗争。例如，在柏拉图的对话中，苏格拉底经常提问：道德能否通过教育获得？柏拉图介绍了另外一位思想家（在名为“普罗泰戈拉”对话中的普罗泰戈拉），他指出，适应现在的道德传统实际上是通过教育达到的。父母和老师经常告诫年轻人："指出一种行为是正当的，另一种是不正当的；一种是可敬的，另一种是可耻的；一种是神圣的，另一种是邪恶的。"当年轻人离开父母的监护后，国家接过了这个任务，因为"社群迫使他们学习法律，根据法律模式而不是根据他们自己的爱好生活"。

苏格拉底在反驳中质疑这种教育的基础，质疑它是否能称为真正的美德教育。它实际上指出，需要建立在不变的普遍原则上的稳定和可靠的道德。在命令和禁令方面，父母和老师是不同的；不同的社群有不同的法律。同一社群会随着时间和政府的变化而改变其习惯。我们怎么知道老师中谁是对的，是个人还是国家？道德是否除了这变化的东西就没有基础？赞扬和谴责、奖赏和惩罚、命令和禁止是不够的。这意味着，道德的本质就是要知道这些风俗指导的理由，确保那些指导正确的标准。在其他的对话中，人们常常提到，即使群众必须遵循风俗和法律，无需什么洞察力，但是那些制定法律和确定风俗的人应该有可靠的对持久原则的洞察力，否则的话，就是盲人引导盲人。

在系统的道德理论（这是我们研究的第二部分总的主题）和个人试图找到一般原则来指导和确证他的行为时所从事的思考之间，没有根本的区别。在起源上，当一个人问道："为什么我应该这样行动而不是那样行动？为什么这是对的而那是错的？为什么一个人有权不赞成这种行为方式而强制推行那种行为方式？"这时，道德理论就开始了。当儿童断定长辈的命令是武断的，只不过是长辈
164 地位的体现时，他们就在理论的道路上至少开始起步了。当一个成年人面对道德复杂性，对什么是对的、什么是最佳行为发生疑问，试图通过思考走出困境时（这种思考把他引向他认为可靠的某个原则），他也踏上了这条道路。

当对什么是对的、什么是错的有肯定的信念时，道德理论不可能出现，因为这样就没有思考的机会。当人们面临下述情景，即在那些情景中，不同的欲望承诺着相反的善，不相容的行为路线似乎都得到道德上的肯定，道德理论就出现了。只有这样的善的目的、善的标准和对错规则的冲突，才能引起个人去探索道德的基础。例如，当一个人从受保护的家庭生活进入强调竞争的行业，发现适用于某个情景的道德标准在另一个情景中不适用时，批判的时机就会出现了。除非他只是随波逐流，使自己适应任何最高的社会压力，他会感到这种冲突。如果他试图在思想中面对它，就会寻找合理的原则来确定正确之处何在。这样做，他就进入了道德理论领域，即使他无意识这样做。

所谓的道德理论，只不过是更有意识、更系统地提出问题。这个问题占据了某个人的心灵，因为他正面对道德冲突和道德疑问，想通过思考走出困境。简而言之，道德理论只是所有反思性道德所涉及的东西的扩展。有两种道德斗争。在道德著作和演讲中强调最多的一种，即发生在当一个人试图做某种他相信是错的事情时的冲突。这样的例子，实际上在个人生活中是重要的，但它们并不是产生道德理论的机会。一个想侵吞资金的银行职员，也许确实会为自己寻找理由：为什么他这样做不是错的？但在这样的情况下，他并不是真正的思考，而只是听任他的欲望支配他的信念。当他努力为自己下决心要做的事情寻找某些辩护时，在他的心里，对应该做什么并没有真实的怀疑。

另一方面，以刚刚向另一国家宣战的国家的一个公民为例。他深深地热爱 165
自己的国家，已经形成了忠诚和遵守法律的习惯。现在，国家的一个法令要他必须支持战争。他对这个保护过他、养育过他的国家，心存感激和很深的感情，但他认为这场战争是不正义的，或者也许他认为所有战争都是某种谋杀，因此都是错的。他的天性的一方面——许多信念和习惯会使他默许战争；但是，他的本质的另一深层部分则会抗议战争。他痛苦地徘徊在两种责任之间：他感受到公民的习惯和宗教信仰分别带给他的矛盾的价值之间的冲突。迄今为止，他从未感受过这两者之间的纠结；它们一直是相互一致、相互促进的。而现在，他不得不在竞争的道德的忠诚和信仰之间作出选择。这不是在一种他知道的善和别的吸引他但知道是错的事情之间的纠结，而是在价值之间的纠结。每一种价值就其本身而言都是不容置疑的善，但是现在却相互妨碍。为了作出决定，他被迫进行思考。道德理论就是他现在进行的这种思考的广义的延伸。

在历史上有这样的时期，整个社群或社会中的某个群体发现自己处于旧的风俗无法充分面对的新问题当中。过去形成的习惯和信念，已不再适应当代生活的机遇和要求。希腊在伯里克利时代之后的时期，就是这种类型。犹太人被俘为奴以后的时期，以及中世纪以后，大规模的世俗兴趣被引入以前宗教的教会的兴趣的时期，都是这种类型的突出时期，它有着机器时代工业扩张所带来的大量的社会变化。

对反思性道德和道德理论的需要，来自目的、责任、权利和义务之间的冲突。对这一点的意识，规定了道德理论可能提供的服务，也使学者避免有关道德性质的错误观念。习惯性道德和反思性道德的区别是：准确地说，明确的戒律、规则、确定的命令和禁止来自前者，而不能从后者产生。如果把诉诸理性原则看作好像它仅仅是风俗的替代，把道德命令的权威从一个来源转移到另一个来源，混乱
166 就会接踵而来。道德理论能够(1)概括出现的道德冲突的类型，从而使困惑的、心存疑虑的个人通过把他自己的具体问题放入更大的背景加以澄清；它能够(2)指出那些曾经思考过这些问题的人聪明地处理这类问题的主要方法；它能够(3)使个人的思考更加系统、更加开明，提示可能会被忽视的其他想法，促进判断中更大的一致性。但是，它并不提供(答案像提问一样明确)教义问答的戒律表。它能使个人的选择更加智慧，但不能替代个人必须在每一个道德困境中所作的决定。这至少是下面讨论的立场，对道德理论有更多期望的学者会失望的。从反思性道德的真正性质得出这样的结论，即试图确立现成的结论本身和反思性道德的真正性质是相矛盾的。

## §2. 道德行为的性质

由于从习惯性道德到反思性道德的变化，把重心从服从转到流行的行为模式，再到个人素质和态度，道德理论的第一件事就是要大致了解构成个人素质的因素。在其总体特征上，反思性道德情景的特点早已清楚；怀疑和争论主要出现在它们的相互关系上。亚里士多德很好地阐述了这种方案。道德行为的实践者在作出这种行为时，必须有某种“心境”。首先，他必须*知道*他在做什么；其次，他必须选择这种行为而且是就其本身选择它；再其次，这行为必须是养成的稳定的*品格*的表达。换句话说，这行为必须是*自愿的*；也就是说，它必须表明是一种选择。而且为了至少是充分的道德，这种选择必须是某种人格的总体意义的表达。它必须包括意识到一个人要做什么；一个实际上表明这里必须有看得见的意图、
167 目标、目的(因为它才是作出具体行为的东西)的事实。在某些情况下，幼儿、弱智者、精神病人的行为没有道德性质，因为他们不知道自己在做什么。儿童在生活中很早就学会了求助于偶然(即不是有意的或有目的的)，作为他们有不好结果的行为的借口。当他们在不是“有意”做某事的基础上开脱自己时，表明他们意识到，意向是道德情景的正常部分。而且，当一个人受到强大的自然力量强迫时，就没有选择，和个人素质无关。即使当这力量采取威胁的形式而不是直接运用时，“胁迫”至少也是减缓的条件。人们认识到，担心对生命和肢体的极端伤害会压倒所有人的选择，除了那些有英雄气魄的人。

一个行为一定是养成的稳定的品格的表达，但品格的稳定是程度问题，不应视为绝对的。没有一个人(不管他多么成熟)具有一成不变的品格。而在某种程度上形成了态度和习惯的儿童，在那种程度上，他们具有稳定的品格。包含这种条件的意义是，它暗示了某种连续的行为等级。某些源于自我的更深处，而某些更为随意，更多地归因于偶然的和变化的环境。我们宽恕那些处于很大压力或生理弱点的条件下作出的行为，因为那时行为者“不是他自己”。然而，我们不应过分强调这种解释。行为可能是古怪的、乖僻的，仅仅因为一个人在过去形成了那种素质。一个不稳定的品格也许是以前有意选择的行为的产物。一个人在醉酒状态下失控，但是要在下列情况之间作出区别：一个通常温和的人被酒灌倒；而另一种情况是：醉酒是一种习惯，是通过选择形成的习惯和品格的标志。

行为如果是自愿的，也就是说，是欲望、意向、选择和习惯形成的素质的表达，那么，它还是道德上中立的、无关的吗？从所有的表面现象看，这答案大概是肯定的。我们早上起床、穿衣、吃饭，从事我们日常的事务，从未给自己的所作所为加上道德的意义。这些都是经常要做的正常的事。虽然许多行为是有意而为，而且做时知道我们在干什么，行为却是自然的事。学者、商人、工程师和医生 168
的日常事务也是如此。我们认为，如果每一行为都牵扯上道德问题，这会是非常病态的；如果这样的话，我们大概会被怀疑有心理障碍，至少在决定能力上有某些不足。另一方面，我们谈到那些人履行他们的日常职责。如果我们从道德品格的评价中略去在执行日常事务(周而复始的需求的满足、责任的履行)时作出的所有行为(每一行为本身也许是微不足道的，但聚集起来就是巨大的)，那么，道德确实就是虚弱的、病态的东西。

这两种观点之间的不一致，仅仅是表面上的。人们作出许多行为，不仅没有想到它们的道德性质，而且实际上什么也没有想。然而，这些行为是其他有重要价值行为的先决条件。一个罪犯去犯罪，一个善良的人去行善，两者都要步行或坐车。这样的行为(孤立地看，和道德无关)从它们导致的目的中获得道德意义。如果一个人有重要的约定需遵守，在早晨却纯粹出于懒惰不愿起床，这表面上无意识的行为的间接的道德性质就是显而易见的。人们作出的大量行为本身似乎是微不足道的，但它们实际上是那些涉及明确的道德考虑的行为的支持或支撑。不顾大量的日常行为和少数有明确道德争议的行为之间联系的人，是完全不可靠的人。

## §3. 行为和品格

人们在日常谈话中用“行为”(*conduct*)这个词,暗示了这些事实。这个词表达了行动的连续性,我们已经在稳定的养成的品格概念中遇到了这种观念。只要有行为的地方,它就不是不连贯的行动的简单的连续;相反,每一作出的事情都推进潜在的倾向和意向,引导(*conducting*)或引向进一步的行动和最终实现或
169 完成。道德发展(在他人给予的训练和教育中,每个人保护自己)在于逐渐意识到,我们的行动是相互联系的,因此人们用理想的行为来替代盲目的、欠考虑时作出的孤立行动。即使当一个人获得了某种程度的道德稳定性,他的诱惑通常以这样的形式出现:他猜想,这个行为不重要,它是一个例外,偶尔一次没有什么害处。他的“诱惑”就是不顾后果的连续性,即一个行为会继续导致其他行为,导致积累性结果。

我们是在欲望和冲动的影响下,在对热和冷、舒适和疼痛、光和噪音等当前刺激的直接反应的影响下,开始生活的。饥饿的孩子抓取食物,对他来说,这行为是正常的、自然的。但是,他却招来了训斥;父母说他的行为不雅,不顾别人,贪吃;他应该等待他的那份端上来。他终于意识到,他的行为还有其他联系,而不仅仅是他所想的那样:立即充饥。他学会了看待单一行为,不是看成单一的而是相关的一系列的联系。因此,“系列”的观念即行为本质的观念,逐渐地替代了仅仅是没有联系的行动的前后相继。

这种作为系列的整体的行为观念,解决了和道德无关的行为问题。每一个行为都有潜在的道德意义,因此通过它的后果就成了更大的行为整体的一部分。一个人起身开窗,因为他感觉需要空气——表面上看,没有比这更加“自然”、更加与道德无关的行为。但是,他想到他的伙伴是个病人,对风敏感。他现在从两个不同的角度考虑问题。它有两种不同的价值。他必须作出选择。他领会到了表面看来不重要的行为背后潜在的道德意义。或者,他想锻炼,有两条路线可供选择,通常选择哪一条只是个人兴趣的问题。但是他考虑,那条较愉快的路线更长些,如果走那条路线的话,可能会影响一个重要的约会。于是,他不得不把自己的行为放到更大的连续背景中去,并最终决定他最重视哪个结果:个人的愉快,还是满足他人的需求?因此,虽然没有任何一个行为在所有条件下都必须持
170 有意识的道德性质;但也没有一个行为由于它是大的行为的一部分,可能没有明

确的道德意义。在与道德无关的行为和有道德意义的行为之间，没有严格的界线。马修·阿诺德(Matthew Arnold)表达了一个流行的观点，他说，行为(道德意义上的)是生活的四分之三。尽管他比大多数人给予行为更高的比例，但这种说法表达了一个广泛共有的观点，即道德必须和我们生活中明确标明的部分相关，剩下的其他事情与之无关。我们的结论是不同的。行为大概是我们意识生活的百分之百。由于所有行为都如此紧密地联系在一起，它们中的任何一个也许都必须看成是品格的表达。另一方面，没有任何行为(在某些条件下)可能与道德无关，因为在那时也许不需要考虑它和品格的关系。没有比知道"什么时间提出道德问题，什么时间不提出道德问题"，更好地表明如何养成良好的道德品格了。它暗示着对价值的敏感，这是均衡的人格的象征。毫无疑问，许多人如此冷漠、如此粗心，他们常常不管道德问题；还有一些人，他们的发展如此不均衡，沉迷于近乎怀疑的狂热，从而妨碍、麻痹了行为。

表明行为联系在一起，相互引起，相互促进，构成了更大的行为，这是不够的。我们还必须考虑它们为什么会联系成一个整体，怎样联系成一个整体；而不是像在物理事件中那样，仅仅形成前后相继。这个答案在于给出有关素质(disposition)和品格的明确的暗示。如果一个行为和其他行为联系在一起，仅仅像火柴的火焰和火药的爆炸联系在一起，那么就只有行动而没有行为。但是，我们的行动不仅连着作为后果随之而来的其他行动，也给作出这些行动的人留下持久的印象，加强或者削弱行为的永久性倾向(permanent tendencies)。习惯的存在，使我们熟悉了这一事实。

然而，我们可能拥有需要深化和扩展的习惯概念。因为我们热衷于把习惯
想象成反复出现的外在的行为模式，像吸烟或发誓、穿着整洁或邋里邋遢、锻炼 171
或玩游戏。但是，习惯实际上更加深入自我的特有结构中；它预示着对某些欲望的增强和巩固、对某种刺激的增强了的敏感和反应、一种加强或削弱了的关注和思考某些事情的潜能。换句话说，习惯覆盖了欲望、意图、选择、素质的特有构成，它给了一个行为以自愿的性质。习惯的这一方面比仅仅由反复的外部行为所暗示的方面重要得多，因为后者的重要性在于个人素质的持久性，这是外部行为的真正原因，也是它们彼此相似的真正原因。行动并不是本身会自动连起来从而形成行为的，而是由于它们和某一持久的个别条件的共同关系。这一持久的个别的条件，就是作为持久统一的自我或品格；在其中不同的行为中留下了它

们持久的痕迹。如果一个人屈服于瞬间的冲动，重要的事情不是后面的具体的行为，而是那个冲动力量的增强——这种增强就是我们称为习惯的现实。在屈服中，那个人迄今为止使自己致力的不仅仅是那个孤立的行动，而是一个行为过程、一条行为路线。

有时候，时刻是如此关键。一个人在决定要采取什么路线时，他会感觉到他的未来、他的真正的存在正处于危急关头。这样的情况对所涉及的人而言，显然具有很重要的实践意义。它们具有理论的重要性，因为在这些重要情况中，某种显而易见的东西出现在每一个自愿的决定中。确实，它属于没有仔细选择而在冲动中作出的行为。在这样的情况下，正是后面的经验，使我们意识到早先行为中隐含的认真的承诺。我们发现自己陷入了尴尬的复杂境地。在反思中，我们把尴尬的原因追溯到我们没有思考，没有明确的意图，无意间作出的举动。因此，我们思考整个一组行为的价值。我们认识到，存在着在行动之前想到某种行为和后来所经验到的行为之间的差异。正如戈德史密斯(Goldsmith)精辟地说："起初，我们按自己的口味烧菜；后来，自然为我们烧菜。"起初，我们在冲动推进
172 下，由欲望驱使投入行动；在行动之后，没有预料、没有期望的结果展现出来，我们开始思考。我们回顾我们未经思考或思考很少时选择的路线的智慧或正确性。我们的判断回过头去寻找材料；有些事情的出现与我们的预期是不同的，因此要回过头去想想到底是怎么回事。虽然决断的材料是我们脑中想到的，但我们真正要关心的应该是下一次怎么做；反思的功能是预期的。我们希望作出决定：到底是继续已经开始的行为路线，还是换一条行为路线。为了解未来行为而回顾过去行为的人，是谨慎的人。当事情出错时，人们总会被诱惑去寻找自我之外的理由来推卸责任。我们不喜欢把原因归到自己身上。当一个人屈服于这种诱惑时，就会变得不负责任；他不会约束自己，也不可能被他人约束到任何一致的行为路线上，因为他不会在其品格和行为之间构成任何因果联系。

结论是：行为和品格是严格相关的。贯穿于一系列行为的连续性和一致性，是态度和习惯持久的统一性的表现。行为相互一致，是因为它们都出自同一个稳定的自我。习惯性道德会忽略或模糊品格和行为之间的联系；反思性道德的本质就是它意识到持久自我的存在，以及它在外部行为中所起的作用。莱斯利·斯蒂芬(Leslie stephen)对这种原则表述如下：

有关一个原则的明确宣言,似乎是所有伟大的道德革命的特色。这种认识几乎相当于发现,也许可以说标志着某个转折点,在这一点上,道德的规范和其他规范首次明显地分离开来。也许可以简单地用这样的话说:道德是内在的。我们也许可以说,道德规则必须以这样的形式表述,"是这样"(be this);而不是以这样的形式,"这样做"(do this)。我们也许可以认为,以这种形式表述任何规则的可能性,是决定它能否具有显著的道德特点。基督教强调这种学说,即真正的道德规则说"不憎恨"(hate not),而不是说"不杀生"(kill not)。过去的人禁止通奸;新道德的导师禁止淫欲;他作为道德 173
导师的伟大之处,表现在他清晰地阐述了这种学说。显而易见,在地球上的许多世纪,这同一学说是如何以各种形式和其他道德的、宗教的改革密切地联系在一起的。①

## §4. 动机和结果

在得出这个结论,即行为和品格在道德上是相同的东西(首先当作效果,然后当作原因的、产出的因素)时,我们实际上涉及了道德理论中一个突出的争论。争论的问题在于,一些人认为,动机是可以算作唯一道德的东西;而另一些人则认为,结果是唯一具有道德意义的。一方面,有些人(如康德)说,从道德上说,取得的结果实际上没有意义,因为它们不是仅仅依赖意志(will);在道德意义上,只有意志可能是善的或恶的。另一方面,有些人(如边沁)说,道德在于产生出有助总体福祉的结果,动机根本没有意义,除非它们碰巧以这样或那样的方式影响了结果。一种理论唯一强调态度,强调所选择的行为是如何设想的或激起的;另一种理论把重点仅仅放在实际做了什么,放在该行为影响其他行为的客观内容上。我们的分析表明,两种观点都是片面的。我们从任何一极开始,都会发现,我们在理智上不得不考虑另一极。我们涉及的不是两个不同的事物,而是同一事物的两极。例如,边沁学派并不认为每一结果对于从道德上评价一个行为都具有重要性。我们不能因为手术导致一个病人的死亡,就说外科医生的行为必须得到谴责。它把理论局限于预见的渴望的结果。外科医生有意的结果(意向),是拯救生命;从道德上说,他的行为是慈善的,尽管由于无法控制的原因,他没有

① 斯蒂芬:《伦理学科学》(*Science of Ethics*),第 155 页。

174 成功。他们说，如果他的意图是正确的，他的动机如何就无关紧要；无论他出于善良的愿望、渴望职业的地位、希望展示自己的技术，或者要获得小费，都是无关紧要的。从道德上考虑的唯一的事情是他想达到某些结果。

在此立场中包含的观点，即反对把道德置于伴随着关注作出某种行为的有意识的感觉，是有价值的和有效的。个人，包括儿童和成人，常常为某些结果不好的行为辩护说，他们的意图是好的；他们声称某些无辜的或友好的感觉是其行为的"动机"。真实的事实很可能是：他们几乎没有仔细地考虑他们打算做的事情的结果。他们一心想着可能会出现的有利结果，从而忽视了其不尽如人意的结果。如果"动机"意味着恰好在行动时存在于意识中的情绪状态，边沁的立场就是完全合理的。由于动机的概念比较流行，他不是树一个稻草人来打击，而是攻击一种道德上危险的学说；该学说鼓励人们忽视其行为的目的和关联，为他们想做的事情辩护，说他们做此事时的感觉是无辜的、友好的。

然而，把动机潜在地等同于个人感觉是错误的。驱使一个人的东西不是感觉而是确定的素质，感觉充其量不过是素质不可靠的表示。情绪，就像这个词所暗示的，驱使着我们。但是，情绪远远不仅是赤裸裸的"感觉"；愤怒不是有意识的感觉状态，而是对引起它的任何东西以破坏方式行动的一种倾向。很难肯定，小气的人是否意识到小气的感觉；他非常珍惜他所收藏的东西，并被鼓励继续保持他珍惜的东西。正如愤怒的人也许会（非常诚实地）否认他在发怒，同样，雄心勃勃的人可能缺乏雄心的感觉。有些目标和目的激起他的激情，使他全身心地投入来达到这些目标和目的。如果他解释自己的行为，他会说他的所作所为不是因为个人的雄心壮志，而是因为所涉及的目标如此重要。

175 当我们认识到"动机"只是态度和指向体现在行为中的目的倾向的一个简化的名称时，所有在动机和意向之间作出严格区别的根据——预见结果——都消失了。仅仅对结果的预见，也许是冰冷的、理智的，像对日蚀的预言。仅仅伴随着渴望那种结果时，它才会付诸行动。另一方面，某种品格会导致对某种结果的预期，而且导致对未注意到的行为的其他后果的忽视。粗心大意的人，不会注意到细心的人想到的后果；如果他们想到了，也不会像细心的人那样，对那些后果花费那么大的力气。一个精明的人，会预见到大大咧咧的人未想到的后果；如果后者碰巧想到那些后果，他也会排斥那种精明的或狡猾的人所喜欢的考虑。奥赛罗（Othello）和伊阿古（Iago）预见不同的后果，因为他们有不同的品格。因此，动机和意向是导致人的行动目的的动力，而预见的结果只有在它们受到重视时才影响行动。动机和意向的区别并不在事实本身中，而是在我们分析的结果中，看我们重视行为的情绪方面还是行为的理智方面。功利主义的理论价值在于这个事实，即它提醒我们不要忽视理智因素（即对后果的预见）的基本位置。强调动机的理论的实践意义，在于它提醒我们注意品格、个人的素质和态度在决定理智因素取向上所起的作用。

但是，在它的极端形式中，它和功利主义的意向理论一样，同样有片面性，尽管方向相反。很好地理解这个命题是可能的，即影响道德的是"意愿"，而不是结果。但是，必须这样，即我们承认，意愿意味着预见后果、形成明确的目的、实际上利用所有可支配的努力来产生所期望的结果的积极趋势。认为结果和道德无关的观点，只有在任何行为即使有世界上最好的意愿也可能有某些预想不到的结果的意义上是对的。我们总是发展得比我们知道的更好或更差。人制定的最 176
佳计划在涉及实际后果时，或多或少受到无法控制的意外的条件的支配。但是，意向的局限性这一事实不能转化成这样的学说，即除了对结果的预测和使它们发生的努力外，还存在像动机和意愿这样的东西。"意愿"在冲动、欲望和预期、计划的思考的统一的意义上，在道德中是重要的；因为根据它的本性而言，它在对结果的控制中是最稳定、最有效的因素。

这种对品格的强调，并非专属任何特殊类型的道德理论。我们主要的兴趣在于人格的展现和相互作用。正是这相同的兴趣，呈现在戏剧中。在那些戏剧中（除了那些耸人听闻的和多愁善感的），各种事件缤纷杂陈，都是品格外化的展示。政治思想往往以牺牲问题和原则为代价，和人格有太多而不是太少的联系。罗斯福（Roosevelt）、威尔逊（Wilson）、劳埃德·乔治（Lloyd George）、墨索里尼（Mussolini）对政治的影响，就像哈姆雷特（Hamlet）、麦克白（Macbeth）、娜拉（Nora）和塔尔士夫（Tartuffe）对戏剧的影响。出于实践的理由，我们在日常事务中必须关注品格。无论我们购物还是售物、借钱给人还是投资债券、请医生还是咨询律师、接受还是拒绝朋友的建议、恋爱还是结婚，其最终结果取决于相关的品格。

## §5. 理论的现实需要

我们已经顺便注意到，现在的时代特别需要反思性道德和可行的道德理论。

科学的世界观和人生观经历了并正在经历急剧的变化。工业模式、生产方式和商品分配方式已经彻底改变。人们接触和交往、工作和娱乐的基本条件也发生变化了。旧的习惯和传统出现了大量的错位。曾经不寻常的旅行和移民也习以为常了。普通百姓受教育的程度提高，大多有阅读能力。提供廉价阅读材料、内
177 容丰富的报纸出现了。学校教育不再是少数人的特权，而成了多数人的权利，甚至是多数人的强制的义务。社会的（内部高度的同质性的）阶级分层已经被打破。与我们的成长、传统非常不同的人和人群接触的领域也大大扩大了。在美国大城市的一个区，也许有接近 50 个不同种族来源的人。曾经隔离不同民族的围墙和屏障由于铁路、汽船、电报、电话和收音机的发展，已经不再是问题了。

在社会条件和社会利益方面，人们只提到少数几个较明显的变化。它们中的每一个都带来了包含不确定的、有争议的道德价值的新问题和争论。民族主义和国际主义，资本和劳动，战争与和平，科学和宗教传统，竞争和合作，工业方面的自由放任（*Laissez faire*）和国家计划，政府方面的民主和独裁，农村生活和城市生活，个人工作，控制对（*versus*）通过投资股票、债券致富，土生土长和外来人的接触，犹太人和非犹太人的接触，白种人和有色人种的接触，天主教徒和新教徒以及和新的宗教信仰者的接触——众多这样的关系带来了前面所说的新的道德问题。对于这些问题，旧的风俗和信仰都无力对付。而且，社会变化的迅速发展带来了道德的混乱，往往破坏了许多联系；而这些联系曾经是习俗道德的主要保护者。在世界历史中，人类的关系及其伴随的权利和义务、机会和要求，从来没有哪个时代像现在这样需要理智思考不间断的、系统的关注。

也有一些人会低估思考在道德问题上的重要性。他们认为，人们已经知道比他们实践更多的道德知识，而且一般都同意道德的基本原则。通常，人们会发现，这样的人忠于某些特殊传统，而这些传统的信条有最终的、完全的权威。但是，事实上，这种观点在很大程度上和模模糊糊接受但远离实际应用的概念有关。正义，无疑是给予每个人应得的权益。但是，个人主义的竞争的资本主义，或者社会主义、共产主义，是正义的体制吗？继承大量的财产但没有为社会提供
178 个人服务，是正义的吗？什么样的税收体制是正义的？自由贸易和贸易保护的道德主张是什么？正义的国家收入分配体制是由什么构成的？很少有人会质疑崇尚贞节，但是对于它的意义却有众多的解释。独身是否比结婚更讨上帝喜欢？这种观念现在已经不被广泛接受了，但是它以前的流行仍然影响着男人和女人

的信念和实践。作为道德理想的贞节，与离婚、生育控制、国家对印刷品检查有什么关系？人的生命是神圣的，但现在工业的许多有害健康的做法和导致事故的做法，应该如何评价？现代国家把大部分税收用于备战，应该如何评价战争？

由此，我们可以列举出所有时代都尊重的美德和义务，而说明条件的变化使它们对人类的至关重要性成为不确定的、有争议的。例如，在企业雇主和雇工之间，最终的差异是道德的标准和观点的不同。他们设想不同的价值具有优越性。显然，更为肯定的相同情况是在民族主义者和国际主义者、和平主义者和军国主义者、现世主义者和官方主张的宗教信奉者之间。现在人们并不认为，道德理论能够对这些问题一下子给出直接的最终的答案。但是人们认为，这些问题不能仅仅通过坚持传统或相信偶尔的冲动和瞬间的灵感就得到解决。即使所有人都诚恳地同意根据作为最高行为准则的黄金律原则行事，我们仍然需要探索和思考来达到可行的观念，即根据繁杂的变化的社会条件下的具体实践，这种原则的含义是什么。对抽象原则的普遍同意，即使它存在，也只有在作为合作从事调查和深思熟虑计划的开端时，才有价值；换句话说，即作为系统的一致的思考的准备，才有价值。

## §6. 道德理论的来源

没有一个理论可以在真空中起作用。道德的和物理的理论要求大量可靠的数据和一整套清晰的有效的假说。道德理论到什么地方去寻找这些材料来满足这些需要呢？

1. 虽然关于生活条件中变化的程度以前所说的都是真的，但是也没有彻底 179
打破连续性。对人类关系中什么是正当的、公平的，从人类存在开始，人们就得出了某些结论，并且致力于制定行为规范。教条主义者，无论是传统使然，还是通过某些声称是自己的特殊洞察力使然者，都会从许多冲突的规范中选出一种最符合自己所受教育和审美的规范。真正的反思性道德，会把所有规范都看成可能的数据；它会考虑它们出现的条件，有意或无意地决定它们形成和接受的方法；它会探索它们在现在条件下的适用性。它不会教条地坚持其中的某些规范，也不会不假思索地把它们作为无意义的统统抛掉。它会把它们当作信息宝库，作为判断什么是对的、什么是善的可能的标志。

2. 和规范、信念中这些材料密切联系的，是关于法律史、司法裁决和立法活动的更为有意识阐述的材料。这里，我们有一个关于制定引导人类行为的原则的长期实验。这种类型的某些因素，也适用所有伟大的人类制度的制定。家庭史、工业史、财产制度史、政府和国家史、教育和艺术史都充满着关于人类行为规范的各种指导，以及采取这种或那种行为规范的结果。相同种类的非正式材料大量存在于传记中，特别是那些被选择用来作为该民族伟大的道德导师的人的传记中。

3. 一种人类很晚才利用、至今几乎尚未充分利用的资源呈现在各种科学之中，特别是那些和人类密切相关的科学，如生物学、生理学、卫生学和医学、心理学和精神病学，还有统计学、社会学、经济学和政治学。后者在整体上提出问题而不是答案，但是在心中把问题弄清楚是好的；而且，这些社会领域处理它们的材料通常并不考虑道德价值。这一事实对道德学家而言，具有某些知识优势。因为他仍然必须把经济的、政治的声明翻译成道德术语，在这个事实中有某些知
180 识的客观性和公正性的保证。这个事实是：这些科学处理它们的主题时和预先形成的固定的道德信念离得很远，因为后者也许是对传统或精神（temperament）的偏见。从生物学和心理学科学，人们可以得到非常有价值的方法，从而来研究人类和社会问题，开拓新的视野。例如，关于个人的和公众的身体健康的条件及后果（它们已经受到这些科学的影响）的科学发现，开创了相对新的道德兴趣和责任。人们再也不能把健康和影响它的条件，仅仅看作技术的或生理的事情。人们已经清楚地展示了它衍生出的道德秩序或混乱。

4. 因此，大量明确的理论方法和结论构成了过去两千年欧洲历史的特色，更不必说长时期的亚洲思想者的学说。热心的知识分子对在理性基础上的指导原则进行了分析和发展。他们探索并系统地提出了其他立场及其含义。初看上去，理论家们采取了各种各样逻辑上不相容的立场；在学生看来，也许只是表明一片混乱和冲突。但是，更仔细地研究会发现，它们揭示了道德情景的复杂性。它们如此复杂，人们也许会觉得，每一种理论都忽略了某些应该考虑的因素和关系，每一种理论都揭示了需要思考关注的道德生活的某些方面。如果没有这些理论，这些方面也许仍然不为人知。我们得出的正确的推论是：我们不应该对不同的理论作出机械的妥协或折中的组合。每一种道德思想的伟大体系都揭示了某些观点；根据这些观点，我们考察和研究自己处境的事实。理论至少给我们提供了一系列问题。带着这些问题，我们可以对付和挑战现在的条件。

## §7. 问题的分类

在第二部分的最后部分，我们要集中精力来考虑某些最重要的经典的道德 181
理论。这些理论主要讨论那些在文明中留下了道德印迹的道德。对这些理论的考察，带来了强调重点的潜在不同和相应的知识问题。而老师们在学生接受这种观念之前，向他们灌输这些理论。大致上说，人们发现理论变化很大，是因为某些理论主要强调意图和目的，导致把善的概念视为最终的；而其他理论深受法律、规章重要性的影响，导致了把义务和权利概念看得至高无上；而第三类把赞许和反对、表扬和指责看成基本的道德事实，从而最终强调美德和邪恶概念。在每一种倾向中，还有更进一步的观点差异，如关于什么是善，义务、法律和权利的性质，以及不同的美德的相对地位。

1. 人们形成意图，努力实现其目的，这是不争的事实。如果要问他们为什么这样做，除了说他们这样做仅仅由于非理性地遵从盲目的习俗外，对这个问题的唯一回答就是他们要努力达到某些目的，因为他们相信这些目的本身具有内在价值；它们是善的，是令人满意的。理性在实际事务中的主要活动领域，就是辨别仅仅好像是善的目的和那些真正如此的目的——区分徒有其表的、虚伪的善和持久的、真正的善。人都有欲望，他们（立即地、没有思考地）想要这个东西或那个东西，如食物、伴侣、金钱、名声、健康、出人头地、权力、朋友的热爱和对手的欣赏，等等。但是，他们为什么要这些东西？因为它们被赋予了价值，它们被认为是善的。正如经院哲学家所说，我们渴望（*sub specie boni*）在努力达到的所有特殊目的之下，是共同的善和满足的观念。因此，认为目的是道德中重要的东西的理论，把善的概念置于理论的中心。由于人们常常在预测判断中认为善的东西事实上并非如此，这组理论的问题就是要确定不同于那些仅仅好像是善的东西的真正的善，或者，同样地，区分持久的善和短暂的、稍纵即逝的善。因此，从态度和素质看，根本的东西是洞察力和智慧，它们能够辨别那些假装允诺满意的目的和那些真正带来满意的目的。根据这个理由，重大的道德问题就是获得 182
正确的知识。

2. 对人类生活的其他观察者来说，对欲望和贪欲的控制，似乎比它们的满足更为重要。他们中的许多人怀疑欲望原则，怀疑和欲望相联系的目的。在他们看来，欲望是个人的，它强烈追求自己的满足，所以是诱惑之源，是诱使人们偏离合法的行为路线的原因。在经验上，这些思想家深受命令、禁止和所有规范激情、欲望活动的手段在人的管理中所起作用的影响。对他们而言，最大的问题是要发现某种潜在的权威，它会控制目标和意图的形成。低等动物听从欲望和贪欲，因为它们没有规范的法律的观念；人有被高于冲动和需要的原则约束的意识。道德上的正当和自然地满足常常发生冲突，道德斗争的核心就是使善服从义务的要求。把目的视为至高无上的理论，被称为目的论（the *teleological*，来自希腊语，**τέλος**，目的）；把法律和义务视为至高无上的理论，被称为法制论（the *jural*）。

3. 还有另一群思想家，他们认为，目的和理性洞察力的原则过于强调人性中的智力因素；法律和义务的理论过于强调法律，过于外在和严厉。他们深受那些事实在人类生活中起巨大作用的影响。那些事实包括赞扬和谴责、表扬和指责、奖赏和惩罚、鼓励某种行为路线、怨恨他人、施加压力让他人不采取那些令人不悦的路线。他们在人性中发现一种自发的倾向，赞成某些行为路线，谴责、惩罚其他行为模式。这种倾向最终从行为延伸到产生行为的素质。从大量的赞许中产生了美德和邪恶的观念；社会赞赏和鼓励的素质构成了要培养的品格的优点，而邪恶和缺点是要遭受谴责的。那些坚持这种理论的人，可以轻松地证明称
183 赞和不赞成在习惯性道德中的重大作用。反思性道德以及理论的问题，就是揭露隐藏在当前社会赞扬和谴责中的标准或准则。总之，他们一致同意，人们喜欢和赞扬的是那些为他人服务的行为和动机，而那些受到谴责的是给他人带来伤害而不是益处的行为和动机。反思性道德使人们意识到这个流行的道德评价原则，并且理性地采纳和实行。

在后面的几章里，我们会考虑这三类理论和它们衍化出的分支。我们的目标不是要确定哪个是真的、哪个是假的，而是要看每一群思想家把什么样的具有永久价值的因素带进了反思性道德。

### 参考文献

除了第一部分第1章末尾处的参考书目，参见：Sharp, *Ethics*, 1928, ch. i.; Martineau, *Types of Ethical Theory*, 1891, Vol. I., Introduction; Sorley, *Recent Tendencies in Ethics*, 1904; Moore, *Philosophical Studies*, 1922, essay on "The Nature of Moral Philosophy"; Broad, *Five Types of Ethical Theory*, 1930; Fite, *Moral Philosophy*, 1925, ch. i.; James, "The Moral Philosopher and the Moral Life," in *The Will to Believe*, 1912; Otto, *Things and Ideals*, 1924, ch. v.; Lévy-Bruhl, *Ethics and Moral Science*, trans. 1905; Everett, *Moral Values*, 1918, ch. i.

关于一般的行为和品格，参见：Paulsen, *System of Ethics*, 1899, pp. 468-472; Mackenzie, *Manual of Ethics*, 1901, Book I., ch. iii.; Spencer, *Principles of Ethics,* Part I., chs. ii.-viii.; Green, *Prolegomena to Ethics*, 1890, pp. 110-117, 152-159; Alexander, *Moral Order and Progress*, pp. 48-52; Stephen, *Science of Ethics*, 1882, ch. ii.; Mezes, *Ethics*, 1901, ch. iv.; Seth, *Ethical Principles*, 1898, ch. iii.; Dewey, *Human Nature and Conduct*, 1922.

关于动机和意向，参见：*Principles of Morals and Legislation*, chs. viii. And x.; Mill, *Analysis of Human Mind*, Vol. II. chs. xxii., and xxv.; Austin, *Jurisprudence*, Vol. I., chs. viii.-xx.; Green, *Prolegomena*, 1890, pp. 315-325; Alexander, *Moral Order and Progress*, pp. 36-47; Westermarck, *Origin and Development of the Moral Ideas*, 1906, chs. viii., xi., and xiii.; Ritchie, *International Journal of Ethics*, Vol. IV., pp. 89-94, and 229-238, where further references are given; Dewey, *Human Nature and Conduct*, 1922, pp. 118-122.

# 11. 目的、善和智慧

184

## §1. 思考和目的

人应该为什么目的而活着？这个问题在习惯性道德中并不是普遍问题。一个人发现，在他周围存在的习惯和制度预先消除了这个问题。其他人（特别是长辈）正在做的事情，为一个人应该做的行为提供了目的。这些目的受到传统的支持。由于那些创立风俗的祖先们半神圣的特点，它们被神圣化了；它们由睿智的前人创立，由统治者强制实行。个人有时违反它们，偏离这些已经确立的目的，但是他们这样做时会担心：由于这事，由神明给出的超自然的惩罚所加强的社会谴责会接踵而来。现在有许多男性和女性从他们观察到的周围发生的事情中寻找自己的目的。他们接受宗教导师、政治权威以及在社区中有声望的人向他们提供的目的。在许多人看来，没有采取这样的路线，似乎就是某种道德叛逆或无法无天。此外，不少人发现，他们的目的实际上是强加给他们的。由于缺乏教育，由于经济压力，他们在大多数情况下只能做他们不得不做的事情。在缺乏真正选择的可能性时，像反思目的和试图形成有关目的和善的一般理论这样的事情，似乎是无所事事的奢侈。

然而，除非人们严肃地追问：他们应该用什么目的来指导他们的行为，为什么他们应该这样做；怎样使他们的目的是善的，否则就没有反思性道德。当风俗未能给出所要求的指导时，这种对目的的理智探索就注定会发生。而且，当旧的制度瓦解时，当由于没有制度而造成侵害时，当生活道路急剧变化而带来发明和革新时，这种失败就会发生。

如果习惯失败了，对反复无常的、任意的行为唯一的替代就是反思。而且，对一个人应该做什么的反思，就等同于目的的形成。此外，当社会发生巨大的变化、出现大量相互冲突的目的时，反思不能局限于从条件许可的许多目的中挑选一个。思考必须创造性地形成新的目的。 185

每一习惯都把持久性引入活动，它提供一条永久性的线索或轴线。当风俗瓦解时，能够把连续的不同的行动联系在一起的唯一的东西，就是贯穿在分别行动中的共同的目的。看得见的目的赋予统一性和持久性，无论它是教育的保证、军事战役的进行，还是房屋的建造。考虑的目的概括性越强，达到的统一就越广泛。全面的目的可以把多年的、在很长的时间跨度中作出的行动联系到一起。对普通士兵，或者甚至对指挥的将军，赢得战争也许是一个充分的全面的目的，把各种行动统一为行为。但是，某人肯定会问：接下来会是什么呢？取得胜利后，它还有什么用？至少，如果人们对自己的行为明显地感兴趣并不是听任运气和时间短暂的压力控制的话，那么肯定会提出这个问题。*概括性的和持久的目的的发展，是把反思应用于行为的必要条件；确实，它们是同一事实的两个名称。*如果没有对指导行为的目的的关心，就不可能有反思性道德这样的东西。

习惯和冲动会有后果，正如每一事件都有效果。但是，仅仅作为习惯、冲动和欲望，它们并不会导致对（作为它们作用的后果）发生什么的预见。动物受到饥饿的驱动，结果是身体欲望和营养的满足。就人类而言，有成熟的经验可以依赖。在充饥时遇到的障碍，在寻求食物时遭遇的困难，都会使人意识到他需要的是什么——人们会预料到结果（作为考虑的目的，作为渴望的和努力得到的东西）。行为具有结果含义的目的，它终止具体行动。而当一个具体的后果被预见时，一个*考虑的目的*就出现了。而且，后果被预见也就是被欲望有意识地采纳，有意地当作行为的直接目的。目的或目标代表着转译成想到某个对象的一个渴望、一个催促，就如盲目的饥饿（blind hungry），通过想到渴望的食物（如面粉）变成了目的。这种念头接着又发展成想到要种植谷物和耕种土地——整个一系列要动脑筋才能进行的活动。 186

考虑的目的一方面不同于仅仅预期到或预测到一个结果，另一方面不同于纯粹习惯和欲望的推动力。根据前者，它包括欲求、冲动的催促和向前的推动；根据后者，它包括智力因素，想到一个对象，赋予这催促以意义和方向。这种目的和欲望之间的联系，是一整套道德问题的来源。除非想到某些结果和自己某些强烈的需要形成一体，否则，获得知识、专业技术、财富、权力就不会成为激励的目的，因为它需要思想把冲动转化为围绕对象的欲望。但是在另一方面，强烈的欲望会排斥思想，它急于自己的快速实现。一个强烈的欲望，如饥渴，推动人们立即行动而不考虑它的后果，就像一个在海上非常饥渴的人会饮用海水而不考虑客观后果。再者，深思和探索需要时间；它们要求延缓、推迟立即行动。欲望只顾现在，而思考的本性会考虑遥远的目的。

### §2. 目的和善：欲望和思考的联合

因此，有一种冲突引入自我之中。激起的反思的动力是向前看，找出并重视遥远的结果。但是，欲望的力量、立即需要的冲动把思考引回到某些附近的目
187 标；从这些目标，欲望会发现立即的直接的满足。它们导致的动摇和冲突是这种理论的基础，这种理论认为，在道德生活中，在欲望和理性之间有内在的冲突；这种理论认为，贪欲和欲望会用伪善迷惑我们，引导我们偏离理性坚持要考虑的真正目的。结果，某些道德学家走得太远，以至于认为欲望和冲动本来就是邪恶的，是肉欲的表达，是使人们脱离理性赞同的目的的力量。然而，这种观点几乎是不能成立的。除非和某种需求相联系，没有一种观念或对象可能作为目的运行或成为一个目的；否则，它就是一个纯粹的观念，没有任何推动和强迫的力量。

简而言之，虽然有冲突，但不是在欲望和理性之间，而是在追求附近目标的欲望和追求长远目标的欲望之间。这些长远目标是通过思考来确定的，是通过一系列中间条件产生的，或者是从“长远的观点看”带来的；它是呈现在思考中的两个目标之间的冲突，一个目标对应于在孤立中展现的欲求或欲望，另一个目标对应于考虑和其他欲求关系的欲求。恐惧也许会建议把逃跑或者对一个人撒谎作为要追求的目的；进一步的思考也许会使一个人相信，坚定不移和诚实能确保更大更持久的善。在每一种情况中都有观念，在第一种情况中，是个人安全的观念；在第二种情况中，是通过坚守岗位达到他人安全的观念。在每一种情况中也都有欲望，在第一种情况中，欲望和自然冲动、本能很接近；在第二种情况中，如果不是思考把遥远的结果引入考虑的话，就不会引起欲望。在一种情况中，原始的冲动支配对目标的思考；在另一种情况中，这原始的冲动由于思考坚持要考虑的目标，被转化成不同的欲望。但是，不管考虑的目标如何深思熟虑、如何理性，它始终是软弱的，除非它引起欲望。

换句话说，关于自然状态的冲动和欲望，没有什么本来就是坏的。它们和另一欲望(包含更多更持久的后果)对比，变成了邪恶。欲望中道德上危险的东西，像它起初出现时那样，是这样的倾向：它使注意力局限于自己的直接目标，排斥 188
考虑更大的行为整体。

威廉·詹姆斯真实地描述了这种情景。

> 对于一个挣扎在不明智的行动激情(好像这激情是错的)下的人来说，是什么构成了这种困难？……这困难是心理上的；它是使理智行为的观念占据心头的困难。一旦我们处于强烈的情绪状态，除了那些和它一致的想象外，其他想象就不会出现。如果偶然出现其他的情况，它们就会立即被抑制和驱散……由于激情具有的某种自我保存的本能，似乎这些冷漠的对象一旦生根，就会不断地起作用，直到它们冷却了我们所有情绪中真正生命的火花。因此，激情的暗示总是处处防止人们听到它们仍然弱小的声音。①

冲突既不是在冲动和欲望之间，也不是在冲动和理性的目的之间，而是在两个欲望和思想中呈现的两个目的之间。这一结论，和我们的实践经验相符合。有时候，那些受过片面的道德训练的人感到羞耻和后悔，因为某些恶意的或肮脏的念头曾经闪现过他们的心头，即使他们没有那样做而是迅速地驱除了它们。瞬间的冲动，会通过各种渠道进入我们的心灵。除非一个人为他以前养成的(刺激并加强那些欲望的)习惯负责，否则，他没有理由仅仅因为某种目的的想法"浮入他的脑海"而在道德上谴责自己。他的道德条件取决于他在这个念头出现之后做了些什么。也就是说，道德评价的真正对象是思考和有意图的欲望的结合。确实也有诱惑，使人沉迷于知道没有价值的欲望的纯粹想象的满足，其理由是：这个欲望停留在想象领域，没有付诸行动。这种看问题的观点忽略了这一事实， 189
即沉迷于欲望的愉快满足的想法，实际上加强了这种欲望的力量，增加了它在某个未来场合最终导致公开行为的力量。欲望和思考在道德上不能分离，因为正

---

① 詹姆斯：《心理学》(*Principles of Psychology*)，第2卷，第562—563页。从第561—569页的整个段落应该为每个伦理学者所熟悉；而且，应该和第一卷中第284—290页所说的关于情感的选择倾向相比较。

是思考和欲望的结合，使一种行为算作自愿的。

当我们考虑禁止欲望还是任其横行时，达到的结果是一样的。有不同种类的禁止，它们具有非常不同的道德价值和后果。一类就是有意从思考和观察领域排除欲望和冲动；因此这里就有压抑，直接把欲望赶到地下渠道。在这种情况下，它的力量并没有削弱，而仅仅是一个转移，其影响还在间接地起作用。另一方面，一切思考就其本性而言，都有禁止作用。它延缓欲望的作用，唤起新的考虑。这些考虑改变了开始人们觉得是被迫的行为的性质。这种禁止行为并不是抑制或压抑欲望，而是把欲望转化为一种更为理智的形式，因为它更多地考虑各种关系和各个方面。

人们在牺牲还是放纵问题上，看到了在实践经验中的第三种确证。在此，我们也发现，这个问题的真正解决办法是把思考和欲望联系在一起，而不是使它们相互对立。有时，牺牲本身就构成目的。这等同于把冲动本身看成邪恶。这种牺牲最终残害生命、削弱能力并且缩小行动机会的范围。但是，还有另一类放弃。当人们察觉到某种更有价值的目的，欲望和思考发现的更好的目的联系在一起时，这种放弃就会发生。没有一个人能够拥有他想要的一切；我们的能力太有限，我们的环境也太严酷，不允许这类事情发生。结果我们必须放弃、牺牲某些摆在我们面前的目标。不愿意作出任何牺牲，只表明品格的不成熟，就像小孩想象自己能够达到他心里渴望的所有目标。反思有这样的正常作用，它把渴望
190 的目标放入相对价值的视野。这样的话，当我们放弃一种善时，是因为我们看到另一种善有更大的价值，它唤起范围更广泛、更持久的欲望。因此，我们避免歌德(Goethe)称为亵渎神灵的那种放弃，也避免本身构成善的东西。因为正如歌德指出的，放弃就是欠考虑的。“我们每次放弃具体事情，仅仅出于轻率，只要下一次我们能抓住另外的东西。我们仅仅用一种热情替代另一种热情：生意、爱好、娱乐、嗜好。我们逐一尝试，结果抱怨‘它们都没有价值’。”考虑周到的欲望既是对压抑欲望的替代，也是对欲望一出现就服从它的替代。

对欲望推动的、催促的力量和思考的扩大范围之间的关系的理解，使我们能够理解意志(will)，特别是术语“强烈的意志”。这是什么意思？有时候，人们把后者混同于顽固不化——一个人盲目地拒绝改变其目的，不管思考带来了什么新的考虑。有时候，人们把它混同于阵发的外部能量的强烈的短暂的展现，即使这强有力的展现只不过是无事生非。实际上，“意志的力量”(或者，更慎重地说，

品格的)包括把冲动不断地等同于思考。这种说法认为,冲动提供了动力,而思考提供了连续性、耐心和持久性,导致行为的统一路线。它不同于顽固,因为它不是坚持重复相同的行为,而是注意到条件的变化,在作出新的调整方面非常灵活。坚持的正是思考,即使考虑到的特殊目的发生了变化;而顽固的人坚持相同的行为,甚至思考揭示出一条更明智的路线也不为所动。在所引用的短文中,詹姆斯说,当强烈的激情控制我们时,坚持一个决心是*精神的*。它难就难在坚持一个观念,并始终注意其他的变化。但是,与此同时,仅仅思考并不会导致行动;要有行动的主体和分量,思考必须进入充满活力的冲动和欲望。

根据自愿行为中欲望和思考的特殊联合,我们可以得出这样的结论:每一努力确定行为*目的*的道德理论都有双重性。在它和*欲望*的关系中,它要求善的理论:善就是满足需要、欲望的东西,就是实现或使得激起行动的需要更加完备的东西。在它和*思考*的关系中,或者作为要达到目标的*观念*,它把理性洞察力的必要性或道德*智慧*强加到那些要行动的人身上。因为经验表明,正如我们已经看到的,并非每一次欲望和渴求的满足,其结果都是善的;许多目的*好像是*善的,而我们处于强烈激情的影响下。这些激情在实际经验中,在想到也许会出现在关键时刻时,实际上都是不好的。因此,道德理论的任务是要构造作为欲望的目的或目标的善的理论,也要构造不同于徒有其表的善的真的理论。事实上,后一需要表明,目的的发现要满足公正的有远见思考的要求,也要满足欲望的急迫。 191

目的的这种双重性,为考虑已经提出的不同理论提供了启发,也为判断它们的价值提供了标准。一种理论也许会浅薄地提出善的观念,把善以满意的方式和欲望相联系,但却不能给出条件,让目的为行为提供理性的方向。这特别符合我们现在要讨论的第一种理论。

### §3. 作为善和目的的快乐

对许多人来说,这似乎不仅是合理的而且在实践上是自明的,即使欲望和达到的目标成为善的,是这个目标给予体验者的快乐。我们发现,人追求许多不同的目标。但是为什么?是什么共同的性质,使所有这些不同的事物为人们所希望?根据所讨论的理论[称为*快乐主义*(Hedonism),来自希腊语,**ἡδονή**,表示快乐],这共同的性质就是快乐。人们断言,这理论的证据可以在经验本身中找到。如果不是一个人相信某个目标会是一种享受,为什么他要追求、应该追求

它？如果不是一个人相信某个目标的经验会是痛苦的，为什么他把它当作邪恶
192 来避免？贝恩(Bain)和穆勒的话是典型的。前者说："快乐是所有人类行为的恰当目的，这种立场不可能证明……它是要根据人类个体评价来检验的最终的或最后的假定。"后者说："对一个客体可被看见能够给出的唯一证明，就是人们实际上看到了它。同样，对任何值得渴望的东西，能够拿出的唯一证明就是人们事实上确实渴望它。"

在这一点上，我们没有进入细节。我们也许期望后面的讨论会深入到这样的程度，即指出这样的陈述有致命的模糊性。幸福可以是善，但幸福不是和快乐相同的东西。而且，词尾"able"在不同的词中有两种含义。当它出现在"visible"这个词中时，它表示"能够被看见"；但是在其他词中，它表示合适的、恰当的，就如在词汇"enjoyable"和"lovable"中。"Desirable"不是表示能够被渴望的(经验表明，几乎每一事情在某个时间都被某人渴望)，而是在公正思考的眼光中*应该*渴望的东西。当然，把某件事情作为欲望的目的或者值得渴望的东西提出来，而实际上，它并不是渴望的或能够渴望的，这样做确实是愚蠢的。但是，假定在批判地考察渴望的事情的合理性(*reasonableness*)发生之前，仅仅考察人们确实渴望的东西能决定什么是*应该*渴望的，同样是愚蠢的。因此，在*已享受的*(enjoy*ed*)和*可享受的*(enjoy*able*)之间是有区别的。

因此，我们必须考察快乐主义理论，既作为欲望的理论，也作为实际智慧或在选择要追求的目的方面的审慎的理论。*目的*这个观念，意味着某种或多或少有些距离、遥远的东西；它意味着需要向前看，需要判断。它给予欲望的建议是：*考虑后果*(*Respice finem*)。考虑一下，如果你根据你现在感觉到的欲望行动，后果会是什么；计算一下成本，计算一下一段时间的后果。仔细、审慎地估计整个过程的一系列后果，是达到满足或善的前提。所有的荒唐和愚蠢都是由于某些当下强烈的欲望带来的诱人的盲目力量而未能考虑遥远的、长期的后果。

193 首先，我们的批评要努力表明，如果快乐被当作目的，那么理论提倡的对后果冷静的、有远见的评价就是不可能的；换句话说，它打败了自己。因为以快乐或痛苦形式出现的后果，只不过是以后果形式出现的最难以估计的东西。审慎的做法是在采取欲望建议的路线之前，考虑目的，计算成本。但是，快乐是如此外在地偶然与作出的行为相联系，试图预见它们，大概是为了保证行为指导可能采取的最愚蠢的做法。如果一个人想看望生病的朋友，而这个欲望试图通过计

算快乐或痛苦来确定是否要这样做——假设他对看到受苦的场景特别敏感;假设在看望期间,在某些话题上出现不愉快的观点分歧;假设在看望期间,会出现某些讨厌的事——总之,考虑快乐或痛苦许多偶然的特点,在有关应该做什么方面,它们与作出明智的评价完全无关。无限多的外在条件影响着一个行为带来的快乐或痛苦,造成与行为内在的可预见的后果完全无关的结果。

然而,我们也许可以稍微改变一下思路,把理论范围限制在内在地伴随行为特性的、可以计算的快乐和痛苦上。这样,我们能够在作出某种符合我们素质的行为时获得某种快乐,这样的行为被设想为愉快的,它们和我们自己的素质一致:擅长网球者喜欢打网球;美术家喜欢画画;科学家喜欢研究;哲学家喜欢思考;仁慈的人通常作出善良的行为;勇敢的人寻找需要忍耐和忠诚的地方,等等。在这种情况下,考虑到某种品格的结构和态度的倾向,预见快乐和痛苦有一种内在的基础。我们也许可以把理论限制于这样的后果,排除纯粹偶然的后果。

但是,在以这样的方式改变理论时,我们实际上把这个人现在的品格当作了标准。一个狡猾无耻的人,会从他那纯粹诡计多端中得到快乐。当他想到一种行为会给大方真诚的人造成痛苦时,他会觉得这种念头就是快乐的来源,而且 194
(根据这种理论)是一种善的行为。对残忍的、放纵的、有恶意的人来说,事情也是如此。每个人会预见到的快乐和痛苦,是和他的品格一致的。想象一下,两个人突然想给一个曾经对他们不好的人以严厉的报复。这时,他们两个人想到那个人被打倒遭受痛苦,至少会得到短暂的快乐。但是,那个心地善良的人很快会发现,看到他人遭受伤害,自己也很痛苦;而那个残忍的、充满复仇念头的人,越想到敌人遭受不幸,就越高兴——如果快乐是善的标志,那么,这行为对他而言确实是善的。

因此,这种理论有双重的误解。它不知不觉地滑进了那种本身是善良的人喜欢的快乐的标准;那种被认为是正常的快乐。其他条件相同,快乐肯定是要喜欢的善,而不是要躲避的邪恶。但是,这种说法的"其他条件相同"包括很大的范围。一个人不会想到放纵的人、不诚实的人、卑鄙和吝啬的人的快乐,而是想到审美的愉悦、友谊和好的伴侣、知识等等的快乐。但是不能否认,我们在道德上蔑视的人,也会从他们的行为中得到实际的快乐。我们也许会认为,很可能这样,他们不应该得到快乐,但是他们确实得到了快乐。有某种幸福,善良的人喜欢但心地不善的人不喜欢——但是,反过来也是如此。这一事实对于认为快乐构成了善的理论是事关重要的，因为根据它，某个目标可以成为行为的目的。

另一误解在于把期望的盼望的快乐，与想到一个目的立即感受到的愉悦混为一谈。一旦一个未来的目标被当作目的，这种念头就会引起现在的快乐或不愉快。任何现在的愉悦或不愉快，会增强或削弱我们对某个具体目标的持久关注。它加强或减弱想到的目标的推动力。对欲望的想象，现在在我身上激发的老是想到的快乐，也许会把一个欲望加剧到实际上无法控制的程度。但是，这目
195 标的强大推动力的增长与评价没有关系，或者说，与对（如果我们把这目标当作我们的目的后会发生的）后果的善的预见没有关系。确实，在许多情况下，要可靠地评价未来的后果，肯定是很不容易的。最多可以说，在一个人判断出某个目的是要达到的善之后，就他而言，促进其使人快乐的联想是一个明智的行为。这样，他的决心得到增强，不至于分散。一个决定晚上学习的学生，如果心里不断地想到做其他事情可能有的愉快，他的决心就会被削弱。

赫士列特（Hazlitt）说："快乐是就其本身而言的。善是在反思中肯定自己，或者说，想到它就是满意的来源。因此，从道德上说，并非所有快乐都同时也是善，因为并非所有快乐都是经过反思的。"

确实，对我们来说，没有什么善是不包含愉快因素的，也没有什么恶是不包含不愉快、令人反感的因素的。不然的话，这行为或目标就仅仅是无关紧要的；它只是偶尔遇到的。但是说所有的善都有愉快的成分，并不等于说所有快乐都是善的。上面引用的赫士列特的话指出了这种差异。如果让我们来评价，常常会发现我们不能赞同某种愉快。这并不是因为快乐本身就是邪恶，而是因为评价使我们知道了带来快乐的行为和我们在道德上逃避的或感到羞耻的目标的关系。一个令人愉快的行为会吸引我们。如果我们停下来思考一下，也许会发现，快乐是由于某些内在于我们自己的、我们觉得没有太大价值的东西，就如小气或胆怯。或者当我们作出决断时，我们赞同愉快，不是因为它单独就是善，而是因为根据考察，我们发现，我们愿意接受这些和快乐相联系的条件和结果。某些东西给我们快乐，因为它们适合（符合或适宜）我们自己组成中的某些东西。当我们反思时，开始意识到这种联系：因此在对一个愉悦进行道德价值的评价时，我们实际上是在评价自己的品格和素质。如果你知道对某种事情，某人觉得愉快或不愉快，那么你对他的特性就有了确定的线索——而且，这原则既适用于我们自己，也适用于其他人。

因此，从目的的善与恶方面来看，构成重要美德的审慎或洞察力，是无偏见的、未受干扰的观察者所运用的；一个人不是在强烈欲望的冲动纵容之下，而是处于冷静思考的时刻所运用的。在后一情况下，他评价作为在行为和品格更大整体中的因素的欲望及其满足。也许就像这两种态度之间有很大的区别一样，在由强烈欲望驱动作出犯罪行为的人和对他的行为作出判决的法官之间也有很大的区别。通过存在于愉快和善之间的这种关系传递的重要的真理是：我们应该把法官的(思考的)职能整合到我们的欲望的形成中去，从而学会从思考赞同的目的中找到快乐。 196

我们得出的结论是：在愉快的内在性质方面有重要的差异，"经过思考的"快乐在性质上不同于那些没有经过思考的快乐。大多数快乐主义者认为快乐都一样，仅仅在强度和持久方面不同。穆勒引入了性质差异的观念。他说："人类有着比动物欲望更高尚的官能，而且一旦意识到它们，就不会把没有包含它们的满足的事情视为幸福。"

> 很少有人会为了享受一个动物最充分的快乐，就同意把自己变成任何低等动物；没有一个聪明人愿意成为傻瓜，没有一个受过教育的人愿意成为文盲，没有一个有感情有良知的人愿意自私和卑鄙，即使人们告诉他们，傻瓜、笨蛋或无赖会得到比他们现在更多运气的满足……毫无疑问，那些享受能力低下的人，有最大的机会得到充分的满足；而天赋高的人总会觉得，他能够追求到的幸福就像世界的构成一样，是不完美的……做一个不满足的人，也比做一头满足的猪好；做一个不满足的苏格拉底，也比做一个满足的傻瓜好。而且，如果傻瓜或猪有不同的意见，那是因为，他只知道问题的他自己的那一面；对比之下，其他人知道问题的两面。

这段话很容易赢得道德常识的赞同。然而，它的意义并不完全清楚。有人"知道"较高级和较低级的两种愉快，但他还是选择了后者；也许我们真的可以说，他们宁愿做猪。通常做一头猪，总比像苏格拉底那样评价和行动容易得多——而且，人们也许会提醒自己：苏格拉底最后死于自己的"智慧"。为了让穆勒的说法可以接受，我们必须把理解作为"知道"的意义的一部分。孤立地看，不能说一个愉快比另一个更高级或更低级。一幅画或一本有教育意义的书带来的 197

愉悦，从本质上看（即当满足脱离了作为相互联系的整体生活中的目标的基础和关系时），并不比品尝食物更高级。有时候，饥饿的满足优先于其他满足；它正是在这时候——暂时地——"更高级"。我们得出结论：穆勒的话中所包含的真理不是某种"官能"天然地比另一种更高级，而是通过建立在大量经验上的思考，看到一种满足以和谐的方式和他的整个欲望体系统一在一起，这种满足比仅仅和孤立的个别欲求相关的善在品质上更高级。穆勒所说的整个含义就是在任何目的和对象中的整个自我的满足，完全不同于来自单一的独立的欲望的满足的那种东西。它并没有违反日常语言中所说的，前一种满足用"幸福"来表示，后一种满足用"快乐"来表示。因此，穆勒的论证并没有指向不同快乐的不同性质，而是指向整个自我持久的满足和自我中某些孤立成分的短暂满足在性质上的差异。

因此，我们不仅可能而且必须根据事实，在快乐和幸福安康（亚里士多德称为 *endaimonia* 的东西）之间作出区别。严格地说，没有快乐这样的东西；快乐就是愉快，是一种标明愉快的、宜人的对象的抽象名词。而且，和一个人现在状态（不管是什么状态）协调的任何事态，就是愉快的或宜人的。

一时愉快的事情，在另一时间就可能不愉快；健康时愉快的事情，在疲劳或
198 生病时就是讨厌的；一个人酒足饭饱状态下不喜欢或讨厌的东西，当他饥饿渴望时却是令人喜欢的东西。而且在较高的层次上，有慷慨素质的人感到愉快的事情，却会引起吝啬小气的人反感。小孩子喜欢的东西，也许成人觉得没意思；使学者高兴的对象，却会使乡下人觉得讨厌。因此，愉快和不愉快是某些事物的标志和征兆，它们在特定时间适合某种有机体和品格的特定构成。在现存品格性质的征兆中，没有什么能使它适于成为渴望的目的，不管它可能充当指导或警告的程度如何。

在纯粹适宜或令人愉快的事情中，有某些偶然的东西。它们碰巧发生在我们身上。一个人也许对这些事情感到愉快，如在街上捡到了钱，吃了一顿美餐，意外遇上了老朋友。一个人也可能绊倒了，受了伤，感到疼；或者，不是由于自己的错，却强烈地感到令人不愉快的失望。把任何道德意义上的善和恶归结到这些与有意行为没有内在联系的事情上，是荒谬的。没有什么比失去亲爱的朋友给人带来更大的痛苦，但是没有人会认为，这个遭受丧失朋友的人因而在品格上受了伤害。一个"幸运的"人会在不寻常的程度上体验带来快乐的对象，但正由于这个事实，他也许会被说成是迟钝的、轻率的或自负的。

相反，幸福是一种稳定的条件，因为它不是取决于瞬间发生在我们身上的事情，而是取决于自我长期的素质。一个人也许会在烦恼的事情中发现幸福；如果一个人具有勇敢的品质和灵魂的安宁，尽管连续有不愉快的经历，但还是会心满意足的。愉快取决于特定事件发生在我们身上的方式；它会把注意力集中在自我身上，所以这种对快乐的喜爱会使人自私或贪婪。幸福是和我们积极应对环境的素质、迎接并解释环境的心理品质有关的。即使如此，在有意追求所考虑的目的的意义上，它并不是欲望和努力的直接目的，而是某个角色的目的必然伴随的产物，他对那些持久的和外向的坦率性格有内在联系的对象感兴趣。正如乔治·艾略特（George Eliot）在他的小说《罗慕拉》（*Romala*）中所说："过分关注我 199
们自己狭隘的快乐，得到的仅仅是一种可怜的幸福。充分考虑和体谅世界上其他的人和我们自己，我们能得到最高的幸福，如追随伟人；而且这种幸福往往伴随着许多痛苦，我们仅仅因为它是我们优先选择的目标，因为我们的灵魂觉得它是善的，才把它和痛苦区别开来。"①

不同于快乐的幸福是自我的一个条件。在宁静的快乐和心灵的宁静之间有差异；人们常有对外部条件的满足，因为它们迎合我们当前的乐趣；还有品格和精神的满足，它们保持在逆境中。可以给出一个标准来划分短暂的满足和真正的幸福，后者来自本身就是有趣的目标，这些目标增强和扩大了作为幸福来源的其他欲望和倾向；在快乐中，没有这样的和谐的扩大的倾向。一方面，我们自己有某种力量，这种力量的运用创造和增强了持久的稳定的目标；另一方面，它排除了那些引起仅仅短暂满足（这些满足带来不安和发牢骚）的目标。和谐和易于扩大和其他价值联合，是幸福的标志。孤立和易于冲突和抵触，是那些在追求快乐中筋疲力尽状态的标志。

## §4. 伊壁鸠鲁的善和智慧的理论

我们现在转到欲望和思考的恰当目的的另一理论——通常称为伊壁鸠鲁的理论。我们已经讨论的说法充满着未来的目的，对它们的思考应该调节现在的欲望和努力。但是，未来的乐趣和痛苦是非常不确定的。它们依赖各种外部条 200

① 这样设想的"幸福"形成了评价的标准，而不是欲望的目的，这是一个事实。我们会在关于赞同的那一章里讨论它。参见第245—248页。

件。它们中即使最根本的——生活本身的持续，也是高度易变的。因此，生活的多变导致了某些观察者把对未来的焦虑当作忧虑和焦急的来源，而不是达到善的条件。没有什么智慧能帮助我们在无法控制的条件下发生的事情中寻找善；这样的行为只是展示了愚蠢。光阴似箭，因此智慧的作用是关注现在时刻，从中得到它所能带来的所有乐趣。抓住今天，及时行乐（*Carpe diem*）。这种思想诗意地表达在埃德娜·圣·文森特·默蕾（Edna St. Vincent Millay）[1]的诗句中：

> 我像从两端燃烧的蜡烛，
> 也许熬不过今夜；
> 然而，无论是我的敌人，
> 还是我的朋友，
> 它给你们带来了充满爱的光芒。

它大致表现在这样的话中："吃，喝，享受快乐，因为明天我们都会死亡。"

然而，在这种理论中，在不加思考地抓住此刻的快乐和在反思引导下的做法之间有着很大的差异。经验告诉我们，某些快乐格外短暂，也可能紧跟着不愉快和痛苦的反应。所有极端的激烈的快乐就是如此。沉迷于极度快乐，往往得不偿失；它是不利的条件，而不是有益的东西。因为经验表明，这样的快乐通常使我们陷入伴随着不便和痛苦的境地。结果是善的那些乐趣，是宁静的平和的快乐；经验发现，这些快乐来自智慧的审美的来源，由于它们内在于我们，所以是我们可以控制的。来自欲望的快乐，比如性，也许更加强烈，但是它们既不持久也不可能像那些来自书本、友谊的快乐，能促进审美的愉悦，会带来进一步的快乐机会。我们的感觉和欲望只关注外部的事情，从而使我们陷入不能控制的境地。然而，在感觉的愉悦中，眼睛和耳朵的愉悦比味觉和嗅觉的愉悦更值得培养，因为前者与智慧的快乐联系得更加紧密，也与自然中更常见、更广泛的条件联系得
201 更加紧密。对阳光、流水、新鲜空气的享受是宁静的，是容易达到的。把个人的满足寄托给奢侈的对象，就是使个人的自我陷入找麻烦和可能的失望。简单的

---

① 埃德娜·圣·文森特·默蕾（1892—1950），美国著名女诗人，美国历史上第一位得到普利兹诗歌奖的女性。——译者

生活就是善的生活，因为它是最能保证现在乐趣的生活。私人友谊好于公共生活，因为朋友自然地聚在一起促进和谐。参与公共生活，是把个人的命运让无法控制的东西来决定，使自己处于急剧的变化或至少不断的变化之中。

这种理论在其源头形式上构成了伊壁鸠鲁主义——主张远离纵情肉欲的理论常常被冠以这个名字。它的格言就是珍惜现在的那些快乐元素，它们是最确定的，避免陷入外部环境中去。这种对现在快乐的确定条件的强调，立即成了伊壁鸠鲁学说的优点和弱点。

这种理论避免了预见和计算未来快乐和痛苦的困难，这些困难让以前考虑的理论变得无效。温和的、平静的快乐比格外兴奋的、激烈的满足更安全和持久，这是个人的和社会的经验问题。经过书本和理智活动培养的、容易友好相处的人，比纵情感官快乐或追求金钱和名声的人，更容易在自身中找到快乐的源泉。就其本身而言，这格言有着明显的安全感。在乱哄哄、匆匆忙忙和奢侈的时期，这种教训特别需要；因为在那种时期，人们往往被外在事物的兴趣所裹挟，一心想着其物质后果，从而丧失了对自己的控制。

另一方面，这种学说在根本上是一种退隐和约束的理论，即使它采取这种高度智慧的“漠不关心”的形式，躲开实际事务的纷扰和混乱。如果可以把现在和未来隔开，也许再也找不到比这更好的获得幸福的有效规则。但是似乎和这种学说一致的、只关注自己快乐的自私的性质，是试图排除对未来关心的必然的产物。这种学说最终是一种隔绝的消极理论。它不仅忽略了来自努力克服困难、
与不利条件作斗争的快乐，而且是一种从许多人不得已要从事的斗争现场逃离 202
的学说。这是一种仅仅能够吸引已经处于有利地位的人的学说。它预先假定了，还有其他人，他们在承担世界上艰苦费力的工作。这样，少数人能够过着宁静的优雅的生活。根据它所排除的事情看，它是自私的。这是经常流行的学说，尽管大概是在某些名义而不是伊壁鸠鲁主义之下；是在社会条件动荡艰难，有教养的人们明哲保身，致力于知识和审美的优雅之时。

### §5. 成功作为目的

这种理论认为，主要的道德要求是为了选择目的时的智慧。这种理论的第三种变种是在开明的利己主义的意义上理解的“成功”学说。这种理论没有牵涉任何有关幸福和痛苦的特定学说，也很少用其他原则的知识准确地加以表述。

但是在实践中，它却有着广泛的影响。它隐含在“诚实是最好的策略”这样的说法中。它会流行于所谓的实际事务（商业、政治、管理）中，在那些成功与失败可以根据外部权力、名声、赚钱和获得社会地位来衡量的地方。这种学说高度重视效率，重视使某事完成；它赞赏节俭、精明、勤奋，谴责懒惰和愚蠢。它怀疑艺术，除非是作为实际成功的装饰，也不信任特殊的知识追求，除非它们产生明确的实际成果。

尽管事实上，道德学家通常以轻蔑的态度对待这种观点，我们对这种理论还是有话要说。开明的利己主义为了成功而计划和计算，作为动机，地位似乎并不太高。但是，当一个人因为纯粹无知、愚笨、粗心，因为沉溺于瞬间的念头和冲动所带来的危害时，他也许会得出结论：如果更多的人在外部成就中受到知识兴趣
203 的影响，事态可能会好得多。而且当我们考虑那些以道德为自豪的人中，有多少人满足于仅仅“是好意的”，满足于缺乏行动力量和执行效率的善的意向（根据这种说法，这有利于“好心办坏事”）时，我们对这种强调成就（即使它的标准并不高）的学说就不可能再那么重视。而且，相对于很少有人能够承受轻视事业中成功的后果，学生、工程师、职业人都可能根据自己的成功程度固定在他们的职业里。解释为表示在成就方面的权宜之计的谨慎的格言，至少会让人们专注自己的工作，以免分心，浪费时间和精力。

然而，考虑各种情况，这种学说的缺点也是足够明显的。它几乎没有超越生活的外部层面；它鼓励如“上升”、“出人头地”和“拼搏”这样的观念，同时毫无疑问地接受对这些事情包括什么内容的流行的评估。它没有批评碰巧流行的价值体系，例如在人们热衷赚钱的时代，它鼓励想象有形的物质方面的得失。在一般的成就感方面的成功的观念，是所有有益的、局限于纯粹内心感觉状态的道德的必要部分。但是关于什么构成了成就，所讨论的这个理论却有肤浅的、传统的、未经检查的观念。它以其他更人性化、更重要的价值为代价，把其信念固定在某些价值上。道德必须足够“世俗化”，才能解释这个事实。我们生活在一个许多事情不得不做的世界中。但是，这并不表明成就应该以追求名利的方式来理解。

## §6. 禁欲主义作为目的

对目的形成和善的评价中的智慧的本性的另一解释，是由古希腊的犬儒学派提出来的。正如我们已经看到，有关目的的最大的问题就是区分那些附近的、

局部的观点中的“善”和那些持久的、包含广泛的善。前者更加明显；后者依赖于反思的运用，而且常常只有通过耐心和彻底的思考，才能在思想中发现和持久。即使如此，糟糕的是被简单地评价为善的事情，与直接诉诸那些已经紧迫的冲动和欲望的较温和、较近的善相比较，是虚弱的，没有力量推动我们。因此，犬儒学派认为，道德智慧中处理实际运用、形成稳定习惯的部分，是非常重要的。工匠和技工技艺高超，在目标追求中始终不懈，他们不是由于思考和理论，而是由于运用形成的习惯。为什么不把这个原则广泛地贯彻到道德中去呢？最好是要获得对贪欲和欲望的控制。在作出这种控制方面，相对来说，思考是无能为力的；而经过训练的习惯是强有力的。因此，道德格言是：练习正确的行为，直到习惯成为自然。 204

就犬儒学派提出这种理论时的确切形式而言，它并没有很大的影响。但是，它隐含了这样的观念，即智慧在于制服和约束欲望，而且这种从属关系是通过有意练习而不是思考得到的。这种观念成了所有那些有禁欲色彩的道德观念的重要组成部分。这种原则的极端形式，被称为禁欲主义（Asceticism，来自希腊语 ἄσκησις，练习、戒律）。人们通常认为，这种观点和幸福、满足的观念完全相反。它确实带着怀疑的眼光，把所有普通形式的满足都看成在道德上是危险的。但它这样做，是为了最终的不同类型的满足——就像殉道者在这个世界上受苦，而希望在另一个世界永恒幸福；或者如果不是这样，那是他从忠诚于他的原则中得到满足。普通的快乐是骗人的；它们误导评价和行动。它们的欺骗性质是阻碍我们获得真正的善的智慧的东西。普通欲望的快乐是如此强烈，如果我们想得到真正的满足，智慧就必须得到克服；克服它们的办法是进行系统的训练，而这些训练自然是不舒服的。因此，我们要使自己勇敢地承受痛苦，使自己坚定地抵抗欲望的诱惑。此外，反复地训练会削弱欲望的强度。

约翰·洛克不是禁欲主义者，然而在他的话中有禁欲的成分。他说：“对我来说，这似乎是显而易见的，即所有美德和优秀的原则在于某种否定我们欲望（当理性不批准它们时）满足的力量。”而且，他接着说：“这种力量来自风俗，早期的练习使它变得容易和熟悉。因此，人们听到我说，我会鼓励与通常方式相反的行为，孩子们应该习惯于放弃他们的欲望，甚至从他们在摇篮时期就学会这一点。”[①]威 205

---

① 洛克：《论教育》（*Of Education*），第 38 节。

廉·詹姆斯也不是个禁欲主义者，但他在讨论习惯时说："通过每天小小的不费力的练习，使你的干劲十足。也就是说，在不必要的地方，系统地禁欲或像英雄似的。根据那些否则你就不做的理由，每一天或每两天做一些事情，这样当紧急需要的时刻接近时，人们不会觉得你胆战心惊、未经过训练来接受考验。"①

人们不承认，在这样的建议中有某些正确的成分是不可能的。仅仅在思想中预期的目的与激情的敦促相比，是软弱的。我们对善的反思性评价需要思考之外的同盟，而习惯就是这样的同盟。而且除非经过练习，否则，习惯就不能保持；它们不是自我产生的。它们只有通过一些有毅力的行为来产生，而且这种毅力不能靠碰运气。没有必要在禁欲主义学说上走极端，认为在承受痛苦、压抑快乐中有某些内在的有益的东西。但是事实上，某种程度的不愉快几乎肯定伴随着最早完成的、为了形成强大习惯而作出的行为。人人皆知，"纪律"是难以忍受的。

对这种理论的批评，原则上类似反对伊壁鸠鲁主义和成功策略学说的理论。练习是形成足够强大可以抵制激情诱惑的习惯所必需的，这种观念有某些正确的成分。但是就培养目前的温和的快乐、要达到成就而论，应该积极而不是消极地表述这种正确的成分。不是使抑制欲望成为目的本身，而应该当作欲望发展
206 中的必然功能，这种作用会带来更加包容、更加持久的善。确实，现在很少有人会走早期禁欲主义者的极端，他们带着怀疑的眼光看待家庭、国家、艺术和科学，因为这些可能会迎合性欲、世俗追逐权力的野心，或者沉迷于饱眼福和恃才自傲。但是，专业的道德家仍然使其他人，特别是年轻人，厌恶所有的道德，他们把道德等同于为了否定的否定，把约束本身作为目的。

在现代社会认真看待禁欲主义的大多数人中，并没有太多的危险；然而，在某些地方确实有真正的危险，它会影响道德学说到这样的程度，即人们会走向相反的极端，把所学到的那些学说全部抛弃，从而采用这样的学说，即一切抑制都是危险的，每一冲动都应得到"表达"，每一个欲望都应得到满足。真正危险的不是抑制，而是那些试图实现抑制的、实际上既不抑制也不控制的方法，那些方法仅仅把欲望掩盖起来不为人知，使它既看不到也想不到，从而鼓励它通过间接的不健康的渠道起作用。所有思考都包括禁止，只要欲望延迟到价值得到考虑；通

---

① 詹姆斯：《心理学》，第 1 卷，第 125 页。

常，它包括进一步的控制，原来的欲望被融入更大的目的而成为附属的。

禁欲主义的理论和“自由表达”的理论的错误是相同的。它们都没有看到，约束的消极因素作为形成新的目的和建立新的善的一个因素，是很有价值的。重要的是实现这种新的善，这种善要通过积极的手段而非仅仅通过努力扑灭相反的冲动来达到。这种较大的善，单独地看，具有削弱相反倾向的力量。真正的危险在于玩弄、戏耍目前的紧急的冲动，推迟了代表赞同的目的的果断行动。正如詹姆斯所说：“不管一个人可能拥有的格言库有多么丰富……如果他没有利用每一具体行动的机会，他的品格也许仍然没有受到提高的影响……让这种表达成为世界上最起码的事情——和姑姑说话和气，或在马车上让座，如果没有更加勇敢的事情出现，那就让这样的事发生。”密尔顿（Milton）所谓的“难以捉摸的、 207
与世隔绝的美德”是难以捉摸的，因为它是与世隔绝的；当机会出现时，人们没有果断地遵照它行动。真正的力量不是通过为了练习本身的目的而进行的练习来获得的，特别不是通过纯粹抑制的行为来获得的；而是通过在这些领域的练习达到的，在这些领域中，为了得到结果，明确地需要权力。

在极端的逻辑形式中，在所讨论的理论中占优势的目的构想没有现在这么大的模糊性。然而，讨论它仍然是十分重要的，因为它潜在的观念在把道德看成一系列特殊的个别素质的倾向中永远存在。人们通常把道德的善和对那些使生活更丰富的所有对象的兴趣分割开来，把它局限于一系列狭隘的目标。而人们常常看重这些目标，仅仅因为它们包括抑制和压制。经验表明，这种态度的作用是把注意力固定在那些被认为是邪恶的事情上。人们的心灵始终想着罪行以及如何避免它，结果养成了乖戾的孤僻的素质。被这样影响的个人，假定自己受到他人的谴责并在他们中寻找恶。这样，建立在对人性的信任之上的心灵的慷慨就被扼杀了。与此同时，作为丰富力量来源的、对目的的积极的兴趣变得虚弱了。在正常情况下，纪律作为稳定关注具有积极价值的目的的结果而出现。对一种目的极其感兴趣的人——无论有关艺术，还是有关职业或行业的兴趣——会忍受困难的条件，因为它们是追求所谓善的过程中的偶然事件。他将在他的追求过程中，寻找足够的机会来运用这费力的美德。从努力克服一个坏习惯中找到乐趣的人，是会成功的。而对把精力集中在纯粹节制的消极观念上的人来说，失败会接踵而来。在自然的善（那些诉诸目前欲望的）和道德的善（思考之后赞同的）之间，有一个对比。但是，这种差异不是绝对的、内在的。道德的善是某种自然的善，后者是通过对处于联系中的它的考虑得到支持和发展的善；和道德的善相冲突的自然的快乐，是伴随某种欲望的。由于这种欲望会影响行为本身，除了思考揭示的联系之外，这种欲望持续不断。

208

## §7. 结论：培养作为目的的兴趣

我们已经看到，有关目的和善的观念是与品格、行为的理智方面的对应者。在获得和保持实际理智方面的困难是当前冲动和欲望的紧迫性，它们越来越膨胀，直到把所有对遥远的广泛的善的思考都挤走。这种冲突是真实的，是我们许多严肃的道德斗争和失误的关键。大体说来，当我们没有面对冲突的欲望时，在利用所有可能的机会来培养对那些我们在平静的思考时会赞同的善的兴趣时，都可以找到解决的办法。穆勒说："有教养的心灵……对它周围的事物，对自然的对象，对艺术成果、诗歌想象、历史事件、人们的风俗，对过去、现在和将来的前途，有着无穷无尽的兴趣。"有很多次，这些兴趣的培养没有遇上很强的障碍。当反思性的或"真正的"道德与暂时的强烈欲望所确立的目标发生冲突时，在这样的条件下形成和加强的习惯是防止软弱和屈服的最好堡垒。因此，恰当的行为方式就是增加享受这些目的的机会，延长和加深与它们相关的经验。因此，道德成了积极的而不是反对较小的善的诱惑力量进行的斗争。这种行为方式既不能保证防止冲突的情况发生，也不能保证防止更大的善的可能的失败。但是，当这些目的本身(在较早的时间)就是在正常生活中喜爱的自然的善时，理性提出的目的的附加的反思特点就大大地加强了。理想的目的，那些由思考支持的目的，当被直接体会时，不会失去它们理想的特点。随着它们成为积极兴趣的对象的程度提高，它们在紧张时控制和推动行为的力量就得到加强。

这一事实带来了对这一章中讨论的各种观点所发现的共同的因素。快乐主
209 义的道德智慧观中所隐含的真理，(它在于对未来快乐或痛苦的预见和计算)就是现在的快乐也许伴随着想到心中泛起的遥远的目标。它的错误在于，假设在思考中，我们的思想指向未来的快乐而不是未来的目标。一个为了增进健康的人，不会想到它可能给他带来的快乐：在想到会带来健康的各种目标和行为时，他感觉到了当下的快乐。而且，这种快乐加强了他要获得健康的努力。正如柏拉图和亚里士多德在两千多年前所说，道德教育的目标是发展一种品格。这种品格在正确的目标中找到快乐，在错误的目标中发现痛苦。

某些类似的东西也被说成理智的和审慎的(作为对权宜之计或标示为“好的策略”的目的的评价)。就这格言强调成就所必需的手段和条件,从而使道德脱离多愁善感的沮丧和幻想的领域(误称为理想主义)而言,这原则还是可靠的。其错误在于限制了可以渴望成功的价值的范围。成功的概念里只包括有形的物质的东西,而不包括文化、艺术、科学、同情他人的关系的东西,这是愚蠢而不是智慧。一旦某人感受到某种类型的具体的怡人的善,他会宁愿在外部成功中失败,而不是放弃达到它们的努力。努力的热情本身,就是要促进的快乐;而且生活没有它,就是贫乏的。正如穆勒所说,“某些称为权宜之计的东西是没有用的,而且在实际上是某种有害的东西”。对正当的思考而言,有时被认为“实用的”东西,事实上是高度失策和短视的。但是,消除偏爱狭隘的、短视的权宜之计的方式,不是把实用谴责为与精神的理想相比而言的低级的、唯利是图的,而是培养所有可能的享受反思性价值的实际快乐的机会,并且从事那些扩大它们范围的活动和实践。

因此,道德上聪明的人能正确地评价行动和“练习”的必要性。他们认识到,习惯的重要性在于防范受到当前欲望和急迫的激情提出的好处(goods)的欺骗。同时,他们认为,为了节制而节制,为了禁欲而禁欲,这并不是理性的目的。行动重要的同盟就是权力感,这权力感是在积极的善的实际成功方面的进步的伴随物。审美因素如果不是同等重要(在某些精神气质方面更优越),至少是居次要地位。一个高尔夫球选手或网球选手喜欢他的运动,因为他欣赏“形式”的价值。爱默生(Emerson)谈到节制的优雅时说,适度是均衡的同伴,没有分寸(measure)就没有艺术。紧随着均衡的健康感之后的克制,在性质上非常不同于因其自身原因的运用。发现某事格外恶心,比发现它尽管吸引人但却是错的更加有效。 210

最后,所谓伊壁鸠鲁主义隐含的真理包括我们所坚持的因素:培育有价值事物的当下的快乐的重要性,不是为了未知的、不确定的未来而牺牲现在的价值。如果这种做法通常被看成纯粹的自我放纵、自私,破坏了为长远目的的不断努力,那是因为重点放在了快乐的纯粹事实上,而不是喜欢的价值上。就像所讨论的其他原则一样,在此的结论是:在每一个机会面前,需要培养思考赞同的这类善的直接的快乐。在道德的任何地方否定直接满足,就是直接削弱思考赞同的善的推动力。

我们的讨论集中在这样的善上，它们使自己和那些在处理由于当下强烈的欲望、冲动和贪欲而自我暗示的满足的关系时，与考虑周到的或道德上“聪明的”人联系在一起。我们已经看到，思考的作用是价值评价的形成。在此评价中，特定的满足成了和谐一致的整体行为中的组成部分。如果几个价值不互相阻碍，即一个欲望的实现与另一个欲望的实现不相冲突，那么就不需要思考。我们应该抓住每一个出现的事物。智慧，或者正如它在普通层面所称呼的审慎、可靠的判断，使我们能够以相互联系、相互加强目的方式来预见后果。道德上的愚蠢，
211 就是使较大的善屈从于较小的善；它抓住某个满足，却阻碍我们得到其他的满足，并且使我们后来陷入麻烦。

至此，我们忽略了影响智慧的审慎的心智态度发展的社会条件。但是，很清楚，一个人所受的教育，不仅仅有正规的教育，还有传统、他所生活的社区制度以及其伙伴的习惯，这些都有深刻的影响。最简单的例子，就是宠坏了的孩子。一个被鼓励去顺从每一个欲望（当它出现时）的人，一个经常受到他人帮助而得到他想要的一切（当他想要时）的人，如果要发展反思性评价的习惯，就必须拥有异常的智力。适合这个个人层面的东西，也适合广泛的社会层面。一般的社会秩序也许就像给粗野的、下流的、“物质的”满足加上一个奖励，给急急忙忙抓住任何似乎很近的善的态度加上一个奖励。这种事态是今日美国生活许多时期的特点。热爱驾驭他人的权力，热爱炫耀和奢侈，热爱金钱财富，是受我们的经济制度支持的。而理想的、审美的和聪明的价值的善，远远超过肤浅的伙伴关系的友谊的善，却被迫处于从属地位。因此，培养角色反思的和深思的态度的需要，就要大得多。首先需要重建社会条件，使它们能够自动地支持更丰富更持久的价值，减少那些赞同自由发挥不受思考约束的冲动的社会习惯，即那些使人们满足于陷入纯粹日常事务和传统的社会习惯。智慧在评价价值时，最大的保障就是公正的、崇高的社会秩序。桑塔亚那（Santayana）说：

> 如果一个更好的体制能够在我们的生活中盛行，一个更好的秩序就会出现在我们的思考中。不是因为缺乏敏锐的感觉，或个人的天才，或外部世界恒常的秩序，人类不断地陷入野蛮和迷信；而是因为缺乏善的品格、善的
> 212 范例和好的政府。只要他们相互给予机会，人就有过高尚生活的能力。政治完美的理想尽管还很模糊和遥远，但肯定是可接近的，因为它就像人性一

样确定和恒常。①

总之，我们指出，这个讨论使我们能够给予（和物质的价值相对）理想的价值概念以可以经验证实的意义。这区别在于两种善之间。一种善，当它们呈现于想象中时，在广泛考察它们的联系之后，得到了思考的认可。另一种善是这样的，只是因为它们的广泛联系没有得到深入研究，我们不能编个目录，说这样的善本质上始终是理想的，其他的善因为是物质的，所以本质上是基础的。有时在某种情况下，对于某种因为与宗教联系而称为精神的价值的欣赏，只不过是沉迷；换句话说，当它的善成为一种纯粹感性情绪时即这样。有时对物质环境的关注构成了理想的善，因为彻底的探究赞同的正是这种行为。当然，一般来看，我们可以有把握地指出，某些善在特性上是理想的：艺术的、科学的、文化的善，知识和思想的交流，等等。但那是因为，过去的经验表明，它们是这种价值。它们可能在探索的思考的基础上得到赞同。因此，存在一种有利于它们的推测，但在具体情况下仅仅是个推测。假设较高的理想的价值本质上在于它们自身，就会导致促进爱好艺术的和纯粹唯美主义的生活，就会把所有在自然的生活道路中经验到的善归结到非道德或反道德的层面。事实上，有这样的时间和地点，即有这样的关系，在其中正常的通常称为生理的和感性的欲望的满足具有一种理想的性质。如果不是这样，某种形式的禁欲主义就会是仅有的道德程序。确定真正的善的思考的事情不可能一劳永逸地完成，就像做一个表格，把价值分成较高的和较低的等级秩序。我们需要根据所出现的具体情况的条件进行这种思考，而且需要不断反复地进行。简而言之，对思考和领悟的需要是不断反复出现的。

## 参考文献

关于善和幸福，参见：Aristotle, *Ethics*, trans. by Peters, 1884, Book I. and Book X., chs. vi.-ix.; Paulsen, *System of Ethics*, 1899, pp. 268－286; Rickaby, *Aquinas Ethicus*, Vol. I., pp. 6－39; Rashdall, *The Theory of Good and Evil*, 1907; Eaton, *The Austrian Philosophy of Values*, 1930, ch. iv.; Perry, *The Moral Economy*, 1909, and *General Theory of Value*, 1926, especially chs. i.-iv., xx., xxi.; Hastings' *Encyclopaedia of Religion and* 213

① 桑塔亚那：《科学中的理性》(*Reason in Science*)，第320页。

*Ethics*, 1922, article on Summum Bonum by Shorey; Hobhouse, *The Rational Good*, 1921; Russell, *The Right to Be Happy*, 1927; Sturt, *Human Value*, 1923; Palmer, *The Nature of Goodness*, 1903; Sharp, *Ethics*, 1928, Book II. on the Good, and chs. xxii. and xxiii. on Self-sacrifice; references on Happi-ness is III. of Baldwin's *Dictionary of Philosophy and Psychology*, 1905.

关于快乐主义，参见历史材料：Watson, *Hedonistic Theories from Aristippus to Spencer*, 1895; Wallace, *Epicureanism*; Pater, *Marius the Epicurean*; Sidgwick, *History of Ethics*, chs. ii. and iv. For criticism and exposition of Hedonism, see Green, *Prolegomena to Ethics*, 1890, pp. 163–167, 226–240, 374–388; James, *Principles of Psychology*, 1890, II., pp. 549–559; Sidgwick, *Methods of Ethics*, 1901, pp. 34–47, Book II. and chs. xiii. and xiv. of Book III.; Bain, *Emotions and Will*, Part II., ch. viii.; Calkins, *The Good Man and the Good*, 1918, ch. v.; Everett, *Moral Values*, 1918, ch. iii.; Stapledon, *A Modern Theory of Ethics*, 1929, ch. iv.

关于伊壁鸠鲁主义中真理的有效声明，参见：Fite, *Moral Philosophy*, 1925, ch. xiii. For asceticism, see Lecky, *History of European Morals*, 3rd ed., 1916; Lippmann, *A Preface to Morals*, 1929, ch. ix. For the ethics of success, see Plato, *Gorgias* and Book I. of the *Republic*; Sumner, *Folkways*, 1907, ch. xx.; Nietzsche, *The Will to Power*.

# 12.

# 正当、责任和忠诚

## §1. 正当的观念 214

上一章讨论的理论之间本身是不同的，但它们在认为善是道德的中心事实方面，在相信道德的最大问题是确定那些在事实上或在理性上是善的欲望和行为的目的方面，是一致的。然而在道德中，有某些因素似乎是独立于任何形式的满足的。例如，孩子常常被要求做正当的行为，仅仅因为那行为是正当的。成人会发现自己处于某些义务之中，这些义务是紧迫的，阻碍着他们欲望的满足。我们发现自己服从权威，在法律下，我们成了某些责任的承担者。这些责任，我们没有选择但必须履行。在道德中，有权威和义务的压力；这种压力至少在表面上，不能还原到欲望的满足甚至合理的满足的善的概念上。在很大程度上，我们被告知：法律的要求高于欲望的恳请，而不道德的原则、自私的原则会引诱我们把幸福放到遵守这些要求之前。

由于这些因素在行为中如此突出，正如我们可能想到的，有一种理论专门讨论它们。这种理论的支持者并不排斥谈论善，但是他们给予善一种和以前讨论的理论完全不同的意义。他们承认与欲望满足相关的善的存在，但他们认为，这是非道德的善。在这种理论的极端形式中，它们甚至是反道德的满足。根据他们所说，道德的善就是正当，就是遵守法律和义务的命令。人应该在关心正当的命令中发现满足。但是，这样的满足在性质上不同于那些来自自然冲动和情感 215
的满足。

在社会要求和欲望相冲突的情况下，善和正当之间的冲突是非常明显的。

一个孩子想在草地上跑，但他被告知草坪是属于他人的，他不能擅自进入。花朵吸引了他的注意，他想摘花，但被告知它们是他人的财产，他不能偷摘。这样的情况在日常生活中经常出现。社区的制度和法律规定高耸于个人的欲望和满足之上，把命令和禁止强加到他头上。

在日常经验中，这种在法律和它强加的义务之间的冲突，引来了比来自直接渴望的善和思考决定的善（如上一章所讨论的）之间更多不一致的冲突。例如，年轻人常常被要求服从父母和老师，他们发现自己处于个人的和规则的权威之下。他们所理解的道德原则，与其说是聪明的预见所提出的目的和目标，不如说是以正当、法律和义务的名义获得权威的禁止和命令。对他们来说，道德上的善就是允许的、许可的、合法的；道德上的恶就是禁止的、不合法的。道德确立的主要的目标和目的就是服从规则，尊重权威，遵循正当。

现在，坚持目的、善和洞见优先性的理论家们，也许会合理地反对这种处于其较原始形式的道德；他们也许认为，它没有为反思性道德留下位置，因为它只不过代表了风俗赋予某些人指导他人行为的权力。我们毫无疑义地假定，这种对目前许多对权威和服从的利用的反驳是有效的。但是，这潜在的原则不可能这样容易处理。某些人断定，"正当"仅仅标志着走向善的道路或途径。

据说，它的权威是从正当的方向所服务的善那里借来的。或者说，冲突不是在善和正当之间，而是在较小的善和较大的善之间，因为法律代表高于私人善的
216 社会的善。因此，问题是使得人们看到，社会的善是他们自己的、真正的善。第一种关于正当是通往善的道路的说法，是与把正当等同于恰当和合适的说法一致的；我们必须使用手段来达到目的，某些手段适合某个目的，其他的则不适合。前者是恰当的、适合的、正当的；后者是错误的、不恰当的、不适合的。关于善的优先性的其他说法，强调这个事实，即所有的人类经验表明，个人的能力如果没有体现在法律和制度中的人类经验，是无法判断什么是善的。个人的经验是狭隘的；人类的经验是广泛的。法律基本上表达了社会严肃的、深思熟虑的判断：对于个人来说什么是真正的善。法律的权威是建立在广泛的、通过思考而赞同的善的权威之上的。

关于正当是通向善的手段的观念也许可以说，视为正当的行为事实上应该有助于善，这肯定是值得想望的。但是，这种考虑并没有排除这一事实，即在许多情况下，正当的概念是独立于满足和善的概念的。当一个母亲说"这是对的，

你应该这样做”时，人们希望这种行为的执行有助于某种善。但是，作为一个观念，“正当”引入了一种远在善的概念之外的因素。这种因素是强要、要求。直接的道路意味着笔直的、最好的路线；但是，它也标志着控制的和有序的路线。一个人也许会承认，从理智上看，某种行为是愚蠢的，因为它包含着牺牲更大的最终的善来换取较小的眼前的善。但是，他也许会因此问道：如果我想做，为什么不愚蠢一下？关于错误的观念引入了一个独立的因素：从道德权威立场来看，这行为是对合法要求的拒绝。为了把善转化为正当，就必须有权威主张说明什么是合理的。

当人们主张，这表面上的冲突在社会的善和个人的善之间，或者在更大的广泛的善和较小的善之间，而且可能选择较大的而非较小的满足时，必须开展完全同样的讨论。真正的困难是：陷入冲突中的个人没有意识到，社会的善在任何意义上，对他来说也是善。为了让他可能这样做，他必须首先承认它对自己的注意力有独立的权威的要求。善是那些吸引人的东西；正当则是那些断言，我们应该受到某个目标的吸引而不管是否自然地受到它的吸引。 217

某种理论与建立在欲望、满足上的理论相反，相应地颠倒了作为后者特点的观念的秩序。例如，它常常重视理性和理性的观念。但是，这两种理论给予这两个术语的含义却大相径庭。“理性”现在不是被看作对欲望的全部的遥远的后果的理智的洞见，而是被看成一种和欲望相反的、通过颁布命令来限制欲望的力量。道德评价不再是谨慎和慎重的运用，而是变成了一种通常称为良心的能力，它使我们意识到正当和义务的要求。许多这一类理论一直不满足于主张正当的概念独立于善的概念，而是断言作为道德的善的正当，是某种与所有欲望和满足彻底隔绝的东西。因此，它们属于已经传递给某些观念的限制。这些观念（第207页）把行为分成两个隔离的领域（一个是道德的，一个是非道德的），用怀疑的眼光看待所有自然的情感和冲动。因此，我们的讨论将努力表明，可以保持正当概念的特色而无需把它和那些来自本来属于人性的欲望和情感的目的、价值隔离开来。

## §2. 道德要求的起源

我们能否为那些我们服从要求的道德权威找到一个位置？这个位置一方面不同于强制，不同于生理的和精神的压力；另一方面又不需要建立某种义务和正当的法律，这种法律和我们人本身自然的欲望和倾向没有任何关系。这就是我们面对的问题。因为一方面，纯粹强迫没有道德的地位，个人也许会服从霸道力
218 量的要求，仅仅因为如果不服从就要受苦。但是，这样的服从在他们身上发展出了奴性的弱点，而在那些拥有权力的人们身上发展出了对他人权利傲慢的漠视。另一方面，如果我们说存在与我们正常的冲动和目的无关并高于它们的义务的法律和原则，那么就是把人分成了两个没有联系的部分。

我们承认，权利的行使就像世界上的其他事情一样自然。在这个世界里，个人不是彼此隔绝的而是生活在经常联系和相互作用之中。通过承认这一点，我们找到了出路。孩子也许会服从父母这样的要求，在这些要求中，只有父母霸道的意志，加上如果孩子不服从就要受到惩罚的权力。但是，孩子服从的主张和要求不必来自霸道的意志；它们也许来自父母和子女联系中的家庭生活的真正本性。因此对孩子来说，它们不是外部的专制的力量，而是他自己属于其中的整体意志的表达。对父母的感情，对他们评价的尊重，使他作出回应；即使这要求和他最大的欲望相反，他还是会回应它，就像某些并非完全不相容的事情一样。由于人们相互支持的内在联系，他们面临着他人的期望和表露这些期望的要求。

如果我们把父母看成也要服从要求的人，那么情况会更加清楚。孩子无需以明确的形式提出这些要求，也不必有意识地提出它们。但是意识到了的父母会感觉到，他们处于*父母和子女的关系*中。由于这种人际关系，即使(也许甚至更多由于)孩子不能以任何明白的要求方式说明其主张，某些事情还是归因于孩子。因此，由于朋友关系的真正本性，使朋友们相互感激。正义国家的公民响应国家的要求，即使带来个人的不便，不是因为国家使他们受到物质的压力或精神的强制；而是因为，他们是有组织的社会成员：正是在这样密切意义上的成员，即
219 使当那些要求和现在欲望要求的善相冲突时，它们也不是从外部施加的。友谊的要求不总是令人愉快的；有时，它们也许是格外令人讨厌的。但是，我们应该毫不犹豫地说：一个仅仅因为它们是麻烦的、就拒绝满足这些要求的人，不是真正的朋友。如果我们概括这些例子，就会得出这样的结论：正当、法律、责任来自人类紧密地相互支持的联系，它们的权威力量来自把人们联系在一起的关系的真正本性。

如果我们更详细地考虑从其他基础上解释道德权威和正当的某些理论，这个结论就会得到加强。某些观念把上帝的意志作为权威的所在地；其他的观念

(像托马斯·霍布斯的观念)把权威从上帝转移到政治国家;康德反对权威来自外部的说法,发现它来自实践理性的规律中。这实践理性内在于人的自身,但却有着和他的冲动、情感完全不同的起源和构造。同样的基本观念的一个流行版本是:人有双重性,既是精神的又是肉体的,肉体正当地服从精神规律。从历史的观点看,值得注意的是:虽然希腊人发展了善的观念和道德见识,但有强大的法律和管理才能的罗马人使由法律授予权威的观念成为核心观念。罗马的道德学家和法学家用来总结道德规范的三个格言都采取了义务的形式,给予每个人他应该得到的。使用你自己的东西,不要损害他人的。*Vivere honestum*,即活着,不辜负他人给予的好名声。这些格言被说成是"自然法"的精华。人们从它们当中得出了人类制度和法律的正当性。

## §3. 康德的理论

权威和法律是首要的,在道德意义上的善的观念是第二位的。毫无疑问,这种信念在逻辑上最极端的表述就是康德的表述。他在下面这段话中总结了善对正当的从属,"善恶的概念不能在道德规则之前确定,而仅仅是在其之后,由它确定"。康德没有停止于此。他把所有满足欲望的价值和前一章(第 186 页)提到 220
的真正道德的善的对立观念,引向了逻辑的极端。他接受了有关欲望的快乐主义的心理学。从欲望的立场看,所有的善都是个人的和私人的快乐。让欲望甚至关爱他人的欲望引导其行为的人,最终只是追求他自己的善,即他自己的快乐。所有欲望的指导原则是自爱,是自我保存的本能的发展。据他所说,这本能决定所有的欲望和冲动。因此,道德的善不仅不同于人在日常生活中经验的自然的善,而且和它们相反。道德斗争的本质是:在满足欲望作为行为的主要准则和动机的地方,引起对道德规则的注意。道德是一种斗争,是因为人们在其天生的构造和能力方面自然地会寻求他们欲望的满足,而他们更高层次的本性会对这种倾向给予完全的制止。

康德在逻辑上把法律和义务概念具有最高权威的观念表述得非常清晰,他的观点值得注意。这里有几个例子。自然冲动促使母亲关照婴儿;但是,在做到道德上的善的方面,她的行为动机必须是对道德规则的尊重,道德规则使得关照孩子成了她必须完成的义务。这种观点说,为了真正的道德,这母亲必须抑制她的自然情感,这似乎有些滑稽可笑。这种观点并没有包含这种极端的结果。但是，根据康德的理论，说母亲必须抑制自然情感而成为实施关照后代的行为*动机*的倾向，就不是好笑的。就她的行为动机而言，她必须把她的情感置于她对自己行为的义务性质的有意评价之下。她的行为不是道德上的善，因为它出自情感，而不是因为在结果上有利于年幼者。一个从事客户服务的人，或者出于职业成功的雄心壮志，或者出于养成的职业习惯，即尽其所能把委托给他负责的客户的事做得最好。但是，只有在这些影响他行为的动机，甚至包括帮助他人的愿望从属于对道德规则的尊重时，他的行为才是在道德上善的——是*正当的*（不同于满
221 足）。一个商人给顾客提供适当的商品，诚实地找零，热情地为他们服务，只是因为他认为，这是一个好的策略。他只追求第一，而他*应该*做他所做，因为那样做是道德上的义务。

前面（第 173 页）偶尔触及了康德理论的一个方面，即人们在意志（定义为动机）和后果之间建立起来的对比，加上仅仅把道德的善归于前者。在此，我们只讨论他的立场特有的一种因素，即把尊重法律和义务的观念当作唯一*有理的*动机。根据康德的理论，法律是必要的；而这必要的命令是绝对的、无条件的——为了与仅仅是假设的审慎的要求、技巧相区别，他称之为“绝对命令”（categorical imperative）。后者采取这种形式：*如果*你希望健康，或者在职业上获得成功，你*必须*如此这般地做。道德命令说，无论如何，你*必须*出于义务的动机而行动。康德表述不同于善的正当、法律和义务原则的极端的逻辑形式，给所有把正当和欲望、情感的满足完全分离的理论带来了困难。撇开康德理论中的技术性问题，这困难是：当对后果、对所有欲望确立的目的的一切关注都被排除了时，还有什么具体的材料能够留下，包括在义务的观念中呢？为什么一个人不能采取任何行为路线，假设他相信他的义务就在那里？一旦他决定（除了出于对后果的考虑）某件事情是他的责任，是道德规则所命令的，那么什么东西可能使他避免自欺、狂热、残忍地漠视他人的利益呢？精确地表述这个问题：一个人怎样从一般的义务观念深入某个具体的行为或忠于职守的行为方式呢？

康德认识到了这个困难，并且设想自己对它有充分的回答。他没有忽视这个事实，即义务的观念，一般而言，本身是没有任何具体内容的。根据他所说，我们没有意识到具体的行为是义务的；我们仅仅意识到，使义务的法则在行为中至高无上，是我们必须执行的命令。他主张而不是仅仅承认，义务规则本身是形式
222 的、空洞的。因为所有具体的目的都和后果有关，都和欲望相联系。那么，从一

般的义务到认识“追求某些实际的具体的目的是我们的义务”的道路在哪里呢?

他的回答采取了下面的形式:义务意识是由我们的道德理性强加给我们的。我们不仅仅是具有贪欲和欲望的动物,具有感性和本性的动物;而且在我们自身,还有超越欲望和本性的理性的能力。以普遍的必然的方式表达自己,是理性的本质。这种特点意味着,它是完全自我一致的或者说普遍的。它不会在这时这样说,在另一时又那样说。所以,要知道在特定情况下我们的义务,要做的只是问问我们自己:这行为的动机能否普遍化而不自相矛盾?例如:

> 当我处于痛苦时,可不可以作出并不想兑现的承诺?……骗人的承诺是否和义务一致?寻找这个问题的答案,最简洁无误的方式就是问自己:这个格言(用假的承诺使自己摆脱麻烦)是否应该普遍有效,对自己和对他人,我自己对此满意吗?而且,我是否应该对自己说:在发现自己处于困境时,每个人都可能作出虚假的承诺,不这样就无法使自己摆脱困境?因此,我自己意识到,尽管我会说谎,但决不希望说谎成为普遍规律。由于有了这样的规律,就再也没有承诺这样的事了。没有人会相信别人所说的目的,或者说,如果他们仓促间这样做,一有机会就会以其人之道还治其人之身。

这原则如果被普遍化,就会自相矛盾;而且说明它根本就不是原则,不是理性的。用句套话来总结,我们得出了作为我们正当行为标准的原则:“你的行为根据你的意志,会像普遍的自然规律那样行动。”

要公正地评价康德的说法,不考虑“理性”在他的整个体系中所占的位置是不容易的。但是,可以指出,从理性的一般形式的命令转变到对特定情况下的正当或忠于职守的评价,在理性的作用概念中有一种无意识的但是完全的转移。 223
如果一个人孤立地考虑他的行为目的或动机,就好像它不是一系列相互联系的行为中的一个行动似的(第 169 页),在他的行为中就没有理性或合理性,也没有原则或法律,因为没有什么东西把不同的行为结合在一起。每一种行为对自身都是完全的法律,这就类似根本没有法律。正是理性的作用引导我们去判断:我是否总愿意在所有条件下为这个目的而行动?我是否愿意他人在相同的条件下也按照它来对待我?用康德的语言来说:我是否愿意使它“普遍化”,或者,我是否在为自己寻求某种在特定情况下的特殊的例外?

但是，这种方法不是要排除所有对后果的考虑，而是一种保证公正地考虑后果的方法。它不是说，忽略后果，尽你的义务，因为道德规则通过理性的声音要求这样；而是说，以这种方式尽可能广泛地考虑行为后果；想象一下这样的结果：如果你和他人总是按照这样的目的行事，就像你很想追求这样的目的那样，看你是否愿意坚持这样做。如果你这样做了，就会明白当时的特定目的的真正特点。这有助于你发现自己的义务在哪里。如果一个人经过思考，就他是公正的而言（用流行的说法，评价的公正和理性是同义语），发现自己不喜欢被“以其人之道还治其人之身”，就会察觉到他意图的行为的错误。

在现实中，尽管不是在正式的理论中，康德的普遍性标志着考虑所有的社会后果，而不是忽略所有的后果。这种观点出现在他建立的道德规律的另一种表述中。根据他的观点，道德的或理性的意志本身就是目的，而不是达到其他目的的手段。现在，每个人本身都是平等的目的。确实，就是这种性质把一个人和纯粹的东西区别开来。我们使用东西作为手段；我们使物体、能量（石头、木头、热和电）服从我们的特殊目的。但是，当我们把另一个人当作我们目的的手段时，就违背了他的真实本质；我们把他当作奴隶，把他降低到纯粹物体或者牲畜、一
224 匹马或一头牛的地位。因此，道德规则也许可以用下面的形式表达：“采取行动时，把人性，无论是你自己的，还是他人的，当作目的，决不要仅仅当作手段。”对他人作出虚假承诺的人，就是把他人当成了追求自己利益的工具。打算自杀的人，是把自己的人格仅仅作为避免困苦和麻烦的手段。后一种表述等同于第三种和最终的原则：因为所有人都是平等的人，对所有行为都有平等的要求，所以履行义务的理性行为的理想导致了目的王国的观念。道德规则要求：“一个系统中不同的理性的存在，通过共同的规律联合在一起。”

如果记住这个结果，想到我们与之有着社会联系的他人的要求，我们就能够看到在什么方面，正当和义务的观念不同于善的观念，以及这两者是如何联系在一起的。

万一个人的利益和他人的利益发生冲突，大多数人都会估计自己的满足程度，赋于其更高的价值。毫无疑问，当我们判断为善的事情（由于其符合我们自己的欲望）和我们应该视为他人利益的事情（如果和我们自己的利益关系不大）相冲突时，严重的道德问题就出现了。把自己看成他者中的一员而不是“海滩上唯一的卵石”，并把这种估计运用到实际中去，这也许是我们必须学会的最难的

课程。如果他人没有提出他们的要求，如果这些总体的主张没有体现在一般的社会期望、要求和法律的系统中，他就确实是个例外的个人，他仅仅应该使对他自己利益的关注(由他自己的需要和目的要求的)和给予他人利益的关注一样多。我们自己利益紧迫的、密切的和附近的特点，强烈地阻碍我们给予他人利益以应有的关注；相比之下，他人利益对他而言，似乎是苍白的、遥远的和微不足道的。

但是，完全孤立的假设与事实相反。他人并没有不理会我们。他们在对我们每个人提出的要求中，积极地表达他们对利益的估计。他们伴之以实际上的承诺，即如果他们的期望得到满足的话，就会给予帮助和支持；还有实际上的威胁，即如果我们在形成控制自己行为的目的时不考虑它们，他们就会撤消帮助，给予明确的惩罚。而且，这些他人的要求并非仅仅是不同个人的许多特殊的要 225
求。它们被概括进了法律；它们被表述为“社会”常规的要求，以区别于个人在他们各自孤立时的要求。当看成要求和期望时，它们构成了不同于善的*正当*。但是，它们最终的功能和作用是引导个人扩展他的善的概念；它们让个人感觉到，如果某事不是同时也是对他人的善，那么也不是对他自己的善。在形成目的、确定什么是善时，它们起了激励扩大要考虑的后果的作用。

这个结论给予正当的概念一个独立的地位，而且显示了它最终的道德概念和善的概念的区别。它使正当避免了随意性和刻板，善避免了狭隘和隐蔽性。但是，整个问题尚未解决。反思性道德追问：社会，特别是那些权威人士提出的具体主张和要求的正当性如何？从它们被提出的具体形式看，它们是不是*应该*实现的要求和期望？例如，在父母或政府官员特定的命令或禁止和它声称体现的一般的正当的观念之间有什么联系？它的道德辩护是什么？

## §4. 对要求的辩护

这个问题并非纯粹的理论思考。家庭中的孩子、国家中的公民和群体也许会觉得他们在社会上服从的要求是随意的，缺乏真正的道德权威。他们也许觉得，现在的法律来自过去陈腐的风俗习惯，或者他们怨恨那些掌权者的威力而不是道德理想。某个父亲的、老师的、统治者的命令，“做这件事”；经过思考，也许结果是他的冲动的表达，或者是他个人欣赏自己的权力和特权的展示，支持这种展示的是他的优越地位而非道德原则。服从常常是通过运用回报和惩罚、承诺

226 和威胁来得到的:通过道德理论中称为"认可"的东西。而且如果遵守法律、尊敬义务的最终"理由"是希望回报和害怕惩罚,那么,这"正当"只不过是一个指向个人满足的快乐主义目的的拐弯抹角。道德成了卑躬屈膝;事实上,表面服从的情况只不过表明了害怕的心态。而且,这种情况导致一种聪明的伪善(hypocrisy),一个人也许足够聪明,可以随心所欲,同时掩盖自己的行径,看上去似乎忠于合法构成的权威。

当我们从相反的角度看待这种情况时,也可得到相同的观点。一个政治生活敏锐的观察者说道,权力就是毒药。对一个处于权威地位的人来说,只要他有权力来实现自己的要求,就很难避免假定他想要的是正确的;而且即使有世界上最好的愿望,他也可能不知道他人的真实需要,而这种无知增加了自私的危险。历史揭示了把个人特权和官方地位相混淆的趋势。争取政治自由的斗争历史大部分是努力摆脱压迫的记录,这些压迫以法律和权威名义实施,但实际上把忠诚等同于奴役。随着所谓的道德权威集中在少数人身上,出现了对评价和接受代表许多人责任的力量的相应的削弱。"道德"被还原成了执行命令。

这个讨论揭示了一个隐含的问题:道德权威的最终性质是什么?把它和风俗习惯或出自权力的命令区别开来的是什么?正如我们已经看到,这个问题不是纯粹理论的;它有其实践的方面。那些掌权者、高级官员和行政官员常常处于这样的诱惑之下,即把法律看成他们自己的目的,认为通过颁布规则和条例来确保对它们的服从,才能保证正当。即使像在民主中那样,统治者是人民大众,这危险依然存在。不是有这样的说法——"大众的声音就是上帝的声音"(*Vox populi, vox dei*)吗?法律为人而存在,不是人为法律而存在,这并不是一件容易弄明白的事情。在反对近乎压迫的专制的权威时,求助于个人欲望和冲动的无政府状态也无法减小这种困难。

227 简而言之,虽然正当作为一个观念是独立的道德概念或"范畴",但这个事实并没有解决什么是正当的这个具体问题。法律、法制和一条法规并非一码事。法律是必需的,因为人出生并生活在社会关系中;但一条法规是可以质疑的,因为它只是实现总体法律(即那些有助于所有人的福祉和自由的人际关系制度)的功能的一种特殊的手段。

个人是相互依赖的,没有人天生不依赖他人。没有来自他人的帮助和养育,他就会悲惨地死去。他在智力和生理上生存所需要的物质,都来自他人。随着他的成熟，他在生理上、经济上变得更加独立；但只有通过和他人的合作和竞争，他才能从事他的职业；只有通过交换服务和商品，他的需求才能得到满足。他的娱乐和成就取决于和他人的分享。那种认为个人天生就是分开的、隔绝的，只有通过某种有意的安排才进入社会的观念，只是一个纯粹的神话。社会关系和联系就像物理联系一样，是自然的和必然的。甚至当一个人独处时，他思考使用的语言来自和他人的联系，他思考的问题也产生于交流。品格和评价的独立，是值得珍惜的。但是，独立并不意味着分离；它是某种展示在和他人联系中的东西。例如，没有人比真正科学的、哲学的思想者更具有独立的探索、思考和见解的特点。但是，除非他思考的问题来自长期的传统，除非他打算和他人分享他的结论来赢得他们的同意或得到他们的纠正，否则的话，他的独立就是无用的怪僻。这种事实已经是大家熟悉的老生常谈。它们的意义并非总是能够这样明确地得到认识——即人之成为个人，是由于和他人的联系。否则的话，他就是一个像一块木头那样在空间和数字上分离的个人。

在这些关系中，许多是持久的或频繁发生的。例如，孩子和父母的关系持续多年，引起了要保护和养育、注意、尊重和关爱的要求。表达这些关系的义务是 228
内在于各种情况的，而不是从外强加的。成了父母的人，由于这一事实，承担了某些责任。即使他觉得这些责任是负担，想逃避它们，但他逃避的是某种构成他自身的而不是由外部力量强加的东西。在我们习惯法体系中承认的许多义务，来自人们的经济关系中经常反复出现的关系，例如地主和佃户、卖主和买主、主人和仆人、受托者和受益者的关系。然而，并不能从该事实中得出这样的结论：表示关系的义务常常恰好就是它们应该是的；这关系也许是单方面的而不是相互的。但是，对此的补救不在于放弃所有的义务，而在于关系特点的变化。

因此，虽然具体的权利和义务也许是随意的，但是在正当和义务的存在方面没有随意的或强迫的事情。罗马人把义务说成职位（*offices*）。一种职位就是一种具有代表价值的职能，即它代表超越它自身的东西。正是作为父母而不仅仅是孤立的个人，一个男人或女人把义务强加到孩子的头上；这些义务来自父母承担的职位或职能而非纯粹个人的意志。当它们仅仅表达一种或另一种相反的意志而非来自把人们约束在一起的联系时，就破坏了自己的基础。在那些通常称为官员的人的情况中，这一点更加清楚。立法委员、法官、估税员、警长并不是运用他个人拥有的权威，而是作为许多人共享的关系的代表；他是许多利益和目的组成的群体中的一个器官。因此，在原则上，正当表达了一种方式；在这种方式中，由内在的联系结合在一起的许多人的善在对群体成员的管理中变得有效。

然而，正当的观念或原则有这样一个自然的基础和必然的作用，这个事实并不意味着它不会和一个人判断为他的利益和目的的东西相冲突，也不能保证以这种名义提出的所有主张和要求的正当性。相反，一个人也许会运用代表资格所赋予的权力和声望来追求个人的利益，增进个人的快乐，提高个人的收益。一
229 对夫妇也许把父母的职责降低为增加自己的舒适、展示自己的古怪念头、满足对管理他人的权力的热爱的手段。行政官员和政治官员也是如此。这样的行为不可信赖，但这样的背叛不幸是常见的事件。邪恶还在扩大，它引发了对所有权威的怨恨；而且这种感觉在增长，即所有义务都是对个人自由的限制，都是优势权力的滥用。

这种冲突影响了对法律意义的解释。一方面，它被认为是优势意志针对劣势的、从属的意志的表达。另一方面，它建立起一个超越所有人类意志的非个人的独立的实体。康德实际上是以这种方式来定义道德的，尽管他以理性意志的名义这样做。毫无疑问，把法律当作某种本身超越所有人类关系的东西，而不是作为这些关系应该服务的目的和善的表达，这种倾向至少部分因为感觉人类的关系是变动的，希望找到某种稳定的、不变的东西。当人们谈到法律的"威严"和"崇高"时，这种动机就是不言而喻的。但是，如果按照这个信念行事的话，其逻辑的后果和实际的效果就是使道德更加严厉，因为忽略了法律、义务和达到善的关系。它使得许多人服从那些有权宣布并实施他们以为是法律的东西的人的欲望。

讨论的结果是：一方面，一般的正当由于关注人类关系的社会要求，具有独立的地位；而另一方面任何具体的要求都可以受到检查和批评。正当本身是否有资格要求权威？它是不是正当的？回答这样的问题，要引导批评时的评价，就必须找到具体法律和义务的正当性的标准。正当提出的要求的本质是：即使强求的事情，也不要求它所针对的人把它当作善，他应该自愿地把它当作善。简而言之，它应该成为他的善，即使当时他没有这样评价它。正是这"应该"或"应当"的因素，把正当的观念和善的观念区别开来。但是，它没有使这观念完全摆脱善
230 的观念，因为"应该的"就是一个人应该发现要求的行为是善的。在现在没有评价为善的和应该评价为善的之间的明显矛盾的解决办法，为我们寻找标准指出

了道路。所谓义务的行为，所谓后面有道德规则的权威的行为，是否真的有助于被要求作出行动的人共有的善？承担义务的人，由于他追求达到的目的和价值，本身对他人提出要求；他期望从他人那里受益；他要求他人遵守对他的义务。因此，如果这要求和他自己提出的类似，如果它服务于他自己珍惜的善，如果他心灵公正的话，他就一定会承认它是共同的善，从而约束自己的评价和行为。

如果我们追问：什么使得一个行为是错的？这一点也许显示得最清楚。我们的理论让我们得出这样的结论：一个选择和行为不是仅仅因为没有遵守现行的法律和义务的习惯模式，才是错的。这些也许会错，一个人也许有自己的正当理由拒绝遵守它们。某些在某一时间作为道德反叛者受到迫害的人，在后来又被赞扬为道德英雄；孩子们为他们父辈曾经攻击的人建造纪念碑。然而，这一事实并不能让我们得出结论：除了个人的主观意见（有时被不恰当地称为个人良心）以外，没有对和错的标准。如果一个人不觉得某物品有价值，他就不会去偷盗；甚至小偷也怨恨别人把他偷来的东西拿走。如果没有善的信念这样的东西，也就不可能有欺诈。做坏事的人，依靠他人的善的信念和诚实；否则的话，违反这些联系对他就没有任何好处。错在于背信弃义，这是做坏事的人在评价和追求对他有利的东西时所依靠的东西。他背叛了他依赖的原则；他转向个人利益，转向在自己对他人的行为中拒绝承认的那个价值。当他拒绝把自己追求的利益扩展到他人时，不是像康德所说的那样，他违背了某些抽象的理性原则，而是违背了互惠原则。道德上我行我素者的辩护是：当他否定了一个具体要求的正当性时，他这样做不是为了个人和利益，而是为了一个目标，这个目标就是更加始 231
终如一地为所有人的福祉服务。他应该为此作出证明。在断言他自己对什么是义务的评价的正当性方面，他含蓄地提出了一个社会要求，即要由他人的试验来检验和证明的东西。因此他认识到，当他提出抗议时，他可能遭受来自他的抗议的后果；他会耐心和愉快地努力去说服他人。

如果要求道德上我行我素者耐心、愉快、不欺骗、自我展示和自我同情，那么相关的义务就加到了遵守道德者头上，即宽容的义务。历史表明，许多道德的进步都是由于那些在他们时代被认为是背叛者、被当作罪犯的人们。反思性道德的中心就是反思，而且反思肯定会带来对某些通常接受的事情的批判，会对现在认为是正当的事情提出改变。因此，宽容不仅仅是一种心情愉快的、漠不关心的态度，而且是一种允许反思和追问继续的意愿；相信通过质疑和讨论，获得的真正的正当性更加可靠，而仅仅由于风俗习惯而持续的事情将得到修正或抛弃。容忍道德评价方面的差异就是一种义务，这种义务是那些最坚持义务的人觉得最难理解的。一旦探索和公开讨论的敌人被战胜，有着新的可靠理由对思想实施审查和压制的新的敌人又会出现。然而，如果没有思想和观念表达的自由，道德进步就只能偶然偷偷地发生。总体上，人类还是喜欢依赖武力，不是像曾经的那样，直接实际地运用；而是依赖隐蔽的间接的力量，而非依赖理智来发现和坚持什么是正当的。

### §5. 义务感

对应于提出要求的广义的形式，发展出广义的义务感——受到正当事情由
232 于其正当性约束的感觉。首先，义务和特定的关系相联系，如孩子和父母、兄弟姐妹的关系。但是随着道德成熟度的增加，发展出不同于任何具体情景的义务感。虽然一般的观念来自特殊情景的不断重现，但它不仅仅出自它们。它也构成了对进一步的特殊情景的新的态度。一个人也许会连续地使用许多东西，就好像它们是桌子一样。当他拥有桌子的一般观念时，就有了行动的原则。他可能把他的观念作为理想，作为批评现有桌子的东西；根据它，在变化的条件下发明一张新的桌子。一个人也许会在火边取暖，而在他寒冷时却没有想到自己生火。当他有了火的一般观念时，就有了某种脱离任何特定情况的东西；当在实际中没有火时，他就会运用这观念生火。因此，一个拥有义务一般概念的人，将会有一个新的态度；他会注意这观念可以运用的情景。他将有一个讨论具体情况的理想或标准。

虽然一般观念在指导和扩展行为方面是最有价值的，但也是危险的：它们本身容易变成不涉及任何具体情况的固定的东西，比如发展出“为义务而义务”的观念。在此，义务的观念脱离特殊情景的要求，就成了迷信，从而在法律文字上咬文嚼字取代了忠实于它的精神——它引起对善的关注的有效性，它比眼前强烈的欲望要宽松得多。义务成了优先于一切人类主张的东西，而不是作为以更广泛的形式考虑人类主张的提醒。一般的义务感的恰当作用，就是使我们对具体情景中涉及的关系和要求保持敏感；而且当某种目前的欲望诱惑我们、使我们除了这欲望就看不到其他东西时，特别需要这种敏感。在遇到诱惑时，一般的正当感是一种支柱；它给予我们一种强大的动力，使我们跨越行动中的困难之处。

一个母亲习惯上会注意子女的要求，然而有时，她会把自己的舒适放在首位。一般的正当感和义务感是一种巨大的保护力量；它使得一般的习惯有意识地产生 233
作用。但是，像这样的一般意识来自这样的场合：母亲受到对孩子的直接情感和孩子利益的直接关心的激励，所以她是可靠的。当义务感不是习惯的结果时，就只是软弱的支撑。这种习惯是在对具体情况中联系的价值的全心全意的认识中形成的。

因此，把人们约束到一起的共同的价值观和兴趣是正常的支持和指导。但是，我们大家都会遇到对这种价值不敏感的情景；在那里，对他人什么是应当的感觉与相反的倾向的力量相比，是软弱的。因此，他人的要求在一般的正当感和义务感中找了宝贵的同盟，而后者产生于以前对具体关系的重视之中。

在我们对善和道德智慧讨论的最后部分，我们注意到：不同的社会环境在形成关于善的实际判断的力量方面，作用是大不一样的。也许在更大的程度上，社会制度和促进忠诚、忠实的关系，和正当的关系，也是如此。有的社会制度促使反抗，或者至少是促使冷漠。某些会产生徒有其表的、传统的甚至是虚伪的忠诚。当一个人主要担心不遵守就会受苦时，这种情况就会出现。某些社会条件支持对义务的外部承认，但是以牺牲对目的和价值的个人的和批评的评价为代价。其他条件导致人们去思考什么是真正的正当，并且创造新的义务形式。现在，毫无疑问，社会舞台如此复杂、如此瞬息万变，其作用是使人分心的。很难找到任何指南，可以给予行为稳定的指导。结果，对真正反思的、经过推敲的道德的要求，从来就没有这样强烈过。这几乎是对道德上放任自流或不理智和教条地坚持武断而形式化的规范的唯一替代。除了风俗和传统完全控制我们以外，这些规范被人们毫无理由地当作义务。

也许总是有一种过高地估计过去的道德标准的严格程度、夸大当代道德标
准松弛程度的倾向。然而，家庭、政治、经济关系的变化，导致人们团结在明确 234
的、容易识别的关系中的社会联系发生令人担心的松弛。例如，机器介入了工人和雇主之间；遥远的市场介入了生产者和消费者之间；流动和迁移侵入并且常常打断地方社群的联结；曾经在家庭经营中起着凝聚核心作用的行业变成了使用没有人情味方法的工厂，母亲和父亲也渐渐学会了这样的方法；家庭成员对年幼者教育上分担的责任变得越来越小；汽车、电话和新的娱乐方式把社会事务的重心放在不断变化的泛泛之交上。曾经一度把人们团结在一起，使他们意识到相

互之间义务的习俗上的忠诚，受到了数不清的方式的削弱。因为变化是由于条件的改变，新的目无法纪的形式和履行义务的轻松方式不可能受到直接求助于义务感或内部法的约束。问题是在义务和忠诚会自然产生的社会中，发展出新型的稳定的关系。

**参考文献**

康德的义务理论，参见：*Theory of Ethics*, trans. by Abbott; *cf.* in Bradley *Ethical Studies*, 1904, 1927, chapter on Duty for Duty's Sake; Clutton-Brock, *The Ultimate Belief*, and Otto, *Things and Ideals*, 1924, ch. iii.; Green, *Prolegomena to Ethics*, 1890, pp. 315 - 320, 381 - 388. For opposite view, Guyau *Sketch of Morality Independent of Obligation or Sanction*.

关于功利主义对责任的解释，参见：Bentham, *Principles of Morals and Legislation*; Bain, *Emotions and Will*; Spencer, *Principles of Ethics*, especially Vol. I., Part I., ch. vii.

一般的讨论，参见：McGilvary, *Philosophical Review*, Vol. XI., pp. 333 - 352; Sharp, *Ethics*, 1928, Book I. on the Right, and *International Journal of Ethics*, Vol. II., pp. 500 - 513; Adler, *An Ethical Philosophy of Life*, 1918; Calkins, *The Good Man and the Good*, 1918, ch. i.; Driesch, *Ethical Principles in Theory and Practice*, trans. 1930, pp. 70 - 190; Everett, *Moral Values*, 1918, ch. ix. on Duty and ch. xi. on Law.

# 13. 认可、标准和美德

## §1. 作为初始事实的赞成和不赞成 235

行为是复杂的。它是如此复杂，任何想在智力上把它还原到单一原则的企图都会失败。我们已经注意到两个主要的相互交叉的考虑：被判断为满足欲望的目的，以及阻止欲望的正当性和义务的要求。

尽管不同的理论派别曾试图从两者中推出对方，它们在某些方面仍然是独立的变量。而且，有个学派的道德学家深受表示赞同和不赞同、表扬和批评、同情的鼓励和怨恨的行为中普遍性的影响。这个学派的理论家受到这种行为自发性和直接性的困扰，因为它是"自然的"，在这个词的最直接的意义上代表人们对他人行为的赞同或不赞同。这样做时，既没有有意识的反思，也没有涉及关于要达到的善的目的和权威的义务的观念。事实上，根据这个学派的理论，善和义务的观念是从属的；善是呼唤认可的东西；义务来自在回报和惩罚、表扬和批评中表达他人的压力，它们都自发地与行为联系在一起。

根据这种观点，反思性道德的问题是要发现人们无意识地展示赞同和怨恨的基础。在使隐含在自发的和直接的赞扬和批评态度中的东西展现出来的过程中，反思给未经思考而发生的反应带来了一致性和系统性。重要的是，在道德中，"评价"(judgment)这个词有着双重意义。关于知识，这个词有智力的意义。 236
评价就是衡量思想中的利弊，并根据证据的天平作出决定。这种重要性只是在逻辑理论中得到承认。但是在人类关系中，它具有确定的实践意义。"评价"就是谴责或赞成、表扬或批评。这样的评价是实践理性，而不是冷冰冰的智力命题。它们表明赞成和不赞成，而且根据人们对他人喜欢和不喜欢的敏感，对那些受到评价的行为施加影响。《新约》中的训诫——“不评价他人”，就是有关这种评价熟悉的例子；它还表明，喜欢这样的评价本身就是一件道德的事。再者，作为行为的动机，想逃避责备的欲望有一个对应的东西，即在通过喜欢批评他人中展现出优越的倾向。

没有比表扬和批评他人更为自发的、“本能的”。反思性道德在对尊重和不赞成的流行表达中，注意到了不一致和任意的变化，并且寻求为它们辩护并赋予它们连贯性的理性原则。它特别注意到，非反思的称赞和指责仅仅重复和反映了体现在特定群体的社会习惯中的价值观。因此，好战的群体欣赏和赞扬所有好战的成就和品质；勤俭的群体通过节俭、精打细算和勤奋劳动来积累财富，并且称赞那些展现了这些品质的人们。在前者，“成功”意味着勇敢；在后者，则意味着财富的积累，相应地给予赞扬和批评。在希腊生活中，雅典人和斯巴达人各自重视的行为、素质之间的对比，是道德学家常常提到的主题。近来，某些评论家在“美国风格”和“英国风格”之间建立了某些类似的对比。

这些差异必然最终导致追问这个问题：什么样的表扬和责备的方案本身是可赞同和采纳的？由于他人的态度在塑造素质方面的巨大影响，这个问题变得更加尖锐。习惯的赞同或不赞同的态度（常常表现在公开的惩罚或有形的回报方面，并且几乎总是表现在嘲笑或授予荣誉方面），是习惯性道德的武器。而且，
237 它们如此深地渗透在人性之中，根据某种观点，反思性道德和道德理论的全部事情就是决定作为它们起作用之基础的理性原则。这一点也许可以用美德和邪恶的概念来说明。所讨论的这个理论认为，道德上的善不同于满足欲望的善，它类似于美德；它认为，正当也是美德，而道德上的恶和错误则是和邪恶联系在一起的。但是，美德首先表明什么是受到赞同的；邪恶表明什么是受到谴责的。在习惯性道德中，行为和品质的特点并不因为它们是美德而受到重视；而是由于它们受到社会的赞同和欣赏的支持，才是美德。因此，美德在军人中就意味着英勇，在勤劳的人群中则代表进取心、节俭、勤奋；而它在那些把追求超自然的东西视为最高的善的群体中，也许意味着贫困、俭朴、禁欲主义的习惯。反思试图颠倒这个秩序：它想找出什么*应该*得到尊重，从而在决定什么值得赞同后给予赞同，而不是在某个特定社会中什么正好是所尊重的和受到奖励的基础上指出美德。

## §2. 标准和功利主义理论的性质

根据其理性地给出表扬和批评的原则，构成了所谓的标准。它是在其实践意义上评价的基础。在这种理论中，标准的概念占据了在已经考虑的其他理论中分别由善和义务占据的位置。赞扬和谴责应该赖以为规范的原则，成了主要的伦理“范畴”，领先于善和义务。因为根据这个理论，道德上善的事情就是被赞同的事情，而正当就是应该赞同的事情。义务从由社会压力逼出来的纯粹的事实（*de facto*）领域的事情，转变到仅仅因为正当要求它们符合赞同标准的行为的法律（*de jure*）领域；否则，它们就是强迫的，是对自由的限制。正当就是值得赞 238
扬；错误就是应该受到惩罚，是公开的或削弱为某种形式的谴责。

总体上看，重要的是，赞同或不赞同的观念及其适用标准是英国道德理论的特色，就像目的观念是希腊道德哲学的特色、义务观念是罗马道德哲学的特色。在希腊理论中，它隐含在评价行为方面赋予衡量和均衡的重要性中，隐含在把善（*to agathon*）等同于美（*to kalon*）的倾向中。但是在英国，赞扬和责备的表现以及它们对品格形成的影响在道德理论化过程中，第一次成为中心。在沙夫茨伯里（Shaftesbury）那里，它是作为道德感的直接的直觉出现的，可以严格地和美学事件中的“好的审美”相比；对休谟而言，认可等同于“根据总体观点，使人愉悦的东西”，这在不同于早期的个人的反应方面和反思的概括相一致；亚当·斯密（Adam Smith）的观念是：满足“公正的观众”的，是相同观念的变体。

对边沁来说，他的前辈的大多数解释受到太多“语言本身”（*ipse dixitism*）的污染，据他所说，这是直觉理论的邪恶。他寻求一种总体的、非个人的、客观的原则，它应该控制和确证个人对好的审美或其他东西的反应。他发现，在史密斯那里，特别是在休谟那里，隐含着这样的观念，即对他人来说，行为的有用性或品格的特点是赞同的最终的基础，而造成伤害的行为、有害的事是谴责和贬低的基础。人们自发地为有助于他们、促进他们幸福的事情喝彩；没有必要为这种事实寻求解释。同情，也是人性的本来特点。由于同情，我们赞扬帮助他人的行为，哪怕和我们自己的利益无关；我们出于同情对故意给第三方带来痛苦的行为表示愤慨。同情本能地把我们带到他们的立场，我们和他们共同拥有对某些爱好的热情和怨恨的怒火，就像与我们本人有关似的。只有不正常的冷漠的人，在情绪上不为致力于他人福祉的英雄行为所动，或者不为卑鄙的、忘恩负义的和心术不正的行为所动。

239 然而，对自发和习惯地运用同情的欣赏和怨恨有着确定的限制。它很少超越我们周围的人，如我们自己的家庭成员和我们的朋友，也很少涉及那些不在眼前的人或陌生人，肯定也不会涉及敌人。第二点，非反思的欣赏和轻视是肤浅的。它们考虑显著的、突出的帮助和伤害案例，而不是那些相对而言难以区别、难以捉摸的案例；它们注意在帮助和伤害过程中短时间内出现而不是以后出现的后果，即使后者事实上更重要。而且，最后，某些行为彻底成为习惯，人们把它们视为像自然现象那样理所当然，根本不评价它们。例如，习惯性道德就不考虑法律和制度的有益的或有害的后果。

因此，认可标准的功利主义理论带来了某些变化。当人们承认有助于普遍的幸福或福祉是欣赏和尊敬的唯一基础时，他们消除了刚刚提到的三个限制。这个标准是普遍化的；评价必须判断受到某一行为影响的所有有知觉的生物的幸福和不幸的后果。对普遍的或广泛的后果的相同的强调，把平等的观念推到了前台，而且以改变表扬和批评、同情和怨恨的习惯的回报方式这样做。因为后者并没有把自己和他人、家庭成员和外人、同胞和陌生人、贵族和平民、地主和农民、名门望族和平民百姓、富人和穷人的幸福，放在相同的基础上。但是，功利主义理论除了坚持考虑最广泛、最普遍的范围的后果以外，还坚持以有益和有害、快乐和痛苦的方式估计后果，每个人都要计算在内，不管其出生、性别、社会地位、经济和政治地位的差别。重要的是，功利主义在英国的兴起和主要影响，在
240 社会上正好和大规模的博爱情绪的展示相巧合，在政治上正好和民主理想的出现相巧合。① 它的主要的实际影响是对来自并支持不平等的法律和制度的修正。

## §3. 功利主义和快乐主义的混淆

到目前为止，我们忽略了功利主义的一个重要特色。我们用“福祉”的一般说法谈论了益处和伤害，没有明确地说明它们到底包含什么。然而，边沁对这一事实感到自豪，即关于它们的性质，功利主义有确定的可测量的概念。据他所

① 边沁生活在1748年到1832年间；他的主要门徒约翰·斯图亚特·穆勒，生活在1806年到1873年间。

说，它们由快乐和痛苦的单元组成，纯粹是代数上的总和。因此，根据他的追随者所言，他把福祉和幸福的模糊概念还原到一个事实，这个事实是如此精确，似乎可以用量化的描述。[1] 然而，这种根据快乐和痛苦程度所作的定义还有另一效果。它使功利主义遭受到所有可能用来批评快乐主义的反对意见（见本卷第192页），而且把它们等同起来的后果并不止于此。正如批评者曾经指出的那样，它使功利主义陷入了独特的矛盾。根据它的欲望和动机的概念，所有行为的唯一目标和目的就是获取个人的快乐。然而，评价行为道德的恰当标准是它对他人快乐的贡献——给予他人而不是自己的益处。因此，功利主义面临着这样的问题：在行为动机严格的个人的、自私的特点和认可标准宽泛的社会的和博爱的特点之间的冲突。追求作为行为唯一动机的个人快乐的欲望，与作为认可原则的普遍良知相互交战。边沁的主要兴趣在于评价的标准；而且，他对快乐主义 241
心理学的接受在广义上是历史的偶然。他没有意识到这两个原则的不一致，因为他的兴趣放在他那个时代的法律和制度在幸福和不幸的总体分配上不平等的结果上。他意识到了它们表达阶级利益、受到偏袒特殊利益的激励，把好处带给少数特权者，把伤害和痛苦带给群众的程度。现在，法律和制度可以看成是非个人的，仅仅涉及后果，因为动机不能同样地归于法律和制度。

他的追随者约翰·斯图亚特·穆勒对社会和政治的改革感兴趣，同时以边沁没有的方式对个人的道德感兴趣。因此，他使个人素质的问题、品格的问题突现出来，开始改变功利主义的道德观，尽管他从而没有正式地屈服于快乐主义心理学。然而，在特别考虑穆勒的贡献之前，我们先说明一下一般形式的素质和有益的社会后果之间的关系问题。假设我们丢下快乐主义对快乐和痛苦的强调，代之以较宽泛的（或者说模糊的）安康、福祉、幸福的观念作为认可的恰当标准，这个标准和个人素质的关系问题仍然存在。每个人面对的道德问题，是如何使尊重总体的福祉、尊重他人而不是自己的幸福成为他行为中规范的目的。使对总体幸福(general happiness)的考虑成为对错的标准是困难的，即使在纯粹理论的估计方面。因为这样的评估方式，与我们把自己的幸福、我们周边人的幸福放

---

① 因此，穆勒说："他把科学所必需的那些思考的习惯和研究的方式引入道德和政治学……他，第一次把思想的精确性引入道德和政治哲学。"穆勒：《自传》(*Autobiography*)，第66—67页，伦敦版，1874年；以及《论边沁》(Essay on Bentham)，收于《论文与讨论》(*Dissertations and Discussions*)。

在首位的自然倾向正好相反。然而，这个困难和使理智估计在行为(当它和我们的自然偏好相冲突时)中有效的困难相比，还是小的。

显然，只有内在的个人素质，才能使我们解决这些问题。我们越重视作为标
242 准的客观后果，就越依赖个人品格来作为唯一保证这个标准起作用的东西，无论在我们估计的智力方面，还是在我们行为的实际方面。边沁因之受到赞扬的精确性，把一种不可能性引入实际行为中。一个人可能在所提议行为对福祉和痛苦的总体影响的经验基础上作出估计；但是，没有人能够提前算出所有会随之而来的快乐和痛苦的程度(甚至承认它们能够还原到数量程度)。我们肯定，个人仁慈、真诚和公正的态度使我们对所提议的行为对他人利益的影响的评价，比怨恨、虚伪和追求自我的态度要正确得多。一个完全相信外部结果的人，也许容易相信通过杀手除去某个人会有助于总体幸福。不可能想象：一个诚实的人会说服自己，不尊重他人生命的素质会有有益的结果。一方面，评价行为的最终标准确实是它们的客观后果；结果构成了一个行为的意义。但同样正确的是：对评价正确的保证，对评价影响行为力量的保证，在于品格的内在构成；相信一个具有善良、诚实素质、不大会算计的人，比相信一个预见未来的能力很强但心怀歹毒、毫无诚意的人要安全得多。再则，当我们评价法律和制度的道德价值时(也就是说，从它们和总体福祉联系的角度来估计)，对后果加以非个人的、细微的考虑就比较妥当，因为由于是非个人的，它们没有任何内在倾向。

因此，当穆勒说"己所不欲，勿施于人，像爱自己那样爱你的邻居，构成了功利主义道德理想的完美"时，他使功利主义更加符合人的无偏见的道德感。因为这样的说法，使素质、品格处于优先地位，使对特定结果的计算处于第二。因此，根据穆勒的观点，我们可以说："法律和社会制度应该使每个人的幸福尽可能地和整体的利益和谐一致。对人的品格有着广泛影响力量的教育和舆论应该运用
243 其力量，在每个人的心中建立起在他自己的幸福和整体利益之间牢不可破的联系。"简而言之，我们有评价社会制度的道德价值的原则：它们是否会引导社会成员在给他人带来幸福的目标和目的中寻找他们的幸福？对正式的和非正式的教育过程还有一个理想。教育应该在所有个人那里创造出对增进总体利益的兴趣，这样的话，他们就会发现：自己幸福的实现在为改善他人的条件所能做的事情中。

对个人素质的强调也出现在穆勒希望看到某些就其本身而培养的态度

中，就好像它们本身就是目的，而无需有意识地想到它们的外在后果。我们内在地，根据我们特有的品质，没有任何计算，珍惜和他人的友谊关系。我们自然地

"渴望和我们的同伴联系……社会状态对人来说，立刻变得这样自然、这样必需、这样习惯，除非在某些特殊情况下或者某种自愿抽象的努力下，他除了想到自己是一个群体中的一员以外，别无其他想法……因此，社会状态必不可少的任何条件越来越成为每个人所设想的、他出生于其中的事物状态的不可分离的部分，它是人类的命运。"这种对社会联系的增强，导致个人"越来越多地把自己的感觉等同于他人的利益"。"就像是本能地，他开始意识到自己是一个当然要关心他人的人。他人的利益对他来说，就像我们生存的任何自然条件，变成了自然的和必须要关注的事情。"最后，这种社会感，不管多么微弱，不会自我表现为"教育的迷信，或者专制无中生有地强加的法律，而是表现为一种没有就不行的品质……除了那些心灵是一片道德空白的人，很少有人会这样安排自己的生活道路：不考虑他人，除了迄今为止他们自己的利益迫使他这样"①。

甚至在同情的名义下，边沁的 244

"承认并没有延伸到更为复杂的感觉形式——喜欢被爱、需要同情的支持，或者需要一个欣赏和尊敬的对象。"②"自我培养，人类自我训练情感和意志……在边沁的体系中是个空白。对应的另一部分；他的外在行为的管理，如果没有前者，就会停止和不完善；因为我们以什么方式评价行为，会影响我们自己或他人的世俗利益。作为问题的一部分，除非我们接受它对我们或他们的情感和欲望的规范的影响。"③

---

① 边沁：《功利主义》(*Utilitarianism*)，第三部分各处。

② 边沁：《早期论文集》(*Early Essays*)，第 354 页(吉布斯出版公司重版，伦敦，1897 年)。

③ 同上书，第 357 页。

换句话说，穆勒看到了边沁理论的弱点在于他的假定：构成素质的因素，只有使我们作出产生快乐的特殊行为时才有价值；对穆勒来说，作为幸福的直接的来源和成分，它们有着自身的价值。因此，穆勒说：

我认为，人类幸福的任何增长，如果仅仅通过外在条件的变化，而没有伴随欲望状态的变化，是没有希望的。①

而且在穆勒的《自传》中谈到他对边沁最早的反应时，他说：

我，第一次在人类幸福的基本必需部分给予个人的内在修养一个恰当的位置。我不再把几乎专门的重要性给予外在条件的顺序……情感的培养，在我的伦理学和哲学的信条中成了一个重要的部分。②

在幸福和品格特征之间的密切联系得到了这一事实的支持，即快乐在品质上有很大的不同，不仅仅在数量和强度上。对诗歌、艺术和科学的欣赏，带来一
245 种满足。这种满足是不能和纯粹来自感性来源的满足相比的。由穆勒从快乐转向品格（因为快乐的性质是根据快乐伴随的个人品格的性质来分类的）的工作标准的程度，在下面的引文中非常明显："没有一个聪明人愿意成为傻子，没有一个受过教育的人愿意成为文盲，没有一个有情感和良知的人愿意自私和卑贱，即使人们告诉他们，傻子、笨蛋或无赖会得到比他们现在更多运气的满足……做一个不满足的人，也比做一头满足的猪好。"

我们花了大量的篇幅来考虑从边沁到穆勒的转移，与其说作为历史的对比和信息，不如说因为后者的立场事实上包括向功利主义中的快乐主义因素的投降，尽管穆勒从未用明确的语言承认这一点。正是这种快乐主义因素，使得功利主义在理论上易受责难，在实践上不切实际。重要的是要知道，关注社会（广泛的、公正衡量的）福祉的观念，也许被认为是认可的标准，尽管功利主义和站不住脚的快乐主义在历史上纠缠在一起。这一修正的说法，承认内在于自我的因素

① 边沁：《早期论文集》，第354页（吉布斯出版公司重版，伦敦，1897年），第404页。
② 穆勒：《自传》，伦敦，1874年，第143页。

在创造有价值的幸福方面所起的重要作用，虽然也为法律和制度的道德评价提供了一个标准。因为坏的社会制度除了引起直接的痛苦以外，对那些导致高尚的纯粹的幸福的素质还有败坏作用。

制度好，不仅仅因为它们对福祉的直接贡献，而且甚至更多的是因为它们支持有价值的导致高尚享受的素质的发展。

## §4. 目的和标准的关系

目的、目标、眼前目的不同于标准，但是却和它们密切相关；反之亦然。眼前目的和欲望相联系；它们关心未来，因为它们是对欲望得到满足的目标的规划。另一方面，标准面对已经作出的或者想象中作出的行为。视为目的或欲望的满 *246*
足的目标，根据它是欲望的真正满足或实现的比例，就是善的。从标准的立场看，如果一个行为能够引起和禁得起认可，那么，它就是善的。起初，所讨论的认可来自他人。如果我如此这般的行动，群体或群体中一些有特殊影响的成员是否会容忍、支持、鼓励和赞扬我？他人的欣赏和怨恨是一面镜子，从中一个人能够看到反映给他的行为的道德性质。由于这个反映，行为者可以从不同于直接承诺的满足的角度来评价自己的行为。当他考虑他人的反应时，就会被引导去拓宽和普遍化他的行为观念；当他采取标准的立场时，就会客观地看待自己的行为。从个人角度来说，当它仅仅出于这样的目的时，就会如此。

后来，这种考虑某个特定社会群体赞成或不赞成的反应的思想渐渐隐入幕后。一个理想的观众出场，行为者通过这位公正的、有远见的法官的眼睛来检查自己计划实施的行为。尽管目的和标准是有着不同意义的两个概念，但标准的特性要求行为(根据其会成为目的的情况)是可赞同的。换句话说，它要求创造新的目的；或者，万一由欲望引发的目的是可赞成的，要求一个有新的性质的目的，即得到了赞同标记的。除非标准的概念来自不同的来源，有着与目的意义不同的意义，否则，它就不能对后者施加控制性、决定性的影响。标准的重要性，在于它包含一个*方式*的概念。所采纳的目的*应该*在这种方式中形成，即它们应该如此这般地值得认可，因为它们的实行有助于总体的幸福。

对这一事实的承认，使我们可能对付一个伴随大量困难的问题。这个问题在所谓的快乐主义悖论中得到了说明，即获得快乐的方式并不是追求快乐。而且，这种说法也许伴随另一个悖论，即达到美德的方式并不是直接追求它。因为

247 标准不同于欲望的目的。因此，对总体利益的贡献也许是反思性赞同的标准，不必是眼前的目的。确实，很难以想象它会出于欲望的目的；作为要瞄准的直接对象，它是如此不确定和模糊，它只会引起分散的情感状态，并不指明行为应该在什么地方、如何得到指导。另一方面，欲望指向所瞄准的确定的和具体的对象。在心中想到这个目的后，它从另一观点得到考察和检验：达到目的的行为是否促进所有相关人的幸福？

幸福的观念起初来自满足了的欲望的事例。它是一个表明这个事实的一般术语，这个事实是：虽然欲望是不同的，满足它们的对象是不同的，但它们都有一个共同的性质，即都是满足的事实。这是一个形式的特点。假设它们在物质内容的同质性上是错误的，仅仅因为有一个相同的名字——"幸福"。一个人不妨假设所有名叫史密斯的人都是相同的，因为他们有相同的名字。没有两个具体的幸福事例在实际材料和构成上是彼此相同的。它们相同，因为它们都是满足的案例，都满足某些欲望确立的要求。一个守财奴在存钱中找到满足，一个慷慨的人在花钱把幸福给予别人时得到满足；一个人以某种实际的方式超越他人时感到幸福，另一个人则在帮助他人摆脱困境时感到幸福。这两个例子在物质内容上非常不同；它们在形式上却是相似的，因为两者都占据了相同的地位，起了相同的作用——满足欲望。

因此，标准的作用就是区分不同的物质的满足类别，决定什么样的幸福是真正道德的，即可赞同的。据说，在不同的种类中，可赞同的那种是同时把满足带给他人的，或者至少是和他们的幸福相和谐的，不会给他们带来痛苦。它并没有说明具体应该瞄准什么事情；但确实告诉了我们，如何着手给予那些由于我们的欲望而独立地想到的目的和目标以谴责或赞同。当人们清楚地认识这一点时，就能欣赏这个经常提出的问题的人为的性质。人们断言，所有理论的关键是个
248 人幸福和总体幸福之间的关系。人们断言，作为正义的道德，要求在两者之间有一个完全的平衡；我们不能在道德上满足这样一个世界，在这个世界里，给他人带来好处的行为会给促进他人利益的人带来痛苦，或者说，给他人带来痛苦的行为会给伤害他人的人带来幸福。人们用了许多智慧来解释频繁出现的差异。因为也许甚至可以这样说，极端自私的隔离是不利于幸福的，情感的宽广和敏感也是如此；尽量不展现幸福的人，是谨慎控制其同情从而避免陷入他人命运的人。如果我们一旦意识到标准和目的之间的差异，这个在个人幸福和总体幸福之间

形成同一或平衡的问题，似乎就不是真实的问题。标准要求我们应该渴望那些对象，在那些也给与我们相联系的他人带来好处的事情中寻找我们的满足，即在友谊中，在同志中，在同胞中，在对科学、艺术等等的追求中。

许多个人解决了这个问题。他们解决这个问题，不是通过任何理论上证明给他人带来幸福的东西也给他自己带来幸福；而是通过自愿地选择那些确实给他人带来好处的对象。他获得个人满足或幸福，因为他的欲望得到满足，但是他的欲望从一开始就遵循一个确定的模式。这种快乐也许没有他以其他方式可能得到的那么持久、那么强烈，但是它有一个独特的，对那个人来说超过其他一切的标志。他达到了一种对他而言自我认可的幸福，这种作为认可的幸福的性质使它成了无价的，不是其他可比的。通过个人在（和社会关系的需要一致的）对某些目标的欲望所建议的目的中进行选择，个人达到了某种和他人幸福和谐的幸福。这是唯一在个人的和总体的幸福之间达到一种平衡的意义。但是，它是道德上要求的唯一意义。

## §5. 正义和仁慈在标准中的位置 *249*

当有助于共同利益被当作认可的标准时，就带来了正义和标准的关系问题。初看上去，似乎仁慈被提升到这样的高度，即正义几乎被排除在道德图景之外。无论如何，标准性质的这个概念受到了多方面的攻击，其理由是：正义是最高的美德；总体幸福的标准（据说，孤立时是自足的）服从于某些以后果的方式凌驾于其上的东西。从根本上说，这里的问题是我们从前以其他方式考虑过的，即后果在道德行为中的位置。那些认为考虑后果会降低道德的人，是站在某种抽象的正义原则的立场上的。“伸张正义，哪怕天崩地裂”（*Fiat justitia*，*ruat coelum*），就是这种观点的经典表达。让正义伸张，不管后果如何，即使天塌下来。有人说，考虑后果，即使是像公共的、共同的利益这样的后果，就把正义降低为权宜之计，降低了它的权威和尊严。

对这种反对意见的回答是双重的。第一，从道德标准中排除行为后果，给我们留下了只有形式的原则；它建立起一种抽象性，使道德成了仅仅符合某种抽象性，而不是代表重要目的的关键努力。经验表明，人类的善服从于外在的形式的规则，使善走向了严厉和残酷。常见的说法是：正义应该伴之以仁慈，就是以一种流行方式表明，承认这样做（即建立起一种行为原则，不考虑所有和人有关的后果)过于严厉,最终会导致不正义的特点。作为目的的正义本身,就是以手段所服务的目的为代价,把偶像排除出手段的例子。在对反对意见的回答中的第二个因素是:正义不是达到人类福祉的外在手段,而是原来就整合在它所服务的目的中的手段。有的手段是它们所带来的后果的组成部分,就如声调是音乐的
250 组成要素及其产生的手段,就如食物是它所服务的有机体不可或缺的成分。根据这种说法,把公平竞争和平等纳入自己态度之中的品格、自我,不仅仅有防止它严厉地应用这个原则的人道的意义,而且将防止任何为了某些短期的、特定的利益而贬低这个原则的诱惑。对这里所说意思的一个大致的类比是:虽然饮食卫生规则不能如食品为有机体利益提供服务,而且就它们自身而言,不是抽象的目的;但是这些规则,一旦从它们和它们服务的目的的关系去理解,就防止我们把食物仅仅当作暂时享受的手段。如果有怀疑的话,我们还会讨论这些规则。

而且,这个观念(正义可以脱离行为的后果和对人类幸福的态度)中还有一个内在的困难。这种分离,使标准的实际意义成了随意的或者说可以有不同的建构。它有时被解释成严格的报复,以眼还眼,以牙还牙。赫伯特·斯宾塞(Herbert Spencer)给了这个原则另一种意义,而且用这种意义来为社会事务中彻底的自由放任(*laissez faire*)政策辩护。他把正义原则等同于其生物学意义中的因果关系,即等同于自然选择和在生存斗争中的不适者淘汰。他宣称,劣等就应该承受其劣势的后果,而优势者就应该得到其优越的回报。因此,干预自然选择的作用,就违反了正义的法则。换句话说,斯宾塞用抽象的正义原则来为极端个人主义的政策辩护。在竞争的社会里,让利己主义的"自然的"作用顺其自然。也许还有其他解释正义的例子,但是所引用的两个例子应该表明:这个常见的观念(正义传递着它确定的意义)彻底的不真实。真理在对方。在具体情况中的正义的意义,是要通过看其以公正公平的方式给人类幸福带来什么后果来决定的东西。对把社会福祉作为赞同标准的另一种反对意见是:它把多愁善感提
251 到了道德的最高位置。因此,卡莱尔(Carlyle)谴责功利主义是"一种普遍的多愁善感的、废话的、华而不实的堆积"。确实,在广泛的福祉标准和同情的态度之间有着紧密的联系。但是,考虑后果并不是鼓励屈从于所经验的所有同情和怜悯的情绪。相反,他说,我们应该制止根据它们进行的行动,直到我们考虑了:如果我们对它们让步,那么对人类幸福会有什么影响。同情的情绪在道德上是无价的;但是,当它被用作反思和洞察的原则而不是直接行动时,才会恰当地起作用。

理智的同情拓宽和加深了对后果的关心。把我们放到他人的位置，从他的目标、价值的立场看问题；把我们对自己要求的估计降低到它们在公正观察者眼中所给的程度，是欣赏正义在具体情况中所要求的事情的最确定的方式。感情用事的不足是：它没有考虑根据客观的福祉而行动的后果，而是觉得直接听任为主的情绪比结果更重要。

而且，采取社会福祉作为标准的倾向，就是要使我们考虑法律、社会制度和教育对人类幸福和发展的影响，并在理智上保持敏感和批评的态度。历史上的功利主义，甚至伴随着它的快乐主义心理学的缺陷。在英国，在摆脱法律和管理的不平等方面，在使大众意识到存在政治压迫、腐败一方和群众的苦难一方之间的联系方面，有很大的贡献。

从道德观点出发，给予改革和改革者观念的意义，为赞同的标准提供了一个很好的检验。在某种意义上，改革几乎是和多管闲事的干预同义的；和假定所谓的改革者，对什么是对他们有利的比其他人知道得更多，并且能够给予他们某些更大的恩惠。但是，“最大多数人的最大利益”的意义是：社会条件应该是这样的，即所有人在一个能发展他们个人能力、回报他们努力的社会环境中发挥自己的主动性。也就是说，它涉及提供政治的、经济的和社会的客观条件，使最大多数的人由于自己的努力，在生存价值中有一个非常丰厚的份额。当然，对他人的 252
直接帮助，在生病、生理残疾、经济困难等困境中是需要的。但是，标准的主要应用涉及客观的社会条件的影响。因此，这个标准使以它的名义引起社会变化的努力免于遭受势利的、个人的干扰所带来的侵害。它通过非个人的正义，达到了仁慈的目的。

在仁慈和正义之间常见的对立，根源于后者一个狭窄的概念以及前者一个多愁善感的概念。如果仁慈被用来表明超越法律义务的必要性的行为，而正义被用来表示道德规则严格的字面意义，那么在它们之间就有很大的差距。但是，实际上，正义的范围很广，足够覆盖有助于社会福祉的所有条件；而大部分被当作慈善和博爱的东西，只不过是对缺乏正义的社会条件进行补偿的权宜之计。经典的正义概念来自罗马法，有其正规的尊重法律的特点。它就是“把自己的给予他人”。根据什么属于一个人的法律概念，这个概念局限于非常外在的东西、物质财产、名声和荣誉、对善良品格的尊重，等等。但是在它的广义上，这种说法仅仅提出问题而不是给出解决办法。什么属于人之为人的东西？怎样衡量那些在道德上归于人的东西？它能不能通过传统的考虑来确定？或者是不是归于一个人的任何东西都不如他能够充分发展的机会？假设一个人被发现违反了社会规范，根据以眼还眼、以牙还牙的原则，以正义方式属于他的是不是某些报应的惩罚，尽可能地和他的过错正好成比例？或者，它是不是会引起他自己道德提高的解决方法？"正义"是不是根据存在的社会地位，或者根据发展的可能性来衡量的？这些问题暗示着社会功利主义，当它摆脱了快乐主义的缺陷时，会使正义关心个人成长和成就的客观条件。这在其根本的客观的意义上不能和仁慈区分开来。

253

## §6. 作为道德力量的赞扬和谴责

请注意，前面顺便提到过(本卷第182页)，美德的概念和认可的作用是紧密联系在一起的。关于原始道德，没有太多的要说。在它们中，品格的特点不是因为它们是美德才被认可，而是因为它们被认可，才是美德。而一般来说，受到谴责的无论是什么，事实上(*ipso facto*)都被认为是邪恶的。这样说，是不过分的。人们关心的是什么样的品格特点应该得到认可；它不是把美德等同于事实上(*de facto*)认可的东西，而是等同于能认可的、应该被认可的东西。但是，正如我们常常注意到，大量的习俗性道德延伸到理论上的反思性道德中。"传统道德"恰恰就是建立在某个特定的社会群体中，在某个特定时间流行的评价规则上的赞扬和谴责的道德。无论什么，至少在外表上符合当前的做法，特别是符合那些制度类的习惯，会得到赞扬或至少不会受到谴责；越轨的行为无论是什么，都会使一个人受到谴责。实际效果是消极的道德；美德等同于"可尊敬的"，而可尊敬的意味着这样的行为不会受到公开指责和谴责，而不是内在的值得尊敬。许多人的道德观念就成了这类行为，它不会引起相反的意见，就像一个孩子常常把"正确的行为"等同于任何被默许而不会挨骂的行为。

因此，这里可以考虑我们起初忽略了的这一点，即赞扬和谴责的恰当的道德地位和作用。

初看上去，对认可和谴责的习惯运用的反思，似乎仍然会使赞扬和谴责成为基本因素，仅仅是给予它们一个作用的标准。然而，情况并非如此。反思起的作用是改变赞扬和谴责使用的特点，后者会把对一个受到赞扬或谴责的人的注意力固定在他能够确保某个、避免另一个的方式上。因此，它们的作用是使注意力偏离理性和使行为值得赞扬或值得谴责。经常受到赞扬或谴责会使一个人想到：他怎样可以使自己不受指控，可以使自己获得赞扬。造成许多指责的道德， 254
引起了自卫的和辩解的态度；受到指责的人想到借口，而不是考虑什么目标值得追求。而且，它使注意力离开思考客观条件和原因，因为它会使一个被指责的人通过把指责转嫁给他人来进行报复。一个人会通过把指控转移给其他人，使自己摆脱指责。对性格刚烈者，怨恨由之而生。在某种程度上，受指责的人觉得自己在做一件挑战权威的事情。对其他人，它则会产生一种感觉，即："这有什么用？我做什么都一样，因为我都会受到指责。"

反思性道德（给赞扬和指责寻找理性基础，而不是把它们留在原处）会把重点转移到以一种客观的方式（即根据它的原因和结果）对行为进行严格的审查。我们希望，一个人自己会看到他在做什么和为什么要做那件事；他会对实际上和预期中的结果敏感，而且能够分析致使他做那件事的动力。因此，赞扬和指责本身要受到某个标准的评价，而不是当作最终的。总体上看，建立在赞扬和谴责基础上的道德的流行，在某种程度上证明了习俗的传统力量仍然影响着表面上反思性的道德。拥有反思性标准，检查、引导赞扬和指责的运用，就像它检查、引导其他人类倾向的运用一样。它使人们认识到，回报和惩罚，赞扬和谴责，根据它们的后果，可以是好的或坏的。它们可以被不道德地运用，也可以被有益地运用。

我们已经注意到被认为是美德和邪恶特点的反思性起源（reflex origin）。它们从一开始就来自优点和缺点，来自应得的赏或罚的观念；而且，值得称赞、应该奖赏是通过他人的反应来衡量的。正是他人，通过赞成和反对来给予你荣誉、尊敬和功劳。由于这个理由，正如已经注意到的，道德中的美德和邪恶只要受到习俗的控制，就严格地与某个社会群体流行的制度和习惯有关。其成员经过训练来赞扬和欣赏任何符合既定生活方式的行为；因此在不同的文明中，对行为评价 255
的方式有着巨大的差异。它们共同的因素是形式的，而不是物质的——即坚持流行的风俗。律法（Nomos）确实是"万物之王"，而且特别是被视为美德和邪恶的行为和品格特征的决定者。

因此，寻找标准（赞同和反对、尊敬和蔑视应该在其基础上给予）的努力，对整个美德和邪恶概念完全有革命的效果，因为它包含对流行的评价习惯的批评。关于标准特有的观念是聪明的，它暗示着某种普遍适用的东西。它并没有消除对某种行为方式的喜爱和敌视的因素。但是，它引入了由某些超越它们自身的东西来展示的规则。习俗性道德自然会“刁难”那些违反其规范的人，使那些遵守者感到舒服。反思的标准坚持要个人对表达喜爱和厌恶的方式负责。它突出了这个事实，即在评价时，在赞扬和谴责时，我们是在评价自己。这暴露了自己的审美和欲望。赞成和反对确定邪恶和美德的态度，根据实施的方式，其本身成了邪恶或美德。

## §7. 反思性道德中的美德概念

在习俗性道德中，可能列出一个邪恶和美德的清单或目录。因为美德反映了某些明确存在的风俗，而邪恶反映了某些偏离或违反风俗。因此，赞成和反对的行为，就像属于它们涉及的风俗一样，具有同样的明确性和确定性。在反思性道德中，美德的清单具有更加暂时性的地位。贞洁、仁慈、诚实、爱国、谦虚、宽容、勇敢等等都无法给出确定的含义，因为每一个都表达了一种对正在变化的目标和制度的兴趣。在形式上，就如利益，它们也许是永久的，因为如果没有利益，
256 没有哪个社群能够持续下去，例如，公平交易、公共精神、尊重生命和忠实他人。但是，没有两个社群会以完全相同的方式设想具有这些品质的对象。因此，它们只能在品质、兴趣特点的基础上而非在永久的统一的感兴趣的对象的基础上被定义。例如尊重生命，这也适用于节制和贞节，某些社群并不把这些延伸到女婴和老年人；在所有历史的社群中，都是通过战争来限制敌对的社群。

因此，我们将通过列举大概属于一种态度的品质，而不是列举美德（就好像它们是分离的实体）来讨论美德（如果它是一种真正的兴趣）。（1）兴趣必须全神贯注。美德是正直，邪恶是口是心非。真诚是相同品质的另一名称，因为它表明忠诚某个对象是纯粹的、没有搀杂的。这种品质比初看上去，有着更加广泛的范围。

有意的虚伪是很少的。分裂的、不一致的利益是常见的。彻底的、确信毫无保留和例外的忠诚，是格外难以达到的。当我们把自己投入一系列愉快的行为时，想象自己是全心全意的；但没有注意到，当障碍出现时，我们会放弃或根据不一致的兴趣行事。全心全意是完全不同于即时的激情和狂热，它总是具有情绪的性质，但它绝不能等同于对我们热情投身其中的一系列事件的一系列强烈的情绪上的喜好，因为它要求目的和努力的一致性、持久性和共有性。而且，这一

条件不能满足，除非当接二连三不同的对象和目的通过对它们中每一个性质和关系的思考，被纳入了秩序和统一。我们不可能真正地全心全意，除非我们一心一意。

因此(2)构成善良素质的兴趣必须是持续的、*持久的*。“一花独放不是春”，一个短暂的正确的兴趣无论多么强烈，也不足以构成美德。好天气这个“美德”有个坏名声，因为它缺乏稳定性。它要求在条件不利时(就如有引起他人敌意的危险时的条件)，或者在克服障碍要求比通常花费更多的精力时，也能坚持下去的品格。那些对通过反思而得到认同的事情的兴趣的*活力*，通过在不利条件下 257
的坚持得到了证明。

一个彻底的兴趣必须是(3)公正的和持久的。兴趣，除了通过反思形成和加强的品质以外，是不公正的，而且在那种意义上是分裂的，尽管是无意识的，是没有诚意的。一个人很容易表现出对朋友和家庭成员幸福的兴趣，而对那些他没有受到感激或情感联系约束的人表示冷漠；很容易有一个尺度来确定对本民族同胞的兴趣，而以一个完全不同的尺度来考虑其他种族、肤色、宗教的人们。当然，兴趣的彻底的普遍性，不可能在力量上相等或者在数量上势均力敌的意义上；也就是说，假设一个人对那些离他很远、和他接触很少的人有与和他经常接触的人一样多的兴趣，这只是虚伪而已。但是，兴趣的平等或公正是性质问题，而不是数量问题，就如不公正不是一个多少的问题，而是运用不稳定的评价手段的问题。公正要求一个人在采取涉及他人的行动时，无论是朋友还是陌生人，是同胞还是外国人，只要是他人的利益，就必须加以考虑。他应该有一个平等的、一致的价值标准。在直接的或情感的意义上，我们不可能像爱我们的朋友那样去爱我们的敌人。但是，这个格言——像爱我们自己那样去爱我们的敌人——表明在我们的行为中，应该以和评价我们自己利益相同的评估等级去考虑他们的利益。它是一个调整我们的行为和他人幸福关系的评价的原则。

如果没有融合兴趣的宽广和公正，目的的专一就会是狭窄的。美德在于对赞同对象根本的彻底的兴趣，这个观念使我们避免了把美德等同于通常和目前在特定社群或社会环境中重视的东西。因为它使我们避免了将美德的品质进行不真实的相互分离。仅仅是关于一系列不同美德的想法，把我们指向这个观念，即各种美德也许可以分开，进行严格区分。事实上，道德品质相互渗透；这种统一包含在品格完整性的特有观念里。坚持和忍耐曾经一度在面对障碍时，是最 258

突出的特点;因此,这种态度是称为勇气的卓越。在另一时间里,公正和平等的特点是最高的,我们称之为正义。在其他时间里,使强烈的贪欲或欲望的眼前满足服从于广泛的善的必要性,是显著的特点。因此,素质就是所谓的节制、自我控制。当突出的方面需要深思熟虑,需要连续不断的、坚持不懈的注意时,为了其他品质能够起作用,兴趣被冠以道德智慧、洞见、良知的名称。每一种情况的不同之处是仅仅强调其中之一。

这个事实具有实际的和理论的重要性。假定美德是相互分离的,当人们根据它行动时,就会导致行为变得狭窄和生硬,导致许多人认为所有道德都是消极的和限制性的。例如,当一件自主的事情是由节制或自我控制构成的,它就变成了纯粹的禁止、不愉快的约束。但是作为一个相互渗透的整体的一方面,它具有完整利益积极的、和谐的特点。正义是不是被看成孤立的美德?然后,它呈现为机械的量化的形式,就像精确地分配赞扬和谴责、奖赏和惩罚。或者,它被看作为抽象的、非个人的法律的辩护——一种态度,这种态度总是使人喜欢报复,把他们的严厉说成美德。面对敌人,勇气观念仍然附着某些原来的刚毅观念。希腊人扩展了这个观念,包括人们想要摆脱的所有需要忍受的、不喜欢的事情。一旦我们意识到,在保持和实现某个有时并没有遇到困难和障碍的目的方面不可能有任何连续性,我们就会同时意识到,勇气并非孤立的东西。它的范围和积极的利益的充分性一样广阔。积极的利益使我们即使有困难,也要追求和利益相联系的目标的实现。否则的话,它就缩小为禁欲的、否定的抑制,是消极的而不是积极的美德。

最后,有时候人们认为,良知似乎仅仅是某个人对自己美德状态的病态的焦
259 虑。它也许甚至变成了某种高尚的利己主义,因为这个人一心想着自己;因为关心个人的"善"而不是个人的快乐或利益,仍然是利己主义的。在其他情况下,它变成了某种忧虑的审慎。它如此害怕出错,以至于会尽可能地抑制积极的外部行为。这样,对善的关心就缩减为以防犯错误的僵化的担心。本应投入行动的精力,被用在了窥探动机。良心、道德上的深思熟虑,一旦脱离了勇气,就使得我们胆怯。

另一种看待美德的态度,好像美德是相互隔绝的,只能逐个列举,即试图就其本身单个培养,而不是发展全面的、积极的品格。然而,在传统的教导中,有许多对美德完整性的提醒。有这样一个说法:"爱是法律的实现。"因为在它的道德

意义上，爱表明热爱，视为善的对象的完整性。这样的兴趣或者说爱，带着节制的标记，因为全面的兴趣要求一种和谐，这种和谐只有通过降低具体的冲动和热情才能达到。它包含勇气，因为一种积极的真正的兴趣会鼓励我们去迎接和克服在实现过程中遇到的障碍。它包含智慧或深思熟虑，因为同情、关心所有受行为影响的人的福祉，是运用关心、从全方位考察建议的行为路线的最可靠的保证。这样完整的兴趣是正义能够得到保证的唯一方式。因为它(作为其本身的一部分)包括了对影响共同利益的所有条件的全面的关心，不管它们是特定行为、法律、经济制度、政治制度，还是任何其他的东西。

至于善和义务，我们注意到不同社会环境的道德作用。这个原则同样适应于(也许更为明显地)在决定标准时利用赞同作为行为的检验和美德、邪恶的评价手段。正如我们有时观察到，每一社群都会赞成和它在实践中珍惜的价值一致的东西。和强大的社会潮流相反的理论上的赞同，会变成纯粹名义上的。在理论上和口头指导中，我们现在的社会继承了伟大的理想主义传统。通过宗教和其他来源，人们在所受的教育和接受的理论中，学会了爱邻居、公平公正、为人 *260*
和评价要厚道。然而，社会组织强调其他的才能。“商业”占据了大多数人的大部分生活，而且商业是在无情地争夺个人利益的基础上进行的。民族生活是在排外性基础上组织的，对其他民族容易产生怀疑、担心以及常见的仇恨。世界被分成阶级和种族；而且，尽管接受了相反的理论，但评价的标准还是建立在一个人认同自己的阶级、种族和肤色的基础上的。在个人道德中获得的信念，在很大程度上在集体行为中是否定的；由于这个原因，它们是软弱的，即使在它们严格的个人的应用中。它们在实践中不能利用，除非它们扩展到包括改造社会环境(经济的、政治的和国际的)。

**参考文献**

功利主义的文献汗牛充栋。关于功利主义的历史，参见：Albee, *History of English Utilitarianism*, 1902; Stephen, *The English Utilitarians*, three vols., 1900; Halévy, *La Formation du Radicalisme philosophique*, Vols. I. and II.

关于功利主义标准，参见：Lecky, *History of European Morals*, 3rd ed., 1916; Stephen, *Science of Ethics*, 1882, chs. iv. and v.; Höffding, *Ethik*, 1888, ch. vii.; Grote, *Examination of the Utilitarian Philosophy*; Wilson and Fowler, *Principles of Morals*, Vol. I., pp. 98 – 112, Vol. II., pp. 262 – 273; Green, *Prolegomena to Ethics*, 1890, pp. 240 – 255, 399 – 415; Sidgwick, *The*

*Ethics of T. H. Green, Herbert Spencer, and J. Martineau*, 1902. His *Methods of Ethics*, 1901, almost throughout a critical examination and exposition of utilitarianism; Sharp, *Ethics*, 1928, ch. xvii.; Everett, *Moral Values*, 1918, ch. v.

关于美德的一般原则，参见：Plato, *Republic*, 427 - 443; Aristotle, *Ethics*, Books II. and IV.; Kant, *Theory of Ethics*, trans. by Abbott, pp. 164 - 182, 305, 316 - 322; Green, *Prolegomena*, pp. 256 - 314 (and for conscientiousness, pp. 323 - 337); Paulsen, *System of Ethics*, 1899, pp. 475 - 482; Alexander, *Moral Order and Progress*, pp. 242 - 253; Stephen, *Science of Ethics*, 1882, ch. v.;
261 Spencer, *Principles of Ethics*, Vol. II., pp. 3 - 34 and 263 - 276; Sidgwick, *Methods of Ethics*, 1901, pp. 2 - 5 and 9 - 10; Rickaby, *Aquinas Ethicus*, Vol. I., pp. 155 - 195; Fite, *Moral Philosophy*, 1925, ch. iii., contains a discussion of variations in popular standards.

关于自然能力与美德，参见：Hume, *Treatise*, Book III., Part I II., and *Inquiry*, Appendix IV.; Bonar, *Intellectual Virtues*.

关于特殊美德的讨论，参见：Aristotle, *Ethics*, Book III., and Book VII., chs. i. - x.; for justice: Aristotle, *Ethics*, Book V.; Rickaby, *Moral Philosophy*, pp. 102 - 108, and *Aquinas Ethicus* (see Index); Paulsen, *System of Ethics*, 1899, pp. 599 - 637; Mill, *Utilitarianism*, ch. v.; Sidgwick, *Methods of Ethics*, 1901, Book III., ch. v., and see Index; also criticism of Spencer in his *Lectures on the Ethics of Green, Spencer, and Martineau*, 1902, pp. 272 - 302; Spencer, *Principles of Ethics*, Vol. II.; Stephen, *Science of Ethics*, 1882, ch. v.

关于仁慈，参见：Aristotle, *Ethics*, Books VII. - IV. (on friendship); Rickaby, *Moral Philosophy*, pp. 237 - 244, and *Aquinas Ethicus* (see charity and almsgiving in Index); Paulsen, *System*, 1899, chs. viii. and x. of Part III.; Sidgwick, *Methods of Ethics*, 1901, Book II., ch. iv.; Spencer, *Principles of Ethics*, Vol. II.; see also the references under sympathy and altruism at end of Chapters 14 and 15.

关于正义，参见：Spencer, *Principles of Ethics*, Part IV.; Hobhouse, *The Elements of Social Justice*, 1922; Tufts, "Some Contributions of Psychology to the Conception of Justice," *Philosophical Review*, Vol. XV., p. 361; Calkins, *The Good Man and the Good*, 1918, ch. x.

# 14.

# 道德评价和知识

## §1. 直觉的和培养的道德评价 262

反思性道德是反思的，包括思考和知识。这样说，已经是老生常谈了。然而，这老生常谈引发了重要的理论问题。在道德意义上的知识特性是什么？它的作用是什么？它是如何起源和运行的？对于这些问题，一些道德著作的作者们有不同的回答。例如，老是想把赞同和怨恨作为道德基本因素的那些人，强调其自发的和“直觉的”特点——即它的非反思特性——使道德中的智力因素处于从属的地位。那些认为义务权威至高无上的人，像康德，把道德理性和在日常生活、科学中的思考、推理区别开来。他们建立起独特的能力，其唯一的职能就是使我们意识到义务和义务对行为紧迫的、正确的权威性。相反，那些坚持把善等同于欲望目的的道德理论家们认为，在洞见带来持久满足的目的意义上的知识，是行为中最重要的东西；正如柏拉图所说，无知是一切邪恶的根源。而且，根据柏拉图所说，这种对真正目的和善的明确洞见，暗示了某种理性。这种理性与在日常生活事务中所涉及的非常不同。它只能通过那些拥有特殊才能的少数人直接获得。那些特殊才能，使这些人能够达到对宇宙的终极构造形而上学的理解；其他人必须通过相信或者以体现在法律和制度中的间接方式来接受它。不用深入所有与观点冲突相关的深奥问题，我们就可以说，这里有两个重大的问题：第一，思考和知识仅仅是情绪的仆人和陪从，还是它们也施加积极的、使之变化的 263
影响？第二，人们运用的与道德问题相联系的思考和评价，是否与日常实践事务中所运用的相同，或者它们是某种分离的东西，有着专门的道德意义？用19世纪讨论中所采取的形式来表述这个问题：良知是独立于人的经验的直觉能力，还是经验的产物和表达？

人们用理论形式来表述这个问题。然而，它们有着重要的实践意义。例如，它们和上一章所讨论的问题相联系。赞扬和指责、尊敬和谴责是否不仅仅是初始的自发的倾向？它们是否也是最终的，不能通过思考的、批评的和建设性的努力来改变？而且，如果良知是一种独特的、独立的能力，那么就不能通过教育来改变它；而只能直接求助于它。实际上，最重要的是某些理论，像康德的理论，在道德的行为与日常的和道德无关的中立的行为之间，作出了严格的区分。对实际行为而言，很难找到比这个问题更重要的：道德领域是和人类其他活动隔绝的吗？是否只有一种特殊种类的人类目的和关系具有道德的价值吗？这种结论是这种观点的必然结果，它认为我们的道德良知和道德知识在类别上是独一无二的。但是，如果道德良知不是分开的，那么就无法在行为内部划出把道德领域和非道德领域隔离开来的明确可靠的界线。现在我们整个前面的讨论和后一观点联系在一起。因为它从自然欲望和正常的社会关系（家庭、邻里和社区）发展出来的对象和活动中，发现了道德上的善和优越。因此，我们现在开始着手在道德理解的性质上阐明这个观念的含义，把我们的结论和某些其他类型的理论得出的结论相比较。

道德评价，不管它们是别的什么东西，是一种价值评价。它们把行为和品格特征描述为具有价值，正的或负的。价值评价不仅仅局限于那些具有明确的道
264 德意义的事情。我们从审美的立场，对诗歌、图画、风景进行评价，就是价值评价。人们根据商人的经济地位给予信用，等等。关于天气，我们并不满足于纯粹的外部的说法，正如它是科学地用温度计和气压计测量出来的那样。我们说天气很好或很恶劣，有价值的描述。家具被评价为有用、舒适或者相反。从科学上来说，身体和内心条件可以用这样的术语来描述，这些术语完全忽略健康和疾病的差异，即用某些物理的和化学的过程。当我们说出“好”或“不好”的评价时，是在用价值的术语进行评价。当我们评价他人说的话时，无论在闲谈时讲的，还是在科学演讲中讲的，说它们是“真的”或“假的”，其实是在作出价值评价。确实，举例说明价值评价时的主要尴尬，就是我们如此经常地在进行这项工作。在其流行的意义上，所有评价都是估计、估量，把价值赋予某种东西；识别优点、适用性，适用某种目的、可欣赏性，等等。

必须注意，在作为判断的评价（包括思考如何把所评价的事情放入它的联系和关系之中）和作为直接的情绪的和实际的行为之间，是有差异的。在尊敬和评价之间，在珍惜和评价之间，是有差异的。尊敬就是珍惜、喜爱、钦佩、赞同；评价就是在知识时尚中衡量。一个是直接的、自发的；另一个是反映、反思。我们在评价前，当考虑某种事情是否值得尊敬以及在什么程度上尊敬时，评价接踵而来。我们是否应该钦佩这对象？我们是否应该真的珍惜它？它是否具有那种能为我们喜爱它辩护的品质？在成熟中的所有成长都伴随着这种从自发的到反思的、批判的态度的变化。首先，我们对某种事情的情感呈现出吸引和排斥；我们喜欢和厌恶。之后，经验提出了这样的问题：所讨论的对象是否就是我们的尊敬或厌恶所想象的那样，它是否就如我们对它的反应作出的辩护所说的那样？

两种态度之间明显的差异是：直接的欣赏和珍惜被吸纳进这对象、个人、行为、自然风景、艺术作品，或对其地点、作用、它和其他事情联系的忽略。“情人眼 265
里出西施”早已是陈词滥调，但这原则有着普遍的应用。因为思考就是在一事物和其他事物的联系中来看待这个事物，这样的评价常常从根本上改变起初的尊敬和喜爱的态度。一个司空见惯的例子就是：在自然喜欢某个食物对象，和经验强加于我们承认它对我们不“好”，它不是有益健康的认识之间的差异。孩子也许会非常喜欢糖果；而成人对他说：糖果对他不好，会使他生病。“好”对这孩子而言，意味着味道好，可以满足目前的渴望。从更为有经验的人的立场看，“好”就是为某些目的服务的，处于与后果的某种联系之中。价值的评价是寻找和考虑这些联系的行为的代名词。

这一点和上一章所说的关于赞同和责备、表扬和批评的话，有明显的一致。一个正常的人看到恣意残忍的行为，不会无动于衷，不会不感到愤慨。当一个孩子喜欢的某个人受到他人折磨时，他也会作出这样的反应。这孩子对目前展现在他面前的事情采取行动，觉得它不好；成年人则把它解释成一个大的整体中的一个因素，觉得它在那种联系中是好的。在此变化中，这些过程以原始的方式得到了说明；通过这些过程，从自发的赞成和不赞成行为中，发展出应该作出赞同或不赞同的标准观念。这种变化解释了这个事实，即价值的评价不仅仅是记录（参看本卷第 253 页）以前的赞成和不赞成、喜欢和厌恶的态度，而是通过决定值得尊敬和赞许的对象，对它们有重建和改变的作用。

266 ## §2. 价值的直接意义及其局限

建立在广泛考虑基础上的直接评价(在评价并纳入一个对象或人的意义上)和作为反思评价的评价之间的区别,与有关道德评价直觉的特点的争论有着重要的联系。我们直接的赞同和责备的反应,也许可以恰当地说成是直觉的。它们不是建立在任何想出来的理由或者基础上。我们只是欣赏和怨恨、感兴趣和反感。这种态度不仅是独创的、原始的,而且和后天的素质一致。在任何领域,一个专家的反应至少相对的是直觉的,而不是反思的。例如,一个房地产专家会迅速而准确地"估计"土地和房产的货币价值,这远非外行人力所能及。经过科学训练的人,能看出某些研究线索的意义和可能性;而未经训练的人,也许要经过多年的学习,才能从中看出点名堂。某些人幸运地拥有直接评估个人关系的天赋;人们注意到,他们具有老练的、对人的需要和情感的真实洞见,而不是浮浅的和蔼可亲。以前经验的结果,包括以前有意识的思考,被纳入了直接的习惯,在对价值的直接评估中展现自己。我们大多数的道德评价是直觉的,但这一事实并非是存在独立的道德洞见的能力的证明,而是过去的经验融入对生活事件的直接看法的结果。正如亚里士多德在很久以前说过,对一个善良人的善恶的直接评价,比许多苦心推理出来的、没有经验的估计,要可靠得多。

道德评价的直接特点,在儿童时期和青年时期受到的教育中得到加强。儿童周围都是成年人,他们经常对行为作出价值评价。这些评价不是冷漠的、理智的,而是在强烈的情绪性的条件下作出的。人们通过给幼稚的反应灌输敬畏和神秘的因素以及通常的奖励和惩罚,为孩子接受这些评价付出了努力。当它们
267 起源的条件已经被忘却时,这种态度依然存在;它们成了自我的如此重要的部分,以致似乎是必然的、天生的。

这个事实虽然解释了反应的直觉特点,但也表明了直接评价的局限。它们常常是误导教育的结果。如果引起它们的条件是理智的(即父母、朋友在道德上是明智的),它们就可能是理智的。但是任意的不相关的情况常常出现,和理性因素一样,它们会确定无疑地留下自己的痕迹。伴随直觉的早期起源的事实和现在无意识的特性,常常受到歪曲和限制。后来的反思要理解和纠正无意识地成为自我的一部分东西,几乎是不可能的。这被扭曲和歪曲的东西,似乎就成了自然的。只有习俗和盲信,总是能够立即确定行为的对或错。

对我们谈到的直觉评价的价值，甚至其最好的价值，有一个持久的局限。在评价的条件和对象非常相同并反复出现的程度上，这些是可靠的。在新的不熟悉的因素出现的情况下，它们就难以保证相同的确定性。“新情况训练新义务。”但是，它们不能把这些义务教给那些人。他们假定自己无需进一步反思，就能够信任从过去引入新情况的对善恶的评价。极端直觉主义和极端保守主义常常混在一起。不喜欢充分考虑新情况的要求，常常是担心的表示。有人担心考察的结果会是一种新的看法，它会引发稳定习惯的改变，会迫使人们离开轻松的行为轨道。这是一个令人不安的过程。

从其自身来看，直觉或对好坏的直接感觉，具有心理学的而不是道德的重要意义。它们是已经形成的习惯的标志，而不是什么应该得到赞同和反对的充分证据。当已经存在的习惯具有善的特点时，它们充其量提供了一种正确性的假定，并且只是指南、线索。但是，(a)没有什么会比根深蒂固的偏见更直接，似乎更自我肯定。阶级、党派或种族的道德接触到其他种族、民族的道德时，通常会 *268*
肯定自己善恶评价的正直性，以致变得偏狭，引起误解和敌意。(b)在通常情况下充分的评价，在变化的条件下就可能误入歧途。不言而喻，有关价值的错误观点必须得到修正；但人们不那么容易看到，曾经一度正确的善恶观点随着社会条件的变化必须得到修正。人们依恋自己的评价，就像依恋其他财产，熟悉变得珍贵。特别在现在的时代，工业的、政治的和科学的变化迅速地发生，特别需要修正旧的评价。(c)纯真的直觉理论正在走向边沁称为*自以为是*(*ipse dixitism*)的毫无疑问的教条主义。每一个直觉，即使是最好的直觉，都可能成为敷衍的、第二手的，除非经过对其意义思考(即对根据它行动会产生的后果的思考)的更新。在有关正当和善的一般信念和具体什么是正确的善之间，没有必然的联系。一个人可能会有强烈的义务信念，而不明白他的义务究竟在哪里。当他假定这一点时，他是被义务的一般意识所激励；他无需反思探究，就信任自己对其义务的具体事情的直接观念，他可能变得在社会上是危险的。如果他是一个意志坚强的人，就会努力地把自己的评价和标准以冷酷的方式强加给他人，相信自己得到了正确的权威和上帝意愿的支持。

## §3. 敏感性和深思熟虑

在直觉理论中，价值的持久因素在于它隐含地强调对情况和行为性质的直接响应的重要性。敏锐的眼睛和灵敏的耳朵本身不是有关物理对象的正确认知的保证，但它们是条件；没有它们，这样的认知就不可能产生。缺乏直接的敏感性，是什么也不能弥补的；不敏感的人，是麻木的、冷漠的。除非有对个人行为直
269 接的、主要是非反思的鉴赏，否则用于后面思考的资料就会不足或者失真。一个人在被引导去思考或者有思考的材料前，必须感觉到行为的性质，就像一个人用手感觉到物体的粗糙或光滑。如果思考在行为中有效，有效的反思必然终止于直接欣赏的情景。"冷血的"思考也许会得出正确的结论，但是如果一个人对以理性方式呈现给他的考虑无动于衷，那么就不会引起他根据它们而采取行动(参见本卷第190页)。

这个事实解释了在其根源和本质上，道德评价是情绪的而不是理智的理论中的真理成分。一个道德评价无论多么有知识，如果它影响行为的话，至少必须带有感情的色彩。怨恨，从极度厌恶、恶心到轻微的反感，是作为真正知识中有关邪恶知识的必要成分。感情，从强烈的热爱到轻微的喜欢，是所有关于善的操作知识(所有充分理解)中的成分。然而，说这样的欣赏可以摆脱每个认知因素，则是言过其实。这里也许不知道为什么某个行为引起同情或厌恶，不知道它赖以确证的基础。事实上，强烈的情绪的欣赏，似乎同时也是它自己的理由和确证。但是，这里至少一定有一个关于欣赏或鄙视的对象的观念，一定有某个可以被察觉到的、受到关心和引起关心的原因或人。否则，我们仅仅有非理性的愤怒，就像野兽的毁灭性愤怒；或者仅仅有直接的喜悦，就像动物撕咬食物。

我们的眼、耳、手、鼻和舌头的感觉反应，为我们认识物体(如木棍、石头、水果等)的性质提供了材料。有时，人们认为，它们也为我们认识人提供了材料；看到某种形状和颜色，听到某种声音，我们通过类比推理出在一个具体的身体内有知觉、有情感的存在，就像我们联想到构成我们自己身体的形态一样。这种理论是荒谬的。情绪的反应形成了我们认识自己和他人的主要材料，正如物理对象
270 的观念是从感觉材料中构成的，关于个人的观念是从情绪的和情感的材料中构成的。后者和前者一样直接、一样即时，但更有趣、更引人注目。原始生活中的泛灵论，(留存在诗歌中的)人格化自然事件和事物的倾向，证明了人的感觉的原初性质；根据我们通过拐弯抹角地运用类比推出人的存在的理论，它是无法解释的。在任何我们强烈地恨或爱的地方，都会直接预测到可爱的、疼爱的或可恶的、讨厌的存在。如果没有情绪的行为，所有的人类对我们来说，就只是有生命

的自动机器。因此，所有引起愉快的尊重或厌恶的行为都被感觉到是人的行为：在这样的情况下，我们不会在行为者和行为之间作出区别。高尚的行为标志着高尚的人；卑鄙的行为标志着卑鄙的人。

根据这个理由，理性的行为和慷慨的行为是紧密联系在一起的。一个完全缺乏同情反应的人，也许会有敏锐的计算才智；但他不会自觉地感到他人要求满足自己欲望的主张。一个没有什么同情心的人，必然对人性之善的看法有局限。唯一真正的普遍的思想是慷慨思想。正是同情，使思想超越了自我，把它的范围扩大到整个宇宙。正是同情，使他人的利益得到注意，促使我们给予它们同样的重视——和那些影响我们自己的荣誉、钱财和权力的东西一样，从而防止了对后果的考虑退化为纯粹的计算。同情使我们处于他人的位置，从他们的目的和价值的立场看问题，把我们对自己的要求和主张的估计放低到有同情心的、公正的观察者可能认定的程度上，这是获得道德知识客观性最可靠的方法。同情是道德知识总的原则，这不是因为它的命令在行为中优先于（没有实现的）其他冲动的命令，而是因为它提供了最有效的理智的立场。它为分析复杂情景、解决复杂问题提供了最卓越的（*par excellence*）工具。因此，当它进入积极的、公开的行为时，它不是孤立的，而是融入了其他冲动，从而避免了多愁善感。在此融合中，同情为所有欲望和方案进行有效、广泛、客观的考察提供了立足点。通过同情，功利 271
主义冰冷的计算和康德的形式规律转变成了充满活力的动态的现实。

最早的道德发现之一，就是对行为好与坏的评价和对行为美与丑的认识的相似。感觉到邪恶令人反感和善良行为的吸引，其根源于感觉的审美。欣赏的情绪和厌恶的情绪是天生的；当它们转到行为上时形成一种因素，这种因素提供了隐藏在道德感（*sense*）理论下的真理。而且，正义感和对称感、比例感有很强的联系。术语“公平”（fair）的双重意义绝非巧合。希腊语 *sophrosyne*（我们通过拉丁语 *temperantia* 得到的词汇 temperance——节制，是它蹩脚的代表），把感情和谐地融入美丽的整体，本质上就是一个艺术观念。自我控制是它的必然结果，但是作为有意的原因的自我控制，就像在一栋建筑或一尊雕塑中的“控制”一样（在这里，控制绝不意味着这种意思：整体渗透到所有的局部，把秩序和整齐划一的统一带给它们），似乎为雅典人所厌恶。希腊人强调 *Kalokagathos*（绅士），亚里士多德学派把美德等同于相应的折中，这些都标志着对作为善良行为的突出特征的优雅、韵律与和谐的一种敏锐的估计（第 98 页）。现代心灵对一般的美学价值和具体行为中的价值一直不大敏感，多数已迷失在对正当的直接反应中。常与道德相联的凄凉和艰难，就是这种迷失的标志。

直接评价与对行为即时的、敏感的响应相伴而生，并在有意的反思性评价中得到了补充和扩展。正如亚里士多德指出的，只有善良的人，才能很好地判断什么是真正的善；对恰当的赞成和谴责作出立即的反应，需要纯净的训练有素的品格。对于这种说法，还要加上两个条件。一个条件是：即使对善良的人，也只是在简单的情况下，在那些基本上已经熟悉的情况下，人们可以相信其对价值的直接反应的启迪。越是善良的人，对于在新的复杂的情况下要怎么做，他越会感到困惑。因此，走出困境的唯一方法是通过考察、探索，在心中反复思考直到知道
272 应该如何做；也许在一个较长时间的精神骚动之后，他能直接对它作出反应。另一个条件是：在绝对的意义上，不存在像好人这样的东西。即时的评价容易受到许多考虑的歪曲，后者只有通过探究和批评，才能发现和根除。一个人要做到彻底的善，要得到对正当的绝对可靠的评价，就必须在摆脱了一切限制性及歪曲性影响的一种彻底善的社会环境中纯真地生活。实际上，喜爱和厌恶的习惯是在生活的早期形成的，这些习惯的形成早在运用辨别的智慧的能力之前。成见、无意识的偏见随之而生；一个人对他人的尊重和钦佩是不稳定的；他对某些价值过度敏感，对其他的价值则相对冷漠。他因循守旧，他的即时评价就会落入无意识形成的习惯所造成的窠臼中。因此，对价值自发的"直觉"，必须准备接受纠正、证实和修改。这些纠正、证实和修改是根据个人对后果的观察以及对其性质、范围的盘问而作出的。

### §4. 良心和深思熟虑

这个过程通常称为深思熟虑；当道德审慎成为习惯时，人们通常称它为良知(conscientiousness)。小心谨慎地关注任何行为或建议的目的潜在可能性，构成了这种品质。拥有这种品质就是这样的人的特点，他们既不让自己受到当前欲望和激情的过度影响，又不落入日常行为的俗套。那些满足现状、不思进取、让自己仅受已有的正确习惯推动的"善良的"人，会丧失警觉，不再保持警惕。随着这种丧失，他的善良离他而去。确实，有一种品质被称为"过度良知"(overconscientiousness)，它离邪恶不远。它意味着经常的焦虑。想知道一个人是否真正的善，意味着一种道德的"自我意识"，这种意识带来了尴尬以及行为中

拘谨、病态的恐惧。它是真正良知的漫画版。因为后者并不是为了发现一个“动机”究竟是不是善的,而是对动机焦急的窥探、对行为内在根源的估计。真正的良知有一个客观的外表;它是根据一个行为对总体幸福的后果及其性质的理性 273
的关注和关心,而不是对某个人自己的善良状态的焦虑的担心。

也许,在即时的敏感或“直觉”和作为反思性关注的“良知”之间最显著的差异是:前者常常建立在已实现的利益的平面上,而后者着眼于追求更好的前景。真正有良心的人,不仅在评价中运用标准,而且关心修改和提高其标准。他意识到,隐藏于行为中的价值超过了他已经理解的一切,因此在已经明确阐述的任何标准中必然存在某种不足。他在时刻寻找尚未达到的善。只有通过深思熟虑,一个人才能变得对行为的深远意义敏感;离开持续的思考,充其量只会对特殊的、有限的目的的价值敏感。

一个行为更大的、更遥远的价值,形成了通常所说的理想。关于理想的性质,也许没有什么比误解更为流行。它们有时被认为是确定的遥远的目标,由于过于遥远因而不能在行为中实现。它们有时被认为是模糊的情感上的鼓舞,在指导行为中替代了思想。因此,人们认为,“理想主义者”或者是不切实际的人,关心做不到的事情;或者是被雄心壮志感动的人,他们追求某些捉摸不定的、模糊的精神类和实际情况没有联系的东西。关于遥远的“完美”的理想,麻烦在于它们常常使我们忽视了我们必须在其中采取行动的特殊情况的重要性;和完美的理想相比,它们被看成是微不足道的。相反,真正的理想是这样的感觉——这些特殊情况的每一个都有自己无穷无尽的意义,它的价值远远超过其直接的、狭隘的存在。也许,乔治·赫伯特(George Herbert)[1]的诗句最好地表达了它的性质:

> 谁为你的律做了准备,
> 就是行出了好的行为。

正如我们曾经说过,当反思被引向实际的事物、引向决定做什么时,就称为

---

① 乔治·赫伯特(1593—1633),英国文艺复兴时期玄学派诗人,著有诗集《教堂》(*The Temple*,1633)。——译者

274 深思熟虑。将军深思熟虑一个战役的行动，估计敌方和他自己部队可能的动向，考虑正反两方面的意见；商人思考比较不同的投资方式；律师研究案情中的行为，等等。在所有思考的情况中，都有价值的评价；进行思考的人所关心的，是用发现较大价值、抵制较小价值的眼光来估计价值。在某些情况下，人们主要考虑目的的价值。在另外情况下，人们主要关心方法的价值。道德思考不同于其他形式，不是作为形成评价、得到知识的过程而不同，而是在于所思考的价值类型不同。只要一个人把价值看成某种可以追求并且通过拥有、占有的方式得到的东西，看成某种要得到或会失去的东西，这价值就是诸如技术的、职业的、经济的价值之类的东西。严格地说，当一个对象被看成会影响自我，决定一个人成为什么样的人而非拥有什么时，这相同的对象就有了道德的价值。深思包括怀疑、犹豫，需要下定决心，需要作出决定性的选择。在道德思考或评价中有风险的选择，就是这种或那种品格和素质的价值。因此，深思不是等同于计算或类似数学的得失计算。这种计算假定，自我的性质没有纳入分析，而仅仅是这样或那样自我能得到多少。道德思考不是涉及道德的量，而是它的质。

我们通过预测会发生什么，或者合计如果实行了会导致什么后果来估计任何现在的欲望或冲动的意义或重要性；实际上，它的后果决定了它的结果、意义和重要性。但是，如果人们仅仅把这些后果看成是遥远的，如果对它们的描述没有立即引起当下的宁静感、充实感或不满足感、不完整感和愤怒感，那么，这个思考后果的过程就依然是纯粹智力上的。它对行为的影响，就像对无实体的天使的数学思考一样，是没有效果的。对行为进行思考的任何实际经验都会表明：每个预见的结果都会立刻影响我们当下的情感、喜爱和厌恶，以及我们的所欲和不欲。它们在此发展出一种流动的评价，它立即给价值打上善或恶的标记。正是这种直接的道德感而非对一般规则或最终目标的意识，最后决定了行为对行为
275 者的价值。这就是直觉理论中无可辩驳的真理因素。它的错误在于，把这种对评价的直接反应设想为就好像它排斥反思而不是直接步其后尘。深思熟虑实际上是不同的行为路线在想象中的演练。我们在内心屈服于某种冲动，在内心尝试某种计划。沿着其历程，通过不同的步骤，我们感到自己在想象可能随之而来的后果的存在；而且根据喜欢、赞成或不喜欢、不赞成这些后果，我们判定原来的冲动或计划是好的或不好的。深思熟虑是生动的、活跃的，而不是数学的和不带个人色彩的，因此本身带有直觉、直接的因素。精神试验的优点先于公开的试验

（因为行为本身毕竟是一次试验，是对隐藏于其后的观念的一次证实），因为它是可以纠正的，而公开的结果则继续存在。它们不能被撤销。而且，许多试验可以在短时间内在心里完成。想象不同的计划被执行，为许多起初并不明显、后来开始起作用的冲动提供了一展拳脚的机会。许多不同的直接感觉和评价先后产生了。当许多倾向发挥作用时，显然有更大的可能性使真正需要的、恰当的自我能力开始行动，从而导致真正理性的幸福。深思熟虑把不同的行动路线"分化成"对立的选择，分化成不相容的"非此即彼"，这样的倾向就是强迫我们明确地承认该问题重要性的方法。

## §5. 原则的性质和位置

很清楚，要求一个人作出思考和评价所处的不同情景具有共同的因素，在那些情景中发现的价值彼此类似。很明显，一般的观念在评价特殊情况时很有帮助。如果不同的情景彼此完全不同，那么就不可能从某个可能在其他情景中有用的情景中学习。但是，由于经验有相似之处，人们才把它们从一个情景借鉴到另一个情景，经验在智慧上是积累性的。人们从相似的经验中形成了一般观念；通过语言、教育和传统，将这种有关价值的经验汇聚成一般观念，这种汇聚扩展 276
到包含整个民族和一个种族。通过相互交流，整个人类的经验在某种程度上汇聚起来，形成一般观念。这些观念构成原则。我们用它们来深思熟虑特殊情况。

这些一般化的观念在研究特殊情况时十分有用。但是，由于它们是一代留传一代，常常变得固定和僵化。人们忘记了它们的经验起源，忘记了它们只能适当地用于其他的经验中。人们把它们看成这样：好像它们本身就存在；好像要确定什么是对的和善的，只是一个把行为纳入它们之下的简单问题。不是把它们看成（在实际上出现需要）评价价值时的方法和工具，而是使它们高于价值评价。它们成了规定、规则。目前，一个真正的原则在两个方面不同于规则：(a)原则的演化是和经验过程联系在一起的。原则是关于在某种情况下，什么种类的后果和价值常常得到实现的一般化的陈述；规则被看成是某种现成的、固定不变的东西。(b)原则基本上是智力的，是评价的方法和方案。根据原则所揭示的东西，它是从属于实践的；规则基本上是实践的。

假设一个人相信，诚实的规则本身是通过特殊能力来认识的，与对过去情景的回忆或对未来可能的情况的预测绝对无关。这样的规则本身怎么可能运用于需要评价的特殊情景呢？有什么警示，有什么迹象，表明这个恰好是适用诚实交易规则的情景呢？如果出现某种奇迹，这个问题得到了回答，如果我们知道这就是适合诚实规则的情景，那么，我们怎么能详细地了解这规则要求的正好是某种过程呢？对规则而言，要适用于所有的情景，就必须省略那些把一个事例和另一事例区别开来的条件；它只能包含在所有诚实行为中都可以发现的、非常少的相似因素。缩减到这种框架，除了赤裸裸的、不管发生什么都要诚实的指令，没有
277 多少东西留下。对个人的评价只好听天由命，或者听命于外部权威来决定在特定情景下，具体说的恰好是*什么样的*诚实。

这个困难如此严重，所有相信严格规则来自良心、来自镌刻在人的灵魂或通过外部启示的神谕系统的人，总是不得不求助于越来越复杂的程序来涵盖（如果可能的话）所有的情景。道德生活最终被它们还原成精致的形式主义（formalism）和法规主义（legalism）。

例如，假设我们以“十诫”作为起点。它们只有十条，自然地使自己局限于一般观念，这些观念主要用否定的形式表述；而且，同一行为可以归于不止一条规则之下。为了解决在这样的情况下必然会出现的实际的复杂性和不确定性，人们创立了*决疑法*（*Casuistry*，来自拉丁语 *casus*，即事例）。人们作出努力来预测想象中可能发生的所有不同的行为情景，为每一情景预先提供准确的规则。例如关于规则“不杀人”，人们可以列举可能发生杀人的所有不同的情况——事故，战争，执行政治领导的命令（例如刽子手），自卫（保护自己的生命、保护他人、保护财产），具有不同动机（嫉妒、贪婪、报复，等等）的故意杀人或预谋的杀人，出于突然的冲动，以及不同种类、不同程度的激怒的小的预谋杀人。这些可能的事例中的每一种都被赋予精确的道德性质以及堕落或无罪的程度。这个过程不会伴随着公开的行为而结束；影响世界观的行为的所有内在动力必须同样加以分类：妒忌、憎恨、突然发怒、郁闷、有伤害欲、喜爱专权、冷酷或敌意、冷漠——所有这些都必须列入不同的种类，还要详细说明每个确定的道德价值。对某一种事例所作的分类说明，必须覆盖到整个道德生活的每一部分和每一阶段，直到所有部分和阶段都登记造册，并纳入明确标示的文件夹。

这样来设想道德生活，危险和邪恶接踵而至。（a）*它常常以牺牲道德精神为代价，放大道德的表面意义*。它使人们的注意力不是集中在一个行为的积极的
278 善上，不是集中在构成其道德精神的行为者的基本素质上，也不是集中在构成其

氛围的独特的场合和背景上，而是集中在它和规则A、纲目1、种类1、分目(1)等等表面的一致上。这样的结果必然会缩小行为的范围，降低行为的深度。(i)它引导某些人去寻找对他们最方便或最有利的行为分类。在流行的话语中，“决疑的”成了一种评价行为的方法，它努力地寻找一种既有助于个人利益、又能得到某种道德原则支持的行为方式。(ii)这种对表面意义的考虑和其他考虑一起，使行为成了拘谨的、迂腐的。它造成了刻板的、僵硬的品格类型，人们把这种类型的品格归于旧时代的法利赛人(the Pharisees)和近代的清教徒(the Puritans)——在这两类人的道德体系中，充满了僵化的道德原则的观念。

(b) *这种道德体系实际上也会导向一种合法的行为观念。*在历史上，这种观念总是来自把法律观念贯彻到道德中去的习惯。从法律上看，从无到有的、由某些上级权威给予谴责和惩罚的法律责任(liability)是必需的。行为通过明确的命令和禁止得到调整：做这事，不要做那事。我们所需要的恰恰就是这种分析。我们在杀人事例中就谈到了(第277页)这类分析。这样，我们能有确定的规范的方法，衡量罪行的轻重，给予相应的谴责。现在，法律责任、惩罚和奖励在日常行为中是重要的因素，但任何道德体系都是有缺陷的，它把逃避惩罚的问题推到了引人注目的最突出的位置，造成在这个事实(执行了命令或遵守了规则)上伪善的满足。

(c) *也许这种道德体系最大的邪恶是常常剥夺道德生活的自由和自发性，*把它还原到小心翼翼、卑躬屈膝地服从外部强加的规则。顺从作为对原则的忠诚，就是一种善；但这种体系实际上使它成了唯一的善，把它设想为不是忠诚于理想而是服从命令。道德规则仅仅作为基于自身独立的思考而存在，正确的事情仅仅是遵守它们。这把道德的重心放到了具体的生活过程之外。所有强调表 *279*
面意义而不是精神、强调法律后果而不是主要动机的体系，把个人置于外部权威的重压之下。它们导致了圣·保罗(St. Paul)所描述的那种在法律控制之下而不是在精神鼓励之中的那种行为，这种行为经常伴随着焦虑、不确定的争斗和厄运临近的重负。

许多人竭力反对这些行为模式，反对一切通过强调外部命令、权威、惩罚和奖励把行为僵化为形式的东西。他们没有看到，这样的邪恶在逻辑上与接受僵化规则的决定性联系在一起。他们认为，某些群体、宗教首领、政治或法律的权威要为他们所反对的这个体系中的东西负责；而他们仍然坚持这样的观念，即道德是一种努力，这种努力把某些绝对不变的道德规则应用于具体的行为和方案中。他们没有看到，如果这就是它的性质，那么，那些试图提供一种方法使其能实际操作的人就值得赞扬而不是批评。事实上，人们不可能使绝对规则或戒律的观念变得切实可行，除非通过某些上级权威来宣布和实施它们。洛克说："要使一个成为高于他人的原则的颁布者和不容置疑的真理的导师，必须给予他不小的权力。"

把原则等同于规则，还会导致另一个在实际上有害的后果。以正义为例。对于"正义是适当的行为规则"这种观念，可能存在几乎普遍的一致同意——如此普遍，除了罪犯以外的所有人都会承认。但是，正义在具体情况下要求的是什么呢？像刑罚学、监狱改革、关税、禁止奢侈浪费的法律、商业信贷、资本和劳动的关系、集体协商、民主政府、公共设施私人的或公共的所有权、公共财产相对私有财产诸如此类事情的现状表明：具有公平的好心肠的人会发现，正义在实践中意味着相反的事情，尽管所有人都宣称自己把正义当作行为的规则。作为原则而不是规则，正义表明了检查具体的制度和措施，看它们为了把更大的公平和公正引入它们产生的后果中，是如何运作的意愿。

280 这种考虑，让我们想到了关于真正的道德原则性质的重要事实。规则是实际的，它们是做事的习惯方式；但是，原则是理智的，它们是用于评价所建议的行为路线的决定性方法。直觉主义者的根本错误在于：他们着意寻找那些本身就能告诉行为者应追求什么行为路线的规则；而道德原则的目标是提供立场和方法，使个人能够自己分析他所处的独特处境中善与恶的因素。真正的道德原则绝不指定具体的行为路线；而规则[①]，就像烹饪用的菜谱，可以告诉我们做什么和怎样做。道德原则如贞洁原则、正义原则、黄金律原则，给了行动者一个看待和考察出现的具体问题的基础。它在他的面前保留了行为的某些可能方面；它警告他防止用短视的或偏见的眼光看待行为。它通过指出在他的欲望和目的中哪一方面要加以考虑，为他提供主要的才智，节省了他的思维；它通过向他建议某些他应该留意的重要考虑来引导他的思维。

因此，道德原则不是一个行动的命令或以某种方式对行为的克制。它是分析特殊情况的工具，对或错是由全部情况决定的，而不是由这样的规则决定的。

① 当然，"规则"一词常常用来称呼原则——如在词组"黄金律"中。我们在此谈论的不是词汇，而是它们潜在的思想。

例如，我们有时听说，黄金律的普遍采用会立刻解决企业的争端和困难。但是，假设每个人都真诚地接受这个原则；它不会立刻告诉每个人在与他人的复杂关系中要做什么。当个人仍然不清楚真正的利益是什么时，它不会最终确定地告诉他：要关心他人的利益，就像关心自己的一样。它也不会说，不管我们自己具体想要什么，都要努力给予他人。我喜欢古典音乐，并不意味着应该尽可能多地让我的邻居也跟着听。但是，"黄金律"并没有为我们提供一个考虑行为的角度；
它建议我们，要考虑我们的行为如何影响他人的利益和我们自己的利益；它要我 281
们防止考虑的偏见；它警告我们，对具体的痛苦或快乐的后果，不要仅仅因为它正好影响我们而作出不恰当的估计。简而言之，黄金律并不会发出特殊的指示或命令；但是，它澄清和解释了要求理智的深思熟虑的处境。

相同的区别，隐含在上一章所说的幸福（在公共福祉的意义上）作为目的和作为标准之间。如果它被当作行为的直接目的，就会被看作一成不变的、僵化的东西。作为标准，确切地说，它是一个告诫性的指导。它指明，当我们根据赞成和不赞成来评价一个已完成的或建议的行为时，应该首先考虑它的一般后果，然后就它究竟如何影响他人的福祉来考虑它的特殊后果。作为标准，它提供了一个在所有深思熟虑中要采取的始终如一的视角，但它并不预先准确地确定什么构成了公共福祉或共同利益。它为发现新的福祉成分和这些成分在不同情况下的不同组合，留下了空间。如果把标准当作规则，像菜谱那样，它就意味着一个人用先前一成不变的、强求就范的、完整的（即关于只有什么因素构成幸福的）观念来面对每一种情况，从而使这种观念可以像数学公式一样应用。以这种方式解释的"标准"，产生了自以为是、道德自负和狂热。作为考察处境的立场的标准，在达到新的见解中允许自由地发挥想象。在具体事务中，它不是仅仅允许而是要求在什么构成幸福的观念上不断进步。

因此，我们可以说，关于知识在道德方面的重要事情不是它的实际范围，而是说，它是认知的意志——考察行为对总体的善的意义的积极愿望。实际的信息和见解受到出生、教育、社会环境等条件的限制。直觉理论的观念，即所有个人都拥有统一的相同的道德评价的贮存，是和事实不符的。然而在每一种社会环境中，都会展示出共同的人类情感和冲动——没有一个民族的成员会没有关
于人类生活、抚育后代、忠于部落或共同体风俗等价值的信念，不管他们在应用 282
这些信念时可能如何地有局限性和片面性。超过这一点，无论在什么文化水平

上，总有可能密切关注扩大和加深现有道德观念的意义的机会。探索什么是善的态度，也许可以在文明的种族、阶级和国家的任何条件下培养出来。在传统的教育意义上无知的人，也许会表现出非常有文化有教养的人所缺乏的发现和考虑什么是善的兴趣。从这个兴趣的角度看，阶级的划分消失了。知识的道德特性，不在于拥有而在于关心增长。一成不变的标准和规则实质的邪恶就是：它常常使人们满足于现状，把已经拥有的观念和评价看成是充分的和最终的。

道德知识需要不断的修正和扩展，这就是为什么把非道德的知识和真正道德的知识区分开来不存在巨大鸿沟的一个很大的理由。在任何时候，曾经一度被认为专门属于生物学或物理学领域的观念，也会被人们认为具有道德含义。这会出现在无论什么时候，当人们发现它们和共同的善有联系时。当人们获得细菌、病菌及其和疾病传播关系的知识时，公共的和私人的卫生就呈现出它们以前没有的道德重要性。因为人们认为，它们会影响共同体的健康和福祉。在技术领域工作的精神病学家和心理学家，发现了深刻影响旧观念（例如惩罚和责任），特别是它们在素质形成中的地位的数据和原则。例如，人们发现，"问题儿童"是由环境造成的，这种环境包括家庭和父母对孩子的影响。大致上可以这样断言：后来发展出来的大多数心灵和品格不健康的状态，都来源于早年生活中情绪的抑制和不平衡。这些数据虽尚未深入流行的认识和行为中，但其最终的道德意义是不可估量的。曾经严格限制在物理学和化学上的知识可以应用于工
283 业，对个人的生活和幸福有不可估量的影响。列举的例子可以无限地扩展，但重要的是，任何把道德知识和道德评价限制于确定的领域的做法必然会限制我们关于道德重要性的认识。在那些迟钝的反对变革的人和在社会问题上真正进步的人之间的大部分差别，来自这一事实，即前者把道德看成有限的、局限于一大堆一成不变的和决定性的责任和价值领域。现在大多数重大的道德问题，都依靠这一总体认识（即实际上是相反的）来寻求解决办法。也许，现在最重要的就是必须打破科学知识和道德知识之间的传统壁垒，这样才可能经过有组织的连续不断的努力，把所有可以利用的科学知识用于人道的和社会的目的。

因此，没有必要吁请大家关注我们在前面几章中得出的要点：社会环境对主要的伦理观念会有影响。只要某种僵化形式的直觉主义是真的，通常称为非道德的形式存在的文化状态和知识增长，对显著的道德知识和道德评价就没有意义。因为这两个东西是相互联系的，每一代人，特别是生活在类似现时代中的

人，负有责任来彻底检查其继承的所有道德原则，并且根据当代条件和需要重新考虑它们。如果说这意味着所有道德原则都如此和特定的社会状态相联系，所以它们在任何社会条件下没有任何约束力，那么作出这种假定是愚蠢的。这种责任是要发现什么原则是与我们自己的社会阶层有关的。因为这种社会条件是一个事实，和它相关的原则是真实的、有意义的，即使它们不适应某些其他类型和风格的社会制度、文化和科学知识。正是对统一的、不变的（在所有时间和地点都相同的）道德规范的强调，导致了极端的反感。这种观点认为，它们都是传统的、无效的。对它们和社会力量密切的、重要的关系的认识，加强了对真正与我们自己时代相关的原则的探索。

**参考文献** *284*


关于直觉主义早期历史的原始材料，参见：Selby-Bigge, *British Moralists*, I. and II., from Butler and Price respectively. Selections from Butler, Price, and Reid are found in Rand's *Classical Moralists*. For the "moral sense" theory, see Shaftesbury, *Characteristics*; Hutcheson, *System of Moral Philosophy*. Consult also Sidgwick, *History of Ethics*, *passim*; and Rogers, *Morals in Review*, 1927. Bonar, *Moral Sense*, 1930, contains an excellent account of the development of the moral sense theory in British thought.

关于同情和道德评价的关系，参见：Smith, *Theory of Moral Sentiments*, especially Part III., chs. i. and iv., and Part IV., chs. i.- iii., and Stephen, *Science of Ethics*, 1882, pp. 228 - 238.

关于道德评价的情绪理论和理性的理论之间的争论，参见：Rashdall, *Is Conscience an Emotion?* 1914, defending the rational theory against McDougall, *Social Psychology*, 1909, and Westermarck, *The Origin and Development of Moral Ideas*, 1906. Fite's *Moral Philosophy*, 1925, is noteworthy for the importance attached to insight in the moral life. See also Aristotle, *Ethics*, Book III., chs. ii.- iii., and Book VI. The nature of deliberation is discussed at greater length in Dewey, *Human Nature and Conduct*, 1922, pp. 189 - 209. Dewey, *The Quest for Certainty*, 1930, ch. viii., discusses the difference between the immediate sense of value and the judgmnt of value.

关于直觉主义，参见：Calderwood, *Handbook of Moral Philosophy*; Maurice, *Conscience*; Whewell, *The Elements of Morality*; Martineau, *Types of Ethical Theory*, vol. II., 1901, pp. 96 - 115; Mezes, *Ethics*, 1901, ch. iii.; Sidgwick, *Methods of Ethics*, Book I., chs. viii.- ix., and Book III. entire, but especially ch. i., *History of Ethics*, pp. 170 - 204, and 224 - 236, and *Lectures on Ethics of Green, Spencer, and Martineau*, 1902, pp. 361 - 374.

## 15. 道德自我

285 ### §1. 自我和选择

自我在以前的讨论中处于中心位置。在那些讨论中，道德自我的重要方面得到了阐明。自我应该是聪明的或谨慎的，期望一个全面的满足，从而把眼下迫切的个别欲望的满足降到从属地位；它应该如实地承认和他人有关的要求；在给予表扬和批评、赞成和不赞成时，它应该是热心的、细心的。最后，它应该是认真的，具有发现新价值、修正以前观念的积极意愿。然而，我们尚未考察自我的重要性究竟是什么。自我在道德中的重要位置，还有许多围绕着它的道德理论的争论，证明我们做这样的考察是明智的。简要地提及相反的理论，有助于指出需要特别注意的要点。

在已经讨论的主题中有最深刻的分歧。某些理论认为，自我以及它的所作所为是最高的唯一的道德目的。这种观点反映在康德的断言中，即善良意志以及行为的结果是唯一的道德上的善。当人们把道德的善专门等同于美德，从而认为是善良人的最终目标，简而言之，是保持他自己的美德时，他们实际上就拥有了上述相同的观念。当人们把自我假设为唯一的目的，那么就会把行为、行动、后果都仅仅看作手段，看作保持善良自我的外部工具。在早期功利主义的快
286 乐主义中，人们可以看到相反的观点，它们认为，某种后果——快乐是唯一的善的目的、自我及其属性都仅仅是产生这些后果的手段。

我们自己的理论认为，自我和后果的作用都是必不可少的。我们用暗示的方式表明，两者中的任何一方都不能仅仅当作达到对方的手段。这里有一个循

环的约定。自我不是产生后果的唯一手段，因为作为某种道德的后果会影响自我的形成，而自我也会影响后果。用有些机械的类比来说，砖块是建造房屋的手段，但它们不仅仅是手段，因为它们最终构成了房屋自身的一部分；如果成为房屋的一部分反过来改变了砖块本身的性质，这种类比就是非常充分的。同样，行为和后果是非常重要的，但它们不是独立于自我，而是形成、揭示和考验自我。如果我们考虑选择的性质，刚刚从形式上讨论的东西就会具有具体的意义，因为选择是自我最具特色的活动。

在有意决定的意义上可以称之为选择的决定之前，有着自发的选择或偏好。每一个欲望和冲动，不管多么盲目，都是偏好这个、厌恶那个的一种方式；它选择一件事情，排斥其他事情。它被某些对象所吸引，在价值上觉得它们高于其他对象。后者被忽略了，尽管从纯粹外部的立场来看，它们是同样可接近、可利用的。我们成了这样的人，根据自己天生的秉性和后天获得的习惯，对某些对象趋之若骛，对另一些则不感兴趣。这样的偏好抢在了对相对价值的评价的前头；它是系统的但不是有意识的。后来出现了需要竞争的情景；我们会被自发地吸引到相反的方向。不相容的偏好相互抑制。我们犹豫，之后犹豫成了深思熟虑：在对我们已经谈到的两者之间进行比较，衡量它们价值。最终偏好出现了，它是有意的，是建立在对价值认识的基础之上的，而这种认识是通过深思熟虑得到的。当我们的需要发生冲突时，不得不下决心来确定哪个是我们真正想要的。这就是选择。我们自发地偏爱，我们深思熟虑并有意地进行选择。

现在每一个这样的选择都和自我有双重的联系。它揭示现在的自我，形成 287
未来的自我。作出的选择和已经存在的自我的欲望和习惯是一致的。在这个过程中，深思熟虑有着重要的作用，因为想象中出现的每一个不同的可能性，诉诸自我构成中不同的因素，让品格中所有的方面在最终选择中都有机会起作用。导致的选择也塑造自我，在某种程度上使它成为新的自我。这个事实特别展现在关键时刻(第 171 页)，但是在某种程度(无论多少轻微)上也展现在每一选择中。并非所有的选择都像在生活中选择职业或选择生活伴侣那么重要，但每一选择都处于分叉路口，所选择的道路抛弃了某些机会，同时带来了其他机会。一个人选定某条独特的道路，就是给自己的存在确立一系列持久的条件。因此，可以这样说，一个人选择这个对象而不是那个对象，实际上就是选择了要成为什么样的人或自我。从表面上看，在选择中终结的深思熟虑涉及对特定目的的价值的衡量;而在这表面之下,它是发现一个人最想成为什么样的人的过程。

因此,自我或者品格不仅仅是达到某种目的的一个手段、一个外部工具,而且是达到后果的一种动力,正如运动员、律师、商人为了建立某些习惯所作的努力中展示的那样,因为他知道,它们是达到他所感兴趣的目的的因果条件。但是,自我并不仅仅是一个外部的因果动力,达到的后果反过来塑造自我。而且,正如亚里士多德所说,好人的善显现在他的行为当中。我们谈论相互之间的行为,"那行为是多么独特!"在使用这样的表达时,我们是说,不像火柴是火的原因那样,自我不仅仅是一个行为的原因;我们是说,自我如此密切地进入采取的行动,就好像给予它授权一样。自我在它的选择中暴露了自己的本性。因此,对一个行为的道德评价,也是对作出这个行为的人的品格或自我的一个评价。每当我们要一个人对自己的所作所为负责时,实际上是承认:从道德上评价的行为和作出此行为的个人的品格有着密切的内在联系。打一个比方,我们谈论一种草
288 药的效力,认为它在产生某种希望的效果上会有效果,但是自我的善良倾向会进入自我的行为中,并赋予该行为以特殊的性质。

如果说早期的功利主义错在认为自我及其美德的、邪恶的素质仅仅作为达到某些后果(所有真正的善和恶都展现于其中)的手段才是重要的,那么,认为后果根本没有道德重要性而只有自我才具有道德的善与恶的学派,也陷入了把自我和其行为分开的错误。因为根据这种理论,人们把善良和邪恶都归于与其素质产生作用时导致的结果无关的自我。事实上,只有希望并积极致力于善的后果的自我是善的,即那些促进受此行为影响的人们的福祉的后果是善的。毋庸赘言,如果行为具有道德意义的话,那么,正确的道德理论的关键就是承认*自我和其行为之间本质的统一*;而一旦自我和行为(及其后果)相互分离,把道德价值过多归于其中某一方时,理论就会出现错误。

自我和行为的统一,支撑着所有符合明显的道德的评价。我们也许可以评价某个事件的后果是有用的或有害的,就如我们谈论一场喜雨或一股恶流。然而,我们并不是在暗示道德的评价,因为我们没有把与品格、自我的联系归于雨水或洪水。同样道理,我们也不会把道德的特性归于一个婴儿、一个傻子或一个疯子的行为。然而在一个正常孩子的人生中,总会有这样一个时刻,即他的行为要受到道德的评价。当然,这个事实并非必然暗示:他深思熟虑有意地造成正好发生的后果。如果评价是*形成*自我的一个因素,那么,这个自我深思熟虑有意地

作出未来的行为，这已经足够了。一个孩子抓取食物，因为他饿了。他被告知：他这样做是粗鲁的或贪吃的——一种道德评价。然而，这孩子心里想到的唯一的事情，也许是吃下的食物能够充饥。对他而言，这行为没有道德的含义。父母说他粗鲁或贪吃，是把他某些内在的东西和他的行为的某些性质相联系。这种行为以某种方式揭示了自我中某些不希望有的东西。如果这个行为没有得到注 289
意，这种倾向就会得到加强；这个自我就在那个方向上得到塑造。另一方面，如何让这孩子看到这种联系，即他自己的存在和那个行为令人讨厌的性质的密切联系，他的自我就会呈现另一种形式。

## §2. 自我和激励：兴趣

从道德上说，自我和行为的同一是理解动机和激励性质的关键。除非在理论中察觉到并且承认这种统一，人们会把动机视为某种作用于个人并诱使他做什么事情的外在的东西。当把这种观点推而广之时，它会导致这种结论，即自我自然地和内在地是迟钝的消极的，从而不得不需要某些外在于它的东西来鼓动或推动。然而，事实上，自我就像它重要的基础——有机组织一样，总是积极的；它根据自己的组织构造行动，因而根本不需要外在的奖励承诺或邪恶的威胁来诱使它行动。这个事实就是对自我和行为的道德统一的确证。

观察一个孩子，就会让观察者相信：正常的人醒着的时候，总是在活动着；他是一个源源不断流出能量的储存库。人的身体移动、伸展、操控、拉拽、敲打、撕扯、扭曲、观望、聆听，等等。在清醒时，他不断地探索周围的环境，建立新的接触和关系。当然，他需要通过沉默和静止来恢复体力。但是，对一个健康的人来说，没有什么比长期被强制不动更难以忍受。需要解释的不是行为，而是行为的短暂停止。

正如以前在另一语境中所熟悉的，这个事实对快乐主义心理学（第 194 页）来说，是致命的。因为我们在感觉到快乐和痛苦之前就会行动，因为快乐和痛苦是作为行为的后果而来的，渴望快乐不可能真的是行为的根源。而且，这个事实的含义还可以扩展到整个激励概念。说动机是一个诱因，它从无到有作用于自我之上的理论，混淆了动机和刺激。来自环境的刺激，在行为中是非常重要的因 290
素；但是，它们没有产生行为的原因重要。因为机体已经是活跃的，刺激本身仅仅在行为过程中出现和被感受到。一个物体的炽热刺激着手缩回去，但这热是在伸手探索过程中感觉到的。刺激的作用——正如刚才引用的说明中所说——改变了已经在进行的行为的方向。同样，对刺激的反应不是行为的开始，而是对刺激表明的条件变化作出反应时行为的改变和转移。一艘船的舵手看到了悬崖，这也许使他改变船的航线。但是，这不是他航行的原因或"发条"(moving spring)。动机，像刺激一样，诱使我们改变行为的倾向和路线，但它们并不是引发或产生那样的行为。

因此，术语"动机"是含糊不清的。它意味着(1)构成自我的核心并提供理解行为的原则的那些兴趣。它也代表那些不管是否被察觉到或想到的、影响行为方向改变的对象。除非我们记住这两种含义之间的联系，以及第一种含义的根本特点，否则关于自我和行为的关系就会产生一种错误的观念。这种初始的错误观念，会在道德理论的所有部分造成错误。

把行为中的自我和对象、目的统一在一起的任何具体的东西，都称为兴趣。孩子构成了父母的兴趣；绘画或音乐是艺术家的兴趣；法官的兴趣是公平地解决法律争端；治好病人是医生的兴趣。简而言之，兴趣是行动的主要方向，在这个行动中，欲望和在决定性选择中加强的目标结合在一起。如果没有冲动和欲望的支持，一个人就不会想到某种行为路线；他是冷漠的、反感的、缺乏兴趣的。另一方面，兴趣是客观的；心里想着的是某事某物。不存在一般的或真空中的兴趣；每一个兴趣都迫切要求一个它所依附的目标，它积极关心的是这个目标的状态或发展。如果一个人说他对画感兴趣，他是在断言自己喜欢它们；如果他不接
291 近它们，不努力创造机会观赏和研究它们，那就说明他的话是虚假的，他所谓的兴趣是有名无实的。兴趣是注意、关心、牵挂某个对象；如果它不是表示在行为中，那就是不真实的。

因此，动机并非行为的推动力，或者某种驱使人们做某事的东西。它是作为整体的自我的运动，在这个运动中，欲望与对象整合得如此彻底，以致把它作为迷人的目的来选择。饥饿的人寻找食物，我们也许会说，他是被饥饿驱使；但事实上，饥饿仅仅是个名义，这个名义掩盖了占有食物的倾向。从这种自我和对象的积极关系中创造出一个实体，然后把这种抽象当作寻找食物的原因，这样做完全是一种混乱。这种情况和我们说一个人受到仁慈、宽恕或者残忍、恶意的驱使，没有什么不同。这些东西不是引起行动的独立的力量。它们是某种存在于自我和众多对象之间积极的联盟或整合的标志。正是在其真正自我中的人本

身，才是恶意的或善意的；而且，这些形容词表明，自我的构成是以某种方式朝向某种目标的行动。一个人具有的仁慈或残忍，并不像他口袋里有美元一样；它就是他的所是；由于他的存在是活跃的，这些性质就是行为的模式，而不是产生行为的力量。

因为兴趣或动机在自我的需要、欲望的行为中和所选择的目标结合在一起，目标本身在次要的衍生的意义上就被说成是行为的动机。因此，人们也许把贿赂称为导致立法者投票赞同某一措施的动机，或者把赚钱说成杂货商不缺斤短两的动机。然而，很清楚，正是一个人自己的品格决定他行贿，或者说渴望赚钱支撑着他。某些目标驱使贪婪的人去行动，这些目标对慷慨的人来说则毫无价值；坦率的、心胸开阔的人受到某些目标的感动，而这些目标只会使具有狡猾、奸诈性格的人感到厌恶。贿赂使得一个立法者投票反对某种定罪，只是因为他的自我是这样的：对他来说，钱比定罪和原则更有价值。当我们考虑目标驱使一个人的所作所为时，情况确实如此；因为那个作为驱动力量的目标，其中就包含自我。当我们把对象看成完全外在于自我组成的东西时，就会产生错误，从而把他 292
人的自我排除出去。

把“动机”等同于导致行为路线改变目标的次要的衍生的意义，具有明确的重要的实践意义。在人们联系在一起、一个人的所作所为对其他人有重要影响的世界（像我们的一样）里，试图影响他人的行为，让他们做这些事而不做那些事，是生活中经常发生的事情。我们常常根据各种理由，试图影响他人的行为。这种影响是家庭教育中最显著的方面；它也激励着商业中的买卖双方、律师和客户、法官和陪审团。立法者、牧师、记者、政治家以明确的方式努力地影响他人的行为：期望带来行为的改变和重新定向。在所有这些例子中，有一种共同的做法（*modus operandi*）。人们认为，某些目标会求助于那些涉及人们品格的因素，它们的出现是为了导致以某种方式塑造他们的行为。如果所讨论的目标没有对他们展示为一个目标，他们怎么也不可能采取这种方式。这些目标（在这个词的次要的、直接的实践意义上）形成了人们所说的动机。它们在试图影响他人行为的努力中非常重要。但是，道德理论在这方面常常犯一个大错，它们思考这些在行为方向上呼吁变化的目标，就像它们在导致动作或行为方面真的是“动机”一样。从逻辑上看，那种理论最终会使自我成为消极被动的——就好像它从无到有地引起了行为。

## §3. 利己主义和利他主义

除了把动机的正确概念与自我和行为的统一相联系以外，和另一问题的联系也特别重要。在英国的道德理论中，这个问题一直非常显著，以致斯宾塞称它为"道德思考中的关键"。这个问题就是利己主义和利他主义的关系问题、考虑
293 自己和考虑他人的行为问题、自爱和仁慈的问题。这个问题涉及道德行为的动机；由于未能考虑所有动机的性质的潜在问题，这种讨论一直是混乱的。在那些认为人自然地受到自爱或为自己利益考虑驱使的那些人们那里，这种不足也许是最明显的。但是，它也影响了那些持下述观点的人，即认为人也受到善良的行为动机激励的人，以及认为仁慈是唯一可以在道德上得到辩护的动机的人。

正确的动机理论表明，自爱和利他主义都是后天获得的素质，而不是心理构造中原有的成分；而且它们中的每一个要么在道德上是善的，要么在道德上是可理解的。从心理上来说，我们自然的冲动和行为既不是利己主义的，也不是利他主义的，即都不是由有意识地考虑个人自己的利益或他人的利益激起的。更确切地说，它们是对环境的直接反应。关于自爱，詹姆斯说得很好，他说："当自爱使得我坐在椅子上而女士们站着，或者抢先抓住某个东西而不顾邻居，其实我真正喜欢的是椅子；正是那个我抓住的东西。我原来就喜欢它们，就像母亲喜欢她的孩子，或者一个慷慨的人喜欢英雄行为。无论何时，和这里一样，追求自我是朴素天性的结果，它只是某些反应行为的一个名称。某些东西吸引了我的注意，注定引起'自私的'反应……事实上，我越是自然地彻底的自私，我的思想就越盲目地沉浸在我的淫欲的对象和冲动之中，越会缺乏内省。"①换句话说，在诸如此类的情况下，没有反思，没有深思熟虑，没有有意识的目的。观察者也许认为这种行为是自私的，就像父母看到孩子抢夺食物时的反应一样。但是在开始时，这种反应表明，这种行为是社会所反对的，因此训斥和教导是为了使这个孩子意识到他的行为的后果，将来把目标转向其他后果。

294 詹姆斯的分析，同样适用所谓的不自私和仁慈的行为——确实就像谈到母亲对婴儿的需要作出反应时所引用的那一段文字所暗示的那样。动物抚育幼仔，肯定没有想过它们的好处，无意识地以它们的幸福为目标。正如我们所说，

① 《心理学》，第1卷，第320页以及第317—329页，都需要查阅。

在许多场合，人类的母亲“仅仅是出于爱”来抚育后代；她也许从中得到满足，这和“自私的”人一有机会就抢占座位一样。换句话说，对特殊情景有自然的反应，就其完全是无反思的而言，它没有道德特性，不涉及任何目的、善或者恶。

然而，一个成年人，如看到一个孩子的行为（不管行为的目的和“动机”如何）不考虑或考虑结果对他人影响，会训斥或表扬他。这些行为会让孩子放弃某种行为，鼓励他作出其他行为。这样，这孩子就逐渐意识到自己和他人都受到他的行为的影响；这些影响可能是善的或恶的、有益的或有害的。因此，有意识地想到一个人自己的好处和他人的利益，也许会明确地成为一个行为目的的一部分。而且会出现两种可能的想法，一种是仅仅在他意识到与自己大不相同的他人的利益时，他才意识到自己的利益是明确的目的；或者相反，他仅仅有意识地想到自己和他人不同，把自己看成和他们是相对的。

因此，最终出现了真正道德意义上的自私和不自私，但它们不是朴素的“动机”。然而，这个事实绝对不是暗示：有意识地考虑自己就是道德上的恶，有意识地考虑他人就必然是善的。行为不是自私的，因为行为引起了对自我的未来福祉的考虑。没有人会说某人有意识地关心自己的健康、学习的效率和进步是不好的，仅仅因为它们是某人自己的。有时，在这些方面照顾好自己，还是道德的责任。这样的行为，只有在表现出对他人的要求麻木不仁时，才获得了道德上的自私性质。一个行为，并不会因为它推进了自我的福祉就是错的。说它是错的，是因为在涉及他人的权利、正当的主张时，它是不公正的、不顾别人的。而且，自我维持、自我保护的行为是所有有助于他人的行为的条件。任何没有认识到有时需要有意识地特别关注自己的道德理论，是自杀性的；不能关心自己的健康， 295
甚至不能关心自己的物质福利，可能会导致一个人不能为他人做任何事情。我们也不能这样说：既然每个人都会本能地照料自己，就没有必要考虑这一点。确定什么对自己真正有好处和发现他人的利益何在，什么措施可能促进它，同样是困难的。甚至可以这样说：自然的利己主义，使我们看不清是什么构成了我们自己的利益，因为它导致我们用近视的眼光来看待它，因为看清楚什么对他人有益是比较容易的，至少当它和我们自己的利益不冲突时。

真正的道德问题是：促进和形成了什么种类的自我。而且这个问题的出现，涉及一个人自己的自我和他人的自我。对他人福祉强烈的情绪化的关心，如果没有仔细考虑的平衡，实际上也许会导致对他人的伤害。什么事都替他们做，孩子就会被不受控制的"好心"宠坏;成年人有时也会被宠成慢性病夫;那些被鼓励对他人提出不合理要求的人,当要求得不到满足时就会伤心难过;慈善也许会使受惠者寄生于社会,等等。后果的善恶是要考虑的主要事情,而且这些后果具有相同的性质,无论它们涉及我自己还是你自己。自我希望和选择的对象的种类是重要的事情;这些目的的所在地无论在你心中还是在我心中,它们在道德性质上本身没有区别。

有时,人们提出这样的观点:一个行为是自私的,只因为它展示了某种兴趣,而每一种兴趣都反过来涉及自我。对这种观点的考查,证明了这种说法,即任何事情都依赖所涉及的自我的种类。所有行为都出于自我并且影响自我,因为兴趣规定了自我,这种说法已经是老生常谈。迄今为止,一个人的兴趣所在是自我的一个组成部分,无论是集邮,还是收集图片、赚钱,或是交友、到剧场看演出、研究电的现象,或者其他什么。一个人无论是帮助朋友,还是从不惜一切代价打败竞争者中得到满足,都涉及自我的兴趣。因此,所有行为都是同样"自私的"的说法是荒谬的。因为"自我"在不同的情况中,具有不同的意义;自我总会涉及,但
296 不同的自我有不同的价值。自我根据其渴望和追求的对象的种类(即根据感兴趣的对象的不同种类),改变其结构和价值。

道德理论的中心点——自我和行为的等同,在两个方向上起作用。它适用于诠释行为的性质和价值,也适用于诠释自我。有人假设,好人和坏人之间的差异就是前者对其所作所为没有兴趣或没有深层的密切的关心(带来个人舒适的满足),而坏人在其行为中确实有个人的利害关系。这种假设是荒谬的。构成两者之间差异的,是构成它们特色的兴趣的性质。因为兴趣的性质依赖于引起它,以及它所依附的对象,无论是琐碎的还是重大的,无论是狭隘的还是宽广的,无论是短暂的还是持久的,无论是专一的还是包罗万象的,都完全和对象一致。当人们假定,因为一个人作出行动是出自对其的兴趣,因为它会给他带来满足和幸福,因此他总是出于自私的目的,这种说法的谬误在于假定在自我和追求的目的之间是彼此分离的。如果真是如此,所谓的目的事实上仅仅是给自我带来某些利益或优势的手段。现在,这类事情确实发生了,比如一个人也许会利用他的朋友,仅仅把他们作为获取自己个人职业优势的帮助。在这种情况下,他不是把他们本身作为朋友、作为人而感兴趣;他称他们为"朋友",不过是一个欺骗的托词。简而言之,自私和不自私之间完全区别的实质,在于自我对什么样的对象感兴

趣。“公正的”行为并不是说不感兴趣；当它有这种意思时，行为就成了冷漠的、枯燥的、例行公事的、容易泄气的。能够给予“公正的”唯一可理解的意义是说：兴趣在理智上是公平的、公正的，相同的事情有着相同的价值，无论它影响我的福利还是其他人的福利。

迄今为止，我们讨论了在其中行为展示和形成自我的案例。在某些案例中，考虑自我，肯定会影响欲望进入选择和行为的方式。因此，我们也许会谈论某种行为展示了自尊，某种行为表明行为者不再有廉耻感。在赞许中使用诸如自尊、尊严感、羞耻等术语，足以表明某个行为并非必然是坏的，因为在决定做什么时，297 考虑自我是一个重要的因素。然而，我们把某一行为归于自负或我们不赞成的狂妄自大。显然，其结论是：问题并非考虑自我是不是一个因素，而是考虑什么样的自我、以什么方式、为了什么目的。甚至“自尊”也是有些模糊的术语，它也许代表隐藏在人格本身中的尊严的含义，代表抑制某种会玷污尊严的行为的含义。它也许意味着对个人在社群中的声望或名誉的尊重；而且，也许意味着某个人对其家族声誉的维护，意味着某个人觉得不应该辜负自己对已往成就的自豪。在后一形式中，明智的选择也许就是明确的支持和保护，或者它也许会变成自命不凡的空洞的伪装。它取决于具体事例的组成要素，而不是所用的一般的名称。关于可能提出的唯一的一般命题，我们要说的是：平等和公平的原则应该起作用。真正的和“假的”骄傲之间的分界线取决于：与考虑他人的自我相比，考虑个人自我的砝码是平衡还是不平衡。它取决于有关客观性和公正的理智态度。自大、虚荣等等的麻烦是它们对评价的歪曲的影响。谦逊和虚心也许恰如邪恶，因为它们也会破坏评价的平衡和公正。

考虑他人就像考虑自己一样，也有麻烦的含义。它也许表明，行为事实上有助于他人的利益；或者它也许意味着，考虑他人的利益作为决定因素，进入了有意识的目的。总之，甚至在意识的层面，行为也是根据这样的情况因素评价的，既不明确地提到他人，也不明确地提到自己。学者、艺术家、医生、工程师开展大量的工作，从未有意识地问自己：这个工作有利于自己，还是有益于其他人？他只是对工作本身感兴趣；这样客观的兴趣，是精神和道德健康的条件。很难想象一种情形，这种情形比下面这个更病态，即一个人认为，他作出的每一个行为都必须受到为他人利益考虑的有意识的激励；我们应该怀疑那些声称其每一笔销售的动机都是为了顾客利益的虚伪的商人。

298 然而，有时有意识地提及他人的利益是必要的。初看上去有些奇怪，当直接的冲动是同情的冲动时，这种有意识的提及是特别需要的。对于有反社会行为的人，人们有一种强烈的自然的愤恨的冲动，而且觉得对这样的人报以惩罚必然符合社会利益。但是，实际起作用的利益标准在于其后果，而且毫无疑问，许多惩罚尽管似乎符合社会正义，但却造成了对共同的善(the common good)的一种麻木不仁的冷漠，或者甚至给被惩罚者灌输了这样一种欲望，即通过攻击社会机构来进行报复。同情通常成了社会动力。但是有意识培养这种情感的人会发现，如果他仅仅考虑结果，他是在削弱他人的品格；而且，他是在表面上帮助他们，实际上却在深深地伤害他们。

当然，这样的说法并不是说，渴望正义的热情或同情的情感应该受到压抑。但是正如一个想也没想就抓住他想要的东西的个人的道德变化，是把利益扩大到为更大范围的对象考虑，这样就把冲动放到了另一端。把瞬间的情绪转化为兴趣是不容易的，因为这种操作要求我们找出间接的微妙的关系和后果。但是，除非情绪(无论标示为利己的或利他的)得到控制，否则就没有反思的道德。未经思考就让步于善良的情感是容易的；对许多个人而言，压抑它也是容易的。很难做到但必须做的事情是：在把它纳入思考的渠道(作为行动的前提)的同时，抑制它于萌芽状态。仁慈的冲动和理性的反思的结合，形成了最可能导致善良行为的兴趣。但是在这个结合中，深思熟虑探索的作用和同情的情感的作用一样重要。

## §4. 社会兴趣的包容特性

讨论指向这个结论，即利己主义、利他主义或这两者的结合都不是令人满意的原则。
299 自我并非独立于联合和交往而存在的东西。由这一事实(兴趣是在这种社会环境中形成的)产生的关系，比孤立自我的调节适应重要得多。在很大程度上，理论上对利己主义和利他主义调节问题的强调，出现在思想明显具有个人主义特点的时代。理论根据这种假定而形成，即个人被假定为自然隔绝的；社会制度被看成是次要的、人为的。在这样的知识条件下，道德理论要全神贯注于利己主义动机对抗利他主义动机的问题，几乎是不可避免的。由于流行的个人主义充分展现在经济理论和实践中，这些理论和实践告诉人们，每个人都受到专门为自己的利益考虑的激励。这导致道德学家坚持认为，对这种无情的个人主义需要某种制约，从而强调对他人同情和仁慈的考虑在道德（不同于商业）中至高无上的地位。然而，这种诉求的最终意义使我们认识到这个事实，即为自己考虑和为他人考虑本身都是更正常和更彻底的兴趣——为我们作为其一分子的社会群体的福利和完整性考虑的次要方面。

例如，家庭不是一个人加一个人，再加一个人，而是一个持久的联盟形式。在这其中，家庭中的成员从一开始就处于相互之间的关系当中；而且，每一个成员通过考虑整个家庭和自己在其中的位置从而获得行为指导，而不是通过利己主义和利他主义的调节。相同的例证也出现在商业的、职业的和政治的联盟中。从道德的观点看，对一个企业的考验，看它是否为使企业运行的个人提供谋生和个人发展手段的同时，为整个社群服务，高效和公平地满足其需要。然而，如果这个商人（a）一心只想着发展他自己的利益；（b）一心只想着以仁慈的方式对待他人；或（c）在这两者之间寻求某种妥协，那么这个目标几乎不能达到。在公正地组织起来的社会秩序中，个人与个人相互间的真正关系要求从事商业的人作出这样的行为，即既能够满足他人的需要，也能够表达或实现他自己存在的价值；换句话说，服务在这样的行为效果上应该是相互的、合作的。我们信任一个 300
医生，因为他意识到他所从事的职业的社会意义；他掌握了知识和技术，并不是因为仅仅受个人情感的激励，无论他的利他主义的热情有多高。一个有组织的团体中的公民们，除非他们个人具有同情的素质，否则其政治行为就不会在道德上令人满意。但是，这同情的重要性并不是作为行为直接的发号施令者。想象一下复杂的政治问题，你会意识到，无知的仁慈不会让你走得多远。它有价值，但是价值在于其力量，它使我们以广泛的方式关注在政策形成和执行中涉及的所有的社会联系。换句话说，考虑自己和考虑他人不应该是公开行动的直接的动机，而应该是引导我们思考对象和后果的力量，否则的话，它们就会被忽视。因此，这些对象和后果构成了兴趣，它才是行为的真正的动机。它们的内容和材料是由人们在具体事务中实际发生的关系组成的。

对个人是其成员之一的社会整体的兴趣，必然带有对个人自我的兴趣。群体中的每个人，都有自己的位置和工作；如果假设这个事实对其他人很重要，但是涉及个人自己就不太重要，这种假设是荒谬的。如假设社会利益和个人对自己的健康、学习、进步、判断力等等的关心是不相容的，那么，这种假设确实是愚蠢的。这是因为，我们每个人都是社会群体中的一员，后者离开了组成它们的自我就不复存在。除非同时对我们自己的福祉和发展有理智的考虑，否则就不会有有效的社会利益。确实，对应每个人自己的能力和发展，每个人都赋有某些基本的责任。如果每个人为了关心邻居的事情而忽视了自己的事情，那么没有一个社群会比这种可能想象的社群更落后更低效。当自我被看成如其所是时，即看成存在于和他人的联系当中而不是处于不真实的隔离当中的东西时，从社会观点看，评价的独立性、个人的洞见、正直和创造性就成为必不可少的优点。

301 有一种司空见惯的仁慈观念，证明了当人们把客观的社会关系塞进背景时可能产生的危害。对处于危难的人或遇到天灾的人施以援手，是自然的事情，是司空见惯的、理所当然的事情，几乎不必把其赞扬为美德。但是，把仁慈本身说成是超级优点的理论，则是封建时代分层社会的残存物，即这种条件的残存物——优越的阶级通过为低等阶级无偿地做些事情来达到美德。反对这种观念的意见是：它们很容易成为维持法律和社会制度的借口；本来为了公正和正义，这些法律和制度本身就应该加以改变的。“仁慈”也许甚至被用作把诱饵塞入一个人的社会良知的手段，虽然与此同时，它通过收买平息怨恨，否则，怨恨就会在遭受社会不公的人群中越来越强烈。动人的慈善事业，也许会被用来掩盖残酷的经济剥削。给图书馆、医院、传教团、学校捐赠，也许可以用作手段，使现存的制度更容易忍受，以免发生社会变迁。

而且，有意的善行也会被用作使他人变得依赖从而为他们包办一切的手段。例如，对孩子的成熟没有恰当关注的父母，根据其善意的感情来为他们对孩子的事情不当干涉进行辩护。他们把孩子在无力照顾自己时形成的行为习惯延续到孩子希望并需要自立的环境，还为自己的行为自豪。这些行为在他们的后代中，不是造成奴颜婢膝的依赖，就是造成痛苦的怨恨和反叛。关于与尊重社会现实相联系的尊重人格与抽象的“利他主义”之间的反差，也许没有比这种情况更好的检验案例。这里的道德，并不是父母应该变得漠视孩子的幸福。正是对这种幸福理智的尊重，意识到伴随着渐渐增长的成熟，对渐渐增长的自由的需要。当尊重幸福要求不同的行为时，它展现在形成的习惯的改变之中。如果我们概括
302 这个案例的教益，它导向这样的结论：公开的仁慈和善意的行为是道德的偶然阶段，是在某种紧急状态下所要求的，而不是它的基本原则。这一点包含在人类关系的具体现实所要求的经常扩展和变化的意义中。

某种类型的道德理论认为，自我实现（self-realization）是道德的理想。在已

有的用来说明自我的观念中，有模糊不清的地方。自我实现，在作为正确行为的结果和界限的意义上，也许是一个目的，但不是作为眼前的目的。通过忠实于和他人关系的行为形成的自我的类型，比起和他人的目的和需要隔绝或相反的自我，是更丰富、更宽广的自我。相反，可以说，只有这种源自广大利益的自我，构成了自我的发展和完成；而其他生活方式中断了自我和其成长所必需的联系，阻碍了自我的成长和发育。但是，如果使自我实现成为有意识的目的，也许会妨碍对那些带来自我更广泛发展的真正关系的充分注意。

和自我实现一样，自我的利益也是如此。一个人的最终幸福在于某些兴趣在品格组成中的至高无上性，即对所有人可以共享的目标的警觉的、忠诚的、持久的兴趣。它在于这样的兴趣，而不是在于确切的外在结果的实现，因此只有这种幸福不是由环境主宰的。不管外部的障碍有多大，也不能破坏这种来自对他人以及促进他们发展的条件和对象不断更新的强烈的兴趣的幸福。对那些有这种兴趣（而且在某种程度上，这种兴趣在所有没有形成偏见的人那里都非常强烈）的人而言，这种兴趣的实施会带来幸福，因为它能实现自我。然而，它们不是人们的偏爱或打算，因为它们带来更大的幸福；但是，由于它们表达了一个人非常渴望成为的某种自我，构成了独特类型的幸福。

因此，关于自我在道德生活中的位置，还要补充的是：道德的真正问题是要在自愿的自我中形成原初的冲动倾向，在这些倾向中，欲望和感情集中于共同的价值中；在这些倾向中，兴趣聚焦在有助于所有人的生活繁荣的对象上。如果我 303
们把这样的自我的兴趣等同于美德，那么就会和斯宾诺莎一样说：幸福不是美德的回报，而是美德本身。

## §5. 责任和自由

和自我的事实联系在一起的伦理问题，在责任和自由的观念中达到高潮。这两个观念都与在形而上学、宗教和道德中引发很大争议的、有深远意义的问题联系在一起。我们仅仅从这些概念和以前的分析确有联系的角度来考虑它们。这样考虑的话，我们在前面谈到了把天然的心理倾向转移到具有道德意义和价值的自我的特性中，与这种转移相联系，我们接触到了责任的重要方面。

社会的要求、社会的赞同和谴责在形成责任方面是重要的因素，这一点，我们已经注意到了（第 288 页）。重要的是，它们被人们用来在那些受其影响的人的态度方面产生变化，特别是在承认迄今为止没有和他们的行为相联系的关系和意义方面的理智变化。目前与责任观念相联系的最常见的错误是：假定赞同和责备具有回顾的而不是前瞻的意义。品格可期望改变的可能性以及使这可能性成为现实的行为路线的选择，是责任中的核心事实。例如，起初人们认为，孩子应该对其所作所为负责，不是因为他有意识地预期这样的行为；而是为了在未来，他能够考虑那些意义和后果。这些在他以前的行为中是不加考虑的。这就是人类行动者不同于石头和无生命的物体，而且确实是不同于低等动物的地方。

当一块石头从悬崖上落下、砸着一个人时，要石头负责，或者指责一棵倒下来砸伤路人的树，都是荒谬的。说其荒谬的理由，是说这对石头或树未来的行为
304 不会有可设想的影响。这样的说法和它们的环境没有互动，不能使它们学习，也无从改变它们的态度和特性。人们认为，人是负有责任的，因为他会学习；他不仅会从理论上、学术上学习，而且能够以这样的方式学习，即修正并且——在一定程度——重塑他以前的自我。他过去作出某个行为时，是否会采取完全不同的方式？这个问题是不相干的。问题是他下一次行为是否能够不同；影响人的品格变化的实际重要性是：什么使得责任十分重要。人们认为，婴儿、傻子、精神病患者是不要负责任的，因为他们没有学习和改变的能力。随着孩子学习能力一次一次的提高，他渐渐能够承担更大程度的责任。一个人在作出给他人带来伤害的行为前没有深思熟虑，他不是有意或预谋这样做，这个事实没有什么意义，除非它有助于理解他人的反应，使他下一次在相同条件下行动时可能深思熟虑。每一行为都会通过习惯形成自我，每种自我都会作出某种行为。这一事实在理论和实践上，就是责任的基础。我们不能取消过去；我们可以影响未来。

因此，涉及控制我们对他人行为反应的责任是双重的。运用表扬和批评、奖励和惩罚的人，对这些方法的选择负责。这些方法会以最大的可能性，以希望的方式，改变他人未来的态度和行为。掌握奖励和惩罚的运用，并为其运用辩护的报应正义(retributive justice)，没有独立于每一具体情况后果的内在原则。当惩罚孕育了麻木不仁、反抗、机智的借口等情况时，求助于这样的原则只不过是拒绝承认责任的方法。目前最重要的后果是发生在个人态度方面的：好的习惯的认可，坏的倾向的改变。

关于责任的理论之所以出现错误，是因为人们企图把它建立在先于要个人对其负责任的事情上，而不是在其后果中发生的事情上。人们认为，要一个人负

责任，他会变得负责任，即对他人的需要和要求作出反应，对他的职位包含的义务作出反应。那些认为他人应当为其行为负责的人，本身也应该为以这种反应 305
发展出来的方式做这样的事负责。否则，他们本身对自己的行为就是不负责。理想的目标或界限是：每个人在他的所有行为中，都应该是完全有反应的。但是，只要一个人遇到了新条件，这个目标就不可能达到；因为在那些和以前经历过的条件明确不同的地方，一个人不能确定知识和态度正确与否。在每个这样的情况中，被他人认为应该负责，是成长中一种重要的保护的指导力量。

在理论讨论中，自由的观念受到了对责任的性质产生误解的影响。那些为责任寻求先例基础和理由的人，通常把它放进“意志自由”中，并且解释这种自由表明一种动机不明的选择力量，即除了意志这种选择以外，没有任何理由、任意选择的力量。有人认为，要一个人对他的行为负责并非正义，除非他可以有其他的做法——完全忽略要其负责对改进他未来行为的作用。一个如果是不同种类的人，也许可以“以与所作所为不同的另一种方式行事”；而且要他对自己的所作所为（由于他是这类人，所以他做此事）负责的意义，是他可能成为不同种类的自我，从此选择不同种类的目的。

换句话说，自由就像责任一样，在其实践和道德意义上（不管在某些形而上学意义上要对它说什么），是与成长、学习和品格改变的可能性联系在一起的。我们不认为石头是自由的，因为它不能改变其行为方式，不能有目的地调整自己适应新的条件。动物，例如狗，就展示了适应性；它在他者的指导下可以获得新的习惯。但是在这种变化中，表现了被动的作用；它不会主动发起并指导变化；它本身并不会对其感兴趣。另一方面，人类，甚至年幼的小孩，不仅会学习，而且会对学习感兴趣，对获得新的态度和素质感兴趣。随着我们变得成熟，通常我们获得了后来变成常规的习惯。但是除非直到我们完全变成化石，否则，我们可能打破旧的习惯，形成新的习惯。任何因果关系的争论都不能改变这个经验常常 306
证实的事实，即我们能够并且确实在学习，学习并不是局限于获得额外的信息，而是要扩展到重塑旧的倾向。就一个人有不同的自我或品格而言，他发展出不同的欲望和选择。当一个人意识到这种可能性并有兴趣使其成为现实，在实践意义上的自由就发展了。自由的可能性是一种天赋或我们构造中的一个部分，因为我们能够成长并积极关心它的过程和方向。实际的或积极的自由不是一种天赋或天资，而是后天获得的。就我们意识到发展的可能性并积极关心保持成长的大道畅通而言；就我们反对顽固不化从而实现重新塑造自我的可能性而言，我们实际上是自由的。

除了作为受阻碍的发展的结果，不存在固定不变的、现成的、完成了的自我。每一活着的自我引起行动，反过来它本身又由它的行动引起。所有自愿的行为都是自我的重塑，因为它创造出新的欲望、激励新的努力模式，揭示出创立新目的的新的条件。我们个人的身份处于和这些变化密切联系在一起的、持续不断的发展中。在严格的意义上，自我不可能保持静止；它在变得更好，或者更坏。美德正好隐藏在这变化的性质当中。我们设立这个或那个要达到的目的，但是真正的目的是成长本身。把一个目的当作最终目标，只是阻碍成长。许多人在道德上垂头丧气，因为他没有获得下定决心的目标；而事实上，他的道德地位是由他朝向那个方向的行动而不是他的财产决定的。如果这样的人把他的思想和欲望建立在发展的过程而非某些外在的目标上，他就会发现新的自由和幸福。正是下一步在我们的掌控之中。

因此可以这样说，在每个地方，在旧的、已经完成的自我和新的动态的自我之间，在停滞的自我和能动的自我之间，存在着显著的区别。这一方面是由已经
307 形成的习惯构成的，习惯成自然；而且人们总想歇歇，依赖已经得到的东西。因为那是一条轻松的道路；对于沿着已经确立和掌握的习惯的轨道运行的行动路线，我们感到熟悉和舒服。因此，旧的、习惯的自我可能被认为就是真正的自我，就好像新的条件和新的要求是外来的、不友好的东西。我们一想到开始新的路线，就觉得心神不安；我们害怕采取新的路线伴随而来的困难；我们躲避承担新的责任。我们会偏爱旧的自我，并且把它的永存作为我们评价的标准和行为的目的。这样，我们就离开了实际情况、它们的要求和机会；我们缩小了自我并且使其变得麻木。

另一方面，成长的、扩大的、解放了的自我勇敢地向前迎接新的要求和机遇，在此过程中重新调整和塑造自己。它欢迎未经过的处境。在旧的自我和形成的、动态的自我之间进行选择的必要性不断地反复出现。它出现在文明的每个阶段和生命的每个时期，文明人遇到它，野蛮人也遇到它；住贫民窟的居民遇到它，住豪宅的人也遇到它；"好人"遇到它，"坏人"也遇到它。因为处处都有机会和需要，超越一个人的过去，就是超越"他自己"。如果把自我等同于许多在过去一直很强大的欲望、情感和习惯，我们可能会说，好人恰恰就是那个最多意识到

另一选择的人，是最关心为新形成或成长的自我寻找机会的人；因为无论他多么“好”，一旦他没有对成长的要求作出响应，他就会变“坏”（即使在相对高的成就水平上行动）。评价自我的道德地位的任何其他基础，都是传统的。实际上，是行动的方向而不是成就的水平及其他决定了道德的性质。

事实上，所有伦理学者都在较低水平的自我和较高水平的自我之间作出了许多区分。他们谈论肉体的和精神的、动物的和真正人的、感性的和理性的自我，谈论在人身上并存的自我和相互对抗的自我。伦理学者常常假设在两种自我之间，可以根据分别属于这个或那个确定的性质和特点的基础，一劳永逸地划分界限。然而，唯一能够划分的区别，就是在已达到的、停滞的和发展的、能动的自我之间的区别，这样才不会把道德还原成习俗，还原成自以为是的自满，或者 308 还原成为了达不到的目标绝望和残酷地奋斗。在人们讨论诸如较低的动物的自我时，他们总是通过对比，而不是根据确定的物质的基础。在一系列以前的条件下是真正道德的自我，当它面临发展新的态度的痛苦的需要和致力于新的困难的目标时，也许会变成感性的、充满欲望的自我。而且，反之亦然。较高的自我是这样的自我，即它是通过超越生活在低水平的人的步骤中而形成的。随着他采取这个步骤，就进入了自由的经验当中。如果我们为了把自我等同于可能的新的成长，从而把道德律说成是在每个可能的场合对每个自我的命令，那么，服从法律就是具有道德自由的命令。

总结第二部分的理论讨论，我们重申一下作为研究不同问题和思想出发点的观点，以此来做个概括。提供了统一主线的是这样的观点：*道德的观念和过程自然地产生于人类生活的真实环境*。(1)欲望属于人的内在天性；我们不能设想一个没有欲望、没有需求的人，也不能设想一个欲望的实现不会给他带来满足的人。思考的力量一旦发展，需求就不再是盲目的；思考向前看，预测结果。它形成了意图、计划、目标、眼前的目的。从人性这些普遍的、必然的实际中，必然会发展出善的道德观念、品格的理智方面的价值的观念；这些观念，在欲望和目标的所有冲突中，努力把正确的认识带入包容的持久的满足中：智慧、谨慎。

(2) 人自然地生活在一起，不可避免地生活在社会中，生活在友谊和竞争中，生活在合作与从属的关系中。这些关系表达在要求、主张和期望当中。一个人有这样的信念：他人满足他的要求，是他的*权利*；对这些他者，它就成了一种义务、一种应该给予那些提出这主张的人们的正当的东西。从这些主张和义务的相互作用中，产生出法律、责任、道德权威和权利的一般概念。

309 （3）人类赞成和反对、同情和怨恨，就像他们寻找希望的目标，提出要求并对要求作出反应一样自然、一样不可避免。因此，道德的善展示自己，既不是仅仅作为满足欲望，也不是作为履行义务，而是作为可赞同的。从大量的这类现象中，出现了美德或道德优秀和调节展示赞同和反对、表扬和谴责的标准的一般观念。

特殊的道德现象，时常随着社会条件和文化水平的变化而变化。渴望、意图、社会需求和法律、同情的赞同和有敌意的反对的事实，都是常见的。只要人性还是人性，人还是生活在与他人的联合当中，我们就不可能想象它们会消失。因此，道德的基本观念既不是任意的，也不是人为的。它们不是从外部强加在人性上的，而是从自己的运作和需要中发展出来的。道德的特殊方面是短暂的；它们常常处于实际展示当中，是不完美的、反常的。但是，道德观念的框架是和人类生活本身一样永久的。

## 参考文献

关于一般自我，参见：Bosanquet, *Psychology of the Moral Self*, 1897; Otto, *Things and Ideals*, 1924, ch. vi.; Cooley, *Human Nature and the Social Order*, 1922, chs. v.- ix.; Dewey, *Human Nature and Conduct*, 1922, pp. 134 - 139 and see Index. The conception of altruism under that name was introduced by Comte. See his *System of Positive Politics*, Introduction, ch. iii., and Part II., trans. 1854, ch. ii.; a good summary is contained in Lévy-Bruhl's *Philosophy of Comte*, trans. 1903, Book IV.; see Spencer, *Principles of Ethics*, Vol. I., Part I., chs. xi - xiv.; Stephen, *Science of Ethics*, 1882, ch. vi.; Sorley, *Recent Tendencies in Ethics*, 1904; Sidgwick, *Methods of Ethics*, 1901, pp. 494 - 507; Adler, *An Ethical Philosophy of Life*, 1918; Hastings' *Encyclopaedia of Religion and Ethics*, 1922, article on "Altruism"; Sharp, *Ethics*, 1928, ch. v., on self-sacrifice, chs. xxii. and xxiii.; H. E. Davis, *Tolstoy and Nietzsche*, 1929; Calkins, *The Good Man and the Good*, 1918.

关于自由和责任，参见：Sharp, *Ethics*, 1928, ch. xiii.; James, *Will to Believe*, 1915, essay on "Dilemma of Determinism"; G. E. Moore, *Ethics*, 1912,
310 ch. vi.; *Freedom in the Modern World*, 1928, edited by H. M. Kallen, especially Essays i., iii., x., xi., xii.; Dewey, *Human Nature and Conduct*, 1922, pp. 303 - 317; Everett, *Moral Values*, 1918, ch. xxi.; Stapledon, *A Modern Theory of Ethics*, 1929, ch. xi. On self-interest, see Mandeville, *Fable*

*of Bees*.

此外,还有:Sidgwick, *Methods of Ethics*, 1901, Book I., ch. vii. and Book II., ch. v. Self-realization: Wright, *Self-Realization*, 1913; Aristotle, *Ethics*; Green, *Prolegomena to Ethics*, 1890 (for criticism of Green, see Dewey, *Philosophical Review*, Vol. II., pp. 652 - 664); Palmer, *The Nature of Goodness*, 1903.

# 第三部分：行动的世界

---

**第三部分主要参考文献**

Addams, *Democracy and Social Ethics*, 1902, *Newer Ideals of Peace*, 1907; Santayana, *The Life of Reason*, Vol. II., 1905; Bergemann, *Ethik als Kulturphilosophie*, 1904, especially pp. 154 - 304; Wundt, *Ethics*, Vol. III., *The Principles of Morality and the Departments of the Moral Life* (trans. 1901); Spencer, *Principles of Ethics*, 1893, Vol. II., *Principles of Sociology*, 1882, Vol. I., Part II.; Ritchie, *Studies in Political and Social Ethics*, 1902; Bosanquet *Philosophical Theory of the State*, 1899; Willoughby, *Social Justice*, 1900; Cooley, *Human Nature and the Social Order*, 1902; Paulsen, *System der Ethik*, 5th ed., 1900, Book IV.; Runze, *Praktische Ethik*, 1891; Janet, *Histoire de la Science Politique dans ses Rapports avec la Morale*, 3d ed., 1887; Plato, *The Republic*; Aristotle, *Ethics*, Book V., and *Politics* (trans. by Welldon, 1883); Hegel, *Philosophy of Right* (pub. 1820, trans. by Dyde, 1896); Mackenzie, *An Introduction to Social Philosophy*, 1890; Dunning, *History of Political Theories*, Vol. I., 1902, Vol. II., 1905; Stein, *Die Sociale Frage im Lichte der Philosophie*, 1897.

# 16.

# 道德和社会问题

## §1. 社会问题的道德意义 314

第二部分分析了道德若干最重要的概念，这一分析是出于对反思性道德的兴趣。如今，反思仍在个人头脑中进行。因此，重点在于个人的态度和回应。然而，我们已反复表明，社会环境对唤起和压制个人的思想以及锐化或钝化他们的道德敏感性具有重大的影响。从社会人类环境中最终产生了反思需要应对的问题(第 212、233 页)。

在第三部分中，我们提出从社会的层面来考虑这些问题，尤其是那些需要在现有社会生活状况下解决的问题。之前的分析可以被称作是*形式的*，因为它探讨的是道德的一些基本概念，例如善、正确、义务、赞许、标准、美德等。现在，我们来探讨这些当代生活组织所提供的观念的内容或质料。

当社会生活是稳定的，风俗掌管着一切时，道德问题关系着个体适应他们生活其中的制度，而不是与制度本身的道德属性相关。人们认为，他们的社会关系是理所当然的；他们是其所是，因此是他们*应当*所是者。如果有什么事情出错，这是由于个人没有按照社会风俗的要求去做。只有少数大胆的人敢批判祖先的习俗，但总是小心翼翼的。当社会生活处在变动中时，道德问题就不再仅仅是个人的服从和偏离了。它们集中在社会制度、法律和凝结到制度中所继承的传统 315
的价值上，集中在可期待的变化上。制度失去了它们的半神圣性，成了道德质疑的对象。我们现在就生活在这样一个时代。

对于我们的状况，简·亚当斯(Jane Addams)说道：

> 某些形式的个人正直对于群体的大多数人而言，几乎成为自动的。对于我们中的大多数而言，不偷食物就和消化食物一样容易。在这两种情形下涉及同样多的自发的道德性……在一个要求社会道德的时代实现个人道德，在要求社会协调的时候通过个人努力的成果来炫耀自己，这意味着完全没有把握状况……我们周围都是男人和女人，他们对社会秩序本身的态度，已经变得不愉快。他们用于自己行为的检验是社会检验……他们既需要一个更为清晰的、能够应用于当今时代的道德准则的定义，又渴望参与它的实现，即渴望社会道德的信条和实践。①

我们现在来看看这些“社会秩序和社会检验”的问题。在较早的讨论中，我们注意到，个人主义和利他主义的问题出现在道德主要用个人的术语来思考的时代。在那时，社会关系是通过个人与他人的关系来思考的，因而个人主义和利他主义就穷尽了所有的可能(第 298 页)。然而，功利主义连同其社会标准会带来前面的问题，即质疑现存的社会制度本身的道德价值。康德的反对理论，同样是由反对现存政治社会组织的理想促成的。事实上，从 18 世纪后半叶以来，要求智力探索和实际应用的有趣的、激动人心的人类问题，来自在国家、政府、法律、教会、家庭、工业、商业、国际关系方面对现存社会制度和传统的批判。只要
316 道德理论远离这些领域中对社会政策的困惑，只要它们仅仅重复那些有关孤立于社会问题的个人行为的陈词滥调，就会变得贫乏而无效果。

的确，从理论的角度来看，考察社会问题的道德意义的主要价值之一，在于我们面对的问题是生活需要作出关键的选择，而与此同时，原则仍在形成过程中。我们因而避免了“道德主义”把道德缩小为不时要提到的东西；我们意识到，道德与所有影响人类生存价值的事情一样广泛。这些价值在最大范围内涉及社会问题。因此，对现存制度的批判性质疑，以及对变化的批判性讨论——就它们将改善社会而言——是强化如下事实的最好方式，即道德理论不仅仅是进行概念分析或一种说教和劝诫的方式。当我们接受一种社会观点时，就意识到我们的道德信念在多大程度上是社会环境的产物，并且思想、新观念在多大程度上能

---

① 亚当斯：《民主与社会伦理》(*Democracy and Social Ethics*)，第 1—4 页。这本书整体上是对这一观点应用到如下问题上的思考：家庭、国内调整、慈善、工业、城市政治和教育等。

够改变这一环境。

从这一点出发的考察，能够强化在我们的理论分析中所获得的一个结论。它以一种具体的方式揭示了道德理论的限度，以及它能够产生的积极作用。它展现了道德理论的用处并不在于为大的道德难题提供一种现成的解决方案，但也清楚地表明了解决方法必须通过基于个人选择的行动来达到；理论能够通过揭示其他选项，通过表明当我们选择其中的一者而非另一者意味着什么来启迪和引导选择和行动。简言之，它表明，理论的功用并不在于取代个人的反思性选择，而是成为使个人思考更加有效从而选择更明智的工具(第165页)。

再者，约定俗成的道德使人们无法看到在具体情况下决定何为善的不确定
性，也掩盖了正确的和义务的东西往往是成问题的。但是，对于社会问题和相互
冲突的提议的思考，却能够让我们熟悉这些东西。它使我们看到，在一些情形
下，道德挣扎并不是偏离了我们已知的善与正确，而是必须发现什么是善的和正 317
确的，反思和试验则是发现的唯一方式。仍然有一些人认为，他们拥有了最终自
动决断什么是正确和错误的法则或原则，例如，有关离婚，资本和劳工的相对权
利，私有财产的限度，在何种程度上法律应该规定个人吃、喝、穿什么等。但是，
也有许多其他人——他们的数量逐渐增长——看到这些问题的解决方案无法从
既定前提中推导出来，而且这样决断它们将导致狭隘的迷狂、独断、阶级争斗、内
心封闭。出于宗教利益或对特定经济观念的维护而发生的战争，证明了把理论
独断地带入行动的实际危险。既然正确的方式是把我们所拥有的最聪明的才智
运用于这些社会问题，那么，理论的特定功能就在于确立这一才智的价值，并且
通过澄清问题、提出方案、引导检验这些方案的行为来发展它。

接下来的讨论，应当使我们看清从个人到社会的道德转变究竟意味着什么。它并不意指道德变得非个人和集体的；道德始终且必然是个人的，因为社会问题必须由个人来面对，而在个人头脑中形成的决定也必须由个人来实施，这些实施者作为个人而必须对他们的行为负责。道德是个人的，因为它们来源于个人的洞见、判断和选择。然而，这些事实却并不与下述情况相抵触：人们所思和所相信的东西是由共同的因素影响的，个人的思维也会扩散到他人。人们不得不一起行动，他们共同的行动体现在制度和法律中；统一的行动创造了政府和法规政策，形成了家庭，创建了学校和教会，并且在强大的商业团体中、在为了享乐和休息的俱乐部和会所中、在国与国相互敌对的军队中体现出来。换言之，一个巨大

318 的关系网络环绕着个人，这是一个事实；诚然，“环绕”是一个过于外在的词语，因为每一个个体都作为其一部分而生活在网络之中。个人反思和选择的素材来自这些巨大的共同体的风俗、传统、制度、政策和计划。它们是形成个性、唤起和坚定他的态度并在每一个转折点上影响其幸福质量和志向的要素。这一点不仅在他作为直接成员的团体中成立，而且适用于那些看似外在于他的团体。既然通过商业、战争和信息交流，一个区域性国家的行动影响到另一个国家的民众，那么，一个社会群体所设定的标准（诸如对财富和名望的标准）也会影响到另一些群体中个人的欲望和能力。

如今，几乎所有重要的伦理问题都来自共同生活所处的状态。正如我们之前指出的，在一个稳定的社会中，在一个由风俗所掌控的社会中，现存的社会秩序似乎就像是自然秩序本身，或不可避免和必然，或任意；任何对于改变的建议都被视为“不自然的”。即便在现在的社会生活中，深层的改变也是与自然相悖的，例如不久前“妇女选举权”的斗争，以及摆脱战争、取消工业中金钱利益的动机等，至今还是如此。然而，当发明改变了社会状况；新的需求和满足充盈起来；新的工业形式侵入家庭生活；逐渐增加的业余时间相应于新的娱乐可能；资本的巨大合并形成且决定了个人寻找工作的机会时，人们被迫注意到社会状况施加给个人的影响，被迫思考自己的行为与社会变革的关系，除非他们只是四处漂泊。如果他们反思，那么就被迫要决断什么样的社会倾向是他们所偏好的，而什么样的社会倾向是他们所反对的；什么样的机制是他们将努力保存的，而什么样
319 的机制将被改变或取消。我们现在所面临的是一个社会变更的时代，这一点是共识，例如民主政府时代产生了一些道德决断的社会问题，而这些问题在专制政府时代对大多数男人和女人而言是不存在的。

从“个人的”向“社会的”道德的转变，关系到最高类型的道德问题。对于许多个体而言，现在的问题并不在于他们是否将占据另外一个人的财产，而是现存的大尺度经济安排是否会影响到财富的平均分配；而如果不会的话，他们作为个人应当做些什么。在某种意义上，向社会道德的转变，使道德变得比从前受风俗掌控时更为个人。它驱使更多个人的反思、更多个人的知识和洞见、更多深思熟虑和稳固的个人信念、更加坚定的个人行动姿态——更为个人，在这里指的是在选择时更有意识以及在执行时更加自主。因此，认为“社会道德”意味着个体性消弭在匿名的大众中，或个人在决策和行动中的责任的规避，是荒唐的。它意味

着个人行动的社会状况和社会结果现在被带入清醒的意识中，它们要求前所未有的细致的思考和判断。它意味着反思在道德上是不可或缺的。它指向了反思的素材：道德诉求和评价必须转向的那些事情。

无数例子表明，个人行为的某个问题由于社会条件而变得如此复杂，以至于个人必须对后者作出决断以获得对前者的某种结论。他的问题因此是这样的：对于一件关系到许多我不认识的人——其行为却与我一同决定了我们的生活状况——的事情，我应该采取怎样的态度？一个人可能对他喝酒或不喝酒达到某种令自己满意的结论，但他发现，这一事情触及了整个国家作为一个整体的法规性的和宪法的行为。他可能发现，他与自己家庭成员间的关系这一相对简单的问题触及了结婚和离婚的问题，后者要求集体和共同的行动。当国家处于战争 320
状态的时候，曾经把珍视生命作为理所当然的人会突然发现：这件事情有一个新的形态。某个努力为自己和家人挣钱的人，一旦发现自己因为某个个人无法控制的原因而失去工作，他就会继而对那些只能由集体行动来解决的经济和政治政策事宜加以评价。这些例子表明，关乎个人的事情扩展到了包括对社会制度、家庭、财产、政治宣言的理智评价。除非人们屈从机会、善变、偏见，否则必须拥有普遍的道德原则；这样，当遇到问题时，可以用道德原则来引导自己。

## §2. 根本的问题：个人和社会

虽然问题本身是具体和特殊的，经验则表明，在处理它们的时候，大部分人无论有怎样的脾气、教育背景或环境，总是倾向于一个而非另一个方向。一些人倾向于个人的而非共同的行动。他们认为，应当让个人面对他们自己的事情，而集体的组织行为总是受到怀疑，因为对他们而言，它包含了对个人自由领域的侵犯；在他们看来，每一个这样的干预都应当得到特殊的辩护。另一些人则倾向于反方向的论调，他们质疑孤立的个人。他们认为，个人在大多数情况下是自私的，只寻求自己的所得，缺乏对他人权利的思考，并且需要由群体的法律来引导，从而不至于成为社会的威胁。或者，他们认为，个人本身就是一个无知的野蛮人，生活在一个缺乏艺术和科学的层面上，需要社会的公益活动来将他带入任何具有心灵和精神的有价值的文化中。

在我们之前所引述的例子中，可以很轻易地验证这些相反的倾向。一些人 321
把战争中有良心的反对者视为道德英雄，并且认为国家对个人的征召入伍是最糟糕的道德暴政。另一些人，无疑人数更多，则认为这样一个人是道德逃兵，对教育和保护了他的社会忘恩负义，出于懦弱而把自己的个人安全置于整个群体的价值甚至可能生命之上。有一些人认为，自由的最大限度应当在个人的两性关系中展现出来；婚姻不应当是一个固定的制度，而是一个自主的契约，如果后代的利益得到恰当保护，那么可以随意中止。另一些人则认为，这样的观念是一种道德无政府主义，之所以受支持是因为人们对无序的渴望，它对于社会生活的基本稳定性具有破坏力。而对于财产和经济境况，在支持私人财产是神圣的人和偏好共有财产的人之间的争执已众所周知，无需赘述。

人们因赞成不受约束的个体性或社会控制的道德主张而分裂成对立阵营的倾向，影响了生活、教育、政治、经济、艺术和宗教的方方面面，也决定了对更为微小的事情的态度。一方面，人们断言，集体的行为会导致机械的一致，造成大量的人一个模式，没有个体差异；社会影响抹平差异，它消除了差别并且导致平庸。与君主制相比，民主因为这一倾向而遭到反对。但也有人辩称，有组织的社会倾向于审查；它不断干涉个人的事务，干涉个人所想、所吃和所喝的东西；它本质上对于探寻、探讨、批判的自由充满敌意，因为这样的自由几乎肯定会产生出评价和行为的变化。思想必然会把已建立的社会秩序的某个阶段带入批评之中，并且因而被那些更关心社会而非个人的人所反对。

由此就发展出了一个特定的思想派别，认为社会在其集体的和有组织的能
322 力方面的行动应当被限制到最低；它的行为应当主要是消极的，只有当个人的行为伤害他人的时候才限制它们。除了这个派别中最激进的，所有赞成这一思想的人都承认这一消极的偶尔干预是必要的；但他们坚持这一干预应当被限制在那些外在的事情上，而永远不能扩展到个体性的本质上，扩展到欲求、情感、思维和信仰上。而他们的论据在于指出，历史上曾有过一段很长时间的、灾难性的对于信仰的迫害；由于对社会一致性的渴望而导致狂热和狭隘。

另一方面是集体主义学派。这一学派中的一些人认为，个体仅仅是由“自爱”所驱动的，这一“自爱”如此强有力而导致“所有人对所有人的战争”。其他人则指出，在个体文化中，社会联系的影响至多是粗糙和简陋的。他们认为，从原始本性的角度来看，个体很难超越动物性的层面；他们在文明的道路上所拥有的，是通过培养而非本性所致；文化不是通过生物遗传，而是由传统、教育、书本、艺术品以及持久的制度的影响所致。这些集体的社会力量的保持和强化，是所

有那些对个体的道德化感兴趣的人的首要职责。在今天，人们愈加强调一个实际的因素。只有组织起来的社会行动，才能改造旧的社会制度；那些制度的延续，仅仅由于惯性和少数特权者的个人利益。因此，它们不再适合当今的需求，特别需要重建经济的和工业的条件。这样的变化，很显然是大范围的。因此，它只能够通过集体的行为来实现。

### §3. 冲突的三个方面

当人们赞成这个或那个方向时，冲突来自把所有的事情都归结于一个更加普遍的问题，也即个人和社会的对立。事实上，有许多不同的问题必须就每一个 323
问题本身来面对和解决；而在其中，个人和社会并不是相互对立的。的确，在最严格的意义上，没有一个问题可以被还原为个人的和社会的。正如我们经常指出的，社会是由个人构成的，而“社会的”这一词语所指的恰是个人实际上被联系在一起以亲密的方式彼此相关。“社会”无法与它自己的构成者相互冲突，就像人们不能把整数集和单个整数对立起来。另一方面，个体也无法与他们自身所有的关系对立。只有一个非现实的和不可能的存在物、一个完全孤立的存在物，可能与社会相对立。

当然，没有什么被称作社会的东西是凌驾于约翰·史密斯、苏珊·琼斯以及其他个人之上的。社会作为某种与个体有别的东西，完全是一个想象。另一方面，在宇宙中没有什么东西——甚至连物理的事物——是与某种形式的组织相分离的；从原子到人，没有什么东西不涉及共同的行为。行星存在于并且构成太阳系，而这些星系又存在于并构成银河系。植物和动物存在并且构成更为亲密和完整的相互作用和相互依存的关系。人类唯有通过个体的联合才产生；而人类的婴儿如此脆弱，以至于需要依赖他人的关爱和保护才能生存；他不可能在不受任何帮助的情况下成长；他的心智是通过与他人的接触和相互交往而得到滋养的；一旦个体走出家庭生活，他就会发现自己进入了其他的组织，如社区、学校、村庄、工厂或商业组织。除了将他与其他人绑在一起的纽带，他什么也不是。即便是隐士或罗宾逊，即便他们与其他人有着自然的隔离，只要他们的生活高于野兽，那么就仍然是他们所是者，思考那些流经其心灵的思想，胸怀他们独特的志向，因为社会的关系曾经且至今依旧存在于他们的想象和情感之中。

所有这些情况都是真实的。但是，它们却基于对问题本质的错误论断；它们

324 并没有解决实际存在的重要冲突。将这些牢记于心是重要的，因为它们防止我们误解问题的本质。出于上述缘由，在个体和社会之间并没有冲突。因为这两个术语都指向了纯粹的抽象。存在的是在一些个体和一些社会生活的约定之间，在族群和个体的阶级之间，在国家和民族之间，在蕴于制度中的旧传统和来自那些脱离、攻击社会成见的少数个体的思维及行动新方式之间的冲突。应当如何应对和解决这些冲突，这在任何时代都有真正的差异。有理由认为，它们通过私人和自主的行动，可以最好地得到解决。也有理由认为，最佳解决之道在于共同的行为。没有任何普遍理论能够解决个人和社会的冲突，或者指出它们的解决方式。

但是，冲突确实存在。断言个人和社会间并无大量的冲突，并没有使冲突彻底消失。如何解释它们，它们可以被还原为怎样的形态？首先，没有一个单一的"社会"；有许多社会、许多形式的组织。这些不同的群体和阶级在许多方面相互对立，有着各自不同的价值。人们在友谊和仇恨中彼此联合；为了享乐和罪恶而联合；在俱乐部和兄弟会中、在党派和小圈子中、在教会和军队中联合；为了推动科学和艺术，为了掠夺他人而联合；人们在商业合伙和组织中联合；人们在国家以及与另一个国家的战争中联合；工人们在工会中联合，雇主们在商会中联合，而联合加剧了双方利益的争斗。政治生活由互相对立的党派所形成，而在党派内部也有内讧或"小集团"。在一个组织内部的斗争，是一种普遍的现象。在商会中，核心组织和地方分支常常背道而驰，就像在政治中通常有集权化和地方自
325 治力量之间的斗争。在经济领域，个人形成群体，而联合加剧了在生产者、分销者和消费者之间的斗争。教会与国家为了最高权力而你争我夺；科学群体有时不得不与两者抗争。官员们联合起来是为了保护他们特殊的利益，他们的利益又与私人个体的利益相冲突；统治者运用权力来压制和骚扰他们的臣民，这是常有的事情。的确，这些情况如此常见，因而为政治自由而进行的全部斗争，展现为臣民为了从统治者的暴政中解放自己而进行的斗争。

也有许多冲突并不是在个体和社会之间，而是在群体和其他群体之间、在一些个人和另一些个人之间。分析显示，他们会依据相似的特点来形成阶级，而这些特点有助于解释为何人们形成冲突是在个体和社会之间这样的观点。

1. 在统治群体和一些拥有较小权力、较低经济地位的群体之间存在着斗争。地位较高的群体在这些情形下，总认为自己代表了社会的利益；并且把那些

向其权力发起挑战的群体看作是对已有权威的背叛，是为了满足他们个人对法律和秩序的厌恶情绪。一个看起来有些惊人的例子是现今在如下两派之间的分裂：一派认为，政治国家是最高的社会形态，是最高的共同道德意志的显现，是所有社会价值的最终源泉和全部保证；而另一派认为，国家只是许多社会形态中的一种，它把权力主张过度地扩张为实际的垄断，从而带来了邪恶。这里的冲突并不像之前所认为的那样，存在于国家和个人之间，而是在作为统治阶层的国家和那些追求更大行动自由的群体之间。这在原则上，有些像较早的政治群体为了从教会权威中解放出来而进行的斗争。

2. 在这些冲突的某些阶段，地位低下但却不断上升的群体并不是被组织起来的，而是松散地联合在一起的；它的成员通常并不会为一个已经获得认同的群体说话，更不会为作为整体的社会组织说话。另一方面，统治群体不仅组织有 326
序，而且是大家接受和承认的；那个时代的大部分意见和情绪都支持着它。一个在后来被视为彻底独裁的政府，不可能从开始就总是如此的。否则，它很容易被颠覆。

为了维持权力，统治群体必须至少在公众看来代表和支持那些他们自己所关心的利益。因此在旧的、已确立的阶级和低等的、发展中的群体之间的冲突之上，还存在着在那些普遍被接受的价值和正在形成的价值之间的冲突。这一度表现为在大多数守旧的人和一小部分对于发展中的新事物感兴趣的人之间的冲突。由于观念获得认可、价值被认同和分享需要时间，那些新的、相对无组织的观念和价值尽管可能代表真正重要的社会价值，但往往被认为是心怀不满的个人的想法。要保留过去社会的价值被视为是社会的，而要形成未来社会的价值则被视为仅仅是个人的。

在这两种情形下，冲突通常存在于那些关心秩序和关注发展的人之间，而维持秩序被解释为“社会的”，倡导进步则是个人的作用。即便那些其活动最终促成新的社会秩序的人，有时也会觉得敌人就是社会组织本身。此外，每一个社会秩序都有许多缺陷，而这些缺陷被认为是存在于每种社会组织中的邪恶的标志。后者被认为只不过是一个约束个体的锁链系统。特别在旧的制度衰败、瓦解时，这种感受日益增长。就像在 18 世纪末的法国以及 19 世纪末的俄国，它们随即呼唤出一种强烈的道德个体主义，就像卢梭和托尔斯泰各自主张的那样。当组织需要改变时，人们可能觉得所有组织都是压迫的。暂时的现象被当作永恒真理的例证，特定情境的需要凝结为普遍的原则。

327 3. 有时当下的困扰与过去秩序的瓦解联系在一起，而现存的邪恶只有通过有组织的社会行动才能纠正。因此，所谓的个体和社会的排位被改变了，实际上颠倒了。那些受益于现有政权并希望保持它的人现在是“个人主义的”，而那些希望看到合力带来伟大变革的人则成了“集体主义的”。后者感到，现有的制度是一个阻碍社会发展的强制躯壳。他们发现，分化、不稳定、内在的竞争是如此巨大，因而现有的社会只是外表看起来如此，实际上却像卡莱尔(Carlyle)称呼他那个时代的“社会”那样，是“无政府主义加警察”①。另一方是那些在这一社会状况中占了便宜的人。他们赞扬它是个人能力、主动性、勤勉和自由的产物；这些珍贵的品质将由于采取了集体行动的计划而受到威胁。他们把其他人想要的那种社会秩序看作是一种奴性，它摧毁个体努力的动机，创造对无个性的整体的依赖，用邪恶的父权主义替代自力更生。“集体主义”在他们的嘴里，是一个贬义词。简言之，那些试图维持不变的人现在成了“个人主义的”，而那些想要改变社会的人则是“集体主义的”，因为所期待的变革规模如此广大，只能通过集体行动才能产生效果。

因此，我们将用对发生在具体时间、地点的确定的冲突的考虑来取代个人和社会之间的普遍对立。总之，“社会的”或“个人的”都没有固定的含义。所有道德(包括非道德)都既是个体的，也是社会的：说它是个体的，在于它直接的开始和执行，在于发生行为时的欲望、选择和倾向；说它是社会的，则在于它的情境、质料和结果。在一个时期被认为是反社会的和非道德的东西，后来会被看作是伟大的和有益的社会变革的开端——就像那些一度被判为有罪的道德预言家后来被尊为民族的恩人。被独裁政府视为阴谋而遭受惩罚的组织，在其行动成功后会成为光荣的解放先驱。这些事实并不意味着没有持久的判断标准，而是说
328 这一标准要在结果中寻找，而不是在对个人和社会的某种普遍观念中寻找。

我们在这里所讨论的，展示出分析社会问题以便决断所涉及的道德价值的三个视角。首先，在统治阶级和新兴阶级或群体之间的斗争；其次，在旧的和新的组织形式和模式之间的斗争；第三，在由自主的私人努力带来的结果和由涉及公共机构的有组织的行为带来的后果之间的斗争。在历史语境下，有阶级和大

---

① 托马斯·卡莱尔(1795—1881)，苏格兰讽刺家、评论家、历史学家。——译者

众之间的冲突;保守和自由(或极端)派之间的斗争,以及利用私人和公共机构力量、公共行为的扩大或限制之间的斗争。

第一类斗争的一个例子可以在国家的起源中找到,国家建立在众人之上而不是一个君主王朝的基础上。这一起源涉及对已建立制度的颠覆,这些制度在很长时间里规范着社会事件;它解放了很多个人,与此同时也产生了新型的社会制度和组织。也就是说,它并不是仅仅朝向个人主义的运动。前面所提到的第二类斗争,在旧的(或者如其反对者所称的反动的)和新的之间,在那些想要保持既得利益、害怕和反对一切社会变革的人以及想要进行程度不同的社会变革的人之间,这可以在生活的所有方面中看到:在宗教组织中,有原教旨主义和现代派之争;在教育中,有传统派和"进步"派之争;在政治中,有右翼和左翼之争;在工业社会,有资本主义和共产主义之间的斗争。在主张私人行为和主张公共行为的人之间的分歧,显现在涉及政府行为的每一件事情上。无政府主义者是一个极端,他们中的一些人相信放任自流,并且认为那些管得最少的政府才是最好的;另一些人认为,政府服务应当扩大,以服务普遍的利益;还有一些人则信仰国家社会主义,他们想让政府控制所有大型生产和分配的方式。 329

## §4. 方法的问题

在试图解决我们的伦理学讨论中的这些问题,显然会涉及学派偏见。但更为重要的是,它涉及一种已经遭到公开批判和反驳的方法的运用。它假设有终极和确定无疑的知识的存在,我们可以依靠这些知识来自动地解决每一个道德问题。它包含着对一个教条的道德理论的认可。另一种方法可以被称作实验性的。它意味着反思性道德要求对具体情境的观察,而不是对先验原则的固守;意味着自由探索和出版及讨论的自由必须鼓励,而不仅是抱怨地容忍;意味着在不同的时间和地点必须有机会尝试不同的措施,以便观察、比较它们的效果。简单说来,这是一种民主的方法、一种积极的宽容,是对他人的才智和个性的理解,即便他们的观点和我们不一样,也是科学的探索事实和检验观点的方法。

而相反的方法,即便我们去除它的极端特性,即历史上通常伴随它的强行压制、审查以及迫害,也是一种诉诸权威和先例的方法。在不同时间求助的权威有:用超自然方式揭示的神的意志、神授权的统治者意志、哲学解释的所谓的自然法、个人的良心、国家或宪法的命令、普遍的认同、大多数人流行的习俗、从古老过去中来的传统、先祖的智慧、过去形成的先例，这些都在不同的时代成为权威。这些诉求的普遍特征在于，存在着某种如此权威的声音，它排除了探索的需要。其中的逻辑在于，虽然对于自然事实，我们需要一个开放的心灵；但道德则需要一个完全确定的和封闭的心灵。

采用实验的方法并不意味着没有权威和先例的位置。相反，正如我们在另外的地方指出的，先例是一个有价值的工具（第 275 页）。但我们必须运用先例
330 而非不知不觉地遵循它；要将它们用作分析当下情境的工具，建议需要考察的问题以及尝试的假说。它们的作用就像个人的记忆之于个人的危机，是一个可以用来寻求建议的宝库。权威也有其用武之地。即使在自由的科学探寻中，当前的研究者依赖过去研究者的发现，运用过去科学研究者所确认的理论和原则。然而，他们这么做，仅仅在于没有证据要求对他们的发现和理论进行重新检验。他们从来都不认为，这些发现是最终的且在任何情形下都不会被质疑和修正。由于偏见、酷爱确定性以及囿于常规，已接受的观点获得了某种动力；在很长一段时间里，它甚至限制着科学中的观察和反思。但这一限制如今被认为是人性的弱点，是对权威原则的不当运用。

在道德事件中，同样有如下的预设，即倾向于那些在过去已经形成并且被有洞察力的人所采取的原则；而在反对这些原则只是个人出于一时冲动或激情，或想逃避这些原则时，这一想法就变得尤为强烈。这样的原则就像过去已获得的科学原则那样，并不会轻易地被取消。但新近发现的事实或新形成的条件可能会导致怀疑，并且表明被接受的教条不再可行。在社会道德的问题上，比其他任何已获得的特定原则或作出的决定都更为基本的，是愿意重新检查并在必要时修正当下信念的态度，即便这一过程包含通过一致努力来改变现有制度并把已有倾向引向新的目标。

认为强调道德的社会特性会导致对当下状况的赞美，这无疑是一种夸大。这一观点的确坚持认为：道德要拥有活力，就必须与这些状况相关；然而，它并没有表明对这一关联是赞同还是反对。一个在沼泽中行走的人，必须比一个在平
331 坦道路上行走的人更加小心地注意周遭环境，但这一事实并不意味着他会向周遭环境妥协。我们所拥有的选择，并不是在退让默许和忽视之间；而是在因为与事实相关而有效的道德，和由于忽略真实情况而变得无用和空洞的道德之间。与由现状所产生的社会后果相对，总是存在更好的社会后果这样一种理念，而它

是由社会变革所带来的。

## §5. 历史上的个人主义

考察现有社会状况所展现出来的特殊道德问题，留待后面的章节。我们在此要说明，称作“个人主义”的运动在历史原因所决定的特殊意义上说了些什么。

1. 在经济领域，就是这种观念：让个人自由地追求他们在工业和贸易上的利益，这不仅会最好地促进他们的私人利益，也会最好地促进社会的进步并且最有效地帮助满足他人的需要，从而达到普遍的幸福。

2. 既然在这一论断中“放任自流”(left free)指的是摆脱法律和政府管理约束的自由，那么，这个原则就有其政治的方面。它意味着政府的活动应当被限定在维护社会治安上；也就是说，应当维持秩序，防止一个人侵占他人的合法权益，并在对他人权益的侵扰发生时能够及时纠正。在当下的阶段，它意味着“别让政府管事”，至少让它管得越少越好。

3. 由于这一论断有一个“意识形态上的”支撑，也意味着某种普遍的哲学可以被称作“自然的”而非“人工的”。依据这一观点，经济活动是自然的并且由自然法则所掌控。人们自然寻求满足他们的欲望；劳力或精力的消耗自然会是经济的因而对于最小的付出会有起码的回报；为了保障未来，人们自然不会花光他们所生产的一切，因此会积累资本来扩大他们未来的生产力。由于把精力投放 332
到单个领域而同时拥有技能时工作的产出是最大的，劳动的分工便内在地发展了，且这一分工带来了交换和贸易。这导致了一种普遍的相互依赖，每个人都被迫找到他的产出最大的工作；并且为了给自己带来最大的回报，从事那些最好地满足他人需要的工作。与经济过程这一“自然法则”相反，政治规律则是人为的；前者是植根于人类本性中的(作为上帝的副手)，而后者则是人为的。预设总是赞成自然法则以及它们的作用，反对人类的“干预”。

4. 与这个自然法则观念——等同于经济法——并行的，还有自然权利的观念。依据这一观念，某些权利主张天生就属于与市民社会和国家分离的个人。生命权利、个人生产的财产权利、与他人建立契约和约定的权利就是这样的权利；它们与公民的和政治的权利相反，后者依赖于社会的市民的和政治的组织。由于它们是天生的、不可剥夺的，对政府活动也就确定了界限。政府存在是为了保护它们；如果它侵害了它们，那么，政府就违反了它自己的功能，公民也就不再有义务服从它。至少,法庭必须宣布这样的行为是无效的,因为它违反了自然权利。

5. 虽然并不总是如此,人们通常把上述四点和据说在心理学基础上找到了科学支持的利己学说相联系。依据这一观点,人性本身就反感一切包含节制和艰辛的牺牲,除非当有某种获得更大好处或利益的动机。所有的个体都应当关心自己的利益,并且擅长计算它——至少,假如它们并没有被压制的法律以及人为的社会制度所妨碍或搅乱时。

这些不同的思考在一起,构成了更为狭窄的历史意义上的"个人主义"学说。它是在18世纪形成的。它对于塑造整个19世纪的法律和政治制度具有深远的
333 影响——至今也没有完全消失。它的出现和发展,具有确定的原因。新发明的机器(由蒸汽而非手工驱动)创造了一个新的工业发展,而现存的法律和风俗则代表着一种农耕文化并且包含了许多封建残余。它们设置了妨碍国外、国内商业的条条框框,阻碍了新型工业的发展,并且以牺牲制造业和商人阶层为代价,从而有利于地主。欧洲政府为了充实政府财库,以牺牲工业和商业的代价来管理(实际上阻碍了)国际贸易。经济上的放任自流学说则体现为对人类的独创、能量和发明技巧的解放,它打开了一条特定的进步之路。已经建立起来的组织代表着惰性、懈怠和压制,这一暂时的历史冲突被普遍化为一种在"个体"和"社会"、"自然"和"人为"之间的内在的和绝对的对立。

这一时期与我们现在流行的民主政府的开端相吻合。政府总体上要么是腐败的,要么是压制人的,或者两者都是。它们被认为——并且在那时有着很好的理由——标志着对合法的个人自由的任意限制。在美国,这一感受由于在殖民者和英国本土政府之间的冲突而得到强化。从英国对殖民地所施加的管制很容易得出如下看法,也即所有的政府天生都是压制人的,政治生活的目的就在于限定政府的越界从而保障公民的自由。美国诞生于对国家行为的嫉妒和恐惧的气氛之中;传统顽固不化;它构成了个人主义哲学的现在力量的很大一部分。这种感受,还有个人的独创性、独立以及自助,为个人主义的学说创造了一种道德背景,它们在一个地广人稀的国家的开端是如此不可或缺。尽管民主是有关自治
334 的观点,但在他治情形下形成的传统和情感依旧存在,因而任何类似下述的观点至多存在于地方社团的管理中,也即人们可以运用他们自己的工具即政府来促进自身福利。"自然法则"对于人为法则的优越性,导致人们放弃了在智慧控制

下的努力;经济进程被认为会自行运作,并且指向一个有利的终点。法庭把自然权利的观点解释为禁止任何在财产分配中扰乱现状的规定,或者出于对工人利益的考虑,将其解释为禁止任何限定自由约定的规定——法律的构想在于,所有人在工业安置上能够同样自由地进入或不进入这一制度中。

与此同时,所谓的个人主义哲学从中产生,并完全改变了对整体施加影响的初始经济和政治情境。工业主义取代了农耕主义而成了统治力量。机器成了常规而不是新的和独特的生产手段。非个人的集团而非与工人们有着私人接触的个体雇主成了统治者。资本的聚敛变得巨大起来,并且与更大的资本融合。自由与契约、不干预工业中习惯规则的学说都有利于雇主和投资人,而损害着工人即大众的利益。保护性的法规开始产生并且紧跟着(与旧的"个人主义"观点相反)"集体主义"观点发展。作用完全相反。所接受的、已确立的社会秩序开始包含那些早先不得不由少数人争取的事情。社会秩序现在本身就是之前所定义的"个人主义的",而那些先前被持不同政见者和改革者所运用的学说和口号现在被用来维护现状。"自由"实际上意味着那些在现有权力分配中占据优势的人不受限制的行为,通过对财富以及生产工具的占有。

个人主义哲学的伦理准则曾经和现在依旧是:个人拥有最大限度的自由,只要自由并不用来损害其他个体同等或相似的自由。这一准则流行一时;正如已经指出的,它曾经对摆脱那些丧失价值的法律和制度产生了作用。但作为一个 335
理性的声明,它也有缺陷、"困境"(catch)。什么意味着相似的或同等的自由?如果它指的是在物质上相似、在实际权力上平等,那么就很难反对它。这一准则,与有组织的社会努力去平均化各种条件是一致的。例如,它会证明公共行为对所有人保障教育是正当的,这一教育将使他们的能力得到充分发展,从而尽可能处在同等的知识层面和被培养的理智层面上。它也会证明法规应当为那些现在处于劣势的人(由于身体能力、财富以及运用机器方面的不平等)提供平等的机会。换言之,它证明有大量的所谓社会立法是正当的。而这些立法通常总是遭到个人主义理论的谴责。

但是,对于平等理念的解读是形式的而非物质的;它注重法条而非现实。个人假如在法律面前是平等的,那么,人们就说他们是平等的。在法律理论中,一个要养活家庭的个人,在和他的雇主就劳动时间、条件和工资上讨价还价时,是平等的(这位雇主有大量积累的财富可以依靠,他发现,许多挣扎在生存线上的工人正在争夺挣钱养家的机会)。

就道德而言,个人不可能分成许多孤立的独立的力量,这些独立的人可以相互比较他们的力量来确定他们之间的平等。个体的人是一个整体;他付出的劳动以及所得会影响他的能力、欲求和满足感——除了他自己,还有他的家庭成员。就像只有考虑一个人的全部时,才能说清他应当得到什么;我们只有考虑所涉及的要素(例如,契约"自由")对他的生存、发展机会以及和他人关系的意义(而不仅仅是某种在形式和法律上所界定的观点)时,才能断定他的自由得到了促进还是受到了妨碍。

历史研究的目的并不在于表明某些反"个人主义"的原则是正确的,因而我
336 们应当用集体主义的原则来替代它,以便满足社会的道德需求。首先,它是为了表明社会准则在其伦理方面的相对性。不存在一个单一的原则,在不同的社会条件下,其实际意义或后果是完全相同的。在 18 世纪和 19 世纪初处于道德进步一边的事物,可能在 20 世纪变成了道德上极端保守的教条;现在有用的东西,可能到后来被证明是有害的。这一事实以一种更为具体的方式表明,从个体和社会的普遍概念中推演出具体的道德行为方向是不可能的。

从这一事实出发,可以得出第二点。我们不得不考虑任何与情境相关的措施所产生的可能后果——它发生于特定的时间和地点,不可能制订普遍的规则,例如有关私人和公共行为各自的范围。所有人,除了最极端的"个人主义者",都会反对这样的逻辑结论,即不应当有任何由税收支持的公立学校。他们意识到,在一个纯粹志愿的体系中,有多少孩子可能会失去教育;他们知道,什么样的不公正会在社会中产生。然而,这并不意味着公共教育总是好的。统治阶级和政府可能会利用学校来反复地灌输教条和进行"洗脑",压制探索的自由;可能会用同一个模子来塑造孩子的心灵,因为这个模子适合它们的利益。在这样的情形下,出于道德原因,应当鼓励其他学校的言论而非仅仅那些由国家所支持的学校的言论。

每一个有关公共行为的扩展或限制的问题,都应当就其自身得到考虑。曾有一个时期,宗教和宗教崇拜具有公共的用途。而如今,几乎所有人都肯定它们应当成为私人的、自愿的事情。英国历史上曾有一个时期,法庭并不完全是私人的,而依附于封建地主;而今天,很少有人会质疑司法功能向国家转换的价值。但即使是这一转移,在政府的判决下,也并非与私人仲裁作为一种解决商业纠纷

的方法互相抵触。如果我们进一步回到历史，就会发现，在野蛮部落中对正义的 337
管理是一件“自助”的事情。可能有人反对把它移交给公众，其理由是这可能会削弱个人的独创性和责任，从而造成过分依赖国家父权主义。总的说来，我们可以说，许多兴趣从公共转向了私人，但在科学、工业和公共情感方面却相反。因此，公共政策方面提出的每一个措施都应当考虑它本身对群体成员福祉的影响，而不能根据有关个人或社会的某些抽象理论来处理。

最后，尽管我们的例子大多考虑的是公共行为与私人行为的冲突，但这样一种原则——即应当通过分析特定情境下的后果而得出结论——对已经提到的所有问题都适用。以保守主义和激进主义各自的道德主张为例，很难想象一种情境，在其中没有任何过去的价值需要保留。但是，对它们的保留可能会要求改变它们维持的方式，要求在法律和习惯方面的改变。很显然，并非所有的风俗和行为方式都可以同时改变。首先这是由于习惯的惰性，而任何朝着这一方向的努力都会使一切陷入混乱之中。有些习惯必须原封不动地保留，以便发挥其积极的影响，带来在其他制度中所希望的改变。问题总是分辨和强调的问题：在特定的时间和地点，什么样的社会制度应当相对稳定地保留，而什么样的社会制度又应当改变，以便使价值更稳定、更公平地分配、更丰富和更加多元？如果我们片面地考虑问题，保守主义就会变得盲目和反动，而激进主义则会变得突兀和暴力。在一个正常的社会中，不会有一个职业改革者的阶层。每个制度的某些阶段会不断地重塑自身，严格地说重新创造，从而更好地适应社会生活的当代条件。

对某些人来说，他们在判断社会制度、风俗和传统的伦理价值时所遵从的态 338
度和方法是实验性的，还是教条和封闭的；是通过对后果、条件的影响的研究，还是通过把所有问题都套到已形成的绝对标准上，是一个学术问题。然而，除非前者被采用，否则，在社会道德的问题上就不存在科学方法的运用。至少有这样的前提，即在社会事件上发展出客观和公正的探索方法，这和在物理问题上同样重要。系统探索的反面，是对偏见、派别、那些不假思索接受的传统、各种直接环境的压力的依赖。采用一种实验性的判断方法，会真实地在社会判断和实践中带来一种道德革命。它将消除产生不宽容、迫害、盲信以及利用不同意见来制造阶级战争的主要原因。正是出于这样的原因，在当前，在判断现有风俗和政策时所运用的方法问题比在争议中得出任何特定的结论，更具有道德意义。

## 参考文献

Addams, *Democracy and Social Ethics*, 1902; Dewey, *The Public and Its Problems*, 1927, *Individualism, Old and New*, 1930; Hobhouse, *Morals in Evolution*, 1907, Vol. II., ch. vii,; Sidgwick, *Elements of Politics*, 1897; Rickaby, *Political and Moral Essays*, 1902; Fite, *Individualism*, 1911; Bonar, *Philosophy and Political Economy*, 1893; Cooley, *Social Organization*, 1912, ch. i. and Part III,; Gide and Rist, *History of Economic Doctrines from the Time of the Physiocrats to the Present Day*, 1915; Wallas, *The Great Society*, 1914, *Human Nature in Politics*, 1909; Wells, *The Work, Wealth and Happiness of Mankind*, 1931, especially Vol. II., chs. xv. and xvi.; Lippmann, *Drift and Mastery*, 1914, *Preface to Politics*, 1913, *The Phantom Public*, 1925; Dicey, *Law and Opinion in England*, 1914; Oghurn, *Social Change*, 1922; Ogburn and Goldenweiser, *The Social Sciences and Their Interrelations*, 1927, with extensive bibliographies; Follett, *The New State*, 1918; Laski, *Authority in the Modern State*, 1919; Catlin, *A Study of the*
339 *Principles of Politics*, 1930, especially ch. viii.; Godwin, *Political Justice*; Spencer, *Man versus the State*, 1884; Hobson, *Free-Thought in the Social Sciences*, 1926; Green, *Principles of Political Obligation*, 1879; Cooley, *Social Process*, 1918; Maclver, *The Modern State*, 1926; Wilde, *The Ethical Basis of the State*, 1924; Tufts, *Our Democracy, Its Origins and Its Tasks*, 1917.

# 17.
# 道德和政治秩序

## §1. 社会环境有道德意义吗?

先前的讨论实际上理所当然地假定了一个并非所有道德家都会承认的原 340
则,这个原则必须澄清,尤其因为它对于我们所思考的整个问题而言是根本的。这里讨论的假说是:社会环境具有内在的道德意义;它密切参与到构成品格的欲求、动机和选择的形成和实质中。有些人则持相反的看法。他们认为,环境和道德无关,是中性的。这一观点是如下信条的一个逻辑结论,即道德的善只和动机有关,且动机(和意愿)和结果无关;它在逻辑上来源于"内在"和"外在"的区分,以及把道德与"内在"等同。对于一个持此观点的人而言,诸如碰巧存在的法律系统、政治制度、主导的经济秩序,以及财富和收入的分配、工作机会、对生产机器的控制和分配,都可能和物质的繁荣有很大的关系,但却和道德毫无关系。因为任何系统中的个体,都可能有一个正直的意愿。根据这一理论,社会条件影响诸如舒适和幸福这样的事情,和道德自我无关;它们影响了动机的外在执行,但却不是动机本身。

我们不会重复之前已经提到的在内在动机或意愿和外在行为及结果之间的二元论的批评,而仅在此提醒诸位:这一观点有意地且公开地缩小了"道德"的范
围和内容。这一分化理论取消了品格的所有具体的要素,把它还原为单纯的任 341
意选择的力量,使得所有的事情都变成了纯粹形式的事情。存在这样一种除了任意选择之外再无根据的选择能力,这一观点把道德主体和所有社会关系割裂开来了。在这一观点看来,"意愿"以及它的行动完全独立于任何环境状况——

家庭的、经济的、刑事的、政治的、法律的、教育的、与友谊相关的情况等等。尽管这一结论在逻辑上来自前提，但是认同这一前提的人很少会从这一观点得到最终结论。如果社会制度和社会安排毫无道德意义，那么，个体对于它们就不负有任何道德责任，比如政府的惩罚、财富分配的制度在道德上和任何其他制度一样好。没有人有任何道德理由因偏爱某一制度而创建它：社会改革没有任何道德意义。

如果我们放弃有关"意愿"本质的前提理论，如果我们把个性的意义扩展到包含欲望、目的、信念的全部——它们体现在思考和选择中——那么，周遭的环境就具有道德的意义，它们引发了欲望，让欲求指向某个而非另一个对象；它确认了特定的目的且弱化了另一些，它导致了对一些对象的赞扬和对另一些的贬斥。在经验上，很显然的是：我们每一个人生来所进入的社会世界对欲求和意图具有不断的刺激和抑制作用。只要我们没有意识到环境的作用，它就以一种非道德的方式运作，就像物理作用那样。但一旦我们意识到它，判断它的性质、方向和价值，那么，它在塑造个性上的作用就会具有道德意义。或许，在如今一些社会习惯如此地内在于我们，或者至少是我们中的大多数人时，我们都没有意识到它们在影响着我们；但只要意识到它们，它们就不再孤立地或外在地运作。当我们意识到它们时，无论喜欢或不喜欢它们的影响，都会主动地肯定和支持它们；我们忍受它们，想要它们存在，而不是努力地改变它们；或者，我们被驱向其对立面。无论如何，这里有一种人类的阴谋，即一种关于责任的假设。对现在的
342 很多人来说，经济体制看似和自然的秩序一样存在。它是某种我们必须生活于其中的东西，就像太阳和风暴，我们必须在可能时运用它，在必要时使自己免受它的严酷等等。但当某人的头脑中发展出对于它的运作和影响的意识，在此程度上，它便不再是仅仅起作用的单纯制度，而是在想象中得到反思的制度，反映在欲求、期望、恐惧和支持或改变的意图中。简而言之，这里的主张并不在于我们的意愿、欲求和目的受制于社会条件，而是后者融入了我们的态度，而我们的态度也融入了社会条件中，因而维持其一就等于维持了另一个，改变其一也是改变另一个。

我们可以指出社会环境影响品格的若干典型方式。(a)它决定了机遇。我们从不期待文明人和野蛮人会有相同的欲求和目标。对某一个人而言的目标，对另一个人来说并不存在。个体在任何情境下都可能拥有扩展其知识、令他对

周遭美好事物更敏感的欲求。原始人、野蛮人和文明人可能在他们不同的层面上具有质上同等的应对能力，因此具有相同的善良品格(第 281 页)；但品格的实际质料却是不同的，因为思考和选择的机遇相差很大。(b)不同类型的制度、风俗、传统会激起和引发不同的力量。尚武社会的美德与工业化社会的不同，也不会被一个科学和艺术繁荣的社会所崇尚。社会组织的模式反映在形成的品格的模式中。(c)既然制度以特定的方式把个人联系在一起，例如在一些家庭组织中，在诸如契约和有限公司、私人财产、出于金钱利益的商业等经济形态中，它们定义了公认的义务的流行样式(第 227—229 页)。(d)由于社会环境对生活有价值的贡献强化了个性，它们的弱点和缺陷引起了那些相反的反应，从中产生了改善的计划。改善的有效计划并非来自空洞的志愿，即所谓的理想主义；而是来自 343
对当下制度所带来的具体的邪恶的经验。我们通常会忽视如下事实，站出来反对他的时代主要条件的道德预言家和那些墨守成规者一样受到社会条件的影响，事实上甚至更深。比起那些墨守成规的人，现有制度积极和负面的价值更为真实地体现在他的欲求和想象中；否则，他的抗议将是感性和无用的。负面的价值唤起对于某种不同的、更好的东西的向往，积极的价值则为更好的东西提供了内容和材质。除了过去的经验，没有什么来源能够产生具体的新的志向。

我们在这里所关心的无非是指出，课本中所采用的假设在于社会条件内在、完整地融入了品格的形成中，也即对欲求、目的、赞同和反对的评价的塑造。倘若这一有关社会条件的内在关联的积极设想能够被承认，这一理论的一个直接问题在于，什么样的标准被用来评价特定时期的社会条件。在上一章节中，我们指出这一标准应当获得的方法，以及它应当如何被采用，也即是实验性的。这一论断涉及标准的形式而不是它的内容或实质。它表明了刚才所说的，标准应当来自对过往经验的普遍化；这一普遍化并非仅仅在字面上重复或重申过去的经验，而是应用于现在和未来的改变了的条件；它将用作研究和批判的理性工具，并且指出需要改变和改善的努力方向。它表明了，普遍化应当是一个假设而不是教条，是某种需要尝试和实验、在将来的实践中要确认和修改的东西；它不断生长而非自我封闭。

很难说哪一种管理社会事务的方式令世界遭受了更多的苦难：是试图通过一种粗俗经验主义的规则，通过坚持过去形成的以前的那些规则，通过拒绝接受建设性的想象和理性洞见；还是通过脱离实际条件的教条，通过被认为是超验 344

的、不可改变的教条？实验性的方法并没有把过去的经验看作权威规则，而是要在思想中检验的不可或缺的建议来源。它崇尚理性，却并没有把它看作提供最终真理和严格规则的东西。理性把过去的经验重塑为在将来可以使用的，并且筹划可以通过实验方法进行的计划。

同样值得质疑的是，如下两种情形哪一种令世界遭受了更多：默认现有的社会条件，服从它们为我们设定的规则和习俗，还是抽象的理想主义，它脱离现有条件的基础和杠杆，设立宏大和模糊的目标？那些抛开现有社会条件而形成的理想确立了目标，但却没有实现它们的方法，因为有效的手段必须在现存的东西中寻找。形成这样的理想的习惯或者终止于盲目的狂热的反叛，它相信摧毁现有的东西会奇迹般地带来更好的条件；或者，更为常见的，这种习惯会终止于一种美学上的、对当下的厌恶，它试图在陌生的东西中寻求庇护并通过拒绝面对现有条件使其长存。社会道德中的实验性方法完全承认现有条件；它坚持在理智上面对它们，即通过观察和记录；它同样承认，除非批判和改善的计划基于现实，否则就是一种自我陶醉。但作为实验性的东西，它承认这些条件并不是确定的和最终的；它们都是改变的方式，以及通过理智上确定的行动而要改变的东西。我们的观点是：以往的经验使我们强调一种评价标准，这一标准足够明确地可以运用并且足够灵活；当经验发展时，它能够带来自己的重新解释。

## §2. 社会条件标准的性质

在较早的讨论中，我们得出的结论是：行为对于公共福祉、总体财富的影响，
345 是评价个人行为和性格的道德价值的标准(第 238—248 页)。这里的预设是，同样的标准对于社会制度以及筹划社会变革计划一并适用。然而，普遍的善、公共福祉的观念却需要细致的解读。就像我们谈论“幸福”这个概念的时候所说的，对于“福祉”这个概念，我们也可以说，必须谨慎地给予它一个确定的含义。既然它包含了所有能力和谐的实现，它随着新的潜能被揭示而发展；当社会变革为个人发展提供新的机遇时，它也得到发展。

类似于“普遍”和“共同”这样的术语，或许需要更加细致的解读。这些词语说起来容易，但很容易给人造成错误的印象。它们并不意味着个体性的牺牲；一个社会中的成员在个人方面得不到发展，这将是个糟糕的社会。它也并不意味着个体特殊、独特的东西被掩盖；这样的掩盖将会造成社会整体的平庸。“共同

的善”的积极意义在于分享、参与——这个想法体现在群体的概念中。分享善或价值，从而使得它是社会的，这并不等同于把一个物体分割成各个部分。分享在于参与，在于扮演某个角色。它是某种积极的东西、某种牵涉每个成员的欲求和目标的东西。与它合适的类比并不是物理分割，而是参与一个游戏、对话、戏剧和家庭生活。它涉及多元化，而非同一性和重复。如果每个人都像鹦鹉学舌那般反复说同样的话，那么就不会有在对话中情感和观点的交流；如果所有人都同时做同样的动作，那么也不会有任何游戏。每一个人都从他自己的知识库、能力、品位中贡献了某种独特的东西，而同时也接受了他人所贡献的有价值的元素。首先，每个人所接受的是对他的行为的一种支持、一种强化；因此，每个人都从他人那里收获了赋予他自己的观点以更大保障的东西——这一事实体现在游戏一方同伴的互相帮助中。其次，收获的也是新意义、新价值的愉悦。在一场争论中，同一方的每位辩论人都试图强化这一方他人的观点。但在一个真正的对话中，一个人的观点得到别人所说的纠正和改变；确认的并不是他之前的观点 346
（它可能是狭隘和无知的），而是他明智判断的能力。他所得到的是经验的扩展；他从中学习；即便之前的观点大部分被确认了，然而由于真正的相互付出和收获，这些观点得到新的审视，它们的意义得到加深和扩展，并且带来经验扩大、能力增长的喜悦。

上述论述有助于人们理解“平等”这一概念，它是社会理想的一部分。它并不意味着千篇一律；它不应当在量上被理解，这一解释总是会导致外在的和机械的平等概念。孩子恰恰是由于*差异*，从父母那里获得了丰富的经验。存在着量上的不平等——在*拥有*技能、知识上的不平等，但也有质上的平等，因为孩子们很*活跃*，当他们一边付出一边获得时，家长的生活也由于从孩子那里得到的以及他们所付出的而变得更加充实、丰富。有很多关于平等的讨论是无意义和多余的，因为人们在静态的而非功能的角度上探讨这一概念。一个人和另一个人在道德上是平等的，假如他和其他人拥有同等发展能力、承担角色的机会，虽然他和他人的能力并不相同。当他把自己的生活经验贡献给群体活动和群体经验时，如果他在经验的丰富上也得到了回报，那么他在*道德*上就是平等的。平等是价值上的，而不是物质或者量上的。价值平等必须通过每一个人内在的生命和发展来得到衡量，而不是通过机械的比较。每一个人相对于他人都是不可比较的，因而不可能找到一种外在的衡量平等的尺度。具体而言，一个人可能在某一方面更出色而在另一方面弱于他人。当他的价值——就他成长的可能性而言——在社会组织中和其他人的价值一样考虑时，那么他就在道德上是平等的。打个略有些机械的比方：紫罗兰和橡树是平等的，假如两者拥有同等的机会去发
347 展成为一朵紫罗兰和一株橡树的话。

那些在特定优越地位的人们试图将善加诸他人身上，这一点能够澄清善的社会概念。历史告诉我们，有仁心的君主愿意为他人带来祝福。只有当他们的行为间接改变了那些处在弱势中的人们的生存条件时，他们才成功。同样的原则也适用于改革家和慈善家，他们试图对他人行善却让这些人变得消极。在推进共同的善的努力中，有一种道德悲剧，它妨碍了结果成为善的或共同的——它并非善的，因为它未能使那些受到帮助的人主动地成长；它也并非共同的，因为这些受帮助的人并没有参与促成结果。社会福利只有通过赢得那些受益者或“被改善”者的积极性和积极能量，才能够得到发展。传统意义上的伟人、英雄并无益处，因为他们鼓励了如下的想法，也即一些“领袖”会带路，其他人只需要效仿追随。将人们的心灵从冷漠和无生气中唤起，让他们独立思考，参与筹划以及计划的执行，这些都需要时间。但如果在形成目标和实施它们的过程中没有积极的合作，就不可能有共同的善。

这幅图景的另一面在于，一切特权使那些拥有它的人变得狭隘，并限制了那些并不拥有它的人的发展可能性。在所谓人类天生的自私中，有很大一部分是权力不平等分配的产物——不平等是由于它使某些人无法处在能够激发和指引其能力的条件中；另一方面，它造成了那些特权者单方面的发展。人性中许多所谓的不可变因素仅仅表明，只要社会条件是稳定的并且不平等地分配机会，那么在人们的欲求和志向中期待某种变化，就是荒谬的。特权总是引起那些拥有它的人的守旧和保守的态度；最终，它通常会激起承受它的人盲目地毁灭一切的愤怒。特权和垄断所引起的理智上的盲目，体现在将他人之痛苦和落魄合理化的
348 倾向上。这些被认为是那些受苦者的错误，是他们自己的短见、懒惰、有意的无知等所造成的。在历史上，任何受青睐的阶层都曾有过扭曲的观念和理想，就像地位低下的阶层缺乏活力和发展。

这一讨论的要旨在于，共同的善、普遍福祉的概念是一个要求个体在其独特个体性方面得到完全发展的标准，并不是以“社会”的名义牺牲这些而去获得某种模糊的所谓更大的善。只有当个体具有独创性、评价的独立性、自由度、完整

的经验时，他们才能够通过行动来丰富他人的生活，并且只有如此才可能建立起一个真正的共同的善。这一观点以及道德标准的另一面在于，只有当社会条件摧垮了特权和垄断阶级的高墙，个体才能自由地发展、奉献和分享。

通常导致把个人发展与获得共同的善对立起来的错误在于，(a)限定了个体的数量，(b)静态地而非动态地思考这些个体，也就是说，没有考虑他们发展的可能而仅仅关注他们在某个特定时刻的样子。在上一章中，被批评的历史上的“个人主义”在这两点上都误入了歧途。它仅仅考虑一个特定的个人阶层，即企业家，而并没有考虑更多的与机器相关的被雇佣的男人、女人和孩子。而且，它认为后者的效率、技能、才智和个性能够通过他们现有的状态来确定，而无需去考虑制度的改变可能带来的发展。道德标准更多地涉及人们能够成为的样子，而非他们所拥有的，涉及可能性而非实际所有，即便所有的是智力或道德上的东西。在对他人判断上的宽容(相对于狭隘)，在很大程度上，事关衡量他们能成为什么样的人而不是依据已有的状况来判断他们。

在拥有民主理想的政治领域，标准也是如此。因为一方面，民主意味着每一 349
个个体享有与社会事件控制相关的权利和义务；另一方面，它意味着社会制度要消除地位、出生、财富、性别等外在因素，这些因素都限制了每一个个体全面发展的机会。对于个人而言，个体潜能的释放是社会组织、法律及政府的标准。在社会领域，它要求合作而非压迫，在相互给予过程中自愿地分享而不是施加权威。作为社会生活在政治层面上的理想，它比任何政府形式都更加宽广，尽管它包含了政府。作为一种理念，它表达了超越一切已得的进步的需求；因为世界上还没有任何地方有这样的制度，它事实上在平等地保障每个人全面发展，保障所有人分享他们所贡献和所得到的价值。然而，它并不是一个空想和乌托邦意义上的“理想”；因为它仅仅把内在于人类本性并且已经在某种程度上体现在人类本性中的力量推到逻辑上和实践上的极限。它因而成了对现有制度进行批判，从而得到改善的基础。正如我们将看到的，大部分对它的批判，实际上都是对它已得到的不完满的现实的批判。

作为道德理想的民主，因而是一种试图联合两种在历史上常常相互对立的思想的努力：一方是个人的自由，另一方是对共同的善的促进。法国大革命著名的“自由和平等”这一宣言，体现了在个人的独特性中所有的价值；“手足情谊”，体现了个人与他人关系中的价值。然而，所有的历史都证明，在自由和手足情谊之间不存在自动的对等。同胞之情如何能够不在限制个人自由的情况下得到保障？历史也证明，自由和平等并没有自动地形成并且彼此支持。把自由赋予所有人可能会产生不平等，因为那些具有较优越能力或机遇的人迅速上升，而那些
350 能力较低的人则原地不动或沉沦。人们常常如此评论，美国这个国家对平等比对自由更加注重，并且愿意把更大的限制放在行动自由上，假如它认为就此能够保障更大程度的社会一致性的话。

因此，从一种伦理的视角出发，民主理念的提出并非解决了如下这个大问题：如何使每一个人的发展与一个社会政权的维持和谐共处，在这个社会中，一个人的活动将会造福所有其他人的善？它表达了一种设想、一种要实现的要求，即每一个个人都有释放、表达、实现他自己的独特能力的机会，而结果将促进一种共同价值的建立。就像每一个真正的理想那样，它代表着某种要实现而非已经实现、现成的东西。因为它是由人类的计划和安排所完成的，它涉及不断地面对并且解决问题——也就是说，被欲求的和谐从来都不是通过阻碍一切未来发展的方式得来的。没有捷径，没有一条预先确定的道路，能够一劳永逸地指导人们实现目标。

条件和自由、平等、相互尊重、彼此服务的具体意义，一代一代在某种程度上，一年一年改变。自从这个国家建立来，它们对于思想、目的和选择的意义的改变是巨大的。从人口稀少到大量人口，从乡村到城镇，从农业到工业，从手工生产到大机器制造，从大致的经济平等到巨大的财富不均，从自由的土地、未利用的自然资源到它们被占有——这里仅仅指出一些较为巨大的变化——这些变化赋予了这些术语以全新的含义并因此要求新的思想和新的衡量尺度，如果那些在形式和名义上保持不变的理想要继续维持的话。由于这些事实，方法必须是实验性的。实验方法的反面并不是通过采取某种特定的方法（像教条主义者所宣称的那样）而获得更大的保障，而仅仅是允许事情飘浮不定：放弃每种引导和把握的努力。

351 **§3. 一些特殊的政治问题**

在将民主的标准具体应用到社会问题上时，会产生无数的具体问题，而且就像之前已经提及的，这些问题是千变万化的。在这里，我们所能做的，是选择其中的一些作为例子来进行探讨（可能并非所有人都认为这些是最重要的问题）。

第一个问题关系到民主政府这一观念的地位。18 世纪晚期和 19 世纪初，启蒙思想家实际信奉的公理是：自治政府是唯一在道德上得到辩护的政府形式；他们相信，它的建立将引领一个新的美好、幸福的历史时代。我们生活在一个不再相信曾被真诚坚持过的观念的时代、一个反应如此剧烈因而许多人宣称整个观念都是一种迷信的时代。因此，值得思考这一变化的一些方面和成因。

它的表现之一，就是政治冷漠的扩散。当只有一半的潜在选举人行使他们的选举权时，这不仅仅与早期的假设矛盾，即民主政府必然唤起所有公民的政治兴趣；同时证明了，它的现有形式缺乏生气。如果为了提高政治责任的公正劝说，党派和组织完善的党派机器的巨大花费都无法促使百分之五十的选举人来影响政府的行为，那么，在民主政策中或者在它当今的表现形式中就存在严重的缺陷。

这一反应更为明显地体现在独裁的兴起中。在一些国家中，它们取代了先前的君主政府；而在另一些国家中，则取代了代议制政府。在那些并没有采取独裁政权的国家中，对国会制度的信念普遍地衰退，对传统的政治领袖愈加不尊敬，并且希望获得更为直接和有效地面对社会问题的方法而不是由现存的民主机器所提供的方法。对政府的攻击，如今得到了科学上的支持，尤其是生物学和心理学上的支持。人们宣称，民主理论所隐含的理智分配比现有的广泛得多；科学研究揭示，大众具有根本性的因而不可更改的教育和理解能力上的劣势；遗传的学说也被用来支持如下的信念，即内在的不平等如此巨大，因而它论证了一种寡头政府的理论。 352

在这里，我们并没有提出终极的问题，而是指出：自从民主运动以来，政治问题在其范围和内在复杂度上都有了巨大的增长。尤其在美国，实验始于一小群乡下居民，处在一个相对有限的地域并且拥有巨大的、未被占有的自然资源。此时，工业革命所带来的问题还没有产生，小镇会议足以处理社区中所产生的地方问题。现在政治行为中所产生的问题则是巨大的。比如，那些关于税收和财政的问题是全球性的，它涉及了大量复杂的细节。自然流动和交通的增加产生了力量的交织，这使每一件事都变得复杂起来，却没有导致任何相应的目标的统一和感情上的和谐。它仅仅创造出了一个过于巨大因而超越想象、过于复杂因而令人无法评价的情境。

在内部问题上，自从美国建立以来，已经走了相当长的一段路。我们的宪法和政府系统是在18世纪后几十年确立的。自从那时起，就有了各种发明，它们在一百五十年里比在过去一千年里带来了更多的社会变化，但我们的政府制度相对而言却依旧未变。就像人们常说的，我们在公共马车时代的政治机器下面应对飞机时代的问题。实际的问题(实际意味着当代的)在我们的政治形式形成时，并没有被预见到。那些涉及关税、货币、信用、公共设施、电力的问题，以及有关住房、水、照明、学校、公共卫生的市政管理问题，都是技术性的，需要专门的知
353 识和训练有素的专业能力，而不是普通选民的普遍评价。随着所有的政治问题复杂程度的逐渐增长，产生了一些与政治兴趣相抗衡的兴趣。人们沉浸在商业和职业中，把政治留给那些出于个人利益而为政治机器工作的人。汽车、无线电、电影成了政治的对手；当国家的行为交给大众引导时，人们拥有成百上千种未曾想到的出路。

随着公共事务复杂程度的增长，对于效率的要求越来越高，此时对代议制政府效率的怀疑也增强了。效率的思维模型在很大程度上是由不具人格的机器进程所确定的，这些机器主宰了我们的工业社会，因为人的思维习惯很大程度上形成于他们在每日周遭环境中所习惯的东西。现在的社会习惯于或者几乎建立在机械的标准和方式上。工业的控制是自上而下的，而非自下而上的。在商店和工厂中工作的大部分人都“受制于此”。他们习惯于接受来自上级的命令，并且像传输和执行的器官那样被动地工作。他们并没有积极地参与到指定计划或形成政策中——这些类似于政府的立法功能——也没有对争议加以裁决。简而言之，他们的思维习惯所形成的条件，使得其思维不适合在政治自治政府中接受理性责任。在拓荒时期，大部分独自生活的人决定自己的行动；他们生活在一种边疆的条件中，能够实现个人的能动性和独立性。

由于工业社会中效率的观念会采取机械的和外在的形式，需要更多商谈的讨论、咨询、思考似乎效率不高。把力量集中在制定和执行那些已经在工业中成为习惯的计划，这样的需求逐渐增长。由于大多数人的冷漠，实际的政治管理落入了那些并非对原则或事情感兴趣而是想通过赢得选举保持和获得权力的职业
354 政客手中，这些人利用行政部门的腐败来增大自己的利益而非为了公共的目的，这一点也强化了之前的需求。对于那些手握权力或者想要获得权力的管理者阶层的不满，在全世界成为对政治感到厌恶并支持独裁政府的主要原因之一。此外，也有一些人相信，贬低政治行动，批评政府官员的不称职和瞎指挥，对他们自

身的经济利益有好处，因而这些人在任何情况下都会对法律的制定者提出质疑。

我们不会试图解决这些在当代民主困境中所涉及的特殊问题，而是探讨若干根本的普遍要素，它们决定了我们应当如何去面对这些问题。第一点涉及对早期民主理论进行改变的需要，从而使它适用于当下的情形。第二点有关我们的政治问题，在多大程度上成了根本上的经济问题。正如我们的讨论将会阐明的，这两点是密切联系在一起的。

民主理论形成于前工业和前科学时代。它带有其来源的那个时代的标记。尽管民主理论和实践是新近的事情，尽管它们仅仅只有短暂的历史，但自从它们形成以来，人类的历史就其变化及发展速度而言，比先前的时代要快得多。如果理论不能够适应当下的时代，那么，这个理念和标准的有效性就值得质疑。

(a) 在理智上，18 世纪后期的状况可能给所有的社会理论一个固定和绝对的形态。结果，民主的支持者和反对者都常常把这一理论等同于先前已经形成的特定的治理方法和工具。在美国，订立的宪法和规定都倾向于对政府制度作严格的解释和相应的明确化。

(b) 此外，正如已经指出的，政府理论是在一个与当时政府相抗争的时代形成的，这一反叛在美国殖民地尤其强烈。对政府的恐惧，导致了政府机构不成熟；大多数的发展或者悄悄地进行，或者在巨大危机的压力之下进行。政府程序 355
的笨拙——相比于工业生产中新机器和方法的发明和使用——使人们不相信政府的行为而宁愿试图创造新的政治机构。

(c) 政府的架构在个人主义的语汇中形成。在共和国的开拓时代，最好的直接服务是给予个人以自由的机会，让他们在应对未发展的国家中富饶的资源时发挥个人的能力和能量。“对个人的统治”应当充分地在政治中通过赋予选举权而得到保障，每个个人都能够实行他独立的评价。只要国家是农业的并且大多数人在乡村，那么，这一理论就会很好地起作用。那时的问题相对而言，是简单的并在公民的个人经验的范围内，而被选举的人通常是私底下或靠声誉而认识的。无需指明这一情形，如今已经完全改变了。

(d) 举个例子，计算个人选票数的大多数人法则的观念与预期背道而驰。它依赖于一种数量上的个人主义，但它通常建立了一种专制统治，因为与大众相反的想法得不到鼓励；这些思想的表达不仅遭到反对，而且更常被暴力阻止。在大多数人法则中完整体现的个人主义的观念，错误地把价值置于单纯的一致性上;并且在某种程度上制造了对差异的嫉妒、对社会事态中分歧和不同意见者的恐惧,当由于移民使得人口多样时,这一恐惧愈加增长。结果很显然,这是与进步相悖的(除了在技术和物质方面),因为文化的进步总是从少数人开始的。我们可以举出许多例子表明,对错误的个人主义理论的依赖,使得思想和表达上的个体性受压制和束缚。

(e) 只要社会生活相对简单,它就只要相应简单的机制。当新的条件出现
356 时,它们就会遭遇机械增加的过程而非内在的调适。结果产生了一个受阻的、累赘的政治机器,它嘎吱作响,常常因为自身的重量而崩溃。此外,只要经济条件是简单的,只要相对的(当然并非绝对的)工业机会平等存在,就不会产生很大的动机要求政府机构行使它们的使命。然而,即便宪法得到实施,与无产阶级的对立也足以让有产阶级在对政府的普遍恐惧中增添对平民的恐惧,并且迫使他们与《独立宣言》中更为自由的民主理念妥协,向北方制造阶级让步与迁就南方的农奴主,这两者之间获得了某种平衡。这一论点的进一步发展将把我们带入第二个核心观点中,但结论已是明确的。我们不能基于对18世纪状况的论述来解读政府中的民主理念。政治机构必须改变,以适应新的情形。若非如此,我们就无法表明当下多少对民主的批评和反对与内在的价值有关,多少与外在的应用上的缺陷有关。

第二个核心观点涉及政治理论中的修正,以及由工业革命带来的发展所要求的实践,这一革命的很大部分自民主理念具有政治形式起便开始了。我们会在之后的章节中探讨经济问题本身。这里必须注意的是,我们以一种最为中肯的方式来表述上世纪自内战以来的工业发展给在它之前就已成型的政府机制带来的压力。大部分当前的政治问题来源于经济条件,它们关系到财富和收入的分配、财产的归属和控制。税收、关税、货币和信用、雇佣的保障、失业保险、火车和公共设施的费率规定、对超级权力的控制、童工、生育保险和退休金,这些在根本上都是经济问题,也是公民们在政治立场上有所分化的问题。宪法第十四条
357 修正案(Fourteenth Amendment)①的主要意义在于,在法院的裁定下,通过"正当法律程序"保护财产。极端分子坚持认为,根本的政治问题是人权或财产权是

① 宪法第十四条修正案于1868年7月9日通过,是三条重建修正案之一。这一修正案涉及公民权利与平等法律保护,最初的提出是为了解决南北战争后昔日奴隶的相关问题。——译者

不是至高无上的。无论如何，在所有这些政治—经济问题之下，都有一个道德上的价值问题。政治机构在多大程度上、如何被用来发展社会福利，这本身就是一个道德问题。

虽然在那些对于社会目标和政治手段同样怀有好意的人中，会产生真诚的评价上的分歧，但我们可以肯定：只要在政治生活中重视经济问题的重要性，政治思想和行为就会出现混乱和虚伪。普通大众对于他们在政治理论和行为上的主要立场的确认，会拨云见日并且形成更加切中要点、也更为有益的真正的信念上的区别。只要那些想要保全其特权的人成功地阻止对经济问题及其人类的意义的认识，民主政府的工作就会是粗鲁及片面的，从而它为攻击政治中的整个民主思想提供了条件。同时，在政府行为的机制中也引入了一种特殊的复杂性。

由于政治问题如今在本质上是经济的，由于政府行为严重地影响了制造、贸易、银行、铁路的运行，在这些工业活动的成功中获得大量金钱利益的人们就具有一种商业上的动机以控制政府机构。例如，市政当局拥有宝贵的特权，批准使用照明、电力、牵引等公共设施，他们能够通过公共所有权而与私人企业竞争；联邦政府规定费用、银行、州际商业以及收入税收。因此，一些商业利益直接地影响了立法的和行政的官员的选举，并且控制他们的行为。这一目标的实现，是通过腐败的政府机构、巨大的竞选捐献或把有利于商业利益的事物推入公共领域中。民主政府中引入了一种复杂性和不良因素，这是我们体系的起草者所始料未及的。在那些腐败手段——贿赂、贪污横行的地方，相关的商业利益也希望让 358
腐败的机制拥有权力，这一事实部分地解释了在一些较大城市中市政机关和犯罪帮派之间的联盟。在州和国家中，这些利益的有效权力逐渐增长，因为它们以集团的形式组织起来，并且延伸到整个国家；它们能够在任何地方迅速地施展力量，而那些遭受其掠夺的人们则是无组织的、分散的，并且求助于“个人主义”的口号，即便当他们面对的是强大而稳固的联合。

## §4. 思维和表达的自由

在一个民主社会中，思考、探索、讨论的自由在所有受理论保障的个人权利中是最为核心的。它之所以核心，是因为民主原则的本质在于自主而非强力，在于劝服而非压迫。最终的权威在于个人的需要和目标，它们通过知识的传播而受到启蒙，而这些知识又反过来需要通过自由的交流、会议、探讨而获得。思想的交换、知识的传播预设了预先对于观念和信息的获得，这些信息和观念依赖于探索的自由。理性的自由传播本身，并不足以导致民主制度的成功；但除了它，没有其他方式可以形成一个共同的评价和目的，或是政府事务中个体自主的参与。因为除了通过思维和信念，唯一的其他途径是通过外力或不加质疑的风俗来控制的。甚至是投票表决，相对于武力而言，也作为一种公开表达需要和意图的方式而具有其最终价值。以这种方式来表达欲求，最终是有价值的，因为它促进了有见识的评价的形成。正如大法官霍默斯（Holmes）所说，我们的宪法理论是："渴望的终极的善是通过思想的自由交换获得的——对真理最好的检验是思维的力量，使其自身在市场上被接受"，即交换观念的市场。

359 这一观点隐含在我们的宪法中，因为那些扰乱知识和意见自由沟通的东西是不利于民主制度有效运行的。在理性的事物中掺假对于社会的害处，就像在食物中掺假对于身体的害处那样。隐瞒和弄虚作假是民主理想需要同其斗争的主要敌人。理智上的冷漠，导致对无知的容忍以及愿意让自己和他人被误导。它是故意隐瞒和误解的同党，它们为保全个人利益而牺牲大众的利益。民主不得不面对的、意想不到的困难，在很大程度上是与如下事实联系在一起的，即保持理智上的勇气和精力的任务之重，远远超出了体系奠基人最初所能想到的。诸如好逸恶劳、哗众取宠以及逃避获得信息和细致反思的责任，这些倾向作为内在的力量强化了对真理的压制以及对事实的歪曲。心理上的被动比真实的腐败更可能说明民主政府的失败，因为它在很大程度上使后者变得可以忍受。目标的真诚普遍地被认为是成功政府的条件，但人们可能怀疑，理性活动作为民主成功的条件是否得到了足够的重视。

有意思的是，在当下，思维和表达的自由受到了来自两个相反来源的威胁。在之前的章节中谈到的独裁统治认为，要创建一个新的社会秩序并且使它完全确立时，对个人信念及其口头或书写表现的任何压制都是合理的。他们认为，既然他们掌握了终极真理，无论来自天启或其他来源，不同意见就是必须压制的危险的异端邪说。如同其他绝对正统的权威，他们认为，压制除了官方教条以外的一切，是为了所有人——包括那些自由在当前被剥夺的人——的福利着想。他们认为，在创造一个新的社会秩序的时代，直到它彻底确立，表达的自由是一种反社会的自我中心；它同任何其他反政府的叛变一样是有害的，必须通过同样严
360 厉的手段制止。卢梭作为许多民主观念的预言家曾经说过，有时候必须强迫个

人自由。

对于自由另一个方向的攻击，来自那些已经拥有经济和政治权力的人；这些人害怕普遍的公民权利的实行，诸如言论、书写、出版、集会等自由将会扰乱现有的秩序，尽管这些是受到宪法保护的。因此，他们宣称，每一种这样的表达，当它批判现状并且提出重要的改革时，就是一种危险的极端主义。它是煽动性的，对法律和秩序具有颠覆性。他们相信思维和交流的自由，但仅限于当它重复他们自己的信念时。上面提及的第一类束缚的支持者想要压制一切阻碍革命性变化的东西，而这里所提到的第二类阵营则反对所有与现有特权和权力分配相悖的革命性观念。他们运用权力来维持自己的利益，而这从另一方面意味着广泛的对任何扰乱的恐惧，唯恐其变得更糟。现有社会架构的复杂性极大地强化了这种对任何变化的恐惧，某个小事件的变化可能以不可预见的方式扩散并将所有已确立的价值都置于危机之中。因此，想要维持现状的私心和恐惧及冷漠一同令人们把忠诚的公民和心理上的默许等同起来，并盲目地称赞现状。而那些努力想维持美国权利法案中所保障的权利的人们发现，自己成了国家和宪法的危险的敌人。

当有人提出在经济方面重要的社会变革时，警察及有组织的人们就会发起对思维和言论自由直接和暴力的攻击。更为巨大的对思维自由的侵犯，以一种更加微妙和阴险的方式发生。由于公共意见和情感在民主社会中如此强大，即使其民主在很大程度上是名义上的，对任何想要控制公众行为的组织而言，控制这些意见和情感的形成也是极为值得的。这在源头处是最好做的——也即当它们刚刚开始形成时。宣传是常用的手段。因此，今天我们有许多机构娴熟地操纵和渲染新闻和信息，这些信息不断传播，并且在冷漠的公开性的伪装下，巧妙 361
地向人们灌输那些对潜在利益有帮助的观念。大众媒体几乎能够抵达所有的人并简单迅速地传播，它以一种前所未有的能力来完成对公共意见的歪曲。受欢迎和不受欢迎的个人展示，赞颂和耻笑，对观点进行暗示，有意歪曲事实，以及故意捏造半真半假甚至完全虚假的东西，这些都反复向人们灌输为支持私人和隐秘政策所必须的特定信条，而人们甚至未曾意识到这些手段。

在最低的层面上，即字面上，言论自由的含义就是人们常说的：一个安全阀。除非社会秩序远比现有的更加完善，否则总会存在一些不满的人，从而导致情感上的不安必须找到出口。“发泄”，是一种预防更为灾难性爆发的方法。然而，这一权宜之计的动机并没有触及积极的价值，除了那些完全固守他们自己的观点和思想的人。公众的表达提供了发展的机会，唤起了他人的观点和经验，并且使得人们去学习。总之，把已获得的价值和朝向新利益的进步紧密地结合起来，带来一个有序的进步，这是人类所发现的最好的方法，也是结合秩序和变化的主要方法。

允许并积极地鼓励表达自由的最终原因，在于思维和其表现之间的有机关联。有些人认为，思维在任何情形下都是自由的；没有任何方法可以使来自外部的力量抵达人们的心灵，并阻止它的运作。他们把思维的自由和表达的自由区分开来，这是大错特错。这一区分只是另一种在内在和外在、自我和行为、意愿和结果之间的区分，我们对此之前反复提到过(第286—292页)。心灵不可能在真空中发展；压制言论和出版自由的恶是两方面的。一方面，个人被剥夺了可能
362 来自他人的信息，这些信息是思维的营养和养料。他没有机会倾听和关注不同的观点。他的观念几乎必然地被困在一种单一的渠道中，而这种限制很可能导向偏见和心理上的冷漠。另一方面，分歧、运动是对好奇的巨大刺激，而在好奇被激起的地方，这样的观点很可能因营养不足而消亡；或者牺牲冷静的追问和理解而感情用事；或者寻找某个间接的遥远、技术和安全的渠道。例如，导致当下科学知识过于技术性的一个首要原因，恰恰在于对事物追问的歪曲；这些事物显然与行为如此遥远，以至于没有人认为所发现的东西会伤害任何既定的利益。没有了言论自由，就没有任何普遍的文化在任何地方得到发展；即便在专制统治中，一个小的君主阶级获得了理智上的优越性，它也是通过一种向内的形式。除了压制交流的自由，没有任何更加确定的方法能够阻止这个国家发展出更高等的心智，没有任何更加明确的方式把理性的生活保留在一种平庸的水平上。这不仅使个人的自由，而且使社会健康和文化的发展，因此而遭受不幸。

有两类对于民主社会的批评，它们针对它的理性状况。这些反对意见之一在于，既然在一个民主社会中大多数人是统治者，那么，这些大多数人总是对那些与他们意见相左的少数派怀有敌意。既然新的思想和看法必然从少数派开始，首先是非常少的人，那么这一敌对在他们看来(如果前提是正确的，确实如此)，就会阻止理性和艺术上的进步。但事实上，一个真正的民主社会能够保障每一个人最大限度地表达自由，并且确立起使少数派通过交流和说服而成为多数派的条件。真正的罪人是那样一些少数派，他们偏爱运用压迫或是通过宣传

曲解、败坏思想的方法。一些在经济上顽固的少数派，压迫和抹杀另一些在经济上地位较低的少数派，如果允许这么做的话。真正的多数派并非对发起压迫而 363 是对被动旁观并允许它发生负有责任。这个国家中任何对于压迫行为的公正调查都将揭示，这些行为的最终来源总是一个拥有特权的少数阶级。攻击民主原则是它们的成因，只会助长这一少数阶级的力量。

另一类批评来自如下的假设，即能够进行独立和原创思考以及重要艺术生产的人总是少数；大众内在地处在一个永远劣势的理性水平上。由此结论在于，民主本身就不倾向于理智和艺术上的卓越。首先，假如我们把这件事情看作在民主和寡头或独裁政治之间所进行的比较，当然不能保证在后者那里有智慧和能力的少数派会掌权，或有机会发展和影响进步。事实上，比起民主政体，人们更难设想这一结果会发生在寡头或独裁政体中。批评者所作的对比总是针对某种理想的君主制，但太过于理想以致很难有机会成为现实。除了比较之外，这个论证还有一个缺陷。即便承认最为极端的论断——有关大众内在的理性劣势——可能会是真的，这一所谓的劣势关系到他们创造的能力，而不是接受和追随的能力。正如柏拉图所说，他们可能注定会生活在意见而非理解的层面上；但也像他所指出的，他们可能会吸纳并且被正确的意见所引导。许多平凡的人今天拥有古代最智慧的人所不曾拥有的知识和观念，这是一件寻常的事情。文化如今渗透于周遭环境中，甚至一个较低的智能也可以拥有它。简而言之，真正的问题在于那些阻止发现和观点得以自由传播的力量，这些力量阻止大众去接触并接受它们。障碍总是来自一个特权阶层，他们害怕失去自己的权力和威望。

法律和制度的道德作用以及追问和表达的自由最终具有教育意义。对于它 364 们的终极检验在于，它们做了什么从而在有价值的方向唤起好奇心和追问，使人们对于美和真更加敏感，更愿意以富有创造力的方式行动，在自主的合作中更富有技巧。文化标志着对发展能力的滋养以及心灵生活的不断充实，在这一意义上，所有特定的组织、政治形态的最终功用是文化的。自由本身是一个目标，仅仅因为它是如此有机和内在的文化发展方式。历史上的民主政体或许错误地忽视了法律和经济制度的教育作用，并且夸大了一个特殊工具即学校的教育作用。但后一个错误，如果它的确存在的话，至少证明了一个良好的、本能的认识，也即民主的起因与社会中每一个成员理性能力的发展休戚相关。出于这一缘由，我们致力于由公共财政所支持的公立学校系统；这些学校对所有人开放，并且在理论上提供了从婴儿至成熟的大学和专业学校的连续训练。

通过探讨教育制度，我们有可能描绘并且扩展之前已经提到的批评和问题。我们在此仅仅指出几点。(a) 当我们的教育系统形成并且持续产生影响时，“个人主义”的传统逐渐盛行。上学被看作一种“进入”世界的方式，一种帮助个人形成自己的道路、向前迈进、创造个人财富的方式。当拓荒条件不再，人们依旧坚持对于教育的实际目标的解读。它被缩小为一种“实用主义”的意义，这里实用主义意味着帮助个人创造物质的生活。而更为宽泛的实际意义，即和行为作为一种自由的在社会中的协作参与相关的意义，则逐渐淡出视野。

(b) 学校如同其他的机构由强有力的少数派所掌控，并且被用来促成他们自己的目的。针对影响学校行政和指导因素的研究，在很大程度上证明了此前所说的有关强大的少数派压迫性的影响。

(c) 如同特定的社会政治机构，学校通过逐步扩展而非内部重组得到发展。
365 适合非民主社会并且从其中继承下来的研究、方法和理念，鲜有变动地保留下来。而其他更直接与当代社会条件相关的研究和方法是从外部添加的。结果通常是一种混合，旧的文化理念和学说失去了它们的生机，而新的可能性被迫进入狭窄和表面的渠道中，这强化了之前所提及的严厉的“实用性”。学校以一种被动的方式适应现有的工业条件而非用来从其中争夺富有人性的文化。结果是当前的一种二元论，一边是被改良的和遥远的文化，另一边是严酷的、非人性的职业教育论。

(d) 民主社会在量和质之间所存在的张力，体现在当下有关高等教育范围的争论中。近来，更多的学生进入了学院和大学。反对者认为，许多进入学校的人天生并不适合去上学，结果会导致标准的降低和妄想——所有这些，在表面上都是以忠于民主理念的名义。除了认为这一运动尚且太新而无法衡量其价值，另一个问题是：我们是否能够通过在高等教育中更巨大的系统差异，以及更多关注思维和创造性工作的能力发展来应对现有的困难？人们也许会承认，许多人进入高等教育体系但实际上并不适合。尚未解决的问题是：这一事实是否意味着他们的学校教育应当缩短，或是对他们的课程和教学方法的一种反思？

最确定的一点事实是，在整个社会生活中，使知识成为垄断财富的旧观念和实践在某种程度上依旧存在，它阻止了民主理念的实现甚至是对它的公正尝试。此前，教育（尤其是它较高的形式）隶属于一个“精神的”阶层或教会权威。如今，那些在工业中占据有利地位的人们，可以运用优越的知识和理智能力来利用他人，而非使他们得到发展。有效地把理智社会化，或许是今天民主的最大的问题。物理科学的例子是典型的。作为纯粹的理论知识，它仅限于专家。在其实 366
际应用方面，它影响了许多人，但这仅仅在于它的社会有用性被限定在对私人利益的考虑下。应用科学对社会产生了很大的作用，但比不上科学在金钱利益机制中的应用，科学本身也受制于这一利益机制。

另一方面，经济限制也阻止了许多人（或许是大多数人）有效地获得对其能力的真正培养。他们所做的仅仅是养家糊口，即便当他们有闲暇时间时，也没有被教会如何有价值地运用它。与机械运转打交道——那些在工厂中的工人只是机器的"操作者"——消磨了人们的敏感性，并且产生了对于外在的非正常刺激的需求。对雇佣和收入的不安全感，剥夺了他们在名义上所享有的、对思维和言论自由的有效运用。物质的分配不均，体现为一个更大的文化上的分配不均。物质的分配不均带来了巨大的痛苦，但更为巨大的道德丧失来自这一不均对于如下方面的影响：拥有友谊，参与科学、艺术等，积极地进入公共生活及其一切可能的形式中。对于社会制度的伦理标准，民主理念所强调的是——这一观念可以追溯到柏拉图——必须考虑每一个人来检验这一机制，必须考虑人与人之间在能力和兴趣上的巨大差异，从而实现每一个人独特的潜能。

## §5. 民族主义、国际关系、和平与战争

历史展现了一个不间断的逐渐拓展政治组织单元区域的过程。古代的世界中有着帝国，但这些帝国是地方组织的松散聚合；除了被征服它们的军事王朝征 367
税和招募战士，这些地方组织的内在风俗没有被打扰。直到罗马帝国形成，这些群体几乎仍是部落、部落联盟或者城市般的国家。近代最具特色的政治现象在于国家的发展。这些国家通常对那些在经济上落后的国家具有帝国主义的倾向。它们内在地预设或指向了一种文化上的统一，以及共同的法律体系，这些法律通常是由某种代议制政府所支持的。"国家"这个词逐渐取代了其他词语，指涉最高的政治机构；如果它并不意味着真正参与到政府中，那么至少指的是一种个人的依附和忠诚，而此前这只存在于小的城市—国家的成员中。

民族国家的形成，伴随着某种心理状态的发展。一位当代的作家如此描绘它："在这一心理状态中，忠于理想、忠于自己的国家这一事实高于所有其他的忠

诚。它包含着对于自己民族的骄傲以及对它的内在卓越和'使命'的信念。"[①]在历史上,民族国家的形成源于封建的神圣罗马帝国的解体、王朝君主制的兴起、用本国语言撰写的文献替代拉丁语作为文献语言、政府控制了不断增长的贸易以聚集自己的财富、对国家的忠诚逐渐取代对君主的忠诚、中世纪欧洲的普遍宗教的瓦解。这些不同的原因混合在一起,造成了我们今天所谓的"社会意识"从家庭、城镇和教会转向国家。当非独立和受压迫的群体为从某些压迫他们的帝国法规中解放而斗争时,新的依恋和情感上的忠诚就加深了;今天最为剧烈的民族主义情感,来自那些新近获得独立或依旧为抵御外敌而斗争的国家。

368 毫无疑问,这一变化的后果之一,在于扩大了社会统一感,加深了公民感并形成了公共精神。它可以定义为对社会事件的兴趣,就仿佛它们是自己的事情那般,以及打破了宗法观念和地方主义。但另一方面,公共精神通常被看作爱国主义,这一兴趣领域的扩展伴随着逐渐增长的对其他民族的排斥、怀疑、恐惧、嫉妒甚至怨恨。出于心理上的原因,陌生人、外乡人、外国人总是成为所有人——除了那些最开明的人——害怕的对象。民族国家的成长延续了这种情感,把它从个人和小群体集中到其他国家。王朝和军队阶层的利己主义,执意维持这一恐惧和敌意的火星,以便它在某些情况下会被煽动成为战争的火焰。一种明确的手段出现了,它引导大众把对自己国家的热爱与视其他国家为敌人等同起来。在贸易中的经济竞争,为控制原材料而对市场、人力、煤矿的欲求,被作为激发民族主义情感的手段。公共精神常常转变为对民族所有重要美德的内在优越性的信念;个人的国家自我中心主义膨胀起来,将其自身等同于某个称作为"国家"的实体。

没有一种情感曾经长时间地统治着大多数人,除非它有其理想的一面。对于国家的热爱,内在的是热爱友邻的延伸。那些没有被公共精神所激发的人们,把自己的行动限定在能为他们以及直接的小团体和宗派带来好处的目标上。例如,在世界的很多地方,运输相当困难,这是因为个别家庭固守他们的家园并且拒绝为公共用途而离开它。即便在所谓的民主社会中,要求那些操劳忙碌于"自己的事情"的人们去关注社会事件,也是一件相当困难的事情。腐败的政客和那些利用公共机构来谋取个人利益的人,就是利用了这一事实。在这些事情上,国

---

① 卡尔顿·海斯(Carlton J. H. Hayes),《民族主义文集》(*Essays on Nationalism*),第6页。

家情感的发展有利于道德的发展。 369

但另一方面，在爱国主义伪装之下的公共精神逐渐变为负面；有人利用它激起人们对其他国家的敌意，它成了引起战争、使得公民愿意承担在战争中巨大的牺牲以及因战争所引起的税收负担的潜在因素。在许多情形下，某种经济利益隐藏在爱国主义背后。一方面，有人会试图把“不爱国的”这一标签贴到任何“国际”事物上，试图培养那种“百分之百的美国主义”——它代表了对一切外国货的怀疑和嫉妒，试图把国家的尊严及独立等同基于对其他民族的蔑视而形成的孤立主义。与这些情感一并产生的，是这样一种信念：只要国家出于私人的利益保持其现有的工业体系，只要军火和战争用品的制造是收入来源，那么，战争就不可避免。经济对立和战争都影响了国内的政策，使内在的政治生活问题变得复杂。例如，每一场战争都带来了对公民权利的压制；随之产生的情绪，一再引起了之后的暴力入侵（它否则是无法被容忍的）。看看在世界大战后，在这个国家中所发展出来的不宽容和无法无天的暴力吧！经常提到但却很少受到注意的事实是：国家税收中约百分之八十是为过去战争而征的，预期会把它的麻木的效应带到社会生活的每一个方面。国家之间的竞争是维持对进口商品征收高关税的强大力量，这些关税通常激起敌意。事实上，我们通过国内政治组织和活动的每个方面表明，国家之间的敌意大大增加了寻找内部问题在道德上令人满意的解决方法的难度。

由于对科学发现的利用而导致战争日益增加的毁灭性，现在几乎成了老生常谈的话题。人们用它来作为反对战争的理由。戒杀生以及赞同人类生命神圣的情感，长期被用来培养和平的情感。然而在过去，自私、认为战争是大屠杀的 370
信念或担心文明退回到野蛮时代的恐惧，都没有成功地维持和平。保存生命的欲求，对失去财产的恐惧，对文明本身毁灭的担忧，当它们和民族独立的自我中心主义的框架相比时，都是软弱无力的；从一种国际视角出发，这一自我中心是一种无政府状态。事实是：大部分人都在和平时期热爱和平，他们向往美好的情感并反对战争，但这些个人情感由于缺乏有组织的支持而在需要影响行为的时代消失殆尽。

人们日益感觉到：只要有组织的政治和工业的体制力量倾向战争，个人对于和平的情感和善意在危机中便是无力的，因而和平运动近来试图采取新的形式，提出新的道德问题。为了在战争即将发生时维持人类同情与和平的情感（这些在和平时期都是十分寻常的)，许多人宣称他们自己是“反战者”，拒绝任何形式的战争服务，无论这会让他们付出怎样的代价。他们坚持认为，即便只是相对较小部分的男性人口采取这样的立场，在战时选择入狱，战争很快就会变得不可能。另一种借助制度行为的手段，是取消法律上的认可。根据过去的国际法，战争是解决国家间争端的合法手段；的确，它曾是终极诉求的最高法院，这并非在隐喻的意义上而是在特定的法律意义上。《巴黎条约》宣誓：世界上的国家要通过和平的方式来解决争端并在形式上废除了国际法下诉诸武力的权利，因而把战争作为一种制度从法律中排除出去。它是否像批评者所说的那样，仅仅是一种姿态或的确会发挥效用，这取决于是否有足够的信念，这就像一切法律情形那样。如果存在足够的信念，那么宣称诉诸战争来解决争端是非法的，就会像其他法律那样提供一个有序的渠道，它将展现道德的信念。裁军、仲裁、调和的运动，世界法庭机构，一个永久的以国家联盟为中介的委员会，这些都是面对战争问题
371 的其他努力。它们借助有组织的社会机制，而非诉诸和平情感。然而，所有这些尝试都必须不仅仅考虑雄心、土地贫瘠以及国家的贪婪，也得考虑由现状造成的不公。在过去，战争曾是一种修正当下不公的方法。和平的方法——当其涉及边界的变换、人民的拥护、对经济资源的拥有时——是否能够在将来做到这一点，这是最终的道德问题。那些热衷和平的人必须意识到这一问题并愿意付出无形的道德代价，也即为扩展人类福利而牺牲自己的民族主义情感。属于所有人的更大的善的标准必须超越国家，如同它曾经超越了家庭和氏族的限制那样。

**参考文献**

关于从社会观点看自由，参见：Mill, *Liberty*, 1859; *Freedom in the Modern World*, 1928, essays edited by Kallen; Laski, *Liberty in the Modern State*, 1930; Martin, *Liberty*, 1930; Hays, *Let Freedom Ring*, 1928; Chafee, *Freedom of Speech*, 1920, contains complete information as to attitude of American administrative officers and courts, to gether with an extensive bibliography; Lippmann, *Liberty and the News*, 1920, and *Public Opinion*, 1922, for allied topics; Drake, *The New Morality*, 1928, chs. xiv.-xvii. There is no adequate treatment of the whole subject of propaganda, but the series of volumes edited by Professor Merriam on civic training in various countries and summed up in his own volume on *The Making of Citizens*, 1931, indicates the chief ways in which conformity to national types is effected; Bent, *Ballyhoo: The Voice of the Press*, 1927, discusses it from the standpoint of the newspaper.

Beard, *The Economic Basis of Politics*, 1922; Beard, editor, *Whither Mankind*, 1928, a collection of essays; Bent, *Machine Made Man*, 1930; Hocking, *Man and the State*, 1926; Smith, "Contemporary Perplexities in Democratic Theory," *International Journal of Ethics*, 1928, pp. 1-14.

关于国际关系、战争与和平,参见:Addams, *Newer Ideals of Peace*, 1907; James, "Moral Equivalent of War," in *Memories and Studies*, 1912; Stratton, *Social Psychology of International Conduct*, 1929; Jordan, *War and Waste*; Page, *National Defense*, 1931; Morrison, *The Outlawry of War*, 1927; Crosby, 372
*International War*, 1919; Wells, *The Work, Wealth and Happiness of Mankind*, 1931, ch. xii.; Russell, *Why Men Fight*, 1917; Hayes, *Essays on Nationalism*, 1926; Angell, *The Unseen Assassins*, 1932.

## 18.

# 经济生活中的伦理问题

373 现在的经济生活也许并不比旧时更重要，因为对于人类而言，生计总是必要的；但如今的经济问题，当然以一种更加显著的方式凸显出来。城市中引人注目的建筑体现了这一差异。雅典的参观者对于卫城的神殿赞叹不已；古罗马的访问者，则惊叹于其庙宇、广场及其政府古老的历史。中世纪城市的大教堂高耸于集市、商人及工匠的居所之上。但现代城市首先是制造、商业和财政之所。充满蒸汽动力机器的工厂，其四周围绕着环境恶劣的住所，它们占据了外围的区域；商店、办公室、银行、高塔则盘踞在中心地带；教堂与民宅一同延伸进市郊；商业统治着一切。

如果更仔细些，人们会看到其他经济影响的标志。商店供应着各式各样的必需品和奢侈品；交通发达，夜如白昼，大量的金钱流通着；人们管理着数以万计的财富。大约一半的公民忘记投票；同样多的人远离了教堂；而商业和工业则欣欣向荣。

在工业、商业和财经领域出现了越来越多拥有卓越能力的人，而在之前的时代，他们很可能出现在政府或教堂中。在经济领域中，至上者所能行使的权力实际上比宗教或政治领袖更大。权力的提升似乎更多地取决于个人，而不像那些在很大程度上需要依赖大众好感的领域，但如此获得的权力也更不确定。

374 此外，商业和财富的影响以一些细微的方式体现出来。人们曾经只购买他们所需要的东西。现在，大量的货品不仅仅满足人们的所需，也创造出不曾梦想过的需求。它决定了人们的住所、家庭熟悉的圈子，还有对学校的选择。

在我们的时代，经济力量的优先性主要源于那些使人们驾驭自然资源和力量的发现与发明、机器制造的新技术，以及合作所带来的好处；这在之前的时代都不曾出现过。它们改变了我们的工作条件，创造了巨大的财富，把人们带入城市中而离开了偏远地区，并且引起经济和政治利益之间的紧张关系及冲突。

这些改变和冲突，导致了基本道德问题的产生。除了年幼和年老的人们之外，几乎所有人生活中的一大部分时间都被某种工作所占据。我们都有想要满足的欲求，而这些欲求中最基本的那些——食物和居所、舒适和娱乐——依赖于经济条件。这些使我们在商品和服务的交换，在契约、雇佣与被雇佣，在购买和销售、竞争或合作中，与他人产生了关系。如果我们拥有财富或需要接触商业政策，或者如果我们作为工人试图通过协商改善我们的条件，就不可避免地会与土地法以及政府的政策打交道。让我们来考虑在这些不同经济生活阶段中需要关注的若干伦理问题。

## §1. 生产、资本主义、竞争

1. 人被定义为使用或发明工具的动物。有人认为，人在进攻和防御方面的自然手段不足，促使他发明了弓箭以及其他武器；而缺乏消化生食的能力，刺激他发明了增加和制备食物的方法。不能像鸟那样迁徙，他就建造更为精致的居 375
所并学会用火。基本的手艺，如建造、编制、金属制造、农业，不仅提供了必需品，而且造就了早期的艺术家。手工艺与大脑同时发展。播种与丰收、劳作与收获、技艺与成功的顺序，有助于形成品格，提供生存的手段。工作的社会影响同样是惊人的。一个工人作为一名独立的农民或手工艺者而劳作，还是在工厂或商店为了别人而工作，这之间有着很大的区别。他被迫努力完成辛劳而沉重的工作，还是通过使用牛马或机器来完成更沉重的任务，这也有着区别。他的工作相对规律，报酬取决于自己的付出；还是工作不稳定，报酬取决于个体劳动者无法控制的市场条件，这之间有着天壤之别。最后，他与其他工人或雇主的关系是友善的家庭邻里式的，还是纯粹非私人的，工作的动机是要获得某种形式的金钱，如周工资、月工资或利润，这之间也有区别。

2. 能够涵盖当前生产和经济组织方式的突出特点的一个词语是*资本主义*。这或许与自给自足的早期社会体系形成了对比；或者有别于封建社会——在其中，农业是主要的产业，佃户们在地里劳作，他们并不为此获得金钱，而是需要为地主工作以获得一小块地来满足他们自己的温饱。当手工业和贸易不断增长时，商人和银行家聚敛起财富并进行投资；但手工业者大多继续拥有他们自己的劳动工具，并且因而取得了一定的独立。他们为了互助而成立了商会。

376 18和19世纪的伟大发明使蒸汽动力机器的大工厂替代了独立的纺织工人、铁匠，以及其他一系列工艺作坊。这些取代了手工劳动，并且迫使大量的资金流入建造工厂、配备机器、提供原料、推销货物、支付工人工资。资本家是那些能够为工厂、铁路、货船以及其他现代工商业的工具提供足够资金的人，他们在资本主义的系统中十分重要。这样一个系统不仅与早期的简单体系形成对比，而且与社会主义体系不同；在后者中，产品或多或少是由国家组织的社会生产的。以俄国为例，它在很大程度上是通过公有制的方针来进行它的制造，这与私人所有制及其管理不同。

资本主义的两个基础是私人财产和经营自由。有人认为，除了借助暴力和某种欺诈手段，个人可以自由进入任何他所选择的行业，并且把他所获得的据为己有。这些"权利"的确有着某种限度。他不能够悄无声息地进行那些可能置其邻里以危险之中的活动，比如制造爆炸品，或者要求他的雇员在卫生条件很差的矿井或工厂里进行危险的工作，或者在未经政府许可的情况下从事毒品(以及在某些国家中是烈酒)的销售，并且他必须交税。我们会在之后对私人产业和财产权利的限度方面进行探讨，这里仅仅指出资本主义的普遍理论。

3. 确保有企业自由的私人所有制为普遍的善服务，主要依靠竞争。人们认为，这是一种平衡机制，它使工资、利益和价格处在公平的协调之中。它应当确保工人、雇主和消费者获得公平对待，也应当激励发明家和制造商(或贸易者)为了进步而进行必要的冒险。如果工资太低，在雇主之间的竞争就会抬高它。如果垄断或者某个行业的利润过高，那么，其他公司就会试图进入这一行业，从而
377 降低价格。如果制造商在他的经营策略上太过保守，或者不愿意放弃过时的生产方式或工序，那么在与一些理念更先进的公司的竞争中，就会被迫采取新的发明和方法。从长远看来，这些都有利于公共利益。因此，在很多人看来，资本主义似乎提供了一个自我规范的原则，能够确保所有人最大的利益，除了赞赏和认同之外，无需对其加以任何伦理上的关注，也无需政府的干预。

此外，竞争似乎尤其能够带来并且强化独立自主的特点。它似乎提供了一个"公平领域"，对所有人"一视同仁"。它并不依赖于某个强权者的个人偏好，或是家庭威望或遗产，而是似乎让个人的能力和努力成为成功的试金石。在美国，

它尤其得到推崇，因为它看起来符合一个相对而言较新的国家的条件；在这样一个国家中，家庭和遗产不像在古老的社会中那样重要。伴随竞争而产生的伦理问题，在很大程度上来自产业和商业结构的变化，它们或影响了竞争，或使得它无法像预期的那样发挥效用。

随着发明的进步以及生产力的巨大增长，资本主义体系自行发展着，而非事先受任何安排。然而，当这一体系的不同阶段和结果愈加清晰起来，人们对它的优点和缺点也进行了有力地论述。它确保了某些种类的自由，但也能确保公正吗？它能够与民主的政治体系兼容吗？我们可以区分出如下两方面来对这些问题加以伦理的考察：一方面是工业过程；另一方面是商业公司，它们拥有和管理企业，推销其产品，获取利润或遭受损失。

## §2. 工业中面临的伦理问题

1. 在19世纪早期，纺织工业首先利用了机器和新的蒸汽动力。那些较大的伦理问题，在于保护工人的生命和健康。就像经济学家亨利・克雷(Henry 378
Clay)所言，

> 竞争以及工人们毫无保护的条件，使最糟糕的就业条件成为标准条件。把卫生条件、工作时间、工作速度、工人的年龄，以及面临来自机器的事故，听由竞争去管理，便使矿山和工厂成了地狱。

雇佣童工达到了令人难以置信的残忍地步。工厂立法，起先在工厂最早兴起的英国，后来在美国阻止了这些过程的恶化。但在美国的某些地方，对儿童的保护微乎其微；只是近几年，人们才开始通过工人补偿法案对工伤受害人加以足够的关怀。法庭通常认为，如果一名工人心智健全，他要承担就业中的风险，尤其是那些由其同事所致的风险。雇主不被要求负责，除非有证据表明他犯了某种错误；国家也没有责任，除了没能救助在极度贫困中的个人或家庭。

对于工业事故、童工和女工超时间工作的邪恶，竞争无法纠正，就像亨利・克雷所说，它只会加重而非减轻这些邪恶，因为它把这些最坏的就业条件变为标准条件。如果一个雇主想维持工人高水平的健康和安全条件，付给他们较好的薪酬，那么，他很可能发现：一个不那么严谨的竞争者以更低廉的价格进行生产。

因此，只有通过国家的干预，才能保障工业中的公平。国家能够对健康和安全的标准，对事故的保险以及雇佣的年龄进行限制。

对危及健康和孩子的工作条件负责，这一伦理问题可说是原则性的，无论一
379 些国家和法律对此的认识有多么迟滞。工业所带来的巨大利润应当否认任何对劳动者生命和健康的责任，这样令人难以容忍的观点无法得到大众的支持。和国际联盟(League of Nations)相联系的劳工办公室的成立，意味着所有民族都广泛地接受了下述原则，即对于因竞争所恶化而非改善的条件负有社会责任。

当今最突出的问题是机器对文明、安全、工人及其组织与雇主及管理之间的关系，包括工资与利润间关系的微妙影响。

2. 最宽泛意义上的机器，有着和文明一样古老的开端。但直到工业革命，人们才开始谈论"机器时代"；此时，新的蒸汽动力借助于迅速增长的高效而复杂的机器得到了应用。萨缪尔·巴特勒(Samuel Butler)在他的小说《埃瑞璜》(*Erewhon*)中设想：机器最终拥有了至上的权力，并且统治了制造它们的人类。托斯丹·范伯伦(Thorstein Veblen)认为，机器带来了社会的分化，它把人分成了两大类——用机器工作者和手工工作者。在他看来，用机器工作者会在他们的思维习惯上变得机械化，并且因而越来越像他们所操控的机器。机器不辨好坏，不分是非，也无所谓快乐或遗憾。它们体现了原因与结果、力量与途径或工作方式。与那些和法律学说或金钱、买卖打交道的人不同，一生都与机器打交道的人会采取类似的观念。严格而冷酷的现实会不断地塑造机器工人；而其他阶层所面对的，则多少是人为的和习俗性的符号和观念。

工业管理中的某种趋势也强化了工业中机器的影响，这一管理方式试图用工人和公司之间更为陌生的和非个人的关系来替代旧的、亲密的和更加个人化的关系。比起过去的马车或织布机，如今，大型铁路、矿藏、工厂大得无法为个人所拥有和驾驭。美国钢铁公司是首先以十亿美元被资本化的公司，但它不再是
380 唯一的。制造各式轿车的通用汽车公司、美国电话电报公司、一些铁路和银行都拥有超过十亿的资本。

这些巨大财富的拥有者是股东，但他们对于工业很少有直接的认识，并且很少参与其管理。董事会进行着管理，他们制定基本的策略，并且相信执行团队会贯彻这些策略。当财产包括分布在国家各处的矿藏、工厂和铁路系统时，中央管理团队就会把管理权托付给地方管理者。这导致工人们越来越远离雇主，他们

之间的关系也变得没有人情味，就像机器那般。现代社会分化为工人和白领阶层，它取代了旧时在地主和佃户或贵族和平民之间的区分。当我们在机器和财团的影响上，再加上现代工业在工人和高层之间的区分，就有了各种伦理问题的基础，其中的一些问题正在获得解决而另一些则不然。

对于机器对那些照管它们的人所产生的直接影响，另一个指责是：某些程序的单调乏味，由于高速或极端炎热或其他压力而导致的神经紧张会使人筋疲力尽。这会抑制思维，或者使人寻求某种令人兴奋的消遣，而不是更为简单的有益健康的调养，给予身心真正的休息。焦躁和嘈杂的娱乐形式，沉醉于赌博和性生活中，对酒精和毒品的需求，这些都归因于机器文明的潜在影响。

相对于这些邪恶(真实的或渲染的)，机械文明毫无疑问也带来了好处。机器承担了苦役，取代了旧文明中的奴隶劳动。它们打破了城镇和国家、区域和大洲之间的隔绝。它们使可获得的财富总值加速增长，并且提升了总体上的舒适程度。杰出的英国统计学家乔希亚·斯坦普(Josiah Stamp)通过测算，得出了如 381
下的结论：普通人所能获得的商品和舒适程度，通过工业革命增长了 4 倍。比起过去因长时间重体力劳作而疲惫不堪的人，那些因机器操作而使身心受抑制的人终究是少量的。对许多人而言，工作日减半了。在美国，几乎每个家庭都拥有小轿车。有一件事是肯定的：我们再也无法摆脱机械化而回到手工业的时代。

那么，伦理问题究竟是什么呢？我们如何应对它？问题在于要使负面的效应变得尽可能小，并且提供积极的价值以代替那些已经失去了的东西。首先，应当限制工作时间，以避免过度疲劳。不容忽视的是：发明上的进步，能使机器完成最为单调的任务。但最有前途的是教育，借此，我们能够弥补机械化所带来的负面效应。它替代了旧时手艺人的技艺，抛弃了对商品精湛或艺术价值的骄傲。教育针对问题的两个方面——生产者和消费者。包括艺术培训在内的教育，使经营者及其雇员设计出更好的服饰、家具、汽车和房屋。而对消费者的教育，则使得他(或者她，因为很多情形下是女人在买东西)能够欣赏和需要所有领域内更好的商品。

3. 资本主义尚未解决的问题之一，是确保可衡量的稳定性和安全性。在封建经济制度下，可能存在农作物的短缺和其他接踵而来的匮乏，但不太可能存在失业。在机器工业和企业管理中，会出现繁荣、危机、萧条有规律的循环。在萧条时期，食物和商品过剩，但买主手中却只有少量的钱，他们对未来丧失信心。

一些萧条可能源于战争。无论一个文明有多么稳定,它也不太可能在牺牲1300
382 万人口并把亿万美元(据统计,大约有3000多亿)投入战争的同时而毫发无损,尤其是当它每年还把成百上亿的金钱投入武器和军备。但是,许多恐慌和萧条并非源于战争。它们似乎起因于只为赢利而毫无计划的生产,以及对未来利润及资本的过度期待所导致的鲁莽揣测。企业迄今所做的,是对利润的单纯追求以及缺乏任何对稳定工业的长远打算,这就不可能期望未来更好。

企业和联邦政府拒绝尝试解决失业这一国家性和地方性的问题,这使情况变得更糟。无疑,管理的经济和更大的地方责任得到了保障。但是,没有中央协调机构,让每一群体自负盈亏,这对人的品格所产生的效果是糟糕的。每一个城市都努力缩减开支。它害怕获得慷慨的名声,唯恐会有大量的应聘者涌来。它自然也会限制对居民的救助,以及为他人提供食宿。"下一列货车一小时内开,别让我在它离开后再看见你!"这句话是警察经常用来警告人的。因此,大量的人潮从一个城市被迫流浪到另一个,其中有老人、中年人、孩子。对于年轻人来说,这不是一所好的学校。

那些没有四处流浪的人,也好不到哪里去。虚度光阴消磨了年轻人的热情,他们本需要正常就业所带来的教育和稳定。对于那些需要养家糊口的更年长的工人,至少是其中最有自尊的人而言,这一情形是令人绝望的。他感到痛苦并且眼看着家人的无望,或者只能从公共措施或私人慈善那里寻求帮助。当洪灾、火灾、地震或瘟疫这些飞来横祸到来时,慈善看起来能提供巨大的帮助;但对于失业这一应当通过经济系统来避免的境况,求助于慈善则意味着示弱。因为慈善并没有把担子放在有能力的或那些从以前的繁荣中获利最多的人身上,而是放
383 在了那些自愿者身上。这样一种解决问题的方法并无效果,更不用说公平。比起以前的萧条,政府和商业中的领袖现在①更多地意识到了社会的责任。但值得怀疑的是:只要商业和企业听由利润动机无限制的控制,我们是否有可能跳出这样的循环?

问题并不在于应当指责谁,而在于我们应当怎么做。企业希望政府不要干预,但与此同时,它承认自己毫无计划,除了在繁荣时期尽可能地获利,在萧条时期则把失业的负担抛给慈善。

① 这一段落写于萧条时期,它发生在1929年的崩溃之后,并且在1932年依旧持续。

公众至今满足于把应对失业看作一件地方性事务。但是，在5000万人口中有600万人失业，这就不再是件地方性的事情了。这样做，阻碍了国家考虑这个问题，阻碍了为整个工业活动制定充分的计划。

这一困境具有讽刺的意味（如果它们不是悲剧性的）。公众对企业说："你在管理企业，为什么不理性地去计划，而是凭感觉行事？"企业回应道："我们必须竞争。政府不允许在国家层面上进行规划；它把这称作对贸易限制的约定，并且以起诉相威胁。"公众随之问道："如果不能信任企业来考虑公共福利，如果竞争使商业无法理智地在国家层面上进行计划，为什么政府不能来计划呢？"企业和政府都被这样的想法震惊了。它与我们从18世纪继承来的美国的个人主义基本策略相悖。随后，公众又一次问道："至少，假如我们无法阻止失业，难道不能在国家层面上寻求缓解它的方法吗？"但回答是："救助在我们的政府体系下是一件地方性事务。如果我们像应对战争、洪水那样在国家层面上应对它，那将变为一场灾难。"我们必须不惜一切代价地坚持18世纪的理念！

## 参考文献 384

The classic treatises of Adam Smith, J. S. Mill, and Karl Marx are still important as furnishing the background of present discussion. The following give prominence to the ethical problems involved: Carver, *The Present Economic Revolution in the United States*, 1925, *Essays in Social Justice*, 1922; Chase, *Men and Machines*, 1929; Clay, *Economics for the General Reader*, 1923; Donham, *Business Adrift*, 1931; Faulkner, *The Quest for Social Justice, 1898 - 1914*, 1931; Hadley, *Economic Problems of Democracy*, 1923, *Standards of Public Morality*, 1912; Hamilton, *Current Economic Problems*, 1925; Hobson, *Evolution of Modern Capitalism*, 1894, *Work and Wealth*, 1914; Marshall, *Industrial Society*, 1929; Slichter, *Modern Economic Society*, 1931; Tawney, *The Acquisitive Society*, 1920; Tugwell, ed., *The Trend of Economics*, 1924; Veblen, *The Theory of Business Enterprise*, 1904; Williams, *Principles of Social Psychology*, 1922; Wormser, *Frankenstein, Incorporated*, 1931; Beveridge, *Unemployment, 1909 and 1930*; Douglas and Director, *The Problem of Unemployment*, 1931.

# 19.

# 集体协商和工会

385 ## §1. 雇主和雇员之间相互冲突的利益

1. 工业革命导致了雇主和雇员之间的阶级分化，以及他们之间一系列的利益冲突。无疑，这两个阶级都在意工业的繁荣，然而也有若干引起利益冲突的基本原因，导致了道德上的问题。

阶级分化有着悠久的历史。在早期，它在很大程度上源于一个群体对另一个群体的征服。战败的群体可能会成为奴隶或农奴；而统治阶级则拥有自由。英国被诺曼人征服之后，土地清账书册上的记录表明：非自由人远远超过自由人。在接下来的几个世纪中，农奴阶层消失了。农场主和赚取工资的劳工继续从事农业生产；独立的贸易人和手工业者则从事商贸和产业。但工业革命则以一种新的形式重新带来了分化，一方是那些拥有工厂和劳动工具并指导工作的人，而另一方是为了工资而完成被分配工作的人。随着革命步步发展，某些冲突有了转变，在一些方面，雇主赢得了更大的权力；而在另一些方面，雇员们则改善了他们的条件。但是，某些利益冲突并非来自雇主或雇员得到不公平的优势，而在于“什么是公平”这一问题的复杂性以及协商的体制。怎样的利益冲突将社会截然区分开来？我们在此列举以下五条：

386 (1) 收入的划分，多少用于工资，多少属于利润？

(2) 若工资按小时或天计，怎样的工作速度是公平合理（或诚实）的？对产出的限定是否有任何理由？

(3) 哪一方应当来管控工作条件？商店规则以及其他必要的规定是否应当

完全由雇主来决定，或者在企业应和在政府中一样有公民权？

(4) 工业中的风险有哪些？事故？失业？未老先衰？疾病？

(5) 由于上述四项冲突都注定要在竞争的体制下决定，有利于拥有优势谈判力(bargain power)的一方，但每一方都会通过下述方式来增强自己的力量：(1)组织，力量的聚集；(2)政治联盟，通过法律或法庭，选举盟友进入政府或形成政治团体。谈判力中的另一个因素是：在工人这一方，发明与机器降低了对熟练技术的要求的程度。如果可以在一天内教会一名工人，那么，过去工人需要几年时间才能获得某项技能的优势就会失去。

当我们问道：是否有可能把理性和公正引入对这些冲突的解决中，或者它们是否必须完全通过权力以及能力上的优势来决定？那么，这就意味着道德上的考量。

2. 在雇主和雇员之间，非私人的关系使得冲突加剧，虽然摆脱了私人关系会使一些问题变得更加清晰。许多问题的根源，在于旧的政策和新的机器生产方式、企业所有制及管理之间形成的紧张。旧的政策基于私人的雇佣关系。它们适用于如下的工业阶段，即雇主自己同时是产业中的工人，他有自己的学徒，他非常了解他们，和他们一同工作，依赖他们的劳动就像他们需要他支付的工资一样；并且，假如他的儿子娶了这些工人中某一位的女儿，或者反过来，如果他的女儿嫁给一个年轻的工人且后者有志于在企业中分一杯羹，这也没什么大不了的。这样，一方面，雇主会为自己着想；另一方面，私人的关系又使他很自然地把 387
工人当成工作伙伴，而不是低人一等的或仅仅是一个“人手”——工资账单上的第 12376 号。

然而，今非昔比。由于机械工业、大生产以及巨大的工厂或基地的必然出现，最为有效的生产方式和手段是庞大的企业控制上亿的资本，并且雇佣成千上万的劳动者。在雇主和工人之间的距离，是财产、教育和社会性的。他们生活在不同的区域，上不同的学校，通常来自不同的种族并很少通婚。一名工人的谈判力相对于一个拥有百万美元资产的企业而言，几乎等于零。对于要求考虑疾病、事故、债务或其他事情，他们也几乎无能为力。现代工业关系的无人情味和冷漠的特点，或许反映在如下的观点上，即劳动力是商品。无疑，像其他因素那样，工资也受到市场条件的影响。但对于工人而言，其意义则更大，它意味着劳动力可能在最廉价的市场上买到——无论它有多长久和忠诚。当工人过了他最高效的年龄时，可能被抛弃；在任何萧条时期，雇主都可能解雇工人而不考虑他是否能够找到其他工作。即便个别雇主可能对这样极端的措施感到遗憾，但与那些更不地道的公司的竞争以及股东对红利的要求都使他别无其他选择。1914 年的克莱顿法案第六条中所宣称的"人类劳动不是一件商品或商业物品"，看起来像是空洞无力的姿态，然而其背后所有的抗议情绪则有着真实的基础。

## §2. 谈判力决定一切

1. 在旧的社会条件下，似乎更容易评估多少才算一份公平的工资。过去的
388 产业基于个体的生产。当车轮制造者造了一辆马车，鞋匠做了一双鞋子，或裁缝制了一件衣服，要计算出原材料及所花时间的价值相对而言是简单的。基于这些，我们可以估算出合理的价格。"它花了我两天时间，我应该得到 4 美元"，这是极为平常的议价方式，它甚至尚留在今天某些人的记忆中。但是，现代企业成了合作式的而非私人的。它聚集了成百上千人来制造工具、鞋子或衣服的不同部分。它运用一系列发明和发现，拥有一个庞大的销售部门。它的价格取决于市场，或在运输系统中，价格取决于"交通所能承受的"，而非通过对工人工作时间的合理回报的计算。合作以及动力机械的高效，在经济繁盛的时代提供了丰厚的利润。

谁有资格获得剩余价值？显然可以提出三种权利主张——雇主的、工人的和普通大众的：利润、工资及给予消费者更低的价格。过去的理论认为，竞争是协调这三者最公平的方式，但很显然，在实际的调整过程中，主要取决于这三者中谁处在较强的策略位置上。而迄今，雇主通常处在更强的地位上；而且在一些不利时刻，他会迅速地强化自己的力量。为了避免太过激烈的竞争，他寻求对自然资源的控制，通过保护性关税避免外国的竞争，把竞争者的力量和自己的结合起来，取得对投资资本最小回报的合法保护；并且特别地，他要求对为此目的的资本投资用这样的方式来衡量，不是根据实际投入而是其创造收入的能力。在美国和西欧所创造出的巨大财富，很大一部分是由雇主阶层所获得的。消费者可能会在一定程度上受益；工资在战后缓步提升，尽管在 1900 到 1914 年这段时间里，它几乎没有涨过。但总体而言，现代工业进程所产生的巨大收益，包括那
389 些来自科学、发明和教育方面的，都流向了雇主群体。

2. 什么是公平的速度，或每日的工作量？有两个体系可以用来考虑工资的

调整:计件工作以及小时、日或以更长时间计算的工作。在计件工作中,确定每件东西的价格会导致利益的冲突。在日工资规划中,由于工资是确定的,冲突在于获得这些工资需要完成多少工作量。即便在计件工作中,也有速度的问题。因为工人可能会计算,如果他工作得太快因而挣到了看似较高的工资,但每件东西的价格会因此减少。在旧的社会条件下,当雇主和工人一起工作时,更容易确定一个"公平合理的"速度。但在当下,这一问题像劳资问题那样,在很大程度上取决于市场,也即供应与需求。至少,工人很可能从这一角度去考虑它,而雇主则很可能坚持旧的有关每日合理工作量的观念。

对产出的限制,当然是企业管理中一个公认的基本原则。生产出比实际所能销售的更多的商品,意味着损失(如果不是灾难的话)。维持价格公认及合理的方法,是把产出限定在可以盈利价格销售的量之内。工会采取了类似的政策,其动机显示出企业和劳工之间不同的心态。劳工和雇主一样,也感到他的劳动价值取决于供应与需求。如果他供应得过多,就会在一定程度上减少需求。他有一种朦胧的恐惧,尤其对那些季节性的工作,他担心可能没有足够的工作从而"因工作而失业"。考虑到其工作同伴的福利,他的这一态度会得到进一步强化。他不愿设定一个太快的节奏从而导致计件工资的降低,或对他人的速度提出过分的要求,或减少给予他人的工作。发明和科学管理的目的在于替代劳工。工人意识到,当发明不断增多,这一进程就不断地发展。这在任何时候都会剥夺他或同伴的工作,而这份工作对他们意味着投入了所有的训练和经验。当商业和工业上的偶然事件让雇主必须削减开支时,工人没有任何契约来保障自己不被解雇。为何雇主不采取良好的商业管理方式以及限制产出这样的政策呢?但雇 390
主或"大众"并不会认为这一策略是合理的。雇主认为,"我支付合理的工资,有权利要求一整天的工作量"。工业的福利要求以低廉的价格生产商品,从而通过赢得越来越多的消费者来扩大市场。一种方法是推进机器和管理,另一种方法是增加劳动效率;只有当这两种方法结合时,工业才能繁荣,雇佣才会稳定。大众消费者自然关心他们必须购买的商品价格,因此会倾向于赞同雇主的而非工会的观点。

人们通常认为,限制产出只是工会的手段和策略。的确,一些工会,尤其是建筑贸易工会,坚持确定最大产出并将其作为标准,从而明确要求产量与工资的标准相吻合。但最近的调查显示,对这一限制的实施并不仅限于被组织起来的劳工。那些没有被组织起来的劳工有着相似的动机。这一实践是普遍的。就像在劳资问题上那样，解决的方法在于使得讨价还价在其规定和标准上更加清晰和公平，我们将看到，这意味着更加平等的讨价还价能力。

3. *谁来制定工作规定以及规范车间条件、管理或工人？*这一问题可能比前两个问题有更大的争议，这也是来自工业革命所带来的变化。因为在旧的体制下，手工业协会决定了许多事情，并且管理其他人的师傅自己也是工人。在现有的大规模生产下，一个公司可能雇用了成千上万的工人，管理者和工人的分离是不可避免的。管理层制定规则和指导工厂的一切细节，这对于许多雇主而言，也
391 是不可避免的。在铁路上，出于对旅客安全的考虑，权威集中在必须对事故负责的人身上。在一些情形下，雇主在很大程度上靠自己的努力建立起产业。他很自然地认为，这是“他自己的事情”。而人性普遍地不愿意让渡权力。许多公司愿意提高工资，使其能够与其他公司相竞争；但他们更愿意在供求的压力下这么做，或者出于他们自己的意愿而不是让工会在管理方面指手画脚。同样，许多公司发现，削减加班工作时间、引入保护性机制来应对危险的机械操作并灌输“安全第一”的理念是好的策略，但如果这些建议来自工会，他们则不太愿意接受。另一方面，工人也是人。他喜欢对他花费一天中大量时间的事情提点意见。此外，他生活在一个民主的时代和或多或少民主的国家里。如果公民权在政治生活中是一个好的原则，那么，难道它不也同样适用于工业吗？市场条件需要削减人力，这并不会让人欣然接受被上司任意雇用或解雇的事实。受制于上司或陌生权威的任性，似乎不仅降低了他的安全感，也使他失去了自尊。他很可能从来不知道亚里士多德对人的分类——那些天生的指导者和天生的服从者，但他会对亚里士多德的结论提出抗议——即一些人是“天生的奴隶”。

4. *谁将承担工业上的风险？*我们提到了事故和失业的风险，尤其是季节性或循环性的失业。在一切工业类型中，工人都有失业的可能，尤其是在机器工业发达时代的工业中。人类在较早的年龄达到其手工操作的最快速度；40 岁失业的人发现，自己面临着严峻的问题。在旧的体制下，私人情感可能不会让一个过了其最高效率的人失业。许多雇主通过退休补贴体系来应对这一情况，但以盈
392 利为目的的公司则处在保持低开支和高效率的压力下。然而，在中年失去工作的同时又难于——甚至不可能——找到另一份工作，还有什么比对此的恐惧更令人沮丧呢？

## §3. 如何保持谈判力的对等?

在私人所有制、契约、市场掌控价格以及自由竞争的体制下,通常在上述四种冲突中,每一种结果在很大程度上是由在雇主和工人之间具有更强讨价还价能力的一方所决定的。仁慈的影响以及对精湛工艺的追求,在压力之下会让位于看似更为紧迫的考虑。商业利润及其维持生活及安全水准可能会驱使双方把自我保护作为第一原则。在资本主义体制下,最牢固的保持公正的方式首先在于使双方在讨价还价能力上尽可能平等。就像在军事中那样,三种力量的来源是:(1)组织,(2)装备,(3)同盟。

1. 在组织中,雇佣方拥有更强的优势。企业不仅聚敛了财富、无数资源和成百上千的人力,同时法律令它永生。作为法人,它享有政府对其所有权的保护,即使触犯了法律,也不会锒铛入狱。大企业运作是相当有利的计划,它取代了个人所有权。在美国,超过 20 家企业拥有超过 10 亿美元的资产。其中一些是银行和保险公司,它们雇佣的主要是白领阶层;其他诸如美国钢铁公司和铁路企业,则雇佣所有等级的职员。美国钢铁公司拥有 25 万雇员。最近的调查表明,在 1927 年,约 200 家大型企业控制了这个国家中近半的公司财富以及过半的企业财富。这些数字由于若干原因有着重要的意义,但眼下它们提出了如下问题,即劳工怎么可能在面对拥有 10 亿资产的企业时和它平起平坐?除了这一 393
无比巨大的权力,还有制造商的同业协会;如果必要的话,成员会依赖这些协会获得道德上以及或许物质上的支持。

面对如此巨大的资本联合,工人们相信,他们获得平等讨价还价能力的唯一希望在于通过组织来应对组织。如果工厂里所有的工人,甚至在同一生产领域内的所有工人都联合起来,那么他们就不会处在如此弱势的地位上;尽管或许即便如此,企业也总是拥有优势,因为它经得起等待,而工人们则不然。企业可能会由于等待解决一桩协议而失去利润,但丢失工作的工人则很快就会用尽他的资源。一些工会试图把某一工厂或行业中所有的工人都联合起来,其他一些则仅仅吸纳有技能的工人。美国劳工联合会(American Federation)是那些有专业技能的行业的联合会。美国联合服装工会(Amalgamated Clothing Workers)则吸纳所有衣服制造业中的工人。在早期的工会历史中,罢工是常用的手段。当罢工看似无效时,偶尔会有暴动。一些雇主会心安理得地在工会中安插间谍,这些人的任务是引起暴乱以离间公众和工会。然而，当工会成功地使组织变得更为强大且雇主变得更为理性时，这些工业战争的手法便不会持久下去。铁路工人联合会(The Railway Brotherhoods)很少罢工，管理层和他们的谈判基于相互的尊重。美国联合服装工会和一些大城市的服装制造商约定(它们拥有永久性的仲裁团)，朝着“理性替代强力”而努力。在英国，集体协商的原则是普遍的；而在美国，只有少量的工人被组织起来。其他人可能会或可能不会获得和工会工人同等的工资；他们的工作条件可能比较好或可能不那么好；这在很大程度上取
394 决于管理层的态度和工业的繁荣。然而，这样或许轻易地就“要么接受它，要么离开。如果你不喜欢我提出的条件，就走人”。一些较大的企业不愿意和工会讨价还价，试图组织“公司联合会”来与管理层的代表讨论工资及其他令人不满的事宜。

2. 谈判力的第二个要素是所谓的装备。雇主的武器是机器，而工人最大的财富则是他的技能。不可能在一天就培养出一个全面的工人——木匠、铁匠、泥瓦匠、裁缝、织工。经验增长了他的能力。某个随意的、毫无经验的申请者不可能轻易地替代他。机械化把制造大衣、鞋子或工具这样的任务分解成了若干步骤，而每一步都由机器来完成。学会运用这些机器需要时间，但几乎不会花费和学习整个工艺一样多的时间；许多机器既不需要操作工的智慧，也不需要技巧。在这些情形下，过去工人所拥有的最大的财富和安全资源变得越来越少。当工人不仅必须面对一个强大的企业而且由于现代工业的机械化而得到越少保护时，他怎么可能平等地和雇主讨价还价呢？只要谈判力的平等取决于装备，工人想要获得它就几乎是无望的。

3. 双方都不满足于完全依靠自身的能力，每一方都为了保障自己的目标而寻求政府的帮助。工人试图为自己的生命、健康和安全寻求庇护，防止企业利用童工和无限制的移民来竞争。如今，工人们找到了法律的帮助，这体现在童工法以及雇主的责任法中。工人通过联合其他组织的力量来确保国会对移民的限制。在雇用妇女以及矿工、熔炼工等时，对雇用时间的限制写入了法律，并且法院视之为“治安权”的一部分。而对那些危险并不明确的工作，美国最高法院声
395 明，对其工作时间加以限制是违宪的。

雇主需要寻求法院的帮助。因为他所需要的，是对于财产的保护。既然法院认为，宪法第十四条修正案所保障的权利包含维持企业经营不受干扰的权利，

那么，他就能通过法律的保护来免受工会对其企业的影响。

法律通常比公众的意见更为守旧，尤其是法院的决议，这是由于它们部分地基于风俗，而后者体现了过去的意见和思维习惯。在英美法律中，传统重视个人权利以及谈判力的平等。垄断，例如由国王或议会赋予的特权，是遭人嫉恨的。但是，任何来自财富或贫困的差别却不在考虑范围之内。这一传统同样强调，对于某个人合法的并不一定对一群人合法；因为在后一情形下，可能会导致共谋。在实际讨价还价的时候，个体劳动者相对于企业而言，可能意味着一比一百万。法院拒绝承认这一事实，并且认为把个人视为与他人平等符合美国人的生活准则。此外，当工会中的个体试图凝聚其力量时，企业被视为单一的个体，尽管它有许多雇主。因此，企业被赋予了个人所有的一切经济地位，并且依据宪法第十四条修正案，任何政府都不能在不"依据法律程序"的情形下剥夺其财产。由于他们对工会的抵制，一些雇主采取了"自由雇佣制"(open shop)的政策，这意味着不雇佣任何属于工会的人。国会和堪萨斯州相信，工人联合是合法的，这是使他们与大企业拥有平等的谈判力的一种方式，因而它们通过法案来防止企业解雇或拒绝雇佣工会中的工人。但是，美国最高法院却认为，这一法案是违宪的。[①]

在阿代尔诉美国案(Adair Case)中，法院的决定正如哈伦(Harlan)法官所说，明确地表明了雇主和雇员拥有同等的权利这一法律原则： 396

> 个人在其认为合适的条件下出卖自己的劳动力的权利，在本质上等同于劳动力购买者提出接受该劳动力的条件的权利。因此，雇员出于任何理由而退出对雇主的服务的权利，也等同于雇主出于任何理由而解除该雇员服务的权利……在所有这些情形下，雇主和雇员拥有同等的权利，任何违背这一平等权利的法条都是对契约自由的任意侵犯，在一个自由的土地上没有任何政府会在法律上承认它。

这一声明并没有考虑到实际平等权利所涉及的在大的铁路企业和个体劳工之间谈判力的差异问题。在对堪萨斯州的法律作出裁决时，皮特尼(Pitney)法

---

① Adair *v.* U. S., 208 U. S. 161 (1908); Coppage *v.* Kansas, 236 U. S. 1 (1915).

官赞同法院大多数人的意见。他指出了实际上的不平等，但他真诚地认为，在拥有契约和私人财产自由的同时必然产生这些不平等。很显然，他认为，法院尝试通过保护工人结社的权利来补偿这一不平等是非常困难的，同时在法律上毫无依据。堪萨斯州法院此前认为，法律应当防止“强迫、请求、要求或影响人们不去为了保障雇佣关系而加入或继续归属于某一劳工组织或联合会”。堪萨斯州法院认为，“原则上，雇员在经济上无法像雇主制定购买劳动力契约那样，独立地制定出卖其劳动力的契约”。但皮特尼法官回应道：

> 无疑，在承认私人财产权利的地方，必然终将会有财富的不均；因此对契约进行协商的双方并不能同样地随心所欲……既然很显然的是，除非所有的事情都共有，否则一些人会比另一些人拥有更多的财产，不可能在坚持
> 397 契约自由和私人财产权利的同时而不意识到这些财富不均的合法性。这一不均是行使这些权利的必然结果。①

在阿代尔诉美国案和科帕奇诉堪萨斯州案(Coppage Case)中，有两个原则是至关重要的：首先，法院是否承认经济上的不平等为公众干涉契约提供了正当的理由，就像长期以来，它们承认自然暴力、威胁或上级的过分影响为干涉提供了合理的理由；其次，在诸如堪萨斯州的法律中，一些公共的目的是否清晰可辨，如同在之前的案例中所涉及的禁止在矿工、熔炼工这些危险工种中雇佣的法律那样。②

就之前的法律先例来看，对于这两点，赞同或反对所涉及的法律都是有可能的。这很清楚地体现在如下事实中，也即在科帕奇诉堪萨斯州的案子中，法院三位经验丰富的法官(Day, Holmes & Hughes)签署了与其他法官不同的意见。事情并不关乎法律，而是涉及广泛意义上的公共政策和公正。对于公众而言，可以说，如果经济不平等被承认具有胁迫力，许多契约就会变得不确定；因为很有可能，无论是债主或贷方、商人或制造商还是劳工，都会发现自己在某些财政压

---

① 对这些案例的讨论，参见：Commons, *Legal Foundations of Captialism*, 288 - 297; see also Cook, 27 *Yale Law Journal*, 779 (1918), Powell, 33 *Political Science Quarterly*, 396 (1918)。

② Holden *v.* Hardy, 169 U. S. 366 (1898).

力下签订了某一契约，假如他能够等待另一个更好的时机就不会签订它；而法院因此也不愿意作出决定，致使这一契约无限期地失效。另一方面，在霍顿诉哈代案（Holden *v.* Hardy）中，法院意识到，在工业的发展中会产生新的情况，它会要求国家保护较弱的一方。这样的保护应当扩展到劳工的工资契约以及他的健康吗？那些坚持某种公共政策观念的人反对所涉及的法律，他们所支持的正义观念隐含了下述准则："放手！强者为王！"（除去暴力和欺诈）；而另一些人则具有 398
不同的公共政策观念——它体现在普遍福利（*commonwealth*）这一术语中；他们认为，公正不仅涉及形式上的自由，而且必须防止那些涉及胁迫的不平等，因而他们决定支持这一法律。

至于第二点，法庭中的大多数人意识到，工会并没有公共目的来证明政府保护它是正当的；而在保护健康和道德方面，就有明确的有利于州的权利的先例。另一方面，人们会想，如果工人们为了改善条件而联合是合法的，那么，防止公司意在破坏这样的联合行为就是唯一符合逻辑的。毫无疑问，早期商业和企业的条件使"不干涉"的个人主义的策略似乎不仅是明智的，而且是公正的。早年，美国人民的开拓精神和大致的经济平等，把这类策略深深地融入了法律态度之中。因而，伦理问题转变为在什么程度上变化了的条件要求不同的观念。

经济不平等问题在所谓的希契曼（Hitchman）案件[①]中得到了进一步处理。在这个案件中，争论的问题不是立法通过的法令，而是一个禁令。它禁止工会及其代理人劝说煤矿公司的雇工加入工会，从而走向联合所有的矿山。作为聘用条件，似乎该公司的所有雇员都要求同意在为该公司工作时不加入工会。这个禁令禁止工会干预这样的协议。禁令是法庭颁布的，其目的是为了防止造成在普通诉讼中无法给予合法赔偿的财产的损害。例如，用大法官塔夫特的说法，如果有人试图砍倒属于我的树，我无法满意或根本不满意在树砍倒后获得赔偿金。我要树，赔偿金根本替代不了它。因此，在确定树的主人之前防止砍树是平等的一部分。在这个案例中，法庭认为，公司有权确定其雇员的善意；而少数人则认 399
为，工会努力动员该公司雇员，是"通过工会增强他们的协商力量和扩大工会力量的范围来改善产业工人条件的合理行为"。大多数人的意见加强了旧的主人和仆人的法律提出的对善意的权利主张："原告过去、现在都有权确定其雇员的

① Hitchman Coal and Coke Co. *v.* Mitchell, 245 U. S. 229(1917).

善意,完全像商人有权确定他的顾客的善意……人们普遍承认动员雇员离开雇主的行动权利。”从许多方面看,这似乎是最严厉的管理,因为在那个时代,所有结盟都被看成是搞阴谋。如果任何公司能够通过要求签署协议的简单方法来阻止其雇员结盟,那么,它就能在司法的过程中,动用政府的所有力量来支持它。这种司法过程,使颁布这个禁令的法官有权判定所谓的违法并以蔑视法庭的名义惩罚所有的违犯者。这样,互惠的结盟的所谓合法性还剩下什么呢?这显然变成具有讽刺性的嘲笑。它等于说:“看你还敢组织!”禁令支持的协议被工会的同情者称为“黄狗协议”。它肯定是不公道的。假定公司提供工作;雇员同意不参加工会,但该公司并没有义务同意,只要该劳动者不参加工会就继续聘用他。它没有义务聘用他,哪怕多聘一天。即提供工作的考虑,也许在任何时候都可能由于工头的心血来潮、工人无法控制的市场条件或者雇员的生病而取消。如果真有“正面我赢,反面你输”的情况,这也许完全可以算作突出的例子。由于法律的力量如此严重地反对他们,毫不奇怪,工会在美国没怎么成功过;也毫不奇怪,工人非常不信任法庭,认为他们的意见很少有机会受到公正的对待。

劳动者在法律面前处于不利处境的另一个原因是:雇主可以依靠组织良好的财产权,而工人感兴趣的是保证和维持生活标准。

400 法律并不承认工人拥有任何要求某一生活标准的法律权利。它认为,如果没有生理的强迫,每个人都拥有平等的机会;正义只包含这一点。工人感到养活家庭的压力,也许会把他的命运和其他更为幸运人相比;他认为给雇主加上一切可能的压力,是正当的。他把那些要取代他的人称为“工贼”,把他们看成背叛同伴的叛徒。公众有时支持这一方,有时支持另一方。他们可能同情工人,反对大公司,除非罢工不仅仅针对雇主而且对公众本身引发很大的不便,例如铁路被迫停运。

当工人的选择在要么按雇主的条件工作、要么失业(带来饥饿)之间进行,他的“自由”似乎就毫无价值。当然,竞争理论说,不同的雇主会竞争工人的劳动,这将保证高薪。在高度繁荣的时代,这种说法有点道理。但是,当在某类企业中,许多竞争公司联合起来时(这符合现代的趋势),竞争就降低到最小程度;而且当时代不繁荣时,所有竞争都是争取工作,而不是争取工人的劳动。

为了防止工资降到低于养家糊口所必需的水平,许多州通过了最低的工资法案。尽管国会在所谓的亚当森法案中间接地立法涉及铁路雇员的工资,这些最低工资法案通常只适用于妇女的工资。在亚当森法案中，国会宣布了八小时工作制——从而意味着超时要付更高的报酬。马萨诸塞州有个法案，规定要委派工资委员会考察某个企业付给妇女的工资是否到位。国会通过了一个法案，确定哥伦比亚特区妇女的最低工资，但是被最高法院判定为违宪。[1]

人们普遍认识到，当两国交战时，在这种情况下对他们各自的价值很难获得公正的观点。当雇主和工人发生尖锐冲突时，情况也是如此。如果不是更糟的 401
话，每一方都可能诉诸不明智的手段。我们不是试图去完成困难的任务：评价哪一方在对或错上更多些，更为有希望的是考虑采取什么措施来防止冲突——从而用理性代替暴力，用合作代替冲突。从许多大企业（如铁路兄弟会和男性服装业）的记录来看，这显然并非不可能。在那里，集体协商的原则得到了承认，在工时和工资上不时作出调整。人们享有相对的安全。在男性服装业，意见分歧被送交常务仲裁委员会，后者把它的决定记录下来。因此，正义原则逐渐确立起来。这个原则承认双方的利益，在很大程度上超出了法庭的范围。许多还没有接受集体协商原则的其他公司，也组织了雇员代表体系或“劳资联合委员会”。这样的体系在雇主看来，有这样的好处：它不涉及和公司雇佣无关的外部者协商。与此同时，它们提供了一种缓解怨气、改善条件的方法。涉及关系的道德问题，大部分取决于在“自由协商”的理论下，正义是否可能。如果坚持这个理论，如果没有协商权利的大致平等，协商可能是真正自由的吗？除了通过把工人们组织起来进行集体协商，还有什么办法来保证这样的平等吗？如果我们承认正义在自由协商的制度下得不到保证，就必须考虑可能的替代方式是什么。但是，这涉及整个经济的和政治的制度。如果一个体制不能保证正义和自由，或者不能如此修正以允许正义，这就要严厉地谴责它。

**参考文献**

Burns, *The Philosophy of Labour*, 1925; Cole, *Labour in the Commonwealth*, 1919; Commons, and Associates, *History of Labour in the United States*, 1918; Douglas, Hitchcock, and Atkins, *The Worker in Modern Economic Society*, 1923; Perlman, *A Theory of the Labor Movement*, 1928; S. and B. Webb, *The* 402

---

[1] Adkins *v.* Children's Hospital, 261 U. S. 525.

*History of Trade Unionism,* rev. ed., 1920, *Industrial Democracy,* 1902; Frankfurter, The Labor Injunction, 1930; Commons, *Legal Foundations of Capitalism,* 1924.

# 20. 商业道德问题

在这一章里，我们考虑某些与我们的生产过程另一半（即商业部分）相联系的道德问题。 403

## §1. 利润动机

企业是生产和分配，总之是提供商品的。商业与企业的管理、财务有关。它的主要目的是利润。资本主义的理论认为，这种动机将保证商业最大的效益，因而保证最大的生产。它将保证生产的商品种类是社会最必需、最缺乏的，因而从长远的观点看，它将保证所有人的最大福利。正如亚当·斯密所阐述的那样，这种理论预先假定，如果每个人都追求他自己的优势，就必然会喜欢最有利于社会的职业。

> 个人既没有打算促进公共利益，也不知道自己在什么程度上促进它。他以这样的方式指导企业，让它的生产具有最大的价值，但是只考虑自己的收益。在这种情况下，就像在许多其他的情况下一样，一只无形的手引导他去促进根本不是他所打算的目的。①

许多企业似乎是这样的：把提供给人们所需的商品作为获得较大利润的一种方式。汽车、电话、收音机制造商从提供给人们必需的、迫切渴望的商品和服

---

① 亚当·斯密，《国富论》(*Wealth of Nations*)。

404 务中获得利润。另一方面，现在绝不是那么容易地假设：利润动机是一把万能钥匙，它能导致利润的公平分配，导致精良的产品，导致社会福利。让我们考察一下引起上述质疑的某些事实。

1. 人们所说的利润动机最大的好处，是促使人们主动地干活。它是高效的。它刺激发明和生产，产生的财富比其他任何方式所能产生的都要多。英国在19世纪早期、美国在内战以来、德国在本世纪早期总体财富的迅速增长，常常被人们用来支持这种说法。

美国的人均财富和收入无疑展现了一个巨大的、非常稳定的增长。美国国家经济研究局在1921年对美国国民收入的估计是：在1909—1918年期间，国民收入从288亿增长到610亿；或者说，考虑战争期间价格上涨的因素，从300亿上升到388亿，从而得出1918年人均收入为372美元。1918年以来，增长持续直到总收入（据估计）达到840亿，人均收入达到692美元。当然，确实增长的大部分源于在科学指导下的发明；大科学家的动机很少主要冲着利润。然而，这些数字肯定是可观的。还可以说，正如米切尔（Mitchell）教授声称的那样，如果一个商人不能确保利润，他很快就会被迫关门歇业。没有人拥有无限的资源，无限期地亏本经营某个生意不过是某种形式的经济上的自杀。

有些工作是迷人的，然而许多工作并非如此。让人们做这样的工作最成功的办法似乎就是提供足够的报酬，从而足以让那些为了丰厚回报愿意冒险，或者使愿意从事令人厌烦的艰苦工作的人们竭尽全力。在竞争的态势下，人们知道，报酬不可能长期保持丰厚。所以，发现社会需求最简单的方法就是使满足需求有利可图。

405 2. 所谓的利润动机，绝不能总是通过满足公共需求来为公众提供服务。有时可以通过缩小供应，从而提高商品和服务的价格来获得更大的利润。大公司主要的商业渠道和生产线（它们常常控制自然资源的供应），已经越来越难以假定竞争会自动地使追求利润者转向满足公共的需求。大部分利润的获得，不是通过诸如此类的必需品的供应，而是通过对这种供应的控制，或者通过投机。在这种投机中，从来没有人想过要为公众提供与所获利润等价的商品或服务。这样对非劳动利润的疯狂追求，作为不同的冒险投机时期的标志——例如，在被财经权威描述为历史上最大的赌博时期的1929年的美国达到了顶峰——导致利润从不太精明的人手里转到比较精明的人手里，但是把许多人的兴趣从为公众服务转向“空手套白狼”的方法。

利润动机也不是必然给消费者以他们所需所想的东西。现在说平衡已经转移，是老生常谈。现在的理论主张，不是生产消费者所需要的东西，而是生产出大量的产品，然后把它们卖给消费者。如果消费者不想要所提供的东西，那就必须克服他们的“销售阻力”。人们依靠推销和广告，在没有需求的地方唤醒新的需求。整体效果常常令人不满而非令人满意。

另一个指责是说，利润动机没有保证高质量的生产。廉价的伪劣商品往往比经久耐用的物品利润更高。在商业化的娱乐业，人们甚至发现，求助色情的、不健康的东西是有利可图的。那些关心教育、戏剧、音乐和许多其他领域更高级更优雅类型的事业的人们，害怕利润动机。“商业化的”艺术、文学和新闻业似乎和最佳的类型相反，就像“商业化的”医学和宗教。

3. 非常重要的问题是*浪费自然资源*。在罗斯福总统领导下，人们开始关注森林、矿藏、石油等大的自然资源的枯竭问题。它们受到了当时运用的开发方式的威胁。在利润动机的影响下，森林被砍光却没有准备重新植树。如果森林的 406
私人所有者为未来的后代作出这样的准备，他也得不到回报。因此，森林砍光后就没有人做些什么来替代，即使那土地不适于任何其他目的。采煤的方式也是浪费的。用此方式在某个矿脉上只能采出部分煤，留下的烂摊子却让后人无法进一步开采。虽然人们作出了努力防止石油的浪费，但是一夜暴富的渴望是如此强烈，导致大量挥霍性的开采。甚至在其最终可能性上更为有害的是土壤的枯竭，在这个国家的某些地方，裸露的光秃秃的土壤被冲刷进了河流，然后流到大海或墨西哥湾。

麻烦的不是那些公司或个别农民比一般人更为短视和浪费，而是利润动机本身的作用直接和这个国家的未来利益相矛盾，从而不会考虑制定有利于后代的有远见的策略。由于似乎有用不完的煤炭、石油、金属、木材和未开垦的土地的供应，美国状态的整个趋势一直是鼓励浪费的。利润动机对许多小企业是鼓励节约节俭，但对这些大的资源不仅无能为力，还加强了自然的粗心大意和随意消耗的态度。“来得容易，去得快”，在很大程度上是我们资本主义制度有关自然资源的真实写照。

## §2. 困难的正义问题

我们已经看到，事实已经证明，资本主义在其展开最充分试验的国家，是增加国家整体财富和收入的有效方式。然而，人们不断提出的问题是：在这种制度下，这些财富和收入如何在各民族不同成员之间进行分配？这就提出了正义问题。

就普通人，特别是工人、农民或从事小商小贩、牧师工作的人而言，也许生产
407 效率问题比分配问题更为重要。如果整个生产十分贫乏，就无法为公民带来舒适，平均分配也不可能较大地改善他们的生活条件。在过去的年代里，情况大致如此。当人均收入只有300美元时，大多数人除了生活必需品外，身无长物。现在，人均收入大大提高，生活中的舒适甚至奢侈品，如汽车、收音机、现代水管装置、供暖良好的住所，在大部分人口可能的范围都有。从这点出发，有时觉得提出分配问题十分可笑。只要总体水平在提高，某些人提高得比他人快些又有什么关系呢？美国人生活的一般精神无疑认为，成功是对所有人开放的游戏，它奖励胜者。因此常见的倾向是为胜者喝彩而不是抱怨，因为胜者比他的伙伴更为成功。还有一个进一步的重要事实，那就是在美国无法确切知道财富分配的情况，尽管在欧洲国家知情更多。当前，人们对财富分配知道得没有对收入分配那么精确，但是有足够的数据为讨论所涉及的原则提供了基础。就享受生活的舒适和商品（包括教育和物质用品）的机会而言，收入是更为重要的。许多获得高薪的人，花钱为终生考虑。他们为身故或老年买保险。另一方面，当我们想到社会中的影响和权力时，财富就更为重要。拥有大量可支配财富的个人和公司，可以从事大的事业。不管怎样，他们控制许多人的工资和生活条件。他们在教会和州里发挥影响。因此，如果我们想到各个方面的社会福利，就不能忽视正义问题。

但是，什么是"公平的"分配呢？对此，有几种答案。这里，我们只谈四种典型的答案。

## §3. 四种公平分配的理论

1. 按劳取酬。这听上去是公平的。在较简单的社会条件下，当每个人生产
408 整个产品，如一张弓或一块布，也许可能达成价格，大致给予每个人其劳动所得。

但是在现在的工业时代，当成千上万的劳动力进入了制造业、运输业和销售业的复杂过程，这显然是不可能的。

2. 如自由竞争所调节的那样，按每个人通过他的能力、精明和由于继承财富获得的有利的经济地位，以及每一个增加其协商力量的其他因素所能获得的，给予回报。这就是资本主义制度下现存的方法。

在此，现有条件再次极度地改变了竞争原则。一方面，有着巨大财富积聚的公司替代了个人的协商；另一方面，工会依靠集体的力量努力平均条件，强化他们的协商能力。在欧洲，不属于上两阶层的消费者的利益，在某种程度上得到互助的社团的保护；然而在美国，这些社团一直不太成功。毫无疑问，这种方法是切实可行的划分方法，但这里有一个它是否可以说公平的严重问题。就制度的作用而言，在普鲁士、法国、英国和美国，似乎结果相同。财富集中在最富裕的群体手里，这在资本主义历史最悠久的英国是最严重的，但趋势是相同的。

根据金(W. I. King)的估计，如果我们把这四个国家的人口分为四个等级——(1)最穷的，包括65%；(2)中下的，包括15%；(3)中上的，包括18%；(4)最富的，包括2%——第1等级拥有财富的大约5%，第2等级拥有财富的5%，第3等级拥有财富的30%，第4等级拥有财富的60%。如果一个人有100美元，要在100个人中分，他不一定会按这种比例分配，当然，尽管是否公平这个问题取决于我们尚未充分考察的原则。许多资本主义的辩护士对这个估计划分的极端不平等感到震惊：每100人中的2人，比其他98人有更多的财富；他们质疑数字的准确性。然而，美国联邦贸易委员会在对1926年的研究和估计中，这种 409
比例失调甚至更为严重。

如果我们转向收入的分配，就有更加充分的数据。据美国国家经济研究局1921年的估计，在1918年，

> 1%富裕的收入获得者获得了总收入的约14%，5%富裕的收入获得者获得了总收入的约26%，10%富裕的收入获得者获得了总收入的约35%，20%富裕的收入获得者获得了总收入的约47%。[1]

---

① 《美国收入》(*Income in the United States*)，1921年，第147页。

胡佛委员会报告较近的估计表明，在收入比例上，不太富裕的收入获得者稍有上升。

使我们对接受“财富的分配是公平的”这种说法产生犹豫的，是这个事实。现代世界，特别是美国人民持有两种社会理论，现在的分配是很难与其相容的。第一种理论是：至少在某些方面，人是平等的。在政治事务中，我们给予每一个男子和每一个女子投票权。我们从来没有在任何总体层面上试图把这原则应用于财富，但也难于说百万比一的不平等（如果我们以极端为例的话）是正义在民主社会的恰当代表。

第二种理论是：至少在某种程度上，报酬应该和个人为共同财富作出的服务或贡献成比例。某些巨大的财富无疑是伟大服务的结果，但其他的却是通过精明。这种精明使财富流入个人的口袋，而不是为这财富作出实际的贡献。换句话说，“空手套白狼”就是耳熟能详的格言，它给精明的有价证券的操纵者或以未来打赌的赌徒带来了巨大的财富。

3. 第三种可能的公平分配理论是给予每个人平等的份额。萧伯纳（Bernard
410 Shaw）先生，所谓的费边社会主义团体成员之一，认为是正确的原则。[①] 从正义的观点看，这种理论的困难在于：它没有充分重视人与人之间不仅在能力而且在愿意完成其分内工作上的差异。换句话说，它适用于一种平等，但是不能进一步适用于把相同的回报给予相同的贡献者，以及给予不同的有价值的贡献以相应的回报。

4. 第四种理论，至少部分地放弃了建立在给予每个人和他的贡献完全等价的回报，或者在假定所有人平等的基础上给予他平等份额的基础上，或者在他通过市场所能得到的份额的基础上公平分配的企图。作为基本考虑，它用尊重替代了对公共利益或公法中与以前的作者心中所想的、作为共同财富的东西。它询问：什么是好的社会条件？什么样的生活标准是必需的或者说有益于一个好的社会？这种理论起作用的最好的例子，常见于我们的公共教育系统。我们公立学校系统主要关心的，不是首先产生几位杰出的学者，也不是给予某些社会的或经济的阶层成员以较多的优势；而是给予所有人以最低限度的教育，而且给予

① 《智慧女性之社会主义和资本主义指南》（*The intelligent Woman's Guide to Socialism and Capitalism*）。

那些能够从此教育中获得进一步受教育机会者。人们相信，进一步的教育是所有人民的幸福所必需的、所希望的。如果我们把这相同的原则应用于经济分配，它将要求不仅为防止实际的饥饿，而且在任何非常富裕的国家使现在文明生活的必需和舒适成为可能的最小限度。

然而，一方面，不可能给予每个人和他的贡献完全相等的回报，但每个得到回报的人都要作出贡献，这是第四种公平分配理论的根本原则。感觉不公平的最大来源之一，就是工作最艰苦的人——如许多农业和工业中的劳动者，以及其贡献对文明有最高价值的人——如发明者和科学家——收入很低。另一方面，许多从来不曾做过一点有用工作的人，由于遗产、运气以及对有价证券的精明操 411
纵，或者垄断的特权，享受着巨大的财富。

如上所说，第四种原则是被托尼（Tawney）先生称为*功能*的东西，和急功近利的社会（acquisitive society）形成对比。这个术语可以追溯到柏拉图在他的对话《理想国》中对正义的研究。他的思想是：公平社会是这样的社会，即在这种社会中，每个人都完成他自己的部分功能；在这种社会中，个别成员的利益和社会整体的利益是分不开的。和现在的理论相反，这种理论无疑强调整个社会的利益，而自从亚当·斯密的现代个人主义假设，如果每个人都寻求"第一"，结果是所有人的最大繁荣或至少财富的总量将达到最大，即使它没有被广泛地分配。问题是——既然个人已经不再作为一种力量存在，当他的地位已经被公司、工会或其他组织所取代时——我们是否能继续坚持个人主义和自由获取的理论？当个人存在时，当亚当·斯密的理论有不少真实成分时（除了征服、战争和掠夺土地），这种理论还是很有道理的。

## 参考文献

除了前两章参考文献外，还有：Chase, *The Tragedy of Waste*, 1926; Hobhouse, *The Elements of Social Justice*, 1922; Various Writers (Hobhouse et al.), Property, *Its Duties and Rights*, 1913; King, *The Wealth and Income of the People of the United States*, 1915; Mitchell and Associates, *Income in the United States*, 1921; Veblen, *The Vested Interests*, 1919.

# 21. 商业和企业的社会控制

412 如果在现在的资本主义秩序中有这样的缺点和不正义，那么问题自然来了——为什么社会不对它采取些措施呢？回答是：资本主义国家已经采取了一些措施，其目的在于缓解已经指出的恶。现在有两个国家——意大利和俄国，人们正在进行完全不同制度的实验。我们先考虑前者，在仍然实行完全资本主义的国家的改良。

## §1. 工厂立法

工厂立法始于英国，那里是工业革命最早出现的地方。在妇女、儿童雇佣中惊人的虐待（工作很长时间并处于危害健康的条件下），导致议会在1802年通过了童工法，之后出现了一系列工厂法来保护妇女和儿童。后来，美国和德国相继效仿。在美国，情况比较复杂。事实上，一个州也许会批准保护立法；另一个州，由于有企业和前一个州的企业竞争，也许会忽略或拒绝采取这样的措施。这在很大程度上一直如此。

国会试图通过法律控制童工，要求对进入州际贸易的童工生产的商品征税。美国最高法院判决这样运用征税权力为非法，因为这个法案的目的不是为了筹集资金而是为了防止童工。这个法庭以前认为，联邦政府用征税来杜绝州银行
413 发行货币是合法的。这意思似乎是，人们认为熟悉的保护商业避免损失的原则，与证明扩大联邦政府的征税权是合理的一样重要。为了避免法庭对童工法案的反对，国会通过了一个宪法修正案，并使其服从州的立法。不幸的是，这个提案出现在世界大战后的保守反动时期；现在要达到必需数量的州批准，还不大乐

观。有讽刺意味的是:最早拒绝所提议的修正案的州之一——马萨诸塞州,现在深受那些很少有或者根本没有保护立法的州的竞争之苦,正如根据1930年的人口普查,马萨诸塞州的纺织城市的人口减少所表明的那样。

德国和英国不仅批准了工厂立法,而且实施了失业保险,为似乎不可避免的失业时期和不可避免地达到某个年龄、不再期望在由竞争原则支配的企业里就业做准备。到目前为止,美国尚未以政府行为的方式在这些方向上做些什么。然而,赞成政府帮助那些因年迈无力工作者的强烈意见,在许多州导致了建议立法。在1931年12月,有17个州和一个地区采取了这样的援助措施。在许多商业公司,已经开始为退休提供养老金或其他津贴。在几个案例中,公司也为预防失业做了准备,尤其是在男性服装业。

在中世纪,教会认为帮助穷人是自己的一个责任。毫无疑问,它拥有的土地部分用于维持修道士和修女的群体,但部分用于慈善。当英国教会的财产大部分被国家没收时,照顾穷人的某种程度的责任也为世俗当局所承认。但是,总有耻辱和济贫相联系。这种理论认为,一个愿意劳动的人能够养活自己和家庭。在美国早年,有一种看法认为,“寄生”是丢脸的。这样的男人被怀疑为“懒惰”,而懒惰和不道德行为一样是为人所深恶痛绝的。

然而,在此经济条件完全变化再次迫使人们承认这个事实,即人可能由于普 414
遍的生意萧条而失去工作,与他们本人的错误或逃避的可能性没有丝毫关系。而且显然,只要劳动被认为是可以在最便宜的市场购买的商品,像机器一样,如果不再处于高效时就可以报废,那么对老年人防止贫困和衰老的保护(当雇主对工人有个人情感时存在)就荡然无存。一个自称公平而不说是人道的社会,必须考虑这些变化的条件,并且通过企业本身或者政府管理来预防现在工业发展带来的偶然性。一句古老的法律谚语说:“树在哪里倒,就在哪里躺。”现代良心相信,一个自称理解这句话含义的社会应该防止树倒——或者当这样做不可能时,至少应该防止这倾倒压垮共同体中六亲无靠的成员。

为了健康、安全和道德,运用政府的力量来控制就业条件,在所谓国家的“警察权”中得到了辩护。美国管理危险职业时运用这种权力的主要决定,是在1897年霍顿诉哈代一案判决中提出的。在此案中,大法官的意见也许可以称为劳动人民的《自由大宪章》(*Magna Carta*)。关于警察权更为宽泛的说法,反映在大法官霍姆斯的话中:

也许一般而言，警察权涉及所有大的公共需求(167 U. S. 518)。它也可以用于援助惯例所认可的、主流道德或者根据公共利益急需的、强烈的重要的意见所要求的事情。[1]

迄今为止，法院一直不愿意把不能直接归于健康、安全或道德的立法置于警察权之下来为立法辩护。[2]

415 在洛克纳诉纽约州案(Lochner *v.* New York)[3]中，一个限制面包房工作时间的法律被联邦最高法院宣布为违宪。1911年，纽约上诉法院(the New York Court of Appeals)废除了"工人赔偿法"(Workmen's Compensation Act)。这个法案旨在为因事故而受伤的工人提供赔偿，即使雇主没有过错。联邦最高法院宣布，国会制定的哥伦比亚特区的最低工资法是违宪的。另一方面，在1908年，它支持限制妇女劳动时间的俄勒冈法(Oregon law)。[4] 在影响工资的立法方面，问题是：在工资协议中，旧的个人主义自由原则为一方面；另一方面，最近承认的原则，即为了社会福利，一个国家保护其成员免受剥削，也许是明智的。

## §2. 受公共利益影响的财产

保护公共福利、防止财富权力的第二次尝试，是"受公共利益影响的财产"的法院所承认的学说。在这次案件中，保护农民防止铁路和仓储过高的价格，促进了这次立法。商业和私人生活对诸如电话、电力照明发电厂、煤气公司、电车、公交线路等公共设施日益增多的依赖，支持了这个原则的扩展，即州、城市和美国可以规定"合理的"价格。穆恩诉伊利诺伊州案(Munn *v.* Illinois)为这种控制作了如下辩护：

如果财产的使用以某种方式具有公共的后果并影响普通百姓，这财产确实就披上了公共利益的外衣。因此，当一个人把他的财产用于某种有利于公众的用途，他实际上在那种运用中给予公众以利益，并且必须在他这样

---

① Noble State Bank *v.* Haskell. 219 U. S. 111(Oct., 1911).

② E. Freund, *The Police Power*.

③ 198 U. S. 45 (1905).

④ Muller *v.* Oregon, 208 U. S. 412.

创造的利益的程度上，服从公众为了共同利益对其进行的控制。[1]

美国州际贸易委员会以及几个州的各种委员会进行监督，并在某种程度上管理铁路和公共设施的价格。显然，在这些案例中，关键的问题是：什么是合理的价格？有人提出两种方法来确定价格的基础：(a)价格应该能够给予投资到铁路或其他设施的资金以公平的利息；(b)价格应该产生出以现在的价钱重新开设工厂费用的公平的回报。 416

在这两种方法之间最大的差别可能是：首先，在工厂建立时，物价和工资都比较低；而后来建立时，物价和工资要高得多，所以费用要大很多。而且，第二点，处于城市的工厂，通过城市的增长而增值，所以如果现在需要购买一个新的地点，费用就比早些时候大很多。介绍一个就公共设施而言的案例，其目的自然就是使资本价格变得尽可能的高，股东的回报就是建立在这之上。另一方面，消费者的利益是保持法定资本处于尽可能的低位。至于这种管理是否被证明是成功的，看法不一。有人宣称，如果采取第二种原则来估计价格，那么消费者根本得不到保护。另一方面，投资者并不明白，为什么他不能分享城市价值的总体增长，或者说价格的总体增长。一些城市采取的补救措施就是提供它们自己的照明，就如它们提供自己的水供应和排水系统。在欧洲，街道电车的市政所有权是常见的，而德国在赢利地运行其铁路。美国在战争期间私人管理彻底崩溃时接管了铁路。在芝加哥，作为公共厕所一个伴随的特点，它把许多原来分散于城市许多地方的售票处集中到一个屋檐下，并且原则上实行这样的政策，除了它们自己单独的道路信息外，拒绝任何其他信息。但是在战争结束时，那些反对政府管理权扩张的抗议非常强烈，铁路重新回归私人所有。 417 无论是由于对政府管理时期管理的有益的冲击，还是由于其他原因，铁路极大地改善了它们的货运服务。但是，运费一直被农民和某些其他货主阶层认为过高。

在早些时候，人们喜爱的获得高回报的似乎“合理的”方法，就是发行所谓的水分股票(watered stock)，即不代表任何投资而有资格分享可能的红利的股票。这类股票的发行权被限制于有关铁路和公共设施；但是在铁路和设施方面，诡计多端的顾问为一方和公共利益的保护者为另一方之间的斗争一直没有停息过。

---

① 94 U. S. 113 (1877).

## §3. 1890年的谢尔曼法

在19世纪80年代，较小的企业和商业小公司合并成较大的公司成为潮流，在90年代，这种现象越来越多；起初这称为“托拉斯”(trusts)，来自早期实现联合的合法方式。人们担心，这些大公司会成为垄断者，从而逃避竞争的自我调节。人们一直假定，这种竞争会调节价格。

谢尔曼法(the Sherman Act)禁止形成垄断和限制贸易的联合。显然，这个法案是基于这样的理论，即如果竞争能够得到保留，公众就得到了保护。事实上，政府解散某些大的联合的努力，似乎仅仅有效地改变了纸质的所有权证书，而没有影响实际的所有权。这正如据说是一个合并成由一个单独的控股有限公司控制的两条铁路的股东说的：“主要的差别似乎就是，我有一张白色的证书在一个口袋里，和我有两张证书，一张是蓝色的，一张是粉红色的，在两个不同的口袋里。”换句话说，他的股东伙伴拥有这两条铁路，并不特别在意把他们的股权证书分开还是合并到一个合法的公司里。重要的是他们拥有这两条铁路。

418 

## §4. 公平竞争

资本主义的支持者依靠竞争来调节商业和工业，但是在此改变了的条件再次干扰了这个原则的运作。不仅有人尝试各种各样的欺诈行为——如假冒商标，或者以欺骗购买者的方式推销商品——而且人们发现，大的联合或联盟可能对较小的公司施加压力，迫使它们破产。以前建立在欺诈和诽谤基础上的不公平竞争的形式，常常受到法庭的谴责。但是，这种公众意见更为明确的阐述，是在国会几乎同时通过的1914年的联邦贸易委员会法案(the Federal Trade Commission Act)和克莱顿反托拉斯法(the Clayton Anti-Trust Act)中提出来的。

前一法案规定，“贸易中不公平的竞争方法是非法的”。后者明令禁止某些被认为会减少竞争的确定的做法。某些公司为了把所有的竞争者赶走，在某个城镇实行非常低的价格；而与此同时，它们在其他没有竞争的一些城镇则实行较高的价格，以弥补损失。同样的做法，还有在某个被称为“战斗品牌”商品上降价。当同一群所有者控制着铁路和煤矿或铁矿时，一个非常有效的权力的运用方式就是收取竞争者高昂的运输费用。在其他情况下，它可以保证来自铁路的优惠价或折扣，使得竞争者处于劣势。在某种程度上，法院意识到，联盟的力量可能被不公平地运用。美国最高法院宣布：

> 一个行为针对一个人时是无害的，但是如果许多人一致行动，也许会成为公共错误，因为这时它表现为阴谋的形式；如果结果对公众或对这一致行为所针对的个人造成了伤害，那么它就要被禁止或受到惩罚。

但是由于大的公司在许多方面被作为一个人来对待，它仍然能够行使不寻常的权力而不违法。

在企业界，不公平这个术语就像工会所使用的那样，具有某些特殊的含义。419 它被用于未允许工会参与集体协商或者雇用了非工会会员的工厂。工会认为，下面两种情况必居其一：要么非会员的工资比通常的工会会员的工资水平低；要么他拿工会水平的工资，享受工会争取到的其他好处，如缩短的工作时间、更好的工作间以及更为健康的条件。如果他降低条件，那是不公平的，因为会损害他人；如果他享受所有通过工会努力得到的好处，也是不公平的，因为他没有在使这些好处成为可能方面出力。法律承认工会会员拒绝和非工会会员工人一起工作的权利，从而迫使雇主解雇那些非会员工人。但是，当工会企图通过联合抵制来给“不公平的”雇主施加压力时，法律通常不予支持。在这一方面，它以和商人联盟（他们联合起来抵制或列入黑名单）一样的原则对待工人联盟。

总之，也许可以说，迄今为止，竞争被引向发现新的自然奥秘和更加有效的生产或营销实践，它是有益于公众的。但是，迄今为止在商业领域，它旨在搞臭竞争者，从而使他退出游戏；在企业方面，它旨在通过利用优越的协商权利或者打败工人改善条件的企图来降低生活标准。在道德上，竞争是不公平的，不管它在法律上是否公平。

### §5. 限制移民

限制移民在某种意义上，可以说是限制不公平竞争的另一次努力；但是它独具特色，值得分开论述。早期通过对从其他国家进口商品征收关税来保护美国的工业和商业的努力，基本上是直接帮助商业的，尽管它也认为，由于其他国家的工资通常比美国低，这样的关税也保护了美国的工资标准。然而，由于对来自

420 其他国家的劳动者的输入没有保护性关税，显然，劳动者在保持工资的努力方面遭受了激烈的竞争。

在工业巨大发展时期，正如发生在铁路建设、钢铁制造业那样，大量渴望工作、愿意接收几乎任何工资水平的强壮工人涌入美国。大量的就业者平均工资大约每周 10 美元，城镇居民还通过接受寄宿者和各种其他的方法加以补充。在淡季或经济危机时期，大量的工人失去工作，增加了慈善和公共救助的负担。许多人相信，大量这样不熟练的劳动者的加入——由于他们来自不同于美国的国家，不仅仅在语言方面，而且在社会和政治制度方面，总之在教育水平方面——不仅对经济标准是威胁，而且对文化、政治标准也是威胁。在许多地区，外来的选民被老练的政客组织起来，作为一个单位来使用，特别是在大城市。因此就有了经济决策受到社会其他部门有害影响的情况，这威胁、破坏了某些美国生活中根本的东西。

工会和那些在市民层面上担心无限制移民的人们的共同影响，导致国会采取了限制移民的措施。现在的趋势，是缩紧而不是放松这些限制。

## §6. 收入税

在社会控制领域，美国迄今为止所采取的最严厉的措施就是《联邦宪法的第十六修正案》。这个修正案授权国会对收入征税，于 1913 年生效。

不可否认，该修正案在原则上并无新意。欧洲国家已经长期依靠收入税作为其年收入的重要部分，并且采取了等级制，即收入越高的人应该按越高的税率

421 缴纳。在最初的美国联邦宪法中有一个规定：除了在人口基础上，国会无权直接征税。这意味着，对富人征收的税不可能比对穷人征收得多。由于不可能在这基础上收税，除非它很少，于是为了筹集到联邦政府运行所需的钱款，国会只好求助于其他形式的税收；主要依靠关税，即对从其他国家进口的物品征的税，以及“国内税收”，即对酒和烟草的制造和销售所征的税。这两种税收都是对消费品收税。一个穷人养一大家子，也许比一个富人养一个小家需要购买更多的糖。就对糖这样的必需品征税而言，从比例上说，这种税对穷人比对富人要重很多。关于酒和烟草，这种理论说它们是奢侈品，不是必需品。但是，这些税毕竟是重重地压在穷人头上的负担。无人作出努力，根据支付能力的比例来分配负担。这种不满情绪（这种情绪导致了工厂立法、控制公用事业、限制垄断和托拉斯。

它在罗斯福总统当政时所谓的进步运动中达到了高潮),引起了抗议现存税负不平等的风潮。

在内战时期,收入税生效,但后来被废弃。1895 年,最高法院宣布这种税违宪,令许多人非常不满。克服这个障碍唯一合法的方式,就是通过对宪法的修正;但是到此时为止,对宪法的修正通常只有在巨大压力的情况下才会被采纳。自从在内战结束时采纳第十三、第十四、第十五修正案以来,一直没有人提出建议采取这一步骤。然而,在那时普遍存在的百姓不满中,这种情绪越来越强烈,许多政党赞同修正。塔夫脱(Taft)总统建议国会提出这样的修正案,让州议会批准。1913 年宣告生效。

在世界大战期间,对最高收入征税曾经一度达到 80%。在繁荣的 20 世纪 422
20 年代,所有阶层的收入税都减少了。但是,在 1932 年,为了平衡国家预算,又提高了。

政治学家伯吉斯(Burgess)教授曾经赞赏以前在立法权和美国政府的宪法限制之间达成的平衡,现在很快就指出了这种修正的革命性质。[①] 当然,这种税收的实际运用还要服从国会偶尔的酌情决定权;但是,毫无疑问,在原则上,它使得比在它生效前的税负更为公平的税负分配成为可能。

**参考文献**

Clark, *Social Control of Business*, 1926; Commons, *Legal Foundations of Capitalism*, 1924; Freund, *Standards of American Legislation*, 1917; Goodnow, *Social Reform and the Constitution*, 1911; Slichter, *Modern Economic Society*, 1931; Stimson, *Popular Law-Making*, 1910; Taeusch, *Policy and Ethics in Business*, 1931; Gruening, *The Public Pays: A Study of Power Propaganda*, 1931; Levin, *Power Ethics*, 1931; Laidler, *Socialism in Thought and Acition*, 1920; Stevens, *Unfair Competition*, 1917; Davies, *Trust Laws and Unfair Competition* (Government Printing Office), 1915; Radin, *The Lawful Pursuit of Gain*, 1931; Wormser, *Frankenstein, Incorporated*, 1931.

---

① 《政府与自由的和解》(*The Reconciliation of Government with Liberty*),1915 年。

# 22.

# 走向未来

423 ## §1. 资本主义制度的趋势

在有组织的社会纠正资本主义制度的某些缺陷以外，还有许多人相信某些很有希望的趋势在起作用。也许最显著的趋势是亨利·福特(Henry Ford)先生所强调的。它有很大的权威性，因为它实际上在福特先生自己的工厂里已经产生了效果。福特先生认为，大规模生产的方法，使得有效率的经理能够做四件事：(1) 降低价格，从而有益于消费者，扩大产品的使用；(2)提高工资，从而不仅提高士气，而且通过使工人变成消费者，进一步扩大产品市场；(3)缩短时间；并且(4)增加利润。

也许人们说，汽车产业为大规模生产提供了一个格外有利的领域；其他因素，例如国家禁止酒类的制造和销售，起到了提高百姓购买力的作用。然而，高工资低价格的策略，与认为低价格只有通过低工资来达到的早期理论相反，是对商业原则的真正贡献。

引起人们注意的另一个趋势，被卡弗(Carver)教授称为"美国现在的经济革命"[1]。"它是一场革命，"他断言：

424 旨在通过使劳动者成为他们自己的资本家，通过迫使资本家成为某类

---

① 卡弗：《美国现在的经济革命》(*The Present Economic Revolution in the United States*)，波士顿，1926年。

劳动者，从而来消灭劳动者和资本家之间的区别，因为他们中的许多人已不再仅仅以资本的回报为生。这在世界历史中是个新生事物。

劳动者不是继续和资本作战而是开始承认它的力量，并把它作为改善自身的工具。至少有三种证据大致表明劳动者正在成为资本家的程度：第一，储蓄存款迅速增长；第二，劳动者对公司股份的投资；第三，劳工银行的增长。

劳动者拥有股票和债券的程度，是否可能让他们在较大程度上参与企业的控制，这是非常可疑的。通常给予雇员的优先股，在企业的控制上没有任何发言权。当然，有风险的普通股票常常能在市场上买到；一段时间后，劳动者可能会以这种方式获得对控制的发言权。

通用电气公司的欧文·杨(Owen D. Young)先生强调的第三种趋势，是把管理和所有权分离的趋势。这种分离在某些大公司非常深入。当所有权和管理集于一人时，在利润动机激励下的所有权就可能作出除考虑利润外，没有充分顾及其他考虑的决策。但是，当所有权变成大量的股东的形式时，当一个企业如电气行业，涉及技术、科学研究以及和许多雇员确保和谐的工作关系的能力时，要成功地进行管理，就需要专家和心胸开阔的管理人员。这样的管理人员，不是那么容易被迫只考虑利润的。这些人员本身主要是在工资基础上工作的。比起直接的利润，他们常常对制造优良的产品、获得公众的好评更感兴趣。杨先生说，这样的管理，不仅仅考虑所有者的利益，还考虑工人的福利和对公众的责任。

第四种趋势是联合的形成，它接受了商业伦理规范，或者说强调“服务”标准。某些估计会降低公众对商业道德尊重的做法，受到这些伦理规范的谴责。确实，它们通常没有对付根本问题；而且，这样的联合，如扶轮社(the Rotary)[①]、同济会(Kiwanis)[②]、狮子俱乐部(Lions)[③]、乐观者俱乐部(Optimists)[④]，或多或少渴望激烈的改革而不是好的午餐。而且，它们还不满于现状展现的趋势。“服务”的准则肯定比所有(现在依然奉行的，即使没有这样公开表达的)太普遍的 425

① 现名“扶轮国际”(Rotary International)，是专业人员或商人的国际性社团。——译者

② 美国工商业人士的一个俱乐部。——译者

③ 现为狮子俱乐部国际协会 (The International Association of Lions Clubs)，通常简称国际狮子会，是一个全球性的慈善服务组织。——译者

④ 现为乐观者国际俱乐部(Optimist International)，是一个帮助青少年的国际志愿组织。——译者

"空手套白狼"的准则要好得多,后一准则主要支配着投机。

许多人认为,公司的态度和行为必须有一个大的改变。人们认为,由于公众赋予公司有价值的特权,它们应该把公众利益放在首要的地位。这是有关所谓公共服务公司的理论;其他公司对它们的责任应该采取相同的观点,如果它们不主动这样做,就应该被置于政府的监督和控制之下。这将导致沃姆泽(Wormser)教授所说的"社会化的公司资本主义"。[①] 组织公司是"为了利润",因此公司是以纯利润为动机的突出例子。利润似乎常常被认为是以牺牲易受骗的投资者为代价的,就像发行和销售没有实际价值的股票一样。而且,它常常被解释为高级管理人员的利润,就像一个公司给予已经获得高薪的高管上百万的奖金,却不派发红利。而且,它被解释为牺牲投资者利益的圈内人的利润,就像在股票的安全性和价值上欺骗公众来操纵股票一样。而且,它还被解释为繁荣时期股东的利润,而没有为随后萧条时期的雇员做任何考虑。如果资本主义制度要延续的话,商业就必须大扫除。"公司资本主义者,"沃姆泽教授说,"如果他们想面对他们目前遭遇的严峻的情况,就必须把自己想象为'受委托者'。"

公众利益影响财产原则的扩展,与较早期的民意和宪法运动的精神是一致
426 的。这导致最高法院在穆恩诉伊利诺伊州案中宣告了这种学说。也许人们怀疑,最高法院是否会认为这种扩展违宪;但是,正如詹姆斯·布赖斯所说,美国人民修正了他们的宪法,以防止其崩溃后需要重新制定。我们已经知道,修改宪法并非是不可能的。[②]

## §2. 资本主义的激进的替代

在经济体制方面,俄国和意大利目前正在进行伟大的实验。要对其结果进行评判,现在还为时过早,但我们也许可以用它们来说明资本主义之外的其他方法。

1. 俄国正在大规模地实现马克思的理想。在马克思和恩格斯合作撰写的《共产党宣言》中,以及在马克思撰写的巨著《资本论》中,马克思奠定了所谓科学

---

① *Frankenstein, Incorporated.*

② 关于商业改革的主题,参见:Ripley, *Main Street and Wall Street*, 1927; Donham, *Business Adrift*, 1931; Taeusch, *Policy and Ethics in Business*, 1931; Wormser, *Frankensein, Incorporated*, 1931。

社会主义的基础。这种科学社会主义，远不同于以前被称为“乌托邦”的美好社会的理想主义的方案。这些基础包括：(1)对历史唯物主义的(或更好地说，经济的)解释，认为经济力量是决定宗教的、政治的、文化的观念和制度的基础。(2)被视为迄今为止在社会中一直存在的阶级斗争，在贵族和平民之间，或者在主人和农奴之间、资产阶级和无产阶级之间。资产阶级和无产阶级之间的冲突，注定要达到一个社会革命的危机。从社会革命中诞生出无产阶级专政，最终国家消亡，阶级消亡。(3)剩余价值，这种学说认为，现在的制造业和商业条件产生了大量的剩余价值。这些剩余价值远远超过支付给工人维持其生存的工资。这些剩余价值为拥有工厂和工具的资本家所占有。因此，劳动者受到了剥削。对这种剥削的纠正(有关阶级冲突)，在于无产阶级专政和财富的社会化。

在欧洲和美国，许多政党以或多或少修正的形式拥护社会主义原则。但是， 427
俄国是第一个进行彻底的“无产阶级专政”实验的国家，收入平均以及国家在很大程度上控制企业和土地。许多人指出，马克思本人并没有想过，社会革命会发生在像俄国那样的农业国家。他曾经在心里想象，工业化的社会是在农业和革命之间的中间阶段。所以，俄国的农民远不愿意为国家种庄稼。但是，苏维埃政府在积极推进集体农业组织；赶走富农或富裕的地主，或者强迫他们服从。而且，经营某些大企业的特许权也给了私有资本。关于这种运动是否成功，有许多相互冲突的报告，使得我们还不能对其成功和缺陷作出公正的评价。对待反对者的冷酷，大概可以部分地归结于沙皇政府时存在的长期的镇压、极端不平等和残忍。然而，毫不奇怪，其他国家的民族没有被相似的无产阶级专政所吸引。

2. 意大利在进行不同类型的实验。在俄国，政治权力服从经济阶级的控制；而在意大利，经济利益服从国家权力。意大利在一个很短的时期倾向社会主义之后，在墨索里尼统治之下的法西斯主义颠覆了权力的平衡，进而以促进国家权力和威望的方式监督或管理经济生活。一方面是雇主，另一方面是工人，都被警告：商业政策和工人的努力，绝不能干扰经济运行和国家力量的效率。

为了鼓舞献身于国家福利的最高事业，人们常常求助于罗马统治世界时的帝国传统。为了达到这个目的，严禁新闻和个人批评政府。正如这种体制的同情的辩护者对一个美国听众所说：“在美国，你也许可能把自由和效率结合起来；
在意大利，显然我们还不能够这样做，必须在两者中作出选择。”目前，法西斯主 428
义似乎是意大利的坚定国策，就如共产主义是俄国的一样。与此同时，其他国家的人们也许会对研究这些结果感兴趣。

### §3. 如果资本主义要继续的话

自由放任的极端个人主义坚持竞争是经济过程唯一的调节者，这已经被证明在现在的条件下不再是可以容忍的。正如现代城市堵塞的交通要求有一个交通指挥来管理车流、保护行人——因此，公共福利的必需，经济上处于行人地位的大多数人的必需，要求有一个最高的权威，其目标是正义而不是利润。它解释正义，不仅要维持秩序，让竞争者自行其是；而且要在工业生活条件发生变化时，修改竞争规则，保护公共利益。

因此，问题在于：是这种修正的资本主义（在其中，体现在我们的政治和教育体制中的民主原则，应该得到越来越多的重视），还是另一种修正的资本主义（在其中，自由、效率和正义只要可能就应该结合在一起——和具有更加激进特点的政策，如在俄国和意大利试验的，形成鲜明对比）？

在另一方面，问题在于：是要民主的平等原则（它在现代社会政治、宗教和教育生活中获得越来越多的重视），还是要不平等原则（以前在上面提到的三个领域中得出的，现在似乎是经济生活中必不可少的）？

也许在西欧和美国，对俄国和法西斯制度不信任的最深刻的原因是：不愿意服从一个主宰的绝对控制。在俄国，这个主宰是一个经济的阶级；在意大利，它是一个国家主义的集团。两者都声称代表全体利益，但事实依然是单一主宰绝
429 对控制。在一个例如西欧和美国流行的制度里，经济体制的主要人物和政治领域的主要人物形成两个根据不同原则选择的不同的集团。经济的领袖主要是由市场竞争来选择的。竞争选择某种有能力的人，给予他们广阔的范围来运用组织能力。现代商业和企业的效率主要依赖这种能力。政治领域的领袖是在他们赢得公众支持的基础上，通过选举来进行选择。他们代表显然不同的社会方面和不同于经济领袖所代表的利益。当控制是这样分开时，比起它集中在一个人手里，公众的利益也许会安全得多。

也许这样说是安全的：假设在不远的未来，修正的资本主义可能继续。在西欧和美国，现在的大量国民财富的拥有者，尽管他们在人口中是极少数，但运用着和他们的财富而不是和他们的人数成正比例的权力和影响。农业群体，在美国，根据收入衡量是最不富裕的[据科普兰德（Copeland）教授估计，1926 年从事

农业的人均收入是265美元，而同年整个人口的平均收入是750美元］。尽管如此，他们对土地有相对大的投资，因而赞同私有财产。这是现存制度的基础之一。产业工人也许是最倾向于改变的阶级。在欧洲国家，这个阶级的大部分人赞同社会主义潮流，但绝大多数人赞同通过宪法的和法律的方式而不是暴力的社会革命向国家控制的方向改变。然而，在美国，美国劳工联合会强烈地反对社会主义。在产业工人中，有一种广泛流行的情绪，那就是让业主和雇主自由地研发改进产品生产、配送和销售的方法；把精力集中在从这样高效的企业越来越获利的回报中，获得尽可能大的份额上。换句话说，最好是让资本家赚钱，依靠在其进账中的份额增加来获得更多的收入，而不是冒险把事情搞得一团糟，如果工人本身或国家取代资本家来拥有和控制生产、配送和财政机构的话。 430

为什么经济的社会主义迄今为止在美国进展甚微？进一步的，也许主要的原因是：在美国，人们构想的和可察觉到在进行的公共教育的规模是如此巨大和自由。正如已故密西根大学校长安杰尔（Angell）所说，这个目标（每一个孩子能够看到从家门口到州立大学的路）已经大大地扩展了，特别是在较新的州里。尽管有些人表达了担心：太多的人谋求高等教育能否满足，但公共系统不可能对年轻人关上大门。

因此，如果现在的经济制度可能继续的话，更为重要的是要考虑它的某些最糟糕的滥用、浪费、不公平如何得到至少是部分的纠正。我们已经指出，在六个地方，有组织的社会已经干预了建立在私有财产、自由企业、自由合同和自由竞争基础之上的极端个人主义的方案。某些措施——显著的有工厂法、财政的稳定、公共设施在某种程度上收费、收入税——标志着某些进步。其他的，如《谢尔曼法》，其价值就难以预测。更为明显的是，尽管对于某些目标，我们可以恰当地依靠法律和公共管理；但对其他目标，只有通过教育、生产者和消费者双方态度的改变才能达到。我们也许可以把这些领域大致分为：(1)增加生产、减少浪费的问题；(2)安全问题；(3)保护工人，特别是妇女、儿童，防止危险工序和机器，防止过长时间、过度疲劳和有碍健康的条件的问题；(4)提高商品消费者的智慧和审美、提高娱乐标准（和商业化标准对比）的问题；(5)经济过程中巨大收益更为公平的分配问题——更为公正，一是根据对服务社区的情况来衡量，二是根据功能社会的要求来衡量。

431 ## §4. 必要的改进

1. 增加生产和减少浪费。增加生产，主要是管理工程问题。在这个方向上已经取得了很大的进步。通过开发新的供应源，通过更为有效的利用，通过不断改进的组织，以及在许多情况下，在管理和工人之间更好的合作，动力（水力、蒸汽、电力）的比率不断增加，导致了效率的提高。利润动机当然也纳入了这个目标。在这个术语的普通意义上，它不完全是管理问题，因为工人在增加生产中合作的意愿部分取决于他们对分享由这合作带来的回报的期望。但是，如果我们从最广泛意义上理解管理工程，它也许包含对人的因素的考虑，导致更为公平的分配。

防止浪费，大概也被认为是管理工程问题。所涉及方法，也是如此。人们在电力照明、蒸汽发电、运输方法上做到了不同寻常的节约。[①] 而且，这些节约导致降低成本、防止煤炭浪费，以及在许多情况下为消费者降低价格，从而带来更大的市场。但是，在资本主义制度下的工程师并非总是有自主权的。是否允许他节约，取决于节约或浪费哪个有更多的利润。例如森林的管理和砍光的地区重新造林，到目前为止，似乎浪费比节约或重新造林利润更高。欧洲许多国家成功地把森林及其管理置于公共所有权的控制之下。联邦政府也有大片的地区处于国家林业系统管理之下。州和市的林业系统也开展了一些实验。甚至在马萨
432 诸塞州，那里的法院在保护私有财产、防止公共竞争方面极端保守，也允许城镇拥有森林。在石油的提炼方面，最近的石油业主在加强合作、减少浪费方面的活动给人以希望。但是，天然气大多被无情地浪费了。

2. 迄今为止，工程师无法防止浪费的另一领域是失业领域。在这里，他的无能不是直接由于利润动机，因为工业和商业萧条期的反复出现至今尚未得到完全认识。政府对银行业的监督，确实减少了私人管理完全无法防止的“货币恐慌”。但是，经济周期仍然没有得到控制。某些精明的、强大的个人也许非常可能通过抓住机会而受益：在证券处于低价时买进；在繁荣期的顶峰时，把它们卖给轻信的公众。然而，他们不会为不景气完全负责任。最沉重的负担落到了那

① 作者观察到一个小规模却颇为典型的例子：一个煤炭运输公司原来要 40 个人和 120 匹马，现在的运行只需要 2 辆卡车和 2 个司机。

些失去工作、开销之余再没有余钱以备不时之需的人们肩上。美国的方案是让他们自己当心，让他们的家庭受苦，除非受到慈善机构救济。欧洲已经为失业、事故、疾病和衰老的风险作了准备。鲁宾诺(Rubinow)先生说：

> 在这个国家(美国)，每一个失业期都导致乞丐的增多，向私立的和公立的慈善组织申请救助的增多，犯罪、疾病和总体的道德败坏的增多，其总体社会后果肯定比人们假定的英国所谓救济系统的败坏道德的效果要严重得多。①

有17个州的立法机构采纳了帮助老年人的措施。但是，美国的工人比欧洲的工人更为节俭，这个事实使政府未能及时地采取措施去消除明显的不公正，即让失业的不幸落在最无力承受的人们身上。在科学家和工程师发现防止失业和它造成的浪费的方法之前，社会保险或政府承担的某种形式的大的公共工程是 433
唯一可行的补救办法。仅仅因为国家救济贫困、缓解不公正的计划最早在欧洲尝试过就反对它，这种反对是荒谬的。说社会保险是“家长式的”、“社会主义的”或“德国的”，是随意的废话。

3. 不应该为了利润而牺牲生命和健康，很少有人公开否认这个原则。为了保护工人，特别是保护妇女、儿童，很多个人提出了倡议，政府也采取了不少控制的措施。然而，还有许多事情要做。第一次世界大战以来，有些州仿照国家帮助那些在战争中致残的士兵康复的例子，已经开始帮助企业中致残的工人康复，帮助他们重新接受教育。展现在许多方向上对政府慷慨的人道主义的举措普遍的反对，明显地推迟了要建立国家对儿童的保护以防止未成年人就业的任何成功的努力。然而，我们相信，仅仅由州采取行动是不够的。但是，与此同时，那些生活在没有禁止童工的保护措施或保护措施不力的州里的人们，可以努力提高地方标准。在美国，整个劳工立法运动几乎长达30年之久，但它还不成熟，不能保证更多的进步。某种形式的公共健康保险，为那些收入少的人提供充足的医疗和住院服务，大概也是必需的。

4. 提高消费者的品位和提高商品标准。如果(1)所说的问题主要是工程师

---

① 柯比·佩奇(Kirby Page)：《一种新的经济秩序》(*A New Economic Order*)，第168页。

的，(2)所说的问题主要是政府的，提高消费者品位和商品标准的问题则主要是教育问题。正如我们已经看到，利润动机是不够的。就汽车行业来说，这个动机起了很好的作用，它们在美观和功用方面有了很大的改进。

另一方面，这个动机在提供质量更好的住房方面几乎彻底失败。毫无疑问，现在的住房在管道、照明和供暖设备方面比 30 年前要好得多。但是，城市的拥挤、普通工人(在工厂或铁路附近的)住房周边肮脏的环境，以及在利润动机的影
434 响下几乎普遍的做法：在城市的土地上堆满了众多的住房，除了在政府干涉下建造的公园和运动场以外，没有为儿童玩耍和成人娱乐留下空间——这些展示了利润动机几乎最糟糕的情况。正如工程师受到利润的限制，想要好好设计的建筑师受到租金和利润的限制。法院不允许政府提供更为健康的住房，因此最终的补救办法似乎通常是教育消费者要求不同类型的住房。政府在住宅法和分区法的约束下，仅限于防止对公共卫生和高雅品位较粗暴的侵犯，限于积极地为公园和运动场地提供自由的空间。这个国家一些新的地方比老的地方能够为儿童提供更充分的空间，而后者认为，公众没有必要这样做。食品掺假是利润动机不可信的另一个例子。在这种情况下，法律禁止了涉及食品某些最糟糕的做法。然而，不可能依靠法律来防止所有的坑蒙拐骗。

教育，伴随着日益增加的科学的质量标准的应用，是不可或缺的。首先，我们必须依靠教育来提高艺术、文学和娱乐的标准。立法也许可以防止商业娱乐、商业艺术和商业文学某些让道德蒙羞的做法。但是，它不能保证更为健康的审美。在这个领域，不同于汽车行业，更大的利润似乎在于更差的产品。电影、爵士乐、连环漫画和多种多样其他形式的流行娱乐，不是那些懂得高雅艺术、高雅音乐和高雅文学的人们视为骄傲的东西。一个普通人白天在工厂干活、晚上看电影的文明，仍然还有很长的路要走。

5. 公平分配。正如已经说过的，公平分配也许可用几种方式来讨论。我们发现，说一个人做了多少贡献是格外困难的，其实几乎是不可能的，因此要决定每个人从总库中应该得到多少是不切实际的。这个总库包括积累的知识、过去
435 几代人的技术、发现者和发明者的天才、科学家耐心的劳动、和平生产必需的秩序和社会标准，以及我们从过去继承下来的、对颜色、形状和声音的审美和敏感。唯一有希望的方法是：当柏拉图问什么是一个好社会所必需时，他所建议的路径。代表财富的不平等，也许有人会说，如果财富按照现在这样分配，工商企业

就会有更多的资本可以利用；这在过去，如果不是在所有的但至少是在许多情况下，也许是对的。我们还是用 100 个人分 1000 美元为例来加以说明。如果每个人分得 10 美元，他可能把它花在某些当前所需上；而如果 90 人每人得 1 美元，另外 9 人得 40 美元，剩下 1 人得剩下的 550 美元，也许最后提到的人会用 550 美元中的至少一部分来进行某种新的投资。但是，现在我们认识到，这也许太过分了。如果大量的人只有足够的收入维持贫乏的生活标准，商品市场就会相应地受到限制。富人们不可能无限地消费。大量的人提供了大的市场。正是通过经常的教育，越来越多的人使用越多越好的商品，市场才得到扩大和维持。某些有远见的雇主倡议提高工资以增加消费者数量的运动，被经济学家赞扬为朝着一个聪明的方向努力。

不幸的是，农民处境更为困难。从公共福祉的观点来看，小土地和独立农场的持续经营有许多优势。另一方面，也许可以证明，它们不可能抵挡在工业社会已经实行的形成更大经营单位的趋势。与此同时，农民低价卖出他的产品，高价买入他必须买的东西；而如果他需要帮手，又必须和企业支付的工资竞争。

追求收益更为公平分配的努力，并不一定局限于更高的工资。社会经常通过公共机构为其成员提供更多的帮助。突出的例子当然是公共教育系统。许多社区提供教材、教室和教师。公共图书馆、公立公园和运动场地在缓解城市拥挤的不良影响方面，起了很大的作用。诸如汽车和收音机的发明，使科学的进步能 436
够为大众所用。赠送给医院和教育方面的慷慨的礼物、对各种研究的捐赠，正在不断地使更好的生活标准成为可能。

有时候，有人反对说，公众的这些活动会对私营企业不利，它们有着现代社会非常重要的因素——自力更生和独立。另一方面，通过教育和熟悉生活中更美好的东西，为各种条件的所有人打开更宽敞的大门，这将不仅仅是达到平衡。用我们从希伯来人和希腊人那里学到的智慧来看，从现代有关科学方法和更充实的生活的观念来看我们的经济生活——我们也许可以说，一个好社会应该努力保证正义，应该对多种多样受欢迎的商品保持一种正确的看法，应该考虑所有的人际关系，应该提高所有人向平等和民主的那个高度努力。这种平等和民主不仅是高尚精神的理想和渴望，而且是现代世界中日益增加的大多数人的理想和渴望。

## §5. 扭曲的看法

我们已经从正义、自由和平等方面考察了现在秩序的优点和缺点。总而言之，我们注意到，也许所有问题中最重要的问题就是正确的看法问题。如果经济活动支配了生活——如果经济秩序主要依赖于利润动机（不同于职业优秀动机，例如技术，也不同于给予所得到的以公平回报的实用的动机），那么就有一种危险，即生活中的某一部分成了至高无上的东西，它本来应该附属于或充其量和其他兴趣、价值相协调。人们早就说过这样的话——“生活不仅是吃饭”，现在看来更是如此。而且如果财富成了主要的（如果不是唯一的）兴趣，生活中某些宝贵的高雅的东西，如爱、正义、知识、美，就会“流离失所”。托尼（Tawney）先生谈到在获取财富时无约束地运用权力以及这种观念（对这种追求，除了个人认为是否适当的外，没有任何约束）时说：

437 在这样观念的推动之下，人们变得不信教、不相信智慧、不喜欢艺术；因为宗教、智慧和艺术意味着对约束的接受。但是，他们变得强大和富裕。①

这绝不是说，所有从事商业和企业的人都完全沉浸在对财富的追求之中。每个人都知道，许多突出的事例反驳了这种评价。它想要说的意思是：专门依靠利润动机，依靠财富的最高重要性，就会扭曲对整个生活的正确看法。

### 参考文献

Beard (Editor), *Whither Mankind,* 1928; Donham, *Business Adrift,* 1931; Hamilton, “Freedom and Economic Necessity,” in *Freedom in the Modern World,* edited by Kallen, 1928; Page (Editor), *A New Economic Order,* 1930; Slichter, *Modern Economic Society,* Part IV., 1931; Tawney, *Equality,* 1931; Tufts, *The Ethics of Coöperation,* 1918.

① 《贪婪的社会》（*The Acquisitive Society*），第31页。

# 23.
# 婚姻和家庭

人们理想地认为,家庭有一个目标,即其所有成员的共同利益,具体表现在三个方面。(1)婚姻把男女之间激情的或友情的依恋转化成共同目标——相互利益的有意的、亲密的、永久的负责任的联盟。正是这个共同目标,这个比各自分开时所能获得的更高尚、更宽广、更丰富的善,把激情从冲动的、自私的层面提高到道德的层面;正是这特殊的亲密和对共同的同情和合作的特殊要求,给予它比普通的友谊更为深刻、更为宽广的意义。(2)家庭是伟大的社会力量,它关乎种族的照料和培训。(3)这种功能受到父母品格的影响。温柔、同情心、牺牲精神、意志坚定、负责任和活跃都是需要的,通常也是由孩子激发的。简单回顾一下家庭的发展,可以为考虑它现在的问题铺平道路。 438

## §1. 现代家庭的历史先例

性别的划分对于生物学家来说,是一种保证更大的差异从而保证适应和进步更大可能性的力量。它对于社会学家来说,具有在功能上更加多种多样的价值,从而产生一个比没有它要丰富得多的社会。从道德上来看,这些价值的实现,以及对上面谈到的品格的影响,主要取决于婚姻联盟形成和维持的条件。联盟参与方的数量、联盟形成的模式及其稳定性、夫妻关系、父母和子女的关系,在 439
西方文明中展现了一种朝向某些进步的趋势,尽管这种运动是不规则的,甚至有时被某些停顿或回归打断。

早期的家庭,在世界的许多地方无疑是这样形成的:当一个男子离开他的父母"到妻子家去",也就是说,女子留在她自己的族群里,而男子离开自己的族群和她一起生活。这样会让女子的亲戚对她持续保护，也是持续控制，使得孩子属于母亲的部落。正如近来人种学者似乎倾向于同意：这并不意味着母系家庭。归根到底，女子的叔伯和兄弟而非该女子是这家庭的权威。与此同时，在体力是一个很大因素的阶段，这种类型的家庭和下面提到的相比，无疑有利于女性的身份。

当女子离开自己的族群到丈夫家里生活时，这意味着她可能失去族群对她的支持；同时也意味着巨大支配力的获得，这种支配力确保了妻子的忠诚、父亲对孩子的权威与关心，并最终确保了家庭的持久和稳固。在罗马的父系社会中，丈夫和父亲的权力达到了极点。夫权或父权给了男子生杀大权。父系类型的家庭在其最好的方面，培养了统治者和主人的尊严和权力，培养了小心翼翼地关注自己、妻子和孩子以保持种姓不被玷污的荣誉感；最后，保护者、被保护者各自的态度加强了相互之间的吸引力。在其最差的方面，父系类型的家庭意味着横行霸道的野蛮、悲惨顺从的软弱和不可救药的不公正的痛苦。

伴随着这种“父权”的确立，是多种多样获得妻子的模式。当一个男子得到一个妻子而不是到妻子那里去，他也许抢她、买她或者提供服务来交换她。在这些情况下，她也许在某种程度上就成了他的财产。这并不必然意味着一种耻辱感。卡菲尔(Kafir)[①]的妇女承认，她们非常蔑视那些妇女不值得买的制度。但是，从整体关系来说，一种商业理论显然受到青睐。也许，新娘的同意有时是交易的必需部分，但并非总是如此。

440 这种拥有“父权”的家庭，也可能支持这种理论：在婚姻中，男性应该比女性有更大的自由。在最低类型的文明中，我们常常发现，用我们的观点来看，婚姻关系非常松散，尽管如在第2章中所说的，这些民族通常用规则(和谁可以结婚或有婚姻关系)的刚性规定来弥补这一点。随着文明的某些进步，随着父权的发展，我们可能发现，人们开始接受首领或一些有钱人的一夫多妻制，即使普通人可能只有一个妻子。在某些情况下，几个妻子也许是经济的优势而不是负担。在父亲和孩子最为重要的家庭里，妻子甚至愿意仆人为家里生孩子，只要承认那些孩子是她的。因此，丈夫获得了更大的自由——一妻多夫制在文明的民族中似乎很少，除了在贫困的压力下。丈夫更大的自由也可能体现在离婚的事情上。

---

① 阿富汗东北部的民族。——译者

在许多未开化的民族中，离婚对于双方来说，如果双方同意，是容易的；但是，对于父权占上风的家庭来说，几乎总是男子要容易得多。古代希伯来人可以随意地休了他的妻子，但是没有听说女方也有类似的权利，毫无疑问，立法者没有想到这一点。《汉谟拉比法典》准许男人赶走孩子的母亲，只要给她和孩子适当的扶养费；或者赶走未生育的妻子，只要收回彩礼；但是如果妻子做了蠢事或浪费的事，也许离婚就没有任何补偿，或者直接成为奴隶。妇女也可以要求离婚，“如果她是节俭的，没有过错，她的丈夫离家出走且轻视她”。但是，如果她未能证明她说的话，她似乎就成了一个长舌妇，“他们会把她扔到河里去”。印度和中国盛行父系家庭，婆罗门加上了寡妇不能再婚的规定。丈夫方较大的离婚自由，也伴随着对婚姻忠诚非常不同的标准。对于丈夫的不忠，往往没有惩罚，或只有轻微的处罚；但对于妻子，则常常是死罪。

西方文明中的现代家庭是三种主要力量的产物：罗马律法、日耳曼人的风俗和基督教会。早期罗马律法承认丈夫和父亲的极端权力，妻子和孩子在他的“掌 441
握之中”。所有女性必须在某个男子的监护之下。根据婚姻的三种早期形式，女子从她父亲的权力和掌握之中完全转移到她丈夫的权力和掌握之下。与此同时，她是唯一的妻子，离婚很少。但是到共和国结束时期，一种新的婚姻方式（允许女子留在她父亲的监护下）开始流行，随之而来的是容易离婚的理论。结果，讽刺作家们指控其败坏道德；但霍布豪斯认为，总体来说，罗马的已婚妇女似乎保住了作为她丈夫的伙伴、顾问和朋友的地位，而这种地位是她在那些更为严厉的时代拥有的；在那些时代，婚姻使她处于他的合法统治之下。①

日耳曼民族承认丈夫几乎拥有无限的权力。凯撒所说的他们中盛行的追求自由的热情，似乎并没有为他们的妇女要求任何大的自由。事实上，他们像其他民族一样，可以说满足于自由和控制的两个原则，即把自由赋予所有或几乎所有男人，把控制赋予女人。霍布豪斯从而总结了这样的情况：

> 丈夫的权力得到了强有力的发展：他可以遗弃婴儿，责打妻子并处置她个人。他不能把她处死，但是如果她不忠的话，在其亲属同意下，他就是法官和行刑者。妻子是他用金钱买来的，所以无需考虑她的意愿，或者直接通

---

①《道德的演变》，第1部分，第216页。

过她的家庭购买了她。在早期，妻子根本没有继承权，尽管后来她在没有男性继承人的情况下获得了继承权。妻子永久地受到监护，简而言之，就是要服从中国的“三从四德”。随着封建权力的发展，以及皇帝或其他封建君主统治的加强，这些规定必然会增加。监护权或者保护权在早期的法律中，不是保护受监护人的手段，而是监护人的收益来源。由于这个原因，它按市场定价，而且事实上，它很稳定，直到中世纪。最后，日耳曼的妻子，尽管受到
442 尊重，但没有早期罗马贵妇享有的那种确定性，即在家里能够独自作主。确实，在早期德国部落中，多配偶制很少；但是我们已经看到，这在两性数量相等的地方普遍如此。只有首领才可以实行一夫多妻制。

教会对婚姻和家庭生活的影响沿着两条冲突的线路展开。一方面，对圣母玛利亚和圣人的敬仰和崇拜，倾向于赞扬和提升女性的观念。而且，婚姻被认为是“神圣的东西”、神圣的奥秘，象征着基督和教会的关系。从一开始，牧师的祝福赋予其宗教的神圣性；慢慢地开始出现结婚的礼拜仪式，这增加了婚礼的严肃性；最终，整个仪式成了基督教的典礼而不是世俗的宴会。[①] 整个制度无疑被提高到更为严肃、更为重要的地位。但是，另一方面，禁欲主义倾向的影响也同样顺流而下，随着它的发展，这种影响越来越深刻、越来越宽广。尽管从一开始，那些“禁止结婚”的说法受到了公开的谴责，但几乎总是有人认为，独身者的生活有着更高的荣幸。如果说婚姻是神圣的事情，但人们依然认为婚姻使一个人不适宜执行神圣的事。女人被认为是原罪的起源。根据这种观点，婚姻是对人类弱点的迁就。“大多数男人和女人必须结婚，否则，他们就会干更坏的事；因此，婚姻必须变得简单；但是那些非常纯洁的人躲避婚姻，就像躲避污秽。从这个根源产生的法律不堪卒读。”[②]然而，必须注意到，尽管独身主义通过选择性的过程会不断地去除出色的、有志气的男人和女人，而且阻止他们留下后代，但是它对女性有一个重要的价值。女修道院立即成了避难所和一扇通往活力的大门。“为女修道院里的人开放的职业，比在现代欧洲历史进程中为妇女开放的任何其他

① 霍华德(Howard)：《婚姻制度的历史》(*History of Matrimonial Institutions*)，第1章，第7章。
② 波洛克和梅特兰：《英国司法史》，第2卷，第383页；霍华德征引，第1卷，第325—326页。

就业都要多。"[①]

对婚姻关系中的公平、从而是对更好的家庭理论的两个重要贡献，无论如何应该记在教会的功劳簿上。第一个贡献是：双方的同意是构成有效婚姻的唯一必需的条件。"在这方面，教会不仅要和旧的传统、父母的权威作斗争，还要和封建主的领主权力作斗争。公正地说，这也应该归功于教会，它把妇女从卑躬屈膝中解放出来，把妇女从和她生活最重要事件无关的状态中解放出来。"[②]另一个贡献是在保持神圣婚姻的持久性方面（正如它所做的那样），它认为，对于丈夫和妻子来说，破坏婚姻都是不好的。较早的理论把不忠看成对丈夫财产的侵害，或者看成导致孩子血统的不确定性，这保留在约翰逊(Johnson)先生的"无限的"差异的格言中。除了丈夫对其财产和孩子的关心，妻子的感受，甚至丈夫的感受，似乎都没有考虑。 443

因此，教会修改了日耳曼和罗马的传统，但是并没有整个儿地抛弃它们；因为关于妇女在家庭生活的实际地位方面，她们自己也有分歧。新教背叛了罗马，反对它的两种婚姻理论。一方面，改革者认为，婚姻不是神圣的，而是公民的契约，允许离婚。另一方面，他们认为，婚姻是值得拥有的状态，进而废除了牧师的独身。然而，女性的"顺从"，特别是已婚女性的顺从，一直是合法的理论，直到最近。在英国，布莱克斯通时代的理论是："在婚姻期间，妇女的真正存在或合法存在中止了，或者至少是合并和融入到了丈夫的身上。在丈夫的羽翼保护和控制下，她做一切事情。"根据旧的法律，他可以给予她"适度的惩罚"。"但是，在查理二世更为温和的统治下，这种惩罚的权力开始受到质疑。"然而，直到 1882 年，英国已婚妇女才获得了对其财产的支配权。在美国，旧的不公正的习惯法得到许多法令的逐渐纠正，直到在涉及财产和孩子方面的实质性平等得到了保证。

## §2. 社会和影响家庭的观念最近的变化 444

正如家庭大概是人类机构中最古老的——比作为独立因素的政府古老，大概也比独立组织的宗教古老——显然也是有关日常生活中男人和女人的机构。虽然从生物学说，它根源于性，但它还从经济的、宗教的、政治的和艺术的源泉中

① 埃肯斯坦(Eckenstein)：《修道制度下的妇女》(*Woman under Monasticism*)，第 478 页。

② 霍布豪斯：《道德的演变》，第 1 卷，第 218 页。

汲取力量。从母系类型向父系类型或者从多配偶制到单一配偶制的转变，是缓慢渐进的，倾向于这种力量的增强而不是这种关系的永久性和关系共同体的削弱。受教育期的逐渐延长，造成了基于对孩子共同兴趣的结合的延长。这加强了父母之间的团结。然而，在目前，这些力量的合力似乎朝着相反的方向起作用。经济的、政治的和宗教的条件形成了革命观念的背景。

经济变化和主要是经济变化结果的城市生活，在这种情况中是首要的，也许是最重要的基础因素。以前时代的家庭，基于性和父母关系，呈现出一种主要由丈夫、妻子和孩子之间的劳动分工的需要和共同财产，特别是稳定的住处——家构成的模式。住处常常是工业、娱乐和宗教的中心。在文化达到较高的狩猎和农业阶段之后，男人和女人之间的劳动分工是：男人必须把猎物带回家或在田野里劳作，而女人则是做饭，照顾家里。因此，他们是相互依赖的。男人发现自己不会做饭，特别是不会照顾孩子。相应地，女人在捕获猎物和在田野里劳作方面处于劣势，尽管在许多情况下，她可能参与这些活动。所有的工作以及享受生活，都是以家庭为中心的。

工业革命把男人和女人都送进了工厂，它甚至席卷了大量的孩子。因此，工
445 业变化最早影响了工人阶级——经济上比较贫穷的社会分层——在这个阶层中，男人和女人的工作是维持生存、抚养孩子所必需的。虽然它没有中断把丈夫和妻子结合在一起的法律联系，但确实使家庭生活贫困化了。甚至从富裕家庭夺走了所有家庭艺术和技艺，除了那些做饭的技术，从而使家庭妇女的事务变得既琐碎又无趣。美国的内战是大量女性进入教育职业的一个机会。发明，例如电话，需要女的话务员；商业的发展，为速记员、办事员、秘书、部门经理和总经理留下了空间。许多来自中产阶级和富裕阶级的女性开始在上述领域就业，使之与外部接触和经济独立成为可能。

人口向城市的迁移，以几种方式影响了婚姻和家庭生活。城市结婚率低于农村，部分原因是城市住房的租赁和家具配置的费用较高。高昂的费用打消了许多年轻的已婚者养育子女的念头。在现代城市公寓中，孩子似乎特别不合时宜；城市居住区很少有甚至没有享受便利的运动空间的机会，似乎也不是孩子茁壮成长的好地方。罗素(Russell)说，没有人会在城市的"鸽子笼"里种幼树。

现代发明也替代了家庭的娱乐中心功能。汽车在某种程度上阻止了家庭解体，因为趋势是全家一块出去活动，但它也带来了危险。已经成为主要的娱乐形

式的电影吸引了整个家庭，但是和汽车一样，它使家庭离开了家。城市的住房变得越来越小。它没有年轻人可以招待朋友的客厅。建立在家庭之间相互熟悉基础上的旧的邻里关系，实际上已经不复存在。年轻一代寻找自己的娱乐和享受，不仅远离父母，而且没有父母和邻居的监督。这尽管通常是友好的，但在旧的环境中是不可想象的。汽车、夜总会、舞厅及其他现在的消遣形式，是不利于父母 446
和孩子共同参与的。

家庭和家的外部环境的变化，伴随着观念的根本变化。

首先是关于离婚观念的改变。在英国，直到 1857 年，有再婚权利的无条件离婚只是在国会的一个法案通过后才成为可能。在 1800—1850 年，只有 90 起这样的行为得到批准。1857 年的法案确立了一个法庭来听取和仲裁诉讼程序，准许丈夫以对方通奸的理由离婚。但是如果妻子要离婚就不仅要证明丈夫通奸，而且要加上某些加重那行为的(如遗弃)罪行。但是，即使在 1857 年法案之后，英国的离婚还是不多。在那个世纪其余的时间里，大约每年有 300 到 1000 起离婚(包括法定分居)。在美国(除了在不允许离婚的南卡罗来纳)，合法离婚比在英国要容易得多。然而，1870 年后，离婚迅速增长。在那一年，批准了 10 962 件离婚；1930 年是 191 591 起。人口从 3850 万增长了近 3 倍；离婚增长到 1870 年的 17 倍。或者从另一角度来看，现在平均每 6 起婚姻就有一起离婚——东部少些，西部和西南部多些；农业生活人少些，演员、音乐家、电报员、话务员和商业旅行者多些；农村居民少些，城市居民多些。

社会态度的变化相应更为显著。1870 年，至少在东部几个州，离婚不是件好事。英国皇家法院仍然有这样的规定：离婚的人不能出席法庭。这种观点实际上在美国社会依然流行。然而，现在，宗教约束不再广泛存在，离婚与婚姻的比例是 1∶6 或 7，如果丈夫或妻子不满的话，很少有精神的、社会的反对意见需要克服。离婚的增加(1870 年以来稳定增加，至今尚无减少的迹象)引起了焦虑，因为它似乎表明有关婚姻态度方面的根本变化。

然而离婚的增加，尽管它对孩子常常是不幸的，并不是这种情形中最严重的 447
阶段。在美国，随着进入婚姻的共同意向主要建立在感情的基础上，毫不奇怪，适应的困难(智力的、经济的、社会的和性的)常常是很大的。早先感情的冲动过去了，友情未能随之而来。统计表明，在没有孩子的家庭，不满特别可能发生。然而，离婚并不必须意味着婚姻状况的失败，因为离婚者常常不是马上结婚，而是希望一次更加成功的结合。人们发现，对家庭更为根本的威胁不在于离婚，而在于某些对渴望家庭生活的态度。

这些态度中的第一种认为，性关系纯粹是个人的事情，除了涉及的双方，他人无权干预。这种观点的某些代表人物认为，孩子的到来，导致了社会正确地意识到要为照料他们提供条件。第二种态度走得更远。它没有把照料和抚育孩子的责任放在父母身上。它主张这种责任最好由社会本身让适当的专家来承担。上述两种理论倾向把社会的、法律的和道德的支持，如果不是全部也是大部分，从家庭制度中除去，并且鼓励随意的依恋而不是永久的结合。我们可以先从男人和女人的观点，然后从它们影响孩子的角度来考虑这些理论。

这些对婚姻和家庭更为激进的怀疑来自：(1)对性更加强调；(2)在经济和政治上已经很强大的个人主义，在个人关系特别是性的关系上扩展出新的重要性。

近来，性的重要性沿着两条路线得到强调——一条是审美的，另一条是生理的。

在审美领域，现代小说把注意力集中在情感生活上，特别是在它的紧张和冲突上。浪漫主义放大了理想化的性趣的魅力。现实主义学派则放大了生理方
448 面。问题小说则以常用的“三角”来描述性激情的任意性，作为对法律和传统约束的反对。全部效果是使得人们，特别是女性——因为也许她们小说读得更多——大概比任何一代人的性意识更强。这种兴趣高度地表现在发表“真实故事”或承认为实际生活经验“坦白”的杂志的巨大发行量上。

弗洛伊德学派发现了生理的影响。这个学派夸大了性的重要性并强调压抑这种原始冲动的危险。它声称，不仅在成年及以后时期，而且从婴儿期以来，就发现了性的证据。以不同形式呈现的性欲，如叔本华(Schopenhauer)的生存意志，或尼采(Nietzsche)的权力意志，是一切人类生活(清醒时或做梦时)的原始冲动。无意识常常携带或寻找机会溜进“潜意识”，压抑这样的原始冲动是危险的，因为可能强行带来危险的内向性，或者导致夸大暂时受到压抑的那个兴趣。因此，根据这个理论，禁欲主义可能会使受害者陷入杂乱无章的激情之中。毫无疑问，这是真的。宗教和社会在有关控制这种性的激情方面，常常过多地依赖禁欲主义，它们或者压抑或者忽视事实，而不是坦率和聪明地考虑它的意义和含义。然而，最近在小说中或在心理理论中强调性的趋势，使这个问题得以公开。目前，我们尚不清楚，到底这种影响是否因为孤立地看被夸大，或者它为更真实地

估计性和其他生活情趣之间联系的重要性准备了方法。

个人主义扩展到婚姻领域并不奇怪。这个时代既承认个人按自己的方式行事的权利，又承认社会的重要性，即每一个人应该尊重自己，在自己的生活、自己的目标和探索为整个人类作特殊贡献的方面要志存高远。不仅仅那些表达了自私享受或利己主义冲动的作家们，而且那些在宽广的人类目标的高度上思考的人们，都更为强烈地主张个人的价值。灵魂的价值是基督教思想的主导观念，在此挑战中得到了表达——如果一个人能得到整个世界，但却会失去自己的灵魂， 449
这对他有什么好处？强调道德生活中责任地位的伟大代表——康德提出他的普遍原则之一："人以及一般来说，任何理性的生物作为他自己的目的而存在，而不是仅仅作为可被这种或那种意志随意使用的工具而存在。"他还补充说，"人必须把自己的存在设想为如此"（即，作为自己的目的）。

这种关于个人价值原则的新的应用，出现在上个世纪解放奴隶、扩大选举权（先扩大男性人数，再扩大女性人数）的运动中，出现在与较早时期的慈善事业不同的、有关社会制度的哲学中，出现在受教育机会的总体扩大中。在经济领域，首创的自由虽然不能得到保护，但是受到人们的重视。在政治领域，个人的权利得到了宪法的积极保护。这个时代的整个趋势是远离压抑人性的某些方面的禁欲主义理想，特别是那些在贫穷、贞洁和顺从等三重誓言中所抛弃的东西。这个时代依然反对要求牺牲个人生活和幸福来保护或维持社会目的的制度或风尚。以前似乎必需的诸如战争的方法，如今变得越来越无效。如果婚姻和家庭是与个人的基本价值和发展背道而驰的，那么，它们就难以在现在的观点面前为自己作辩护。

作为考虑婚姻和家庭价值的准备工作，有必要重申：这个问题不是要通过一般规则，而是要通过考虑每种情况中特别的、特殊的因素来加以解决。这适合所有的道德行为，显然也适合像婚姻和家庭那样私人的亲密的关系。还必须进一步说明，健康和性格条件对某些人来说，也可能会严重地阻碍婚姻。明显地偏爱某些职业，就如在以前的日子里可能会认为是一种"召唤"，也是要考虑的因素。在以前的时代，这样的"召唤"常见于宗教服务领域。今天，同样的社会责任感也可以在其他行业中感觉到。然而，适当承认所有选择和在某些情况中例外因素的个人的特点，我们可以考虑普通人特别是大学生所考虑的重要理由。 450

## §3. 个人视野中的婚姻

从较为直接的因素开始，我们首先应该认识到，对于正常的个人，一方面性冲动需要表达或满足；另一方面，需要净化并使它和个人的全部兴趣、情感生活相联系，以保持适当的看法。性冲动受到挫折或压抑，可能引起变态，变得冷漠和狭隘，甚至发展出精神病和神经衰弱。性冲动不受控制——或者没有净化，没有与理智的、审美的和社会的兴趣及影响密切联系，可能会降低和扭曲人格。如果说女性更多地患有前一种病症，那么男性更多地患有后一种病症，因为他们往往求助于和所有促进稳定的、催人上进的接触相分离的性满足。

接下来考虑以其他方式满足的其他需要——伴侣关系、稳定、相互鼓励。没有必要赞扬友谊。亚里士多德说："没有朋友，没有人会在意生活，尽管他有其他一切好东西。"而且，他继续说道："友谊不仅是不可或缺的，也是美丽的和高贵的东西。"他进一步说，最真实和最美好的爱情和友谊"需要长期的亲密的交往"。因为正如谚语所说，"只有同甘共苦，才能相互了解"。而且，虽然男人之间或女人之间的友谊值得所有给予它的赞美，在某些方面，婚姻带来的男人和女人之间的友谊在处于其最佳时期时，比任何其他友谊更为亲密、更为美丽、更能相互帮助。共同的追求、希望、喜悦和悲伤的经历，特别是一起规划和关心孩子的利益和未来，这个事实建立起某种生活共同体。这种共同体在其他类型的经验中是找不到的。

451 因此，认识到性和友谊的事实，从个人的视野看到的问题是：(1)让这两者保持相对的流动，以至于随意变化，还是计划一个永久性的结构，以期它们稳定地进展更好？(2)使其中一个或两者相互分离，还是把它们结合在一起，相互合作，以达到更深层的目的更好？

赞成保持性和友谊的联系流动，是出于这样的考虑：如果一个人能够随着审美和情感的变化，建立或中断关系，无疑他在某些方面就会更加自由。至于友谊，我们常常发现，自己因年长而失去了年轻时的依恋——尽管在中年之后，甚至在30岁之后，很少能形成亲密的友谊。情感和激情容易起伏不定，为什么要承诺负责？赞成把性分离，认为它是很容易改变的兴趣，其根据也许是：众所周知，性吸引不是建立在理性基础上的，难以服从理性的控制。可以想象，一个人也许喜欢把这和建立在相互感兴趣和共同的审美之上的友谊分开。

赞成承诺的永久性，赞成把性和友谊及其他兴趣结合在一起，是出于这样的考虑：人类从动物界相对没有计划的随意的存在，进步到有意义、有价值的生活，其中一个重要的因素就是文明人有这种能力和意向，即为长远的目的作出计划并不断努力，而且建立起制度来加强和支持他的计划和努力。聪明的人，不是放弃对激情的控制，而是组织他的生活，使得激情和情感有助于生活的充实。为了这个目的，他作出义务承诺并且承担责任。生活的充实和更为持久的快乐，不能通过随便依赖任何诱惑的东西得到。当性的满足和艺术的高雅影响、智慧引导的尊严、罗马法学家在定义婚姻时所说的“整个生活的伙伴关系”、情感的优雅，以及对许多人而言，宗教制度的神圣联系在一起时，性的满足的贡献是最健康的。孤立时，它就变糟了。

这在很大程度上取决于(也许是无意识地)用来决定的标准是什么。有些人坦率地问：首先，婚姻和家庭能给我带来快乐吗？“现在，”格罗夫斯(Groves)教授写道，“它要求婚姻和家庭接受快乐标准的检验。在我们的时代，这些标准通 452
常被用作衡量各种社会活动的手段。”[①]快乐问题无疑是必须考虑的因素之一。感情是生活的一个重要部分，对幸福的期望是成功婚姻一个几乎不可缺少的条件。

但是，承认婚姻和家庭是否带来快乐的问题的相关性，有两个要点需要听取。首先，作为一个已经完全成熟的个人，我是否希望得到幸福而无需作出努力，或者无需对伙伴关系的另一成员作出调整？或者相互调整给予和索取，为共同目的而合作，是否被假定为公平检验的必要条件？第二，这样一种冒险，即创造未曾经验的东西和建立新的价值能在其中安身的结构，应该纳入我们最终的权衡和检验可能吗？

雄心勃勃的年轻人通过创造或建立某些东西——商业、企业、教堂、学校、“业务”和职业声望，在共同体中发现自我发展和有所作为的机会。他们面临困难、焦虑、失望，但是坚持自己的目的，相信这种创造性工作会带来越来越多实质性的满足。

柏拉图很好地表达了这种现象的一个方面，他说，爱的基本原则不仅是爱美

① 格罗夫斯和奥格本(Groves and Ogburn)：《美国婚姻和家庭关系》(*American Marriage and Family Relationships*)，第26页。

而且是爱创造。无论创造在身体方面还是在灵魂方面，人们通过后代，通过好的名声，通过国家和家庭的秩序，寻求不朽。把婚姻和家庭共同体看作创造新的生活领域的机会，它们也许就会有强烈的吸引力。

## §4. 社会视野下的婚姻

个体性意识的增长，促进了在个人主义基础上决定问题的倾向。而且，我们
453 当中很少有人希望在决定一个非常重要的问题时，不从其所有关系中来审视它。尤其是大学生，他们从所有时代获取养分，比大多数从其所参加的共同体中获益的人们更具有充实感。所有国家的年轻人怀着严肃认真和献身精神，参加第一次世界大战，这表明他们愿意为其认为有价值的事业奉献自己。这种严肃认真和献身精神足以证明，如果需要的话，我们的年轻后代具有和前人在长期为社会目标奉献中所展示的相同的素质。

美国伟大的法律和社会的哲学家霍姆斯大法官先生这样写道：

> 如果我们不是把我们的存在想象成[宇宙]之外的小神仙，而是想象为宇宙之内的一个节点，在我们身后有无限的苍穹。它赋予我们唯一但是充分的重要性……如果我们的想象力足够强大，可以接受把我们自己看成和他人不可分离的部分，使我们的最终兴趣超越我们皮肤的界限，那么它就可以证明：为了我们自身之外的目的甚至牺牲我们的生命是正当的。①

“无可否认，这种动机，”霍姆斯大法官对上面引语的观点补充说，“是我们在人身上发现的共同的需求和理想。”但是，一方面是个人的雄心壮志、发展和快乐的要求的调整；另一方面是社会要求的调整，这是每一个人都必须重新解决的问题。在人类发展的理想阶段，这个问题也许不再是“两者择一”，而是比现在更多的“两者一起”的问题，但是用关于自我的那一章的语言来说，这种调整总是道德问题。每个人都要作出自己的决定，但是我们可以提出某些需要重视的考虑。

当我们认为自己是人类大家庭中的一部分时，当我们不把我们的生活仅仅看作为了享乐、甚至为了自由而是为了创造工作的机会，我们就必须承认，对我

---

①《法律文集》(*Collected Legal Papers*)，纽约，1920年，第316页。

们大多数人来说，这就意味着要和他人合作来完成个人独自不能完成的工作。我们发现，自己在此处于有利的条件。这些条件是经过长期的斗争、科学家耐心的研究、发明家才华横溢的发现和数不清的"无名英雄"为了公共利益的劳动，才使之成为可能。我们觉得，"继承和发扬"是我们的特权，也是我们的义务。如果我们有健康的身体——伴随着卫生和医学的日益发展，健康越来越多地成为道德和快乐的部分——我们作出贡献的一种方式就是通过带来新的生命，给予我们的孩子我们力所能及的最好的东西。 454

近来有个作者①建议，今天我们不能像以前那样，认为世界需要增加人口。伴随着高生育率，人口的迅速增长一直是较原始文明的特征。它要努力获得在人力上的绝对优势或者弥补缺乏卫生知识和卫生条件带来的高死亡率。而且，某些国家过多的人口已经被用来为侵略其他领土或者向他们在那不受欢迎的殖民地移民进行辩解。为什么还要增加人口过多的恶？也许可以随便假定，现在没有什么好的理由要增加世界总人口，而且某些国家的人口已经过剩了。现在是质量问题，而不是数量问题。要承认到目前为止，我们的优生知识还非常不完善。这样说是合理的，即在总体上，健康父母的孩子比生病的或心智不健全的父母的孩子继承了更好的生理机能；受过教育的父母的孩子比愚昧的父母的孩子可能得到更好的照料。

事实上，现在许多深思熟虑的学者相信：保持最佳人口数量的问题，是我们面临的最严重的问题之一。因为，显然在受教育程度较高的人群和经济上较富裕的人群中，其生育率与人口中其他部分的生育率相比，正在绝对地和相对地下降。《美国科学家》(*American Men of Science*)一书的编者卡特尔(Cattell)博士发现，当代科学家的完整家庭大约是两个人，每个科学家存活孩子的数量大约为1.6。从事专业性职业的人们倾向于把婚姻推迟到30岁左右。健康或负担的理由会限制婚后孩子的数量。在富裕家庭，很少有人会意识到负担的理由。我们可以假定，享受和舒适起了很大的作用。在农业人口中，孩子是一种经济的财产，是为年老所做的准备。现代人则更可能把他们看成是一种负担，而且寻求通过保险来为年老做准备。但是，许多人没有更好地为社会的成员作出贡献，这一事实使得这一点格外重要：那些健康的、有才能的人应该尽责。这样做，他们能 455

① 鲁思·里德(Ruth Reed)：《现代家庭》(*The Modern Family*)，1929年。

发现活动范围扩大，期望得到承诺和承诺的实现带来了期待的喜悦，川流不息的生活与工作合二为一，成为满足更深层的来源之一。

从社会的视野看婚姻和家庭，要求我们考虑它们在社会结构中所起的作用。社会通过语言、传统、相互帮助、多种多样的刺激，在很大程度上使得人类的生活如其所是。在它所有的单元中，亲属关系和家庭一直是最结实和最有影响的纽带。人类学家的研究，展现了形式的灵活性，一会儿强调父亲，一会儿强调母亲；然而，他们展现了这种制度持久的稳定的力量。每个人都生于其中，在其中，他获得了他最早的感觉。生物的冲动导致了感情。如果贸易唤起精明、政府教导正义，那么正是亲属关系和家庭发展出同情和善良。因为人类之所以如此突出地有人性并富有个性，主要基于这个事实：他是一个人，没有什么能与此相提并论。因此，他通过人的群体而不是在非人的关系中获得他的人格。因为这种人格的东西是由人的关系唤起的。文化、艺术、诗歌的影响，一方面，在爱的方面发现了情感的来源；另一方面，有助于升华和丰富激情和父母的影响。宗教在父亲和母亲身上发现了温柔和牵肠挂肚的关怀的象征，转而把额外的神圣性赋予人类的联系。人类学家马林诺夫斯基（Malinowski）从功能主义的角度，总结了关于亲子关系的研究。他说："婚姻制度和家庭是绝对必要的。"

*孩子需要父母吗？*即使父母为了生活的充实，为了情感能找到适当的表达
456 对象，需要孩子，然而似乎在抚养孩子方面，家庭毕竟没有全社会有竞争力。人们普遍同意这种智慧，即当孩子达到一定年龄后，为了孩子的至少部分教育，要使孩子离开家庭。因为家庭的环境过于狭隘，过于个人化和情绪化。孩子在学校可能表现得更好，可能由全社会提供的专家教育得更好。因此有了这个质疑：相同的原则不能应用到婴儿和幼儿时期的照料吗？比起如今在无知的父母照料下或缺乏照料下或多或少随意的喂养和形成习惯的做法，一群医生、护士和幼儿园老师不是能得到更好的结果吗？回答这些问题，先要同意这一点，即在照料孩子方面，就父母而言，确实存在大量的无知；在恰当地关照孩子的心灵，特别是他们的道德方面，有着更大的无知。然而，这并非可以从逻辑上得出这样的结论：总的来说，由专家进行的不受个人感情影响的培养是更好的方式。在过去几年里，有关正确育儿的知识在父母之间广泛传播。这对于在更为困难的行为和道德教育知识方面寻找同样的提高而言，是一个鼓励。迄今为止最好的科学观念是：在非个人的机构照料下的婴儿会缺乏某些至关重要的东西，即某人对他

的爱。

假定单独的家庭环境过于个人化和情绪化，但是我们对于在一方面是亲密的个人的和另一方面是一般的社会的非个人的（保证完全放弃前者）之间正常平衡的条件知道得太少。如果过多生活在家庭环境中的孩子会变得“内向”，那么，没有个人同情和感情关系的孩子可能会特别的“外向”，缺乏有价值的才华和品格的要素。这正如在一个对孩子的身心照顾得格外好的机构里，一个护士谈到她照料下的那些孩子时说：“他们没有任何内心秘密。”

## §5. 冲突的特别来源和调整的需要 457

深深地相信正常人的婚姻和家庭，并不意味着我们忽视了这些制度中许多的不足和冲突的来源。随着教育和文化的总体进步，某些不足和冲突的重要性有所降低；其他的则变得更为尖锐。在不幸福的来源中，关于最近几年什么条件得到了改善，也许可以包括经济的和“政治的”态度。那些更为敏锐地被意识到的，是关于性的。

在经济条件中，首先必须区别工业和商业。工业迄今为止，主要影响了不太富裕的、受教育程度较低的人们。在这个领域，就它对妇女、儿童的影响而言，情况近来少有改变。在工业中，妇女的人数有点缓慢地增长；但是，她们的婚姻和家庭的急剧变化发生在一个较早的时期。相反，商业和职业生涯最近逐渐向富裕的女性和群体中受过教育的成员开放，从而使这些女性没有准备好接受婚姻和家庭生活，除了在感情基础上。经济的压力不再如旧日那么重要，那时的选择是结婚或者依靠某个男性亲戚。首先，选择婚姻或职业似乎是相互排斥的。毫无疑问，公平对待两者往往是很困难的，但越来越多的数字表明，这并非是不可能的。

这种情况在两个方面似乎容易些。首先，当女性在婚后开始考虑有利的职业时，丈夫一方对此有明显的成见；在他们看来，这质疑了他们养活妻子的能力。丈夫养活妻子，是法律承认的责任。也许并不奇怪，他们没有认识到，女性可能和她的丈夫一样，强烈地喜欢某种职业或生涯而不是家务；剥夺她们参与建设性工作和创造性生活的机会，是不公平的。女性在许多新参与的职业中所展现的
能力和精力，极大地改变了聪明人的这种态度。重要的根本不是一个男人不能 458
以金钱的方式“给予她想要的”，而是她希望有机会在世界上做她自己想做的事

情。对某些人来说，她认为最适合自己能力的，是料理家务、照看和教育孩子。但是，大约20%的大学女性没有孩子，对她们许多人来说，完全局限于城市公寓的生活是空虚无聊的。今天的女性并不喜欢生活在“玩偶之家”。另一方面，经济条件随着女性选举权和公民权的普遍进步而得到改善，即促进了家庭收入在丈夫和妻子间恰当的分配，妻子不必“向丈夫要钱”。没有一个成年人喜欢处于向另一个人要钱的地位。丈夫和妻子被假定为伙伴关系，根据古罗马的说法，“整个生活中的伙伴关系”。收入可以是一个人或两个人赚取的。无论如何，开销应该共同承担，而且收入必须根据每个成员个人负责的事项进行分配。25年前，地位问题引起的不快常常是严重的，而且是非常普遍的。今天，在受过教育的人们中，这个问题明显要少得多。共同的支票账户或个人的支票账户是便利的调整方法。在工人阶级中，家庭收入常常几乎全部交给妻子。

家庭里的权威问题，也同样伴随着教育的总体进步和政治的解放而发展。“服从”这个词已经基本上在婚礼上消失了。在某些事情上，丈夫可能更适于承担最终的责任；在其他事情上，也许妻子更适合。无论如何，应该有商有量，相互让步，而不是坚决主张。

在夫妻之间的性关系上，情况无疑变得更为自觉。以前避免讨论这个高度敏感的因素的陈旧策略，如今正在发生变化。伴随着教育和政治的解放，出现了
459 更为自由地承认女性性生活的可能性。戴维斯(Davis)博士在职业女性顾问委员会帮助下的研究、几位医生的研究以及社会观察专家的研究，至少在这个方向上开了个头。戴维斯博士对1000个已婚妇女和1200个未婚女性的研究[①]，已经证明来自其他来源的观点，即在性生活的生理和情感方面，男性和女性之间并没有像以前所假定的那样，有很大的差别。最清楚展示的事实之一，就是通过指导为婚姻做好准备的价值。这些指导包括性生活及其意义、责任和管理，从而保证最小的婚姻不愉快和最大的和谐以及相互满足。戴维斯博士在1000个已婚妇女中发现，846人把自己归于幸福等级；但她们中有很大比例在婚姻生活开始时，经历了不愉快时期。而且在她们看来，如果有适当的预先的指导，在这个时期就可以得到很大的帮助。然而，戴维斯博士对1200个未婚女性的调查表明，在那些未婚女性中，有很大比例感到需要或渴望某些形式的性满足。

---

① 《2200位女性的性生活因素》(*Factors in the sex Life of Twenty-two Hundred Women*)，1929年。

婚姻生活讨论得特别多的另一方面，是生育控制方面；或者如许多人喜欢说的，生育的适当间隔问题。人类很早就开始以某种方式控制生育——或者说，至少是控制新生儿的生命。溺婴和流产一直广泛实行。更为人性化、更为聪明的人通过避孕，发现了限制生育的较少暴力的方式。处于有大量食物供应或农业生活条件下的精力充沛的家族，往往有大的家庭——非常贫穷和愚昧的人也是如此。在美国早期殖民时期，英国的和法国的移民家庭都是很大的。近些年来，新英格兰本地父母的生育率下降到 2.61，现存的家庭下降到 1.92。同样，卡特尔教授的研究[1]表明，虽然科学家出身的家庭平均有 4.65 个孩子，但是科学家本人的家庭平均有 2.28 个孩子。461 个杰出科学家给出的信息表明，176 个家庭没有限制；285 个家庭自愿限制，其给出的限制理由是：健康，133；开销，98；其 460
他原因，54。一方面，这些数据和其他反映受教育的及富裕阶层条件的数据，引发了热烈的讨论；另一方面，社会工作者们发现的问题也引发了讨论，即贫穷愚昧者生育了大量的孩子。对于这些孩子，他们既无力喂养，也无法好好地教育；而且大量的生育，常常是以母亲的健康为沉重的代价的。这两种情况显然不是一码事。在第一种情况中，孩子太少；在第二种情况中，则孩子太多。

在本文写作时，已经有 70 家生育控制诊所在美国和欧洲的许多城市建立起来了，其主要职责是指导贫穷和愚昧者，其目的是用医学上允许的控制方法来替代暴力的犯罪方法。对这种满足健康和费用条件的控制的需要，最近得到来自兰贝斯大会(Lambeth Conference)[2]的承认。这个大会中的绝大多数人承认这种控制的优先性，不是因为“自私、奢侈或舒适”。也许可以顺便说说，这三个动机对于指导任何更为严肃的生活事件来说，是非常不良的动机。因为对受过良好教育者和富裕者来说，明显的需要都是朝着这个方向的：在健康状况许可的条件下，至少保持几个孩子以延续这个家族。

注意到这一点是有趣的，也许是有教益的：自然在下列方向上进行了实验，即把性满足和父母照料分开，把养育和抚养共同体后代完全委托给不是父母的工作人员。许多膜翅类的昆虫成功地实行了这个方案。蜂皇和雄蜂除了生育后代，没有其他的社会责任；中性的工蜂非常有效率地照料着幼小的蜜蜂。考虑到

---

① 《美国科学家》(*American Men of Science*)，第 3 卷，1921 年。

② 全球普世圣公宗主教的一个定期会议。——译者

这一点，杰出的生物学家詹宁斯(H. S. Jennings)对公共照顾孩子和把性生活和父母功能隔离开来的建议进行了评论。

> 正如我们在流行的建议中所发现的，这种抱负似乎主要是受到渴望释
> 461 放交配的冲动，并让它得到充分的满足的支配；这促进了配偶的变换，只要他们相互好奇一结束，就没有必要再保持相互联系。如果我们考察完全执行这种公共照顾后代体制的动物中此类事情的这个方面，会发现一个惊人的结果。这种方法不是导致交配冲动的释放，而是对它们的压抑；它们几乎完全消失；在社会必要的去性化中。只有少数孤立的个体继续忙于交配和繁殖；普通成员则是无性的。如果人类面对这样的结果，渴望这种体制的热情就可能大减。①

事实是：虽然昆虫已经成功地实行了所说的计划，但哺乳动物，特别是人类，走了另一条演化道路，例如，母亲和后代长期亲密的身体接触、无助的婴儿期、男性对母子的照顾、父母对孩子的教育，以及孩子对父母几乎同样突出的反影响。詹宁斯教授说，要想使这个建议彻底成功，人类应该在几千万年前就开始，在成为哺乳动物以前。如果那样的话，到现在，他也许希望在社会组织方面和蚂蚁一争高下。

关于女子性生活和家庭的作者之一，是心胸最开阔的艾伦·基(Ellen Key)。她认为，走出我们当前至少是某些困境的方法，在于朝着强调而不是最小化女性生活中性和母性的重要性的方向。她不相信有组织的商业和工业对妇女生活的作用。在关心女性的自由和人格不应牺牲于假设需要制度方面，她比许多人走得更远。但是，她认为，没有必要为了妻子的人格和孩子的发展，以及保护正确的关系而破坏家庭。

> 不是家庭应该废除，而是家庭的权利必须改革；不是父母的教育应该避
> 462 免，而是必须引入父母的教育；不是家庭应该抛弃，而是无家可归必须

① 詹宁斯：《人性的生理基础》(*The Biological Basis of Human Nature*)，纽约，1930年，第266页。

消除。[1]

偶尔会有人表示担忧,特别是第一次世界大战及其随后的理想破灭以来,在个人品格和社会秩序中起了如此重要作用的道德理想和标准、同情和责任的联系,正处于消失的危险之中。本书作者没有这种担忧。他们相信,道德生活深深地扎根于人性和人类需要之中,它既不能失去也不能抛弃。因为道德生活是一种生命,生命意味着调整以适应变化的条件的力量。严格地说,正是新的危险的情况,唤起新的活力并且把生命提高到新的水平。伦理科学把追踪、解释这个成长和调整过程作为它的任务。它没有创造道德生活——因为那种生活已经存在——而是发现它的规律和规则,从而使它进一步发展得更加强大、更加自由而且更加确定,因为更加理智。

**参考文献**

关于早期家庭的形式,参见第 2 章和第 4 章结束时提到的参考文献,还可参考:Goodsell, *A History of the Family as a Social and Educational Institution*, 1923; Howard, *A History of Matrimonial Institution*, 3 vols., 1904; Westermarck, *The History of Human Marriage*, 1901; Summer and Keller, *The Science of Society*, vol. 3, 1927; Briffault, *The Mothers*, 1927; on present problems: Bosanquet, *The Family*, 1906; A. W. Calhoun, *A Social History of the American Family*, 3 vols., 1917; Briffault, *op. cit.*, last chapter; Goodsell, *op. cit.*; Groves and Ogburn, *American Marriage and Family Relationships*, 1928; Jennings, *The Biological Basis of Human Nature*, 1930; McDougall, *Character and the Conduct of Life*, 1927; Malinowski, "Parenthood — The Basis of Social Structure," in Calvertion and Schmalhausen, *The New Generation*, 1930; Popenoe, *The Conservation of the Family*, 1926; Reed, *The Modern Family*, 1929.

---

① 艾伦·基,《爱情和婚姻》(*Love and Marriage*),第 240 页。

# 1932 年版页码对照

463 以前的学术研究经常参考亨利·霍尔特出版公司 1932 年的版本。下面列出了 1932 年版本的页码和现在版本的页码。冒号前面的是 1932 年版本的页码;冒号后面的是现在版本的对应页码。

| | | | |
|---|---|---|---|
| iii:3 | 20:26 - 27 | 43:46 - 47 | 66:68 |
| iv:3 - 4 | 21:27 - 28 | 44:47 - 48 | 67:68 - 69 |
| v:5 | 22:28 - 29 | 45:49 - 50 | 68:69 - 70 |
| vi:5 - 6 | 23:29 - 30 | 46:50 | 69:70 - 71 |
| vii:6 - 7 | 24:30 - 31 | 47:50 - 51 | 70:71 - 72 |
| viii:7 - 8 | 25:31 | 48:51 - 52 | 71:72 - 73 |
| 3:9 | 26:31 - 32 | 49:52 - 53 | 72:73 |
| 4:9 - 10 | 27:32 - 33 | 50:53 - 54 | 73:73 - 74 |
| 5:10 - 11 | 28:33 - 34 | 51:54 - 55 | 74:74 - 75 |
| 6:11 - 12 | 29:34 - 35 | 52:55 - 56 | 75:75 - 76 |
| 7:12 - 13 | 30:35 - 36 | 53:56 | 76:76 - 77 |
| 8:13 - 14 | 31:36 - 37 | 54:56 - 57 | 77:77 - 78 |
| 9:14 | 32:37 - 38 | 55:57 - 58 | 78:78 |
| 10:14 - 15 | 33:38 | 56:58 - 59 | 79:78 - 79 |
| 11:15 - 16 | 34:39 | 57:59 - 60 | 80:79 - 80 |
| 12:16 - 17 | 35:40 | 58:60 - 61 | 81:80 - 81 |
| 13:19 | 36:40 - 41 | 59:61 - 62 | 82:82 |
| 14:21 | 37:41 - 42 | 60:62 | 83:82 - 83 |
| 15:22 - 23 | 38:42 - 43 | 61:62 - 63 | 84:83 - 84 |
| 16:23 | 39:43 - 44 | 62:63 - 64 | 85:84 - 85 |
| 17:23 - 24 | 40:44 - 45 | 63:64 - 65 | 86:85 - 86 |
| 18:24 - 25 | 41:45 - 46 | 64:65 - 66 | 87:86 - 87 |
| 19:25 - 26 | 42:46 | 65:66 - 67 | 88:87 |

89:87 - 88
90:88 - 89
91:89 - 90
92:90 - 91
93:91 - 92
94:92
95:92 - 93
96:93 - 94
97:94 - 95
98:95 - 96
99:96
100:97
101:97 - 98
102:98 - 99
103:99 - 100
104:100 - 101
105:101 - 102
106:102 - 103
107:103
108:103 - 104
109:104 - 105
110:105 - 106
111:106 - 107
112:107 - 108
113:108 - 109
114:109 - 110
115:110 - 111
116:111 - 112
117:112 - 113
118:113 - 114
119:114
120:114 - 115
121:115 - 116
122:116 - 117
123:117 - 118
124:118 - 119
125:119 - 120
126:120 - 121
127:121 - 122
128:122 - 123
129:123 - 124
130:124
131:125
132:125 - 126
133:126 - 127
134:127 - 128
135:128 - 129
136:129 - 130
137:130
138:130 - 131
139:131 - 132
140:132 - 133
141:133 - 134
142:135
143:135 - 136
144:136 - 137
145:137 - 138
146:138 - 139
147:139 - 140
148:140
149:140 - 141
150:141 - 142
151:142 - 143
152:143 - 144
153:144 - 145
154:145
155:145 - 146
156:146 - 147
157:147 - 148
158:148 - 149
159:149 - 150
160:150
161:150 - 151
162:151 - 152
163:152 - 153
164:153 - 154
165:154 - 155
166:155 - 156
167:156
168:156 - 157
169:159
170:161
171:162
172:162 - 163
173:163 - 164
174:164 - 165
175:165 - 166
176:166 - 167
177:167
178:167 - 168
179:168 - 169
180:169 - 170
181:170 - 171
182:171 - 172
183:172 - 173
184:173
185:173 - 174
186:174 - 175
187:175 - 176
188:176 - 177
189:177 - 178
190:178 - 179
191:179
192:179 - 180
193:180 - 181
194:181 - 182
195:182 - 183
196:183
197:184
198:184 - 185
199:185 - 186
200:186 - 187
201:187 - 188
202:188 - 189
203:189 - 190
204:190 - 191
205:191
206:191 - 192
207:192 - 193
208:193 - 194
209:194 - 195
210:195 - 196
211:196
212:197
213:197 - 198
214:198 - 199
215:199 - 200
216:200 - 201
217:201 - 202
218:202 - 203
219:203
220:203 - 204
221:204 - 205
222:205 - 206
223:206 - 207
224:207 - 208
225:208
226:208 - 209
227:209 - 210
228:210 - 211
229:211 - 212
230:212 - 213
231:213
232:214
233:214 - 215
234:215 - 216
235:216 - 217
236:217 - 218
237:218 - 219
238:219 - 220
239:220
240:220 - 221
241:221 - 222 464
242:222 - 223
243:223 - 224
244:224 - 225
245:225
246:225 - 226
247:226 - 227
248:227 - 228
249:228 - 229
250:229
251:229 - 230
252:230 - 231
253:231 - 232
254:232 - 233
255:233 - 234
256:234
257:235
258:235 - 236
259:236 - 237
260:237 - 238
261:238 - 239
262:239 - 240
263:240 - 241
264:241 - 242

265:242
266:242 - 243
267:243 - 244
268:244 - 245
269:245 - 246
270:246 - 247
271:247 - 248
272:248 - 249
273:249
274:249 - 250
275:250 - 251
276:251 - 252
277:252 - 253
278:253 - 254
279:254
280:254 - 255
281:255 - 256
282:256 - 257
283:257 - 258
284:258 - 259
465 285:259
286:259 - 261
287:261
288:262
289:262 - 263
290:263 - 264
291:264 - 265
292:265 - 266
293:266 - 267
294:267 - 268
295:268
296:268 - 269
297:269 - 270
298:270 - 271
299:271 - 272
300:272 - 273
301:273
302:273 - 274
303:274 - 275
304:275 - 276
305:276 - 277
306:277 - 278
307:278 - 279
308:279
309:279 - 280
310:280 - 281
311:281 - 282
312:282 - 283
313:283
314:284
315:285
316:285 - 286
317:286 - 287
318:287 - 288
319:288 - 289
320:289 - 290
321:290
322:290 - 291
323:291 - 292
324:292 - 293
325:293 - 294
326:294 - 295
327:295 - 296
328:296
329:296 - 297
330:297 - 298
331:298 - 299
332:299 - 300
333:300
334:301
335:301 - 302
336:302 - 303
337:303 - 304
338:304 - 305
339:305
340:306
341:306 - 307
342:307 - 308
343:308 - 309
344:309 - 310
345:311
346:313
347:314
348:314 - 315
349:315 - 316
350:316 - 317
351:317 - 318
352:318 - 319
353:319
354:319 - 320
355:320 - 321
356:321 - 322
357:322 - 323
358:323 - 324
359:324 - 325
360:325
361:325 - 326
362:326 - 327
363:327 - 328
364:328 - 329
365:329 - 330
366:330
367:330 - 331
368:331 - 332
369:332 - 333
370:333 - 334
371:334 - 335
372:335
373:335 - 336
374:336 - 337
375:337 - 338
376:338 - 339
377:340
378:340 - 341
379:341 - 342
380:342 - 343
381:343 - 344
382:344 - 345
383:345
384:345 - 346
385:346 - 347
386:347 - 348
387:348 - 349
388:349 - 350
389:350
390:351
391:351 - 352
392:352 - 353
393:353 - 354
394:354 - 355
395:355
396:355 - 356
397:356 - 357
398:357 - 358
399:358 - 359
400:359 - 360
401:360
402:360 - 361
403:361 - 362
404:362 - 363
405:363 - 364
406:364 - 365
407:365
408:365 - 366
409:366 - 367
410:367 - 368
411:368 - 369
412:369 - 370
413:370
414:370 - 372
415:373
416:373 - 374
417:374 - 375
418:375 - 376
419:376 - 377
420:377 - 378
421:378
422:378 - 379
423:379 - 380
424:380 - 381
425:381 - 382
426:382 - 383
427:383
428:384
429:385
430:385 - 386
431:386 - 387
432:387 - 388
433:388 - 389
434:389 - 390
435:390
436:390 - 391
437:391 - 392
438:392 - 393
439:393 - 394
440:394 - 395

441:395
442:395 - 396
443:396 - 397
444:397 - 398
445:398 - 399
446:399 - 400
447:400 - 401
448:401 - 402
449:403 - 404
450:404
451:404 - 405
452:405 - 406
453:406 - 407
454:407 - 408
455:408 - 409
456:409
457:409 - 410
458:410 - 411
459:412
460:412 - 413
461:413 - 414
462:414 - 415
463:415 - 416
464:416 - 417
465:417 - 418
466:418
467:418 - 419
468:419 - 420
469:420 - 421
470:421 - 422
471:422
472:423
473:423 - 424
474:424 - 425
475:425 - 426
476:426 - 427
477:427 - 428
478:428 - 429
479:429
480:429 - 430
481:430 - 431
482:431 - 432
483:432 - 433
484:433 - 434
485:434 - 435
486:435
487:435 - 436
488:436 - 437
489:438
490:438 - 439
491:439 - 440
492:440 - 441
493:441 - 442
494:442 - 443
495:443
496:444
497:444 - 445
498:445 - 446
499:446 - 447
500:447 - 448
501:448 - 449
502:449
503:449 - 450
504:450 - 451
505:451 - 452
506:452 - 453
507:453 - 454
508:454 - 455
509:455
510:455 - 456
511:456 - 457
512:457 - 458
513:458 - 459
514:459 - 460
515:460 - 461
516:461 *466*
517:461 - 462

# 文本研究资料

# 文本注释

下面这些注释,以当前版本的页数和行数为线索,列举了文本中的一些修订。 469

7.12 larger] 这个从1908年版转到"第一版序言"时带入的印刷错误,在1932年版作了修正。

116.15 depreciating] 在1908年版《伦理学》的这段引文中,有两处实质性修正(在116.20,"need"错为"meed";在116.31,"most"错为"more or less")。这个明显的印刷错误,在1932年版修订中被忽视了,在当前版本中作了修正。

117n.1 I., vii.;] 原先的脚注有误:117.32-34中说所参考的亚里士多德的话在第10卷中,实际上,117.23-24和29-30中所参考的在第1卷中。

152n.1 115]参考的柏拉图的话并不在原先所说的第129页。正确的引用是在120页,它在本卷中的页数是第115页。

402.1-2 *the Labor Movement*] 帕尔曼(Perlman)并没有写过一本名为《工联主义理论》的书。这个错误的注释,最有可能是因接近韦伯的《工联主义的历史》而导致的排版上的错误,现修正为《工人运动理论》,它在1928年的出版日期和给出的相符。然而,帕尔曼的《美国工人运动的历史》已经包含在参考书目清单中了。

# 文本说明

471 约翰·杜威和詹姆斯·塔夫茨之间的职业联系始于1889年。当时，杜威在密歇根大学任命塔夫茨为其助手。19年之后，他们合作撰写了《伦理学》(*Ethics*)(纽约：亨利·霍尔特出版公司，1908年)(《杜威中期著作》，第5卷，乔·安·博伊兹顿主编，卡本代尔和爱德华兹维尔：南伊利诺伊大学出版社，1978年)，这本书一直印刷到1932年修订版出版。斯图尔特·伍德伯恩(A. Stewart Woodburne)评价了他们早期努力的价值，他说："在过去20年中，或许没有任何一本关于伦理学的著作能像杜威和塔夫茨那样满足大学教材的需求。现在，24年之后，我们又有了能够继续维持其高标准的有用性的修订版。"①

大约在修订版出版前18个月，马克斯·奥托(Max C. Otto)请杜威写"几句话……关于他(塔夫茨)在美国哲学中的特殊重要性"，用于1930年12月10日"塔夫茨教授告别芝加哥宴会"上的致辞中。② 杜威很乐意地照做了，"特别是在有幸与共过事的、仍然在世的人当中，我可能是年龄最大的"③。杜威说："在我看来，身为教师和作家，塔夫茨的伟大工作都与哲学的伦理层面相关……对我来说，塔夫茨首先是一位真正的哲学家、一位知识的热爱者，这种热爱不是为了热爱而热爱，而是为了获得智慧。"④

472 在准备《伦理学》新的内容的过程中，两位作者被问到究竟称1932年的版本为

---

① 《克鲁佐季刊》(*Crozer Quarterly*)，第10期(1933年10月)，第125页。

② 奥托致杜威的信，1930年12月1日，奥托文集，威斯康星州历史学会，麦迪逊，威斯康星州。

③ 《致詹姆斯·塔夫茨》，由宴会主持人西奥多·布拉梅(Theodore Brameld)宣读(《杜威晚期著作》，第5卷，第424页)。

④ 同上书，第424—425页。

修订本还是一本新书，正如后来的评论家评论道，“书名、封面和出版社还是一样”①。在给亨利·霍尔特出版公司的理查德·桑顿（Richard Thornton）回信时，杜威写道：“我已经把《伦理学》一书中，我的这部分经过彻底修改后的稿子寄给了塔夫茨教授。”②

显然，塔夫茨把他的新前言寄给了杜威，让他审阅并想个标题。杜威把这篇前言交给出版社时给出了自己的意见：“我们在确定最恰当的标题上遇到一些困难，我们希望讲清楚，这实际上是一本新书。”③两位作者最后决定用“1932 年版前言”；亨利·霍尔特出版公司的查尔斯·麦迪逊（Charles A. Madison）同意这样的说法，他认为，这样的标题能“把你想表达的尽可能多地表达出来”④。涉及 1908 年版前言时，一些问题就出现了，就像麦迪逊评论的一样：“要标明原先版本的性质，就仅仅是重印。”⑤然而，麦迪逊并不是完全正确的，因为该序言在再次印刷时已有几处改动。除了删掉罗马数字之后的句号之外，还有以下的变化：在 5.8 “typical”和“social”之后，删除了逗号；在 7.38 “Mr. Dewey”之后，也删除了逗号；在 7.31 添加了 “state”和“order”；在“the family”之前，删除了“and that of”。在重印时又出现了一个印刷错误：7.12 “larger”的最后一个字母在无意中遗漏了。然而，杜威显然对标题从“前言”改为“第一版前言”并不十分满意，因为麦迪逊抱歉道：“要对原来前言的标题作修改已经太晚了。”⑥于是，“第一版前言”这个标题就保留下来了。

杜威和亨利·霍尔特出版公司之间的通信表明，两位作者比亨利·霍尔特出版公司的预期更早地完成了手稿的写作。在 1932 年 1 月 8 日，出版商这么许诺：“如果我们能在 4 月初拿到手稿，那么 9 月就能出新版本。”⑦杜威 5 天后回信说，他“没有什 473
么理由不在 4 月初把完整的手稿交给你”⑧。这样一个时间表没有给杜威带来困难，

① 弗兰克·查普曼·夏普（Frank Chapman Sharp），《国际伦理期刊》（*International Journal of Ethics*），第 44 期（1933—1934），第 155 页。

② 杜威致桑顿的信，1932 年 1 月 13 日，亨利·霍尔特出版公司档案，普林斯顿大学图书馆，新泽西州。

③ 杜威致麦迪逊的信，1932 年 3 月 30 日，亨利·霍尔特出版公司档案。

④ 麦迪逊致杜威的信，1932 年 4 月 5 日，亨利·霍尔特出版公司档案。

⑤ 麦迪逊致杜威的信，1932 年 7 月 14 日，亨利·霍尔特出版公司档案。

⑥ 同上。

⑦ 桑顿致杜威的信，1932 年 1 月 8 日，亨利·霍尔特出版公司档案。

⑧ 杜威致桑顿的信，1932 年 1 月 13 日，亨利·霍尔特出版公司档案。

他在2月19日写给约瑟夫·拉特纳(Joseph Ratner)的信中说,他已经“写完了《伦理学》”①;而且在3月23日,麦迪逊写道,他正在“审读《伦理学》修订版的手稿”,会“在下星期初把手稿送印刷厂”②。

到5月4日,亨利·霍尔特出版公司手头已经有了“第一批校对过的排版”。③ 两个月之后,杜威和塔夫茨提交了索引。杜威在7月13日给麦迪逊写了这样一封信:“让我感到不好意思的是,我发现,在附页上也就是索引的最后,遗漏了符号&,并且刚刚才发现。如果已经太晚,幸运的是它出现在最不显眼的地方。”④后者给印刷厂打电话,改正了这个错误,⑤最后索引完成了。

最后的编辑和印刷进行得相当迅速。在回答他本人在《伦理学》一书中的地位问题时,杜威给威斯康星大学博士研究生霍勒斯·S·弗里斯(Horace S. Fries)的回信中说:“我这一部分材料的准备……从头到尾经历了很长一段时间。塔夫茨博士的病情和我对自己部分的专注推迟了出版。前面所有的问题在1931年时都解决了,而且第三部分中有部分是第一次写的。”⑥

1932版的《伦理学》尽管被大部分人认为“实际上是一本新书”⑦,但并没有像1908年版那样引起广泛的评论。六个评论长短不一,从斯图尔特·伍德伯恩(A. Stewart Woodburne)在《克鲁佐季刊》上的三段评论,到弗兰克·查普曼·夏普在《国
474 际伦理期刊》上的5页的文章。⑧《伦理学》主要是作为大学教材而写的,有“许多老师……热切地等待这个版本”⑨。所有的评论都认为,这本书对学习伦理学很有价

---

① 杜威致拉特纳的信,1932年2月19日,拉特纳/杜威文集,卡本代尔:南伊利诺利大学,特别收藏,莫里斯图书馆。

② 麦迪逊致杜威的信,1932年4月5日,亨利·霍尔特出版公司档案。

③ 麦迪逊致杜威的信,1932年5月4日,亨利·霍尔特出版公司档案。

④ 杜威致麦迪逊的信,1932年7月13日,亨利·霍尔特出版公司档案。

⑤ 麦迪逊致杜威的信,1932年7月14日,亨利·霍尔特出版公司档案。

⑥ 杜威致弗里斯的信,1933年12月26日,霍勒斯·弗里斯文集,威斯康星州历史学会,麦迪逊,威斯康星州。

⑦ 德威特·帕克(De Witt H. Parker),《哲学评论》(*Philosophical Review*),第43卷(1934年),第523页。

⑧ *American Journal of Psychology* 46 (1934): 693 - 694 (Eugene G. Bugg); *Boston Evening Transcript*, 14 December 1932, P. 2 (E. N); *Crozer Quarterly* 10 (1933): 125 (A. Stewart Woodburne); *International Journal of Ethics* 44 (1933 - 1934): 155 - 160 (Frank Chapman Sharp); *Philosophical Review* 43 (1934): 523 - 525 (DeWitt H. Parker); *University of California Chronicle* 35 (1933): 134 - 136 (David Ranin).

⑨ 桑顿致杜威的信,1932年1月8日,亨利·霍尔特出版公司档案。

值。《美国心理学杂志》(*The American Journal of Psychology*)特别称赞了第三部分,在这一部分,"作者出色地完成了指出当前社会秩序的伦理意义这个艰巨的任务,并且没有盲目偏袒。或许,这里最重要的贡献就是坚持心胸开阔的必要性和对社会问题做实验的意愿"①。《哲学评论》这样评论第三部分的作者:"他们的写作表现了宽广的学术素养和包容性,展现了对理性和实验的信心,这些都是杜威和塔夫茨的典型风格;并且,他们对所讨论的冲突和问题有许多第一手经验。"②《波士顿晚报》(*The Boston Evening Transcript*)认为,"在伦理学领域,没有哪个思想家像约翰·杜威教授那样有如此深刻的洞见"③。

尽管我们不能断定 1932 版《伦理学》的精确印数,广泛的调查表明,在杜威一生中,这本书至少重印了 7 次。当前版本的范本是版权登记副本,登记在亨利·霍尔特出版公司名下,登记版权号为 A 54404。最初的一次发行时间是 1932 年 7 月 28 日。随后的几次在版权页上显示的印刷时间如下:1936 年、1938 年 7 月、1942 年 1 月、1945 年 10 月、1947 年 1 月、1949 年 5 月和 1952 年 6 月。

这几次印刷在纸张重量和尺寸、封面尺寸和颜色、页边空白大小方面的变化很大。举例来说,虽然 1936 年的书最小,宽 4 英寸,长 7 英寸,但是纸张却更重一些。1947 年印刷的封面最大,宽 5 英寸,长 8 英寸,纸张最重也最粗糙。不同色调的绿色被用于封面。不过,所有的书脊都印着"Ethics/Dewey and Tufts/Revised Edition/Henry Holt and Company"。

1932 年 7 月 28 日的印刷和 1952 年 6 月的印刷之间机器的和人工的核对,显示 475
有许多字不全,但实际上只有一处大的差异:在 131.9 "*nihil humanum*" 修正为"*humani nihil*"。更进一步地调查表明,第一次修正始于 1936 年的印刷。但令人奇怪的是:其他的一些印刷错误及其他错误并没有改正,这些都在当前的版本中作了必要的修正。④ 大部分的校勘工作在引文目录中,但是正文中也有少数几处改正。举例来说,在把 1908 年版的前言替换为"第一版前言"的过程中,在 7.12 出现了一个印刷错误。很明显的拼写错误出现在几次印刷的 207.36,213.26,255.8,397.13,451.32和 461.6 中。47.15 中有一处漏掉了句末标点,188*n*.2 中漏掉了一个单词,

---

① 巴格(Bugg):《美国心理学杂志》,第 46 卷(1934 年),第 694 页。

② 帕克(Parker):《哲学评论》,第 43 卷(1934 年),第 524—525 页。

③《波士顿晚报》,1932 年 12 月 14 日,第 2 页。

④ 这一卷的文本勘定主要根据弗雷德森·鲍尔斯(Fredson Bowers)的《文本的校勘原则和程序》(Textual Principles and Procedures)一文,《杜威晚期著作》,第 2 卷,第 407—418 页。

219.29－30中漏掉一个字母并没有补上。对当前版本必要的标点符号的改正如下：92.8和226.37中的引号作了调换；删除了249.38和262.4中的逗号；361.15中的句号和430.28中的分号都换成逗号；141.25中的一个错误的日期和381.1中的一个错误的名字也进行了修正。尽管伊万德·布兰得利·麦奇威(Evander Bradley McGilvary)早已提醒我们注意1908年版的“一些错误”①，其中一些相同的错误还是出现在之后的1908版和1932年版《伦理学》的印刷中。例如，在1908年版的119.18及在1932年版的110.16中，“Alexander”被错成“Philip”。

杜威和亨利·霍尔特出版公司之间的通信表明：尽管杜威很关心参考书目的完整性，但对于它们的风格却是灵活多变的。他在1月13日的信中提到，“还要准备参考书目”②。麦迪逊试图用删除作者的首字母或姓氏和规范出版日期的方式来消除杜威和塔夫茨之间参考书目的不一致。③ 当麦迪逊询问他希望如何处理出版日期时，杜威回信说：“我认为，最好还是由我来插入日期。如果你把那几页寄还给我，我
476 将尽快把它们做好，然后寄回给你。”④第二天，麦迪逊把手稿寄给了杜威，信中表示了歉意并表示希望能提供一些可能的帮助：“如果这些事情占用了您太多的时间，我们很乐意减轻您的部分工作；您只需要插入一些非常老的书和不止一个版本的书。对于其他，我们能够在最近的出版社索引中找到的，我们很乐意去补充好。”⑤到3月30日，杜威还没有“补上所有的日期”，“只是认为足以去掉现有的不规范的那些部分”⑥。亨利·霍尔特出版公司进一步的编辑工作在4月5日完成，此时，麦迪逊告知杜威：“我们已经核对了这些页书名的日期，并且做了编辑工作，与塔夫茨教授的参考书保持一致。”⑦

尽管亨利·霍尔特出版公司声称已经核对了参考书目中的信息，对当前版本的广泛研究显示还有许多错误。为了使《伦理学》对读者来说是主要资源的参考书目部分更清楚且更精确，在当前版本中作了必要的进一步规范和修正。所有引文的完整书名列入本卷的参考书目中。

---

① 《心理学公报》(*Psychological Bulletin*)，第6期(1909年1月15日)第22页。
② 杜威致桑顿的信，1932年1月13日，亨利·霍尔特出版公司档案。
③ 麦迪逊致杜威的信，1932年3月23日，亨利·霍尔特出版公司档案。
④ 杜威致麦迪逊的信，1932年3月24日，亨利·霍尔特出版公司档案。
⑤ 麦迪逊致杜威的信，1932年3月30日，亨利·霍尔特出版公司档案。
⑥ 杜威致麦迪逊的信，1932年3月30日，亨利·霍尔特出版公司档案。
⑦ 麦迪逊致杜威的信，1932年4月5日，亨利·霍尔特出版公司档案。

由于参考书目部分的长度和复杂性，校勘表记录了如下的更正：

1. 对不完全的或者误导性的书名，作了必要的补充和校勘。删除了书名中不正确的单词。

2. 主书名和副标题之间用冒号隔开。

3. 错误的拼写、大写和斜体都作了修正，然而保留了外文书名的大写。

4. 不能被证实的出版日期已经作了修正。因为出版日期和版权日期经常不一致，相差一年的没有作修正，但是证实了的日期就记在表中。

尽管杜威和塔夫茨意识到他们所做的重要工作中的一些材料常常需要修正——事实上，杜威在 1949 年下半年这样写道："《伦理学》中所说的经济问题……我现在要说已经有些过时了。"①——1941 年，他们拒绝了亨利·霍尔特出版公司要求进一步 477
修订的请求。塔夫茨和杜威都同意"对于这个问题的决定，我们不要着急"，尤其是"因为战争爆发了"②。麦迪逊同意说："当下的日子，确实不利于反思性思考。"但是，他也敦促作者们不要"忘记修订的事"，希望他们能再次修订，为了"使《伦理学》再次成为广泛运用和有影响力的教科书"。③

尽管这本书没有第三次修订，德威特·H·帕克这样评论道："任何一个读懂了这本书的学生都会有……思考人生的完整方式……印象深刻并且发生了改变。"④这样的评论，显然适用于几代哲学家。《伦理学》一书的广泛传播和持续影响，或许应该归于作者们"真诚地相信，我们社会中存在许多不能容忍的邪恶，其中至少有部分是由于在过去没有成功地运用实践智慧的结果。如果我们希望改变这种状况，使其更好的话，它要求我们在现在和未来运用我们的实践智慧。这样，人们才能自由地生活和行动在自己是其中一部分的社会里"⑤。

---

① 杜威致萨蒙·列文森的信，1949 年 12 月 2 日，萨蒙·列文森文集，韦恩州立大学档案室，沃尔特·P·鲁瑟图书馆，密歇根州底特律。

② 杜威致麦迪逊的信，1941 年 12 月 15 日，亨利·霍尔特出版公司档案。

③ 麦迪逊致杜威的信，1941 年 12 月 19 日，亨利·霍尔特出版公司档案。

④《哲学评论》，第 43 卷(1934 年)，第 525 页。

⑤ 赖宁(Rynin)，《加利福尼亚大学编年史》(*University of California Chronicle*)，第 35 期(1933 年 1 月)，第 136 页。

# 校勘表

478 范本中大量的或偶尔的校勘均记录在下表中，除了下面所说的一些形式上的变化。左边的页-行码是当前版本中的；除了页眉标题外的所有印刷行都算作一行。方括号左边的词条出自本版本，括号后面是首次出现的校勘内容来源的缩写。因为校勘局限于标点符号，弯曲的破折号～表示与方括号前面相同的词；下方插入符号‸表明缺少标点符号。符号[*not present*]用来表示并非出现在确定来源中的材料。缩写[*rom.*]用来表示罗马字体，并且被用来表示斜体的遗漏；缩写[*ital.*]用来表示斜体，并且被用来表示罗马字体的遗漏。页-行数之前的星号表示该词条已经在文本注释中讨论过了。

《伦理学》的范本是第一次印刷的注册版权副本(A 54404，纽约：亨利·霍尔特出版公司，1932 年)。符号 W 意味着著作(Works)(当前版本)，并且表示这里所作的首次校勘。符号 WS(Works Source) 用来表示对杜威引用材料中的校勘，包括恢复拼写、大写和出处中某些必需的勘误(参见杜威引文勘误)。

以下这些形式的或机械的更改遍及全书：

1. 每章的脚注连续编号。

2. 书名和期刊名改为斜体；文章和书的章节名加上引号。

3. 句号和逗号移入了引号内。

4. 不在引文材料中的单引号换成双引号；然而，前引号和后引号用在需要和记录的地方。省略了围绕摘要部分的前引号和后引号；但是，保留了摘要里面的引号。

479 5. 组合单词连写分开了。

6. 删除了章节标题并且在章节标题前加上了阿拉伯数字；在整个文集中，章节数由罗马数字换成了阿拉伯数字。

下列拼写是对出现在方括号前的杜威和塔夫茨的用法的编辑规范化。

centre(s)] center 14.15, 35.27, 35.31, 61.15, 144.28, 162.8, 214.22, 234.11, 278.39, 302.39, 314.31, 364.37, 444.25, 444.35, 445.26

cooperate (all forms)] coöperate 14.3, 30.18, 39.5-6, 39.9, 43.32, 44.6, 44.9, 44.25, 45.32, 46.12, 46.13, 47.30, 48.7, 72.5-6, 77.1, 111.17, 177.15, 178.31, 227.14, 300.1, 308.32, 347.22, 349.8, 364.4, 364.32, 374.11, 374.24, 388.7, 401.6-7, 408.17-18, 431.7-8, 431.12, 431.13-14, 432.2, 438.10, 451.6, 452.12, 453.34

coordinate (all forms)] coördinate 382.16, 436.29

preeminent (ly)] preëminent 118n.3, 125.16, 165.29

preexistence] preëxistence 120.26-27

reeducate] reëducate 433.11

reenacted] reënacted 140.32

reenforce (all forms)] reënforce 51.3, 55.16, 61.4, 76.13, 83.2-3, 144.10, 165.12, 184.12-13, 199.16-17, 208.19, 208.36, 210.38, 232.36, 266.32, 283.38, 333.25, 342.37, 345.33, 345.39, 353.36, 359.17, 379.32, 389.29-30, 399.5, 406.24

reexamine (all forms)] reëxamine 330.10, 330.29

role(s)] rôle 85.30, 182.10, 182.39, 228.34, 247.26, 286.4, 298.31, 305.34, 334.27, 345.22, 455.5, 462.6

| | |
|---|---|
| *7.12 | larger] W; large |
| 10n.1 | sec.] W; pp. |
| 16.3 | *Praktische*] W; [*not present*] |
| 16.19 | *Ethics:*] W; ~, |
| 16.12 | *Morals,*] W; ~∧ |
| 16.21-22 | *Philosophy*] W; *The Philosophy* |
| 16.22 | *Ethics:*] W; ~, |
| 16.25 | Bowne] W; Browne |
| 16.27 | *Ethics,*] W; ~∧ |
| 16.30 | *English*] W; [*not present*] |
| 16.42-43 | *Self-Realization*] W; *Self-realization* |
| 16.43 | Publications in Philosophy] W; Publications: *Philosophy* |
| 17.1-2 | Articles on Economic Theory] W; Article "Economic Theory" |
| 21.13 | Bergemann] W; Bergmann 480 |
| 21.14 | *Ethics:*] W; ~, |
| 21.25 | 1923] W; 1919 |
| 23n.3 | vol.] W; ch. |
| 24n.1 | Wilamowitz-Möllendorff] W; Wilamowitz-Möllendorf |
| 24n.1 | *Aristoteles*] W; *Aristotle* |
| 29.4 | fechtfine] WS; fechfine |
| 29.4 | orba] WS; orta |

29n.1 McLennan] W; MacLennan
31.19 Negro] W; negro
33.5 *saraad*] WS; *saraal*
37.32 *Kinship* ∧] W; ~,
37.33 *Organisations*] W; *Organization*
37.33 *Marriage*] W; *Marriages*
37.34 1906,] W; ~;
38.1 *House-Life*] W; *House-life*
38.1 *League*] W; *The League*
38.5 Mindeleff] W; Mendeleff
38.5 15th] W; 19th
38.11 Jackson,] W; [*not present*]
38.23 Starcke] W; Starke
38.29 Sex and] W; Relation of Sex to
43n.1 *Aid: A*] W; *Aid* ∧ *a*
43n.1 *of*] W; *in*
46.15 stone bull] W; stonebull
47.15 biological.] W; ~ ∧
48.14 1901,] W; ~;
48.16 Self-Sacrifice] W; Self-sacrifice
48.16 in ∧] W; ~;
48.17 Savage] W; the Savage
48.18 1902] W; 1892
48.19 *Aid: A*] W; *Aid, a*
48.19 *of*] W; *in*
48.20 *Sociology*] W; *Society*
54n.1 *in*] W; *of*
62n.2 *House-Life*] W; *House-life*
66.31 1906,] W; ~;
66.32 *Kafir*] W; *Kaffir*
66.35 3 vols.] W; 2 vols.
66.36-37 a Negative] W; Negative
67.2 1888,] W; ~;
67.4 1884,] W; ~;
481 81.3 History";] W; ~;"
91n.1 *Life*] W; *in Life*
92.8 son";] W; ~;"
93.34 *wool*] WS; *wood*
96.24 *Israel*] W; *the Old Testament*
96.26 *Their*] W; *their*
96.30 *Is*] W; *is*
96.34 1895;] W; 1895; *The*
96.35 *Jewish*] W; *The Jewish*

| | |
|---|---|
| 101.8 | Uranus] W; Uranos |
| 110.16 | Alexander] W: Philip |
| * 116.15 | depreciating] WS; deprecating |
| * 117n.2 | I., vii.;] W; [*not present*] |
| 118n.18 | iii.] W; vi. - viii. |
| 121.15 | possible,] WS; ～∧ |
| 124.7 | *Epicureans* ∧] W; ～, |
| 124.7 - 8 | Windelband; Benn] W; Benn Windelband, |
| 124.16 | Conception] W; Theory |
| 124.17 | Wilamowitz-Möllendorff] W; Wilamovitz-Möllendorf |
| 124.17 | *Aristoteles*] W; *Aristotle* |
| 124.17 | 1893] W; 1900 |
| 124.18 | *Greek*] W; *The Greek* |
| 124.23 | 1923] W; 1928 |
| 124.25 | Smith] W; Others |
| 124.30 | 1872,] W; ～; |
| 124.30 | *Plato*,] W; ～∧ |
| 124.31 | *Sokrates*] W; *Socrates* |
| 131.9 | *humani nihil*] '36; *nihil humanum* |
| 134.9 | *bonum* ∧] W; ～, |
| 141.25 | 1667] W; 1666 |
| * 152n.1 | 115] W; 129 |
| 153.36 - 37 | *Power of a Common-wealth*] W; *Authority of Government* |
| 155.38 | 1805] W; 1845 |
| 157.8 | *Soziallehren*] W; *Sociallehren* |
| 157.9 | *Teaching*] W; *Teachings* |
| 157.10 | 19*th*] W; 19*th* |
| 157.21 | 1887] W; 1877 |
| 157.21 | *Civilisation*] W; *Civilization* |
| 157.27 | 1900,] W; ～; |
| 157.30 | *Civilisation*] W; *Civilization* |
| 157.37 | 1895,] W; ～; |
| 157.38 | *between*] W; *of* |
| 157.40 - 41 | *Main . . . Literature*] W; *The Main Currents in the Literature of the Nineteenth Century* 482 |
| 157.42 | 1896] W; 1895 |
| 157.42 | *Culturentwickelung*] W; *Culturentwicklung* |
| 161.12 | *Fundamental Principles*] W; *Foundations* |
| 161.17 | treatises ∧] W; ～, |
| 163.39 | way?"] W; ～?∧ |
| 171.38 | Nature] WS; nature |
| 172.39 - 173.1 | adultery;] WS; ～: |
| 183.21 - 22 | Lévy-Bruhl] W; Levy-Bruhl |

188n.2 said in] W;said
191.31 *ἡδονή*,] W; *ἡβονή*,
192.1-2 Happiness] WS;happiness
192.7;196.22 any thing] WS;anything
205.5 authorise] WS;authorize
205.6 practice] WS; practise
206.39-40 horse-car] WS;~∧~
207.36 through] W;though
213.6 *Philosophy*] W;*Theory*
213.8 *Encyclopaedia . . . Ethics*] W;*Dictionary of Ethics and Religion*
213.26 asceticism] W;ascetism
213.27 1916;] W;~,
219.29-30 institutions] W;insti utions
222.28 over-hastily] WS;~∧~
226.37 *dei"?*] W;~*?"*
234.26 *Morality Independent of*] W;*Morals, without*
234.27 *Sanction*] W;*Sanctions*
234.37 Law] W;law
240n.6-7 London . . . 1874] W;[*ital.*]
243.17 fellow-creatures] WS;~∧~
243.37 interest] WS; interests
244.3 sympathising] WS; sympathizing
244.4-5 Self-culture] WS;~∧~
244n.4 1874] W;1884
249.38 integral ∧] W;~,
251.1 syllabub] WS;syllabus
255.8 disesteem] W;disteem
260.19[1] *English*] W;[*not present*]
260.26 *Philosophy*] W;*Morals*
260.27 112,] W;~;
260.29 *Spencer*,] W;~∧
261.4 Book III., Part III.,] W;Part II.,Book Ⅲ.,
261.12 *Spencer, and*] W;~∧~
483 261.19 Chapters 14 and 15] W;Chapter XV
262.4 thought ∧] W;~,
271.13 *temperantia*] W;*temperentia*
271.21 Aristotelian] W;Aristotleian
284.28 i.,] W;~.;
290.18-19 *objects*] W;*object*
293.19 whilst] WS;while
309.28 Lévy-Bruhl's] W;Levy-Bruhl's
309.32 *Encyclopaedia*] W;*Dictionary*
309.35 1929] W;1927

309.35 *Man* ∧] W; ~,

309.35 *the*] W; *The*

313.3 Bergemann] W; Bergmann

313.8 *Social Ethics*, 1902] W; *Moral Philosophy*, 1888

313.16 *Lichte*] W; *licht*

315.18 fulfilment] WS; fulfillment

315.18 a creed] WS; as creed

338.25 1927,] W; 1929;

338.31,33 1914,] W; ~;

338.34 1913,] W; ~;

338.38 1919] W; 1910

339.2 *Free-Thought*] W; ~∧~

339.3 *Process*] W; *Progress*

360.26 Bill of Rights] W; bill of rights

361.15 discontented.] W; ~,

367n.1 *on*] W; *in*

371.28-29 *Ballyhoo: The*] W; *Ballyhoo, the*

371.32 *Mankind*,] W; ~?

371.33 Perplexities] W; Difficulties

381.1 Josiah] W; Joshua

384.5 1925,] W; ~;

384.9 *Problems*] W; *Problem*

384.13 ed.,] W; [*not present*]

384.15 1922] W; 1921

384.16 1909 *and* 1930] W; [*rom.*]

397.13 upheld] W; upeld

400n.1 261] W; 162

401.35 *of Labour*] W; *of Labor*

401.36 *Labour*] W; *Labor*

402.1 *Economic*] W; *Industrial*

*402.1-2 *the Labor Movement*] W; *Trade Unionism*

402.3 1920,] W; ~;

402.4 *Legal*] W; *The Legal*

409n.1 *Income*] W; *The Income*

410n.1 *and Capitalism*] W; [*not present*] 484

411.25 et ∧ al.] W; ~.~.

415.4 Workmen's] W; Workman's

422.13 *Social*] W; *The Social*

422.18 *Pays*:] W; ~,

422n.1 *with*] W; *and*

426n.2 Donham] W; Dunham

430.28 security;] W; ~,

433.2 national] W; rational

| | |
|---|---|
| 437.13 | *Mankind*,] W; ~ *?* |
| 442n.4 | Eckenstein] W; Eckstein |
| 451.32 | its] W; it |
| 455.35; 462.29 | Malinowski] W; Malinowsky |
| 461.6 | system] WS; sytem |
| 462.22 | *The*] W; *A* |
| 462.27 | *Marriage*] W; *Marriages* |
| 462.29 - 30 | Parenthood — The] W; Parenthood, the |
| 462.30 | Schmalhausen] W; Schmallhausen |

# 行末连字符的使用

## I. 范本表 485

以下是编辑给出的一些在范本的行末使用了连字符的可能的复合词：

| | |
|---|---|
| 10.20 | twofold |
| 51n.5 | twofold |
| 74.6 | self-discipline |
| 80.2 | preeminent |
| 95.25 | bondwoman |
| 120.1 | one-sided |
| 122.5 | self-sufficient |
| 131.6 | patchwork |
| 170.31 | gunpowder |
| 195.25 | pleasure-giving |
| 213.12 | Self-sacrifice |
| 230.38 | non-conformist |
| 246.33 | well-being |
| 249.9 | well-being |
| 250.9 | well-being |
| 277.22 | self-defense |
| 291.28 | profit-making |
| 296.38 | self-respect |
| 330.4 | storehouse |
| 334.37 | well-being |
| 345.28 | parrot-like |
| 353.16 | everyday |
| 354.2 | office-holders |
| 354.18 | pre-industrial |
| 359.39 | anti-social |
| 363.2 | fair-minded |
| 365.8 | reenforcing |
| 369.40 | self-interest |
| 377.5-6 | self-regulating |
| 380.4 | stockholders |
| 387.2 | co-worker |
| 388.7 | cooperative |
| 394.19 | old-time |
| 412.25-26 | interstate |
| 416.19 | stockholders |
| 427.32 | workingmen's |

## II. 校勘文本表

在当前版本的副本中，模棱两可断开的复合词中的行末连字符均未保留，除了以下这些：

10.35 present-day
56.4 so-called
72.19 old-time
100.17 all-controlling
190.16 stiff-necked
203.30 worldly-minded
486 205.21 self-generated
210.16 self-indulgence
212.27 non-moral
226.4 round-about
250.30 self-interest
256.31 whole-hearted
257.37 pigeon-holed
273.14 far-reaching
274.21 quasi-mathematical
290.36 well-being
293.5 self-love
294.28 well-being
294.36 Self-sustaining
310.3 self-interest
350.18 short-cut
355.29 non-conformist
357.20 one-sided
377.5 self-regulating
379.17 all-powerful
379.28 machine-workers
382.30 self-respecting
386.4 shop-rules
389.3 piece-work
391.23 self-respect
399.38 well-recognized
412.16 child-labor
445.29 moving-picture

# 杜威引文差异对照表

杜威引文中大的差异足以保证需要这个特殊列表。杜威用不同的方法注明资料来源，从根据记忆复述到逐字逐句的引用。在某些地方，他会完全地引用材料；在其他地方，他仅仅提到作者姓名，有的地方干脆忽略不提了。本卷引号中的所有资料，除了明显强调或重复的以外，出处都已核对；杜威的引文也已核实，必要时作了修正。所有的引文都保留了其首次发表时的原貌，除了校勘表记录的例外。因此，有必要同时查阅校勘表和本列表。 487

尽管杜威像那个时代的许多学者一样，对形式上的准确性并不关心，但引文中的许多改变可能是在印刷过程中出现的。例如，对比原著与杜威的引文可以看出，某些编辑、排字工人和杜威本人根据习惯处理引文材料的情况。因此，在当前版本中，恢复了这些出处的拼写和大写；这些改动都以"WS"(Works——当前版本中来自杜威引文出处的修订)为标志记录在校勘表中。同样，对可能的排版或印刷错误或偶然的恢复原来拼写的改动，都记录在校勘"WS"中。杜威最为频繁的变动是改动或省略引文中的标点符号，要是这样的变动或者略带有实质含义，我们便恢复原始文本中的标点，这些变化也以"WS"为标志记录在校勘表中。

杜威经常不标明他从原材料中省略了的部分材料。省略的短语列入本表中。原材料中有大量的斜体。杜威省掉的和添加的都记录在这里。

杜威的引文和原材料之间的差异，可归因于引文出现的上下文关系，例如数字和时态的变化，这里没有记录。

这部分的标注符号遵循这样的格式：首先是当前版本中的页-行数，其后是词条，然后是括号；括号后面是原先出现的形式，紧接着是作者的姓氏、"参考书目"中来源 488

的简称和出处的页-行数，这些都放在括号内。

163.8 pointing out] setting forth to him (Plato, *Protagoras*, 125.24)
163.8 one act] this (Plato, *Protagoras*, 125.25)
163.8 another] and that is (Plato, *Protagoras*, 125.25)
163.9[1] one] this is (Plato, *Protagoras*, 125.25)
163.9 and another] that is (Plato, *Protagoras*, 125.25)
163.9[2] one] this is (Plato, *Protagoras*, 125.26)
163.9 - 10 and another] that is (Plato, *Protagoras*, 125.26)
163.11 community] state again (Plato, *Protagoras*, 126.12)
163.12[1] laws] the laws, (Plato, *Protagoras*, 126.13)
163.12 to live] live (Plato, *Protagoras*, 126.13)
163.12 of the laws] which they furnish, (Plato, *Protagoras*, 126.14)
163.12 - 13 according to] after (Plato, *Protagoras*, 126.14)
171.37 place] case (Goldsmith, *Vicar*, 49.28)
172.29 great] the great (Stephen, *Science of Ethics*, 155.13)
172.30 may be said] would seem (Stephen, *Science of Ethics*, 155.14)
172.31 *moral*] [*rom.*] (Stephen, *Science of Ethics*, 155.15)
172.33 *moral*] [*rom.*] (Stephen, *Science of Ethics*, 155.17)
173.1 teacher] legislator (Stephen, *Science of Ethics*, 155.24)
188.6 to act] of acting (James, *Principles of Psychology*, 2:562.13)
188.8 the mind] our mind (James, *Principles of Psychology*, 2:563.6)
188.8 Whenever] When (James, *Principles of Psychology*, 2:563.6)
188.9 state] state whatever (James, *Principles of Psychology*, 2:563.7)
188.10 those which] such as (James, *Principles of Psychology*, 2:563.8)
188.14 till] until (James, Principles of Psychology, 2:563.20)
188.15 mood. Passion's] mood and brought our airy castles in ruin to the ground. Such is the inevitable effect of reasonable ideas over others — *if they can once get a quiet hearing*; and passion's (James, *Principles of Psychology*, 2:563.21 - 23)
188.16 the still] their still (James, *Principles of Psychology*, 2:563.24)
192.2 procedures] pursuit (Bain, *Moral Science*, 27.25)
192.4 judgments] judgment (Bain, *Moral Science*, 27.27)
192.6 it.] it; the only proof that a sound is audible, is that people hear it: and so of the other sources of our experience. (Mill, *Utilitarianism*, 348.24 -
489 26)
192.6 manner] manner, I apprehend, (Mill, *Utilitarianism*, 348.27)
192.6 proof] evidence (Mill, *Utilitarianism*, 348.27)
195.12 *idea*] [*rom.*] (Hazlitt, "Jeremy Bentham," 7.6)
195.15 upon] on (Hazlitt, "Jeremy Bentham," 7.9)
196.20 animal] the animal (Mill, *Utilitarianism*, 309.28)
196.22 that] which (Mill, *Utilitarianism*, 309.30)
196.25 pleasure;] pleasures: (Mill, *Utilitarianism*, 311.14 - 15)

196.37 is of] are of (Mill, *Utilitarianism*, 312.32)

196.37 he] they (Mill, *Utilitarianism*, 313.1)

196.38 his] their (Mill, *Utilitarianism*, 313.1)

199.4 thought] thoughts, (Eliot, *Romola*, 565.42)

200.12 I burn] [*not present*] (Millay, *A Few Figs*, 1.2)

200.12 my candle] My candle burns (Millay, *A Few Figs*, 1.2)

205.4 our] our own (Locke, *Education*, 32.15)

205.4 when] where (Locke, *Education*, 32.15)

205.5 is got] is to be got and improved (Locke, *Education*, 32.17)

205.7 urge that] advise, that, (Locke, *Education*, 32.19)

205.10-11 Keep ... in] [*ital.*] (James, *Principles of Psychology*, 1:126.27)

205.11 yourself] *you* (James, *Principles of Psychology*, 1:126.27)

205.11-12 by ... day.] [*ital.*] (James, *Principles of Psychology*, 1:126.27-28)

205.12-13 unnecessary] little unnecessary (James, *Principles of Psychology*, 1:126.29)

206.35 maxims] [*ital.*] (James, *Principles of Psychology*, 1:125.1)

206.36 has] have (James, *Principles of Psychology*, 1:125.3)

208.13 the] A (Mill, *Utilitarianism*, 318.30)

208.17 past, present] past and present, (Mill, *Utilitarianism*, 319.5)

212.2[1] is] seems (Santayana, *Reason in Science*, 320.18)

219.36-37 the ... moral] [*ital.*] (Kant, *Practical Reason*, 154.7-8)

219.37 law,] *law (of which it seems as if it must be the foundation)*, (Kant, *Practical Reason*, 154.8-9)

219.37 but ... it.] [*ital.*] (Kant, *Practical Reason*, 154.9-10)

222.16 way,] way, however, (Kant, *Practical Reason*, 19.15)

222.17 the question] this question (Kant, *Practical Reason*, 19.16)

222.19 trouble] difficulty (Kant, *Practical Reason*, 19.18)

222.24 personally] presently (Kant, *Practical Reason*, 19.23)

222.26-27 such ... promise.] promises at all, since it would be in vain to allege my intention in regard to my future actions to those who would not believe this allegation, (Kant, *Practical Reason*, 19.25-28)

222.27-28 No ... intention, or, ] or (Kant, *Practical Reason*, 19.28)

222.28 do so over-hastily, ] over-hastily did so (Kant, *Practical Reason*, 19.28)

222.28 one] me (Kant, *Practical Reason*, 19.28) 490

222.29 one's] my (Kant, *Practical Reason*, 19.28)

222.29 coin ... opportunity.] coin. (Kant, *Practical Reason*, 19.29)

240n.5 He, for] He has thus, it is not too much to say, for (Mill, *Dissertations*, 372.2-3)

242.37 happiness] happiness or (as, speaking practically, it may be called) the interest (Mill, *Utilitarianism*, 323.23-25)

242.39 and] and, secondly, (Mill, *Utilitarianism*, 323.4)

243.20-21 *he ... body*] [*rom.*] (Mill, *Utilitarianism*, 343.29-30)

243.24 things] things which (Mill, *Utilitarianism*, 344.3)
243.27 the good] their good(Mill, *Utilitarianism*, 344.32)
243.33 imposed] imposed by the power of society, (Mill, *Utilitarianism*, 347.19)
243.34 well] well for them (Mill, *Utilitarianism*, 347.20)
243.36 *bear*] [*rom.*] (Mill, *Utilitarianism*, 347.30)
243.36 line] plan (Mill, *Utilitarianism*, 347.31)
244.6 in] in in (Mill, *Early Essays*, 357.11 - 12)
244.20 desires] the desires (Mill, *Early Essays*, 404.16)
245.3 person] human being (Mill, *Utilitarianism*, 311.15)
251.1 sentimental] philanthropic (Carlyle, *Latter-Day*, 67.8)
279.20 It is no] Nor is it a (Locke, *Essay*, 75.30)
279.21 to be] to have the authority to be (Locke, *Essay*, 75.31)
293.18 moved] led (James, *Principles of Psychology*, 1: 320.23)
293.19 grab] to grab (James, *Principles of Psychology*, 1: 320.24)
293.20 seat; it is] comfortable seat, is (James, *Principles of Psychology*, 1: 320.25 - 26)
293.21 *them*] [*rom.*] (James, *Principles of Psychology*, 1: 320.26)
293.22 Whenever] Wherever (James, *Principles of Psychology*, 1: 320.28)
293.24 attention] attention fatally, (James, *Principles of Psychology*, 1: 320.30)
293.25 - 26 thoroughly] utterly (James, *Principles of Psychology*, 1: 320.37)
293.27 *objects*] [*rom.*] (James, *Principles of Psychology*, 1: 320.39)
293.27 lust] lusts, (James, *Principles of Psychology*, 1: 320.39)
315.9 case] process (Addams, *Democracy*, 1.16)
315.9 personal] individual (Addams, *Democracy*, 2.24)
315.17 applied] adapted (Addams, *Democracy*, 4.20)
358.37 market] competition of the market (Holmes, *U. S. Reports*, 1180.12 - 13)
367.18 state] condition (Hayes, *Nationalism*, 6.10)

# 杜威参考书目清单

这里给出了杜威所引著作的全部出版信息。在可能时，列出杜威个人图书馆（约翰·杜威的论文、特别收藏、莫里斯图书馆、卡本代尔：南伊利诺伊大学）的书。当杜威和塔夫茨指出页码以供参考时，注明引文出处就已确定了版本。至于其他参考书目，这里列出的版本是杜威和塔夫茨根据出版地点和出版时间，在那个时期最可能使用的版本，或者根据通信和其他材料以及当时通行的版本。 491

Adams, George Burton. *Civilization during the Middle Ages, Especially in Relation to Modern Civilization.* New York: Charles Scribner's Sons, 1894.

Addams, Jane. *Democracy and Social Ethics.* New York: Macmillan Co., 1902.

——. *Newer Ideals of Peace.* New York: Macmillan Co., 1907.

Adler, Felix. *An Ethical Philosophy of Life.* New York: D. Appleton and Co., 1918.

Albee, Ernest. *A History of English Utilitarianism.* New York: Macmillan Co., 1902.

Alexander, Samuel. *Moral Order and Progress: An Analysis of Ethical Conceptions.* London: Trübner and Co., 1889. [2d ed. London: Kegan Paul, Trench, Trübner, and Co., 1891].

——. "The Meaning of 'Motive.'" *International Journal of Ethics* 4(1894):233 - 236.

Angell, Norman. *The Unseen Assassins.* New York: Harper and Bros., 1932.

Aristotle. *The Nicomachean Ethics of Aristotle.* 2d ed. Translated by F. H. Peters. London: Kegan Paul, Trench and Co., 1884.

——. *The Politics of Aristotle.* Translated by J. E. C. Welldon. London: Macmillan and Co., 1883.

Ashley, William James. *An Introduction to English Economic History and Theory.* 2 vols. London: Longmans, Green, and Co., 1888. [2d ed., 1892 - 1893.]

Atkins, Willard E.; Douglas, Paul H.; and Hitchcock, Curtice, N. *The Worker in* 492

*Modern Economic Society*. Chicago: University of Chicago Press, 1923.

Augustine, Saint. *The City of God*. Translated by John Healey. London: J. M. Dent and Sons, 1931.

Austin, John. *Lectures on Jurisprudence; or, The Philosophy of Positive Law*. Edited by Robert Campbell. 2 vols. London: John Murray, 1869. [4th ed., rev., 1873.]

Bacon, Francis. *New Atlantis*. Edited by G. C. Moore Smith. Cambridge: Cambridge University Press, 1919.

Bagehot, Walter. *Physics and Politics*. International Scientific Series, vol. 2. New York: D. Appleton and Co., 1890.

Bain, Alexander. *The Emotions and the Will*. London: John W. Parker and Son, 1859.

——. *Moral Science: A Compendium of Ethics*. New York: D. Appleton and Co., 1882.

Baldwin, James Mark. *Social and Ethical Interpretations in Mental Development: A Study in Social Psychology*. 3d ed., rev. and enl. New York: Macmillan Co., 1902.

——, ed. *Dictionary of Philosophy and Psychology*. 3 vols. in 4. New York: Macmillan Co., 1901 – 1905.

Barker, Ernest. *Greek Political Theory: Plato and His Predecessors*. London: Methuen and Co., 1918.

Barton, George Aaron. *A Sketch of Semitic Origins, Social and Religious*. New York: Macmillan Co., 1902.

Beard, Charles Austin. *The Economic Basis of Politics*. New York: Alfred A. Knopf, 1922.

——, ed. *Whither Mankind: A Panorama of Modern Civilization*. New York: Longmans, Green and Co., 1928.

Benn, Alfred William. *The Philosophy of Greece Considered in Relation to the Character and History of Its People*. London: G. Richards, 1898.

Bent, Silas. *Ballyhoo: The Voice of the Press*. New York: Boni and Liveright, 1927.

——. *Machine Made Man*. New York: Farrar and Rinehart, 1930.

Bentham, Jeremy. *An Introduction to the Principles of Morals and Legislation*. New ed. 2 vols. London: Printed for W. Pickering, 1823.

Bergemann, Paul. *Ethik als Kulturphilosophie*. Leipzig: J. Hoffman, 1904.

Beveridge, William Henry. *Unemployment: A Problem of Industry (1909 and 1930)*. New imp. New York: Longmans, Green and Co., 1931.

Beyschlag, Willibald. *New Testament Theology*. Translated by Rev. Neil Buchanan. 2 vols. Edinburgh: T. and T. Clark, 1895.

Boas, Franz. *The Mind of Primitive Man*. New York: Macmillan Co., 1911.

493 ——. "Anthropology." In *Encyclopaedia of the Social Sciences*, edited by Edwin R. A. Seligman, 2:73 – 110. New York: Macmillan Co., 1930.

Bonar, James. *The Intellectual Virtues*. New York: Macmillan Co., 1894.

——. *Moral Sense*. London: George Allen and Unwin, 1930.

——. *Philosophy and Political Economy in Some of Their Historical Relations.* London: Swan Sonnenschein and Co., 1893.

Bonner, Robert J., and Smith, Gertrude. *The Administration of Justice from Homer to Aristotle.* Vol. 1. Chicago: University of Chicago Press, 1930.

Bosanquet, Bernard. *The Philosophical Theory of the State.* New York: Macmillan Co., 1899.

——. *Psychology of the Moral Self.* New York: Macmillan Co., 1897.

Bosanquet, Helen. *The Family.* New York: Macmillan Co., 1906.

Bowne, Borden P. *The Principles of Ethics.* New York: Harper and Bros., 1892.

Bradley, Andrew Cecil. "Aristotle's Conception of the State." In *Hellenica: A Collection of Essays on Greek Poetry, Philosophy, History and Religion,* edited by Evelyn Abbott, pp. 181 - 243. New York: Longmans, Green, and Co., 1880.

Bradley, Francis Herbert. *Ethical Studies.* New York: G. E. Stechert and Co., 1904. [2d reprint, 1927.]

Brandes, George. *Main Currents in Nineteenth Century Literature.* Translated by Diana White and Mary Morison. 6 vols. London: William Heinemann, 1901 - 1905.

Briffault, Robert. *The Mothers: A Study of the Origins of Sentiments an Institutions.* 3 vols. London: George Allen and Unwin, 1927.

Brimhall, Dean R., and Cattell, J. McKeen, eds. *American Men of Science: A Biographical Directory.* 3d ed. Garrison, N. Y.: Science Press, 1921.

Broad, Charlie Dunbar. *Five Types of Ethical Theory.* London: Kegan Paul, Trench, Trubner and Co., 1930.

Bruce, William Straton. *The Ethics of the Old Testament.* Edinburgh: T. and T. Clark, 1895.

Bryce, James. *The Holy Roman Empire.* New ed., rev. and enl. New York: Macmillan Co., 1904.

——. *Modern Democracies.* 2 vols. New York: Macmillan Co., 1921.

——. *Studies in History and Jurisprudence.* 2 vols. Oxford: At the Clarendon Press. 1901.

Bücher, Karl. *Arbeit und Rythmus.* 3d ed., enl. Tübingen: H. Laupp, 1901.

——. *Industrial Evolution.* 3d ed. Translated by S. Morley Wickett. New York: 494
Henry Holt and Co., 1901.

Budde, Karl Ferdinand Reinhart. *Religion of Israel to the Exile.* American Lectures on the History of Religions, 4th series, 1898 - 1899. New York: G. P. Putnam's Sons, 1899.

Burckhardt, Jakob Christoph. *The Civilisation of the Renaissance in Italy.* Half Guinea International Library. Translated by S. G. C. Middlemore. London: Swan Sonnenschein and Co., 1892.

Burgess, John William. *The Reconciliation of Government with Liberty.* New York: Charles Scribner's Sons, 1915.

Burnet, John. "Law and Nature in Greek Ethics." *International Journal of Ethics* 7 (1897): 328 - 333.

Burns, Cecil Delisle. *The Philosophy of Labour.* London: George Allen and Unwin, 1925.

Bury, John Bagnell. *A History of Freedom of Thought.* New York: Henry Holt and Co., 1913.

Butler, Joseph. *Fifteen Sermons.* London: Longman, Brown, Green, and Longmans, 1856.

Butler, Samuel. *Erewhon; or, Over the Range.* New York: E. P. Dutton and Co., 1917.

Caesar. *Caesar's Gallic War.* Reëdited from Allen and Greenough's ed. by James B. Greenough, Benjamin L. D'Ooge, and M. Grant Daniell. Boston: Ginn and Co., 1898.

Caird, Edward. *The Evolution of Theology in the Greek Philosophers.* 2 vols. Glasgow: James Maclehose and Sons, 1904.

Calderwood, Henry. *Handbook of Moral Philosophy.* 14th ed. London: Macmillan and Co., 1888.

Calhoun, Arthur Wallace. *A Social History of the American Family from Colonial Times to the Present.* 3 vols. Cleveland: Arthur H. Clark Co., 1917.

Calkins, Mary Whiton. *The Good Man and the Good: An Introduction to Ethics.* New York: Macmillan Co., 1918.

Carlyle, Alexander James. *A History of Mediaeval Political Theory in the West.* Vol. 1, *The Second Century to the Ninth.* Edinburgh: William Blackwood and Sons, 1903.

Carlyle, Thomas. *The Works of Thomas Carlyle.* Centenary ed. 31 vols. London: Chapman and Hall, 1898 - 1907. [*Past and Present,* vol. 10, 1899; *Latter-Day Pamphlets,* vol. 20, 1907.]

Carriere, Moriz. *Die Kunst im Zusammenhang der Culturentwickelung und die Ideale der Menschheit.* 3d ed., rev. 5 vols. Leipzig: F. A. Brockhaus, 1877 - 1886.

Carver, Thomas Nixon. *Essays in Docial justice.* Cambridge: Harvard University Press, 1922.

495 ——. *The Present Economic Revolution in the United States.* Boston: Little, Brown, and Co., 1925.

Catlin, George Edward Gordon. *A Study of the Principles of Politics.* New York: Macmillan Co., 1930.

Cattell, J. McKeen, and Brimhall, Dean R., eds. *American Men of Science: A Biographical Directory.* 3d ed. Garrison, N. Y.: Science Press, 1921.

Chafee, Zechariah, Jr. *Freedom of Speech.* New York: Harcourt, Brace and Howe, 1920.

Chase, Stuart. *Men and Machines.* New York: Macmillan Co., 1929.

——. *The Tragedy of Waste.* New York: Macmillan Co., 1926.

Cicero, Marcus Tullius. *De finibus bonorum et malorum libri V.* 3d ed., rev. Edited by Johan Nicolai Madvig. Copenhagen: Glydendal, 1876.

——. *De legibus libri tres.* Edited by W. D. Pearman. Cambridge: J. Hall and Son, 1881.

——. *De natura deorum libri tres.* Edited by J. H. Swanson. 3 vols. Cambridge: Cambridge University Press, 1883 - 1891.

——. *De officiis libri tres.* 7th ed. Edited by Hubert Ashton Holden. Cambridge: Cambridge University Press, 1891.
——. *De re publica.* In *Scripta Quae Manserunt Omnia,* edited by Reinholdus Klotz, vol.2. Leipzig: B. G. Teubneri, 1874.
Clark, John Maurice. *Social Control of Business.* Chicago: University of Chicago Press, 1926.
Clay, Henry. *Economics: An Introduction for the General Reader.* New York: Macmillan Co., 1923.
Clifford, William Kingdon. *Lectures and Essays.* 2d ed. Edited by Leslie Stephen and Frederick Pollock. New York: Macmillan Co., 1886.
Clutton-Brock, Arthur. *The Ultimate Belief.* New York: E. P. Dutton and Co., 1916.
Cole, George Douglas Howard. *Labour in the Commonwealth.* New York: B. W. Huebsch, 1919.
Commons, John Rogers. *Legal Foundations of Capitalism.* New York: Macmillan Co., 1924.
——, et al. *History of Labour in the United States.* New York: Macmillan Co., 1918.
Comte, Auguste. *The Positive Philosophy of Auguste Comte.* Translated by Harriet Martineau. 2vols. London: Trübner and Co., 1875.
——. *System of Positive Polity.* Translated by John Henry Bridges et al. 4 vols. London: Longmans, Green, and Go., 1875-1877.
Cone, Orello. *Paul: The Man, the Missionary, and the Teacher.* New York: Macmillan Co., 1898.
Cook, Walter Wheeler. "Privileges of Labor Unions in the Struggle for Life." *Yale Law Quarterly* 27(1918):779-801.
Cooley, Charles Horton. *Human Nature and the Social Order.* New York: Charles Scribner's Sons, 1902. [Rev. ed., 1922.] *496*
——. *Social Organization: A Study of the Larger Mind.* New York: Charles Scribner's Sons, 1912.
——. *Social Process.* New York: Charles Scribner's Sons, 1918.
Coulanges. *See* Fustel de Coulanges.
Crawley, Alfred Ernest. *The Mystic Rose: A Study of Primitive Marriage and of Primitive Thought in Its Bearings on Marriage.* New York: Macmillan Co., 1902.
Crosby, Oscar T. *International War: Its Causes and Its Cure.* London: Macmillan and Co., 1919.
Cunningham, William. *An Essay on Western Civilization in Its Economic Aspects.* Cambridge Historical Series, edited by G. W. Prothero, 2 vols. Cambridge: Cambridge University Press, 1898-1900.
——. *The Growth of English Industry and Commerce.* 3d ed. 2 vols. Cambridge: Cambridge University Press, 1896-1903.
Darwin, Charles Robert. *The Descent of Man.* 2 vols. New York: D. Appleton and Co., 1871.

Davies, Joseph Edward. *Trust Laws and Unfair Competition.* March 15, 1915. Washington, D. C.: Government Printing Office, 1916.

Davis, Helen Edna. *Tolstoy and Nietzsche: A problem in Biographical Ethics.* New York: New Republic, 1929.

Davis, Katharine Bement. *Factors in the Sex Life of Twenty-two Hundred Women.* New York: Harper and Bros., 1929.

Denis, Jacques François. *Histoire des théories et des idées morales dans l'antiquité.* 2d ed. 2 vols. Paris: E. Thorin, 1879.

Dewey, John. *Human Nature and Conduct.* New York: Henry Holt and Co., 1922. [*The Middle Works of John Dewey, 1899 - 1924*, edited by Jo Ann Boydston, vol. 14. Carbondale and Edwardsville: Southern Illinois University Press, 1983.]

——. *Individualism, Old and New.* New York: Minton, Balch and Co., 1930. [*The Later Works of John Dewey, 1925 - 1953*, edited by Jo Ann Boydston, 5:41 - 123. Carbondale and Edwardsville: Southern Illinois University Press, 1984.]

——. *Logical Conditions of a Scientific Treatment of Morality.* Chicago: University of Chicago press, 1903. [*Middle Works* 3:3 - 39.]

——. *Outlines of a Critical Theory of Ethics.* Ann Arbor: Register Publishing Co., 1891. [*The Early Works of John Dewey, 1882 - 1898*, edited by Jo Ann Boydston, 3:237 - 388. Carbondale and Edwardsville: Southern Illinois University Press, 1969.]

——. *The Public and Its Problems.* New York: Henry Holt and Co., 1927. [*Later Works* 2:235 - 372.]

497 ——. *The Quest for Certainty.* New York: Minton, Balch and Co., 1929; London: George Allen and Unwin, 1930. [*Later Works* 4.]

——. *Reconstruction in Philosophy.* New York: Henry Holt and Co., 1920; London: University of London Press, 1921. [*Middle Works* 12:77 - 201.]

——. *The Study of Ethics: A Syllabus.* Ann Arbor: Register Publishing Co., 1894. [*Early Works* 4:219 - 362.]

——. "The Evolutionary Method as Applied to Morality. I. Its Scientific Necessity." *Philosophical Review* 11(1902): 107 - 124; "II. Its Significance for Conduct." Ibid., pp. 353 - 371. [*Middle Works* 2:3 - 38.]

——. "Interpretation of Savage Mind." *Psychological Review* 9 (1902): 217 - 230. [*Middle Works* 2:39 - 52.]

——. "Moral Theory and Practice." *International Journal of Ethics* 1(1891): 186 - 203. [*Early Works* 3:103 - 109.]

——. "Self-Realization as the Moral Ideal." *Philosophical Review* 2(1893): 652 - 664. [*Early Works* 4:42 - 53.]

Dicey, Albert Venn. *Lectures on the Relation between Law and Public Opinion in England during the Nineteenth Century.* London: Macmillan and Co., 1905. [2d ed., 1914.]

Dinsmore, Charles Allen. *Atonement in Literature and Life.* Boston: Houghton, Mifflin and Co., 1906.

Director, Aaron, and Douglas, Paul H. *The Problem of Unemployment.* New York: Macmillan Co., 1931.

Donham, Wallace Brett. *Business Adrift.* New York: McGraw - Hill Book Co., Whittlesey House, 1931.

Döring, August. *Die Lebre des Sokrates als sociales Reformsystem: Neuer Versuch zur Lösung des Problems der Sokratischen Philosophie.* Munich: C. H. Beck, 1895.

Dorsey, James Owen. "Omaha Sociology." In *Third Annual Report of the Bureau of Ethnology to the Secretary of the Smithsonian Institution 1881 - 1882,* pp. 205 - 370. Washington, D. C.: Government Printing Office, 1884.

——. "A Study of Siouan Cults." In *Eleventh Annual Report of the Bureau of Ethnology to the Secretary of the Smithsonian Institution 1889 - 1890*, pp. 361 - 544. Washington, D. C.: Government Printing Office, 1894.

Douglas, Paul H., and Director, Aaron. *The Problem of Unemployment.* New York: Macmillan Co., 1931.

Douglas, Paul H.; Hitchcock, Curtice N.; and Atkins, Willard E. *The Worker in Modern Economic Society.* Chicago: University of Chicago Press, 1923.

Drake, Durant. *The New Morality*. New York: Macmillan Co., 1928.

Draper, John William. *History of the Intellectual Development of Europe.* Rev. 498
ed. 2 vols. New York: Harper and Bros., 1876.

Driesch, Hans. *Ethical Principles in Theory and Practice: An Essay in Moral Philosophy.* Translated by W. H. Johnston. London: George Allen and Unwin, 1930.

Dunning, William Archibald. *A History of Political Theories Ancient and Medieval.* New York: Macmillan Co., 1902.

——. *A History of Political Theories from Luther to Montesquieu.* New York: Macmillan Co., 1905.

Durkheim, Émile. *De la division du travail social: Étude sur l'organisation des sociétés supérieures.* Paris: F. Alcan, 1893.

Eastman, Charles Alexander. *Indian Boyhood.* New York: McClure, Phillips and Co., 1902.

Eaton, Howard Ormsby. *The Austrian Philosophy of Values.* Norman: University of Oklahoma Press, 1930.

Eckenstein, Lina. *Woman under Monasticism: Chapters on SaintHood and Convent Life between A. D. 500 and A. D. 1500.* Cambridge: Cambridge University Press, 1896.

Eicken, Heinrich von. *Geschichte und System der mittelalterlichen Weltanschauung.* Stuttgart: J. G. Cotta, 1887.

Eliot, George. *Romola.* London: J. M. Dent and Co., 1907.

*Encyclopedia Biblica.* Edited by Thomas Kelly Cheyne and John Sutherland Black. 4 vols. New York: Macmillan Co., 1899 - 1903.

Epictetus. *The Discourses of Epictetus.* Translated by George Long. 2 vols. London: George Bell and Sons, 1903.

Erdmann, Johann Eduard. *A History of Philosophy.* 2d ed. Translated by Williston S. Hough. 3 vols. London: Swan Sonnenschein and Co., 1892 - 1897.

Everett, Walter Goodnow. *Moral Values: A Study of the Principles of Conduct.*

New York: Henry Holt and Co., 1918.

Falckenberg, Richard Friedrich Otto. *History of Modern Philosophy from Nicolas of Cusa to the Present Time.* Translated by Andrew Campbell Armstrong, Jr. New York: Henry Holt and Co., 1893.

Farnell, Lewis Richard. *The Cults of the Greek States.* 3 vols. Oxford: At the Clarendon Press, 1896.

Faulkner, Harold Underwood. *The Quest for Social Justice, 1898 - 1914.* A History of American Life, vol. 11. New York: Macmillan Co., 1931.

Fewkes, Jesse Walter. "Hopi Katcinas." In *Twenty-First Annual Report of the Bureau of Ethnology to the Secretary of the Smithsonian Institution 1899 - 1900,* pp. 13 - 126. Washington, D. C.: Government Printing Office, 1903.

——. "Tusayan Katcinas." In *Fifteenth Annual Report of the Bureau of Ethnology to the Secretary of the Smithsonian Institution 1893 - 1894,* pp. 245 - 313.
499 Washington, D. C.: Government Printing Office, 1897.

Fichte, Johann Gottlieb. *The Characteristics of the Present Age.* In *The Popular Works of Johann Gottlieb Fichte,* 4th ed., translated by William Smith, vol. 2, pp. 1 - 288. London: Trübner and Co., 1889.

Fischer, Kuno. *History of Modern Philosophy.* Translated by J. P. Gordy. Edited by Noah Porter. New York: Charles Scribner's Sons, 1887.

Fiske, John. *Outlines of Cosmic Philosophy.* 4 vols. Boston: Houghton Mifflin Co., 1903.

——. *Through Nature to God.* Boston: Houghton Mifflin Go., 1899.

Fison, Lorimer, and Howitt, Alfred William. *Kamilaroi and Kurnai.* Melbourne: G. Robertson, 1880.

Fite, Warner. *Individualism: Four Lectures on the Significance of Consciousness for Social Relations.* New York: Longmans, Green, and Co., 1911.

——. *An Introductory Study of Ethics.* New York: Longmans, Green, and Co., 1903.

——. *Moral Philosophy: The Critical View of Life.* New York: Dial Press, 1925.

Fletcher, Alice C. "The Hako: A Pawnee Ceremony." In *Twenty-Second Annual Report of the Bureau of Ethnology to the Secretary of the Smithsonian Institution 1900 - 1901,* part 2, pp. 1 - 368. Washington, D. C.: Government Printing Office, 1904.

Follett, Mary Parker. *The New State: Group Organization the Solution of Popular Government.* New York: Longmans, Green and Co., 1918.

Fowler, Thomas, and Wilson, John Matthias. *The Principles of Morals.* 2 vols. Oxford: At the Clarendon Press, 1886 - 1887.

Francke, Kuno. *Social Forces in German Literature: A Study in the History of Civilization.* New York: Henry Holt and Co., 1896.

Frankfurter, Felix, and Greene, Nathan. *The Labor Injunction.* New York: Macmillan Co., 1930.

Frazer, James George. *The Golden Bough: A Study in Magic and Religion.* 2d ed., rev. and enl. 3 vols. New York: Macmillan Co., 1900.

——. *Totemism and Exogamy: A Treatise on Certain Early Forms of Superstition*

*and Society*. London: Macmillan and Co., 1910.
Freund, Ernst. *The Police Power: Public Policy and Constitutional Rights*. Chicago: Callaghan and Co., 1904.
——. *Standards of American Legislation: An Estimate of Restrictive and Constructive Factors*. Chicago: University of Chicago Press, 1917.
Fustel de Coulanges, Numa Denis. *The Ancient City: A Study on the Religion, Laws, and Institutions of Greece and Rome*. Translated by Willard Small. Boston: Lee and Shepard, 1874. 500
Genung, John Franklin. *The Epic of the Inner Life: Being the Book of Job*. Boston: Houghton Mifflin Co., 1900.
Giddings, Franklin Henry. *Inductive Sociology: A Syllabus of Methods, Analyses and Classifications, and Provisionally Formulated Laws*. New York: Macmillan Co., 1901.
——. *The Principles of Sociology: An Analysis of the Phenomena of Association and of Social Organization*. 3d ed. New York: Macmillan Co., 1896.
Gide, Charles, and Rist, Charles. *A History of Economic Doctrines from the Time of the Physiocrats to the Present Day*. Boston: D. C. Heath and Co., 1915.
Gillen, Francis James, and Spencer, Baldwin. *The Native Tribes of Central Australia*. London: Macmillan and Co., 1899.
——. *The Northern Tribes of Central Australia*. London: Macmillan and Co., 1904.
Godwin, William. *An Enquiry concerning Political Justice and Its Influence on General Virtue and Happiness*. New York: Alfred A. Knopf, 1926.
Goldenweiser, Alexander A. *Early Civilization*. New York: Alfred A. Knopf, 1922.
Goldenweiser, Alexander A., and Ogburn, William Fielding, eds. *The Social Sciences and Their Interrelations*. Boston: Houghton Mifflin Co., 1927.
Goldsmith, Oliver. *The Vicar of Wakefield*. Edited by Mary A. Jordan. New York: Longmans, Green, and Co., 1898.
Gomperz, Theodor. *Greek Thinkers: A History of Ancient Philosophy*. 3 vols. [Vol. 1 translated by Laurie Magnus; vols. 2 and 3 translated by George Godfrey Berry.] London: John Murray, 1901 – 1905.
Goodnow, Frank Johnson. *Social Reform and the Constitution*. New York: Macmillan Co., 1911.
Goodsell, Willystine. *A History of the Family as a Social and Educational Institution*. New York: Macmillan Co., 1923.
Grandgent, Charles Hall. *Dante*. New York: Duffield and Co., 1916.
Gray, John Henry. *China: A History of the Laws, Manners, and Customs of the People*. Edited by William Gow Gregor. 2 vols. London: Macmillan and Co., 1878.
Green, Thomas Hill. *Lectures on the Principles of Political Obligation*. In *Works of Thomas Hill Green*, edited by R. L. Nettleship, vol. 2. London: Longmans, Green, and Co., 1886.
——. *Prolegomena to Ethics*. Edited by A. C. Bradley. Oxford: At the Clarendon Press, 1883. [3d ed., 1890.]

501 Greene, Nathan, and Frankfurter. Felix. *The Labor Injunction.* New York: Macmillan Co., 1930.

Grosse, Ernst. *Die Formen der Familie und die Formen der Wirthschaft.* Freiburg and Leipzig: J. C. B. Mohr, 1896.

Grote, George. *A History of Greece.* 4th ed. Vol. 3. London: John Murray, 1872.

——. *Plato, and the Other Companions of Sokrates.* London: John Murray, 1888.

Grote, John. *An Examination of the Utilitarian Philosophy.* Cambridge: Deighton, Bell, and Co., 1870.

Groves, Ernest Rutherford, and Ogburn, William Fielding. *American Marriage and Family Relationships.* New York: Henry Holt and Co., 1928.

Gruening, Ernest Henry. *The Public Pays: A Study of Power Propaganda.* New York: Vanguard Press, [1931].

Gummere, Francis Barton. *The Beginnings of Poetry.* New York: Macmillan Co., 1901.

Guyau, Jean Marie. *A Sketch of Morality Independent of Obligation or Sanction.* 2d ed. Translated by G. Kapteyn. London: Watts and Co., 1898.

Hadley, Arthur Twining. *Economic Problems of Democracy.* New York: Macmillan Co., 1923.

——. *The Relations between Freedom and Responsibility in the Evolution of Democratic Government.* New York: Charles Scribner's Sons, 1903.

——. *Standards of Public Morality.* New York: Macmillan Co., 1912.

Halévy, Élie. *La Formation du radicalisme philosophique.* 3 vols. Paris: F. Alcan, 1901 - 1904.

Hall, Thomas Cuming. *The Religious Background of American Culture.* Boston: Little, Brown, and Co., 1930.

Hamilton, Walton Hale. *Current Economic Problems,* 3d ed. Chicago: University of Chicago Press, [1925].

——. "Freedom and Economic Necessity." In *Freedom in the Modern World,* edited by Horace M. Kallen, pp. 25 - 49. New York: Coward-McCann, 1928.

Hammurabi, King of Babylonia. *The Oldest Code of Laws in the World.* Translated by C. H. W. Johns. Edinburgh: T. and T. Clark, 1911.

Hardy, Edmund. *Der Begriff der Physis in der griechischen Philosophie.* Vol. 1. Berlin: Weidmann, 1884. [No more published.]

Harnack, Adolf von. *What Is Christianity?* 2d ed., rev. Translated by Thomas Bailey Saunders. New York: G. P. Putnam's Sons, 1901.

502 Harris, George. *Moral Evolution.* Boston: Houghton, Mifflin and Co., 1896.

Harrison, Jane Ellen. *Prolegomena to the Study of the Greek Religion.* Cambridge: Cambridge University Press, 1903.

Hartmann, Nicolai. *Ethics.* Translated by Stanton Coit. Vol. 1. London: George Allen and Unwin, 1932.

Hastings, James, ed. *Encyclopaedia of Religion and Ethics.* 13 vols. New York: Charles Scribner's Sons, 1922. ["Altruism" by James Iverach, 1: 354 - 358; "Summum Bonum" by Paul Shorey, 12:44 - 48.]

——, et al., eds. *A Dictiionary of the Bible.* 5 vols. New York: Charles Scribner's

Sons, 1898 – 1904.
Hayes, Carlton J. H. *Essays on Nationalism.* New York: Macmillan Co., 1926.
Hays, Arthur Garfield. *Let Freedom Ring.* New York: Boni and Liveright, 1928.
Hazlitt, William. "Jeremy Bentham." In *The Spirit of the Age; or, Contemporary Portraits.* The World's Classics, vol. 57. *The Works of William Hazlitt,* 4:1 – 16. London: Henry Frowde, 1904.
Hearn, Lafcadio. *Japan: An Attempt at Interpretation.* New York: Macmillan Co., 1904.
Hearn, William Edward. *The Aryan Household, Its Structure and Development: An Introduction to Comparative Jurisprudence.* London: Longmans, Green, and Co., 1879.
Hegel, Georg Wilhelm Friedrich. *Lectures on the Philosophy of History.* Translated from the 3d German ed. by John Sibree. London: George Bell and Sons, 1881.
——. *Philosophy of Right.* Translated by S. W. Dyde. London: George Bell and Sons, 1896.
Held, Adolf. *Zwei Bücher zur socialen Geschichte Englands.* Leipzig: Duncker and Humblot, 1881.
Herbert, George. *The Temple: Sacred Poems and Private Ejaculations.* New York: Baker and Taylor, n.d.
Hirn, Yrjö. *The Origins of Art: A Psychological and Sociological Inquiry.* New York: Macmillan Co., 1900.
Hitchcock, Curtice N.; Douglas, Paul H.; and Atkins, Willard E. *The Worker in Modern Economic Society.* Chicago: University of Chicago Press, 1923.
Hobbes, Thomas. *Leviathan; or, The Matter, Form and Power of a Commonwealth, Ecclesiastical and Civil.* 3d ed. London: George Routledge and Sons, 1887.
Hobhouse, Leonard Trelawney. *The Elements of Social Justice.* New York: Henry Holt and Co., 1922.
——. *Morals in Evolution: A Study in Comparative Ethics.* 2 vols. New York: 503
Henry Holt and Co., 1906.
——. *The Rational Good.* New York: Henry Holt and Co., 1921.
——, et al. *Property, Its Duties and Rights.* London: Macmillan and Co., 1913.
Hobson, John Atkinson. *The Evolution of Modern Capitalism: A Study of Machine Production.* London: George Allen and Unwin, 1894.
——. *Free-Thought in the Social Sciences.* New York: Macmillan Co., 1926.
——. *Work and Wealth: A Human Valuation.* New York: Macmillan Co., 1916.
Hocking, William Ernest. *Man and the State.* New Haven: Yale University Press, 1926.
Höffding, Harald. *Ethik.* Translated by F. Bendixen. Leipzig: Reisland, 1888.
——. *A History of Modern Philosophy: A Sketch of the History of Philosophy from the Close of the Renaissance to Our Own Day.* Translated by B. Ethel Meyer. 2 vols. London: Macmillan and Co., 1900.
Holmes, Oliver Wendell. *Collected Legal Papers.* New York: Harcourt, Brace and

Howe, 1920.
——. *U. S. Supreme Court Reports*, 63 Law. Ed., pp. 1173 - 1180.
Howard, George Elliott. *A History of Matrimonial Institutions*. 3 vols. Chicago: University of Chicago Press, 1904.
Howitt, Alfred William. *The Native Tribes of South - East Australia*. London: Macmillan and Co., 1904.
Howitt, Alfred William, and Fison, Lorimer. *Kamilaroi and Kurnai*. Melbourne: G. Robertson, 1880.
Hume, David. *A Treatise of Human Nature*. Edited by T. H. Green and T. H. Grose. 2 vols. London: Longmans, Green, and Co., 1898.
——. "An Enquiry concerning the Principles of Morals." In *Essays: Moral, Political, and Literary*, edited by T. H. Green and T. H. Grose, 2:169 - 287. London: Longmans, Green, and Co., 1875.
Hutcheson, Francis. *A System of Moral Philosophy*. 2 vols. London: A. Millar, 1755.
Ihering, Rudolph von. *Der Kampfum's Recht*. Vienna: G. J. Manz, 1872.
——. *Der Zweck im Recht*. 3d rev. ed. Leipzig: Breitkopf and Härtel, 1893.
Jackson, Abraham Valentine Williams. *History of India*. 9 vols. London: Grolier Society, [1906 - 1907].
James, William. *The Principles of Psychology*. 2 vols. New York: Henry Holt and Co., 1890.
504 ——. *The Will to Believe and Other Essays in Popular Philosophy*. New York: Longmans, Green and Co., 1915. ["The Dilemma of Determinism," pp. 145 - 183; "The Moral Philosopher and the Moral Life," pp. 184 - 215.]
——. "The Moral Equivalent of War." In *Memories and Studies*, edited by Henry James, Jr., pp. 265 - 296. London: Longmans, Green, and Co., 1912.
——. "The Moral Philosopher and the Moral Life." *International Journal of Ethics* 1(1891):330 - 354.
Janet, Paul Alexandre René. *Histoire de la science politique dans ses rapports avec la morale*. 3d ed. 2 vols. Paris: F. Alcan, 1887.
——. *The Theory of Morals*. Translated by Mary Chapman. Edinburgh: T. and T. Clark, 1884.
Jennings, Herbert Spencer. *The Biological Basis of Human Nature*. New York: W. W. Norton and Co., 1930.
*Jewish Encyclopedia*. Edited by Isidore Singer et al. 12 vols. New York: Funk and Wagnalls Co., 1901 - 1906.
Jodl, Friedrich. *Geschichte der Ethik in der neueren Philosophie*. 2 vols. Stuttgart: Cotta, 1882 - 1889.
Jones, William Henry Samuel. *Greek Morality in Relation to Institutions*. London: Blackie and Son, 1906.
Jordan, David Starr. *War and Waste*. Garden City, N. Y.: Doubleday, Page and Co., 1913.
Kallen, Horace Meyer, ed. *Freedom in the Modern World*. New York: Coward-McCann, 1928.

Kant, Immanuel. *Critique of Practical Reason and Other Works on the Theory of Ethics.* 4th rev. ed. Translated by Thomas Kingsmill Abbott. London: Longmans, Green, and Co., 1889.
——. *Fundamental Principles of the Metaphysics of Ethics.* 3d ed. Translated by Thomas Kingsmill Abbott. London: Longmans, Green, and Co., 1907.
——. "The Idea of a Universal Cosmopolitical History." In *Kant's Principles of Politics, Including His Essay on Perpetual Peace,* edited and translated by William Hastie, pp. 1–29. Edinburgh: T. and T. Clark, 1891.
Karsten, Rafael. *Blood Revenge, War, and Victory Feasts among the Jibaro Indians of Eastern Ecuador.* Smithsonian Institution, Bureau of American Ethnology, Bulletin 79. Washington, D. C.: Government Printing Office, 1923.
Keller, Albert Galloway, and Sumner, William Graham. *The Science of Society.* Vol. 3. New Haven: Yale University Press, 1927.
Key, Ellen Karolina Sofia. *Love and Marriage.* New York: G. P. Putnam's Sons, 1911.
Kidd, Dudley. *The Essential Kafir.* London: A. and C. Black, 1904.
——. *Savage Childhood: A Study of Kafir Children.* London: A. and C. Black, 1906. 505
King, Willford Isbell. *The Wealth and Income of the People of the United States.* New York: Macmillan Co., 1915.
Köstlin, Karl Reinhold von. *Geschichte der Ethik.* Vol. 1. Tübingen: H. Laupp, 1887. [No more published.]
Kovalevsky, Maxime. *Tableau des origines et de l'evolution de la famille et de la propriété.* Stockholm: Samson and Wallin, 1890.
Krauss, Friedrich Salomon. *Sitte und Brauch der Südslaven.* Vienna: A. Holder, 1885.
Kroeber, Alfred Louis. *Zuñi Kin and Clan.* Anthropological Papers of the American Museum of Natural History, vol. 18, pt. 2. New York: Museum Trustees, 1917.
Kropotkin, Petr Aleksievich. *Mutual Aid: A Factor of Evolution.* New York: McClure, Phillips and Co., 1902.
Ladd, George Trumbull. *Philosophy of Conduct: A Treatise of the Facts, Principles, and Ideals of Ethics.* New York: Charles Scribner's Sons, 1902.
Laidler, Harry Wellington. *Socialism in Thought and Action.* New York: Macmillan Co., 1920.
Laski, Harold Joseph. *Authority in the Modern State.* New Haven: Yale University Press, 1919.
——. *Liberty in the Modern State.* New York: Harper and Bros., 1930.
Lecky, William Edward Hartpole. *History of European Morals: From Augustus to Charlemagne.* 3d ed., rev. 2 vols. New York: D. Appleton and Co., 1877.
Levin, Jack. *Power Ethics.* New York: Alfred A. Knopf, 1931.
Lévy-Bruhl, Lucien. *Ethics and Moral Science.* Translated by Elizabeth Lee. London: Archibald Constable and Co., 1905.
——. *The Philosophy of Auguste Comte.* New York: G. P. Putnam's Sons, 1903.
Lippmann, Walter. *Drift and Mastery: An Attempt to Diagnose the Current*

*Unrest*. New York: Mitchell Kennerley, 1914.
——. *Liberty and the News*. New York: Harcourt, Brace and Howe, 1920.
——. *The Phantom Public*. New York: Harcourt, Brace and Co., 1925.
——. *A Preface to Morals*. New York: Macmillan Co., 1929.
——. *A Preface to Politics*. New York: Mitchell Kennerley, 1913.
——. *Public Opinion*. New York: Harcourt, Brace and Co., 1922.
Locke, John. *An Essay concerning Human Understanding*. In *The Works of John Locke*, 1:1-282. London: Bye and Law, 1801.
——. *A Letter concerning Toleration*. 2d ed., corrected. London: A. Churchill, 1690.
506 ——. *Some Thoughts concerning Education*. In *The Works of John Locke*, 9:1-205. London: T. Davison, 1801.
Lowie, Robert Harry. *Primitive Society*. New York: Boni and Liveright, [1920].
Lucretius Carus, Titus. *T. Lucreti Cari de rerum natura libri sex*. 4th ed., rev. Translated by Hugh A. J. Munro. 3 vols. London: George Bell and Sons, 1898-1900.
Lyall, Alfred Comyn. *Asiatic Studies, Religious and Social*. 2d ed. London: John Murray, 1882.
McDougall, William. *Character and the Conduct of Life*. New York: G. P. Putnam's Sons, 1927.
——. *An Introduction to Social Psychology*. Boston: J. W. Luce and Co., 1909.
McGilvary, Evander Bradley. "The Consciousness of Obligation." *Philosophical Review* 11(1902):333-352.
Maclver, Robert Morrison. *The Modern State*. London: Oxford University Press, 1926.
Mackenzie, John Stuart. *An Introduction to Social Philosophy*. Glasgow: James Maclehose and Sons, 1890.
——. *A Manual of Ethics*. 4th ed. London: University Correspondence College Press, 1900.
——. "The Meaning of 'Motive.'" *International Journal of Ethics* 4(1894):231-233.
——. "Moral Science and the Moral Life." *International Journal of Ethics* 4(1894):160-173.
McLennan, John Ferguson. *Studies in Ancient History: Comprising a Reprint of Primitive Marriage*. New ed. London: Macmillan and Co., 1886.
Maine, Henry Sumner. *Ancient Law: Its Connection with the Early History of Society, and Its Relation to Modern Ideas*. 10th ed. London: John Murray, 1885.
——. *Dissertations on Early Law and Custom*. New York: Henry Holt and Co., 1886.
——. *Lectures on the Early History of Institutions*. New York: Henry Holt and Co., 1888.
Maitland, Frederic William, and Pollock, Frederick. *The History of English Law before the Time of Edward I*. 2 vols. Cambridge: Cambridge University Press, 1895. [2d ed., 1899.]

Malinowski, Bronislaw. *Crime and Custom in Savage Society.* New York: Harcourt, Brace and Co., 1926.

——. *The Family among the Australian Aborigines: A Sociological Study.* London: University of London Press, 1913.

——. "Parenthood — The Basis of Social Structure." In *The New Generation: The* 507
*Intimate Problems of Modern Parents and Children,* edited by Victor Francis Calverton and Samuel D. Schmalhausen, pp. 113 - 168. New York: Macaulay Co., 1930.

Mandeville, Bernard. *The Fable of the Bees.* Edinburgh: Mundell and Sons, 1806.

Marcus Aurelius. *Meditations of Marcus Aurelius.* Translated by John Jackson. Oxford: At the Clarendon Press, 1906.

——. *The Thoughts of the Emperor Marcus Antoninus Aurelius.* Translated by George Long. Boston: Little, Brown and Co., 1899.

Marett, Robert Ranulph. "Is Taboo a Negative Magic?" In *Anthropological Essays Presented to Edward Burnett Tylor,* edited by W. H. R. Rivers, R. R. Marett, and Northcote W. Thomas, pp. 219 - 234. Oxford: At the Clarendon Press, 1907.

Marshall, Leon Carroll, ed. *Industrial Society.* 3 vols. Chicago: University of Chicago Press, 1929 - 1930.

Marti, Karl. *The Religion of the Old Testament: Its Place among the Religions of the Nearer East.* Translated by Rev. Gustav Adolph Bienemann. Edited by Rev. William Douglas Morrison. New York: G. P. Putnam's Sons, 1907.

Martin, Everett Dean. *Liberty.* New York: W. W. Norton and Co., 1930.

Martineau, James. *Types of Ethical Theory.* 2 vols. Oxford: At the Clarendon Press, 1885. [3d ed., rev., 1891; 3d ed., rev., 1901.]

Marvin, F. S., and Stawell, Florence Melian. *The Making of the Western Mind.* London: Methuen and Co., 1923.

Matthews, Shailer. *The Social Teaching of Jesus: An Essay in Christian Sociology.* New York: Macmillan Co., 1897.

Maurice, John Frederick Denison. *The Conscience.* London: Macmillan and Co., 1868.

Merriam, Charles Edward. *The Making of Citizens: A Comparative Study of Methods of Civic Training.* Chicago: University of Chicago Press, 1931.

Merz, John Theodore. *A History of European Thought in the Nineteenth Century.* 2 vols. Edinburgh: William Blackwood and Sons, 1903 - 1904.

Mezes, Sidney Edward. *Ethics: Descriptive and Explanatory.* New York: Macmillan Co., 1901.

Mill, James. *Analysis of the Phenomena of the Human Mind.* 2 vols. New ed. Edited by John Stuart Mill. London: Longmans, Green, Reader, and Dyer, 1873.

Mill, John Stuart. *Autobiography.* London: Longmans, Green, Reader, and Dyer, 1874.

——. *Dissertations and Discussions: Political, Philosophical, and Historical.* 4 508
vols. Boston: William V. Spencer, 1868.

——. *Early Essays by John Stuart Mill.* London: George Bell and Sons, 1897.

——. *On Liberty.* New York: Henry Holt and Co., 1859.

——. *Utilitarianism.* 2d ed. London: Longman, Green, Longman, Roberts, and Green, 1864.

Millay, Edna St. Vincent. *A Few Figs from Thistles.* New York: Harper and Bros., 1922.

Milton, John. *Areopagitica.* New York: Grolier Club, 1890.

——. *The Tenure of Kings and Magistrates.* In *The Prose Works of John Milton,* edited by J. A. St. John, 2:1 – 47. London: George Bell and Sons, 1888.

Mindeleff, Cosmos. "The Repair of Casa Grande Ruin, Arizona, in 1891." In *Fifteenth Annual Report of the Bureau of Ethnology to the Secretary of the Smithsonian Institution 1893 – 1894,* pp. 315 – 349. Washington, D. C.: Government Printing Office, 1897.

Mitchell, Wesley Clair, et al. *Income in the United States, Its Amount and Distribution, 1909 – 1919.* 2 vols. New York: Harcourt, Brace and Co., 1921 – 1922.

Moore, George Edward. *Ethics.* New York: Henry Holt and Co., 1912.

——. *Principia Ethica.* Cambridge: Cambridge University Press, 1903.

——. "The Nature of Moral Philosophy." In his *Philosophical Studies,* pp. 310 – 339. New York: Harcourt, Brace and Co., 1922.

Morgan, Lewis Henry. *Ancient Society; or, Researches in the Lines of Human Progress from Savagery through Barbarism to Civilization.* New York: Henry Holt and Co., 1877.

——. *Houses and House-Life of the American Aborigines.* Contributions to North American Ethnology, vol. 4. Washington, D. C.: Government Printing Office, 1881.

——. *League of the Ho-de-no-sau-nee, or Iroquois.* Rochester, N. Y.: Sage and Bros., 1851.

——. *Systems of Consanguinity and Affinity of the Human Family.* Smithsonian Contributions to Knowledge, vol. 17. Washington, D. C.: Smithsonian Institution, 1870.

Morrison, Charles Clayton. *The Outlawry of War: A Constructive Policy for World Peace.* Chicago: Willett, Clark and Colby, 1927.

Muirhead, J. H. "The Meaning of 'Motive.'" *International Journal of Ethics* 4 (1894): 229 – 231.

Murray, Gilbert. "The Value of Greece to the Future of the World." In *The Legacy of Greece*, edited by Richard Winn Livingstone, pp. 1 – 23. Oxford: At the Clarendon Press, 1924.

509 Newman, William Lambert. Introduction to *The Politics of Aristotle,* vol. 1, edited by W. L. Newman. Oxford: At the Clarendon Press, 1887.

Nietzsche, Friedrich. *The Will to Power: An Attempted Transvaluation of All Values.* Translated by Anthony M. Ludovici. 2 vols. New York: Macmillan Co., 1924.

Nitobé, Inazo Ota. *Busbido, The Soul of Japan: An Exposition of Japanese Thought.* 10th rev. and enl. ed. New York: G. P. Putnam's Sons, 1905.

Ogburn, William Fielding. *Social Change with Respect to Culture and Original*

Nature. New York: B. W. Heubsch, 1922.
Ogburn, William Fielding, and Groves, Ernest Rutherford. *American Marriage and Family Relationships*. New York: Henry Holt and Co., 1928.
Ogburn, William Fielding, and Goldenweiser, Alexander, eds. *The Social Sciences and Their Interrelations*. Boston: Houghton Mifflin Co., 1927.
Otto, Max C. *Things and Ideals: Essays in Functional Philosophy*. New York: Henry Holt and Co., 1924.
Page, Kirby. *National Defense: A Study of the Origins, Results and Prevention of War*. New York: Farrar and Rinehart, 1931.
——, ed. *A New Economic Order*. New York: Harcourt, Brace and Co., 1930.
Palmer, George Herbert. *The Field of Ethics*. Boston: Houghton, Mifflin and Co., 1902.
——. *The Nature of Goodness*. Boston: Houghton Mifflin Co., 1903.
Parrington, Vernon Louis. *Main Currents in American Thought*. 3 vols. New York: Harcourt, Brace and Co., 1927 - 1930.
Pater, Walter Horatio. *Marius the Epicurean: His Sensations and Ideas*. 2d ed. London: Macmillan and Co., 1885.
Paulsen, Friedrich. *A System of Ethics*. Edited and translated by Frank Thilly. New York: Charles Scribner's Sons, 1899.
——. *System der Ethik*. 2 vols. in 1. Berlin: Besser, 1889. [5th rev. ed. 2 vols. Berlin: W. Hertz, 1900.]
Peake, Arthur Samuel. *The Problem of Suffering in the old Testament*. London: Robert Bryant, 1904.
Perlman, Selig. *A History of Trade Unionism in the United States*. New York: Macmillan Co., 1922.
——. *A Theory of the Labor Movement*. New York: Macmillan Co., 1928.
Perry, Ralph Barton. *General Theory of Value: Its Meaning and Basic Principles Construed in Terms of Interest*. New York: Longmans, Green and Co., 1926.
——. *The Moral Economy*. New York: Charles Scribner's Sons, 1909. *510*
Pfleiderer, Otto. *Paulinism: A Contribution to the History of Primitive Christian Theology*. 2d ed. Translated by Edward Peters. 2 vols. London: Williams and Norgate, 1891.
Plato. *The Dialogues of Plato*. Translated by Benjamin Jowett. 4 vols. Boston: Jefferson Press, 1871. [*Protagoras,* 1:97 - 162; *Apology,* 1:303 - 339; *Crito,* 1:341 - 359; *Republic,* 2:1 - 452; *Gorgias,* 3:1 - 119; *Theaetetus,* 3:301 - 419; *Laws,* 4:1 - 480.]
Pöhlmann, Robert von. *Geschichte des antiken Kommunismus und Sozialismus*. 2 vols. Munich: C. H. Beck, 1893 - 1901.
Pollock, Frederick. *The Expansion of the Common Law*. London: Stevens and Sons, 1904.
Pollock, Frederick, and Maitland, Frederic William. *The History of English Law before the Time of Edward I*. 2 vols. Cambridge: Cambridge University Press, 1895. [2d ed., 1899.]
Popenoe, Paul. *The Conservation of the Family*. Baltimore: Williams and Wilkins

Co., 1926.

Post, Albert Hermann. *Die Grundlagen des Rechts und die Grundzüge seiner Entwicklungsgeschichte.* Oldenburg: Schulze (A. Schwartz), 1884.

——. *Grundriss der ethnologischen Jurisprudenz.* 2 vols. Oldenburg: Schulze, 1894 - 1895.

Powell, John Wesley. "On the Evolution of Language"; "Sketch of the Mythology of the North American Indians"; "Wyandot Government: A Short Study of Tribal Society." In *First Annual Report of the Bureau of Ethnology to the Secretary of the Smithsonian Institution 1879 - 1880*, pp. 1 - 16; 17 - 56; 57 - 86. Washington, D.C.: Government Printing Office, 1881.

Powell, Thomas Reed. "Collective Bargaining before the Supreme Court." *Political Science Quarterly* 33(1918): 396 - 429.

Pratt, James Bissett. *The Psychology of Religious Belief.* New York: Macmillan Co., 1907.

Radin, Max. *The Lawful Pursuit of Gain.* Boston: Houghton Mifflin Co., 1931.

Rambaud, Alfred Nicolas. *Histoire de la civilisation française.* 2 vols. Paris: Armand Colin, 1897 - 1898.

Rand, Benjamin. *The Classical Moralists: Selections Illustrating Ethics from Socrates to Martineau.* Boston: Houghton Mifflin Co., 1909.

Randall, John Herman, Jr. *The Making of the Modern Mind.* Boston: Houghton Mifflin Co., 1926.

Rapson, E. J., ed. *The Cambridge History of India.* Vol. 1. New York: Macmillan Co., 1922.

Rashdall, Hastings. *Is Conscience an Emotion? Three Lectures on Recent Ethical
511 Theories.* Boston: Houghton Mifflin Co., 1914.

——. *The Theory of Good and Evil: A Treatise on Moral Philosophy.* Oxford: At the Clarendon Press, 1907.

——. *The Universities of Europe in the Middle Ages.* 2 vols. in 3. Oxford: At the Clarendon Press, 1895.

Ratzel, Friedrich. *The History of Mankind.* Translated from the 2d German ed. by Arthur John Burler. 2 vols. London: Macmillan and Co., 1896 - 1898.

Reed, Ruth. *The Modern Family.* New York: Alfred A. Knopf, 1929.

Reinach, Salomon. *Cultes, mythes et religions.* 3 vols. Paris: E. Leroux, 1905 - 1908.

Rickaby, Joseph John. *Moral Philosophy; or, Ethics and Natural Law.* New York: Benziger Brothers, 1888.

——. *Political and Moral Essays.* New York: Benziger Brothers, 1902.

——, trans. *Aquinas Ethicus; or, The Moral Teaching of St. Thomas.* 2 vols. London: Burns and Oates, 1896.

Ripley, William Zebina. *Main Street and Wall Street.* Boston: Little, Brown, and Co., 1927.

Rist, Charles, and Gide, Charles. *A History of Economic Doctrines from the Time of the Physiocrats to the Present Day.* Boston: D. C. Heath and Co., 1915.

Ritchie, David George. *Natural Rights: A Criticism of Some Political and Ethical*

Conceptions. London: Swan Sonnenschein and Co., 1895.
——. *Philosophital Studies.* Edited by Robert Latta. London: Macmillan and Co., 1905.
——. *Studies in Political and Social Ethics.* London: Swan Sonnenschein and Co., 1902.
——. "The Meaning of 'Motive.'" *International Journal of Ethics* 4(1894):236-238.
——. "On the Meaning of the Term 'Motive,' and on the Ethical Significance of Motives." *International Journal of Ethics* 4(1893):89-94.
Rivers, William Halse Rivers. *The History of Melanesian Society.* 2 vols. Cambridge: Cambridge University Press, 1914.
——. *The Todas.* London: Macmillan and Co., 1906.
——. "On the Origin of the Classificatory System of Relationships." In *Anthropological Essays Presented to Edward Burnett Tylor,* edited by W. H. R. Rivers, R. R. Marett, and Northcote W. Thomas, pp. 309-323. Oxford: At the Clarendon Press, 1907.
Robertson, John Mackinnon. *A Short History of Freethought: Ancient and Modern.* London: Swan Sonnenschein and Co., 1899.
Rogers, Arthur Kenyon. *Morals in Review.* New York: Macmillan Co., 1927. *512*
Rohde, Erwin. *Psyche: Seelencult und unsterblichkeitsglaube der Griechen.* 2 pts. Freiburg and Leipzig: J. C. B. Mohr, 1894.
Ross, Edward Alsworth. *Foundations of Sociology.* New York: Macmillan Co., 1905.
Ross, William David. *Aristotle.* London: Methuen and Co., 1923.
Royce, Josiah. "The Problem of Job." In *Studies of Good and Evil: A Series of Essays upon Problems of Philosophy and of Life,* pp. 1-28. New York: D. Appleton and Co., 1898.
Runze, Georg. *Praktische Ethik.* Ethik: Encyklopadische Skizzen u. Literaturangaben, vol. 1. Berlin: Carl Duncker, 1891.
Russell, Bertrand. *Why Men Fight: A Method of Abolishing the International Duel.* New York: Century Co., 1917.
Russell, Dora Winifred. *The Right to Be Happy.* New York: Harper and Bros., 1927.
Santayana, George. *Reason in Science.* Vol. 5 of *The Life of Reason; or, The Phases of Human Progress.* New York: Charles Scribner's Sons, 1906.
——. *Reason in Society.* Vol. 2 of *The Life of Reason; or, The Phases of Human Progress.* New York: Charles Scribner's Sons, 1905.
Schmidt, Leopold Valentine. *Die Ethik der alten Griechen.* 2 vols. Berlin: W. Hertz, 1882.
Schneider, Herbert Wallace. *The Puritan Mind.* New York: Henry Holt and Co., 1930.
Schoolcraft, Henry Rowe. *Historical and Statistical Information Respecting the History, Condition and Prospects of the Indian Tribes of the United States.* 6 vols. Philadelphia: Lippincott, Grambo and Co., 1851-1857.

Schultz, Hermann. *Old Testament Theology: The Religion of Revelation in Its Pre-Christian Stage of Development*. Translated from the 4th German ed. by Rev. James Alexander Paterson. 2 vols. Edinburgh: T. and T. Clark, 1892.

Schurman, Jacob Gould. *The Ethical Import of Darwinism*. New York: Charles Scribner's Sons, 1888.

Schurtz, Heinrich. *Altersklassen und Männerbünde*. Berlin: G. Reimer, 1902.

——. *Urgeschichte der Kultur*. Leipzig and Vienna: Bibliographisches Institut, 1900.

Seebohm, Frederic. *Tribal Custom in Anglo-Saxon Law*. London: Longmans, Green, and Co., 1902.

——. *The Tribal System in Wales: Being Part of an Inquiry into the Structure and Methods of Tribal Society*. London: Longmans, Green, and Co., 1895.

513 Selby-Bigge, Lewis Amherst, ed. *British Moralists: Being Selections from Writers Principally of the Eighteenth Century*. 2 vols. Oxford: At the Clarendon Press, 1897.

Seligman, Charles Gabriel. *The Melanesians of British New Guinea*. Cambridge: Cambridge University Press, 1910.

——. *The Veddas*. Cambridge: Cambridge University Press, 1911.

Seneca. *Moral Essays*. Vol. 2. Translated by John W. Basore. London: William Heinemann, 1928.

Seth, James. *A Study of Ethical Principles*. 3d ed. New York: Charles Scribner's Sons, 1898.

——. "The Evolution of Morality." *Mind* 14(1889):27 – 49.

Shaftesbury, Anthony Ashley Cooper, 3d earl of. *Characteristics of Men, Manners, Opinions, Times, etc.* Edited by John M. Robertson. 2 vols. London: Grant Richards, 1900. ["An Inquiry concerning Virtue or Merit," 1:235 – 338.]

Sharp, Frank Chapman. *Ethics*. New York: D. Appleton-Century Co., 1928.

——. "An Analysis of the Idea of Obligation." *International Journal of Ethics* 2 (1892):500 – 513.

Shaw, George Bernard. *The Intelligent Woman's Guide to Socialism and Capitalism*. New York: Brentano's, 1928.

Sidgwick, Henry. *The Elements of Politics*. New York: Macmillan Co., 1897.

——. *Lectures on the Ethics of T. H. Green, Mr. Herbert Spencer, and J. Martineau*. London: Macmillan and Co., 1902.

——. *The Methods of Ethics*. London: Macmillan and Co., 1874. [2d ed., 1877; 6th ed., 1901.]

——. *Outlines of the History of Ethics, for English Readers*. 3d ed. London: Macmillan and Co., 1892.

Simcox, Edith J. *Natural Law: An Essay in Ethics*. English and Foreign Philosophical Library, vol.4. London: Trübner and Co., 1877.

Simmel, Georg. "The Sociology of Secrecy and of Secret Societies." *American Journal of Sociology* 11(1906):441 – 498.

Simmons, Duane B. "Notes on Land Tenure and Local Institutions in Old Japan." Edited by John H. Wigmore. *Transactions of the Asiatic Society of Japan* 19

(1891):37 - 270.
Skeat, Walter William. *Malay Magic: Being an Introduction to the Folklore and Popular Religion of the Malay Peninsula.* London: Macmillan and Co., 1900.
Slichter, Sumner H. *Modern Economic Society.* New York: Henry Holt and Co., 1931.
Small, Albion Woodbury. *General Sociology: An Exposition of the Main Development in Sociological Theory from Spencer to Ratzenhofer.* Chicago: University of Chicago Press, 1905.
——. *The Significance of Sociology for Ethics.* Chicago: University of Chicago Press, 1902. 514
Smith, Adam. *The Theory of Moral Sentiments.* London: A. Millar, 1759. [New ed. London: George Bell and Sons, 1892.]
——. *The Wealth of Nations.* 3 vols. New York: American Home Library Co., 1902.
Smith, Arthur Henderson. *Chinese Characteristics.* 2d ed., rev. New York: Fleming H. Revell Co., 1894.
——. *Village Life in China: A Study in Sociology.* New York: Fleming H. Revell Co., 1899.
Smith, Gertrude, and Bonner, Robert J. *The Administration of Justice from Homer to Aristotle.* Vol. 1. Chicago: University of Chicago Press, 1930.
Smith, Henry Preserved. *Old Testament History.* New York: Charles Scribner's Sons, 1903.
——. *The Religion of Israel.* Edinburgh: T. and T. Clark, 1914. Smith, John Merlin Powis. *The Moral Life of the Hebrews.* Chicago: University of Chicago Press, 1923.
——. *The Prophets and Their Times.* Chicago: University of Chicago Press, 1925.
Smith, Thomas Vernor. "Contemporary Perplexities in Democratic Theory." *International Journal of Ethics* 39(1928):1 - 14.
Smith, William Robertson. *Kinship and Marriage in Early Arabia.* Cambridge: Cambridge University Press, 1885.
——. *Lectures on the Religion of the Semites.* New ed., rev. London: A. and C. Black, 1894.
——. *The Prophets of Israel and Their Place in History to the Close of the Eighth Century B. C.* New ed. London: A. and C. Black, 1895.
Sneath, Elias Hershey, ed. *The Evolution of Ethics as Revealed in the Great Religions.* New Haven: Yale University Press, 1927.
Sophocles. *The Tragedies of Sophocles.* Translated by E. H. Plumptre. New York: George Routledge and Sons, 1881. [*Oedipus at Colonos,* pp. 57 - 125; *Antigone,* pp. 127 - 77; *Philoctetes,* pp. 341 - 397.]
Sorley, William Ritchie. *On the Ethics of Naturalism.* London: William Blackwood and Sons, 1885.
——. *Recent Tendencies in Ethics: Three Lectures to Clergy, Given at Cambridge.* London: William Blackwood and Sons, 1904.
Spencer, Baldwin, and Gillen, Francis James. *The Native Tribes of Central*

Australia. London: Macmillan and Co., 1899.

——. *The Northern Tribes of Central Australia.* London: Macmillan and Co., 1904.

Spencer, Herbert. *The Data of Ethics.* New York: D. Appleton and Co., 1879.

515 ——. *The Man versus the State.* New York: D. Appleton and Co., 1884.

——. *The Principles of Ethics.* 2 vols. New York: D. Appleton and Co., 1892 - 1893.

——. *The Principles of Psychology.* 2 vols. New York: D. Appleton and Co., 1872 - 1873.

——. *The Principles of Sociology.* 3 vols. London: Williams and Norgate, 1876 - 1896. [3 vols. in 4. New York: D. Appleton and Co., 1880 - 1897.]

Spinoza, Benedict de. *The Ethics of Benedict de Spinoza.* Translated by Daniel Drake Smith. New York: D. Van Nostrand, 1876.

Stapledon, William Olaf. *A Modern Theory of Ethics: A Study of the Relations of Ethics and Psychology.* London: Methuen and Co., 1929.

Starcke, Carl Nicolai. *The Primitive Family in Its Origin and Development.* New York: D. Appleton and Co., 1889.

Stawell, Florence Melian, and Marvin, F. S. *The Making of the Western Mind.* London: Methuen and Co., 1923.

Stein, Ludwig. *Die sociale Frage im Lichte der Philosophie.* Stuttgart: F. Enke, 1897.

Steinmetz, Sebald Rudolf. *Ethnologische Studien zur ersten Entwicklung der Strafe.* 2 vols. Leipzig: O. Harrassowitz, 1894.

Steinthal, Heymann. *Allgemeine Ethik.* Berlin: G. Reimer, 1885.

Stephen, Leslie. *The English Utilitarians.* 3 vols. New York: G. P. Putnam's Sons, 1900.

——. *History of English Thought in the Eighteenth Century.* 3d ed. 2 vols. New York: G. P. Putnam's Sons, 1902.

——. *The Science of Ethics.* London: Smith, Elder, and Co., 1882.

Stevens, William Harrison Spring. *Unfair Competition.* Chicago: University of Chicago Press, 1917.

Stevenson, James. "Ceremonial of Hasjelti Dailjis and Mythical Sand Painting of the Navajo Indians." In *Eighth Annual Report of the Bureau of Ethnology to the Secretary of the Smithsonian Institution 1886 - 1887,* pp. 229 - 285. Washington, D. C.: Government Printing Office, 1891.

Stevenson, Matilda Coxe. "The Zuñi Indians: Their Mythology, Esoteric Fraternities, and Ceremonies." In *Twenty-Third Annual Report of the Bureau of Ethnology to the Secretary of the Smithsonian Institution 1901 - '02*, pp. 3 - 608. Washington, D.C.: Government Printing Office, 1904.

Stimson, Frederic Jesup. *Popular Law-Making: A Study of the Origin, History, and Present Tendencies of Law-Making by Statute.* New York: Charles Scribner's Sons. 1910.

516 Stratton, George Malcolm. *Social Psychology of International Conduct.* New York: D. Appleton and Co., 1929.

Stuart, Henry Waldgrave. *The Logic of Self-Realization.* University of California Publications in Philosophy, vol. 1, no. 9. Berkeley: University of California Press, 1904.

Sturt, Henry. *Human Value: An Ethical Essay.* Cambridge: Cambridge University Press, 1923.

Sumner, William Graham. *Folkways: A Study of the Sociological Importance of Usages, Manners, Customs, Mores, and Morals.* Boston: Ginn and Co., 1906.

Sumner, William Graham, and Keller, Albert Galloway. *The Science of Society.* Vol. 3. New Haven: Yale University Press, 1927.

Sutherland, Alexander. *The Origin and Growth of the Moral Instinct.* 2 vols. London: Longmans, Green, and Co., 1898.

Taeusch, Carl F. *Policy and Ethics in Business.* New York: McGrawHill Book Co., 1931.

Tarde, Gabriel de. *Les Lois de l'imitation: Étude sociologique.* 2d ed., rev. and enl. Paris: F. Alcan, 1895.

Tawney, Richard Henry. *The Acquisitive Society.* New York: Harcourt, Brace and Co., 1920.

——. *Equality.* New York: Harcourt, Brace and Co., 1931.

——. *Religion and the Rise of Capitalism.* New York: Harcourt, Brace and Co., 1926.

Taylor, Alfred Edward. *Plato: The Man and His Work.* London: Methuen and Co., 1926.

——. *The Problem of Conduct: A Study in the Phenomenology of Ethics.* London: Macmillan and Co., 1901.

Taylor, Henry Osborn. *Ancient Ideals: A Study of Intellectual and Spiritual Growth from Early Times to the Establishment of Christianity.* 2 vols. New York: Macmillan Co., 1900.

——. *The Mediaeval Mind: A History of the Development of Thought and Emotion in the Middle Ages.* 2d ed. 2 vols. London: Macmillan and Co., 1914.

Thomas, Northcote Whitridge. *Kinship Organisations and Group Marriage in Australia.* Cambridge: Cambridge University Press, 1906.

——, ed. *The Native Races of the British Empire.* 4 vols. London: A. Constable and Co., 1906－1907.

Thomas, William Isaac. *Sex and Society: Studies in the Social Psychology of Sex.* Chicago: University of Chicago Press, 1907.

Thomas Aquinas, Saint. *Aquinas Ethicus; or, The Moral Teaching of St. Thomas.* Translated by Joseph John Rickaby. 2 vols. London: Burns and Oates, 1896.

Traill, Henry Duff, ed. *Social England.* 6 vols. London: Cassell and Co., 1894－ 517
1898.

Troeltsch, Ernst. *The Social Teaching of the Christian Churches.* 2 vols. Translated by Olive Wyon. Glencoe, Ill.: Free Press, 1931.

——. *Die Soziallehren der christlichen Kirchen und Gruppen.* 2 vols. Tübingen: J. C. B. Mohr, 1912.

Tufts, James Hayden. *The Ethics of Coöperation.* New York: Houghton Mifflin

Co., 1918.
——. *Our Democracy, Its Origins and Its Tasks.* New York: Henry Holt and Co., 1917.
——. "On Moral Evolution." In *Studies in Philosophy and Psychology,* edited by J. H. Tufts et al., pp. 3 - 39. Boston: Houghton Mifflin Co., 1906.
——. "Some Contributions of Psychology to the Conception of Justice." *Philosophical Review* 15(1906):361 - 379.
Tugwell, Rexford Guy, ed. *The Trend of Economics.* New York: Alfred A. Knopf, 1924.
Tylor, Edward B. *Primitive Culture: Researches into the Development of Mythology, Philosophy, Religion, Language, Art, and Culture.* 4th ed., rev. 2 vols. London: John Murray, 1903.
Ueberweg, Friedrich. *History of Philosophy, from Thales to the Present Time.* Translated by George Sylvester Morris. 2 vols. New York: Charles Scribner's Sons, 1892.
Urban, Wilbur Marshall. *Fundamentals of Ethics: An Introduction to Moral Philosophy.* New York: Henry Holt and Co., 1930.
Veblen, Thorstein. *The Theory of Business Enterprise.* New York: Charles Scribner's Sons, 1904.
——. *The Vested Interests and the State of the Industrial Arts.* New York: B. W. Huebsch, 1919.
Vinogradoff, Paul. *Outlines of Historical Jurisprudence.* 2 vols. London: Oxford University Press, 1920 - 1922.
Voigt, Moritz. *Das jus naturale, aequum et bonum und jus gentium der Römer.* 4 vols. Leipzig: Voigt and Günther, 1856 - 1875. [Vol. 1. *Die Lehre vom jus naturale, aequum et bonum und jus gentiutn der Römer,* 1856.]
Waitz, Theodor. *Anthropologie der Naturvölker.* 6 vols. Leipzig: F. Fleischer, 1859 - 1872.
Wallace, William. *Epicureanism.* New York: Pott, Young, and Co., 1880.
——. *Lectures and Essays on Natural Theology and Ethics.* Edited by Edward Caird. Oxford: At the Clarendon Press, 1898.
Wallas, Graham. *The Great Society: A Psychological Analysis.* New York: Macmillan Co., 1914.
518 ——. *Human Nature in Politics.* Boston: Houghton Mifflin Co., 1909.
Watson, John. *Hedonistic Theories from Aristippus to Spencer.* New York: Macmillan Co., 1895.
Webb, Beatrice, and Webb, Sidney. *The History of Trade Unionism.* Rev. ed. London: Longmans, Green and Co., 1920.
——. *Industrial Democracy.* 2 vols. in 1. London: Longmans, Green and Co., 1902.
Weber, Max. *The Protestant Ethic and the Spirit of Capitalism.* Translated by Talcott Parsons. London: George Allen and Unwin, 1930.
Webster, Hutton. *Primitive Secret Societies: A Study in Early Politics and Religion.* New York: Macmillan Co., 1908.

Wells, H. G. *The Work, Wealth and Happiness of Mankind.* 2 vols. Garden City, N. Y.: Doubleday, Doran and Co., 1931.

Wendt, Hans Hinrich. *The Teaching of Jesus.* Translated by Rev. John Wilson. 2 vols. Edinburgh: T. and T. Clark, 1892 - 1899.

Westermarck, Edward. *The History of Human Marriage.* 3d ed. London: Macmillan and Co., 1901.

——. *The Origin and Development of the Moral Ideas.* 2 vols. London: Macmillan and Co., 1906 - 1908.

——. "The Influence of Magic on Social Relationships." *Sociological Papers* 2 (1906): 141 - 174.

Whewell, William. *The Elements of Morality, Including Polity.* New York: Harper and Bros., 1856.

——. *Lectures on the History of Moral Philosophy in England.* London: John W. Parker and Son, 1852. [New ed. Cambridge: Deighton, Bell, and Co., 1862.]

Wilamowitz-Moellendorff, Ulrich von. *Aristoteles und Atben.* 2 vols. Berlin: Weidmann, 1893.

Wilde, Norman. *The Ethical Basis of the State.* Princeton: Princeton University Press, 1924.

Williams, Cora May. *A Review of the Systems of Ethics Founded on the Theory of Evolution.* New York: Macmillan Co., 1893.

Williams, James Micke. *Principles of Social Psychology.* New York: Alfred A. Knopf, 1922.

Willoughby, Westel Woodbury. *Social Justice: A Critical Essay.* New York: Macmillan Co., 1900.

Wilson, John Matthias, and Fowler, Thomas. *The Principles of Morals.* 2 vols. Oxford: At the Clarendon Press, 1886 - 1887.

Windelband, Wilhelm. *History of Ancient Philosophy.* Translated by Herbert Ernest Cushman. New York: Charles Scribner's Sons, 1899.

——. *A History of Philosophy with Especial Reference to the Formation and
Development of Its Problems and Conceptions.* 2d ed., rev. and enl. Translated 519
by James Hayden Tufts. London: Macmillan and Co., 1901.

Wormser, I. Maurice. *Frankenstein, Incorporated.* New York: McGrawHill Book Co., Whittlesey House, 1931.

Wright, Henry W. *Self-Realization: An Outline of Ethics.* New York: Henry Holt and Co., 1913.

Wright, William Kelley. *General Introduction to Ethics.* New York: Macmillan Co., 1929.

Wundt, Wilhelm Max. *Ethics: An Investigation of the Facts and Laws of the Moral Life.* 2d ed. 3 vols. London: Swan Sonnenschein and Co., 1897 - 1901.

——. *Ethik: Eine Untersuchung der Thatsachen und Gesetze des sittlichen Lebens.* Stuttgart: F. Enke, 1886. [3d rev. ed. 2 vols. 1903.]

——. *Geschichte der griechischen Ethik.* Vol. 1. Leipzig: W. Engelmann, 1908.

Xenophon. *The Anabasis; or, Expedition of Cyrus.* Translated by Rev. John Selby Watson. Boston: W. Small, 1893.

Zeller, Eduard. *Aristotle and the Earlier Peripatetics.* Translated by B. F. C. Costelloe and J. H. Muirhead. London: Longmans, Green, and Co., 1897.

——. *Plato and the Older Academy.* New ed. Translated by Sarah Frances Alleyne and Alfred Goodwin. London: Longmans, Green, and Co., 1888.

——. *Socrates and the Socratic Schools.* 3d ed., rev. Translated by Oswald J. ReicheL London: Longmans, Green, and Co., 1885.

——. *The Stoics, Epicureans and Sceptics.* New ed., rev. Translated by Oswald J. Reichel. London: Longmans, Green, and Co., 1880.

Ziegler, Theobald. *Die geistigen und socialen Strömungen des neunzehnten Jahrhunderts.* Berlin: G. Bondi, 1901.

# 索　引①

Absolutism, 54,绝对主义
Achan, 23,32,57,91,亚干
Achievement:成就
conception of, 203,成就概念
Action:行为
motivation of moral, 293,295 - 296,道德行为的动机; object of, 240,294,316,行为对象;public vs. private, 336 - 337,公对私
Act of 1857 (Great Britain), 446,1857 年法案(英国)
Adair *v.* U. S., 395 - 397,美国阿代尔案
Adamson law, 400,亚当森法
Addams, Jane, 315and *n*,简・亚当斯
Adkins *v.* Children's Hospital, 400,美国阿德金案
Aeschylus,97,101,121, 埃斯库罗斯
Aidos, 122,羞耻心
Aims:目的
development of, 185,目的发展;参见 Ends
Altruism:利他主义
dangers of, 294,301,314 - 315,利他主义的危险; theory of,292 - 298,利他主义理论
Ambition, 73,雄心壮志
Ambrose,Saint,137,圣・安布罗斯
American Federation of Labor, 429,美国劳工联合会
Amos, 83,84,88,阿摩司
Analysis:分析
importance of, xxxiii,分析的重要性
Ancestors:祖先
group importance of, 26,祖先的群体重要性; worship of, 34 - 35,祖先崇拜
Angell, James B., 430,詹姆斯・罗兰・安杰尔
"Anthropology and Ethics", xv,"人类学和伦理学"
Approbation:认可
as central concept, 182,235,作为中心概念的认可; as moral force,253 - 255,259 - 260,309,作为道德力量的认可; as social, 288 - 289,302 - 303,社会认可; and standards, 238 - 240,246,265,认可和标准; utilitarian theory of, 242 - 243,认可的功利主义理论; and virtue, 237,认可和美德
Arab customs, 32,阿拉伯风俗
Architecture:建筑
as expression of purpose, 125 - 126,作为目的表达的建筑; Roman, 126,罗马建筑

① 本索引包括《伦理学》原有的索引(纽约:亨利・霍尔特出版公司,1932 年)。
本索引的每个条目后所附的页码均为英文原版书页码,即本书边码。——译者

Christianity:基督教
church and, 135 - 137,140 - 141, 教会与基督教; early, 95,早期基督教; and life, 94 - 95,基督教和生活; and love, 88,基督教和爱; and sacrifice, 90,基督教和牺牲
Church:教会
in economics, 136 - 137,教会与经济; in government, 136, 教会与政府; and marriage, 442 - 443, 教会与婚姻; medieval, 134 - 137,413,中世纪的教会; Reformation views of, 140 - 141,教会改革观点
Cicero, Marcus Tullius: 马库斯·图利乌斯·西塞罗
on reason, 131,132,133,西塞罗论理性
Claims:主张
exercise of, xxviii,主张的实施
Clarke, John H. , 398,约翰·克拉克
Classes:阶级
Australian, 27,澳大利亚的阶级; conflicts among, 326, 385, 阶级之间的冲突; Hawaiian, 27,夏威夷的阶级; medieval, 132,138,中世纪的阶级
Clay, Henry:亨利·克莱
on working conditions, 378,论工作条件
Clayton Anti - Trust Act, 387,418,克莱顿反托拉斯法案
Clergy:教士
Medieval, 135 - 136,137,中世纪教士
Coercion, 167,217 - 218,225 - 226,强制
Collectivism:集体主义
and individualism, 322,327, 集体主义与个人主义
Commerce:商业
in early society, 71,早期社会的商业; Greek conception of, 103 - 104,古希腊的商业观念
Commonwealth:联邦
defined, 133,明确的联邦; and law, 397 - 398,联邦和法律; Roman, 133,罗马联邦
Communication:交流
effects of, 150,交流的作用
Communism:共产主义;*See* Socialism,参见:社会主义
*Communist Manifesto* (Marx and Engels), 426,《共产党宣言》(马克思和恩格斯)
Community:共同体
Hebrew conception of, 85,95,希伯来的共同体观念; moral meaning of, 345,347, 共同体的道德意义; self - preservation of, 57,共同体的自我保存
Competition:竞争
in capitalism, 376 - 379,400,资本主义的竞争; fair and unfair,413,418 - 419,公平和不公平
Conduct:行为
*approved*, 49,赞同的行为; aspects of, 10,168 - 169, 215, 行为的各方面; consequences in, 249, 行为的后果; continuity in, 169 - 170,172,223,行为的连续性; emotional side of, 93,行为的情绪方面; Greek idea of, 101,古希腊的行为观念; influence in, 242,对行为的影响; legal view of, 278,行为的法律观念; levels of, 12,47 - 48,行为的程度; motives for, 292, 297, 行为的动机; study of, ix - x, 15,行为研究
Conflicts:冲突
and choice, 286 - 287,冲突和选择; of desires, 186 - 188,190 - 191,欲望的冲突; and group morality, 68 - 69,78 - 79, 164 - 166, 冲突和群体道德; individual and social, 322 - 328,个人和社会的冲突; systematic, xxvii,体制冲突
Conformism, 230,232,因循守旧
Conscience:良心
Greek symbols of, 121 - 123,古希腊良心

的象征；nature of，262－265,272－275，良心的本性；and reflective morals，162－166,良心和反思道德
Conscientiousness：良知
negative aspect of，258－259,良知的消极方面；opposed to intuition，272－273,和直觉相反的良知
Consciousness：意识
structure underlying，x,意识下的结构
Consequences：后果
and motive，173－176,192－193,221－223,249,274,295,337,后果与动机；and responsibility，304－305,后果与责任；and self，285－289,后果和自我；in utilitarianism，156,242－245,功利主义中的后果
Conservatism，326,337,保守主义
Consideration，259,考虑
Contests：竞争
individual and group，77,个人和群体的竞争
Context：语境
elements of historical，xxxii－xxxiii,历史语境的要素
"Context and Thought，" xxxiii,语境和思想
Continuity：连续性
of actions，169－170,185,行动的连续性；and change，179,连续性和变化
Contract：契约
Pound on，xxix,庞德论契约；theory of social,xvii,社会契约论
Contractualism：契约主义
Dewey on,xxx,杜威论契约主义
Control：控制
absolute，428,绝对控制；by church，135－137,教会控制；enforcement of，52－54，控制的实施；in Greece，100－108,古希腊的控制；occasions for，56－57,控制的机会；primitive group，30－32,36－37,49,65－66,原始群体的控制；social，57,412－422，社会控制
Convention：传统
in Greek morals，95,101－110,古希腊道德中的传统
Cooperation：合作
in industry，401，企业中的合作；in morality，43－46,47，道德中的使用
Coppage *v.* Kansas，395－397 ,科帕奇诉堪萨斯州案
Corporations：公司
attitude of，425,公司态度；vs. workmen，379－380,392,公司对工人
Coulanges，Fustel de，24,富斯特尔·德·库朗日
Courts：法庭
on child labor，412－413,关于童工的法庭；on income tax，421－422,关于收入税的法庭；labor disputes and，395－399,劳工争议和法庭；on police power，414,关于警察的法庭；primitive，57－58,原始的法庭；on property and public interest，415－417,426,关于财产和公共利益的法庭
Criterion：标准
as democratic ideal，348－350,作为民主理想的标准；of institutions，344－348,制度标准
Crusades，136,147，十字军东征
Cultus：宗教仪式
as moralizing agent，86－87,促进道德化的宗教仪式；of religion，33,宗教仪式；"sin offering" of，87,宗教仪式的"有罪后人"
Customs：风俗
defined，49,明确的风俗；Dewey on，xiv，xxi，xxiii,杜威论风俗；early group，22－24,早期群体；enforcement of，52－54，风俗的实施；festal，61,喜庆的风俗；Greek，97－98,古希腊的风俗；as group matter，xx,作为群体事情的风俗；as

感，231 - 234；justification of，225 - 231，义务的正当理由；Kant on，220 - 222，康德论义务；in moral theory，168，181，308，道德理论中的义务；Romans on，133 - 134，219，228，罗马人论义务；social claims on，217 - 219，社会对义务的主张；Sophocles on，122，索福克勒斯论义务；Stoics on，123，133，斯多亚学派论义务

Eastman，Charles，44，51，57，查尔斯·伊斯门
Eckenstein，Lina，442，莉娜·艾肯斯坦
Economics：经济
and family，28 - 30，44，444 - 445，457，经济和家庭；among Greeks，103 - 108，古希腊人的经济；individualism in，331，经济中的个人主义；influence of，71，372，经济的影响；medieval，136 - 137，中世纪的经济；modern，141 - 144，149 - 150，现代经济；and politics，355 - 358，经济和政治；among Romans，128 - 130，罗马人的经济
Education：教育
early customs in，55 - 56，早期教育风俗；individualism affects，364，个人主义对教育的影响；influence of，149，201，243，381，410，430，434，教育的影响；institutions determine，363 - 364，制度决定教育
Efficiency：效率
demand for，353，效率需求
Egoism：利己主义
and altruism，292 - 298，利己主义和利他主义
Eliot，George，198 - 199，乔治·艾略特
Emerson Ralph Waldo：拉尔夫·瓦尔多·爱默生
on abstinence，210，爱默生论节制
Emotions：情感
Greek view of，92 - 93，古希腊的情感观；Hebrew view of，93 - 94，希伯来的情感观；purpose of，47，174，269 - 270，情感的目的
Ends：目的
and asceticism，203 - 207，目的和禁欲主义；and good，181，186 - 191，目的和善；interests as，208 - 212，以利益为目的；morality of，xxvi，目的的道德；and pleasure，191 - 199，目的和快乐；and reflection，184 - 186，目的和思考；and standards，245 - 248，目的和标准；and success，202 - 203，目的与成功；teleological theory of，182，目的论的目的理论
Engels，Friedrich：弗里德里希·恩格斯
*Communist Manifesto*，426，《共产党宣言》
England，英国. 见 Great Britain 英国
Enlightenment，period of，145 - 146，启蒙时期
Environment：环境
effect of home，456，家庭的作用；and morals，10，340 - 344，环境和道德；and opportunities，342，环境和机会；related to organism，xxvi，生物环境
Epictetus，123，128，爱比克泰德
Epicureans，205，伊壁鸠鲁学派；on friendship，114，伊壁鸠鲁学派论友谊；theory of，199 - 202，伊壁鸠鲁学派的理论；truth underlying，210，伊壁鸠鲁学派理论中的真理；on wisdom，109，118，伊壁鸠鲁学派论智慧
Equality：平等
as capitalistic issue，428，作为资本主义问题的平等；in democracy，148，民主中的平等；as moral value，257，335，349 - 350，作为道德价值的平等；as social ideal，346，作为社会理想的平等；in utilitarianism，239，功利主义的平等
Ethics：伦理学

验方法；growth in，xxxii，基因方法的增长
Gentleman：绅士
as class ideal，143，作为阶级理想的绅士；Greek conception of，98，101，118*n*，古希腊的绅士观念
Genung，John Franklin，90，约翰·富兰克林·杰农
Germans：德国人
family among，441，德国人的家庭；landholding among，23，德国人的土地所有制；responsibility of，33，德国人的责任
Germany：德国
factory legislation in，412－413，德国的工厂立法
Gillen，Francis James，26*n*－27*n*，56，弗朗西斯·詹姆斯·吉伦
Goethe，Johann Wolfgang von，190，约翰·沃尔夫冈·冯·歌德
Golden Rule，178，242，280 及 *n*，281，黄金律
Goldsmith，Oliver，171，奥利弗·戈德史密斯
Good：善
as central，xi，作为主要观念的善；common，xii，347－348，常见的善；Cynics on，203－204，犬儒主义者论善；as definition of morality，xiv，作为道德定义的善；and desire，73，190－191，善和欲望；double meaning of，265，善的双重意义；Epicurean theory of，199－202，伊壁鸠鲁关于善的理论；Greek conception of，98－99，104，115－117，119－120，古希腊善的观念；in group morals，64，群体道德中的善；Hebrew ideal of，94，希伯来善的理想；natural vs. moral，207，自然的善对道德的善；as objective interests，208－212，作为客观利益的善；and pleasure，195－196，善和快乐；pluralistic，xxxi，多元化的善；qualifications of，271－272，善的条件；relation to right，215－217，224－225，229，善和权利的关系；role of，xxxi，善的作用；as ultimate，181－182，作为最终目的的善；in utilitarianism，242－243，功利主义的善；and wisdom，191，善和智慧
Government：政府
functions of，332，政府的功能；and labor，394－395，政府和劳工
Gratian，137，格拉提安
Gray，J. H.，22－23，格雷
Great Britain：英国
divorce in，446，英国的离婚；factory legislation in，412－413，英国的工厂立法；utilitarianism in，251，英国的功利主义；women in，443，英国的妇女
Greeks：古希腊人
on art，97－98，古希腊人论艺术；on beauty，102，古希腊人论美；on character，121－123，古希腊人论品格；on commerce，103－104，古希腊人论商业；customs of，23－24，古希腊人的风俗；on emotions，92－93，古希腊人论情感；on evil，89，古希腊人论邪恶；on good，xxvii，古希腊人论善；group authority of，97，古希腊人的群体权威；individuality among，97，古希腊人的个性；political authority among，103－104，古希腊人的政治权威；on propriety，101，古希腊人论礼貌；on wisdom，203－205，古希腊人论智慧
Grote，George，24，乔治·格罗特
Groups：群体
breaking up of，71，群体的解体；conflicts of，68，325－327，群体的冲突；division of，35－36，群体的分裂；kinship，26－27，亲属关系；moral significance of，36－37，151－152，299－300，群体的道德重要性；ownership by，28－30，76，群体所

Honesty, 142,144,152,202,诚实
Honor, 77 - 79,107,252, 荣誉
Hosea, 93,何西阿书
Hospitality:好客
duty of, 62 - 63,好客的义务
Howard, George, 442, 乔治·霍华德
*How We Think*, xxiii,《我们如何思考》
Humanitarianism, 147,人道主义
*Human Nature and Conduct*, xix, xxiii, xxiv《人性与行为》; habit in, xxii, 习性; psychology in, xxii,心理学
Hume, David, 51*n*, 154, 休谟; on approbation, 238,论认可
Huss, John, 141,约翰·赫斯
Hutcheson, Francis, 154,弗朗西斯·哈奇森
Hypocrisy, 256,虚伪

Ibsen, Henrik, 89, 亨利克·易卜生
Ideal:理想
contrasted with actual, 13,120 - 121,与现实对比; democratic, 348 - 350,民主理想; Greek, 119 - 121,古希腊理想; Hebrew - Christian, 95 - 96,希伯来-基督教理想; nature of, 212,273 - 275, 344 - 345,理想的性质
Immigration:移民
restriction of, 419 - 420,移民的限制
Impartiality:公平
of interest, 257,利益公平
Impulse:冲动
consequences of, 171 - 172,186 - 188,冲动的后果; power of, 171,冲动的力量; and will, 190,冲动和意志
Income:收入
distribution of, 406 - 411,435,收入分配; tax, 420 - 422,收入税; in U. S. , 404,美国的收入
India:印度
customs of, 28 - 29,59,76,印度的风俗
Indians (American), 29 - 30,44,56,61,印第安人(美国的)
Indifference, 167 - 168,169,冷漠
Individual:个人
conflicts with group, 68 - 80,103 - 108,个人和群体的冲突; in early group, 25, 28*n*, 29, 32, 65,早期群体中的个人; Greek view of, 113,古希腊的个人观; Hebrew conception of, 91,希伯来的个人观念; influences on, 318,对个人的影响; intellectual development of, 146,个人的智力发展; *Moral Sense* writers on, 154,《道德感》作者论个人; reconstruction of, xix,个人的重构; and social, xiii, xviii, xix, xxviii - xxix, 320 - 328,个人和社会的; worth of, 449,个人的价值
Individualism:个人主义
and collectivism, 327, 个人主义和集体主义; commercial and political, 103 - 108, 355,商业的和政治的个人主义; of Cynics and Cyrenaics, 109 - 110,犬儒主义和昔勒尼学派的个人主义; defined, 70,个人主义定义; and education, 364,个人主义和教育; formula of, 334,个人主义准则; in Greece, 97,99 - 100,106 - 108,古希腊的个人主义; in Hebrew morals, 92 - 94,希伯来道德中的个人主义; historic, 331 - 338,348,历史上的个人主义; in marriage, 448,婚姻中的个人主义; Plato and Aristotle on, 111 - 119,柏拉图和亚里士多德论个人主义; as theory, xiii, xv, 299,348 - 349,个人主义理论
*Individualism, Old and New*, xix, xx,《新旧个人主义》
Individuality:个性
defined, 69,227,个性定义; development of, 70,73,75 - 79,91 - 92,99 - 103,个性的发展; among Greeks, 97 - 98,古希腊人的个性; as heir of individualism, xix,个人主义的后裔; in morals, 317 -

267 - 268,价值判断
Justice:正义
beginning of social, 84,社会正义的起源; Chinese sense of, 32 - 33,中国人的正义感; in distribution of wealth, 434 - 436,财富分配中的正义; Greek conception of, 99,104 - 107,古希腊的正义概念; Hebrew idea of, 87 - 88,96,希伯来的正义观; legalistic view of, 252,正义的法制观; Plato on, 107 - 108,113 - 114,柏拉图论正义; in primitive society, 30 - 33,59,原始社会的正义; problem of, 406 - 407,正义的问题; in Roman law, 130,133,罗马法中的正义; as standard, 249 - 252,279 作为标准的正义; as virtue, 259,作为美德的正义
Justinian, Code of, 132, 查士丁尼法典

Kafirs, 60,卡菲尔人; clanship among, 24 - 25,卡菲尔人的氏族制度; on self, 28*n*,卡菲尔人论自我; on women, 439,卡菲尔人论女性
Kalokagathos, 98,101,271,绅士
Kalon, 116,118,238,美好的
Kant, Immanuel:伊曼纽尔·康德
central conception of, 154 - 155,262,315, 449,核心概念; on good and law, 219 - 225,229,285,论善和法律; on motives, 173,论动机; on reason, 146 - 147,论理性; on unsociability, 69,79,论不爱交际
Karma, 91, 佛教的因果报应
Key, Ellen:艾伦·基
on family, 461 - 462,论家庭
Kidd, Dudley, 25,28*n*, 37, 达德利·基德
King, Willford I., 408,威尔福德·金
Knowledge:知识
emotions in, 269 - 270,知识中的情感; importance of, to ethical theory, 37,知识对道德理论的重要性; monopoly of, 365 - 366,知识的垄断; moral quality of, 282 - 283,知识的道德性质; as operative, 269,280,适用的知识
Kropotkin, Petr, 43, 彼得·克鲁泡特金
Kulaks, 427,富农
Kumi, 23,组

Labor:劳动
attitude toward, 143 - 144,对待劳动的态度; differentiation of, 41, 劳动分工; laws concerning, 394 - 401,412,433,有关劳动法; unions, 393 - 394, 工会; women's and children's, 378,412 - 413,妇女和儿童的劳动
*Laissez faire*, 177,328,333, 自由放任主义; individualism of, 428,自由放任的个人主义; origin of, 250,自由放任主义的起源
Lambeth Conference, 460,兰贝斯大会
Land:土地
ownership of, 28 - 29,土地所有权
Language:语言
as socializing agency, 14,43,作为社会化动力的语言
Laws:法律
authority of, 182,216,220,227,法律的权威; cultural value of, 364,法律的文化价值; in early groups, 56 - 60,早期群体中的法律; Greek conception of, 97 - 98, 104,古希腊的法律概念; of Israel, 86, 90 - 91,以色列的法律概念; Kant on, 155,221,229,康德论法律; labor, 377 - 379,395 - 401,412 - 422,432,劳工法; meaning of, 103,123,152,229,法律的意义; morality of, xxvi,法律的道德性; of Renaissance, 139,文艺复兴的法律; Roman, 130 - 133,罗马法
Leaders:领袖
selection of, 428 - 429,领袖的选择
Leibniz, Gottfried Wilhelm, 145, 戈特弗里德·威廉·莱布尼茨
Lenin:列宁

and Dewey, xvii,列宁和杜威; *Materialism and Empirio - Criticism*, xvii,《唯物主义和经验批判主义》
"Leningrad Gives the Clue", xvii,《列宁格勒给出了启示》
Liberty:自由
economic, 142 - 143,经济自由; Locke on, 139,洛克论自由; Milton on, 139,弥尔顿论自由; nature of, 305 - 308,334,自由的性质; political, 138 - 140,政治自由; religious, 141,宗教自由; social, 349 - 350,社会自由; struggle for, 77,为自由而奋斗; of thought, 358 - 366,思想自由; threats to, 359 - 360,对自由的威胁;*See also* Freedom,参见:自由
"Life":生活
ethical meaning of, 462,生活的伦理意义; Greek Conception of, 109 - 110,古希腊生活观; as Hebrew ideal, 75,94 - 95,作为希伯来理想的生活; morals as, 12, 462,作为生活的道德
Lincoln, Abraham, 148,亚伯拉罕·林肯
Lippmann, Walter, 74,沃尔特·李普曼
Lochner *v.* New York, 415,洛克纳诉纽约州案
Locke, John:约翰·洛克
on liberty, 139, 141, 洛克论自由; on power, 205,279,洛克论权力
Love:爱
as moral ideal, 88,259,368,作为道德理想的爱
Loyalty:忠诚
and right, 233 - 234,忠诚和权利
Luck, 51,63, 运气

**M**achiavelli, Niccolò, 138, 尼克罗·马基雅弗利
Machines:机器
advantages of, 380 - 381,机器的优势; effects of, 379 - 381,391,394,机器的作用; in industrial revolution, 149 - 150,工业革命中的机器
McLennan, John, 29,约翰·麦克莱恩
Maine, Henry Summer, 25,27,亨利·萨姆纳·梅恩
Maitland, Frederic, 59*n*, 442,弗雷德里克·梅特兰
Majority rule, 355,362,多数原则
Malinowski, Bronislaw, 50,52,455,马林诺夫斯基
Management:管理
separated from ownership, 424,管理和所有权分开
Marcus Aurelius, 119,127,马可·奥勒留
Marriage:婚姻
church's influence on, 442,教会对婚姻的影响; early customs of, 31,60 - 61,91 - 91,129,440,早期婚俗; individualism in, 448 - 452,婚姻中的个人主义; social viewpoint of, 452 - 456,社会婚姻观; woman's position in, 457 - 458,婚姻中妇女的地位
Marx, Karl, 427, 卡尔·马克思; *Capital*, 426; *Communist Manifesto*, 426,《共产党宣言》; Dewey and, xvii,杜威和马克思
Measure:衡量
in Greek morals, 98,99,109,118,210,古希腊道德中的衡量
Method:方法
in morals, 338,343 - 344,350,道德中的方法
Micah, 88,弥迦
Middle Ages:中世纪
art in, 147,中世纪艺术; authority and unity in, 135 - 137,中世纪权威和统一; classes in, 132, 138, 跨世纪阶级; control of trade in, 142,中世纪贸易的控制; customs in, 32,36,中世纪风俗
Mill, John Stuart:约翰·斯图亚特·穆勒
on pleasure, 191 - 192,196 - 197,论快乐;

on utilitarianism, 155,241 - 245, 论功利主义; on wisdom, 208,209,论智慧
Millay, Edna St. Vincent, 200, 埃德娜·圣·文森特·默蕾
Milton, John:约翰·弥尔顿
on liberty, 139,论自由; on power, 207,论权力
*Mind of Primitive Man, The* (Boas), xiv, 《原始思维》(布留尔)
*Modern Democracies* (Bryce), 148 - 149,《现代民主》(布赖斯)
Moral evolution:道德进化
linear theory of, xii - xiii,道德进化的线性理论
Morality:道德
attainment of complete, 68,308,达到完整的道德; biological factors of, 40 - 41,道德的生物因素; conventional, 253,传统道德; cooperation in, 43 - 44,相互合作; derivation of, 9,道德的起源; group to personal, x, 70 - 75,群体对个人; growth of, 12 - 14,道德成长; influence of arts on, 41 - 42,147 - 148,道德对艺术的影响; influence of science on, 72 - 73,150 - 151,179 - 180,科学对道德的影响; Kant on, 154 - 155, 康德论道德; methods for, 329 - 331,343 - 344,道德方法; motives for, 64 - 65,93,164 - 165, 173, 道德动机; rationalizing agencies of, 41 - 43,64,道德合理化的机制; reasons for examining earlier, 11 - 12,考察早期道德的理由; reflective, 235 - 237,253 - 254,反思道德; roots of, 39,48,163 - 164,166 - 168,178 - 180,道德的根源; social, 319,327,社会道德; socializing agencies of, 43 - 47,道德社会化的机制; terms connoting, 152 - 153,暗示道德的术语; types of, 10, 162,道德的类型; will in, 175 - 176,道德意志
"Moral life and the Construction of Values and Standards, The" (Tufts), xxiii - xxiv, xxix,《道德生活和价值、标准的建构》(塔夫茨)
Mores, 9,12 , 49, 习俗; authority of, 50 - 52,习俗的权威; enforcement of, 52 - 54, 习俗的实施; *See also* Customs,参见:风俗
Morgan, Lewis Henry, 62,路易斯·亨利·摩尔根
Morris, Charles, vi,查尔斯·莫里斯
Moses, 75,摩西
Motives:动机
and intention, 175, 动机和意向; for morality, 64 - 65,93,164 - 165,173 - 175, 220 - 221,道德动机; nature of, 288 - 292, 动机的性质; pleasure as, 194 - 195,以快乐为动机; profit as, 403 - 406,425, 432,以利润为动机; self - love as, 292 - 298,以自爱为动机
Muller *v.* Oregon, 415,马勒诉俄勒冈州案
Munn *v.* Illinois, 415,426,穆恩诉伊利诺斯州案
Music, 46,音乐

National Bureau of Economic Research, 409, 美国国家经济研究局
Nationalism:民族主义
and patriotism, 368 - 369,民族主义和爱国主义; power of, 149,民族主义的力量; problems of, 366 - 371,民族主义的问题; during Renaissance, 138,文艺复兴时期的民族主义
Nature:自然
vs. artificial, 331 - 332,自然与人工的; conditions imposed by, 39,自然条件; Greek conception of, 111 - 112,119, 古希腊的自然观; opposed to convention, 97, 103, 109, 与习俗相反的自然; Roman conception of, 130 - 131,219,罗马的自然观

Nemesis, 106,122,复仇女神
*New Atlantics* (Bacon), 145,《新亚特兰蒂斯》
Newton, Sir Isaac, 145,艾萨克·牛顿爵士
Nietzsche, Friedrich, 75,106, 弗里德里希·尼采
Noble State Bank *v.* Haskell, 414,诺布尔国家银行诉哈斯克尔案
Nomos, 255,律法

**O**bjects:对象
and motives, 290 - 291,对象和动机
Occupations:职业
qualities needed in, 41,职业所需能力
Order:秩序
in Greek morals, 98,古希腊道德中的秩序; vs. progress, 69,秩序对进步
Orestes, 27,58, 俄瑞斯忒斯
Organization:组织
for bargaining power, 392 - 393,提高协商力量的组织; group need for, 74,群体组织需要
Output:产出
limitation of, 389 - 390,产出的限制
Overpopulation, 454,人口过剩

**P**aley, William, 155, 威廉·佩里
Paul, Saint, 95,279,圣保罗
Peace:和平
as moral ideal, 95,作为道德理想; and war, 369 - 371,和平与战争
Persistence:持久
of interest, 256,兴趣的持久
Personality:人格
as end, 223 - 224,作为目的的人格; Greek conception of, 121,古希腊的人格概念
Pharisees, 278,法利赛派
Pindar, 107,品达
Pitney, Mahlon, 396,马伦·皮特尼
Plato:柏拉图
on art, 42,98,论艺术; on hospitality, 63, 论好客; on ideal, 120,262,论理想; on individualism, 111,114 - 119,152,366, 论个人主义; on inequality, 105 - 107, 论不平等; on justice, 10, 107 - 108, 411,论正义; on love, 452,论爱; on morals, 10, 209,论道德; on opinion, 363,论意见; on problem of life, 109 - 110,论生活问题; on propriety, 101 - 102,论礼貌; on self, 122 - 123,论自我; on State, 113 - 114,120,论国家; on virtue, 163,论美德
Pleasure:快乐
Epicurean doctrine of, 200 - 202,伊壁鸠鲁快乐学说; in Greek theory, 116 - 117, 古希腊理论中的快乐; Hazlitt on, 195, 黑兹利特论快乐; among Hebrews, 94, 希伯来人的快乐; hedonistic theory of, 191 - 199,快乐主义的快乐理论; quality of, 244 - 245, 快乐的性质; in utilitarianism, 240 - 244,功利主义的快乐
Police power, 394,414,警察
Politics:政治
Greek view of, 103 - 104,古希腊的政治观; individualism and, 331,个人主义和政治; problems in, 352 - 356,357,政治问题
*Politics* (Aristotle), 132,政治学(亚里士多德)
Pollock, Frederick, 59*n*, 442, 弗雷德里克·波洛克
Post, Albert, 58,艾伯特·波斯特
Practice:实践
in forming habits, 204,形成习惯的实践
Praise:赞扬
morality of, xxvii,赞扬的道德; *See also* Approbation,参见:认可,赞许
Precedent, 275,329 - 330,先例
Prejudice, 267 - 268,偏见

Principles:原则
Dewey's preference for, xxv,杜威的偏好原则; nature of, 232,275 - 283,330,原则的性质; object of, 280,原则的对象; and rules, 276 - 279,原则和规则
Privilege, 347 - 348,特权
Process:过程
nature of, x,过程的性质
Production:生产
increasing, 431,增加生产; mass, 423,大规模生产; moral problems of, 374 - 375,382,385 - 386,生产的道德问题
Profit:利润
advantage of, 404,利润的优势; as business motive, 403 - 406,425,431 - 432,作为商业动机的利润; defects of, 404 - 406,433 - 434,436 - 437,利润的缺陷
Progress:进步
as moral issue, 326,328,作为道德问题的进步; vs. order, 69,进步对秩序
Propaganda, 360 - 361,宣传
Property:财产
and capitalism, 375,394,429,财产和资本主义; demand for, 76,对财产的需求; in early groups, 28 - 30,129,早期群体中的财产; individual control of, 76,财产的个人控制; and medieval church, 136 - 137,财产和中世纪教会
Prophets:先知
Hebrew, 83,95,希伯来先知; as moralizing agents, 83,87 - 88,91 - 92,作为道德化动力的先知
Propriety:礼貌
disregard of, 98 渺视礼貌; Plato on, 101 - 102,柏拉图论礼貌; social standards of, 101,礼貌的社会标准
Protagoras, 10,163,普罗泰戈拉
Protestantism:新教
and family, 443,新教和家庭; as movement, 140 - 141,新教运动
Psychology:心理学
aspects of, xxii,心理学方面
Public:公众
formation of, xx,公众的形成
Public and Its Problems, The, xv,xix,《公众及其问题》
Public approval:公众认同
of customs, 52,风俗的公众认同
Punishment:惩罚
Hebrew view of, 86,希伯来的惩罚观;*See also* Justice,参见:正义
Puritans, 204,278,清教徒; on labor, 143 - 144,论劳动

*Quest for Certainty, The*, xxiv,《确定性的寻求》

Radicalism, 337,激进主义
Rates:价格,"reasonable", 415 - 417,"合理的"
Reason:理性
and desire, 187,191,理性和欲望; double meaning of, 217,理性的双重意义; as Greek standard, 99 - 103,109 - 110, 114 - 119,作为古希腊标准的理性; in history of ethics, xxiii,伦理学史中的理性; and intelligence, xxiv - xxv,理性和智力; in Kant, 146 - 147,222 - 223,康德的理性; in labor disputes, 386,401,劳动争议中的理性; as moral element, 13,41 - 43,64,146,作为道德因素的理性; in Roman law, 130 - 133,罗马法中的理性; and science, 145,155,理性和科学
Recognition:承认
desire for, 78,渴望承认
Reconstruction:重建
of society, 80,社会的重建
*Reconstruction in Philosophy*, xviii, xix, xxi -

论自由
Rubinow, I. M. , 432,鲁宾诺
Rules:规则
and principles, 276 - 280,规则和原则
Russia:俄罗斯(文中指苏联)
socialism in, 426 - 427,苏联的社会主义

**S**acrifice:牺牲
vs. indulgence, 189,牺牲对沉迷
Sanctions:认可
in moral theory, 226,道德中的认识
Santayana, George, 211,乔治·桑塔亚那
Sceptics, 118,怀疑论者
Schiller, Friedrich von, 42,弗德里希·冯·席勒
Schneider, Herbert W:赫伯特·W·施耐德
on *Ethics*, viii*n*,论《伦理学》
Schools:学校
office of, 364,学校行政; problems in, 364 - 365,学校的问题
Schopenhauer, Arthur, 75,阿瑟·叔本华
Schurtz, Heinrich, 35,海因里希·舒尔茨
Science:科学
and art, 73,科学与艺术; and democracy, 352,科学与民主; effect of, 72 - 73,150 - 151,366,科学的作用; Greek conception of, 100 - 101,古希腊的科学概念; modern, 144 - 146,150 - 151,现代科学; and moral progress, xxxiv - xxxv, 179 - 180,282 - 283,338,科学与道德进步
Secrecy:秘密
in societies, 35 - 36,组织的秘密
Security:安全
in industry, 381 - 383,390 - 392,412 - 415,431 - 436,企业安全
Seebohm, Frederic, 32,33,54,58,弗雷德里克·西博姆
Self:自我
and action, 288 - 290,292,306,自我和行动; and choice, 285 - 289,自我和选择; Greek conception of, 121 - 123,古希腊的自我概念; and habit, 170 - 171,自我和习惯; social, 14,78 - 79,社会自我; static and dynamic, 306 - 308,静态和动态的自我; theories of, 28,285 - 286,自我理论
Self-assertion:自我肯定
tendencies toward, 75 - 78,自我肯定的趋势
Self-discipline, 74,自律
Self-interest:利己主义
consequences of, 295,322,利己主义后果; doctrine of, 332,利己主义学说; and success, 202,利己主义和成功
Self-preservation:自我保存
of community, 57,群体的自我保存; Hobbes on, 154,霍布斯论自我保存
Self-realization, 302,自我实现
Self-respect, 297,自尊
Self-sacrifice, 189,自我牺牲
Seneca, 123,131,132,塞涅卡
"Service":服务
in industry, 424 - 425,企业中的服务
Sex:性
attitudes regarding, 447,对待性的态度; groups based on, 35,52,60 - 61,75,87,以性为基础的群体; and marriage, 450 - 452,458 - 459,性和婚姻; significance of, 447 - 448,性的重要性
Shaftesbury, Anthony Ashley Cooper, 154, 238,沙夫茨伯里
Shakspere, William, 27,43,58,147,威廉·莎士比亚
Shaw, George Bernard, 409 - 410,萧伯纳
Sherman Act, 417,430,谢尔曼法
Sin:罪恶
aspects of, 91,罪恶诸方面; as part of cultus, 87,仪式的部分; as personal offense, 86,个人冒犯

United States:美国
control of business in, 412 - 413,对商业的控制; divorce in, 446,离婚; immigration in, 420,移民; income in, 404,收入; political problems in, 352 - 354,政治问题; on socialism, 428 - 330,论社会主义
United States Congress:美国国会
on child labor, 413,论童工
United States Constitution, 352,354,358 - 359,美国宪法; amending, 426,修正; Bill of Rights, 360,权利法案; Fourteenth Amendment to, 356,395,第十四修正案; Sixteenth Amendment to, 420,第十六修正案
United States Federal Trade Commission, 408 - 409,418,美国联邦贸易委员会
United States Supreme Court, 395,415,418, 421,426,美国最高法院
Usury, 136,142,高利贷
Utilitarianism:功利主义
Carlyle on, 250 - 251,卡莱尔论功利主义; conception of, 155 - 156,288,功利主义的概念; confused with hedonism, 240 - 245,和快乐主义的混淆; and democracy, 315,和民主; influence of, 239 - 240,功利主义的影响; and social reform, 251 - 252,和社会改革; standard in, 237 - 240,功利主义标准; value of, 175,功利主义的价值

**V**alue:价值
concern with, xxxi,价值关注; conflicts of, 165,价值冲突; of customs, 64 - 66,风俗的价值; Greek conception of, 97 - 99,古希腊价值观; Hebrew conception of, 93 - 94,希伯来价值观; ideal and material, 88,212,271 - 272,理想的和物质的价值; immediate sense of, 266,直接的价值感; judgments of, 264,价值的评价; limitations of, 267,价值的局限
Veblen, Thorstein, 379,索尔斯坦・凡勃伦
Vehm, 36,菲默会
Vice 邪恶; *See also* Virtue,参见:美德
Virtue, xi - xii, 美德; conceptions of, xxx, 94,237,253,255 - 260,306,美德概念; as "mean," 118,作为"手段"的美德; prudence as, 195 - 196,行为美德的谨慎; traits of, 256 - 259,美德的特征
Voltaire, Françoise Marie Arouet de, 146,伏尔泰,原名弗朗索瓦・马利・阿鲁埃

**W**ar:战争
evils of, 369 - 371,战争的邪恶; as moral problem, 164 - 165,178,320 - 321,作为道德问题的战争; opportunities afforded by, 74,战争带来的机会; outlawry of, 136, 370 - 371,战争的非法化; "resisters", 370,"抵制者"; as unifying factor, 45,58,61 - 62,作为统一因素的战争
Waste:浪费
prevention of, 431 - 432,防止浪费
Wealth:财富
church on, 136 - 137,教会论财富; corporate, 392 - 394,共同的财富; distribution of, 407 - 411,财富的分配; in Greece, 103 - 107,115 - 116,古希腊的财富; increase of, 149 - 150,404,财富的增长; in Israel, 84,94,以色列的财富; in Rome, 128 - 130,罗马的财富
Welfare:福祉
Bentham on, 240,边沁论福祉
Welsh:威尔士
customs of, 54,威尔士的风俗; kin group of, 33,57 - 58,威尔士的家庭群体
Wergeld, 33,54,59, 赎金
Westermarck, Edward Alexander, 59, 62, 63,65, 爱德华・亚历山大・韦斯特马克
Whole-heartedness:全神贯注
of interest, 256,对兴趣的全神贯注

Will:意志
in knowledge, 281,认知中的意志; in morals, 175 - 176,341,道德中的意志; "strong", 190,"强烈的"意志
Windelband, Wilhelm, 110,威廉·文德尔班
Wisdom:智慧
attaining, 102,208,209,获得智慧; Cynics on, 203 - 204,犬儒主义者论智慧; defined, 210,智慧定义; Epicurean theory of, 199 - 202,伊壁鸠鲁智慧理论; among Hebrews, 89 - 90 希伯来人的智慧; Plato on, 102,柏拉图论智慧; as standard for pleasure, 117 - 118,作为快乐标准的智慧; virtue as, 118,作为智慧的美德
Women:妇女,女性
early rights of, 27,30,31,438 - 444,早期妇女的权利; economic interests of, 457 - 458,女性的经济利益; Kafir, 439,卡菲尔妇女; as laborers, 378,400,412,作为劳力的妇女; modern problems of, 444 - 450,461 - 462,现代妇女问题; Roman status of, 129 - 139,罗马时期妇女的地位; sex life of, 458 - 459,妇女的性生活
World War I:第一次世界大战
impact of, xvi,第一次世界大战的影响
Wormser, I. Maurice, 425,莫里斯·沃姆泽
Wycliffe, John, 140 - 141, 约翰·威克里夫

Xenophon, 101*n*, 色诺芬

Yahweh:耶和华
as moralizing agent, 85 - 86,作为道德化的力量; as personal lawgiver, 85,作为个人立法者; as tribal deity, 82 - 84,作为部落的神; worship of, 87,98 对耶和华的崇拜
Young, Owen D. :欧文·D·杨
on management, 424,论管理

Zuñi Indians:印第安人祖尼族
ceremonies of, 61,祖尼族的仪式

# 译后记

翻译是一件吃力不讨好的事情：首先翻译费时费力，但按照国内学界现行评价体制，不算科研成果；其次，翻译永远是件遗憾的事情，不管如何认真仔细，总会有不尽如人意之处，往往引来吐槽，甚至遭到口诛笔伐。所以，国内大多学者对翻译唯恐避之不及。然而，如今处于全球化时代，中国学术正在走向世界，国外成果也陆续走进中国。虽然改革开放以来，国内学者去海外交流的机会越来越多，直接阅读外文资料的能力也越来越强，然而阅读外文毕竟不如母语那么顺畅、高效，特别是对于初入学门的大学生来说，学术著作的翻译似乎尤为重要。《杜威全集》中文版编委会主编刘放桐老师不顾年事已高，常务副总编汪堂家老师虽然体弱有病，仍主持38卷的浩大翻译工程，并组织了一些相关的大型学术研讨会。这实为国内学术界特别是对杜威和美国实用主义的研究做了一件功德无量的事情。

本人凡夫俗子，深知译事艰难，且另有项目如芒刺在背。然而本人不能忘记：1995年考入复旦大学攻读博士，是刘老师把本人引入山门；毕业留校工作后，汪老师对本人多有照应。知遇之恩，无以为报。唯有勉为其难，参与《杜威中期著作》第五卷和《杜威晚期著作》第七卷的翻译工作，为《杜威全集》中文版的翻译略尽绵薄之力，才是对他们最好的报答。

《杜威晚期著作》第七卷主要收入杜威和塔夫茨合著的1932年版的《伦理学》。该书最早出版于1908年，出版后受到学界的好评并被广泛地用作大学教材。24年之后，经过重新修订，以原书名由原出版公司出版。然而，虽然说是修订，许多部分却是重写的，所以杜威希望大家不要把它看作1908年版《伦理学》[①]的再版，而是一部全新的著作。在这24年间，世界经历了第一次世界大战以来翻天覆地的变化，杜威的伦理学思想随之发生了很大的变化。在两个版本中，杜威虽然始终坚持对行为及其心理学背景进行伦理学的分析，但是在1932年版中有了两个重大的变化：一个是在伦理学的社会文化维度方面，杜威抛弃了1908年版中的道德演化从风俗道德到反思性道德的线性理论，转向具体的历史探索和评价。另一个是在伦理学的概念联系方面，1908年版是以善为其核心概念的，用善来分析其他的伦理学概念；但在1932年版中，善、正当和义务、美德等主要概念被宣告为是相互独立的，每一个都基于人类生活中不同的力量，而不再为善所控制。而且杜威认为，伦理学的具体任务是用最广泛的经验教训和创新资源来解决具体问题，而不是把具有道德普遍性一成不变的、预先设定的模式应用到具体情况之中。而且，在1932年版中，杜威关于善的概念本身也发生了变化：在1908年版中，他把善看成基于道德的品格自我实现的标准；而在1932年版中，善成为以评价为其主要功能的多元化概念。

如前所述，本卷是在《杜威中期著作》第五卷（1908年版）的基础上修订和重写的。本人参与了《杜威中期著作》第五卷的翻译工作，而其他译者因出国或有其他学术任务，不再承担本卷的翻译任务。本卷由本人和蔡文菁女士合作翻译。为了避免知识产权纠葛，本卷完全重新翻译。由于译者不同，表述也会不同。因此，对于有些相同的原文，本卷的译文会和《杜威中期著作》第五卷中的译文有所不同，这里特此说明。

全卷共分三部分。当时蔡文菁女士在读博士后，时间比较充裕，原计划由她翻译第一和第三部分，魏洪钟翻译第二部分。在这期间，蔡文菁女士怀孕生子，所以实际完成的工作如下：蔡文菁译1932年版前言、第一版前言、整个第一部分和第三部分的第16、17、18章，以及第19章的前半部分；魏洪钟译导论、整个第二部分和第三部分的第19章后半部分、第20—23章，以及文本研究资料部分（包括文本注释、文本说明、校勘表、行末连字符的使用、引文差异对照表、参考书目）和索引部分，并承担了全部译文的校对工作。

蔡文菁女士身怀六甲，其翻译工作一直坚持到临产前两周，令人十分感动。

---

① 收入《杜威中期著作》第五卷。

此外，在文本研究资料和索引的翻译方面，我的学生厉清伟、陈晖辉、张明协助做了不少工作。华东师范大学出版社的编辑为本卷翻译做了大量工作。在此一并表示衷心的感谢。还要说的是：由于译者水平有限，加上时间仓促，译文中的错误在所难免，恳请读者不吝赐教。

在本卷校审之际，汪堂家老师因病去世，终年52岁。他温文尔雅，谦虚谨慎，为人诚恳，做事认真，深受同仁尊重和学生爱戴，被誉为“好人中的好人”。然正值他教学科研如日中天之际，却不幸英年早逝。“出师未捷身先死，长使英雄泪满襟。”汪老师走了，留下了他淡泊名利、潜心学术的风范，留下了他教书育人、乐于助人的精神。逝者已去，生者只有努力前行，才是对逝者最好的纪念。

魏洪钟

2014年5月20日

于复旦大学华光楼

**图书在版编目(CIP)数据**

杜威全集.晚期著作:1925～1953.第7卷:1932/(美)杜威著;魏洪钟,蔡文菁译.—上海:华东师范大学出版社,2014.7
ISBN 978-7-5675-2256-5

Ⅰ.①杜… Ⅱ.①杜…②魏…③蔡… Ⅲ.①杜威,J.(1859～1952)—全集 Ⅳ.①B712.51-53

中国版本图书馆CIP数据核字(2014)第149869号

国家社科基金重大项目资助(项目批准号:12&ZD123)

**杜威全集·晚期著作(1925—1953)**
第七卷(1932)

著　　者　[美]约翰·杜威
译　　者　魏洪钟　蔡文菁
策划编辑　朱杰人
项目编辑　王　焰　朱华华
审读编辑　曹利群
责任校对　王丽平
装帧设计　高　山

出版发行　华东师范大学出版社
社　　址　上海市中山北路3663号　邮编200062
网　　址　www.ecnupress.com.cn
电　　话　021-60821666　行政传真021-62572105
客服电话　021-62865537　门市(邮购)电话021-62869887
地　　址　上海市中山北路3663号华东师范大学校内先锋路口
网　　店　http://hdsdcbs.tmall.com

印 刷 者　上海中华商务联合印刷有限公司
开　　本　787×1092　16开
印　　张　30.25
字　　数　512千字
版　　次　2015年1月第1版
印　　次　2015年1月第1次
印　　数　1—2100
书　　号　ISBN 978-7-5675-2256-5/B·868
定　　价　98.00元

出 版 人　王　焰